Das rote Leuchten

Dresden und der Bombenkrieg

Das rote Leuchten

Dresden und der Bombenkrieg

Oliver Reinhard

Matthias Neutzner

Wolfgang Hesse

Impressum

© edition Sächsische Zeitung   SAXO'Phon GmbH, Ostra-Allee 20, 01067 Dresden,
in Zusammenarbeit mit der Interessengemeinschaft „13. Februar 1945" e. V.
Internet: www.editionsz.de

Herausgeber   Oliver Reinhard, Matthias Neutzner, Wolfgang Hesse

Erschienen   Februar 2005

Satz & Gestaltung   Dresdner Druck- und Verlagshaus GmbH & Co. KG

Druck   Druckhaus Dresden GmbH

ISBN   3-938325-05-4

Inhalt

Vorwort

„Wie sollte man umgehen mit dem Leid, dem Schmerz, mit dem Untergang der Stadt, die die eigene war. Wie anders, als mit dem Mut der Verzweiflung anzufangen, sich zu erinnern. (...) Um der Zukunft willen ist es nötig, sich zu erinnern. Aber es ist eine andere Erinnerung als damals. Sie ist distanzierter und kühler, unerbittlicher darin, die Zusammenhänge aufzuklären gegen das Vergessen. Die Frage, auf die es eigentlich keine Antwort gibt, kann nicht gänzlich ohne Antwort bleiben. Denn bevor es über Dresden Nacht wurde, war es Nacht geworden über Coventry und Leningrad, über Auschwitz und Buchenwald."

Christof Ziemer, 1987

„Du kannst es Dir nicht vorstellen, es ist alles einfach weg!" Das schrieb eine Dresdnerin unmittelbar nach den schweren Bombenangriffen vom 13. und 14. Februar 1945 an eine Freundin. In ihren Worten spiegeln sich das ganze ungläubige Staunen, das Entsetzen und die Fassungslosigkeit der Menschen in der zerstörten Stadt. Was sie durch- und mitgemacht hatten oder danach in ihren sichtbaren Auswirkungen betrachteten, war nicht nur die größte Katastrophe in der Lokalhistorie. Vielmehr ist die Vernichtung weiter Gebiete der alten und für ihre Schönheit gerühmten sächsischen Hauptstadt ein in mehrfacher Hinsicht einzigartiges Ereignis in der Geschichte jenes 20. Jahrhunderts, das Gabriel Kolko mit Recht „Das Jahrhundert der Kriege" nennt. Keine andere Stadt der Welt wurde in so wenigen Stunden mit herkömmlichen Mitteln so umfassend zerstört, nirgendwo sonst kamen in einer derart knappen Zeitspanne so viele Menschen ums Leben wie in Dresden. Und nur an wenigen Orten ist die Betroffenheit über und die Erinnerung an den konventionel-

len Bombenkrieg bis heute so tief empfunden und lebendig im kollektiven Bewusstsein der Bewohner.

Die Zerstörung Dresdens markiert einen Höhe- und Wendepunkt in der Geschichte der Kriegsführung. Der konventionelle Bombenkrieg zeigte hier beinahe zur Gänze jene Perfektion und Macht, die sich die Militärs einiger Nationen Europas und der Vereinigten Staaten von Amerika seit Beginn des vorigen Jahrhunderts von ihm versprochen hatten, für die sie seine Technik in Theorie und Praxis gegeneinander und doch gemeinsam entwickelt, ausprobiert, verbessert, schließlich in großem Stile angewandt hatten. Waren sie zu Beginn des Zweiten Weltkriegs noch bemüht gewesen, die Opfer unter der Zivilbevölkerung gering zu halten, so konzentrierten sie sich bald beim Bombardieren auf jenes Ziel, das die Luftkriegstheoretiker bereits im Ersten Weltkrieg als das entscheidende erkannt hatten: außer den materiellen Ressourcen und den Verkehrswegen auch die Moral der gegnerischen Bevölkerung zu vernichten. Doch wurde dieses Ziel, wenngleich teilweise mit einer unerhörten Hartnäckigkeit verfolgt, nie erreicht. Weder bewegten die Flächenbombardements die deutsche Bevölkerung zur Abkehr vom NS-System noch die Reichsführung zur Kapitulation.

In Dresden erreichte diese Taktik im von Deutschland begonnenen Zweiten Weltkrieg ihren Höhepunkt an Effektivität. Gleichwohl waren die konventionellen Bombenkriegsstrategien wenige Monate später bereits wieder veraltet: Mit dem amerikanischen Nuklearwaffeneinsatz gegen Hiroshima und Nagasaki begann das Atomkriegszeitalter. Dresden war einer der letzten Schritte in diese Ära gewesen.

Gleichwohl endet die Geschichte der Katastrophe von Dresden nicht mit dem „Untergang" der Stadt. Unmittelbar nach dem 13. Februar 1945 wurde die Zerstörung als einzigartig empfunden und daraus ein symbolhaftes Beispiel geformt. Maßgeblichen Anteil daran hatte eine der letzten großen nationalsozialistischen Propaganda-Kampagnen. Schon am Ende des Zweiten Weltkrieges galt der Städtename Dresden als Synonym für die Folgen des Bombenkrieges schlechthin. Einige Monate später wurde das Beispiel Dresden erneut aufgegriffen, diesmal von der politischen Propaganda der ostdeutschen Führung. Seitdem – und bis heute – wird die Erinnerung an die Zerstörung Dresdens für unterschiedliche, zumeist politische Zwecke genutzt.

Das beeinflusste die Erinnerung und prägte eine schematisierte Sichtweise auf die Dresdner Ereignisse im Februar 1945, die sich in weiten Teilen vom historischen Geschehen gelöst hat. Diese wird in einem der Buchbeiträge als die „kollektive Erzählung vom 13. Februar" bezeichnet, auf die ein Erinnerungszeichen verweist: die Chiffre Dresden. Indem an den 13. Februar 1945 symbolhaft erinnert wird, oft ohne Beachtung des historischen Kontextes oder des tatsächlichen Geschehens, ist diese Erinnerung leicht als Beispiel, Begründung oder Beweis für alle möglichen Überzeugungen und Absichten nutzbar. Dafür gibt es zahlreiche Belege.

Die Zerstörung Dresdens wird seit langem – und im Vorfeld ihres 60. Jahrestages verstärkt – missbraucht, um die deutsche Schuld an Holocaust, Völkermord und Krieg zu relativieren, die Toten von Auschwitz, Riga und Coventry mit jenen von Dresden aufzurechnen. Im Widerstand dagegen werden auch Positionen formuliert, die den Dresdnern das Recht auf Trauer absprechen, das Dresdner Leid als gerechte Strafe für deutsches Unrecht darstellen. Beide Positionen sind ahistorisch, also in ihren aus historischer Betrachtung abgeleiteten Argumenten falsch. Sie berücksichtigen weder die tatsächliche Dimension der Folgen der Luftangriffe auf Dresden noch verstehen sie die Zielsetzungen und Wirkungsweisen des strategischen Bombenkriegs sowie militärischer Denk- und Handlungsweisen allgemein. Beide Positionen sind unmenschlich. Sie verletzen die Würde des Menschen und richten sich gegen den Anspruch auf Unverletzlichkeit. Beide Positionen haben Zielsetzungen, die sich von den unseren unterscheiden.

Der 60. Jahrestag der Zerstörung Dresdens ist uns ein Anlass, sowohl dem Erinnern selbst wie den historischen Ereignissen, den Vorbedingungen der Katastrophe wie ihren Folgen für die Stadt und ihre Menschen eine vielschichtige Untersuchung zu widmen. Die Rekonstruktion dessen, was war, kann nicht ohne eine weitere Rekonstruktion geschehen: Dessen, was seither über die Katastrophe Dresdens erinnert

und im privaten Lebenszusammenhang betrauert wird, was in öffentlichen Veranstaltungen zu Zeremonien der sich wandelnden Gesellschaft geworden ist – und bis heute als kollektive Erzählung weitergegeben wird. Unter Einbeziehung des aktuellsten Forschungsstandes wendet sich die vorliegende Publikation erstmals sowohl der historischen Verortung des Geschehens selbst wie der sich längst abzeichnenden Geschichte des Erinnerns zu.

Damit verfolgt „Das rote Leuchten. Dresden und der Bombenkrieg" einen anderen Ansatz als die bisherigen Publikationen zum Thema. Das Buch konzentriert sich weder ausschließlich auf die Ereignisse um den 13. Februar 1945 noch liefert es eine rein alltags- oder militärgeschichtliche Darstellung. Vielmehr ordnet es das Geschehen auf der Basis zahlreicher neuer Erkenntnisse in einen möglichst weiten Kontext ein. Es zeigt die Katastrophe in einer Vielzahl von Facetten und Perspektiven, ohne die sie weder in ihrer historischen noch in ihrer Bedeutung für Gegenwart und Zukunft verstanden werden kann. Wir denken, auf diese Weise den Erinnerungen der Erlebnisgenerationen wie auch einer – soweit dies möglich ist: distanzierten – Analyse der Ereignisse und ihrer Deutungen besser gerecht werden zu können.

Von besonderer Bedeutung hierfür ist, dass die Realitätsbezüge und Wahrheitsansprüche ganz unterschiedlicher Überlieferungsweisen und Verarbeitungsformen nebeneinander gestellt und in kritischer Abwägung ernst genommen werden: die persönliche Lebenserinnerung oder die militärhistorische Forschungsarbeit, die akribische Rekonstruktion eines aktenmäßigen Vorgangs und alltagsgeschichtliche Untersuchungen. Ebenso die Einbettung von Einzelfotografien in ihre Entstehungszusammenhänge, aber auch die Konstruktion einer darauf aufbauenden Bild-Erzählung.

Die Erfahrung derer, die in den Kellern überlebten, die ihre Angehörigen auf grauenhafte Weise verloren und deren Heimatstadt verschwunden war (und ist), sie müssen gewissermaßen gerahmt werden durch den distanzierteren Blick auf die Zusammenhänge. Diese werden immer wieder neu erstellt im öffentlichen Diskurs um gemeinsames Verstehen, um Verständigung. Um hierzu beizutragen, betrit die Analyse verschiedene Ebenen, die sich in drei großen Abschnitten und ihren Untergliederungen niedergeschlagen haben.

Der erste Teil des Buches widmet sich den Ursprüngen und der Genese des Bombenkrieges zwischen 1900 und 1945. Das erste Kapitel soll nachvollziehbar machen, wie sich die Theorie und die Praxis des Bombardierens – nachgerade der Flächenbombardements – in dieser Zeit entwickelten, und zeigen, dass die strategischen Weichen auch für die Katastrophe von Dresden bereits während des Ersten Weltkrieges gestellt wurden. Das zweite Kapitel behandelt den Bombenkrieg in den Jahren zwischen 1937 und 1945, als die Strategien der Kriegsgegner sich schrittweise entgrenzten und immer hemmungslosere Formen annahmen. Im folgenden Abschnitt wird dargelegt, wie und warum Dresden in den strategischen Luftkriegsplanungen der Alliierten vom „unattraktiven Ziel" (1939) zum „besonders lohnenden Ziel" (1945) wurde. Das vierte Text-Kapitel beinhaltet die Geschichte des Luftkrieges gegen Dresden von der „Machtergreifung" der Nationalsozialisten 1933 über den Beginn des Zweiten Weltkrieges und die acht Luftangriffe auf die Stadt bis hin zum Kriegsende. Es liefert Einblicke in den Verlauf der „Nazifizierung" der Stadt, es untersucht alltagsgeschichtliche Aspekte und insbesondere die vielfältigen Gründe dafür, warum die drei Bombardements vom 13. und 14. Februar eine so große Zahl an Todesopfern forderten.

Die letzten beiden Kapitel des ersten Buchteils unternehmen den Versuch einer Annäherung an die Wirkungsgeschichte der Katastrophe, die bis in die Gegenwart reicht. Zunächst wird beschrieben, wie sich binnen weniger Wochen nach den Februar-Angriffen eine „kollektive Erzählung vom 13. Februar" ausformte. Diese Erzählung liefert bis heute die Grundelemente der weltweiten Erinnerung an die Zerstörung der Stadt und macht „Dresden" zum Symbol für den alliierten Luftkrieg insgesamt, zur „Chiffre Dresden". Im Anschluss soll dargelegt werden, wie diese Chiffre in den Jahrzehnten nach dem Zweiten Weltkrieg bis in die Gegenwart hinein verfestigt, fortgeschrieben, genutzt und missbraucht wurde und wird.

In ganz besonderem Maße ist das kollektive Bild von Dresden und seiner Zerstörung durch eine Vielzahl von Fotografien geprägt und beeinflusst. Sie werden immer wieder als vermeintlich unbestechliche Zeugnisse der Vergangenheit bemüht und sind doch oft, aus ihrem Zusammenhang gerissen und nachträglich bewertet, alles andere als das. Der zweite Teil dieses Buches erzählt daher, auch das erstmalig, die Geschichte der Stadt und ihrer Menschen zwischen 1939 und 1945 als Bildgeschichte. Diese geht auf die Rekonstruktion fotografischer Überlieferung ein, sie ist notwendig ausschnitthaft, in der Gesamtheit der Bildzitate und ihrer Anordnung aber, so hoffen wir, durchaus plausibel.

Geschichte ist immer auch die Summe persönlicher Erfahrungen. Um Vergangenheit zu verstehen, sind die Schilderungen jener Menschen unverzichtbar, die das Geschehen persönlich erlebt, durchlitten und überlebt haben. Zugleich haben auch diese Erzählungen ihre Form, ihre Traditionen. Sie bilden eine besondere Art des Erinnerns und sind nicht einfach nur Dokument. Der dritte Teil dieses Bandes versammelt daher eine Vielzahl persönlicher Aufzeichnungen, vom langen Brief über die Postkarte bis hin zum Tagebucheintrag von Dresdnern, die die Zerstörung ihrer Stadt am eigenen Leib erfahren hatten und in diesen Dokumenten davon berichten, sich das Geschehen von der Seele schreiben mussten. Sie verfassten ihre Aufzeichnungen alle während der ersten Wochen nach den Angriffen. Ihre zeitliche Nähe zur Katastrophe bürgt für einen vergleichsweise hohen Grad an Authentizität der Schilderungen und macht sie damit zu einer Sammlung von hohem Wert.

Den Horizont unserer Arbeit und unseres Erinnerns beschreiben die Begriffe Frieden und Menschenwürde. Wir hoffen, dass dieses Buch ein produktiver Beitrag sein kann in den notwendigen Diskussionen dazu.

Die Herausgeber

Vorgeschichte, Katastrophe, Folgen

Vom Bodensee bis Guernica

Anfänge des Bombenkriegs – 1900 bis1937

Von Oliver Reinhard

Der Fortschritt – Zeppelin oder Flugzeug?

Am Ende des 19. Jahrhunderts hatte der Mensch das Wasser und die Erde bezwungen. Dampfschiffe überquerten die Meere immer schneller, die Eisenbahn ließ die Entfernungen zu Land stetig schrumpfen, die ersten Autos schnauften, noch unsicher, über die Straßen. Nur der Himmel stellte weiterhin ein ernstes Hindernis für den menschlichen Bewegungsdrang dar. Seit den Brüdern Montgolfier hatte sich in der Luftfahrt nicht allzu viel verändert, waren Ballone die einzigen nutzbaren Aero-Fahrzeuge geblieben, nicht zu steuern und abhängig von Thermik sowie Windverhältnissen. Doch überall arbeiteten sorgsame Wissenschaftler, verspottete Erfinder und draufgängerische Abenteurer fieberhaft daran, sich eines Tages gänzlich auch über diese Kräfte der Natur zu erheben. Mit Hilfe von motorgetriebenen Maschinen, die schwerer waren als Luft, und auch solchen, die leichter waren: Flugzeuge und Zeppeline.

Das neue Säkulum war noch kein halbes Jahr alt, als im neuen Kapitel der Menschheitsgeschichte die erste Seite beschrieben wurde: Am 2. Juli 1900 hob das erste motorisierte Lenk-Luftschiff vom Bodensee ab, benannt nach seinem Erbauer und Kapitän, dem Grafen Zeppelin. Es konnte nicht nur seine Höhe aus eigener Kraft verändern, sondern auch die Richtung, sogar gegen den Wind fliegen – und mehrere Menschen sowie eine für damalige Verhältnisse beträchtliche Ladung aufnehmen. Es war eine Weltsensation und zugleich Ansporn für den größten Konkurrenten Deutschlands um die Vorherrschaft in Europa. Denn wie seit Jahrtausenden jede technische Neuerung stand auch diese sofort im Zentrum des militärischen Interesses. Schon am 19. Oktober 1902 umkreiste ein größeres und kräftigeres französisches Luftschiff den Eiffelturm. Vier Jahre darauf wurde in Berlin bekannt, dass die Militärverwaltung Frankreichs gleich

mehrere Zeppeline für ihre Armee anschaffen wollte. Der deutsche Generalstab hatte nur darauf gewartet und stellte sofort seinerseits größere Summen für den Ankauf weiterer Luftschiffe bereit. Das Wettrüsten in der Luft begann.[1] Die daran beteiligten Nationen versprachen sich so viel von der neuen Waffe, dass sie auf der Haager Völkerrechts-Konferenz von 1907 einen erst acht Jahre zuvor gefassten Beschluss wieder fallen ließen: das Verbot des Abwurfs von Sprengstoffen oder Geschossen aus Luftfahrzeugen.

Wo sie auch auftauchten, verursachten die neuen Luftschiffe wahre Begeisterungsstürme unter der Bevölkerung. Eine Dresdnerin erinnerte sich über 30 Jahre später, nach der Zerstörung ihrer Stadt durch alliierte Bomber, im Brief an ihr Enkelkind an einen solchen Moment: „Noch ehe Deine Mutter geboren wurde, kam das erste Luftschiff nach Dresden. Es waren furchtbar aufregende Tage. Wir warteten in unserem Schrebergärtchen zwei Tage lang, um den Anblick nicht zu versäumen. Endlich war es soweit, mittags kam es an, durch die Sonne bahnte es sich seinen Weg, und wir jubelten ihm zu … Wie töricht, wir dachten, es würde eine Umwälzung sein zum guten und Schönen, aber es wurde ein Unglück für unser Volk. Heute wissen wir es …"[2]

Anders als bei dem Kind, das die Briefschreiberin damals noch war, ergriff manchen Erwachsenen neben der Begeisterung für die tapferen Bezwinger der Lüfte auch Angst vor den Konsequenzen dieser Errungenschaft im Kriegsfall. Denn die untereinander rivalisierenden Mächte des Kontinents tanzten seit längerem erneut auf dem Vulkan einer bewaffneten Auseinandersetzung, die dieses Mal, wie man mit Recht annahm, nicht auf zwei Nationen beschränkt bleiben würde. Die Sehnsucht zu vieler Herrscher und Militärs nach einem neuen Krieg ging um in Europa.

Parseval im Fluge über Dresden.
1910

Der Zeppelin ist Anfang des 20. Jahrhunderts als technisches Wunderwerk ein beliebtes Motiv auf Postkarten. Diese Fotomontage zeigt den „Parzeval" 1910 über Dresden.

Beflügelt durch die Möglichkeiten der technischen Neuerungen und die gefährlich vibrierende Stimmung auf dem Kontinent ließ der durch seine futuristischen Bücher „Der Krieg der Welten" und „Die Zeitmaschine" in vielen Ländern bekannte britische Schriftsteller Herbert George Wells in seinem neuen Roman gleich die ganze Welt gegeneinander antreten. Schauplatz der entscheidenden Kämpfe war die Luft, die entscheidende und allen übrigen Gattungen überlegene Waffe das Luftschiff. Wells' Vision einer Bombardierung von New York durch deutsche Zeppeline in „Der Luftkrieg" nimmt bereits 1909 vieles von dem vorweg, was unzählige Augenzeugen erst vier Jahrzehnte später über die Flächenbombardements des Zweiten Weltkrieg berichten sollten:

„Er (ein Matrose an Bord eines deutschen Zeppelins, d. Verf.) klammerte sich im Schwanken und Stoßen des Luftschiffs an den Rahmen der Kabinenluke und starrte durch den leichten Regen, der jetzt vor dem Wind hertrieb, hinunter in die dämmernden Straßen, sah die Menschen aus ihren Häusern stürzen, sah die Gebäude einfallen und die Flammen aufspringen. Während die Luftschiffe so dahinsegelten, zertrümmerten sie die Stadt, etwa wie ein Kind seine Städte aus Bausteinen und Karten umwirft. Hinter sich ließen Ruinen und lodernde Feuersbrünste und aufgehäufte und umhergestreute Tote: Männer, Weiber und Kinder … Das südliche New York war bald ein einziger Hochofen voll roter Flammen, aus dem kein Entrinnen war. Straßenbahn, Eisenbahn, die Fähren – alles hatte aufgehört, und kein Licht erhellte in dieser düsteren Wirrnis den Weg der verzweifelten Flüchtlinge als das Licht des Brandes."[3]

Wells' Buch schlug selber ein wie eine Bombe und schürte noch die grassierende Furcht in Europa. Es wollte vor den Schrecken eines modernen Krieges warnen und klärte zugleich auch Nicht-Militärs darüber auf, dass im Fall eines Bombenkrieges in weit stärkerem Maße als bei konventionellen Waffengängen auch die Zivilbevölkerung leiden würde.

Aber noch war es nicht soweit. Die ersten Fliegerbomben fielen 1911 in die Realität: Italienische Piloten warfen sie per Hand aus ihren kleinen Flugzeugen über Nordafrika ab, wo der italienisch-türkische Krieg tobte. Die militärische Wirkung war gleich Null, das Aufsehen umso größer. Besonders Franzosen und Deutsche beobachteten den Einsatz der neuen Waffe sehr genau und zogen gleichwohl unterschiedliche Fol-

gerungen daraus. Während Frankreich verstärkt auf das Flugzeug als Hauptkampfgefährt der Luftwaffe setzte, baute Deutschland sein Zeppelin-Arsenal weiter aus. Die wackeligen, schwach motorisierten Flugmaschinen aus Leinwand und Metallstangen, die kaum Last tragen konnten, schienen den Militärs des Kaiserreiches nicht das geeignete Flugmittel der Zukunft zu sein. Also setzten sie zunächst auf das falsche Vehikel für den Bombenkrieg.[4]

Der Erste Weltkrieg – Probelauf für eine neue Waffe

Als im August 1914 der Erste Weltkrieg ausbrach, musste Deutschland enorme Rüstungsanstrengungen unternehmen, um den Rückstand seiner Fliegerstreitkräfte aufzuholen. Beim unmittelbaren Kampf an der Front war das Flugzeug wichtigste Luft-Waffe, seine Aufgabe die Unterstützung der Bodentruppen. Als Beobachter und Jäger konnte die Besatzung feindliche Einheiten zur Zielangabe für die eigene Artillerie ausspionieren, sie beschießen und mit kleinen Bomben belegen. Allerdings saß das Misstrauen gegenüber den „fliegenden Kisten" in großen Teilen der kaiserlichen Generalität so tief, dass man den Beobachtungen der Piloten oftmals keinen Glauben schenkte.

Das änderte sich schon bald. Das Vertrauen in die neue Waffe wuchs, und noch im ersten Kriegsjahr nahmen auch die anfangs recht diffusen Pläne eines selbstständigen Bombenkrieges, losgelöst von der Unterstützung der Heere aus der Luft, deutlichere Züge an. Die französische Armee stellte als erste eine eigene Bombergruppe auf und flog Attacke auf Freiburg, Ludwigshafen und Karlsruhe. Bald zogen die Briten nach und griffen militärische Ziele in Köln und Düsseldorf an. Dann reagierten auch die Deutschen, ihre Flugzeuge warfen Bomben auf französische und britische Kanalhäfen. Doch waren Zielgenauigkeit und Bombenlast noch so gering, dass die Resultate eher psychologischer denn militärisch-strategischer Art waren. Der Bombenkrieg laborierte an seinen Kinderkrankheiten, in Theorie und Praxis. Aber als sich die Fronten 1915 verhärteten und der Bewegungs- in einen Stellungskrieg überging, rückte er rasch ins Zentrum der taktischen Überlegungen.

Erste Pläne für eine systematische Bombardierung des feindlichen Hinterlandes stammten aus der Feder von General Hugh Trenchard, dem Befehlshaber der britischen Bomberwaffe, die wie die Bombergruppen der anderen Mächte aus kleinen, meist zweimotorigen Flugzeugen mit primitiver Technik und geringer Tragfähigkeit bestanden. Gemäß seiner Strategie griffen französische und britische Bomber die Nachschubwege im Hinterland der Deutschen sowie frontnahe Industriegebiete an. Das Kaiserreich reagierte darauf mit der Verstärkung seiner Jagdwaffe, um sie gegen die Bomber einzusetzen.

Auch im Bombenkrieg wollte man allerdings nicht ins Hintertreffen geraten und setzte weiterhin auf das Luftschiff, das langsamer und verwundbarer war, aber mehr Ladung aufnehmen konnte. Dabei verstieg sich die deutsche Heeresführung in abenteuerlichsten Plänen und glaubte, schon 20 Zeppeline könnten in Paris oder London unlöschbare Großfeuer verursachen. Das waren Hirngespinste fern aller technisch-physikalischen Realitäten, jedoch trugen sie einen unheilvollen Keim in sich: Die Idee des Feuersturms, in dem hauptsächlich Zivilisten umkommen würden, der Zermürbung der feindlichen Bevölkerung durch Bomben war geboren.

Am 31. Mai 1916 griffen deutsche Luftschiffe erstmals London an. Bis Ende des Jahres flogen sie dutzende Attacken, warfen über 150 Tonnen Bomben ab, die über 400 Menschen töteten.[5] Für die Briten war das eine völlig neue und furchtbare Erfahrung, auf die sie schnellstmöglich reagieren mussten. Was sie auch taten, indem sie ihre anfangs hilflos improvisierte Luftverteidigung unter großen Anstrengungen ausbauten. Als besonders wirksam erwies sich dabei das Aufstellen von Scheinwerfern, die Zeppeline noch in großer Höhe erfassen konnten und sie zum deutlich sichtbaren Ziel für die Flugabwehrkanonen am Boden machten. Gleichzeitig wurde die Jagdwaffe um die britische Hauptstadt aufgestockt, und das koordinierte Zusammenspiel dieser Kräfte führte binnen weniger Monate zu steigenden Erfolgen der Verteidiger.[6] Sie fügten den Zeppelinen bald solche Verluste zu, dass die deutsche Heeresführung am Ende des Jahres die Angriffe mit den zu schwerfälligen, zu großen und daher äußerst verwundbaren Gefährten einstellte.

Gleichwohl hatte sie ein Teilziel erreicht: Die britische Bevölkerung war geschockt. Ihre Reaktionen dürften ebenso gewesen sein wie jene, die ein deutscher Kaufmann 1917, dann schon nach den Nachtangriffen auf London durch Bombenflugzeuge, nach Berlin berichtete: „Der materielle Schaden der Nachtangriffe ist nicht so groß wie ihre moralische Wirkung … Man macht sich keinen Begriff von der Nervosität der Bevölkerung Londons … Hysterische Weiber stürzen in

einem einzigen Gebrüll und Gehaste dahin. Nach den letzten Fliegerangriffen, die in kurzer Zeit hintereinander folgten, war London in einem derartigen Zustand, dass man nur noch von völliger Verrücktheit reden konnte."[7]

1917 hatte das Luftschiff bei den Deutschen endgültig ausgedient, nicht aber die Strategie, die Bevölkerung Englands durch Bombenangriffe zu demoralisieren und die Kriegswirtschaft zu desorganisieren. Der Glaube, man könne mit dieser Waffe entscheidenden Einfluss auf den Kriegsverlauf nehmen, überlebte den Zeppelin und führte gleichsam in fließendem Übergang zum internationalen „Aufstieg" des Bombenflugzeugs. So waren die beiden letzten Kriegsjahre unter anderem gekennzeichnet von intensiven Bemühungen auf allen Seiten, die Bomber besser zu bewaffnen und sie schneller, größer und tragfähiger zu machen. Die Hauptlast der Angriffe übernahm bei den Deutschen die zweimotorige Gotha G IV, die Briten entwickelten die Handley Page 0/400, von der sie 800 Stück bauen ließen. Wahre Giganten waren die Siemens-Schuckert-Bomber, deren größte Typen sieben Maschinengewehre und acht Mann Besatzung hatten und 2500 Kilo Bomben aus beinahe 6000 Metern Höhe abwerfen konnten.[8]

Aber noch glichen die verwundbaren Bomber eher fliegenden Särgen als einer sicheren Waffe. Die Luftabwehr über London wurde immer effektiver, und von den Maschinen, die durchkamen, zerschellten viele nach der Rückkehr in einer Bruchlandung. Beim Angriff am 20. Mai 1918 verloren die Deutschen 20 Prozent ihrer eingesetzten Gothas, worauf sie den Bombenkrieg einstellten.[9]

Dass die Erfolge auf allen Seiten vergleichsweise gering und die Verluste hoch blieben, war kein Hindernis für sich immer haltloser entfesselnde Phantasien der Bomben-Strategen, die der Krieg freisetzte. Welch irrwitzige Blüten dies treiben konnte, zeigt sich am Beispiel der Obersten Heeresleitung im Kaiserreich, in deren Reihen man sogar an einen möglichen Zeppelin-Angriff auf New York dachte, frei nach den Theorien von H.G. Wells. Doch es gab das ernsthafte Ansinnen, die Wirkung der Angriffe durch andere Bestückungen der Flugzeuge zu vergrößern – mit den neu entwickelten Brandbomben. Ihr Abwurf unterblieb allein aus dem Grunde, weil Kaiser Wilhelm vor einer solchen Eskalation zurückschreckte und sie untersagte.

Die Westmächte waren kaum weniger entschlossen und erörterten ihrerseits, wie sich die Effektivität des Luftkriegs gegen Deutschland qualitativ und quantitativ steigern ließe. Was im Zweiten Weltkrieg den Charakter eines stetigen gegenseitigen Aufschaukelns von Aktionen und Reaktionen

Erste primitive Bombardements im Ersten Weltkrieg – eine Grafik aus dem britischen Magazin „The Sphere" vom 10. Oktober 1914.

Die ersten Großbomber, die in Serie gehen: eine deutsche Gotha G IV (Abb. 3, oben) und die britische Handley Page 0/400.

annehmen sollte, hat seine Ursprünge in dieser Zeit. Seit 1915 war es an der Front in Flandern nach dem ersten Einsatz chemischer Kampfstoffe durch die Deutschen immer wieder zu Gasangriffen auf beiden Seiten gekommen. Nun planten Briten und Franzosen, dieses Mittel auch aus Flugzeugen abzuwerfen – den Gaskrieg aus der Luft. Zudem stellten die Briten eine Fernbomberflotte auf, um massierte Angriffe gegen deutsche Städte zu fliegen und den „Krauts" auf diese Weise heimzuzahlen, was sie London angetan hatten. Im September

schrieb der neue Luftfahrtminister William Weir aufmunternd an Trenchard: „Es würde mir sehr gefallen, wenn es Ihnen gelänge, in einer deutschen Stadt einen richtigen Großbrand zu entfachen." Beide Vorhaben wurden jedoch nicht mehr in die Tat umgesetzt – am 11. November 1918 erfolgte die deutsche Kapitulation. Was nicht hieß, dass man sich gänzlich von den einmal entwickelten Plänen verabschiedete.[10]

Die Bilanz des ersten Bombenkrieges der Welt war – aus militärischer Sicht – kläglich. Er hatte trotz großer Anstrengungen, enormer Kosten und hoher Verluste unter den Zeppelin- und Flugzeugbesatzungen so gut wie keinerlei Auswirkungen auf den Ausgang des Krieges gehabt. Der Erfolg bei der Bekämpfung feindlicher Truppen sowie bei der Zerstörung von Nachschublinien, Industrieanlagen, Verkehrswegen und Häfen war bedeutungslos, die Zahl der Todesopfer durch Bomben unter den Erwartungen geblieben: Großbritannien hatte 1414 Luftkriegstote zu beklagen, Deutschland 729.[11] Die langfristigen Auswirkungen dieser neuen Art der Kriegsführung indes waren gravierend.

Die Erfahrungen der Bombenangriffe bedeuteten einen totalen Bruch mit dem vertrauten Bild des Krieges, für Militärs ebenso wie für Zivilisten. Die Menschen im Hinterland, fernab der Kampfhandlungen, sie wussten nun, dass auch sie im Falle von bewaffneten Auseinandersetzungen zwischen verfeindeten Nationen zu Opfern werden konnten. Die scharfe und psychologisch so gewichtige Trennlinie zwischen gefährlicher Front und sicherer Heimat hatte sich aufgelöst. Schon im Januar 1918 hatte der britische Generalstab dies erkannt – nicht zuletzt aus den langjährigen Erfahrungen der Seeblokkade gegen Deutschland, die auf das Aushungern der gesamten Bevölkerung abzielte – und konsequent den systematischen Angriff auf deutsche Städte empfohlen, weil damit die Industrieproduktion langfristig gestört und zugleich das Selbstvertrauen und die Zuversicht der Öffentlichkeit nachhaltig untergraben würde. Im Kaiserreich war man noch früher zu ganz ähnlichen Erkenntnissen gelangt.

Der Bevölkerungsmoral kam damit eine völlig neue Bedeutung zu: Sie war neben dem Militär, den Verkehrswegen und der Industrie nun selbst zum Angriffsziel geworden. Gleichwohl sollten die theoretischen und strategischen Konsequenzen aus dieser Erkenntnis auf Seiten der ehemaligen und künftigen Kriegsgegner sehr unterschiedlich ausfallen.

Willst du Frieden sichern, bereite den nächsten Krieg – Hinterland und Moral als Bombenziele

Die Tinte auf dem Versailler Friedensvertrag von 1919 war noch nicht ganz trocken, als sich die Militärstrategen in Europa und den USA bereits wieder Gedanken machten, wie der nächste Krieg geführt werden sollte. Freilich bauten ihre Überlegungen auf den Erfahrungen des gerade beendeten Konfliktes auf, und der ungeheuer verlustreiche Stellungskrieg

links: Giulio Douhet

rechts: Hugh Trenchard

hatte bewiesen, dass die herkömmlichen Strategien überholt waren. Das Trauma des massenhaften blutigen Abschlachtens in den Schützengräben saß tief in den Gesellschaften und zog sich durch alle Schichten. So etwa sollte sich, darin waren sich Militärs und Zivilisten einig, niemals wiederholen. Außerdem hatten weder das überlegene soldatische Können noch die bessere Bewaffnung von Heer und Marine die Entscheidung herbeigeführt. Vielmehr Kraft und Menge der Ressourcen, also die Menschen und das wirtschaftliche Potenzial. Schließlich war das Deutsche Reich nicht nur von außen her besiegt worden, im Kampf an den Fronten, sondern auch im Inneren zermürbt durch die Auswirkungen der Seeblockade, den Mangel an Medikamenten und Lebensmitteln, der millionenfachen Tod durch Krankheit und Hunger in die Heimat gebracht hatte.

Die Ressourcen rückten als Hauptziel ins Visier der Kriegsplaner, und unter „fortschrittlich" denkenden Militärs schien trotz ihrer geringen Erfolge die junge Luftwaffe das geeignete Mittel für diesen Zweck zu sein. Waren doch gerade auf dem Gebiet der Luftfahrt in den vergangenen Jahren die technisch größten Fortschritte erzielt worden – vom wackeligen und waffenlosen Eindecker von 1913 bis zum stabilen und leistungsfähigen großen Bomber. Nachgerade mit Hilfe dieses Typs ließe sich, so hoffte man, der menschen-, material- und zeitraubende Kampf auf dem Boden oder zur See gewissermaßen umgehen und direkt an die Kraftzentren des Gegners herankommen, um sie zu zerstören.[12] Diese Hoffnung beflügelte die Gedanken mehrerer Luftkriegs-Theoretiker. Was sie einte, war die Gewissheit, dass der nächste Krieg vor allem von der Hoheit über die dritte Dimension abhängen würde, von der Beherrschung der Luft.

Der erste, der solche Gedanken zum Konzept fügte, zur Luftkriegsdoktrin, war der italienische Fliegeroffizier Giulio Douhet. 1921 erschien sein Buch mit dem programmatischen

Titel „Il dominio dell'aria", zu Deutsch „Luftherrschaft". Seiner bereits 1918 in Grundzügen entwickelte Theorie lag die im Weltkrieg gewonnene Gewissheit zu Grunde, dass ähnliche künftige Konflikte allumfassend sein würden, mithin totale Kriege, und den ökonomischen und moralischen Faktoren daher die entscheidende Bedeutung zukam. Denn es war offenbar: Einheit und Zusammenwirken von Front und Heimat stellten nun die Achillesferse jeder Krieg führenden Nation dar.

Um den Gegner ins Herz zu treffen, empfahl Douhet den Bau einer großen Zahl von Bombern als Kernwaffe einer Streitmacht, die alle ihre anderen Gattungen nahezu überflüssig machen würde. „Was könnte gegen eine derartige Angriffsmacht eine Armee ausrichten, deren Verbindungslinien unterbrochen sind, deren Depots brennen und deren Produktions- und Versorgungsgebiete verwüstet sind? Wie könnte unter der dauernden Bedrohung einer baldigen und restlosen Vernichtung die Zivilbevölkerung eines Landes die staatliche und wirtschaftliche Ordnung aufrechterhalten und den ungebeugten Willen zum Durchhalten besitzen?"[13] Schließlich verursache die vollständige Zerstörung eines Zieles durch Bomber „außer einer materiellen auch eine moralische Wirkung, die von ausschlaggebender Tragweite sein kann. Letzteres gilt in besonderem Maße für Wohngebiete der Zivilbevölkerung".[14] Darin äußerte sich erneut der Ruf nach einer Taktik, die man später als „moral bombing" bezeichnen sollte. Und Douhet sah weder ein bloßes Drohszenario vor noch beschränkte er sich in seinen Thesen auf Angriffe mit konventionellen Waffen. Eine Bomberflotte, so folgerte er richtig, „kann außer Sprengstoffen auch chemisches und bakteriologisches Gift an jeden beliebigen Punkt des Feindgebietes befördern – bereits heute technisch gelöste Möglichkeiten, welche die Zukunft nur vervollkommnen kann."[15]

In der Tat waren die technischen Möglichkeiten bereits erprobt worden. Denn die Bombenkriegsführung gegen Zivilisten hatte in der Zwischenzeit keineswegs pausiert. Allerdings wurde sie fernab der europäischen Öffentlichkeit praktiziert, in den Kolonien und Mandatsgebieten. Frankreich, Italien und später auch Spanien gingen – unter anderem – auf diese Weise gegen Aufständische vor. Im Irak warfen britische Flugzeuge Anfang der 1920er Jahre Bomben auf die Bevölkerung, um sie zu demoralisieren und zur Unterwerfung zu zwingen.[16] Der besonders ehrgeizige und von dieser Strategie überzeugte Kommandant einer Fliegerstaffel wollte sogar seine Transportflugzeuge mit Bombenabwurf-Vorrichtungen ausrüsten lassen,

um dabei intensiver mitzutun. Dazu kam es zwar nicht mehr, doch die Versuche dieses Offiziers mit primitiven Bombenziel-Installationen brachten den Briten auf diesem Gebiet einen erheblichen Vorsprung gegenüber den anderen Mächten ein.[17] Sein Name war Arthur Harris. Als Chef des britischen Bomber Command sollte er zwei Jahrzehnte später den Beinamen „Bomber Harris" bekommen.

In der indischen und in den afrikanischen Kolonien Englands geschah Ähnliches wie im Irak[18], und der größte Befürworter dieser Taktik war der Stabschef der Royal Air Force, Hugh Trenchard. Wie so viele seiner Landsleute hatten ihn die Erfahrungen der Jahre 1914 bis 1918 zutiefst beunruhigt. Das Gefühl der relativen Sicherheit Englands, geschützt durch seine insulare Lage und die stärkste Flotte der Welt, hatte sich angesichts der Schrecken der deutschen Luftangriffe und der Bedrohung der Handelswege durch deutsche U-Boote verflüchtigt. Andererseits war der Ärmelkanal zwar ein natürliches Hindernis für eine schnelle, massive und sichere Entsendung von Bodentruppen auf den Kontinent – nicht aber für Flugzeuge. Das alles hatte Premierminister Baldwin vor Augen, als er die Erkenntnis auf den Punkt brachte: „Seit dem Auftauchen des Flugzeugs sind wir keine Insel mehr."

Trenchard plädierte, wie er es schon 1915 getan hatte, energisch für den Ausbau der britischen Bomberwaffe als bestes Mittel, um feindliche Industrieanlagen zu zerstören und die Moral der Bevölkerung zu untergraben. Zunächst konnte er sich damit nicht durchsetzen, denn die wirtschaftlichen Krisen der 1920er Jahre zwangen auch die Regierung seiner Heimat zu harten Sparmaßnahmen, die vor den Rüstungsprogrammen nicht Halt machten. Doch fanden Trenchards Gedanken nach langen, leidenschaftlich geführten und sehr kontroversen Diskussionen in der britischen Luftkriegsdoktrin von 1928 ihren Niederschlag. Darin wird als primäre Aufgabe der Luftstreitkräfte festgelegt, „solche Ziele anzugreifen, deren wirksame Bombardierung die gegnerische Widerstandskraft aushöhlt", also die Moral der Bevölkerung und die Widerstandskraft der Streitkräfte.

Dass im Ernstfall ein Angriff auf dicht besiedelte Industriezentren – zumal bei der damals noch sehr großen Zielungenauigkeit der Bombenabwürfe – auch zahlreiche Opfer unter der Zivilbevölkerung fordern würde, war offenkundig. Doch da im Krieg ohnehin sämtliche Ressourcen einer Nation, menschliche wie materielle, mobilisiert werden müssten, nahm man solche Kollateralschäden, um ein modernes Wort zu gebrauchen, stillschweigend in Kauf.

Bis 1930 sind die gängigen Jagdflugzeuge – hier eine deutsche Henschel 123 – gegenüber den Typen des Ersten Weltkrieges kaum weiterentwickelt worden. Sie fliegen nur unwesentlich schneller als die Bomber dieser Jahre .

In der Rückschau mag zunächst verwundern, dass sich kaum jemand Sorgen über die Verwundbarkeit der Bomber durch gegnerische Luftabwehr machte, namentlich durch Jagdflugzeuge. Dazu gab es jedoch noch keinen Grund, denn die um 1930 vorhandenen Jägertypen waren kaum schneller als die damaligen Bomber. Wie stark der Bomber das strategische Denken jener Ära dominierte, kam in einer Rede zum Ausdruck, die der britische Premierminister Stanley Baldwin 1932 im Unterhaus hielt: „Der Bomber kommt immer durch. Die einzige Verteidigung ist der Angriff, und das bedeutet, dass man mehr Frauen und Kinder schneller töten muss als der Feind, um sich selbst zu retten. Ich erwähne dies nur, … damit den Menschen klar wird, was sie erwartet, wenn der nächste Krieg kommt."[19] Auch diese Aussage war im Kern nur eine Konkretisierung der Thesen Douhets: „Wer auf Leben und Tod kämpft, … hat das heilige Recht, alle verfügbaren Mittel zu nutzen, um nicht selbst zu Grunde zu gehen."[20] Es waren prophetische, freilich von Clausewitz inspirierte Gedanken. Dahinter steckte eine weit verbreitete Entschlossenheit im Denken, die das spätere Schicksal vieler deutscher Städte besiegeln sollte, nachgerade im Fall Dresdens.

Wohlgemerkt, hinter solchen Aussagen wie der von Baldwin steckte auch der Wille und Wunsch, einen Konflikt schnell zu entscheiden und die Opfer auf beiden Seiten dadurch so gering wie möglich zu halten. Als Konsequenz kam es 1935 in England zur Gründung des „Bomber Command", in dem alle Fernkampfflugzeuge fortan zusammengefasst waren, um konzentrierte strategische Bombenschläge gegen das feindliche Hinterland zu führen. Vor derart ausufernden Terror-Theorien wie sie ein Giulio Douhet erdacht hatte, schreckte man jedoch vorläufig noch zurück, nicht nur in Großbritannien. Dort sollte sich das erst ändern, als Arthur Harris zum Oberbefehlshaber des Bomber Command ernannt wurde und Flächenbombenangriffe auf deutsche Städte auf die Tagesordnung des Zweiten Weltkriegs kamen. Der Boden für diese Taktik war im Denken und Planen der britischen Militärs gleichwohl wesentlich besser bereitet als anderswo.[21]

Die USA, die erst 1917 in den Krieg eingetreten waren, hatten zwar keine eigenen Erfahrungen mit der Bomberwaffe gemacht. Doch setzten sich auch ihre Militärstrategen mit den im Weltkrieg gewonnenen Erkenntnissen auseinander, die aber zu unterschiedlichen Deutungen sowie – ähnlich wie in Großbritannien – zu Streitigkeiten unter den Vertretern der verschiedenen Waffengattungen führten. Populärster Vertreter der „Bomber-Fraktion" wurde General William Mitchell, der mit den Gedanken Douhets bereits seit 1917 vertraut war.[22]

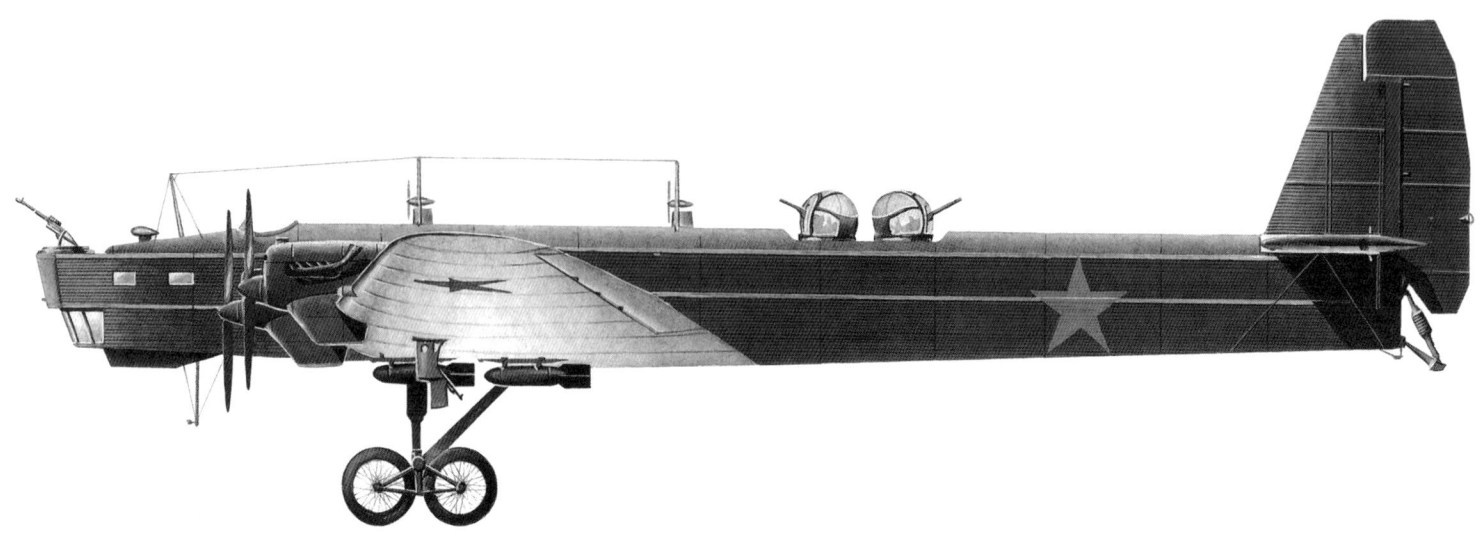

Die russische Tupolew TB-3 ist der erste viermotorige Bomber der Welt. 1932 geht er in die Serienproduktion.

Auch er forderte nachhaltig den Aufbau einer mächtigen Fernbomberflotte, um die Nervenzentren des Feindes im Hinterland zu treffen und so jeden Widerstandswillen zu brechen. Doch innerhalb der Luftwaffe dominierte die Ansicht, ihr eigentlicher Zweck sei die Unterstützung der Bodentruppen aus der Luft. 1925 entließ man den unbequemen General aus den Streitkräften, wegen „Schädigung ihres Ansehens".[23] Die Luftwaffe wurde zunächst im Wesentlichen mit Blick auf ihre untergeordnete Funktion innerhalb des US-Militärs ausgebaut, nämlich zur Verteidigung der Küsten.

Mitchells Ideen sollten jedoch seine Karriere überdauern und fanden 1938 doch noch in die offizielle Luftkriegsdoktrin der Vereinigten Staaten Eingang, wenngleich in abgeschwächter Form. Darin hieß es nun, die Hauptaufgabe der US-Fernbomberwaffe bestehe in der Zerstörung lebenswichtiger Ziele des Gegners und der Brechung seines Widerstandswillens durch Präzisionsangriffe, also durch gezielte strategische Attacken auf wirtschaftlich-industrielle Objekte. Nur unmittelbar vor dem absehbaren Kriegsende waren zur Verkürzung des „Endkampfes" Terrorangriffe gegen die Bevölkerung vorgesehen.[24] Diese Strategie wurde im Zweiten Weltkrieg auch exekutiert.

Erst im gleichen Jahr (1938) intensivierte man in den wirtschaftlich und industriell überaus potenten USA den Ausbau der Bombenflotte, bestehend aus großen, trag- und leistungsfähigen Viermotorigen wie den Langstrecken-Bombern B-17 „Flying Fortress" (Fliegende Festung) und B-24 „Liberator" (Befreier). Das Fernbomber-Prinzip war eine logische Konsequenz aus der geografischen Lage der USA, die Tausen-

de von Kilometern entfernt lagen von ihrem damals wahrscheinlichsten Gegner – Japan. Die Luftverteidigung konnte man demgegenüber getrost vernachlässigen; es gab keine andere Bombenflotte der Welt, die technisch in der Lage gewesen wäre, das Territorium der Vereinigten Staaten zu attackieren.[25]

Die kontinentaleuropäischen Mächte gingen in ihren Luftkriegsstrategien andere Wege als Großbritannien. Das lag zum einen an der Dominanz der traditionellen Waffengattungen Heer und Marine im Denken der Militärs und zum anderen – im Fall Deutschlands und Frankreichs – der geografischen Nähe der Länder zueinander, die zudem kein Kanal trennte. In Paris entwickelte sich außerdem ein erbittertes Konkurrenzdenken zwischen den Vertretern der verschiedenen Armeeteile, mit dem Ergebnis, dass die Entwicklung einer einheitlichen Luftkriegsdoktrin verhindert und das Aufgabenfeld der Luftwaffe auf die Unterstützung der Bodentruppen reduziert wurde. Die Folge war, dass Frankreich beim Ausbruch des Zweiten Weltkriegs über keine nennenswerte Bomberwaffe verfügte.[26]

Die Bereitschaft einiger Militärs, notfalls bis zum Äußersten zu gehen und Flächenbombardements mit Giftgas ins Auge zu fassen, hatte sich jedoch schon Anfang der 1920er Jahre in einer Aussage des Armee-Oberkommandierenden Marschall Foch widergespiegelt: „Der chemische Krieg findet im Flugzeug das ideale Mittel, seine verhängnisvolle Wirkung in ausgedehnten Gebieten durchzuführen."[27] Doch galt in der strategischen Planung bis zuletzt das Gebot, dass sich die Luftwaffe mit ihren Jägern und kleineren Bombern auf die taktisch-operative Unterstützung von Bodentruppen zu beschränken habe.

Anders in der noch jungen Sowjetunion, deren riesiges Territorium den Aufbau einer Luftflotte von Fernbombern geradezu nahe legte. Auch hier waren die Douhetschen Theorien wohlbekannt und hatten zusammen mit den Kriegserfahrungen einige führende Militärs dazu bewogen, die Möglichkeiten eines strategischen Luftkriegs näher ins Auge zu fassen. Zumal man darin ein probates Mittel sah, die kommunistische Revolution auch durch Bombardierung feindlicher Industriezentren in andere Länder exportieren zu können. Denn, so die Überlegung, fortgesetzte Angriffe auf Fabriken und Betriebe könnten die Arbeiter dazu bewegen, sich für eine Kapitulation einzusetzen, sich gegen die „ausbeuterischen" Systeme aufzulehnen und die Regierungen schließlich zu stürzen.

Gleichwohl blieb unübersehbar, dass Russland vor allem eine Landmacht mit weit entfernten und langen Grenzen war, deren Verteidigung im Kriegsfall oberste Priorität hatte. Deshalb stand bei den Aufgaben der Luftwaffe die Unterstützung des Heeres an oberster Stelle, nicht der Bombenkrieg.[28] Zwar wurde in den 1930er Jahren eine Luftkriegsdoktrin entwickelt, die auch Fernbomberangriffe auf feindliche Städte vorsah. Terrorbombardements auf die gegnerische Zivilbevölkerung waren darin jedoch nicht ausdrücklich vorgesehen.

Bis heute wird vereinzelt behauptet, die Sowjetunion habe während des Zweiten Weltkriegs bis zuletzt aus moralischen Gründen auf Terrorangriffe verzichtet. Diese Sonderrolle hat die UdSSR gleichwohl nie gespielt. Wohl agierte sie im Bombenkrieg gegenüber den USA, Großbritannien und Deutschland vergleichsweise zurückhaltend. Doch lag dies daran, dass ihre Bomberwaffe zu mehr überhaupt nicht in der Lage war. Denn obwohl die Sowjets 1932 mit der Tupolew TB-3 den ersten viermotorigen Langstreckenbomber serienmäßig produzierten und in Dienst stellten, hatten sie sich schwerpunktmäßig auf den Aufbau der Jagd- und Schlachtfliegerwaffe verlegt. Zusätzliche Hemmnisse beim Aufbau einer moderneren Bombenwaffe waren die wirtschaftliche und industrielle Rückständigkeit der von Krieg und Bürgerkrieg verwüsteten Sowjetunion gegenüber den westeuropäischen Nationen sowie der Mangel an fähigen Strategen und Kommandeuren: Während Stalins so folgenreicher „Säuberungswelle" in den Reihen der Militärs rollten auch die Köpfe der besten Luftwaffenkräfte.[29] Als der Zweite Weltkrieg begann, war der Bomber rein zahlenmäßig mit 1600 Maschi-

Im russischen Lipzek lässt die Deutsche Reichswehr zwischen 1925 und 1933 insgeheim Hunderte Piloten ausbilden.

nen in der russischen Luftwaffe durchaus stark präsent. Über die tatsächliche Bedeutung und den strategischen Wert dieser Gattung sagt das freilich wenig aus: Die erfahrensten Befehlshaber waren ermordet und die Flugzeugtypen veraltet, sodass die UdSSR nur wenige Luftangriffe auf Städte in Deutschland oder mit Deutschland verbündete Länder durchführen konnte, obwohl sie das gerne in größerem Umfang getan hätte.

Auch in der Sowjetunion beschränkte sich die Erprobung neuer Bombenkriegs-Taktiken nicht auf Versuche mit herkömmlichen Sprengmitteln. Mitte der zwanziger Jahre erprobte eine seltsame Allianz aus deutschen und russischen Fliegeroffizieren in der UdSSR den Einsatz kleinerer Maschinen mit Sprühvorrichtungen; den Gaskrieg aus der Luft, wie er von den Spaniern in ihrer Kolonie Marokko im selben Jahr gegen Aufständische bereits praktiziert wurde[30] (und 1936 von den Italienern in Äthiopien). Doch die Ergebnisse überzeugten beide Seiten nicht.

Angriff ist die beste Verteidigung – Vorbereitungen auf den neuen Ernstfall

Bereiten sich Militärs auf einen bewaffneten Konflikt vor, so gehen sie für gewöhnlich davon aus, dass der nächste Krieg wie der vorherige ablaufen wird. Für die Deutschen war die Erfahrung des Zweifrontenkriegs – neben der Verletzlichkeit des Hinterlandes – das vielleicht einschneidendste Erlebnis gewesen. Weil die Bombardierungen Londons zudem keine messbaren Auswirkungen auf den Kriegsverlauf gehabt hatten, hielt das Oberkommando der Reichswehr Anfang der 1920er Jahre strategische Bombenoffensiven für den falschen Weg in die kriegerische Zukunft. Überhaupt blickte man zunächst einmal auf die verwundbarste Stelle: das eigene Land.

Das Reich war von alten und vielleicht auch künftigen Geg-

links: Überall im Deutschen Reich finden wie hier über Dresden unter dem Schutz diverser Tarnorganisationen Ausbildung und Manöver von Piloten statt. Diese Maschinen des SA-Fliegersturms, gesteuert von Ernst Fröde und Willy Schwarz, sind passenderweise finanziert von der Dresdner Zigarettenmarke „Sturm".

rechts: General Walter Wever beginnt 1933 den planmäßigen Aufbau einer deutschen Luftwaffe. Er stürzt 1935 über dem Flughafen Dresden tödlich ab.

nern umgeben, ein Eindringen in den Luftraum von allen Seiten möglich, eine effektive Verteidigung unmöglich. Wie konnte man sich gegen diese potenziellen Gefahren wappnen? Allein 57 Kommissionen analysierten genauestens die Ereignisse des letzten Krieges, gleich mehrere davon widmeten sich ausführlich den Luftkrieg. Nach Zusammentragung der Ergebnisse kam das Oberkommando der Reichswehr schließlich zu dem Schluss, die beste Verteidigung könne nur der Angriff sein. Auch das stand in Entsprechung zum Douhetismus, dessen Schöpfer auf die Frage nach dem einzig möglichen Schutz vor Luftattacken ebenfalls geantwortet hatte: „Durch den Angriff!"[31]

Die deutschen „Richtlinien für die Führung des operativen Luftkriegs" von 1926 waren in ihrer diesbezüglichen Ausrichtung ein Sowohl-als-auch: Sie sahen Bombenangriffe auf das feindliche Hinterland vor, also den strategischen Weg, aber im Schwerpunkt einen taktisch-operativen Kurs, der in

einer gezielten Unterstützung von Bodentruppen durch kleinere Kampfmaschinen bestehen sollte.[32]

In Deutschland wie in sämtlichen übrigen europäischen Nationen verlegte man sich bis tief in die 1930er Jahre hinein bei der Entwicklung und beim Bau von Bombern nahezu ausschließlich auf zweimotorige Maschinen. Das hatte seine Ursachen vor allem in der wirtschaftlich überaus problematischen und unruhigen Ära der 1920er. Auch die Streitkräfte mussten auf den Mangel an finanzieller Unterstützung reagieren und zugleich dafür Sorge tragen, dass sie trotz knapper Mittel im internationalen Konfliktfall ein Höchstmaß an Sicherheit garantieren konnten. Die Luftwaffen waren daher gezwungen, einen Bestand an möglichst vielseitigen Maschinen aufzubauen.[33] In dieser Situation stellte der zweimotorige Bomber den geeigneten Kompromiss dar. Er war relativ kostengünstig herzustellen, stark genug für eine ausreichende Bomben- oder Transportlast und in leichten technischen

Am 25. Juni 1933 simuliert die Luftwaffe am Dresdner Flughafen den Bombenangriff auf eine feindliche Stadt. Dabei fliegt auch eine zivile Verkehrsmaschine der Luft Hansa vom Typ Junkers G-38 mit.

Abwandlungen ausreichend schnell für Aufklärungs- und Schlachteinsätze, teils sogar für Jagdaufgaben.

Die Konzentration auf solche Typen hatte in Deutschland noch einen weiteren Grund: Da dem Reich laut Versailler Vertrag eine eigene Luftwaffe verboten war, konnte es auch keine praktischen Versuche mit Fernbombern unternehmen und Erfahrungen mit größeren Maschinen sammeln. Das Militär musste daher eng mit der zivilen Luftfahrt zusammenarbeiten, und die ließ wegen der kürzeren Kontinental-Entfernungen, die sie zu überbrücken hatte, fast nur zweimotorige Transport- und Passagierflugzeuge herstellen.[34] Was für die anderen Nationen galt, traf für Deutschland in besonderem Maße zu: Die Entwicklung der militärischen Luftfahrt zwischen den Kriegen war ohne die enge Kooperation mit der zivilen undenkbar.

Das geschah insgeheim im eigenen Land und für ein paar Jahre in besonders intensivem Maße in Russland. Die bereits erwähnte Zusammenarbeit zwischen sowjetischen und deutschen Militärs sowie Zivilbehörden ist eines der seltsamsten und bis heute kaum beachteten Kapitel der Zwischenkriegsgeschichte beider Nationen, und in Bezug auf die Entwicklung der Luftstreitkräfte dieser so unterschiedlichen politischen Gebilde eines der effektivsten. Es war ein gegenseitiges Geben und Nehmen, von dem beide Seiten erheblich profitierten: 1925 entstand nahe der Stadt Lipzek, 400 Kilometer südlich von Moskau, ein Flugzentrum der Reichswehr. Sie bildete dort Personal aus, hauptsächlich Jagdpiloten, und erprob-

te neue Flugzeugtypen, die deutsche Unternehmen im Ausland herstellten. Viele dieser Prototypen hatten einen recht kurzen Weg vom Produktions- zum Erprobungsstandort. Sie liefen nur 40 Kilometer vor Moskau vom Band, in Fili, wo die Junkers-Werke eine Flugzeugfabrik errichtet hatten. Hier wurden auch größere Maschinen gefertigt, die im Frieden Passagiere und Fracht transportieren, im Krieg aber nach wenigen einfachen Umbauten auch Bomben aufnehmen und abwerfen konnten. Bis Adolf Hitler, der Stalin zunehmend misstraute, diese Zusammenarbeit 1933 untersagte, ließ die Reichswehr in Lipzek Hunderte Piloten ausbilden, die später den Kern der deutschen Luftwaffe bildeten. Die Sowjets nahmen an den Erprobungen und Lehrgängen teil, sie waren informiert über Ergebnisse der Flugzeugentwicklungen und an den technischen wie strategischen Planungsprozessen beteiligt.[35] Als diese Episode endete, hatten die Russen wahrscheinlich stärkeren Nutzen aus der Kooperation mit den Deutschen gezogen als umgekehrt.

Doch der Zwang zur Geheimhaltung der deutschen Luftrüstung entfiel ohnehin schon bald dadurch, dass Adolf Hitler ihn schlichtweg ignorierte. Unmittelbar nach der so genannten Machtergreifung der Nationalsozialisten 1933 kurbelte sein neuer Luftwaffenchef Hermann Göring, ein im Krieg hoch dekorierter Jagdflieger und Vertrauter des „Führers", die Flugzeugentwicklung und -produktion an; Deutschland rüstete auf für den Krieg. Das geschah zunächst noch unter eher fadenscheinigen Tarnungen und nach Hitlers Aufkündigung der Versailler Beschränkungen für die deutsche Armee am 16. März 1935 in aller Offenheit. Nun wurde die faktisch längst bestehende Luftwaffe auch offiziell gegründet und im Juni ein erstes Luftrüstungsprogramm beschlossen, das bis 1935 den Aufbau von 51 Fliegerstaffeln vorsah – allein 27 davon Bomberstaffeln mit insgesamt 822 Maschinen.[36] Doch dies war nur ein bescheidener Anfang.

Die Armeen der übrigen Länder erlebten ebenfalls eine Blüte, zunächst in den Diktaturen, dann auch in demokratischen Staaten. Die Weltwirtschaftskrise war abgeklungen, ein Aufschwung im Gange, der technische Fortschritt entwickelte sich rasant und mit ihm die Rüstung. Nirgendwo aber waren Fortschrittsglaube und eigene Hybris so eng und unheilvoll verzahnt wie in Deutschland, dessen neue Machthaber den Krieg nicht als Gefahr betrachteten, sondern als einziges Mittel zur Durchsetzung ihrer außenpolitischen Pläne: Vorherrschaft über Europa und großräumige territoriale Ausdehnung nach Osten.

Die Bristol Blenheim ist beim Ausbruch des Zweiten Weltkrieges der zahlenmäßig am stärksten vertretene britische Bomber.

Göring stützte sich bei der Umsetzung seiner Luftrüstungs-Politik vor allem auf zwei Personen: auf Luftwaffenstabschef General Walter Wever und auf den früheren Lufthansa-Direktor Erhard Milch, der Adolf Hitler schon zu dessen Wahlkampf-Zeiten großzügig eine Junkers Ju-52 zur Verfügung gestellt hatte. Wever spielte beim Aufbau einer schlagkräftigen Luftwaffe die Rolle des Taktikers und Strategen, während Milch sich um Logistik und Produktion kümmerte. Und Wevers Credo lautete: „Die entscheidende Waffe eines Luftkrieges ist der Bomber. Nur der Staat, der über starke Bomberkräfte verfügt, kann von seiner Luftwaffe eine kriegsentscheidende Handlung erwarten."[37]

Dass es für einen wirklich effektiven Einsatz des Flugzeugs sowohl fortwährender technischer Verbesserungen als auch intensiver Schulungen des Personals bedurfte, sollte Wever sehr bald selbst unfreiwillig demonstrieren: Am 3. Juni stürzte er mit seinem Flugzeug über dem Dresdner Flughafen ab und starb. Lange Zeit hielt sich das Gerücht, Wevers Flugunfall sei die Folge eines Attentats politischer Widersacher gewesen. Heute kann das mit Sicherheit ausgeschlossen werden. Wevers Abflug hatte sich verzögert, deshalb unterließ der General in der Eile die Überprüfung seiner Maschine vor dem Start und vergaß, die Blockierung des Querruders wieder zu lösen. Kurz nach dem Abheben kippte seine Heinkel He-70 zur Seite, geriet immer mehr in Schräglage und bohrte sich schließlich in den Boden.[38]

Wevers Besuch hatte der gerade eröffneten Luftkriegs-

schule in Dresden-Klotzsche gegolten, der ersten im Reichsgebiet, der bald etliche weitere folgten. Nicht nur in Dresden war die Aufrüstung bereits seit den 1920er Jahren in vollem Gange. Unter ziviler Tarnung wie der Deutschen Verkehrsfliegerschule hatte die Reichswehr hier sowie an verschiedenen anderen Orten im Reich in großem Stil Personal für ihre künftige Luftwaffe ausbilden lassen, auf getarnten Stützpunkten zwischen Rügen und Bayern, vom Emsland bis Ostpreußen. Auch der SA-Fliegersturm führte nicht nur in Dresden mit eigenen Eindeckern fleißig Schulungen und Flugmanöver durch. Den neuen, modernen Flughafen Klotzsche nutzten nach seiner Einweihung 1935 Militär und zivile Gesellschaften vorerst gemeinsam, doch geriet er bis 1940 schrittweise ganz unter Aufsicht und Verwaltung der Wehrmacht.[39] Die Lehrgänge an der Schule fanden in allen fliegerischen Disziplinen statt, hier und unter Nutzung der „Fliegerhorst-Filialen" in Kamenz und Riesa wurden Manöver veranstaltet und mehrere Maschinen der diversen Gattungen stationiert: Transporter, Jäger, Aufklärer und Bomber. Nach Kriegsbeginn sollte der Flughafen fast ausschließlich militärischer Nutzung vorbehalten bleiben.

Die Heinkel He-111, der vom Typ her vergleichbare deutsche Konkurrent der Blenheim, trägt in den ersten Kriegsjahren die Hauptlast der Bombenattacken der Luftwaffe.

1936 verkündete Adolf Hitler den Vierjahresplan. Er sah vor, die deutschen Streitkräfte bis 1940 auf einen Stand zu bringen, der sie beim Ausbruch des Angriffskriegs den Armeen aller anderen Nationen des Kontinents überlegen machen würde. Obwohl die Luftwaffe viermotorige Bomber konzipierte – man wollte gegenüber Russland und England auf diesem Gebiet nicht gänzlich ins Hintertreffen geraten –, setzte sie weiterhin überwiegend auf den kleineren zweimotorigen Schnellbomber, der nach dem Willen Hitlers alles können sollte: eine ausreichende Anzahl Bomben transportieren und es gleichzeitig an Geschwindigkeit und Bewaffnung mit einem Jäger aufnehmen. Auf solche Modelle wie die Junkers Ju-88, die Dornier Do-17, die Heinkel He-111 und den einmotorigen Sturzkampfbomber Ju-87 (den „Stuka") baute ab Mitte der 1930er Jahre die gesamte, später so genannte „Blitzkrieg"-Strategie eines deutschen Angriffs. In der Vorschrift über Luftkriegsführung hieß es 1935: „Die Luftgefährdung des eigenen Landes zwingt von Kriegsbeginn an zu offensivem Einsatz von Kampfkräften gegen die Luftwaffe des Gegners im Feindgebiet."[40] Auch die Möglichkeit, den Widerstandswillen der Bevölkerung durch Luftattacken zu brechen,

war einkalkuliert, jedoch ausdrücklich noch nicht der Terrorangriff auf Städte – bis zum Jahr 1942.[41] In dieser Hinsicht wiesen die deutsche und die US-amerikanische Luftkriegsdoktrin nur einen graduellen Unterschied auf.

Das Hauptziel bestand darin, durch schnelle und konzentrierte Schläge die feindlichen Fliegerkräfte auszuschalten und anschließend die eigenen Bodentruppen zu unterstützen, denen dann aus der Luft keine Gefahr mehr drohen würde. Konkret sah die Strategie für die einzelnen Gattungen der Luftwaffe Folgendes vor: Jagdflieger würden den gegnerischen Luftraum freikämpfen, Stukas dem Heer den Weg freibomben, während Schnellbomber die Infrastruktur des Feindes zerstören sollten – ein vor allem taktisch-operatives, weniger ein strategisches Vorgehen. Der Einsatz von Gas war dabei keineswegs ausgeschlossen.

Trat das Prinzip des strategischen Bombenkrieges auch vorübergehend in den Hintergrund, so wurde es doch nicht fallen gelassen. In Manövern übte die Luftwaffe diese Taktik bereits seit Jahren. So etwa am 25. Juni 1933 beim Nationalsozialistischen Großflugtag am alten Dresdner Flughafen auf dem Hellerberg, wo unter großer Anteilnahme der Bevölkerung 19 Bomber den Großangriff mehrerer Geschwader auf eine Stadt simulierten.[42] Diese „Stadt" bestand aus einigen Häusern aus Holz und Pappe. Die Bombenattrappen fanden ihr Ziel, die Gebäude wurden mit Öl und Holzwolle angezündet, das Feuer fraß die Stadt, und die Zuschauer applaudierten begeistert. Dass sogar eine viermotorige Passagier-Junkers G-38 der Luft Hansa die Übung mitflog, hatte wohl eher symbolischen Wert: als Zeichen der engen Zusammenarbeit zwischen Militär- und ziviler Luftfahrt und als Demonstration, dass auch Deutschland in der Lage sei, Großbomber für Ferndistanzen zu entwickeln.

Doch den systematischen Aufbau einer Fernbomberwaffe hatte Göring zunächst verschoben. Viermotorige oder große zweimotorige Maschinen mit erheblicher Reichweite und Tragfähigkeit sollten erst nach Eroberung und Sicherung einer kontinentaleuropäischen Machtbasis in mehreren kleineren Kriegen in großer Menge hergestellt werden. Doch so weit kam es bekanntlich nicht. Außerdem blieben Versuche mit moderneren Prototypen wie dem „Uralbomber" – schon der Name zeigt, wohin es später gehen sollte –, der Junkers Ju-89, eher unbefriedigend. Deutschland konnte seinen Rückstand in dieser Flugzeug-Gattung nicht mehr aufholen, eine eigenständige Kampfeinheit aus Großbombern sollte das „Dritte Reich" bis Kriegsende nie besitzen. Dafür aber eine immense Anzahl solcher Flugkörper, die sich allein schon durch ihre allenfalls grobe Zielvorrichtung als wahre Terrorwaffe entlarvte: unbemannte Fernraketen, randvoll mit Treib- und Sprengstoff. Erste Versuche mit geeigneten Triebwerken waren von deutschen Technikern bereits vor Kriegsausbruch unternommen worden, zum Teil mit Erfolg. Das hatte im mittelfristigen Kalkül des „Wunderwaffennarren" Hitler durchaus sein Gewicht.

Für ein „höheres Ziel" – Luftkrieg und Völkerrecht

Ende der 1930er Jahre standen sich Luftwaffen gegenüber, die trotz aller Rüstungsanstrengungen der letzten Jahre technisch und zahlenmäßig noch nicht in der Lage waren, ihre geplanten Aufgaben voll zu erfüllen. Unter ihnen war die deutsche mittlerweile die vergleichsweise modernste und schlagkräftigste. Im Gegensatz zu den Einheiten der USA bestand das Gros der britischen Bomberflotte wie das der deutschen aus kleineren zweimotorigen Maschinen wie der Bristol Blenheim, von der sie allerdings weniger als das Dritte Reich besaß: 1939 verfügte die Royal Air Force über etwas mehr als 900 Bomber, die Luftwaffe über knapp 1200 sowie 360 einmotorige „Stuka". Für die Briten war dies eine besonders prekäre Situation, zumal sie sich nach ihrer Doktrin eigentlich auf den Ausbau einer strategischen Bomberwaffe hätten konzentrieren müssen. Doch selbst den zögerlichen Anträgen der Air Force verweigerte das Parlament 1937 seine Zustimmung und beschloss im Folgejahr zudem nur geringfügige Aufstockungen der Luftverteidigung. Diese Versäumnisse waren hauptverantwortlich für die anfängliche Schwäche der britischen Bomberwaffe und der Luftverteidigung im Kampf gegen Deutschland.[43] Der Londoner Historiker Max Hastings fällt darüber ein Urteil, wie es vernichtender kaum sein könnte: „In der Geschichte des Krieges war selten ein Truppenteil seiner wichtigsten Aufgabe so sicher – die Erfüllung der Trenchard-Doktrin – und doch so ignorant gegenüber den Erfordernissen ihrer Umsetzung wie die Royal Air Force der Zwischenkriegszeit."[44] Dabei blendet Hastings freilich aus, welch erhebliche Mitverantwortung die Politik an dieser Entwicklung trug.

Das Zaudern der Unterhausabgeordneten änderte sich erst im März 1939, als Hitler nach dem Sudetenland auch die Rest-Tschechoslowakei besetzen ließ und nun kaum mehr übersehen werden konnte, dass ein Krieg unausweichlich war. Zwar gab es unter Europas Politikern noch immer Repräsentanten einer verzweifelten Friedensstrategie, darunter den britischen Premier Chamberlain, doch Hitler hatte die Luftwaffe bei jeder Annexion mit großem Erfolg als Drohmittel eingesetzt und kaum jemand hatte daran gezweifelt, dass er sie notfalls auch einsetzen würde. Unter diesem Eindruck beschleunigte die Royal Air Force nach dem Vorbild der Amerikaner die Umstellung der Bomberwaffe auf große viermotorige Maschinen. Deren wichtigste und meistgebaute Vertreterin wurde die Avro Lancaster Mark III, und auch jene Verbände, die 1945 Dresden angreifen sollten, setzten sich hauptsächlich aus Lancastern zusammen. Die Rote Armee hatte ihre Strategie mittlerweile geändert und sich beim Bomberbau nun gleichfalls verstärkt auf Viermotorige verlegt. Nur die deutsche Luftwaffe blieb beim einmal eingeschlagenen Weg der Schnellbomber, auf dem sie in den ersten Kriegsjahren zunächst auch viele Erfolge verbuchen konnte.

So unterschiedlich die Strategien sich im Detail gestalteten: Auf allen Seiten war klar, dass es im Kriegsfall zu Bombenangriffen auf das feindliche Hinterland kommen

Die Junkers Ju-52 alias „Tante Ju" wurde schon in den 1920er Jahren als Verkehrsflugzeug entwickelt. 18 zu Bombern umgebaute Maschinen dieses Typs sind 1937 am Angriff der deutschen „Legion Condor" auf Guernica beteiligt.

würde, Städte und Zivilisten ins Visier geraten konnten oder sollten. Und trotz drohender Kriegsgefahr existierte immer noch kein international verbindliches Luftkriegsrecht, das ein solches Vorgehen ächtete. Wohl gab es die Haager Landkriegsordnung und das Völkerrecht, die den Angriff auf Städte und Dörfer im Kampfgebiet nur erlaubten, wenn sie verteidigt wurden oder sich militärische Ziele innerhalb ihrer Grenzen befanden. Aber zum einen konnten in der Praxis auch ein Bahnhof oder eine Straßenkreuzung und erst recht ein Industriebetrieb mitten im Wohngebiet solche Ziele sein. Zum anderen waren als Konsequenz daraus Opfer unter der Bevölkerung schon in der Theorie von den Völkerrechts-Autoren quasi legitimiert worden. Nämlich dann, wenn der Angriff ein „höheres Ziel" verfolgte, den schnellen Sieg und die Beendigung der Kämpfe. Also praktisch immer, denn auf diese Einschränkung der Beschränkung konnten sich in entsprechender Argumentation alle Befürworter von strategischen und Terror-Bombardements berufen[45], was auch geschah.

Es hat durchaus Versuche von Vertretern verschiedener Nationen gegeben, die Bestimmungen zum Schutz der Bevölkerung im Luftkrieg zu verbessern und juristisch zu ratifizieren. Doch bindende Vereinbarungen entstanden daraus

nicht.[46] Zu tief wurzelte auf allen Seiten die Überzeugung, dass im Krieg der Bomber als Waffe und die Moral der Zivilisten als Ziel von entscheidender Bedeutung sein würden. Zu genau wusste man auch, dass die Bombenzielvorrichtungen noch gar keine wirklich präzisen Abwürfe ermöglichten.

Was blieb, waren Lippenbekenntnisse. Noch am Tag des Kriegsausbruchs erklärten auf Initiative von US-Präsident Roosevelt Amerika, Deutschland, Frankreich und England, man werde absichtliche Terrorangriffe auf Zivilisten unterlassen. Aber für den Fall, dass der Gegner damit anfange, behielten sich alle Parteien die Reaktion mit gleichen Mitteln vor. Damit waren dem unterschiedslosen Bombenkrieg gegen Zivilisten Tür und Tor geöffnet. Großbritannien, Deutschland und die USA exerzierten ihn bald am hemmungslosesten – und bewiesen indirekt, welch grobe Fehleinschätzung schon den Gedankengebäuden von Douhet und Trenchard innewohnte: An keinem Ort kam es auch nach schwersten Flächenbombardements zur ernsthaften Beeinträchtigung geschweige denn zum Zusammenbruch der Bevölkerungsmoral. Doch ein erster Schritt zur Eskalation war bereits getan. Der moderne Bombenkrieg hatte 1937 in einem kleinen Ort im spanischen Baskenland gezeigt, wozu er in der Lage war: in Guernica.

Von Guernica bis Hiroshima

Die Entgrenzung des Bombenkriegs – 1937 bis 1945

Von Sven-Felix Kellerhoff

Katastrophe aus Versehen

Die Ironie der Geschichte ist mitunter zynisch: Der erste Terrorangriff der Kriegshistorie, bei dem eine ganze Stadt aus der Luft zerstört wurde, der zum Symbol der Unmenschlichkeit wurde und bis heute als Synonym für Kriegsverbrechen steht, er war nicht beabsichtigt, sondern ein „Unfall". Am 26. April 1937 gegen 16.30 Uhr brummten vom Meer her drei italienische Flugzeuge auf die baskische Kleinstadt Guernica nordöstlich Bilbao zu. Sie nahmen Kurs auf die Brücke über den Rio de Oca und eine Straßengabelung, die am Rande der von rund 5.000 Menschen bewohnten Ortschaft lag. Als die drei Maschinen sich in 3800 Meter Höhe ihrem Ziel näherten, lösten die Piloten ihre tödliche Fracht aus. 36 Bomben von jeweils 50 kg Gewicht trafen Häuser am Stadtrand; die Brücke wurde nicht getroffen.

Eine Viertelstunde später traf eine zweite Welle von Flugzeugen über dem nun bereits von Rauchwolken verdeckten Ziel ein. Diesmal waren es deutsche Flugzeuge: 18 für den Bombenabwurf umgebaute Transportmaschinen des veralteten Typs Junkers Ju-52, zwei moderne Schnellbomber Heinkel He-111 und eine Dornier Do-17. Die 21 Maschinen gehörten zur „Legion Condor", einer etwa 5500 Mann starken Truppe, die Adolf Hitler dem aufständischen General Francisco Franco zur Unterstützung geschickt hatte. Der nationalistische Offizier hatte 1936 gegen die Volksfrontregierung in Madrid geputscht und damit den Spanischen Bürgerkrieg entfesselt. In der aufgeheizten politischen Lage Mitte der dreißiger Jahre entwickelte sich daraus ein „Stellvertreterkrieg", bei dem die Sowjetunion die zum großen Teil kommunistisch gesinnten Republikaner militärisch unterstützte, während NS-Deutschland und Mussolinis Italien die neuesten Produkte ihrer Rüstungsschmieden einschließlich eigener Soldaten zugunsten Francos faschistischer Sammlungsbewegung „Falange"

schickten. Die Einmischung aller drei Staaten wie auch der „Internationalen Brigaden" von Antifaschisten aus vielen Nationen Europas widersprach den Grundsätzen des Völkerrechts, doch die demokratischen Großmächte England, Frankreich und die USA ließen die europäischen Diktaturen gewähren. Spanien wurde so zum realistischen „Testfall" für jene neuen Waffen, die ab September 1939 praktisch ganz Europa in Schutt und Asche legen sollten.

Die 21 Flugzeuge der „Legion Condor" ließen an jenem 26. April 1937 weitere 25 Tonnen Bomben auffallen, und zwar sowohl schwere Sprengbomben von 250 Kilogramm als auch kleine Brandsätze. Am selben Abend meldete der deutsche General Hugo Sperrle an seine Vorgesetzten nach Berlin: „Sämtliche fliegenden Verbände der Legion Condor in mehrmaligem Einsatz. Angriff auf zurückgehenden Gegner auf Straßen nördlich Monte Oiz und auf Brücke und Straßen ostwärts Guernica."[1] Das Ergebnis des Angriffs war fürchterlich: Die Stadt, vorwiegend aus Holz gebaut, ging in Flammen auf. Einzig eine den Basken heilige Eiche auf dem Marktplatz blieb von den Flammen verschont. Ebenso wiederum das eigentliche Ziel, die Brücke.

Die Reaktion der Weltpresse war ein einhelliger Aufschrei der Empörung über diesen Angriff, der einen klaren Verstoß gegen jedes Völker- und Kriegsrecht darstellte. Pablo Picasso malte sein berühmtestes Bild, das zur Ikone des Pazifismus werden sollte, und nannte es „Guernica". Die Franco-Anhänger setzten die offensichtlich widersinnige Behauptung in die Welt, die Basken selbst hätten das Städtchen angezündet. Wie viele Menschen in Guernica umkamen, ist unbekannt, denn beinahe sofort wurden die beiden Angriffe der Italiener und Deutschen propagandistisch ausgeschlachtet und Phantasiezahlen von bis zu zweitausend Toten in die Welt gesetzt.

Am 26. April bombardieren deutsche Flugzeuge im spanischen Bürgerkrieg die baskische Kleinstadt Guernica. Es ist im Ergebnis das erste „moderne" Terror-Bombardement der Geschichte.

Dabei hatten die Verantwortlichen, Sperrle und sein Stabschef Oberstleutnant Wolfram von Richthofen, Guernica selbst eigentlich gar nicht angreifen wollen: Sowohl der erhaltene Originaleinsatzbefehl für die drei italienischen Bomber als auch die indirekt überlieferte Anweisung Richthofens nannten die Brücke, die Straßengabelung und die Vorstadt am Ostrand Guernicas als Ziel. Die Bombenlast entsprach der von Dutzenden anderer Einsätze gegen Brücken im Spanischen Bürgerkrieg. Zweck des Angriffs war es, zurückweichenden baskischen Truppen den Fluchtweg zu verbauen, um sie aufreiben zu können.

Als von Richthofen am Abend des 26. April vom verheerenden Brand in der Stadt erfuhr, fand er das „beunruhigend". Erst nach der Eroberung drei Tage später konnte er sich selbst ein Bild machen. Nüchtern notierte er in sein Tagebuch: „Guernica, Stadt von 5000 Einwohnern, dem Erd-

boden gleichgemacht." Zugleich hielt er fest: „Als die ersten Junkers 52 kamen, war schon überall Qualm (von Verbündeten, die mit drei Flugzeugen angriffen), keiner konnte mehr Straßen-, Brücken- und Vorstadtziel erkennen und warf nun mitten hinein."[2]

Erst jetzt dämmerte den Verantwortlichen der „Legion Condor" in Spanien und ihren Auftraggebern in Berlin, dass tatsächlich deutsche Bomben den Brand verursacht hatten. Daraufhin verschwand Guernica aus den deutschen Berichten, die Propaganda suchte sich andere Themen. Trotzdem wurde Guernica zum Symbol für Luftkriegsterror schlechthin, das bis heute weltweit präsent ist. Als im März 2003 US-Außenminister Colin Powell vor dem UN-Sicherheitsrat in New York den amerikanischen Krieg gegen Saddam Hussein rechtfertigte, wurde eine dort hängende Kopie von Picassos Gemälde schamhaft mit einer blauen UN-Flagge verhüllt.

Zu Beginn des Zweiten Weltkriegs ist der deutsche Sturzkampfbomber (Stuka) Junkers Ju-87 eine bei den Gegnern gefürchtete Angriffswaffe.

Der Luftkrieg beginnt

Den internationalen Schrecken über Guernica verstand Hitler sich zu Nutze zu machen. Als er am 12. Februar 1938 auf seiner Alpenresidenz „Berghof" den österreichischen Bundeskanzler Kurt von Schuschnigg empfing, war General Sperrle anwesend. Das Gespräch, eigentlich eher eine offene Erpressung Österreichs durch Deutschland, bekam seine besondere Würze durch Sperrles Bericht aus dem spanischen Bürgerkrieg beim Mittagessen. Zwar gab es keinerlei Planungen für ein militärisches Eingreifen oder gar Angriffe auf Wien, aber das wusste die österreichische Delegation nicht. So wirkte die Anwesenheit des Verantwortlichen für Guernica als klare Drohung. Die offenkundige Überlegenheit der deutschen Luftwaffe war auch bei der von Hitler bewusst inszenierten „Sudenten-Krise" im September 1938 und bei der „Zerschlagung des Rest-Tschechei" im März 1939 ein kalkuliertes Druckmittel und senkte die Bereitschaft von Hitlers jeweiligem Gegenüber, eine harte Haltung einzunehmen.

Eigentlich aber war die deutsche Luftwaffe gar nicht auf einen strategischen Luftkrieg vorbereitet. Ihre modernen Bomber waren alle zweimotorige Typen mittelschwerer Bau-

art mit mittlerer Reichweite. Die Besatzungen trainierten ausschließlich die Unterstützung von Bodentruppen, zum Beispiel durch den Sturzkampfbomber Junkers Ju-87, einer für ihre große Zielgenauigkeit bekannten Waffe. Genau nach diesem Schema begann die Luftwaffe auch den Feldzug gegen Polen: als reine Unterstützungswaffe, die zuerst die Luftherrschaft über dem Kampfgebiet erkämpfte und dann die feindlichen Truppen durch ständige Angriffe zermürbte. Doch dabei sollte es nicht lange bleiben.

Während Guernica versehentlich aus der Luft zerstört worden war und ein ähnlicher Angriff am 1. September 1939, dem Tag des deutschen Überfalls auf Polen, ebenfalls unbeabsichtigt den polnischen Ort Wielun verwüstete, fand die erste verheerende Bombardierung einer Hauptstadt kurz nach Beginn des Zweiten Weltkriegs vorsätzlich statt. Wolfram von Richthofen, inzwischen zum Generalmajor befördert, verlangte am 22. September 1939 die Erlaubnis zu einem „Vernichtungs- und Terrorangriff". Es müssten „alle Anstrengungen gemacht werden, Warschau auszuradieren".[3] Luftwaffenchef Hermann Göring gab die Erlaubnis, sofern Richthofen nicht Bomber von anderen, taktisch dringenderen Aufgaben abziehe. Also setzte der General wieder behelfsmäßig umgebaute Junkers-Transporter ein; teilweise schaufelten die deutschen Besatzungen am 24. und 25. September Brandbomben buchstäblich aus den Flugzeugtüren. Insgesamt 672 Tonnen Bomben trafen die Innenstadt von Warschau und verwüsteten sie. Zermürbt davon und vom gleichzeitigen Artilleriefeuer ins Zentrum, kapitulierten die Verteidiger der polnischen Hauptstadt zwei Tage später.

Zu dieser Zeit hatten auch in Berlin die Luftschutzsirenen schon mehrfach geheult. Bereits seit Jahren waren die Deutschen auf den kommenden Luftkrieg „vorbereitet" worden. Göring hatte bereits am 29. April 1933 verkündet, dass der kommende Krieg nicht allein an den Fronten geschlagen werden, sondern ebenso die Städte im Hinterland der Kriegsparteien zum Schlachtfeld machen würde. Deshalb rief er nur drei Monate nach der Ernennung Hitlers zum Reichskanzler den „Reichsluftschutzbund e. V." ins Leben, um „das deutsche Volk von der lebenswichtigen Bedeutung des Luftschutzes [zu] überzeugen und zur tätigen Mitarbeit [zu] gewinnen".[4] Seit dem 22. September 1933 war der Luftschutz ein offizieller Auftrag für alle Behörden, am 26. Juni 1935 trat das Luftschutzgesetz in Kraft, laut dessen 2. Durchführungsbestimmung von 1937 alle Neubauten mit Luftschutzbunkern auszurüsten waren. Den ersten Bunker Berlins bekam bereits

Anfang 1936 das neue Reichsluftfahrtministerium an der Wilhelmstraße, der zweite, strikt geheime entstand zur selben Zeit unter dem neuen Festsaal der Reichskanzlei in den Ministergärten. Er war laut einer bürokratisch verschämten Anordnung vom 11. September 1937 ausschließlich für „die Bewohner des Reichskanzlerhauses Wilhelmstraße 77" vorgesehen – im Klartext: für Adolf Hitler.

Tatsächlich war Berlin vom ersten bis fast zum letzten Tag des Zweiten Weltkrieges das Ziel von feindlichen Fliegern. Immerhin war die Reichshauptstadt zugleich die größte und wichtigste Industriemetropole Deutschlands, in ihrer Bedeutung für die Kriegswirtschaft nur vergleichbar mit der Schwerindustrie im gesamten Ruhrgebiet. Hitlers Krieg war gerade zwölf Stunden alt, da heulten zum ersten Mal die Luftschutzsirenen über Berlin. Um 18.55 Uhr am 1. September 1939 flogen zwei polnische Flugzeuge auf den östlichen Stadtrand der Reichshauptstadt zu. Nach fünf Minuten widerriefen die Behörden den ersten Luftalarm. Er blieb folgenlos; von Bombenabwürfen der beiden Flugzeuge ist nichts bekannt geworden. Ebenso wenig bei den Anflügen britischer Bomber auf Berlin im Herbst 1939 – die RAF ließ lediglich hunderttausendfach Flugblätter vom Himmel regnen. Nur noch einmal, am 9. September 1939, warnten in diesem ersten Kriegsjahr die Luftschutzsirenen die Berliner. Erneut war es ein Fehlalarm.

Die ersten Bombenopfer in einer deutschen Stadt gab es am 10. Mai 1940, gleichzeitig mit dem Beginn der deutschen Offensive gegen Frankreich, Belgien und die Niederlande: 57 Einwohner von Freiburg im Breisgau starben, als mehrere 50-kg-Bomben auf eine Eisenbahnlinie und einen Flugplatz der Universitätsstadt im Südschwarzwald fielen, darunter elf Soldaten und 22 Kinder. Die Zeitungen berichteten über den „feigen Luftangriff", den sie als „Kindermord von Freiburg" verurteilten. Peinlicherweise wurde jedoch in Wehrmachtskreisen rasch bekannt, dass nicht französische Flugzeuge Freiburg attackiert hatten, sondern drei deutsche Bomber, die sich auf ihrem Weg zu einem militärischen Flugplatz im Elsaß verirrt hatten.

Folgenreiche Irrtümer wie diesen gab es gerade in der ersten Phase des Luftkriegs in Europa mehrfach – zum Beispiel nur vier Tage später: Hundert deutsche Bomber starteten am 14. Mai, um die Hafenstadt Rotterdam zu attackieren, die eine Schlüsselstellung in der Verteidigung der Niederlande gegen die angreifende Wehrmacht einnahm. Nachdem der holländische Stadtkommandant mehrere Aufforderungen zur Kapitulation zurückgewiesen hatte, erhielten Luftwaffenpilo-

ten den Auftrag, die Altstadt zu zerstören. Doch mitten in ihrem Zielanflug kam die Nachricht, dass Rotterdam den Widerstand doch aufgegeben hatte. 43 Bomber drehten noch rechtzeitig ab, die übrigen aber luden ihre tödliche Fracht über dem Häusergewirr der mittelalterlichen Innenstadt ab. 97 Tonnen Bomben verursachten einen verheerenden Brand, der große Teile des Zentrums zerstörte und wahrscheinlich 825 Menschenleben forderte. Völkerrechtlich war dieser Angriff, wenngleich ein Grenzfall, wohl noch „zulässig" – um ein klares Kriegsverbrechen (wie in Warschau) handelte es sich jedenfalls nicht. Der US-Militärhistoriker James Corum beurteilt die Bombardierung von Rotterdam als „Militäraktion, bei der unvermeidbare zivile Verluste entstanden".[5] Angesichts der erschreckenden Bilder einer fast völlig niedergebrannten Innenstadt kursierten jedoch sofort Gerüchte, laut denen es in Rotterdam bis zu 30 000 Tote gegeben hätte. Tatsächlich hatten in den vollkommen vernichteten Teilen der Altstadt mehr als 30 000 Menschen gewohnt. Aber die allermeisten, die während des Bombardements überhaupt in ihren Häusern gewesen waren, hatten das Viertel fluchtartig verlassen – noch bevor die Brände der alten Fachwerkhäuser ganze Straßenzüge dem Erdboden gleichmachten. Großbritannien

Ein verzweifelter Einwohner der polnischen Hauptstadt Warschau steht nach einem deutschen Luftangriff vor den Trümmern seines Hauses.

Hermann Göring, Oberbefehlshaber der deutschen Luftwaffe, 1935 bei einem Besuch in Dresden.

Im Sommer 1940 fielen zum ersten Mal Bomben auf Berlin: In der Nacht vom 7. auf den 8. Juni flog ein einzelnes französisches Langstreckenflugzeug, die „Jules Verne", von Norden her über die total verdunkelte Stadt. Die Piloten hatten sich nicht die Mühe gemacht, ein militärisches Ziel anzusteuern. Denn es handelte sich um einen symbolischen Angriff, den ein französisches Kommuniqué am 10. Juni als „Vergeltung" für einen deutschen Angriff auf Paris erklärte. Aus dem einen Flugzeug, das tatsächlich Berlin überflogen hatte, machte das französische Kriegsministerium kurzerhand eine ganze „Formation". Geglaubt haben das die Berliner offenbar nicht, schon deshalb, weil sie nichts von dem Angriff mitbekommen hatten: Öffentlicher Luftalarm wurde nicht ausgelöst, nennenswerte Schäden hatte es nicht gegeben.

Deutsche Offensive gegen London

Nach der französischen Kapitulation am 22. Juni 1940 war Großbritannien der einzige verbliebene Kriegsgegner Hitlers. Allerdings standen keine britischen Truppen mehr auf dem europäischen Festland. Zwar blieb die Royal Navy der deutschen Kriegsmarine weit überlegen, doch eine totale Seeblockade wie im Ersten Weltkrieg war diesmal unmöglich. Denn das Dritte Reich hielt von Norddänemark bis zur Normandie die gesamte Nordseeküste und von der Bretagne bis nach Bordeaux die französische Atlantikküste besetzt, es verfügte zudem mit Italien über einen Verbündeten im Mittelmeer. Während die Wehrmacht die Invasion der britischen Insel vorbereitete, begann die deutsche Luftwaffe im Juli und in den ersten drei Augustwochen 1940 den Kampf um die Lufthoheit über England mit den Jagdmaschinen der RAF. Sie war die unbedingte Voraussetzung für einen erfolgreichen Angriff mit Bodentruppen über den Ärmelkanal hinweg. Derweil konnten die britischen Bomber wenig leisten. Zwar starteten sie immer wieder zu Nachtangriffen gegen industrielle Ziele, einmal sogar auf Flugzeugfabriken in Turin und Mailand. Doch die britischen Bomberpiloten erreichten damit keine nennenswerte Entlastung der extrem gespannten militärischen Lage ihrer Heimat.

Für eine Eskalation des strategischen Luftkrieges sorgte ein weiteres Versehen auf deutscher Seite: Hitler hatte der Luftwaffe Angriffe auf London ausdrücklich verboten. Am Abend des 24. August 1940 fielen trotzdem deutsche Bomben auf die britische Hauptstadt – irrtümlich: Zwei Bomber,

kam das Geraune um den zehntausendfachen Tod in Rotterdam jedoch sehr gelegen: Nun konnte das Empire den Beginn des strategischen Luftkrieges rechtfertigen, den das Bomber Command der RAF seit den späten zwanziger Jahren vorbereitet hatte.

In der Nacht vom 16. auf den 17. Mai 1940 unternahm die Royal Air Force ihren ersten strategischen Angriff auf das Ruhrgebiet. Noch richtete sich der Luftkrieg nicht gegen die Zivilbevölkerung, sondern gegen militärische oder industrielle Ziele. Die 99 Flugzeuge vom mittelschweren, zweimotorigen Langstreckentyp Whitley Mark V konnten jedoch den Tanklagern und Güterbahnhöfen, die sie attackieren sollten, nur wenige Schäden zufügen. Offiziell galt der Angriff als Vergeltungsaktion für Rotterdam. Tatsächlich aber hatte der gerade zum Premierminister ernannte Winston Churchill schon am 11. Mai angeordnet, dass ab sofort alle Luftangriffe auf zivile Ziele eine „angemessene Erwiderung" finden sollten. Trotzdem konzentrierten beide Seiten ihre Angriffe bis Ende August 1940 auf die gegnerische militärische und industrielle Infrastruktur; allerdings starben dabei auch Zivilisten. Das Wort „Kollateralschaden" gab es noch nicht, aber genau das waren, rein militärisch betrachtet, diese ersten zivilen Toten des Luftkriegs.

die durch schlechtes Wetter die Orientierung verloren hatten, entledigten sich ihrer tödlichen Fracht zufällig über dem Stadtgebiet. Sie zerstörte die alte Kirche St. Giles in der Innenstadt und riss die Statue des Dichters John Milton von ihrem Sockel. Es gab Tote und Verletzte unter den Londonern.

Die RAF antwortete mit fünf Angriffen auf Berlin binnen der folgenden elf Nächte. Am 25. August warfen 29 RAF-Bomber immerhin 22 Tonnen Bomben. Wieder blieben die Schäden gering; jedoch strömten Hunderte Berliner am folgenden Morgen zu den wenigen erkennbar getroffenen Häusern. Ihre Reaktionen hat der US-Journalist William L. Shirer in seinem Tagebuch festgehalten: „Die Berliner sind wie vor den Kopf geschlagen. Sie haben nicht damit gerechnet, dass so etwas je passieren könnte. Zu Beginn des Krieges hat Göring ihnen versichert, es werde nie geschehen (...) Sie haben ihm geglaubt. Umso größer ist jetzt ihre Desillusionierung. Man sieht es ihnen am Gesicht an."[6] Übrigens lässt sich der berühmte Ausspruch von Göring, er wolle „Meier" heißen,

wenn jemals Bomben auf Berlin fielen, nicht belegen; es handelt sich wohl um einen Flüsterwitz, der in jener letzten Augustwoche 1940 aufgekommen zu sein scheint. „Meier" hin oder her: Ab jetzt attackierte die Luftwaffe gezielt Wohngebiete in London, besonders im proletarischen East End, und anderen britischen Städten, die RAF antwortete entsprechend: In Berlin, neben dem Ruhrgebiet das Hauptziel der britischen Bomber, häufen sich die Luftalarme – im Herbst 1940 heulten durchschnittlich alle drei Nächte die Sirenen.

Am Abend des 4. September 1940 reagierte Hitler. Im Sportpalast in Berlin sagte er: „Wenn die britische Luftwaffe zwei- oder drei- oder viertausend Kilogramm Bomben wirft, dann werfen wir jetzt in einer Nacht 150 000, 180 000, 230 000, 300 000, 400 000, eine Million Kilogramm. Wenn sie erklären, sie werden unsere Städte in großem Maße angreifen – wir werden ihre Städte ausradieren!"[7] Und der „Führer" begann, seine Drohung umzusetzen: Im September fielen auf London fast zwanzig Mal so viel deutsche Sprengbomben wie britische auf Berlin (7260 Tonnen gegenüber 390 Tonnen). Bis Ende Oktober 1940 kamen 15 000 Briten durch deutsche Luftangriffe auf Städte ums Leben und knapp 1000 Deutsche, davon die Hälfte in Berlin. Bis Ende November wurden in der Reichshauptstadt etwa 1600 Wohnungen total zerstört; in London waren es mehr als 20 000. Neben Berlin blieben weiter die Hafenstädte an Nord- und Ostsee und das Ruhrgebiet Ziele von RAF-Angriffen. Noch aber beeinträchtigten sie das Leben in Deutschland nicht wesentlich.

Neben den bewussten Terrorangriffen auf die britische Hauptstadt flog die Luftwaffe im Herbst 1940 weiterhin strategische Einsätze im eigentlichen Sinne, also gegen militärische und industrielle Ziele. Es ist eine weitere zynische Ironie der Geschichte, dass ein solcher, kriegsvölkerrechtlich zulässiger Angriff zum zweiten überragenden Symbol für den verbrecherischen Luftkrieg gegen Städte wurde: die Bombardierung von Coventry. In der Nacht vom 14. auf den 15. November griffen 450 Bomber die mittelenglische Industriestadt an. Das Ziel waren die 17 Fabriken, die teilweise direkt in der Innenstadt wichtige Teile für die Flugzeugindustrie fertigten. Die ersten 13 Heinkels warfen Brandbomben ab, um das Ziel zusätzlich zum Mond in dieser klaren Herbstnacht zu „beleuchten". Dann folgte die Hauptwelle mit insgesamt 437 Maschinen, die 503 Tonnen Spreng- und 31 Tonnen Brandbomben abwarfen.

Das Ergebnis war bestürzend: Von der berühmten Kathedrale von Coventry, einem Hauptwerk britischer Spätgotik, blieben nur die rauchenden Außenmauern und der 92 Meter hohe Turm; ganze Straßenzüge in der Innenstadt brannten nieder. Deutsche Piloten berichteten, ihr Ziel sei ein „einziges Flammenmeer" gewesen. Über 5000 Gebäude wurden zerstört oder schwer beschädigt, darunter alle Krankenhäuser. 554 Zivilisten, eingerechnet Arbeiter in der Rüstungsindustrie, wurden getötet, weitere 865 verletzt. Kein anderes Ziel in England war durch nur einen Angriff derartig schwer getroffen worden, auch wenn die Opfer und Zerstörungen in London summiert deutlich höher waren. Eine neue Qualität hatte der Angriff auf Coventry auch durch zwei erstmals eingesetzte neue Waffen: Luftminen, also überschwere Sprengkörper, die an Fallschirmen zu Boden schwebten und in Höhen zwischen zehn und 30 Meter detonierten, sowie Bomben mit Langzeitsäurezünder, die den Bergungskräften Angst einjagen sollten und sie zwingen sollten, extrem vorsichtig zu arbeiten. Die deutsche Propaganda feierte den Angriff und kündigte an, sie werde weitere Städte „coventrieren".

Es ist viel darüber spekuliert worden, ob Winston Churchill die Vernichtung Coventrys hätte verhindern können. Offensichtlich bekam er durch den britischen Geheimdienst, der deutsche Funksprüche entschlüsseln konnte, frühzeitig Kenntnis von einem möglicherweise geplanten Angriff. Nun hätte er, so wird behauptet, sämtliche Jäger der RAF abstellen können, um der Luftwaffe eine Niederlage beizubringen. Die Argumentation ist jedoch unsinnig: Erstens müssen auch entschlüsselte Funksprüche stets interpretiert werden, da sie sich fast immer auf mündlich oder schriftlich erteilte Befehle beziehen, die der feindliche Geheimdienst natürlich nicht ebenfalls zur Verfügung hat, und können daher auch fehlerhaft gedeutet werden. Gewissheit konnte es daher über den Angriff nicht geben. Zweitens zeugt die Erwartung an Churchill, derartig Vabanque zu spielen, von völliger Unkenntnis der Befehlsverhältnisse in der britischen Führung. Gewiss konnte der Premierminister Anweisungen geben, aber er konnte mit seinen Spitzenmilitärs, vor allem mit dem Leiter der RAF-Jägerwaffe, Air Chief Marshal Hugh Dowding, nicht so umspringen wie Hitler mit seinen Generälen.

Das beweist gerade Dowdings Ablösung wenige Tage nach Coventry: Von einem Tag auf den anderen wurde er am 25. November 1940 seines Postens enthoben und durch den diplomatischeren William Douglas ersetzt. Dowding war durch seine eigenständige Leitung der Operationen angeeckt. Unvorstellbar, dass er sich Churchills Willen gebeugt hätte, aufgrund von naturgemäß unbestätigten Geheimdienstberichten auch nur eine Nacht lang sämtliche RAF-Jagdflugzeuge vom Schutz Londons abzuziehen. Die vor allem von Rechtsextremen gern behauptete bewusste Hinnahme der Zerstörung Coventrys durch Churchill, der so einen Vorwand für die Vernichtung deutscher Städte aus der Luft habe bekommen wollen, ist eine haltlose Legende.

Nach der Zerstörung Coventrys glaubten viele Stabsoffiziere der Luftwaffe, man werde die Briten in die Knie zwingen, wenn man nur weiter ihre Städte bombardiere – obwohl die RAF-Gegenangriffe auf Berlin genau diese destabilisierende Wirkung auf die deutsche Bevölkerung eben nicht hatten. Im Gegenteil führten die Zerstörung ganzer Straßenzüge oder wichtiger nationaler Bauwerke sowie die Erfahrung der gemeinsam in Schutzräumen oder U-Bahn-Tunneln verbrachten Nächte zu einer außerordentlichen Mobilisierung der Zivilisten. Am 10. September 1940 hatte eine schwere Bombe den Nordflügel des Buckingham Palace beschädigt; Königin Elisabeth, Frau von König George VI. und Mutter der heuti-

Eine deutsche Heinkel He-111 während der „Luftschlacht um England" über den Hafenanlagen von London.

gen Monarchin Elisabeth II., sagte daraufhin: „Ich bin froh, dass wir bombardiert worden sind; jetzt kann ich den Menschen vom East End wieder offen ins Gesicht sehen."[8]

Patt am Himmel

Beide Seiten setzten ihre Angriffe fort. Das wichtigste, wenn auch nicht einzige Ziel war weiterhin die Hauptstadt des Gegners. Im November erreichten die RAF-Attacken auf Berlin ihren ersten Höhepunkt. Die Luftalarme dauerten nun häufig fünf Stunden pro Nacht. Doch mit dem schlechteren Wetter ab Ende November flauten die Angriffe ab, und erst die klaren Nächte in der Woche vor Weihnachten 1940 brachten wieder Alarme. Gleichzeitig lief jetzt in der deutschen Hauptstadt das größte Bauprojekt der bisherigen Militärgeschichte an: Hitler hatte, erbost von den Schäden durch britische Bomben, Wilhelm Keitel und Fritz Todt zu sich bestellt. Er verlangte vom Chef des Oberkommandos der Wehrmacht und seinem Rüstungsminister, „in ganz großem Umfang" Luftschutzräume in Berlin zu errichten.[9] Der Diktator fügte seinem Auftrag gleich noch eine eigenhändige Skizze bei, wie er sich die Aufteilung der Bunkerinnenräume vorstellte. Drei Tage später begann Hitlers Lieblingsarchitekt Albert Speer mit der Umset-

Arthur Harris, der Chef des britischen Bomber Command – hier neben Luftmarschall Robert Saundby (l.) – wird wegen seiner Vorliebe für Flächenbombardements bald berüchtigt als „Bomber-Harris".

zung dieses neuen Auftrags; er verstand es, ihn mit seinem eigentlichen Vorhaben, der Umgestaltung Berlins zur „Welthauptstadt Germania" zu verknüpfen: Die britischen Bomben seien eine „wertvolle Vorarbeit für Zwecke der Neugestaltung", heißt es zynisch in der ursprünglichen Fassung der in Speers Büro geführten „Chronik des Generalbauinspekteurs für die Reichshauptstadt".[10]

Ungefähr zur gleichen Zeit gab Hitler gewaltige „Flaktürme" rund um das Berliner Regierungsviertel sowie um die Innenstädte von Hamburg und Wien in Auftrag. Sie sollten das Risiko für anfliegende Bomberverbände derart erhöhen, dass solche Angriffe eingestellt würden. Insgesamt acht Flakturmpaare aus jeweils einem Geschütz- und einem kleinen Radarturm wurden bis 1943 errichtet; doch ihren Zweck erfüllten sie nicht. Immerhin verdanken hunderttausende Zivilisten den Betonmonstern ihr Leben, denn sie boten in den Bombennächten und letzten Kriegstagen jeweils bis zu 50 000 Menschen Schutz. Ähnliche Verbunkerungsprogramme hat es in London nicht gegeben; erstens verfügte das

bedrängte Königreich nicht über die notwendigen Ressourcen und zweitens war Regierung und Bevölkerung ohnehin klar, dass bis zum totalen Sieg über Hitler weitergekämpft werden musste. Für langfristige Pläne (Hitler ließ für seine Flaktürme sogar Fassadenentwürfe gestalten, die sie nach dem Sieg „verschönern" sollten) gab es daher in England keine Veranlassung.

Nicht einmal der Untergang der Londoner Innenstadt in der Nacht vom 29. auf den 30. Dezember 1940 konnte die Briten von ihrem unbedingten Willen abbringen, das Dritte Reich niederzuringen. Es war ein ruhiger Sonntagabend; mit einem Angriff hatten die Einwohner der Hauptstadt nicht gerechnet. Doch ließen 244 deutsche Bomber in dieser Nacht einen Hagel von Brandbomben auf das eng bebaute Herz des Empire fallen. Mehr als 1500 Feuer brachen aus; einzig die St. Pauls Cathedral, in der Freiwillige ständig Brandwachen hielten und auch das kleinste Feuer im Keim erstickten, blieb von der Vernichtung verschont. Die Royal Air Force war zu einer wirksamen „Vergeltung" nicht in der Lage.

Ende 1940 hatte das Dritte Reich die Luftschlacht um England bereits verloren. Eigentlich wollte Göring ab Juli die absolute Luftherrschaft über der britischen Insel erobern, damit die Wehrmacht eine Invasion starten konnte. Doch die zahlenmäßig weit unterlegenen RAF-Jäger unter Hugh Dowding schlugen die Luftwaffe zurück. Das hatte mehrere Gründe: Die britische Spitfire erwies sich der deutschen Messerschmitt Bf-109 als überlegen. Und dank der Überwachung des Luftraums über der Nordsee und dem Ärmelkanal durch das noch primitive, aber bereits wirksame britische Radar konnten die begrenzten britischen Jägerressourcen höchst effektiv eingesetzt werden. Vom 1. August 1940 bis zum 31. März 1941 verlor die Luftwaffe 2840 Maschinen und – wesentlich schwerer zu ersetzen – mehr als 4000 erfahrene Besatzungsmitglieder durch Tod oder Gefangennahme. Die Verluste der Briten an Flugzeugen waren weniger als halb so hoch, wenngleich immer noch sehr schmerzhaft. Ein großer Vorteil für die RAF war, dass Piloten von abgeschossenen Maschinen, wenn sie mit dem Fallschirm abspringen konnten und unverletzt landeten, binnen kurzem in einem neuen Flugzeug wieder in den Kampf eingreifen konnten.

Die Produktionszahlen der britischen Flugzeugfabriken konnten die deutschen Angriffe nicht wesentlich schmälern – sie stiegen von 157 Jägern im Januar 1940 auf fast 500 im Juli und sanken durch die massiven Bombardements im Dezember bis auf 413, aber nie darunter. Insgesamt bekam die RAF

in diesem Jahr 4283 neue Jagdflugzeuge; der deutsche Luftwaffenführungsstab rechnete mit nur 2790 Maschinen. Tagsüber dominierten die Briten schon im September 1940 über ihrer Insel; nachts jedoch konnten trotz Radar die deutschen Bomber mit viel geringerem Risiko angreifen, allerdings auch viel ungenauer. Die Invasion hatte Hitler bereits am 17. September 1940 auf unbestimmte Zeit verschoben; es war die erste Niederlage des Dritten Reiches überhaupt.

Allerdings waren die Briten nicht in der Lage, ihren Sieg unmittelbar für eine eigene Offensive zu nutzen. Erst mehr als zwei Monate nach der Zerstörung der Londoner City, am 13. März 1941, traf der nächste Großangriff Berlin. Doch so, wie sich die Londoner mit den Angriffen arrangiert hatten, taten das auch die Berliner. Zumal jetzt an vielen Stellen massive Betonbunker emporwuchsen, die trotz regelmäßiger Todesopfer ein gewisses und wie sich herausstellen sollte trügerisches Gefühl von Sicherheit vermitteln sollten. Weder in Großbritannien noch in Deutschland hatten die gegenseitigen Bomberoffensiven des Herbstes 1940 die Bevölkerungsmoral

zum Einknicken gebracht. Die Lehre, die beide Seiten daraus zogen, war jedoch nicht, diese Kampfmethode aufzugeben, sondern sie zu intensivieren.

Das Jahr 1941 brachte weitere gegenseitige Angriffe, an denen jetzt auf Seiten der RAF auch erstmals viermotorige schwere Bomber beteiligt waren, die sie seit Mitte der dreißiger Jahre entwickelt hatte. Der erste einsatzbereite Typ, die Short Stirling, erwies sich zwar in der Praxis als mangelhafte Konstruktion. Doch die parallel produzierte Baureihe Handley-Page Halifax war eine leistungsfähige Maschine, die in den kommenden Jahren eine wichtige Rolle in der britischen Bomberoffensive spielen sollte. Hitler-Deutschland hatte dagegen keinen funktionsfähigen schweren Bomber entwickelt.[11] Und da das Jahr 1941 zudem mehr von den deutschen Offensiven rund ums Mittelmeer (in Jugoslawien, Griechenland und Nordafrika) sowie vom begonnenen Angriffskrieg gegen die Sowjetunion geprägt war, traten strategische Luftangriffe in den Hintergrund.

Im April flog die Luftwaffe zwar eine Serie von Attacken

Die Avro Lancaster ist das trag- und leistungsfähige „Zugpferd" der britischen Bomberwaffe.

Am 31. Mai 1942 wird Köln zum Ziel der ersten massierten britischen „1000 Bomber-Attacke" auf eine deutsche Stadt.

rechts: Während der „Operation Gomorrha" wird Hamburg im Juli und August 1943 mehrfach von alliierten Bombern angegriffen. Mindestens 40 000 Menschen kommen ums Leben, viele verglühen im Feuersturm.

auf London, doch schon in der Nacht vom 10. auf den 11. Mai folgte das letzte größere Bombardement. 507 deutsche Flugzeuge töteten in dieser Nacht 1212 Briten und verletzten 1769 Menschen schwer. Einen erneuten „Vergeltungsangriff" gab es nicht, denn ab dem 22. Juni 1941 hatten die deutschen Bomber einen anderen Auftrag: Sie zerstörten militärische Fabriken, Verkehrswege und Infrastruktur in der Sowjetunion. Mit dem „Fall Barbarossa" hatte sich die strategische Lage in Europa völlig geändert. Nunmehr stand England nicht mehr allein gegen Hitler-Deutschland. Doch noch erlaubte es die angespannte Situation zum Beispiel in Nordafrika Churchill nicht, zur Gegenoffensive überzugehen.

Womit auch? Die bisherigen Leistungen des ebenso teuren wie Ressourcen fressenden Bomber Command der RAF waren enttäuschend, im Jahr 1941 verdoppelten sich außerdem die Verluste an Bombern gegenüber dem Vorjahr von 492 auf 1034 Maschinen. Im Herbst schließlich reichte es sogar dem Premier, obwohl er seit Jahrzehnten ein Anhänger des strategischen Luftkriegs war. Als ihm im September 1941 ein Plan vorgelegt wurde, 43 deutsche Großstädte mit 15 Millionen Menschen komplett aus der Luft zu vernichten, wofür 4000 Bomber nötig seien, antwortete Churchill: „Es ist sehr fraglich, ob Bombenangriffe als solche in diesem Krieg eine entscheidende Rolle spielen ... Alle Erfahrungen, die wir

seit Kriegsbeginn gesammelt haben, zeigen ganz im Gegenteil, dass ihre Auswirkungen stark übertrieben werden. Wir können höchstens sagen, dass sie eine erhebliche und, wie ich meine, ernstlich wachsende Belästigung darstellen."[12] Aber eine letzte Chance wollte der Premier dem Bomber Command noch geben, bevor – wie der Chef des Navy-Stabes Admiral Dudley Pound, General John Dill vom Kriegsministerium und sogar der Lordsiegelbewahrer Sir Stafford Cripps forderten – die erste eigenständige Bomber-Offensivwaffe der Welt wieder in den Rang einer reinen Unterstützungseinheit zurückgestuft würde.

Das Flächenbombardement

Die letzte Chance hatte einen Namen: Arthur Travers Harris. Der Berufsoffizier, der bis dahin eine eher unauffällige Karriere gemacht und sich als effizienter, aber nicht inspirierender oder herausragend begabter Anführer erwiesen hatte, sollte das Versprechen einlösen, das RAF und Bomber Command der britischen Regierung seit Jahren immer wieder gegeben hatten: dass ein Krieg gegen Deutschland aus der Luft gewonnen werden konnte, und zwar indem man die Städte des Feindes in Schutt und Asche legte. Am 23. Februar 1942 übernahm Harris, der selbst im Ersten Weltkrieg Kampfflugzeuge geflogen und in den zwanziger und dreißiger Jahren in den britischen Kolonien gegen Aufständische Bomben eingesetzt hatte[13], den Befehl über das Bomber Command; in den folgenden dreieinviertel Jahren sollte er nur an insgesamt vier Wochenenden nicht in einem seiner Befehlsstände sein. Eine Anekdote, die über ihn erzählt wurde, verdeutlicht seinen Charakter. Als Harris einmal mit weit überhöhter Geschwindigkeit im Dienstwagen zum Hauptquartier raste, habe ihn ein Verkehrspolizist angehalten und ermahnt: „Ich hoffe, Sie sind vorsichtig und fahren niemanden zu Tode." Darauf soll Harris geantwortet haben: „Guter Mann, ich werde dafür bezahlt, Menschen zu töten."[14]

Selbst wenn diese Geschichte frei erfunden sein sollte, so war sie doch bezeichnend. Der neue Chef des Bomber Command wollte rücksichtslos seine Aufgabe erfüllen. Und der 49-Jährige wusste, er würde nun seine einzige Gelegenheit haben, eine wichtige Rolle in den britischen Kriegsanstrengungen zu spielen. Harris trat seinen Posten in einer Zeit an, in der die Moral seiner Besatzungen auf einem Tiefpunkt stand, während sich die technischen und organisatorischen Voraus-

setzungen gerade zu Gunsten seiner Truppe zu wenden
begannen. Doch nur wenn er die Ausrüstung seiner Besatzungen mit modernen Flugzeugen beschleunigte, konnte er
jene Erfolge erzielen, die psychologisch unbedingt notwendig
waren. Also setzte Harris alles daran, neue Maschinen zu produzieren. Ende Februar 1942 verfügte das Bomber Command
über offiziell 378 Flugzeuge, davon jedoch nur 69 viermotorige und 50 Schnellbomber. Zwei Monate später standen
bereits über 136 schwere Bomber bereit, darunter auch 29
des erst im Dezember in Dienst gestellten Musters Avro Lancaster. Verglichen mit den USA, wo zeitgleich pro Monat 500
neue Bomber in Serie gebaut wurden, sowohl schwere viermotorige wie hochmoderne Schnellbomber, war das wenig.
Obwohl US-Präsident Franklin D. Roosevelt das klare Signal
gegeben hatte, zuerst müsse Hitler in Europa besiegt werden,
war an eine großzügige Ausstattung der RAF mit amerikanischen Flugzeugen nicht zu denken. Stattdessen baute die US-
Armee eigene strategische Bomberflotten auf, die in Europa
zum Einsatz kommen sollten.

Als erstes Ziel suchte sich Harris die Renault-Werke bei
Paris aus. Am 3. März 1942 zerstörten 223 Bomber das Ziel
zu zwei Dritteln. Es gab nur geringe Verluste; die Stimmung
bei den Besatzungen des Bomber Command begann sich zu
drehen. Der neue Befehlshaber, der sich zwar höchst selten
auf den Fliegerhorsten blicken ließ, dafür aber in respektvol-
len bis ungläubigen Erzählungen stets präsent war, hatte die
Initiative im Luftkrieg an sich gerissen. Am 8. bis zum 10.
März folgte der erste konzentrierte Nachtangriff auf Essen,
mit nun allerdings schon wieder empfindlichen Verlusten. Vor
allem funktionierte das neue elektronische Zielgerät des Bomber Command, „Gee" genannt, noch nicht zuverlässig.
Deshalb suchte sich Harris für den nächsten, den ersten ganz
großen Schlag, ein leicht anzusteuerndes Ziel aus: Lübeck, an
der Küstenlinie einer charakteristischen Ostseebucht gelegen,
verbrannte am 29. März 1942 im Hagel britischer Brandbomben sowie der ersten „Cookies", den 1,8 Tonnen wiegenden
Luftminen. Ihre Detonation deckte die Dächer ganzer Häu-
serblocks ab, die den dann folgenden Brandbomben schutzlos
ausgeliefert waren. Die Ära der Flächenbombardements hatte
begonnen.

Harris wusste um die Bedeutung von Symbolen im Krieg.
So setzte er für die Nacht zum 31. Mai 1942 eine nie da
gewesene Operation an: Auch den letzten flugfähigen britischen Bomber bot er auf, selbst Schulflugzeuge und Maschinen aus der Seeüberwachung, um mit tausend Bombern

(genau waren es sogar 1047) das ebenfalls leicht zu findende Ziel Köln anzugreifen. 1323 Tonnen Bomben fielen auf die Stadt am Rhein. Sie töten zwar „nur" 474 Menschen, aber vernichteten 13 000 Gebäude und machten 45 000 Kölner obdachlos. In den kommenden Monaten begann das Bomber Command, systematisch alle deutschen Städte in Reichweite anzugreifen – am liebsten solche mit mittelalterlichen Stadtkernen, die am verwundbarsten gegenüber den Brandbomben waren. Rostock, Bremen, Duisburg und Emden gehörten zu den Zielen. „Baedeker-Bombing" nannten die RAF-Stabsoffiziere das Verfahren. Doch die Offensive forderte einen hohen Preis: Regelmäßig überschritten die Totalverluste die als „akzeptabel" geltende Grenze von fünf Prozent, lagen häufig sogar bei mehr als zehn Prozent. Rein statistisch betrug die Lebenserwartung einer Bomberbesatzung fünf Wochen. Es überrascht kaum, dass der Oberbefehlshaber von seinen Männern schnell einen wenig schmeichelhaften Spitznamen verpasst bekam: „Butcher" – „Schlachter". In der britischen Propaganda dagegen wurde ein anderer Beiname für den Chef des Bomber Command lanciert: „Bomber-Harris".

Ein Talent für Öffentlichkeitsarbeit hatte Harris auf jeden Fall. Im August 1942 wandte er sich direkt an seine Opfer – in einem Flugblatt, von dem rund vier Millionen Exemplare abgeworfen wurden: „Noch nie hat der Mann, der die Bombenangriffe auf ein Land leitet, eine Botschaft an die Bevölkerung dieses Landes gerichtet. Ich, Luftmarschall Harris, Oberbefehlshaber der britischen Kampfflugzeuge, die Deutschland angreifen, habe mich entschlossen, diese Botschaft an das deutsche Volk zu richten. (...) Wir bomben Deutschland, eine Stadt nach der anderen, immer schwerer, um Euch die Fortführung des Krieges unmöglich zu machen. Das ist unser Ziel. Wir werden es unerbittlich verfolgen, Stadt für Stadt. (...) Lasst Euch von den Nazis mit ins Verderben reißen, wenn Ihr wollt. Das ist Eure Sache." Das Flugblatt wurde erstmals am 24. August abgeworfen, als die Wehrmacht scheinbar unaufhaltsam nach Stalingrad marschierte, als in Nordafrika Erwin Rommels Panzer auf Kairo zurasten und wenige Tage nach dem katastrophalen Scheitern des Frontalangriffs britischer und kanadischer Truppen auf das kleine französische Seebad Dieppe am 19. August.

Entlastung für die Sowjetunion, das war jetzt klar, konnte ausschließlich vom britischen Bomber Command und der eben erst in England eintreffenden 8. US-Luftflotte kommen. Harris kündigte unmissverständlich an: „Vergesst eines nicht: Wie weit Eure Armeen auch vorstoßen, sie können nie bis

nach England kommen. Sie konnten schon nicht herkommen, als wir waffenlos waren. Sie können siegen, soviel sie wollen – den Luftkrieg müsst Ihr dann immer noch mit uns und den Amerikanern ausfechten. Den könnt Ihr nie gewinnen – aber wir gewinnen ihn bereits. Und nun noch ein letztes Wort: Es steht bei Euch, mit Krieg und Bomberei Schluss zu machen. Stürzt die Nazis, und Ihr habt Frieden!"[15]

Harris glaubte an das „moral bombing", an die Zertrümmerung des deutschen Kriegswillens durch Zerstörung von Städten. Also intensivierte er die Angriffe. 1942 hatte es in Berlin zwar nur acht Luftalarme gegeben, dafür aber waren viele Städte westlich der Elbe getroffen worden. Ab 1943 gab es auch koordinierte Angriffe mit den amerikanischen Tagbombern, die aus sehr viel größerer Höhe angriffen und hofften, vor allem militärische Ziele zu treffen. Demgegenüber war das Vorgehen der RAF immerhin ehrlicher: Die Briten wussten, dass sie Fabrikanlagen keinesfalls genau treffen konnten, also attackierten sie gleich die Wohngebiete der Arbeiter. Sie nannten das Verfahren „De-Housing", „Enthausen". Natürlich wurde auch dies als militärische Methode gerechtfertigt, doch spricht viel dafür, dass sich die Stäbe des Bomber Command bewusst waren, dass sie kriegsvölkerrechtlich zweifelhaft handelten. Aber was interessierte das Kriegsvölkerrecht angesichts von Warschau, Rotterdam, Coventry, London und all den anderen Städten, die Görings Luftwaffe zerstört hatte? Harris ging es darum, den Krieg zu gewinnen, so schnell wie möglich und am liebsten gänzlich aus der Luft. Er nahm extreme Verluste seiner eigenen Besatzungen hin – keine andere britische Teilstreitkraft verlor so viele Männer wie das Bomber Command: 55 564 von insgesamt 110 000 Angehörigen des fliegenden Personals kamen ums Leben – also jeder Zweite.

Für die schweren Verluste sorgte die deutsche Luftverteidigung, die bis 1940 im Wesentlichen nur aus Flakbatterien und Scheinwerfern bestanden hatte. Erst im Juli ernannte Göring General Josef Kammhuber zum Chef der deutschen Luftabwehr. Der außerordentlich fähige Organisator errichtete in den besetzten Ländern ein dichtes Netz von einfachen Radargeräten der Typen „Freya" und „Würzburg", Scheinwerfern und zugeordneten funkgeleiteten Nachtjägern. Das System war den britischen Angreifern etwa im gleichen Verhältnis überlegen wie die Kombination aus Düsenjägern und Awacs-Maschinen der Nato beispielsweise der irakischen Luftwaffe im Jahr 1991. In den Jahren 1941 bis 1944 wogte der Kampf zwischen deutscher Luftverteidigung und anglo-amerikanischen Angriffsverbänden hin und her. Radargeräte wurden gegenseitig enttarnt und gestört oder sogar als „Wegweiser" zu feindlichen Maschinen umfunktioniert. Die deutsche Luftverteidigung erfand am laufenden Band neue Taktiken, etwa die „schräge Musik" – schräg im Rumpf eingebaute, nach oben feuernde Kanonen – oder die „wilde Sau", bei der Tagjäger auf Sicht angriffen.

Die Alliierten antworteten mit schierer Masse, mit genau in einem optimalen Verteidigungsraster anfliegenden Bomberverbänden, weit reichenden Begleitjägern und millionenfach ausgestreuten Stanniolstreifen, die das deutsche Radar störten. Erst zum Jahreswechsel 1943/44 war die deutsche Luftverteidigung sowohl technisch als auch organisatorisch geschlagen, auch wenn sie den Bomberverbänden bis Ende 1944 manchmal noch empfindliche Schäden beibringen konnte. Es gab nicht mehr genügend nachwachsende Piloten; die unerfahrenen Flugschüler, die viel zu früh an die Front mussten, wurden von britischen und amerikanischen Piloten reihenweise abgeschossen. Auch neue Entwicklungen wie der Raketenjäger Me-163 oder der erste Düsenjäger Me-262 brachten keine Wende mehr. Der Mangel an Flugbenzin zwang schließlich Anfang 1945 die Verteidiger endgültig zum tatenlosen Zusehen.

Im März 1943 nahm Harris die Angriffe gegen Berlin kurz aber heftig wieder auf, um dann auf ein anderes Ziel umzuschwenken: Ende Juli und Anfang August wurde Hamburg von mehreren Wellen Bombern, inzwischen nahezu ausschließlich der Typen Lancaster und Halifax sowie der amerikanischen B-17, vernichtend angegriffen. Mindestens 40 000 Menschen kamen ums Leben, sie verglühten geradezu. Denn in Hamburg gelang es den Alliierten zum ersten Mal, durch Bombenabwürfe einen Feuersturm auszulösen[16]: Wenn sich bei bestimmten Wetterbedingungen die Temperatur in einem bestimmten brennenden Areal so stark erhöht, dass sämtlicher Sauerstoff in der Umgebung angesaugt und heiße Gase wie in einem Kamin mehrere Kilometer hoch in die Atmosphäre geschleudert werden, entsteht diese schlimmste Form eines Stadtbrandes. Weit mehr als 1000 Grad kann ein Feuersturm erzeugen und Windgeschwindigkeiten von 150 Stundenkilometern; jeder Löschversuch ist zwecklos. Nach der Erfahrung mit der „Operation Gomorrha" (selten hat ein Deckname so gut gepasst) hatte das Bomber Command ein neues Ziel: Bei möglichst jedem Angriff sollte künftig ein Feuersturm erzeugt werden. Die Bomben wären dann nur noch die „Zünder", vernichten aber würde sich die Stadt gewisser-

maßen selbst. Man nannte das „hamburgisieren" – ein grausamer Reflex auf die deutsche Wortschöpfung „coventrieren".

Nie war Harris seinem Ziel so nah, den Krieg aus der Luft zu beenden, wie nach dem Angriff auf Hamburg. Albert Speer, inzwischen Rüstungsminister, schrieb lange nach Kriegsende in seinen Erinnerungen: „Drei Tage später teilte ich Hitler mit, dass die Rüstung auseinander breche und erklärte ihm gleichzeitig, dass Angriffsserien dieser Art, auf

Die „Schlacht um Berlin" ist eine Serie von 19 alliierten Großangriffen zwischen November 1943 und März 1944. 7400 Berliner sterben, die Überlebenden wagen sich oft nur mit Schutzmaske durch Staub und Trümmer.

sechs weitere Großstädte ausgedehnt, Deutschlands Rüstung zum Erliegen bringen müssten."[17] Doch erneut brachen zwar Fabriken, Wohnhäuser, Kirchen, Museen und Hospitäler, aber nicht die Moral der Bombardierten. Im Gegenteil: Sie rückten noch enger zusammen; auf diese Weise stabilisierte sich selbst nach den Niederlagen von Stalingrad, Kursk und in Nordafrika die „Volksgemeinschaft". Speer seinerseits trieb die deutsche Rüstung zu neuen Höchstleistungen an, auch wenn er dabei das Leben von hunderttausenden Zwangsarbeitern opferte.

Stadtzerstörung aus der Luft

„Wir können Berlin von einem Ende bis zum anderen verwüsten, wenn sich die Amerikaner daran beteiligen. Es wird uns zusammen 400 oder 500 Flugzeuge kosten, Deutschland aber wird es den Krieg kosten."[18] Mit diesen Worten überzeugte Harris Anfang November 1943 Churchill von seinem bis dahin größten Plan: Nachdem seine Bomber bereits 19 deutsche Städte so sehr zerstört hatten, dass sie für die Deutschen nur noch eine Belastung seien, und 19 weitere schwerer beschädigt waren als Coventry, sollte nun die Zerstörung der Reichshauptstadt den Widerstand der deutschen Bevölkerung brechen und den Krieg zu einem raschen Ende führen. Anderthalb Dutzend Großangriffe mit jeweils mehreren hundert Bombern würden genügen.

Als „Schlacht um Berlin" ist Arthur Harris' Offensive mit ihren insgesamt 16 Großangriffen durch die RAF und drei weitere der 8. US-Luftflotte zwischen dem 18. November 1943 und dem 25. März 1944 im Gedächtnis geblieben. Mehr als 800 000 Berliner verloren in diesen Monaten ihr Haus, ihre Wohnung, ihr Dach über dem Kopf; 16 150 wurden schwer verletzt und 7400 getötet. Doch es gelang nicht, in Berlin einen Feuersturm zu entfachen wie in Hamburg. Da die Stadt keinen mittelalterlichen Stadtkern mehr hatte, aber breite Straßen, viele Flüsse, Kanäle und Parks, versagte das Verfahren der RAF zur Brandstiftung aus der Luft. Im März 1944 ließ Harris seinen Versuch, die Kapitulation Hitler-Deutschlands aus der Luft zu erzwingen, endgültig fallen.

In den kommenden Monaten wurden seine Bomber weitgehend mit Vorbereitungs- und Ablenkungsangriffen für die alliierte Invasion in der Normandie beschäftigt. Bodentruppen mussten die Entscheidung bringen. Bisher hatten die strategischen Bomber der RAF und der 8. US-Luftflotte keinen direkten Einfluss auf kriegswichtige Ressourcen gehabt. Doch während das Bomber Command ab Ende Juli 1944 seine systematischen Städtebombardierungen wieder aufnahm, obwohl deren Aussichtslosigkeit offensichtlich war, schlugen die Amerikaner nun vor allem mit ihrer zweiten Bomberstreitmacht in Europa, der von Italien aus operierenden 15. Luftflotte, mit voller Wucht gegen die deutsche Treibstoffversorgung zu. Raffinerien und Ölfelder gerieten ins Zielkreuz. Während gleichzeitig Tausend-Bomber-Angriffe auf deutsche Städte zur Routine der 8. US-Luftflotte wurden, war es bald der dadurch hervorgerufene Treibstoffmangel, der die Kampfkraft der Wehrmacht entscheidend schwächte.

Harris machte weiter: Am 23. Juli attackierten zum Beispiel 629 britische Bomber Kiel, in den nächsten beiden Nächten sowie am 28. Juli insgesamt 1660 Maschinen Stuttgart. Braunschweig und Rüsselsheim waren am 12. August das Ziel von Großangriffen, Stettin und erneut Kiel am 16. August, noch einmal Rüsselsheim am 25. August und in der nächsten Nacht sowie am 30. August das bisher am weitesten östlich gelegene Ziel, Königsberg. Neben diesen Attacken mit jeweils mehreren hundert schweren Bombern gab es regelmäßig kleine Angriffe, meist mit einigen Dutzend Lancaster-Bombern oder mit einer Handvoll der aus Sperrholz gebauten Schnellbomber vom Typ Mosquito, die für das primitive damalige Radar ähnlich schwer zu orten waren wie heutige Stealth-Flugzeuge, die „Tarnkappenbomber". Diese Angriffe hielten den ständigen Druck auf Bevölkerung und Behörden aufrecht. Deutschlands Städte wurden überwiegend nicht in einer oder wenigen Nächten vernichtet wie Dresden oder Hamburg; die meisten wurden „abgefeilt wie ein Zahn", formuliert der Berliner Publizist Jörg Friedrich.[19] So trafen etwa Köln mehr als 200 Angriffe.

Im Herbst und Winter 1944 hatte Harris' Luftkrieg eine Eigendynamik entwickelt, die nicht mehr zu stoppen war: Nacheinander nahmen sich seine Stabsoffiziere fast jede deutsche Stadt mit mehr als 50.000 Einwohnern vor – insgesamt 161 – ob sie nun eine militärische Bedeutung hatte oder nicht. Die 8. US-Luftflotte schickte beinahe jeden Tag mehr als tausend Bomber Richtung Deutschland, die 15. Luftflotte griff von Italien regelmäßig in ähnlicher Stärke an. Die britischen und amerikanischen Piloten konnten sich zwar das Grauen nicht genau vorstellen, das sie am Boden verursachten, aber dass sie traditionsreiche Städte in Flammenhöllen verwandelten, wussten sie. In Frage stellten sie ihre Befehle trotzdem nicht. Jedes Besatzungsmitglied kannte die verwüs-

hatten, wurde nun nicht einmal mehr die Fiktion aufrecht-erhalten, man greife militärische Ziele an. Dagegen hatte das Bomber Command eine Formulierung gefunden, die jeden Angriff auf zivile Ziele kaschierte: man greife ausschließlich militärische Ziele an, hieß es – und ein militärisches Ziel sei ein solches, das dem Feind militärisch nutzte. Spätestens seit Propagandaminister Joseph Goebbels Ende Februar 1943 den „totalen Krieg" ausgerufen hatte und nahezu alle wesent-lichen Produktionsstätten im Reich für die Rüstung arbeiteten, war im Grunde jedes Ziel in Deutschland „militärisch nütz-lich" oder „relevant" – und dadurch letztlich „legitim" geworden.

Der größte einzelne Bomberangriff des Zweiten Welt-kriegs, die Attacke von mehr als tausend modernen viermoto-rigen US-Flugzeugen auf das Berliner Regierungsviertel am 3. Februar 1945, löste in der Öffentlichkeit in den USA und Großbritannien vor allem Genugtuung aus. Ganz anderes aber geschah zehn Tage später: Nach den besonders verheerenden Bombardements auf Dresden durch die Royal Air Force und die US-Luftwaffe am 13. und 14. Februar setzte ein Umdenken ein, nicht zuletzt wegen der kritischen Berichte in den weni-gen neutralen Zeitungen Europas. Churchill reagierte – und distanzierte sich vom Chef des Bomber Command, von Arthur Harris: „Mir scheint nun der Augenblick gekommen, in dem man die Frage überprüfen muss, ob deutsche Städte nur des-halb bombardiert werden sollen, um den Terror zu verstärken, auch wenn für die Angriffe andere Vorwände gegeben werden. Die Vernichtung von Dresden stellt ernsthafte Fragen über die Durchführung des alliierten Bombenkrieges. Ich halte eine stärkere Konzentration der Angriffe auf militärische Objekte wie Öl und Verkehrsmittel gleich hinter den Fronten für not-wendiger, statt dass wir Terror und zügellose Verstörung ver-breiten, so eindrucksvoll dies auch immer sein mag."[20]

Es war ein klassischer Verrat: Harris hatte nie etwas anderes umgesetzt als die Strategie der RAF-Führung und die Wünsche des Premiers. Sein persönlicher Beitrag war die mör-derische Konsequenz, die eiserne Zielstrebigkeit, die Rück-sichtslosigkeit gegenüber den eigenen Männern und den deut-schen Opfern. Erst die Kombination dieser Eigenschaften sei-nes „Dirigenten" machte den Luftkrieg der Air Force gegen deutsche Städte so mörderisch. Intern kam es nun, im März 1945, zu heftigen Auseinandersetzungen zwischen Bomber Command und Kriegsministerium, doch Arthur Harris hatte seine Truppe so gut trainiert, dass die Vernichtungsmaschine-rie weiterlief. Nürnberg, Würzburg, Hanau, Pforzheim,

Die deutsche Rakete V2 (für Vergeltungswaffe 2) ist auf-grund ihrer geringen Zielge-nauigkeit ein reines Instru-ment des Bombenterrors.

teten Innenstädte von London und Coventry; viele hatten die Zerstörungen mit eigenen Augen gesehen, die übrigen auf Fotos. Es bestand kein Zweifel darüber, wer den Krieg begon-nen hatte. Dass beim Gegenschlag die Effizienz der anglo-amerikanischen Industriemacht das Grauen potenzierte, es störte kaum einen der Piloten. Zumal Hitler ab Sommer 1944 erneut Terrorangriffe gegen London fliegen ließ.

Das geschah mit einzelnen Schnellbombern neuer Typen, vor allem aber mit den „fliegenden Bomben" vom Muster V-1 und den ballistischen Raketen V-2. Da beide Waffen eine maximale „Zielgenauigkeit" von einigen Quadratkilometern

Aschaffenburg und Merseburg, außerdem wieder und wieder die beiden Hafenstädte Hamburg und Kiel tauchen im März und Anfang April auf den Einsatzlisten des Bomber Command auf. Als letzte bis dahin praktisch unversehrte Stadt in Deutschland ging am 14. April 1945 Potsdam in Flammen auf. Ob damit das Symbol des preußisch-deutschen Militarismus zerstört werden sollte oder eher der wichtigste noch unzerstörte Verschiebebahnhof nahe der Reichshauptstadt, ist bis heute umstritten.

Zwei Tage später sandte der Stabschef der RAF, Chief Air Marshal Charles Portal, an Arthur Harris folgende offizielle Anweisung der alliierten Stabschefs: „Der den britischen und amerikanischen strategischen Bomberflotten gegebene Auftrag lautete, das deutsche militärische, industrielle und wirtschaftliche System zu destabilisieren und zu zerstören und unsere Streitkräfte zu Lande und zu Wasser zu unterstützen. In der ersten Aufgabenstellung sind wir an einem Punkt, an dem wir unser Ziel erreicht haben. (...) Aus diesem Grund wird die Aufgabe der strategischen Luftflotten nunmehr in der Unterstützung der Offensive unserer Bodentruppen und der Bekämpfung der gegnerischen Seemacht bestehen."[21] Damit war der Bombenkrieg in Europa offiziell beendet.

Nachspiel nach dem „Ende"

Bis in die heutige Zeit hinein wird heftig darüber gestritten, ob diese Art der Kriegsführung die Hoffnungen erfüllte, die die Alliierten in sie gesetzt hatten. Ohne Zweifel ist es den Briten nicht gelungen, die Moral der Zivilbevölkerung durch das moral bombing ernsthaft zu erschüttern geschweige denn sie zum Abfall vom NS-System zu bewegen. Das Gegenteil war der Fall, wie wir heute wissen. Zudem hört man immer wieder die Behauptung, auch die deutsche Rüstung sei durch die alliierten Luftangriffe nicht wesentlich beeinträchtigt worden. Das scheint allerdings nur auf den ersten Blick zu stimmen, etwa wenn man die steigenden Panzer- und Flugzeugproduktionszahlen des Reiches betrachtet, die trotz umfangreicher Attacken 1944 ihren Höhepunkt erreichte.

Andererseits hätten die deutschen Industrieunternehmen ohne die Bombenangriffe zweifellos einen noch größeren Ausstoß gehabt. Ihre direkten Auswirkungen waren folglich sehr wohl mit kriegsverkürzend und damit -entscheidend, ihre indirekten Folgen sogar ungleich wirkungsvoller: Millionen Menschen mussten auf deutscher Seite im Flakdienst, bei Aufräum-

und Wiederaufbauarbeiten eingesetzt werden. Sie fehlten an allen Ecken und Enden, in den Fabriken, an den Fronten, was die Produktions- und Verteidigungskraft Deutschlands erheblich schwächte. Die häufigen Luftalarme machten außerdem einen halbwegs regelmäßigen Arbeitsablauf in den Betrieben und Industrieanlagen der Städte unmöglich.

Das hörte nach dem offiziellen Ende des Bombenkrieges nicht auf. Auch nach dem 16. April 1945 flogen die Alliierten Angriffe gegen Deutschland: An Hitlers letztem Geburtstag, dem 20. April, „gratulierten" 76 britische Schnellbomber mit einer Attacke auf Berlin, am 25. April zerstörten 318 RAF- und USAAF-Maschinen seine Alpenresidenz bei Berchtesgaden, am selben Tag trafen 1390 Tonnen amerikanische Bomben die Skoda-Werke beim böhmischen Pilsen. Am 3. Mai unterläuft britischen Schlachtfliegern ein verhängnisvoller Fehler: Sie versenken in der Neustädter Bucht die Dampfer „Thielbeck" und „Cap Arkona", die von SS-Mannschaften mit Häftlingen aus dem KZ Neuengamme vollgestopft worden waren. Von den 7000 entkräfteten, kranken Menschen an Bord überleben nur 200. Der Luftkrieg in Europa endete, wie er begonnen hatte: mit einem furchtbaren Irrtum.

Seine Bilanz war nicht minder grauenvoll: Ungefähr 60 000 britische Zivilisten kamen durch deutsche Bomben ums Leben – die genaue Zahl lässt sich nicht mehr ermitteln. Noch widersprüchlicher sind die Quellen-Angaben in Bezug auf deutsche Luftkriegsopfer; sie schwanken zwischen 400 000 und 600 000 Toten. Die Flächenbombardements hatten die Totalisierung des Krieges zu einer ungeahnten Größe getrieben. Und die Praxis hatte die Theorien seiner frühen Befürworter wie Giulio Douhet, William Mitchell und Hugh Trenchard in wesentlichen Teilen widerlegt: Die moralische Erschütterung der Zivilisten war kaum messbar gewesen, die Bodentruppen hatten wie im ersten Weltkrieg trotz intensiver Bomber-Einsätze einen sehr hohen Blutzoll entrichten müssen. Und: Vor dem Einsatz von Gasbomben – den Douhet ein Vierteljahrhundert zuvor zwecks Optimierung der Angriffswirkung empfohlen hatte – waren alle kriegführenden Mächte, selbst Adolf Hitler, dann doch zurückgeschreckt.

Als in Europa die Waffen schwiegen, ging in Ostasien der Schrecken weiter, und mit ihm die Luftangriffe. Erst die beiden Nuklearbomben, die am 6. und am 9. August Hiroshima und Nagasaki im atomaren Feuersturm vernichteten, 110 000 Menschen sofort umbrachten und zehntausende tödlich verseuchten, beendeten den Zweiten Weltkrieg. Ob der Abwurf dieser schrecklichsten aller Waffen gerechtfertigt war, ist

Die amerikanischen Atom-
bombenwürfe auf Hiroshima
(Foto) und Nagasaki
markieren den Höhepunkt
der Terror-Bombardements
im Zweiten Weltkrieg.

nicht mehr zu klären. Niemand weiß, ob Japan nicht auch ohne den Einsatz dieser finalen Bombe bald aufgegeben hätte.

Die Atomwaffe war die wirkungsvollste, furchtbarste und – aus militärischer Sicht – effizienteste Form eines Flächenbombardements, dessen reale Dimensionen selbst die Grenzen der ausufernden Phantasie eines Giulio Douhet gesprengt hätten. In den folgenden Jahrzehnten kam es mit einer Ausnahme – den US-Bombardements in Südostasien während des Vietnam-Krieges – zu keinen strategischen Luftangriffen auf feindliche Städte. Womöglich verhinderte dies allein das abschreckende Gleichgewicht des Schreckens einer Zeit, in der die Großmächte über Waffen verfügten, die den Erdball gleich mehrfach hätten atomisieren können. In den

Kriegen der jüngsten Vergangenheit – um Kuweit 1991, in Jugoslawien in den 1990er Jahren, gegen Afghanistan 2001 und gegen Irak 2003 – spielten Flächenbombardements keine Rolle mehr. Die Präzision in der modernen Waffentechnik hat sich derart weiterentwickelt, dass gut ausgebildete Soldaten ihre Ziele mit einer Quote von über 80 Prozent treffen. Im Zweiten Weltkrieg lag die Trefferquote, nach denselben Kriterien berechnet, bei weniger als fünf Prozent.

„Kollateralschäden" freilich gibt es auch noch in der Ära der Stealth-Flugzeuge, der Marschflugkörper und „intelligenten" Smart-Bombs, wenn auch mit erheblich weniger Opfern als noch vor 60 Jahren. Der Luftkrieg hat sein Aussehen verändert. Sein Schrecken aber ist ihm geblieben.

Vom unattraktiven zum besonders lohnenden Ziel
Dresden in den Luftkriegsplanungen der Alliierten
Von Götz Bergander

„Einmalig unter den deutschen Städten" – Aufklärung im Hinterland

Für den britischen Luftstab war Dresden bei Kriegsbeginn 1939 eine uninteressante Stadt weit hinten am Horizont. Dennoch mußte man routinemäßig Daten, Fakten und Bildmaterial sammeln. Das britische Luftfahrtministerium ließ am 8. Dezember an Hand einiger Karten ein Informationspapier über Ziele im Raum Dresden anlegen. Mit der Operationsnummer D. 46 wurde unter der Kategorie „Marineausrüstungen", Subkategorie „Spezial-Ersatzteillager für die Marine" registriert: „Das Ziel ist die Sachsenwerke Licht und Kraft AG, Niedersedlitz. Dieses Werk produziert Maschinen für Unterseeboote. Landmarken (zur besseren Zielfindung): Keine. Andere Ziele auf derselben Zielkarte: A.394" Das Sachsenwerk ist mit Tinte umrandet. Krankenhäuser sind mit dem roten Kreuz gekennzeichnet, und es wird eigens darauf hingewiesen, dass Treffer zu vermeiden sind.[1]

Im Herbst 1941 wird Dresden bereits unter 43 Städten genannt, die der Luftstab der Royal Air Force als mögliche Ziele auflistet. Das geschah in einer Periode tiefgehender Auseinandersetzungen über den künftigen Einsatz der Langstreckenbomber des Bomberkommandos, über das Programm nächtlicher Flächenangriffe, das letztlich in Kraft gesetzt wurde. Ab Februar 1942 widmete sich diesem Städtezerstörungsprogramm Luftmarschall Harris als neuer Chef des Bomberkommandos mit ganzer Energie. Harris war davon überzeugt, Deutschland durch Vernichtung seiner wichtigsten Städte in die Niederlage bombardieren zu können. Im Kriegskabinett, in den Stäben von Marine und Heer, auch in der Royal Air Force selbst gab es viele Zweifler. Harris wollte sie von der Richtigkeit seiner Art der Luftkriegsführung überzeugen – er hatte sie zwar nicht erfunden, sondern fand sie bei Übernahme des Kommandos vor, aber er verschrieb sich der Doktrin des Flächenbombardements ohne Wenn und Aber.

Zum Beweis ließ er Brandangriffe auf Lübeck, Rostock, Köln, Essen und Bremen fliegen, die erhebliche Schäden anrichteten. Außerdem wurden immer wieder Hamburg, Kiel, Wilhelmshaven, Duisburg und viele andere Städte bombardiert.

Während sich also 1942 der Luftkrieg vor allem in Nord- und Westdeutschland spürbar auswirkte, verlor er für Dresden vollends an Bedeutung. Gab es 1941 noch sieben Fliegeralarme, heulten 1942 nur viermal die Sirenen. Wenn es auch in Dresden beinahe ruhig blieb, hieß das nicht, dass es nicht überflogen wurde. Von der Bevölkerung unbemerkt und ohne dass Alarm gegeben wurde, tauchten an zwei Tagen britische Maschinen auf. Am 17. April 1942 machte eine Mosquito bei klarem, sonnigem Wetter Luftaufnahmen von Dresden und spezielle Aufnahmen vom Flughafen Klotzsche. Die Fotos des inneren Stadtgebietes wurden zu einer gestochen scharfen Zielkarte zusammengeklebt. An den Rand geschrieben sind Hinweise auf markante Anlagen, Gebäude und Eisenbahnstrecken wie Opernhaus, Verschiebebahnhof Friedrichstadt, Strecke nach Prag und Wien. Der Foto-Interpretationsbericht des Flughafenbildes gibt Auskunft über Lage und Größe sämtlicher Gebäude und Einrichtungen, über die Beschaffenheit des Rollfeldes, Treibstofflager, Straßen und Bahnanschlüsse, über Munitionslager, fehlende Nachtlandeeinrichtungen, über die Luftkriegsschule und die Errichtung dieses neuen an Stelle des alten Heller-Flugplatzes. Sichtbar belegt war der Flughafen an diesem 17. April 1942 mit 91 Flugzeugen, darunter vier Ju-52 und fünf Ju-88.[2]

Die Briten sammelten fleißig Informationen, um für spätere Anforderungen gerüstet zu sein. Die Grundlage für diese Aktivitäten wurde bereits zwischen den Kriegen gelegt, als das Industrial Intelligence Comittee gegründet wurde, salopp gesagt ein Ausschuß für Industriespionage. Die Haupt-

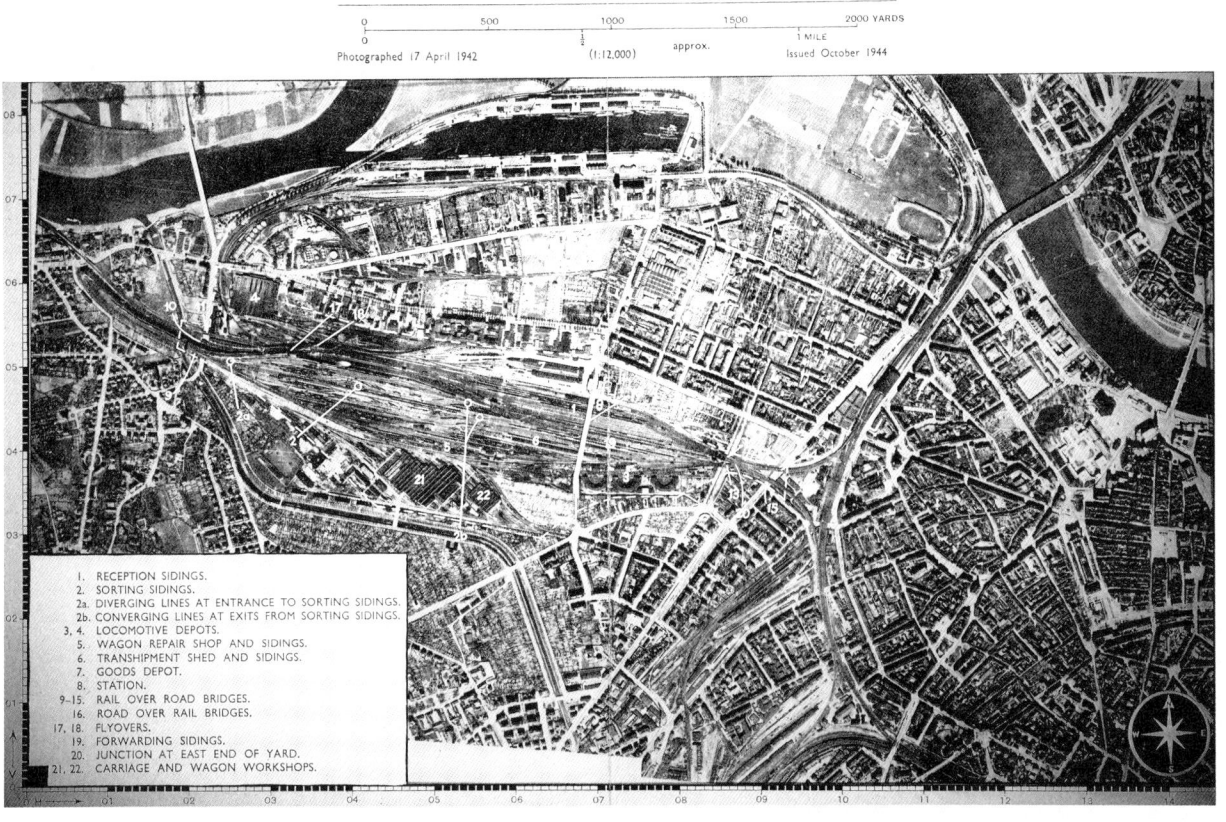

NOT TO BE TAKEN INTO THE AIR.

Illustration No.
6 (d) (vi) 74/3

Target No.
6 (d) (vi) 74   RAILWAY MARSHALLING YARD — DRESDEN (GERMANY)   Illustration No.
6 (d) (vi) 74/3
Lat. 51° 04' N. Long. 13° 42' E.

0   500   1000   1500   2000 YARDS
0   1 MILE
Photographed 17 April 1942   (1:12,000)   approx.   Issued October 1944

1. RECEPTION SIDINGS.
2. SORTING SIDINGS.
2a. DIVERGING LINES AT ENTRANCE TO SORTING SIDINGS.
2b. CONVERGING LINES AT EXITS FROM SORTING SIDINGS.
3, 4. LOCOMOTIVE DEPOTS.
5. WAGON REPAIR SHOP AND SIDINGS.
6. TRANSHIPMENT SHED AND SIDINGS.
7. GOODS DEPOT.
8. STATION.
9–15. RAIL OVER ROAD BRIDGES.
16. ROAD OVER RAIL BRIDGES.
17, 18. FLYOVERS.
19. FORWARDING SIDINGS.
20. JUNCTION AT EAST END OF YARD.
21, 22. CARRIAGE AND WAGON WORKSHOPS.

A.I.3c (1)   TYPE B

Eines der frühesten noch vorhandenen alliierten Aufklärungsfotos von Dresden, aufgenommen am 17. April 1942. Alle Bilder werden gewissenhaft ausgewertet, potenzielle Ziele markiert.

aufgabe bestand darin herauszufinden, wie im Kriegsfall eine Wirtschaftsblockade gegen Deutschland vorzubereiten sei, die sich im Ersten Weltkrieg als so wirksam herausgestellt hatte. Es war ein Abtasten auf ökonomische Schwachstellen. Gleichzeitig sollte geprüft werden, wie eine strategische Luftoffensive das wirtschaftliche Potential Deutschlands zerstören könnte.[3]

Als der Krieg begann, war allerdings nichts Brauchbares vorbereitet. Die sogenannten Western Air Planes, Operationspläne für Bomberangriffe im Hinterland des Gegners, blieben Stückwerk. Der Historiker Horst Boog erläutert: „Das Fehlen von Begleitjägern und zweckentsprechenden Bombern, die Dichte des deutschen Eisenbahnnetzes und die Furcht vor deutschen Repressalien in Form eines unterschiedslosen Bombenkrieges – was auch die Franzosen von jeder Bomberoffensive abraten ließ – sowie, angesichts des deutsch-rumänischen Handelsabkommens und des Hitler-Stalin-Paktes, die Aussichtslosigkeit einer erfolgreichen Bomberoffensive gegen die deutsche Treibstoffindustrie reduzierte die Optionen

schließlich auf eine Flugblatt-Propagandaoffensive, die nun vorbereitet wurde. In der Tat war die taktische und technische Vorbereitung der Bomberwaffe auf ihre strategischen Aufgaben vor allem durch die Sparsamkeit der Regierung vernachlässigt worden, die, mit den Folgen der wirtschaftlichen Depression kämpfend, die beiden Übel der Zeit, Faschismus und Kommunismus, zu vermeiden versuchte. Die Flugzeuge waren nach Reichweite und Bombenlast unzureichend.“[4]

Einfacher, als die Flugzeugproduktion anzukurbeln war es, die Materialsammlung für Zielunterlagen zu intensivieren. Die vielen zuliefernden Komitees und Dienste leisteten dabei hervorragende Arbeit. Alle verfügbaren Quellen wurden ausgeschöpft: Landkarten, Stadtpläne, Reiseführer, Geschäftsberichte und Werbung aus Friedenszeiten, Befragungen von Kriegsgefangenen, Agentenberichte, Zeitungsartikel, Fotos, zunehmend vor allem Luftbilder, die von extra formierten Foto-Aufklärungseinheiten geliefert und in der zentralen Auswertungsabteilung in Medmenham systematisch

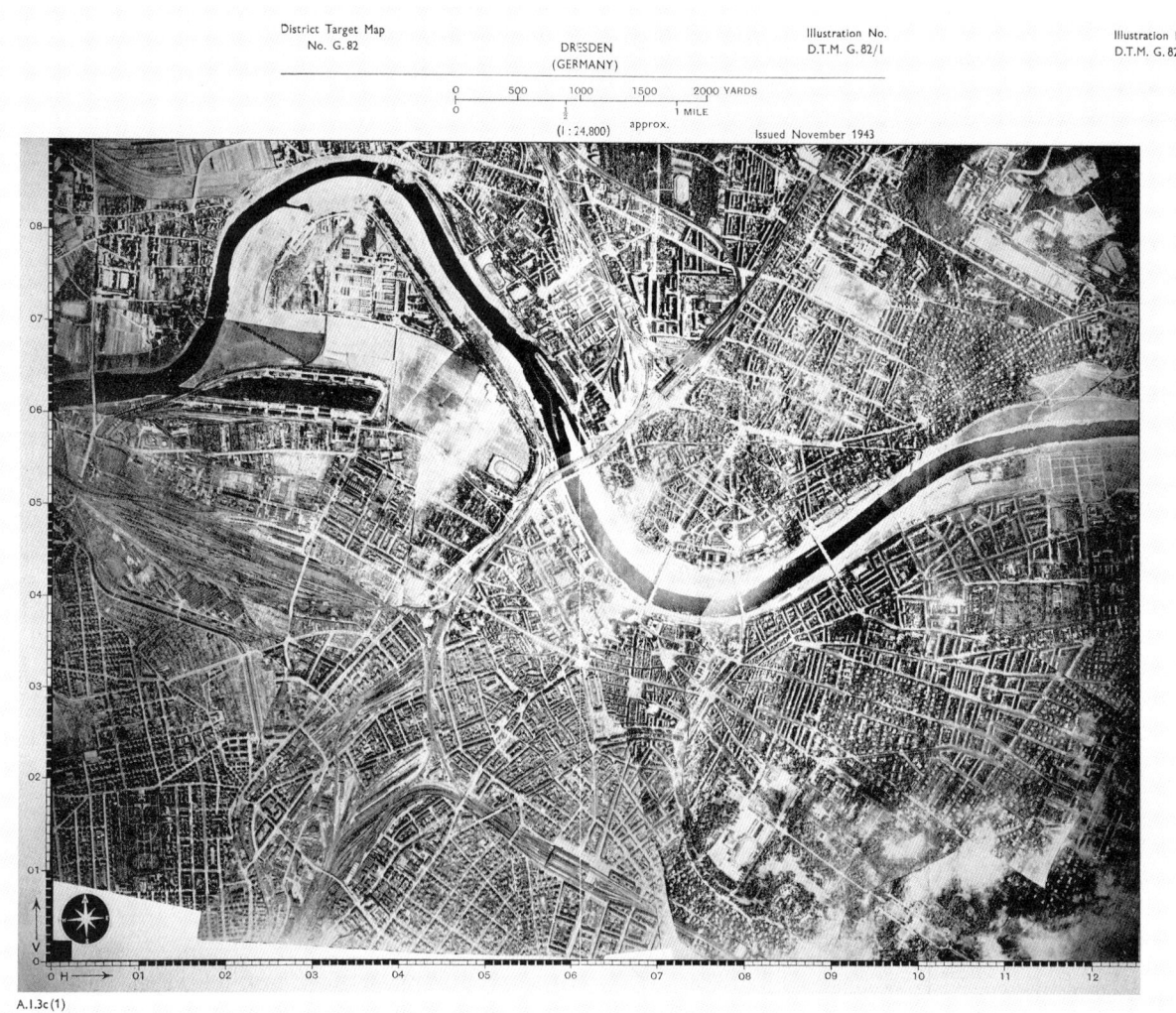

District Target Map
No. G. 82

DRESDEN
(GERMANY)

Illustration No.
D.T.M. G. 82/1

Illustration No.
D.T.M. G. 82/1

Issued November 1943

(1 : 24,800) approx.

A.I.3c(1)

Das Aufklärungsfoto von 1943 zeigt links im Bild den Bahnhof Friedrichstadt. Er ist in den strategischen Planungen der US-Luftflotte stets von zentraler Bedeutung.

analysiert wurden. Während aus dem Kriegswirtschaftsministerium eher generalisierende Berichte kamen, trug Air Intelligence, der Nachrichtendienst der Royal Air Force, Spezialkenntnisse bei. Außerdem verfaßte das Luftfahrtministerium nachrichtendienstliche Berichte, mit dem Ergebnis, dass die Informationen rapide anwuchsen.

Werfen wir einen Blick in die Akte Dresden – 1942, dem äußerlich ruhigen Jahr. Foto-Aufklärungsergebnisse kennen wir schon. Dazu kommt noch dieses Material: 27. Februar. Ein kolorierter Stadtplan mit dem Verschiebebahnhof Friedrichstadt. Er zeigt die Krankenhäuser in der Stadtmitte und den benachbarten Vierteln markiert. Er enthält die Warnung, dass diese Krankenhäuser in möglichen Zielgebieten liegen.[5] Am 21. Dezember 1942 wird noch eine mehrfarbige Zielkarte „Marshalling Yards" – Verschiebebahnhof – beige

fügt. 1943 folgte eine Gebietskarte von Dresden No. 484/2, mehrfarbig, aufgeteilt in die verschiedenen Stadtgebiete, Wohnviertel, Vororte, Industrien, Eisenbahnanlagen, öffentliche Gebäude und Versorgungsbetriebe. Dazu wird zwischen Juli und November 1943 ein dreiseitiges Informationspapier von fast 180 Zeilen angelegt, das mit den Worten anfängt:

„Dresden ist die historische Hauptstadt von Sachsen, sein gegenwärtiges Verwaltungszentrum und ein Industriezentrum von beträchtlicher Bedeutung. Es ist eine der schönsten Städte Deutschlands. Mit einer Bevölkerung von 650.000 ist es das Hauptzentrum eines Bevölkerungsgürtels, der sich von Nordwest nach Südost entlang der Elbe ausdehnt, von Meißen nach Pirna ... 1941 wird eine Einwohnerschaft in Dresden von 630 000 angenommen." Im Einzelnen wird die Bebauungsdichte in der Stadt und in den Vororten dargestellt, bis hin nach Freital, Radeberg, Meißen, Pirna, Heidenau. Wörtlich heißt es: „Dresden hat eine außergewöhnlich niedrige Bevölkerungsdichte, eine Tatsache, die auf die großen Ausmaße der Gärten und Villen zurückzuführen ist. In dieser Hinsicht ist es einmalig unter den deutschen Städten." Die farbig in Zonen eingeteilten Stadtbezirke umfassen: Innenstadt – kompakt bebaute Gebiete – vorstädtische Gebiete – öffentliche Gebäude – Industriegebiete – Eisenbahnanlagen und Häfen. Weiter heißt es: „Der Kern Dresdens ist die Altstadt. Sie enthält viele alte Wohn- und öffentliche Gebäude, sie hat enge Straßen und liegt rund um den Altmarkt."

In dieser Weise werden alle Stadtviertel beschrieben – zum Beispiel, dass die bedeutenden öffentlichen Gebäude zwischen der Altstadt und der Terrasse liegen, die den Fluß überblickt. Und dass dazu die Bauten rund um den Zwinger gehören: Opernhaus, Schloß, Katholische Kirche, Gemäldegalerie, Kunstakademie und Skulpturenmuseum. Die Frauenkirche wird nicht erwähnt.

Zu Industriegebieten heißt es: „Die Haupt-Industriegebiete liegen entlang den Eisenbahnlinien in der westlichen Stadthälfte, insbesondere sind sie gebündelt entlang der Kreuzung der Eisenbahnlinien in der Stadtmitte. Ein Ballungsraum kleiner Fabriken liegt unmittelbar südlich der Bahnkreuzung, dazu gehören Güterbahnhöfe. Ein Hauptindustriegebiet ist zwischen dem Verschiebebahnhof und dem Alberthafen. Dazu gehört ein größeres Tanklager ... Südlich vom Fluß bilden die Eisenbahnlinien ein X, und der Hauptschienenstrang verläuft von Nordwest nach Südost, mit einer zweiten parallelen Linie nördlich des Flusses, der Zufahrt zur Neustadt."

Dies sind nur Auszüge. Unter den Schlußfolgerungen nennt das Informationspapier abermals die geringe Bevölkerungsdichte und die Tatsache, dass 40 Prozent des Stadtgebietes unbebaute Fläche sei. Wörtlich: „Compared to other towns of its size, Dresden is therefore an unattractive blitz target" (dt: Dresden ist deshalb, verglichen mit anderen Städten seiner Größe, kein lohnendes Ziel für einen konzentrierten Angriff).[6] Eine bemerkenswerte Aussage. Das Wort „Blitz" hatten die Engländer vom deutschen „Blitzkrieg" übernommen. Sie verwendeten und verwenden es für die deutschen Luftangriffe auf englische Städte; es meint überfallartig ebenso wie konzentriert, vernichtend, Großangriff. Engländer sprechen vom „London Blitz" der Jahre 1940/41, und sie bezeichnen die später schwächeren deutschen Luftangriffe als „Baby Blitz". Dresden also ist unattraktiv, ist nicht lohnend für einen „Blitz". Diese Schluß-

folgerung des Dossiers könnte ein Schlüssel zur Lösung des Rätsels sein, warum Dresden in Ruhe gelassen worden ist, während ringsum alles in Trümmer sank.

Über die „verwundbaren Gebiete" Dresdens heißt es: „Diese verwundbaren Gebiete liegen beiderseits der Elbe, und sie sind deutlich gekennzeichnet durch den Verlauf der Eisenbahnlinien und des Flusses. Sie liegen alle in der westlichen Hälfte des bebauten Stadtgebietes von Dresden. Die X-Kreuzung der vier Schienenstränge markiert den Mittelpunkt der gesamten verwundbaren Fläche."[7] Noch einmal: dieses Dossier definiert Dresden als ein „nicht lohnendes Ziel für einen konzentrierten Angriff". Die durch Bombardierungen verwundbaren Gebiete werden nicht in den dicht besiedelten Wohngebieten gefunden, sondern im westlichen Teil, einem Mischbereich mit Industrie, Bahnanlagen und Wohnungen. Aber das war im Jahr 1943.

Operation Donnerschlag – Planungen in London

Alle Informationen, Daten, Zielunterlagen, auch die über Dresden, die wir kennen gelernt haben, wurden an die Einsatzflughäfen des Bomberkommandos geschickt. Dort war man kaum noch imstande, damit fertig zu werden, denn schon Ende 1941 wurde geschätzt, dass in den Zielunterlagen über Deutschland etwa 2400 Ziele aufgelistet seien. Um diese Informationen zu bündeln und besser nutzbar zu machen, wurde von der Abteilung Feindländer des Außenministeriums und des Kriegswirtschaftsministeriums ein zusammenfassendes Zielhandbuch herausgegeben: Am 2. Januar 1943 erschien die erste Ausgabe von „Bomber's Baedeker", ein Leitfaden für die wirtschaftliche Bedeutung deutscher Städte. Zudem wurden etliche einzelne Industrieziele oder Industrien auf dem Lande nahe kleinen Dörfern registriert, was besonders auf Munitionsfabriken und Werke für synthetischen Treibstoff zutraf.[8]

„Bomber's Baedeker" sollte Anleitung bieten für Angriffe auf ausgewählte wehrwirtschaftlich interessante Ziele. Damit bediente das Handbuch die Forderungen der Konferenz von Casablanca, auf der im selben Monat die kombinierte britisch-amerikanische Bomberoffensive gegen Deutschland beschlossen wurde. Denn nun griffen von England aus auch Langstreckenbomber der 8. US-Luftflotte in den Luftkrieg ein. Im Dezember 1941 hatte Hitler den Vereinigten Staaten den

Als erste sächsische Großstadt wird Leipzig am 3. Dezember 1943 von Bombern angegriffen. Ungefähr 2000 Menschen kommen ums Leben.

Krieg erklärt. Ab 1943 bekamen die Deutschen zu spüren, was das bedeutete. Jetzt rollten die Luftangriffe auch am Tage.

Die Amerikaner bauten ihre eigenen Nachrichtendienste auf, aber sie arbeiteten eng mit den Briten zusammen, die natürlich durch ihren zeitliche Vorlauf einen Vorsprung an Erfahrung und Materialsammlung besaßen. Besonders fruchtbar entwickelte sich die Kooperation auf dem Gebiet der Luftbildaufklärung, weil die Royal Air Force und die United States Army Air Forces gemeinsam die Auswertungszentrale in Medmenham bis zum Kriegsende belieferten und benutzten.

In England mußte 1943 der Aufbau der schweren Langstreckenbomberflotte vorangetrieben werden. Luftfahrtminister Sinclair, RAF-Stabschef Portal und andere unterstützten das ungeduldige Drängen des Bomberchefs Harris. Bei den Einsätzen stellte sich heraus, dass sich bei den schweren Bombern die Lancaster am besten bewährte, gefolgt von der Halifax, die gewisse Schwächen zeigte, wohingegen die Stirling aus der vordersten Linie genommen werden mußte. Mit der „Operation Gomorrha", den vier Flächenangriffen auf Ham-

burg Ende Juli, Anfang August 1943, die mit Feuerstürmen bis dahin ungekannter Gewalt die Hafenstadt einäscherten, erwuchs das Bomberkommando zu einer schreckenerregenden Waffe.

Zahlreiche schwere Angriffe das ganze Jahr über auf Großstädte nun auch im Süden und in der Mitte Deutschlands – ich nenne nur Kassel – gipfelten in der „Battle of Berlin", der „Schlacht um Berlin", die im November begann und bis März 1944 andauerte. Auch in dieser Phase schickte Harris das Bomberkommando gegen andere deutsche Städte, von Stettin über Braunschweig, Nürnberg bis Stuttgart. Es waren Orte aus einer umfangreichen Zielliste, die für ihn eine Art Wunschliste darstellte, und in dieser Liste tauchte auch der Name Dresden auf.

Vielleicht davon angeregt, schlug der Chef der 3. Bomberflotte Anfang Dezember 1943 eine kombinierte Operation gegen Berlin und Dresden vor. 600 Bomber sollten auf der südlichen Route einfliegen, sie sollten Leipzig mit Nordostkurs südlich umfliegen, wo sich 200 Bomber aus dem Bomberstrom lösen, auf Südostkurs drehen und Dresden angreifen sollten. Die restlichen 400 Bomber hatten mit Nordkurs weiter nach Berlin vorzustoßen, um sich beim Rückflug mit der Dresdner Gruppe im Raum nördlich von Osnabrück wieder zu vereinen.[9] Aus diesem Plan wurde nichts. Auffallend ist immerhin, dass die Anflugrichtung, die am 13. Februar 1945 beim ersten Nachtangriff auf Dresden gewählt wurde, etwa derjenigen dieser Planung entsprach.

Leipzig wurde in der Nacht vom 3. zum 4. Dezember 1943 in Brand gesteckt. Die Einschläge rückten zwar näher, aber bei keinem der 30 Fliegeralarme Dresdens im Jahr 1943 – auch nicht beim ersten Tagesalarm im Juli – war die Elbestadt wirklich gefährdet. Als am 6. September eine einzelne Maschine am hellen Tag in großer Höhe ihre Kreise über der Stadt zog, wurde, wie im Vorjahr, kein Alarm gegeben. Die Foto-Aufklärungs-Mosquito DZ 473 erledigte ihren Auftrag unbehelligt, und aus den mitgebrachten Bildern wurde im November eine neue Stadtkarte zusammengeklebt.[10] Diese Montage war es dann, die am 13. Februar 1945 an Stelle der normalerweise verwendeten Zielkarten genommen wurde, um den verhängnisvollen viertelkreisförmigen Zirkelschlag des ersten Angriffssektors einzutragen.

Warum? Das ist nicht bekannt, an mangelndem Kartenmaterial kann es nicht gelegen haben; denn die Akte Dresden wurde 1944 mit ergänzenden Unterlagen gefüllt. „Bomber's Baedeker" ist zu nennen. In der Ausgabe vom Mai 1944 auf den letzten Stand gebracht – und so bis Kriegsende gültig geblieben –, bringt er acht engzeilig beschriebene Seiten, zum Beispiel: „In Friedenszeiten spielten Tabak, Schokolade und Süßwarenherstellung eine große Rolle in Dresdens industriellen Aktivitäten; es gibt auch eine große Zahl von Betrieben des Apparatebaus und Herstellern von Maschinen, die jetzt an allen Arten von Rüstungsproduktion beteiligt sind, viele von ihnen sind zu klein, um hier eigens notiert zu werden. Verschiedene wichtige Fabriken produzieren Elektromotoren, Präzisions- und optische Instrumente und Chemieprodukte...“[11] Das mag genügen. Dresden wird als wichtiges Eisenbahnzentrum beschrieben. Standorte und Bedeutung der Kraftwerke, Gaswerke und Industriezweige werden gemeldet, ihr Ausbau im Zuge der Kriegswirtschaft, ihre mutmaßliche Beschäftigtenzahl. Die Branchen sind Eisen und Stahl, Flugzeugbau, Maschinenbau und Rüstungsindustrie, Schiffsbau, Chemie und Sprengstoffe, Lebensmittel.

Für die Zielplanungskomitees sind fünf Dringlichkeitskategorien angemerkt: Dringlichkeitsstufe 1+ heißt Betriebe mit

herausragender Bedeutung für die deutschen Kriegsanstrengungen. Dringlichkeitsstufe 1 steht für sehr wichtig, 2 für wichtig, 3 weniger wichtig, und ein Strich bedeutet unwichtig. Insgesamt sind in Dresden und Vororten 45 Ziele erfaßt. Keines wurde der höchsten Dringlichkeitsstufe 1+ zugeordnet. Sechs kamen in die erste Kategorie, nämlich das Kraftwerk West am Wettiner Platz, die Schleifscheibenfabrik Reick und vier Zeiß-Ikon Betriebe, jeweils mit genauer Begründung der Wichtigkeit. Zehn Ziele wurden in die zweite Kategorie – wichtig – eingestuft, darunter der Verschiebebahnhof Fried-

Die US-Air Force zerstört während der „Öl-Offensive" zahllose Anlagen der deutschen Treibstoff-Industrie wie diese Raffinerie nahe Hamburg.

Am 4. Februar treffen sich der britische Premier Winston Churchill, US-Präsident Franklin D. Roosevelt und der russische Dikator Stalin (v. l.) zur Konferenz in Jalta. Dabei kommen unter anderem die nächsten Aktionen der west-alliierten Luftoffensive zur Sprache. Nun steht auch Dresden auf der Liste der „besonders lohnenden Ziele".

richstadt mit den Eisenbahnwerkstätten, das Gaswerk Reick, die Firmen Seidel & Naumann sowie Koch & Sterzel. Auch das Sachsenwerk Niedersedlitz ist hier zu finden, das bereits 1939 auf der ersten Zielliste verzeichnet war. 21 Ziele erschienen weniger wichtig: Kategorie 3, unter anderem der König-Albert-Hafen, die Metallgießerei Dölzschen oder die Firma Gehe; sie wird als Produzent von Giftgas erwähnt. Als unwichtig für die deutschen Kriegsanstrengungen werden acht Ziele eingeordnet, so die Lingner-Werke, deren Odol-Mundwasser als „wohlbekannt" Erwähnung findet.[12]

„Bomber's Baedeker" muß nun noch in Verbindung gebracht werden mit der Gebietszielkarte No. 82, Dresden und Freital. Sie ist mehrfarbig und zeigt 13 Ziele mit ihren Kodenummern. Bei diesen von der RAF eingeführten Chiffren hatten etwa Transportziele die Buchstaben GH, Kraftwerke GO, Öl, Treibstoffindustrie und Gas GQ. Der Buchstaben-

kombination folgten Ziffern, die für die Stadt oder den Standort bestimmt worden waren, so GH 584 für Verschiebebahnhof und Eisenbahnwerkstätten Dresden-Friedrichstadt. Dresden hat auf dieser Karte sieben Buchstabenkombinationen mit 13 Zielkodeziffern, zum Beispiel das Kraftwerk West, das Industriegelände, den Flughafen Klotzsche und so fort. Ohne Kodenummer, aber ebenfalls rotfarbig markiert und eingerahmt, sind als Ziele die drei großen Personenbahnhöfe, das gesamte Kasernengebiet in der Neustadt sowie Gaswerk Neustadt, Hauptpost, Schiffswerft Übigau und zwei Gebäude, die Sächsisches Propagandaministerium und Nazi-Gebietshauptquartier genannt werden.[13]

Es kamen neue Luftaufnahmen dazu. Auf dem Flughafen Klotzsche konnten Tarn- und Schutzmaßnahmen im Unterschied zu 1942 festgestellt werden. Ein Teil des Flugfeldes war sogar eingefärbt worden. Äußerst spezifizierte taktische

Zieldossiers wurden angelegt über das Tanklager in der Friedrichstadt und die Elbbrücken. Im Dezember 1944 erreichte die Aufklärungstätigkeit der Royal Air Force und der 8. US Army Air Force einen Höhepunkt; sie wurde wahrscheinlich auch von den aus Italien anfliegenden Maschinen der 15. Luftflotte betrieben, die Ziele in Nordböhmen bombardierten und deren Begleit-Mustangs und Lightnings dabei auch über Dresden kreisten.[14]

Die kleineren amerikanischen Angriffe auf Freital im August und auf Dresden im Oktober 1944 änderten noch nichts an der verbreiteten Meinung, man werde davonkommen. Aber gerade diese Vorboten drohender Stürme bewiesen doch, dass die sächsische Hauptstadt nicht tabu war. Die Amerikaner hatten die Treibstoffziele nahe Dresdens in Ruhland und Brüx schon seit Mai angegriffen, und die Dresdner Flak war bei diesen Gelegenheiten in Aktion getreten. Die kleine Raffinerie in Freital, Kodenummer GQ 1612, war das Hauptziel, und die Bomben im Oktober hatten Dresden als Zweitziel statt Brüx getroffen, Zielvorgabe war der Friedrichstädter Bahnhof. Aber der große Schlag, der befürchtete, wo blieb der?

Es schien, als sehe man auf alliierter Seite dazu keine Notwendigkeit. Im obersten Hauptquartier SHAEF in Paris fand im Oktober 1944 eine Konferenz der Oberkommandierenden statt. Angriffe auf die Treibstoffindustrie, so wurde beschlossen, sollten erste Priorität behalten, danach aber sollte das deutsche Transportsystem stehen. General Spaatz, Kommandeur der amerikanischen Luftstreitkräfte in Europa, und Air Marshal Sir Norman Bottomley, Stellvertretender Chef des britischen Luftwaffenstabes, gaben entsprechende Weisungen. Das Vereinigte Komitee für strategische Ziele bildete eine Arbeitsgruppe und gab am 7. November 1944 ein Programm zur Zerstörung der deutschen Transportverbindungen bekannt, auch von Wasserwegen. Neun Zonen mit dringlich zu zerstörenden Transportlinien wurden eingeteilt, sie reichten vom Ruhrgebiet bis nach Wien und Oberschlesien. Zone 6 umfaßte Stendal, Magdeburg – dort auch das Schiffshebewerk Rothensee –, Halle, Leipzig, Erfurt, Gera, Chemnitz. Dresden ist nicht dabei. Es ist auf dieser Karte nicht einmal verzeichnet.[15]

Im Sommer 1944 wurde in britischen Führungs- und Planungsgremien der Vorschlag diskutiert, durch einen Riesenangriff aller zur Verfügung stehenden schweren Bomber, einen „Donnerschlag", einen solchen Schock auszulösen, dass das Nazireich unter den Schockfolgen zusammenbrechen

müsste. Gewichtiger Befürworter einer „Operation Thunderclap" war Stabschef Portal, der wie sein Bombergeneral Harris damals noch daran glaubte, den Widerstandswillen der deutschen Zivilbevölkerung brechen und damit den Krieg verkürzen zu können. Man debattierte, ob „Thunderclap" gegen das Nervenzentrum Berlin oder besser gegen eine Stadt gerichtet sein sollte, die bis dahin keine oder geringe Zerstörungen erlitten hatte. Diese Debatte verlief im Sande, aber sie wurde immer mal wieder angeheizt, auch noch im Januar 1945, ohne dass der Monsterplan in seiner ursprünglich gedachten Form in die Tat umgesetzt wurde. Dresden war übrigens nicht unter den für diese Aktion eventuell vorgesehenen Städten.[16]

Aber Air Chief Marshal Harris hatte Dresden nicht vergessen. Er hatte immer noch unzerstörte Städte auf seiner Bombardierungsliste. Da wies ihn sein Vorgesetzter Portal nachdrücklich auf die Zielsysteme Öl und Verkehr hin. Bei Portal und im Luftfahrtministerium setzte im Herbst 1944 Nachdenken darüber ein, ob die unterschiedslosen nächtlichen Flächenangriffe noch in dem Umfang wie bisher fortgesetzt werden sollten. Portal, eigentlich ein Verfechter dieser Doktrin, hörte in dieser Phase wohl auch auf Sir Arthur Tedder, Marshal of the Royal Air Force wie er selbst, und als General Eisenhowers Stellvertreter im Obersten Hauptquartier in Paris verantwortlich für sämtliche Luftstreitkräfte in Europa. Tedder verlangte, die Verkehrswege lahmzulegen, Portal sah in der Treibstoffindustrie höchste Dringlichkeit; das waren auch die vom amerikanischen Luftwaffen-Chef in Europa, General Spaatz, favorisierten Zielsysteme.[17]

Harris jedoch opponierte. Am 1. November 1944 schrieb er an Portal, 45 von 60 wichtigen Städten in Deutschland seien bereits zerstört; solle man nun diese ungeheure Aufgabe preisgeben, die den Deutschen schlimmste Kopfzerbrechen bereite, gerade wenn sie sich ihrer Vollendung nähere? Alles, was zu tun bleibe, sei die Zerstörung von Magdeburg, Halle, Leipzig, Dresden, Chemnitz, Breslau, Nürnberg, München, Koblenz, Karlsruhe und die weitere Zerstörung von Berlin und Hannover.[18]

Ein Jahr, nachdem Dresden schon einmal theoretisch für einen Angriff des Bomberkommandos ins Auge gefaßt wurde, schien es nun abermals aus seiner strategischen Bedeutungslosigkeit auf die Stufe vermeintlicher Wichtigkeit zu rücken. Aber wie früher folgte auch diesmal niemand Harris bei seiner Forderung, Dresden Dringlichkeit auf den Ziellisten einzuräumen. Zwar hatte Dresden – wie ich dargestellt habe – seinen

Rang als eigenständiges Bombenziel, aber zu diesem Zeitpunkt nicht, noch nicht, als Ziel für Flächenangriffe. Statt dessen legte der britische Luftwaffenstab mit Billigung Churchills der sowjetischen Luftwaffe nahe, Dresden zu bombardieren, was bekanntlich unterblieb.[19]

Anfang 1945 mußte Portal feststellen, dass Harris seine Befehle kaum beachtet hatte. Das Bomberkommando hatte im letzten Quartal 1944 nur 14 Prozent seiner Angriffe gegen Treibstoffziele, aber 58 Prozent gegen Städte geführt. Laut Direktive hätte das Verhältnis umgekehrt sein sollen. Kein Wunder, dass sich in diesen Januarwochen die Krise zwischen Stabschef und Bomberchef zuspitzte.[20] Aber Arthur Harris wußte, dass seine Flieger seit Jahren den härtesten Kampf ausfochten, dass ihre Verluste die höchsten waren im Vergleich zu anderen Waffengattungen, und dass er seinen Landsleuten jene Genugtuung verschaffte, die sie seit Hitlers Eroberungsfeldzügen und den deutschen Luftangriffen auf England verlangten. Er wußte, dass seine Bombardierungsdoktrin der offiziellen Politik entsprach.

Bomber-Harris war populär, er wurde vom Premierminister geschätzt. Im Bewußtsein seiner Unverzichtbarkeit legte er nahe, Sir Charles Portal möge erwägen, ob er – Harris – in dieser Situation auf seinem Posten bleiben solle. Damit hatte er, man schrieb den 18. Januar 1945, seinem Vorgesetzten den Schwarzen Peter zugeschoben. Portal mußte an seinem störrischen Bombergeneral festhalten. Er verlangte die Befolgung der Direktiven und vertagte die Entscheidung darüber, wer das Richtige getan habe, auf die Zeit nach dem Krieg, erst dann werde man es genau wissen.[21]

Harris aktivierte nun seine Bomber vordringlich für Angriffe auf die Treibstoffindustrie, im Westen Deutschlands jetzt auch am Tag, weit im Innern bei Nacht und trotzdem mit großer Präzision; die technischen Hilfsmittel waren so ausgereift, dass auch relativ kleine Ziele wie Raffinerien vernichtet werden konnten. Seine Städteliste vergaß Harris darüber nicht, Nürnberg und Magdeburg wurden eingeäschert. Dresden wurde von der 8. US-Luftflotte am 16. Januar mit 127 Bombern angegriffen, als Ausweichziel für die Treibstoffwerke in Ruhland. Zugewiesener Zielpunkt war der Friedrichstädter Bahnhof, aber die meisten Bomben gingen weit verstreut nieder. Im Hinblick auf unsere Fragestellung nach Dresdens Rolle in der britisch-amerikanischen Luftkriegsplanung heißt das: Trotz der seit November 1944 gültigen Direktive hinsichtlich der Priorität für die Zerschlagung der deutschen Transportverbindungen erschien Dresden nicht

wichtig genug, um als Hauptziel eingesetzt zu werden. Das RAF-Bomberkommando und die 8. US Luftflotte hielten sich an die vorgegebenen Zoneneinteilungen, die Dresden außen vor ließen.[22]

Warum aber erschien Dresden nur wenige Wochen später so wichtig, dass es fast von der Landkarte getilgt worden ist? Was führte zu jenen folgenschweren Veränderungen in der Beurteilung der strategischen Bedeutung mitteldeutscher Städte wie Dresden, Chemnitz und Leipzig, dem ja schon schwerer Schaden zugefügt worden war? Verschiedene Faktoren kamen zusammen. Da war die militärische Gesamtsituation. Die Amerikaner in der Hauptsache führten im Pazifik einen verlustreichen, erbitterten Kampf gegen die Japaner, das wird bei uns oft übersehen. Bei der Zuteilung des Nachschubs an Menschen und Material waren der europäische und der pazifische Kriegsschauplatz Konkurrenten. Die Entscheidung fiel meist zugunsten Europas, weil die Verbündeten an ihrem wichtigsten strategischen Grundsatz festhielten: „Germany first" – zuerst muß Deutschland besiegt werden.

Den Russen helfen, wenn nötig – Dresden wird Bombenziel

Dass die Alliierten siegen würden, war zweifelsfrei. Über den Zeitpunkt des Sieges, der seit der Konferenz von Casablanca nur die bedingungslose Kapitulation Deutschlands sein konnte, waren sich die Westmächte nicht ganz so im klaren, wie es heute scheint. Sie befassten sich damit Ende Januar beim Treffen Churchills, Roosevelts und der höchsten Militärs auf der Insel Malta zur Vorbereitung der Konferenz von Jalta. In Jalta hielten sie als Planungsdaten fest: frühestes Kriegsende in Europa 1. Juli 1945; Datum, nach dem eine Kriegsfortsetzung unwahrscheinlich ist, 31. Dezember 1945. Sie schlugen vor, als Planungsdatum für das Kriegsende mit Japan eine Zeit von achtzehn Monaten nach der Niederlage Deutschlands ins Auge zu fassen. Solche Wahrscheinlichkeitsrechnungen waren außerordentlich wichtig für die politischen, kriegswirtschaftlichen und strategischen Planungen. Sie kalkulierten die Atombombe noch nicht ein.[23]

Und die Lage in Europa? Im Westen war der Vormarsch ins Stocken geraten. Das Fiasko der Briten bei Arnheim im September, das Festliegen der Armeen Eisenhowers vor den deutschen Linien, schließlich die überraschende deutsche Ardennen-Offensive verleiteten die Führungen Londons und

Eine amerikanische B-24 kurz vor dem Bombenwurf. Die Bombenklappen sind bereits geöffnet.

Washingtons zu Fehlschlüssen. Kampfkraft und Reserven der Deutschen wurden überschätzt. Zur gleichen Zeit bewiesen die sowjetischen Armeen mit ihrer Januar-Offensive, dass sie trotz des strengen Winters losschlagen und die Deutschen vor sich hertreiben konnten. Die Konferenz von Jalta (4. bis 11. Februar) stand bevor. Dort würde es zwischen Churchill, Roosevelt und Stalin um Beratungen von schicksalhafter Tragweite für die Zukunft gehen – und das ausgerechnet in einer Phase vorübergehender Inaktivität der westlichen Armeen. Stalin könnte dies als Schwäche auslegen.

Man wollte ihm aber Stärke gepaart mit militärischer Unterstützung demonstrieren; den ununterbrochenen Strom kriegswichtiger Güter betrachtete „Uncle Joe", wie er in falscher Verharmlosung genannt wurde, inzwischen als Selbstverständlichkeit. General Deane, 1943 bis 1945 Leiter der US-Militärmission in Moskau, warnte immer wieder vor Fehleinschätzungen. Im Dezember 1944 schrieb er an Generalstabschef Marshall über seine Verhandlungskontrahenten, die eigentlich Partner sein sollten: „Wir kommen noch immer ihren Forderungen bis an die Grenzen unserer Möglichkeiten entgegen, sie aber entsprechen den unseren nur soweit wie unbedingt nötig, um uns bei Laune zu halten ... Kurz, wir sind zu gleicher Zeit die Gebenden und die Bittsteller. Das ist erstens würdelos und zweitens dem Prestige der USA abträglich."[24]

Vor Jalta galt es für die westlichen Alliierten, Stalin und sich selbst zu beweisen, dass sie ebenfalls eine Offensive führten, zwar momentan nicht mit Panzern und Infanterie, aber mit den strategischen Luftstreitkräften. Sie wurden zu einer Luftoffensive eingesetzt, die nochmals eine Steigerung des Vernichtungspotentials bringen sollte: mit dem Auftrag, die Treibstoffindustrie und die Verbindungslinien weiter zu zerstören, den Westen Deutschlands – hier auch mit den taktischen Luftflotten – sturmreif zu bombardieren, aber auch mit dem Auftrag, die Sowjets zu unterstützen. Ein Hintergedanke der britischen Führung war dabei, den Sowjets zu imponieren, ihnen die Macht des Bomberkommandos vor Augen zu führen. Außerdem sollte noch stärkerer Druck auf die deutsche Zivilbevölkerung ausgeübt werden, um ihre Widerstandskraft zu brechen, und das bedeutete Flächenangriffe, die unvermeidlich noch mehr als bisher zum Instrument des Terrors ausufern mußten.

Es war ein hauptsächlich politisch motiviertes Programm, das binnen weniger Tage in Direktiven, Befehle und Zielplanungen umgesetzt wurde. Die komplizierte Maschinerie der alliierten Ministerien, Hauptquartiere, Stäbe, Nachrichten-

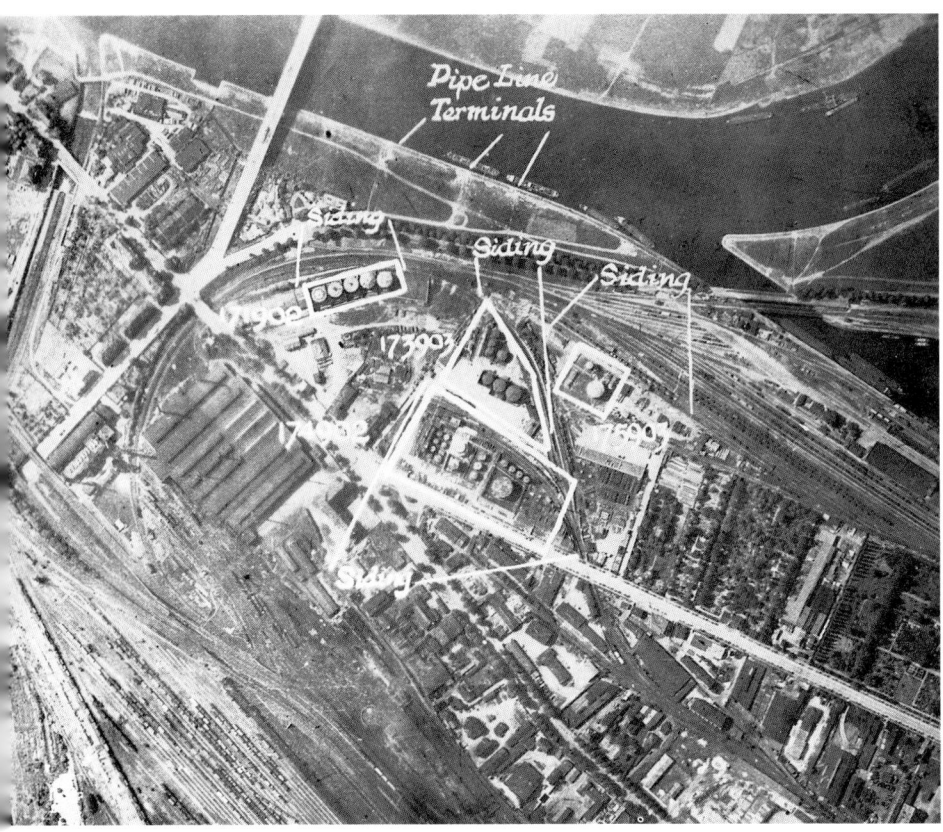

Auf diesem Ausschnitt eines Luftaufklärungsfotos von Dresden (1944) sind die Öltanklager in der Nähe des Alberthafens markiert.

dienste, Komitees und Planungsabteilungen arbeitete auf Hochtouren. Im Hin und Her der nervösen Konsultationen geriet nun auch Dresden auf einen festen Platz in den Listen.

Im Dezember 1944 sprach der amerikanische Botschafter in Moskau, Averell Harriman, mit Stalin. Er sagte ihm, der Oberkommandierende der alliierten Expeditionsstreitkräfte in Europa, General Eisenhower, sei bestrebt, mit den Russen in Übereinstimmung vorzugehen, und er wolle ihnen, wenn nötig, helfen. Besonders wurde über Luftunterstützung für sowjetische Landoperationen im Balkanraum gesprochen. Die Westmächte gingen davon aus, dass gegenseitiges Interesse die Abstimmung der Operationen – auch der Luftoperationen – leiten solle. Es erscheint logisch, dass sie das ebenso für Mitteleuropa annahmen.

Zu Gesprächen mit Stalin wurde sodann von Roosevelt Eisenhowers britischer Stellvertreter, Sir Arthur Tedder, entsandt, der Eisenhower gegenüber für sämtliche alliierten Luftoperationen in Europa verantwortlich war. Am 15. Januar 1945 wurden in Moskau die interessierenden Fragen berührt, die drei Wochen später einen Teil der Beratungen in Jalta ausmachen sollten.[25] Ebenfalls am 15. Januar wurde die

Direktive Nummer 3 für die strategischen Luftstreitkräfte erlassen. Sie bestätigte, dass die erste Dringlichkeitsstufe für die Treibstoffindustrie und die zweite für die Transporteinrichtungen Gültigkeit besaß. Flächenangriffe standen an dritter Stelle, aber nicht als Selbstzweck, sondern in Verbindung mit Öl oder Verkehrszielen.[26]

Das Vereinigte Strategische Zielkomitee – Combined Strategic Target Committee – holte eine Liste mit Datum des 22. November 1944 aus dem Safe. Darin waren 25 Städte erfaßt, die mit den erwähnten Zielsystemen Öl und Verkehr als Flächenziele gelten sollten. Für Städte wie Hannover und Ludwigshafen wurden beide Systeme angewandt, für die meisten anderen – zum Beispiel Hamm, Hanau, Ulm, Magdeburg, Breslau, Chemnitz – galt nur Transport. Keine der beiden Kategorien traf auf Bielefeld, Dessau, Dresden, Leipzig, Erfurt und Danzig zu.[27] Weshalb standen sie dann auf der Liste? Wohl doch allein als Ziele für Flächenangriffe.

In diesen Tagen flammte auch die früher erwähnte „Thunderclap"-Diskussion wieder auf, ohne konkrete Form anzunehmen. Harris schlug vor, dass ein Hauptschlag gegen Berlin begleitet sein sollte von vergleichbaren Operationen gegen Chemnitz, Leipzig und Dresden. Der stellvertretende RAF-Stabschef, Sir Norman Bottomley, sagte Harris, dann müsse aber die Teilnahme der Amerikaner durch General Spaatz und das Einverständnis der Russen gesichert sein. Am 25. Januar hatte Churchill eine Unterredung mit Luftfahrtminister Sinclair. Er fragte ihn, was die Royal Air Force zu unternehmen gedenke, um den Deutschen beim Rückzug aus Breslau „das Fell zu gerben". Sinclair beriet sich mit Stabschef Portal und gab dem Premierminister am 26. Januar eine zurückhaltende Antwort: „Sie fragten mich gestern abend, ob wir irgendwelche Pläne haben, um den deutschen Rückzug von Breslau zu stören." Sinclair erklärte, die Ziele, die sich bei einem Rückzug der Deutschen nach Dresden und Berlin anböten, seien am besten für Tiefangriffe der Russen mit ihren Jägern geeignet. Von der Dringlichkeit der mit enormem Aufwand verbundenen Langstrecken-Nachtflüge nach Ostdeutschland zeigte sich Sinclair nicht überzeugt. Am wirkungsvollsten seien Operationen gegen die Treibstoffindustrie, aber wenn diese das Wetter nicht erlaube, könne man „Berlin und andere große Städte in Ostdeutschland wie Leipzig, Dresden und Chemnitz bombardieren, die nicht nur Verwaltungszentren zur Kontrolle der militärischen und zivilen Verbindungen sind, sondern auch Hauptverkehrszentren, durch die der größte Teil des Verkehrs fließt."[28] Unverkennbar, der Luftfahrtminister zögerte mit seiner Entscheidung. Der Premier antwortete prompt und brüsk: „Ich habe Sie gestern abend nicht nach Plänen gefragt, wie der deutsche Rückzug aus Breslau gestört werden könnte. Im Gegenteil, ich habe gefragt, ob Berlin und ohne Zweifel auch andere große Städte in Ostdeutschland jetzt nicht als besonders lohnende Ziele angesehen werden sollten ... Ich freue mich, dass dies ‚geprüft' wird. Bitte teilen Sie mir morgen mit, was man zu tun gedenkt."[29] Churchill wollte wissen, woran er vor der Konferenz von Jalta war. Sinclair informierte Portal, der seinen Stellvertreter Bottomley, und dieser gab am 27. Januar Harris die Weisung, die Portal vorformuliert hatte: Vorbehaltlich der übergeordneten Ziele wie Öl und anderer gebilligter Zielsysteme innerhalb der gültigen Direktive, sollten ein schwerer Angriff auf Berlin und vergleichbare Operationen gegen Dresden, Leipzig und Chemnitz durchgeführt werden, wo ein heftiger konzentrierter Angriff – original: „a severe blitz" – Verwirrung bei der Flucht aus dem Osten stiften und auch Truppenbewegungen aus dem Westen behindern würden.[30]

„Zeigen, was das Bomberkommando tun kann" – die Vorbereitung des Angriffs

Hatte es noch 1942 im Informationspapier 484/2 geheißen, Dresden sei kein lohnendes Ziel für einen konzentrierten Angriff, so ändert sich die Beurteilung im Januar 1945. Churchill nennt nun große ostdeutsche Städte, wozu natürlich Dresden zählt, „especially attractive targets", besonders lohnende Ziele, und Bottomley befiehlt einen „severe blitz", einen heftigen konzentrierten Angriff. Luftfahrtminister Sinclair unterrichtete Churchill, der es kommentarlos zur Kenntnis nahm. Die politische und militärische Lage am Jahresanfang 1945 hatte wohl diese Sinneswandlung bewirkt. Bomberchef Harris hatte nun grünes Licht. Als sich die „Großen Drei" am 4. Februar in Jalta trafen, waren auf westlicher Seite die Weichen für die Luftoffensive gestellt. Churchill fragte Stalin gleich bei der ersten Begegnung, was er zu unternehmen gedenke, wenn Hitler von Berlin nach Süden auswiche – nach Dresden zum Beispiel: „Wir würden ihm folgen", war die Antwort.[31]

Warum spukte Dresden in Churchills Gedanken? Vermutlich, weil er kurz vor der Konferenz seinem Luftfahrtminister jene als Befehl zu verstehende Notiz über die „besonders lohnenden Ziele" geschickt hatte. Vielleicht nahm

er an, die deutsche Führung könnte unter dem Eindruck der schweren Bombenangriffe Berlin verlassen – am 3. Februar hatten die Amerikaner einen Flächenangriff gegen die Berliner Innenstadt unternommen, eine Methode, von der sie sich bisher distanziert hatten. Vielleicht rechnete der Premierminister mit einem raschen sowjetischen Vorstoß auf die Reichshauptstadt, und er wollte die Zuflucht Dresden versperren und Stalin selbst den Erfolg melden, so wie er ihm früher ausführlich über den Luftkrieg in Wort und Bild berichtet hatte.

Wie dem auch sei: Churchill sprach nicht mehr davon. Auch sonst stand Dresden in Jalta – entgegen immer noch umlaufenden Meinungen – nicht direkt auf der Tagesordnung. Der sowjetische stellvertretende Generalstabschef Antonow forderte die USA und Großbritannien auf, durch Luftangriffe auf Verbindungseinrichtungen den Feind daran zu hindern, Truppen von der Westfront, aus Norwegen und Italien an die Ostfront zu verlegen. Insbesondere sollten die Verkehrsknotenpunkte Berlin und Leipzig paralysiert werden. Antonow benannte Dresden nicht ausdrücklich, aber es gehörte zum System dieser Verkehrsknotenpunkte hinter der Ostfront.[32] Damit rannte er offene Türen ein. Das Programm

In den letzten Kriegsmonaten können die deutschen Jäger immer seltener Abschüsse feindlicher Bomber verbuchen – hier eine getroffene B-24 „Liberator" der USAAF.

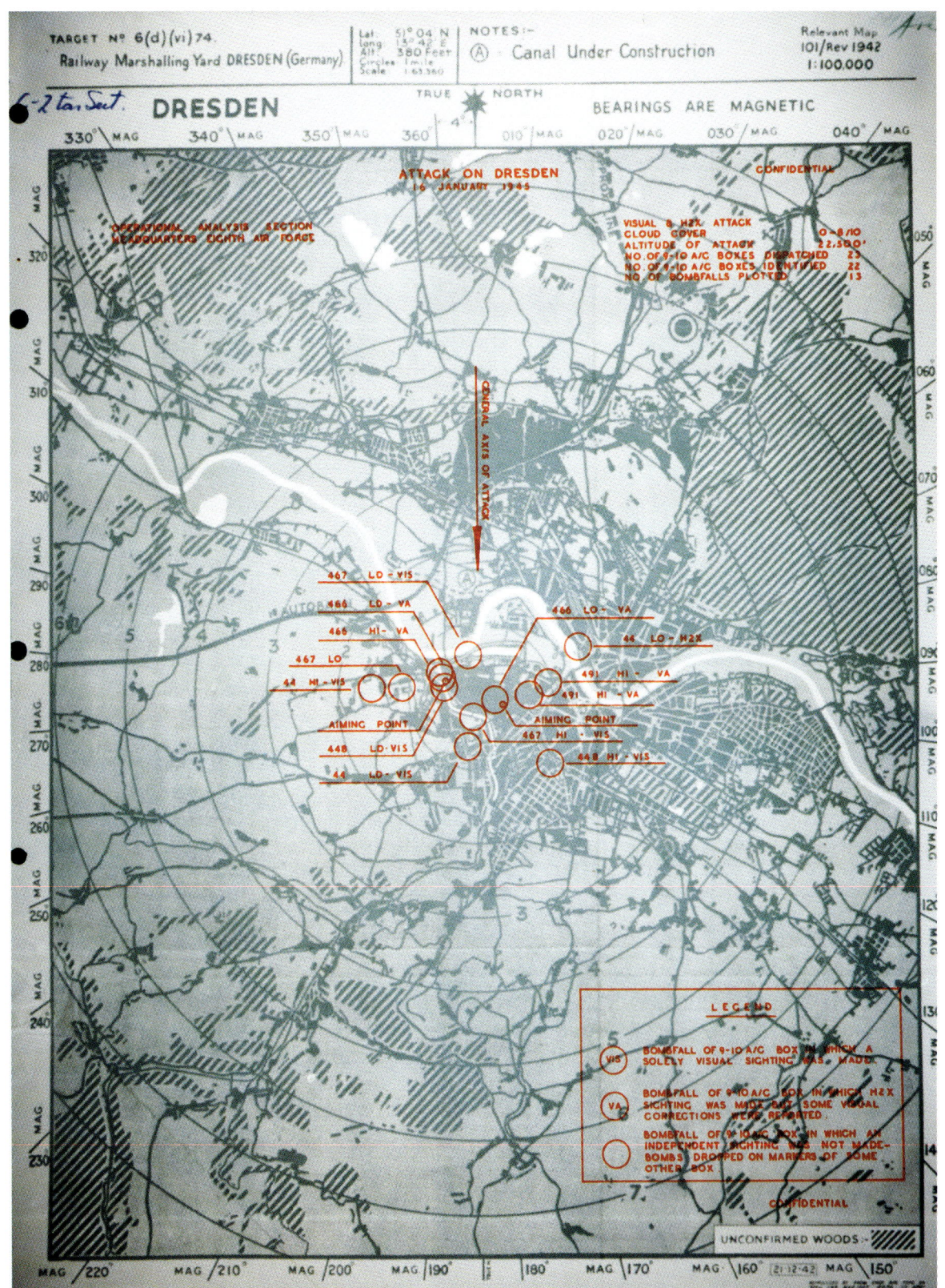

Perfekte Dokumentation: Die roten Kreise bezeichnen die Bombentrefferdichte nach dem US-Angriff auf Dresden am 16. Januar 1945.

der neuen Bomberoffensive war darauf zugeschnitten. Schließlich einigte man sich auch auf eine Begrenzungslinie für Bombardierungen im Osten, um sich nicht gegenseitig in die Quere zu kommen: Sie reichte von Stettin über Berlin, Ruhland, Dresden, die Elbe, Brünn und Wien bis nach Zagreb.

Die sowjetische Seite stellte keine Forderung nach Flächenzerstörungen deutscher Städte, sie protestierte aber auch nicht dagegen. Moskau wurde vor allem durch die Militärmission der USA vorher über beabsichtigte Luftangriffsziele unterrichtet, und es erhob keine Einwände. Für den Süden der Ostfront hatte das sowjetische Oberkommando bereits im Dezember 1944 die amerikanische Luftwaffe ersucht, strategische Operationen gegen alle Eisenbahnstrecken, etwa aus dem Raum Linz und Wien nach Ungarn, Jugoslawien und nach Oberitalien, zu unternehmen. Von Süditalien aus übernahm die 15. Luftflotte diese Aufgabe, die sich mit den eigenen Interessen deckte.

Im Hauptquartier des Bomberkommandos der RAF in High Wycombe begann die Vorbereitung der Dresdner Angriffsnacht. Die letzte Zielliste des Krieges, die vom Strategischen Zielkomitee in Umlauf gesetzt wurde, stammt vom 8. Februar 1945. Harris nahm sie als Bestätigung seines Drängens, den Rest der deutschen Städte niederzubrennen. Die neue Liste nannte zehn Städte, die wegen ihrer Bedeutung für Flüchtlingsbewegungen aus dem Osten und für Militärtransporte an die Ostfront ausgewählt wurden: Berlin, Dresden, Chemnitz, Leipzig, Halle, Plauen, Dessau, Potsdam, Erfurt, Magdeburg. Siebzehn Städte standen als Alternativziele zur Verfügung, was unter anderem Pforzheim, Würzburg und Hildesheim zum Verhängnis werden sollte.[33]

Bei der Planung der Dresdner Operation gab es einen Meinungsaustausch mit General Spaatz, dem Oberkommandierenden der US-Luftwaffe in Europa, und mit General Doolittle, dem Kommandeur der 8. Luftflotte in England. Die Amerikaner sollten am Tag den Friedrichstädter Verschiebebahnhof angreifen, und das Bomberkommando würde in der Nacht das Stadtzentrum zerstören. Das Wetter bewirkte die umgekehrte Reihenfolge. Harris und seinen Planern fehlten frische nachrichtendienstliche Erkenntnisse über Dresden. Außerdem mußte auf günstiges Wetter gewartet werden, daraus ergaben sich Rückfragen und eine geringfügige Verzögerung. Alle sonstigen Informationen in Wort und Luftbild waren, wie wir gesehen haben, über die Jahre hin gespeichert und analysiert worden. Allerdings – bei der operativen Planung der beiden Nachtangriffe dienten sie nicht der Einzel-

zielfestlegung, sondern wurden nur summarisch einbezogen. Der Auftrag lautete, „die bebauten Flächen und angrenzenden Industrie- und Eisenbahnanlagen zu zerstören". Das entsprach dem Prinzip terroristischer Flächenangriffe.[34]

Am Nachmittag des 13. Februar 1945 erfolgte das „briefing", die Einsatzbesprechung bei den Staffeln der Bombergruppen. Den Besatzungen wurde dabei gesagt: „Dresden, die siebtgrößte Stadt Deutschlands – und nicht viel kleiner als Manchester – ist auch die größte bebaute Fläche des Feindes, die noch nicht bombardiert wurde. Mitten im Winter, mit Flüchtlingsströmen in westlicher Richtung und Truppen, die unterzubringen sind, werden Quartiere dringend gebraucht, nicht nur für Arbeiter, Flüchtlinge und Soldaten, sondern auch für die aus anderen Landesteilen verlegten Verwaltungsdienststellen."

Früher, heißt es weiter, sei Dresden für sein Porzellan bekannt gewesen, es habe sich aber zu einer äußerst wichtigen Industriestadt entwickelt, und es verfüge über vielfältige Telefon- und Eisenbahneinrichtungen. Daher sei es besonders für die Verteidigung jenes Teiles der Front wichtig, der von einem Durchbruch Marschall Konjews bedroht sei: „Mit dem Angriff ist beabsichtigt, den Feind dort zu treffen, wo er es am meisten spüren wird; hinter einer teilweise zusammengebrochenen Front gilt es, die Stadt unbenutzbar zu machen für die Zukunft, und nebenbei den Russen, wenn sie einmarschieren, zu zeigen, was das Bomberkommando tun kann."[35] Oder: wozu es fähig ist. Wörtlich: „... what Bomber Command can do." – eine mehrdeutige Bemerkung, und so sollte sie von den Fliegern wahrscheinlich auch verstanden werden. Unterstützung für Konjews Armeen – ja, aber auch Ausdruck des Willens, sich Respekt zu verschaffen beim schwierigen Kampfgefährten Sowjetunion, zu demonstrieren, welche Zerstörungsgewalt man besitzt, anzumelden, dass man die Nachkriegsgeschicke mitbestimmen will.

Aus diesem Kalkül heraus war Dresden zwar auch ein militärisches, aber vor allem ein politisches Ziel. Und ein Opfer der Routine: Ganz nüchtern wird im „briefing" erklärt, Dresden sei die größte noch nicht bombardierte bebaute Fläche des Feindes. Nach der Logik des Flächenangriffsprogramms mußte es allein deshalb völlig zerstört werden, wie anschließend noch Pforzheim, Mainz, Würzburg, Hildesheim, Nordhausen und Potsdam. Die Erläuterungen des „briefing" über Industrie und Eisenbahn sollten hauptsächlich der Motivierung der Flieger dienen. Die Verwüstung Dresdens war nun nicht mehr zu stoppen.

Von der „Friedens-Oase" zur Trümmerwüste:

Dresden im Bombenkrieg

Von Oliver Reinhard

Nach der NS-Machtübernahme –
das Leben im „Reichsluftschutzkeller"

Einer unsterblichen Hoffnung zufolge ist die Kulturverbundenheit eines Volkes sein bester Schutz gegen Unmenschlichkeit und politischen Extremismus jedweder Couleur. Doch nimmt sich nachgerade die Geschichte Deutschlands zwischen 1933 und 1945 wie ein einziger Widerspruch zu dieser optimistischen These aus. Das Kapitel der Dresdner Stadthistorie jener Jahre bildet da keine Ausnahme: Selbst diese weltberühmte und international geprägte Kulturmetropole, deren Bewohner als ebenso kunstsinnig wie geistvoll und weltoffen galten, gab sich schon früh der politischen und gesellschaftlichen Unkultur des Nationalsozialismus hin.

Als Adolf Hitler am 3. März 1932 im Reichstagswahlkampf auf der Radrennbahn in Dresden-Reick auftrat und für seine aggressive nationalistische und rassistische Politik warb, jubelten ihm dort 60 000 Menschen zu. Wenige Monate später sprach Ernst Thälmann für die KPD am selben Ort, und auch ihm lauschte und applaudierte eine ähnlich große Menge. Die demokratische Weimarer Republik steckte in ihrer finalen Krise, sie hatte die international bedingten wirtschaftlichen Probleme zu lange nicht lösen können. Jetzt, als sich die Lage endlich langsam zu entspannen begann, war es dafür zu spät. Längst hatten jene Politiker, die diese Republik und ihr System als Wurzel allen Übels geißelten und ihre Beseitigung forderten, eine große Anhängerschaft gefunden, die von Monat zu Monat anschwoll.

Ein neues starkes und wehrhaftes Reich unter autoritärer Führung schien einer wachsenden Zahl von Deutschen der beste Ausweg aus dem angeblichen nationalen Dilemma. Am lautesten forderten diese Lösung die Nationalsozialisten. In Sachsen, das vergleichsweise stark und anhaltend unter der Krise litt, trafen sie dabei auf besonders viele offene Ohren. Die Zustimmung zu ihrer Politik schlug sich im November

1932 in beeindruckenden Zahlen nieder. Bei der Dresdner Stadtverordnetenwahl konnten die Nationalsozialisten die meisten Stimmen auf sich vereinen. Hatten sie bislang nur vier Sitze im Rathaus gehabt, so schnellte die Zahl nun auf 22 empor. Im selben Monat war Reichstagswahl, und knapp 34 Prozent der Dresdner votierten für die NSDAP. Damit lag deren Ergebnis zwar über dem Reichsdurchschnitt, war Dresden unter den deutschen Städten ihrer Größenordnung jene mit den meisten NSDAP-Stimmen nach Breslau. Aber die These von der Nazi-Hochburg trifft nur bedingt zu: Gegenüber der Reichtagswahl im Juli hatte die Partei in der sächsischen Landeshauptstadt wieder 4,5 Prozent der Stimmen verloren, und in Chemnitz-Zwickau zum Beispiel fiel das Wahlergebnis mit über 43 Prozent deutlich höher aus.[1] Doch die Weichen waren gestellt.

Nach der so genannten Machtergreifung der Nazis am 30. Januar 1933 machten sich der ehrgeizige und skrupellose Gauleiter Martin Mutschmann und seine Getreuen rasch und erfolgreich daran, Sachsen in ein braunes Vorzeigeland zu verwandeln.[2] Mit der umfassenden Neuorganisation des gesamten öffentlichen Lebens unter diktatorischen Prinzipien und vor allem mit einigen überaus spektakulären Aktionen verhalfen sie dabei der Elbestadt zu einem neuen und traurigen Ruhm der Kulturlosigkeit. Die unrühmlichste und aufsehenerregendste war – neben der Vertreibung des weltberühmten Generalmusikdirektors Fritz Busch aus seinem Amt an der Staatsoper – die reichsweit erste Ausstellung mit angeblich undeutscher und daher als „entartet" gebrandmarkter Kunst. Darunter Werke von Mitgliedern der hier vor dem Ersten Weltkrieg gegründeten „Brücke"-Gruppe wie Ernst Ludwig Kirchner sowie Bilder der berühmten Dresdner Kunstprofessoren und Maler Otto Dix und Oskar Kokoschka. Sie sollte

Zwei Touristen blicken in Vor-kriegszeiten über Dresden. Wenige Jahre später sollte sich das Gesicht der Stadt bis zur Unkenntlichkeit verän-dern.

bald auf Städte-Tournee durch ganz Deutschland gehen und zum Vorbild werden für die größte ihrer Art, die 1937 in München stattfand.

Zur Durchsetzung ihres Gedankenguts setzten die neuen Machthaber die geballte Kraft der bald „gleichgeschalteten" und auf Systemkurs gezwungenen Medien ein. Ihre überaus moderne Propagandamaschine lief auf Hochtouren, um die Bevölkerung vom neuen Weg zu überzeugen. Die Presse sang endlose Loblieder auf den „Führer" und seine Politik. Sehr schnell wurde auch die Unterhaltung zum Vehikel für Ideologie, obschon das zunächst fein säuberlich getrennt vor sich ging. So lief Anfang März 1933 in den „Tivolie-Lichtspielen" am Dresdner Postplatz viermal am Tag die beliebte Kästner-Verfilmung „Emil und die Detektive" und zugleich für verbilligten Einlass der NS-Propagandastreifen „Das erwachende Deutschland".[3] Und Deutschland erwachte: Wo sein selbsternannter Führer auch hinkam, empfingen ihn jubelnde Men-

schenmassen. Nicht anders in Dresden, das Adolf Hitler Ende Mai 1934 für mehrere Tage besuchte und das aus diesem Anlass festlich illuminiert war. Die Stadt bedankte sich damit für die große Ehre, die ihr zuteil wurde: Als Zeichen dafür, dass Dresden auch unter den Nazis eine der Kulturmetropolen Deutschlands bleiben sollte, hatte Hitler sie als Ort der ersten Reichstheaterwochen auserkoren. Die Presse war euphorisiert. „Die Liebe zum Führer, den wir heute jubelnd begrüßen konnten, ... hat Hunderttausende auf den Straßen warten lassen", hieß es am 29. Mai im „Dresdner Anzeiger". Am folgenden Tag lobte Hitlers Chef-Adjutant Wilhelm Brückner: „Ich wüsste nicht, dass wir schon einmal so eine Begrüßung gesehen hätten."[4]

Wie überall im Reich war die Zustimmung breiter Teile der Bevölkerung zur nationalsozialistischen Politik bald unübersehbar[5], und damit auch für die offene brutale Verfolgung und Unterdrückung von Regimegegnern und

NS-Propagandaminister Joseph Goebbels besucht im Oktober 1933 Dresden. Rechts neben ihm Sachsens Gauleiter Martin Mutschmann.

nicht erst überzeugen oder einschüchtern mussten. Die aggressive Volksgemeinschafts-Ideologie durchdrang die Gesellschaft, die Gesellschaft ließ sich durchdringen. Widerstand gab es nur wenig. Wo er sich zeigte, wurde er vehement bekämpft. Wo nicht, spürte die Gestapo ihn auf. Schon öffentliche Kritik an Politik oder Repräsentanten des neuen Systems konnte schlimme Folgen haben. Besonders brutal ging die Unrechtsjustiz gegen Angehörige von KPD und SPD vor, deren Hochburgen in Sachsen lagen. Ihre Parteien wurden verboten, Gewerkschaftshäuseraus umfunktioniert zu SA-Kasernen. Ende1933 kam es zu einer wahren Verhaftungswelle: 300 Sozialdemokraten wurden eingesperrt und einen Monat darauf in einem Schauprozess abgeurteilt. 1935 war der linke Widerstand nahezu lahm gelegt. Er sollte erst 1941 im Verborgenen wieder aufleben[8] und in den letzten Kriegsjahren eine wachsende Anzahl Sympathisanten gewinnen.

Sachsens Gefängnisse und Konzentrationslager füllten sich nach der „Machtergreifung" schnell, unter ihnen die Burg Hohnstein in der Sächsischen Schweiz, mit ihren Verliesen aus dem 16. Jahrhundert ein besonders grausamer Haftort. Schon im Sommer 1933 saßen über 3300 Menschen in „Schutzhaft", 450 davon in Dresden.[9] Der Terror richtete sich bald ebenso heftig gegen Liberale und Angehörige der katholischen Zentrumspartei, „Asoziale", und in besonderem Maße gegen Juden. Laut der biologistisch-rassistischen NS-Ideologie galten sie als „natürliche Feinde" der Deutschen, „Schuldige am deutschen Unglück" und „Schädlinge am deutschen Volkskörper", den man vom Judentum unter Einsatz aller Mittel befreien müsse. Im NS-Jargon hieß das „rücksichtslos ausmerzen".

Der Antisemitismus hatte auch in Deutschland eine lange und unheilvolle Tradition. Sachsen war eines jener Länder im Reich, in denen sich seit der zweiten Hälfte des 19. Jahrhunderts besonders viele Menschen dazu bekannten und von „jüdischen Elementen" bedroht fühlten, obwohl der Anteil von Juden in der Bevölkerung weit unterhalb des Reichsdurchschnitts lag; in Dresden etwa waren nur 0,7 Prozent der Einwohner jüdischen Glaubens. Die Nationalsozialisten unter Gauleiter Mutschmann und Reichskommissar Manfred von Killinger, der 1934 nach dem „Röhm-Putsch" allerdings entmachtet wurde[10], bauten bei der Umsetzung ihrer antisemitischen Politik konsequent auf diesen latenten oder offenen Judenhass. Schon 1933 kam es zu Boykottaufrufen gegen jüdische Geschäfte, zur Zwangs-„Arisierung" jüdischer Läden und Banken, zur Entlassung jüdischer Angestellter. Am

Andersdenkenden. Nur wenige beurteilten die Entwicklung so früh so klar wie der jüdische Romanist Victor Klemperer, der schon nach Hitlers Ernennung zum Reichskanzler am 10. März 1933 in sein Tagebuch geschrieben hatte: „Was ich bis zum Wahlsonntag am 5. 3. Terror nannte, war nur mildes Prélude. Jetzt wiederholt sich haargenau, nur mit anderen Vorzeichen, mit Hakenkreuz, die Sache von 1918. Wieder ist es erstaunlich, wie wehrlos alles zusammenbricht ... Gestern ‚im Auftrag der NS-Partei' – nicht einmal mehr dem Namen nach im Regierungsauftrag – der Dramaturg Karl Wolff entlassen, heute das ganze sächsische Ministerium usw. usw. Vollkommene Revolution und Parteiendiktatur. Und alle Gegenkräfte wie vom Erdboden verschwunden."[6] Wirklich erklären konnte sich Klemperer dies nicht: „Ist es die Suggestion der ungeheuren Propaganda – Film, Radio, Zeitungen, Flaggen, immer neue Feste (heute der Volksfeiertag, Adolfs des Führers Geburtstag)? Oder ist es die zitternde Sklavenangst ringsum?"[7]

Es war wohl beides, im Verein mit der aufrichtigen Zustimmung sehr vieler Menschen, die die Nationalsozialisten

Adolf Hitler eröffnet Ende Mai 1934 vor der Staatsoper die ersten Reichstheaterwochen in Dresden.

2. Mai 1935 musste auch Victor Klemperer seinen Lehrstuhl für Romanistik an der Dresdner Universität räumen. Die Hetze der Propaganda steigerte sich unaufhörlich. Am 21. Juli notierte Klemperer in sein Tagebuch: Die „Pogromstimmung wächst Tag für Tag … Gewalttätigkeiten in Berlin, Breslau, gestern auch hier in der Prager Straße."[11]

Den Stigmatisierten und immer heftiger Verfolgten wurde das Leben so schwer wie möglich gemacht. Dies ging soweit, dass man am 28. Februar 1938 die Juden von der Nutzung der städtischen Sanatorien ausschloss. Mutschmann ließ verkünden: „Juden dürfen ab sofort in den Sanatorien nur noch zugelassen werden, wenn sie außerhalb in Unterkünften nächtigen, in denen keine deutschblütigen weiblichen Personen unter 45 Jahren angestellt sind. Der Zutritt zu Luftbad und Lesehalle ist generell verboten, die Trinkquelle darf nur von 13 bis 15 Uhr benutzt werden."[12] Viele Dresdner Juden verließen Stadt und Land, die Bleibenden hofften verzweifelt auf ein baldiges Ende des „Nazi-Spuks" und gerieten zunehmend in gesellschaftliche Isolation. In der „Reichskristallnacht" am 8. November 1938 wurde auch in Dresden die

Synagoge angezündet, eine Gruppe von 151 Juden verhaftet und ins Konzentrationslager gebracht. „Der Judentempel niedergebrannt", frohlockte die Tageszeitung „Dresdner Anzeiger".[13]

Der Terror der Nationalsozialisten zeigte schnell Wirkung. Wer nicht für Hitler war, hielt in der Regel zumindest still, arrangierte sich und ging im System auf. Bis zum Kriegsbeginn fiel das den meisten Dresdnern angesichts der innen- und außenpolitischen sowie der wirtschaftlichen Erfolge des Deutschen Reiches relativ leicht. Hatte es Anfang 1933 noch über 80 000 Arbeitslose in der Stadt gegeben, so war schon 1936 die Vollbeschäftigung erreicht. Die freiwillige Staatsverschuldung ermöglichte auch in Dresden die Umsetzung wichtiger Bauvorhaben, die Sanierung und den Neubau von Wohngebieten, den Ausbau des Verkehrssystems und der öffentlichen Verkehrsmittel. Und Dresden bekam seinen Autobahnanschluss: 1938 war die Stadt durch zweispurige Betontrassen mit Chemnitz, Bautzen und Berlin verbunden. Das größte und prestigeträchtigste Bau-Projekt aber war das hemmungslos überdimensionierte „Gauforum", ein typisches

Produkt nationalsozialistischer Architektur-Gigantomanie und Zeichen nationaler Ehre: Dresden durfte sich mit dem Ruhm schmücken, eine von insgesamt nur sechs offiziellen „Führerstädten" zu sein. Das Gauforum sollte nie vollendet werden.

Hatte der Ruf der Kulturstadt während der „Säuberungs-Aktionen" in Teilen der deutschen Bevölkerung und im Ausland durchaus gelitten, so erholte er sich Mitte der 1930er Jahre erstaunlich schnell. Vor allem die Staatsoper blieb ein Magnet mit hoher Anziehungskraft und stieg unter ihrem neuen, dem System genehmen Chefdirigenten Karl Böhm neben der Deutschen Oper in Berlin, der Hamburger Staatsoper und dem Gewandhaus Leipzig in die „Erste Klasse" der Opernhäuser des Reiches auf. Es war auch der Lohn dafür, dass man sich hier intensiv um „den Wiederaufbau unserer Staatsoper im Geiste des Nationalsozialismus" bemüht hatte.[14] Das geschah unter anderem durch eine starke Präsenz von Werken Richard Wagners im Spielplan, der Hitlers Lieblingskomponist war. Generalintendant Alexis Posse stieß laut ins braune Horn und deutete Wagners Schaffen in den „neuen Geist" ein: „Seine Worte ‚was deutsches Land heißt, stelle Kampfesscharen', sind programmatischer und aktueller als je zuvor!"[15] Die Schönheit und das kulturelle Erbe der Stadt zogen eine steigende Zahl Touristen an. 400 000 Gäste übernachteten jedes Jahr in Dresden,[16] viele kamen von weit her mit der Reichsbahn oder landeten auf dem neuen Flughafen Klotzsche, auf den die Stadt besonders stolz war. Sie füllten die Kassen der Hotels, Gaststätten, Museen und Bühnen. Dresden war eine florierende Metropole, auf die man stolz sein konnte. In den Augen der meisten Bewohner überlagerte der Glanz der „neuen Zeit" die vielen Schattenseiten. Doch auch hierin unterschieden sie sich nicht vom Gros der übrigen Deutschen in jener Zeit.

Zwar herrschte, als 1939 mit dem deutschen Überfall auf Polen der Zweite Weltkrieg begann, hier wie andernorts eher gedrückte Stimmung. Aber die Mehrheit der Bürger hielt treu zum „Führer", jubelte über die Erfolge der Wehrmacht, glaubte an die Richtigkeit der Sache, an die Botschaften der Propaganda, den „Endsieg". Und sie verschloss die Augen vor allem, was auf das Gegenteil hindeutete. Man war schließlich durch das alltägliche Leben genug gefordert, hatte seine privaten Sorgen, Nöte und Freuden. Der Krieg spielte sich in weiter Ferne ab. Vorerst erreichte er nur wenige Menschen – in der Wochenschau, der Zeitung und über bislang nur vereinzelte Briefe, die Familien über den „Heldentod" des Vaters, Bruders oder Ehemannes in Kenntnis setzte.

linke Seite oben: Der NS-Ter-
ror gegen Andersdenkende
besteht auch in öffentlichen
Demütigungen. Hier müssen
Gefangene Anti-Nazi-Parolen
auf einer Dresdner Straße
entfernen. Tausende
politische Gegner werden
inhaftiert, viele von ihnen
ermordet.

linke Seite unten: Am 8. No-
vember 1938 wird auch die
Dresdner Synagoge in der
„Reichskristallnacht" abge-
brannt. Einige Feuerwehr-
männer bergen am Folgetag
den Turmstern. Ausgrenzung
und Verfolgung der Juden
nehmen immer brutalere
Formen an.

rechts: Von der Gaststätte
„Narrenhäusel" aus bietet
sich dem Blick die Brühlsche
Terrasse in ihrer ganzen
Schönheit.

Die ungeheure Verdrängungsleistung der Deutschen in jener Zeit bleibt schwer begreiflich. Es ist dies der vielleicht einzige Bereich, auf den der oft – und vielfach zur Rechtfertigung – erhobene Vorwurf von Zeitzeugen an Historiker noch am ehesten zutrifft: Wer diese Jahre nicht miterlebt hat, kann ihre Geschichte nur schwer verstehen.

Im Sommer 1944 – der Krieg nähert sich

Um die Jahreswende 1942/1943 begann das Kriegsgeschick sich zu wenden. Erst dadurch bröckelte bei einer wachsenden Zahl von Menschen allmählich auch der Glaube an Hitler und das System. Er war nicht länger bei allen Deutschen der Kitt gesellschaftlichen Zusammenhalts und entscheidender Faktor für die unverbrüchliche Treue zum „Führer". Das geht aus den Berichten über die Stimmungslage der Bevölkerung hervor, die der Sicherheitsdienst der SS überall im Reich ausspionierte, notierte und zusammentrug. So kam vom Gendarmerieposten des Dresdner Vorortes Gittersee im Spätsommer 1944 die Nachricht: „Ein großer Teil der Bevölkerung betrachtet die vollständige Niederlage Deutschlands in diesem Krieg als gegeben."[17] Das war symptomatisch für die Atmosphäre im ganzen Land.

Nun machte sich verstärkt auch die Angst vor der Zeit nach der Niederlage bemerkbar, die immer wahrscheinlicher wurde. Diese Angst, verbunden mit Trotz und banger Hoffnung auf eine erneute Wende des Kriegsverlaufs zugunsten Deutschlands, war mächtiger als die Wirkung der alliierten Bombenangriffe, die die Bevölkerung demoralisieren und zum Abfall von Hitler bewegen sollten. Diese Gefühlsmischung scheint auch die Stimmung im Sommer 1944 in Dresden bestimmt zu haben: Einen Tag nach dem gescheiterten Atten-

Fabriçe-Kaserne   Einrückende Truppen

Dresden ist eine der größten Garnisonsstädte des Reiches.

tat auf Hitler berichtete die Lokalpresse von einer „Treue-kundgebung für den Führer", die „unter dem Jubel zehntau-sender Dresdner" stattgefunden haben soll[18] – nur drei Wochen vor dem Bericht aus Gittersee. Ein Bild von der Ver-anstaltung am Elbufer zeigt tatsächlich eine mindestens meh-rere tausend Menschen zählende Menge.

Zwar gehörte die Stadt zu diesem Zeitpunkt zu den wenigen größeren im Reich, die von alliierten Bomben ver-schont geblieben waren. Diese Unversehrtheit war gleichwohl rein äußerlich, denn wie überall im Reich stellte der Krieg auch hier längst einen festen Bestandteil des Alltags dar. Dres-den hatte sich in einen Ort der Frauen, Kinder und Alten ver-wandelt, denn seit nunmehr fünf Jahren wurden die Männer zur Wehrmacht eingezogen. Die Elbmetropole, schon in Vor-kriegszeiten einer der größten Garnisonsstandorte des Rei-ches, war mittlerweile eine regelrechte „Soldatenstadt", das Feldgrau aus den Straßen nicht mehr wegzudenken.[19]

Am 29. September 1944 sollte Hitler auch noch das „letzte Aufgebot" mobilisieren und alle waffenfähigen Männer zwischen 16 und 60 Jahren zum „Volkssturm" einziehen – schlecht bewaffnete und kaum ausgebildete Einheiten, die keine Chance hatten und im Kampf verheizt wurden. In Mas-sen starben die Soldaten an der Front und mussten durch neue Rekruten ersetzt werden. Immer häufiger traf es Freun-de oder Nachbarn, und es gab kaum noch eine Dresdner Familie, die keinen Verwandten betrauerte. Die Todesanzei-gen in der Zeitung mit Standardformulierungen wie „Gefallen für Führer, Volk und Vaterland", ausrückende Einheiten von Soldaten und Truppentransporte, die Dresdens Bahnhöfe ver-ließen – das waren Anblicke, an die sich die Menschen gewöhnt hatten. Ebenso daran, dass ihr normales Leben sich immer mehr von dem unterschied, was sie aus dem fernen Frieden erinnerten.

In Kriegszeiten bleibt wenig Platz für Vergnügungen, für ernste wie heitere, selbst im einst so lebendigen und schillernden Dresden. Viele Museen hatten geschlossen, zum Teil schon seit Jahren, weil ihr Personalstand durch die Ein-berufungen zunehmend geschwächt und der Betrieb unter diesen Umständen nicht mehr aufrechtzuhalten war.[20] Inzwi-schen hätte sich bei den berühmtesten wie dem „Grünen Gewölbe" im Residenzschloss oder der Gemäldegalerie des Zwingers ein Besuch auch kaum noch gelohnt. Ihre größten Schätze waren ausgelagert und in Sicherheit gebracht worden an Orte, die ihnen im Fall eines Luftangriffes besseren Schutz boten. „Öffentliche Tanzlustbarkeiten" durften schon seit 1941 nicht mehr stattfinden[21], am 31. August 1944 sollten auch die Theater und die Staatsoper ihren Betrieb einstellen. Die Angestellten der Verwaltung, das technische Personal, die Sänger, Schauspieler und Musiker wurden zur Wehrmacht und zum Volkssturm eingezogen oder mussten in der Rüstungsindustrie arbeiten.

Nur die Kinos spielten noch, schließlich waren sie mit den heiteren Revuefilmen der Ufa und den Wochenschauen ein wichtiger Ort für Ablenkung, Zerstreuung und Erbauung der Bevölkerung auf der einen Seite und – noch wichtiger – für die nationalsozialistische „Volksaufklärung und Propaganda" auf der anderen. „Davon geht die Welt nicht unter", sang Zarah Leander in der populären Kinokomödie „Die große Liebe". Im Film war damit nur eine unglückliche Herzensneigung gemeint. Die Botschaft, die der Zuschauer mit nach Hause nehmen sollte, zielte freilich auf mehr ab als den Trost bei Liebeskummer.

Auch der weithin berühmte Zirkus Sarrasani am Elbufer machte weiter wie zuvor, gleichwohl unter erschwerten Bedingungen. Im Juli hatte die Direktion den Befehl erhalten, alle verfügbaren Reifen, Treibstoffe, Zelte und dergleichen „für den Endsieg" abzuliefern. Trude Sarrasani ignorierte die Weisung, wurde daraufhin verhaftet, verhört, und kam nach 24 Stunden wieder frei.[22] Mag sein, dass die Gestapo wusste, wie wichtig sie und ihr Zirkus für die Stadt und ihre Bewohner waren, für die Stimmung im Volk. Zumal die Schließung der Bühnen unmittelbar bevorstand.

Als sich im Monat darauf der Vorhang der Staatsoper zum letzten mal hob, gab man im ausverkauften Saal den „Freischütz", die berühmte Oper Carl Maria von Webers über den verhängnisvollen Pakt eines Menschen mit dem Teufel. Es ist unbekannt, welche Empfindungen die Gedanken der Zuschauer dabei bestimmten.

Nicht allein die wehr- und arbeitsfähigen Männer hatten ihren Beitrag zur Verlängerung des Krieges zu leisten. Seit Ausrufung des „Totalen Krieges" durch Reichspropagandaminister Joseph Goebbels am 18. Februar 1943 und der allmählichen Mobilisierung aller Produktivkräfte für die Kriegswirtschaft waren die Einschränkungen im Alltag der verbliebenen Dresdner strenger geworden, wurden auch Frauen häufiger als zuvor zum Arbeitseinsatz in den Betrieben herangezogen, wo sie, konsequent von den dort schuftenden Zwangsarbeitern und -arbeiterinnen aus eroberten Gebieten, ihren „Dienst am Vaterland" verrichten mussten. Auch die

Gewährleistung eines halbwegs geregelten Schulunterrichts für die Kinder war kaum noch möglich. Die Behörden zogen Lehrer zum Heer ein oder zu Arbeitseinsätzen heran, die Schüler hatten Luftschutzdienste zu leisten, als Flakhelfer Dienst zu tun sowie Altwarensammlungen durchzuführen.[23] Bestimmte Materialien wie Eisen für Öfen, Herde oder Toiletteneinrichtungen gab es nur noch gegen Bezugsschein – ausgestellt etwa für gesammeltes Alteisen –, Nahrungsmittel gegen Vorlage von Lebensmittelkarten, die schon im September 1939 eingeführt worden waren.

Demnach standen einem erwachsenen Dresdner wöchentlich „auf Karte" zu: 2400 Gramm Brot, 500 Gramm Fleisch und Wurst, 100 Gramm Butter, 62,5 Gramm Käse und Schmalz, ein halbes Pfund Zucker und 100 Gramm Marmelade.[24] Und die Rationalisierungen und Sparmaßnahmen wurden härter. Als 1944 infolge der sich verschärfenden Kriegslage die Vorräte stetig schrumpften, waren außer – vorübergehend – Fleisch und Eiern auch Kartoffeln rationiert. Marmelade und Kunsthonig wurden zu Ausnahmeerscheinungen, frisches Gemüse musste man bald selbst organisieren oder eintauschen, sofern man keinen eigenen Garten besaß. Wer ein Kilo Bucheckern sammelte, bekam dafür im Laden 200 Gramm Margarine.[25] Das reichte bald hinten und vorne

Eine landesweite Attraktion ist der Zirkus Sarrasani am Elbufer. Bald nach Kriegsende wird die nächtliche Illumination aus Gründen des Luftschutzes untersagt.

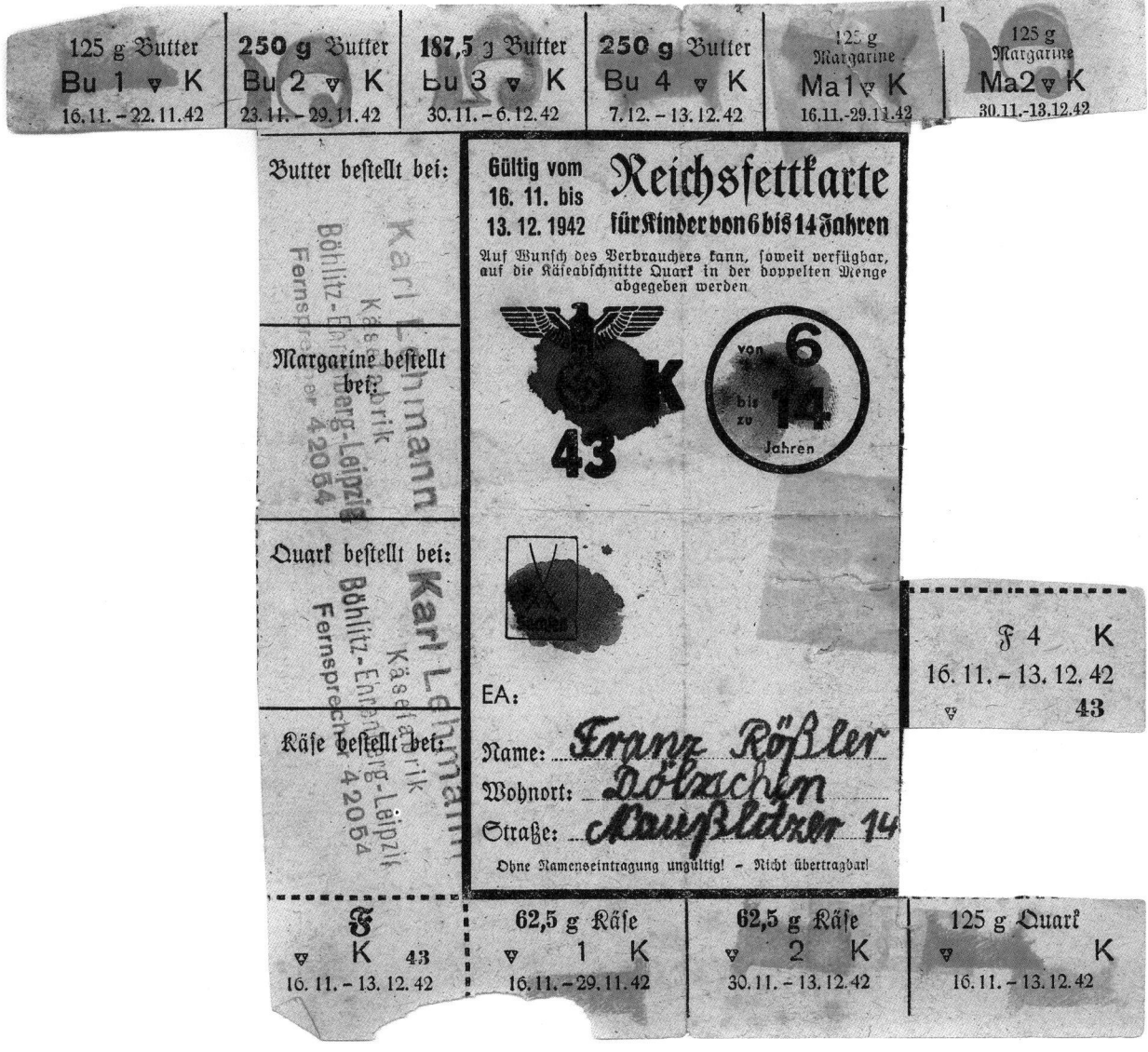

Nahrung ist rationiert: Kurz nach Kriegsbeginn gibt es Lebensmittel nur noch „auf Bezugskarte".

nicht mehr aus. Victor Klemperer, der mittlerweile aus seiner Wohnung geworfen und in einem „Judenhaus" untergebracht worden war, fiel auf: „Wir hören jetzt auch von arischer Seite Klagen über den verschärfenden Hunger."[26]

Selbst die Muttermilch unterlag der Versorgungsplanung. Bereits 1942 hatten Frauenärzte „erwiesen", dass Neugeborene nur 100 Gramm pro Tag davon benötigen. Produzierte die Frau mehr, konnte sie den Überschuss bei der Frauenmilchsammelstelle verkaufen. Pro Liter abgepumpter Milch bekamen sie Marken für eine Lebensmittelzulage von 125 Gramm Butter und 350 Gramm Fleisch, dazu 3 Reichs-

mark. Die Muttermilch wurde haltbar aufbereitet und an Frauen veräußert, deren Brüste weniger produzierten – mit Gewinn: Der Liter kostete nun 4,50 Reichsmark.[27]

Kurz: Die Dresdner spürten den Krieg überall, jeden Tag und in allen Bereichen des Lebens. Die Kämpfe selbst tobten noch in weiter Ferne. Aber von Monat zu Monat rückte die Front näher. Man erfuhr es aus den Zeitungen am Kiosk – vor allem in der „Dresdner Zeitung" fielen immer häufiger auch solche bislang peinlich vermiedenen Begriffe wie Verteidigung, Abwehrerfolge oder Niederlage[28] –, aus dem Radio daheim und der Wochenschau im Kino: Seit der Vernichtung der 6. Armee bei Stalingrad Anfang 1943 wichen die deutschen Truppen an der Ostfront nur noch zurück. Das Afrika-Korps hatte in Tunesien kapituliert, die Alliierten waren zunächst auf Sizilien und am 6. Juni 1944 auch in Frankreich gelandet, und ihre Bomber beherrschten den Himmel über Deutschland.

Eine große Stadt nach der anderen sank in Trümmer. Zunächst die weit entfernten wie Köln, Essen, Hamburg, aber auch Berlin. Am 4. Dezember 1943 schließlich flog die britische Royal Air Force eine Attacke mit 536 Viermotorigen auf Leipzig, verursachte verheerende Zerstörungen und tötete rund 2000 Leipziger. Der Bombenkrieg war in Sachsen angekommen und hatte seine Spuren hinterlassen, gerade 90 Kilometer von Dresden entfernt. In der Stadt mehrten sich Furcht und Sorge. Hunderte verließen sie und verzogen in andere Gebiete. Nüchtern betrachtet, musste es nur als eine Frage der Zeit erscheinen, bis Dresden „an der Reihe" war. Doch nur wenige Menschen vermochten es in diesen Zeiten noch, irgendetwas nüchtern zu betrachten.

Trotzige Hoffnung, bemühte Zuversicht, schleichende Angst – auf diesem Nährboden blühte und verbreitete sich die verhängnisvolle Legende von Dresden als „Luftschutzkeller des Reiches". Luftschutzübungen und vereinzelte Flieger-alarme gehörten zwar seit Jahren zum Alltag. Aber das Gros der Dresdner glaubte nicht – oder wollte es nicht glauben –, dass ihre angeblich so unschuldige Kunst- und Kulturstadt mit den vielen Krankenhäusern und einer wachsenden Zahl an Lazaretten zum Ziel eines Bombenangriffes werden konnte.[29] Nur wenige Pessimisten – heute würde man sie eher Realisten nennen – räumten ein, der eine oder andere größere Betrieb an der Peripherie, vielleicht auch das ausgedehnte Kasernengebiet im Norden, wäre womöglich doch ein lohnendes Objekt für alliierte Bombengeschwader. Aber bestimmt nicht das Stadtzentrum!

Ein Gerücht gab dieser Hoffnung zusätzlich Nahrung. In über Sachsen abgeworfenen Flugblättern, so wussten einige vom Hörensagen zu berichten, hätten die Alliierten an-gekündigt, Dresden sei nach Kriegsende als Hauptstadt eines neuen Deutschlands vorgesehen und bleibe daher verschont. Tatsächlich hatte niemand eines dieser Flugblätter zu Gesicht bekommen – aus dem einfachen Grund, weil es sie nicht gab.

Doch man glaubte dieses Märchen verständlicherweise nur zu gerne und ignorierte, was Anderes wahrscheinlicher aussehen ließ: dass Dresden ein bedeutender Militärstütz-punkt und Verkehrsknotenpunkt des mitteldeutschen Eisen-

bahnnetzes war, in den letzten Jahren einige wichtige Verwaltungs- und Geschäftsstellen der Reichsregierung hierher verlegt worden waren und hier wie andernorts immer mehr zivile Betriebe nun als Zulieferer für die Rüstungsindustrie fungierten. Diese hatte bis 1944 exakt 1 865 838 Quadratmeter der Dresdner Industriefläche für sich requiriert – nur in Wien lag die Zahl höher.[30] Mit den Zeiss-Ikon- und den Sachsenwerk-Betrieben, mit Seidel & Naumann und den Universelle-Werken, um nur wenige zu nennen, verfügten Stadt und Großraum Dresden über etliche kriegswichtige Unternehmen. Sie produzierten unter anderem Flugzeugteile, optische Zielgeräte, Flakgranaten und Gasmasken.[31] Dennoch konnte es dieser Industriestandort an Bedeutung nicht im Entferntesten mit Essen, Duisburg, Hamburg oder Berlin aufnehmen. Was dort geschehen war, davon hatten die Dresdner ein recht genaues Bild. Die detailliertesten und ausführlichsten Schilderungen lieferten die vielen tausend Evakuierten aus zerbombten Städten, die hier Unterkunft gefunden hatten. Ein Grund mehr, sich an die Hoffnung auf Schonung zu klammern.

Die offiziellen Stellen gaben sich intern weniger zuversichtlich. 1934 hatte man Dresden auf die Liste der „Luftschutzorte 1. Ordnung" gesetzt; die Stadt war also zunächst auf der höchsten Gefährdungsstufe eingeordnet gewesen. Zur ersten Luftschutzvollübung kam es am Sonntag, dem

Im Laufe des Krieges werden nahezu sämtliche Betriebe der Stadt Zulieferer für die Rüstungsindustrie – hier ein Blick in eine Halle des Sachsenwerks Niedersedlitz.

28. April 1935. Um 9.15 Uhr heulten die Sirenen, kurz darauf explodierten Feuerwerkskörper, die einen Luftangriff auf den Osten der Stadt symbolisieren sollten. Das Szenario ging davon aus, dass ein Tagbombergeschwader Dresden attackierte, zwei Maschinen jedoch durch die Flak abgeschossen wurden und die Bombenwürfe der übrigen größtenteils in unbebautes Gelände fielen, wo sie keinen Schaden anrichteten. Einige Brand-, Spreng- und Kampfstoffbomben aber fanden ihr Ziel. Die angenommenen Schäden markierte man mit Bändern in unterschiedlichen Farben. Sofort machten sich Feuerwehr und Bergungstrupps, Entgiftungs- und Sanitätsdienst an die Arbeit. Alles lief nach Plan, die Übung, an der insgesamt 9500 Menschen beteiligt waren, endete als großer Erfolg. „Überhaupt hat sich die gesamte beteiligte Bevölkerung ganz vorzüglich den Erfordernissen angepasst", lobte die Lokalpresse.[32]

Ein halbes Jahr später, am 29. Oktober 1935, gaben um 19 Uhr die Glocken der Kreuzkirche das Signal zur Verdunkelungsübung. Die Dresdner mussten ihre Wohnungsfenster verhängen und Autoscheinwerfer bis auf schmale Schlitze abkleben.[33] Es war die erste Übung dieser Art, ihr Vorschriftenkatalog noch spärlich. Genauere und detailliertere Anweisungen erhielt die Bevölkerung erst kurz nach Kriegsbeginn mit einer 12-Punkte-Anordnung, was bei Luftangriffen wie zu verdunkeln sei. Aushänge informierten darüber, wo Sand zum Füllen der Brandlösch-Eimer geholt werden konnte. Denn, so hieß es in den Anweisungen, „jedes Haus muss zur Luftschutzfestung werden!"

Bald wurden die Dresdner zu regelmäßigen Übungen und zivilen Luftschutzdiensten verpflichtet. Kontrollgänger überprüften die Einhaltung der Vorschriften auch während der Verdunkelungen und meldeten Versäumnisse sofort. Manch Dresdner achtete sehr genau darauf, ob die Jalousie vor dem Fenster des Nachbarn auch wirklich völlig dicht war oder vielleicht noch einen zentimeterbreiten Schlitz aufwies, durch den ein Lichtschimmer von innen nach außen drang – und schwärzte ihn an. Bei der Polizei gingen zahlreiche denunzierende Meldungen ein. Oft handelten sich die „Schuldigen" eine Anzeige ein.[34]

1940 wurde es – theoretisch – noch ernster. Nun ging die Luftschutzleitung erstmals von einem möglichen Angriff auf industrielle Ziele aus. Am 30. Juli erklärte man für die angesetzte Übung eine Ziegelei in Dresden-Zschertnitz zum Rüstungsbetrieb, auf den laut Planspiel sechs feindliche Flugzeuge einen Bombenangriff durchführten. Wieder war die Flak auf der Hut und schoss vier Maschinen ab; ein Zeichen für die heillos übertriebenen Hoffnungen, die man immer noch in die Effektivität der bodengestützten Flugabwehr setzte, obwohl die deutsche Luftwaffe im bereits tobenden Krieg über Warschau, Rotterdam und Großbritannien ganz andere Erfahrungen mit der feindlichen Flak gemacht hatte.

Die beiden verbliebenen Maschinen entluden ihre Bomben über der Ziegelei, wo Brände ausbrachen und Menschen verwundet wurden. Erneut war der Sicherheits- und Hilfsdienst schnell vor Ort und versorgte die durch Gasbomben Verletzten; Tote hatte es nicht gegeben. 24 Minuten später waren alle Feuer gelöscht.[35] Diese damals schon völlig realitätsfremden Vorstellungen von einem modernen Luftangriff – vor allem von der Größe des angreifenden Verbandes – können erklären helfen, warum die lokalen Behörden auch nach Kriegsbeginn nur völlig unzureichende Vorkehrungen für die Sicherheit der Bevölkerung im Ernstfall trafen. Mehr hielt man nicht für notwendig, siegten doch die Deutschen an allen Fronten.

Dies hieß gleichwohl nicht, dass überhaupt keine weiteren Luftschutzmaßnahmen ergriffen wurden. Dazu gehörte zum Beispiel die „Kinderlandverschickung", also deren Evakuierung in weniger gefährdete Gebiete.[36] Seit 1940 waren in Dresden nacheinander mehrere tausend Kinder aus anderen Städten untergebracht. Ab 1943 wollten die Behörden sie und die heimischen Kinder vorübergehend in sicherere ländliche Gebiete schaffen, doch diese Aktionen hatten nur geringen Erfolg. Die Mütter behielten ihre Kinder lieber bei sich in der Stadt. Noch war die Bombengefahr etwas sehr Abstraktes, das Auseinanderreißen der Familien durch den Krieg dagegen schmerzhaft konkret.

Erst 1943 gründeten die Behörden ein Bauamt für Luftschutz, dessen Maßnahmen indes bei weitem nicht ausreichten. Das lag ebenso am zunehmend knapper werdenden Baumaterial wie am teils bizarren Kompetenzgerangel der verschiedenen Behörden. In erster Linie aber daran, dass all die Versäumnisse der vorhergehenden Jahre unmöglich so bald nachgeholt werden konnten und auch niemand ahnte, was auf die Stadt zukommen sollte. So legte die Feuerwehr zusätzlich zu den vorhandenen Hydranten in jedem Viertel Löschwasserbecken an. Ein Feuersturm ließ sich damit freilich nicht wirksam bekämpfen. Die katastrophalen Luftschutzbedingungen in Dresden waren eine Hauptursache für die ungeheuer große Zahl an Bombenopfern, die später in der Stadt zu beklagen waren. Auch mit den absehbaren Folgen eines Bombenangriffes mussten sich die Verwaltungsorgane beschäftigen und Vorbeugemaßnahmen treffen. Ausgebombte und Obdachlose, so war es geplant, würden in Rettungsstellen medizinisch versorgt und dann hauptsächlich in zu Sammelstellen umfunktionierten Schulgebäuden weiter betreut. Als längerfristige Unterkunftsmöglichkeiten standen wenige Plätze in Alterspflegeheimen der Stadt zur Verfügung. Der Rest der Betroffenen musste wohl oder übel evakuiert werden.[37] Für Menschen, die eventuell ihre Wohnung mit allen Einrichtungsgegenständen verlieren sollten, hatte man zudem einige Hausratslager angelegt. Blieben jene Opfer, die nicht zu den Überlebenden gehören würden.

Die Toten eines Bombenangriffes, so hieß es in einem Schreiben, das der damalige Dresdner Oberbürgermeister Zörner von seinem Essener Amtskollegen schon vor Kriegsbeginn erhalten hatte, „müssen zur Vermeidung von Paniken, vor allem bei Massenverlusten, in der Zeit zwischen der internen und der öffentlichen Entwarnung aus dem Stadtbild entfernt werden".[38] Das Wohin war 1944 ebenfalls geklärt. Die Stadtverwaltung hatte nach längerem Hin und Her am 11. Januar beschlossen, aufgrund der Leipziger Erfahrungen vom Dezember 1943 solle „in Dresden bei einem ähnlichen Großangriff als Totensammelplatz der Heidefriedhof bestimmt und dort sämtliche Gefallenen gemeinsam – jedoch jeder Gefallene in einem Einzelgrab – auf den Flächen beerdigt werden, die für einen Ehrenhain vorgesehen sind."[39] Auch im Tode war für die Menschen indes keine Gleichbehandlung vorgesehen. Im Merkblatt über den Begräbnisdienst auf dem Heidefriedhof heißt es: „Für Ausländer, die in einem besonderen Quartier beigesetzt werden, sind gesonderte Beisetzungslisten zu führen."

Rund 1500 Särge standen bereit, ebenso die 130 Männer der acht Bestattungskommandos.[40] Ihr Auftrag für den Katastrophenfall teilte sich auf in „Leichenaufhebungsdienst" und „Begräbnisdienst". Zunächst, so war es vorgesehen, sollten sie die Toten zu einem der 114 ausgewiesenen Leichensammelplätze schaffen. An jedem einzelnen mussten laut Plan „zwei Tische, genügend Wasser, 1 Schere und 1 Schwamm für die ärztliche Untersuchung" zur Verfügung stehen. Über jeden Toten sollte nach Bergung und Untersuchung eine Karte mit Personalien und der Angabe des Fundortes angelegt, dann ein „Feststellungsformular" ausgefüllt und zuletzt die mitgeführten Habseligkeiten der Leiche in einem „Wertsachenbeutel" verwahrt werden, für den es bei Anlieferung des Toten auf dem Friedhof eine Quittung geben würde.[41]

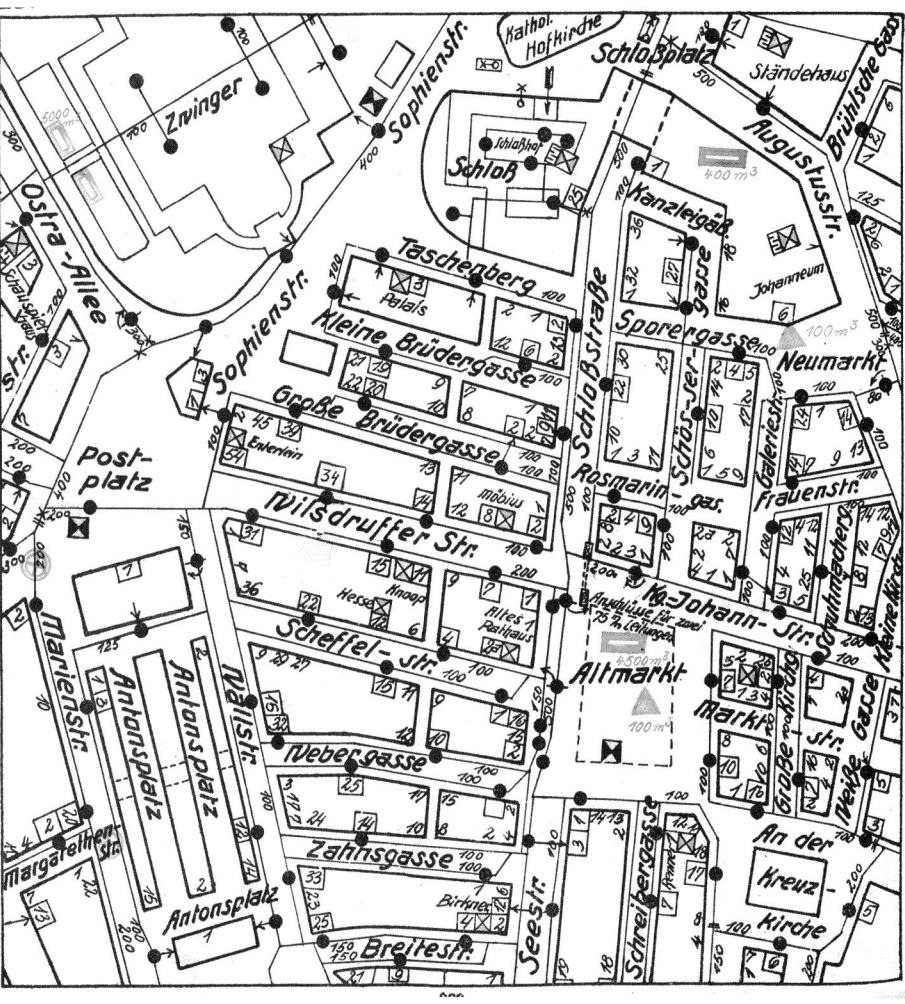

Alles war sorgfältig geplant, auch Massenverluste unter der Bevölkerung. Denn man war sich laut einem Schreiben des Dresdner Stadtgartendirektors von 1943 darüber im Klaren: „Der praktische Katastrophenfall (wird) noch vielfältige Momente aufzeigen ... die von Fall zu Fall besondere Maßnahmen erforderlich machen." Detaillierter formulierte es die Kriminalpolizeiliche Leitstelle, die sich darauf vorbereitete, „daß teilweise Massengräber Verwendung finden werden und oft auch mehrere Personen in einem Sarg beigesetzt werden müssen – nach Erfahrungen aus anderen Städten bis zu 12 Personen".[42] Und tatsächlich waren auf dem Heide- und dem Johannisfriedhof „für den K-Fall ... größere Begräbnisflächen vorbereitet".

Als sich der Sommer des Jahres 1944 seinem Ende zuneigte, wurden die Dienste der Bestattungskommandos zum ersten Mal auch für Dresdner Bombentote beansprucht.

Vorsorge für einen Luftangriff: Am Altmarkt, dem Schloss, dem Zwinger und überall in der Stadt werden, wie diese Seite aus dem „Hydrantenplan" der örtlichen Feuerwehr zeigt, zusätzliche Löschwasserbecken angelegt.

Der 24. August 1944 –
Tod vor den Toren der Stadt

Im Frühjahr 1944 herrschte einige Unstimmigkeit unter den westlichen Alliierten über die weitere Taktik des gemeinsam geführten Luftkrieges gegen Deutschland. Das britische Bomber Command hielt unbeirrbar an seiner Strategie der Flächenbombardements fest, die Einebnung deutscher Städte erreichte ihren Höhepunkt, doch mit dem gleichen Tempo mehrten sich die Zweifel an der Effektivität des „moral bombing". Den Berichten der Geheimdienste zufolge hatte die Moral der Deutschen unter den Verwüstungen keineswegs so sehr gelitten wie erhofft. Dass man sie gewissermaßen zum Aufstand gegen das NS-Regime bomben konnte, war offenkundig fern aller Wahrscheinlichkeit.

Nachgerade die amerikanischen Luftkriegsstrategen forderten, die Bomber sollten sich verstärkt auf ökonomische Ziele konzentrieren, vor allem auf das Öl für die Flugzeuge der Luftwaffe und die Fahrzeuge der Wehrmacht.[43] Im Mai schließlich begannen die amerikanischen Bombenflotten ihre Offensive auf die Infrastruktur des Deutschen Reiches – Häfen, Bahnlinien, Flughäfen. Zudem auf Raffinerien, Hydrier- und Mineralölwerke, die auch der Herstellung künstlichen Treibstoffes dienten. Der Erfolg war erstaunlich: Binnen acht Wochen sank die deutsche Produktion um ein volles Drittel. Der Wehrmacht wurde der Sprit knapp, und bei den Alliierten stieg die Hoffnung, dass die weitgehende Stilllegung der deutschen Treibstoffindustrie möglich sein und entscheidende Auswirkungen auf die Kriegsdauer haben würde. Diese Hoffnung war, wie sich zeigen sollte, berechtigt.

Im Rahmen der Öl-Offensive starteten drei amerikanische Bomberdivisionen der 8. United States Army Air Force – kurz USAAF – am 24. August in Richtung Nord- und Mitteldeutschland sowie ins Sudetenland.[44] Zwei Gruppen der 3. Division nahmen Kurs auf die Hydrierwerke von Ruhland im Norden Dresdens, die Anlagen beim nordböhmischen Brüx und das Mineralölwerk Rhenania Ossag in Freital, einem westlichen Vorort von Dresden. Am Mittag erschienen südöstlich der Stadt, aus Richtung Sebnitz kommend, in großer Höhe 62 B-17-Bomber – die wegen ihrer starken Bordbewaffnung so genannten Fliegenden Festungen – des 92. US-Kampfgeschwaders am Himmel. Am Boden heulten die Sirenen, eilten die Menschen in ihre Luftschutzkeller. Grund zur Beunruhigung meinten die Dresdner auch dieses Mal nicht zu haben. Die Flak im Süden der Stadt erfasste die anfliegenden Verbände und eröffnete das Feuer, das ungenau und wirkungslos blieb. Um 12.59 Uhr waren die Maschinen über ihrem Ziel.

Aus 8400 bis 8800 Metern Höhe warfen sie in den folgenden Minuten insgesamt 620 Bomben ab. In Freital und Umgebung dröhnten Explosionen, schossen Sprengwolken in die Höhe, flammten Brände auf. Doch die Einschläge lagen nicht sehr genau. Die meisten Bomben trafen den Ortsteil Birkigt und vernichteten dort Bauernhöfe, Wohnhäuser, Felder, Gärten und Wiesen. Auch das Industriegebiet Gittersee wurde getroffen, ebenso das avisierte Firmengelände der Rhenania-Ossag. 241 Menschen starben, viele von ihnen wurden vom Angriff überrascht und in ihren Häusern und den Straßen erschlagen. In Gittersee gab es, das legen die Quellen nahe, wahrscheinlich keine einzige Sirene.[45] Im Tageseinsatzbericht der 8. US-Luftflotte hieß es militärisch-knapp: „Freital – gute Ergebnisse ... erste Gruppe überdeckte mittleren Trefferpunkt ... zwei andere Teppiche, so wird angenommen, fielen über eine Ecke des Zielgebietes."[46]

Was die Dresdner bislang nur von Erzählungen und aus der Zeitung kannten, konnten sie nun direkt in Augenschein nehmen. Mit dem Fahrrad benötigte man eine knappe halbe Stunde aus dem Stadtzentrum nach Freital und Gittersee. Und sie kamen, zum Helfen und Staunen und Schaudern. Die Gendarmerie notierte, dass der „Zuzug von Neugierigen zu den Schadensstellen außerordentlich groß" war.[47] Sie waren mit Sicherheit entsetzt, aber doch nicht wirklich beunruhigt. Die meisten bewerteten den Angriff als Versehen – was er nicht war – und hielten jene Bomben, die auch auf Alt-Coschütz gefallen waren, und damit auf Dresdner Stadtgebiet, für verstreute Zufallstreffer, was sie auch waren. Dass damit Dresden selbst auf die Ziellliste der alliierten Luftkriegsstrategen gerückt war, glaubte kaum jemand. Dem war auch nicht so. Noch nicht.[48]

Die Lösch- und Bergungsarbeiten, so geht es aus einem im Dresdner Stadtarchiv dokumentierten Bericht hervor, wurden schnell begonnen und waren angeblich auch effektiv. „Die für einen Terrorangriff vorgesehenen Einrichtungen und Vorkehrungen", heißt es dort, „haben sich gut bewährt." Diese offizielle Darstellung dürfte gleichwohl etwas beschönigend gewesen sein. Fünf Tage später wurde auf dem Friedhof in Gittersee eine Beerdigungsfeier abgehalten, in Anwesenheit von Gauleiter Mutschmann. Drei Tote überführte das Bestattungsamt zurück an ihren Wohnort: die ersten Dresdner Opfer der alliierten Bomber.[49] Dass ihnen während der fol-

DIRECTION OF ATTACK

S.A. 2624
FREITAL OIL REFINERY
24 AUG 1944

APPROXIMATE BOMB PLOT

Concentration of H.E. bursts
Scattered H.E. bursts
Fire
Target Area

Photographic Background 106G/1563-4158
Neg. No. PT-301453

Am 24. August 1944 unternimmt die US-Luftwaffe einen Angriff auf das Rhenania-Ossag-Werk in Freital. Das danach aufgenommene Luftbild zeigt, dass die Bomben auch im weiten Umfeld des anvisierten Betriebes einschlugen und Wohngebiete trafen.

An vielen Stellen weisen Schilder, wie hier über dem Zeitungskiosk am Postplatz, den Weg zum nächsten Luftschutzraum.

Verstärkungen der Decken und Wände, der Einbau von feuerfesten Türen und von Luftfilteranlagen – stellten eine seltene Ausnahme dar.

Noch im folgenden Jahr verschwand Dresden wieder von der Liste der Luftschutzorte 1. Ordnung, zusammen mit Chemnitz, Plauen, Pirna und Zwickau. Als einzige sächsische Stadt blieb Leipzig auf der Liste.[50] Eine Aufnahme Dresdens ins reichsweite „Führersofortprogramm" zur Errichtung massiver Luftschutzbunker war nicht vorgesehen.[51] Die Behörden betrachteten die Stadt 1940 als nicht durch Bombenangriffe gefährdet, was sich zu diesem Zeitpunkt tatsächlich mit den Einschätzungen der alliierten Luftkriegsstrategen deckte, die Dresden noch für ein „unattraktives Ziel" hielten.[52] In Berlin, dem Ruhrgebiet oder Hamburg etwa, in Leuna, Halle und Leipzig entstanden etliche große Bunker aus Beton, in Hamburg bekam jedes Krankenhaus mindestens einen. In Dresden unterblieb Vergleichbares. Man behalf sich mit Provisorien und ordnete Maßnahmen an, die im Ernstfall völlig nutzlos sein würden. So musste jeder Haushalt eine Feuerlösch-Handspritze erwerben, das Stück zu 16,50 Reichsmark.[53] Solche Aktionen sollten eher beruhigende Wirkung haben, gegen Schlimmeres als einen kleineren Zimmerbrand halfen sie nicht. Was es in ausreichendem Maße gab, das waren lediglich Zeitungsartikel über Luftschutzmaßnahmen, Broschüren oder Wandschaukästen mit Informationsblättern, die an mehreren Gebäuden im Stadtgebiet angebracht wurden – theoretischer Schutz.

Selbst als mit zunehmender Kriegsdauer eine deutsche Stadt nach der anderen bombardiert wurde, änderte sich an den Vorsorgemaßnahmen in Dresden kaum etwas. Verwaltungstechnisch und organisatorisch waren die Behörden zwar relativ gut auf einen Angriff vorbereitet. So wussten die einzelnen Ämter genau, was im Katastrophenfall zu tun war. Die konkret zur Verfügung stehenden Mittel dagegen ließen mehr als zu wünschen übrig. Noch im Mai 1943 gehörte Dresden zu den wenigen deutschen Städten, in denen immer noch kein einziger neuer Bunker gebaut worden war.[54] Die Behörden forderten in den nächsten 18 Monaten insgesamt 20 000 Tonnen Zement für allernötigste Baumaßnahmen an. Ganze 6000 wurden bis zum 3. Januar 1945 bereitgestellt. Im Rathaus stellte man ernüchtert fest, es fehle „an Menschen, Holz und Zement ..., um den dringendsten Bedarf an Bunkern und Stollen zu befriedigen".[55]

So entstanden bis Kriegsende nur sehr wenige wirkliche Luftschutzbauten und von diesen wenigen die meisten inner-

genden Luftangriffe bis Kriegsende so viele folgen sollten, lag freilich nicht an den Bomben allein, sondern auch daran, dass der „Luftschutz" in Dresden seinen Namen nicht verdiente.

Die Geschichte des Luftschutzbunkerbaus in dieser Stadt ist im Grunde die Geschichte einer großen und folgenschweren Unterlassung. Sie begann schon unmittelbar nach Kriegsausbruch. In den Wochen nach dem deutschen Überfall auf Polen am 1. September 1939 machten sich in Dresden einige städtische Angestellte an eine Arbeit, für die sie nur weiße Farbe und Buchstaben-Schablonen benötigten. Das Wort „Luftschutzraum" und ein Pfeil wurden an mehrere Gebäude der Stadt gepinselt, entsprechende Straßenschilder aufgestellt. Die ausgewiesenen Räume indes waren zumeist nichts anderes als größere Keller. Nötige Umbauten – etwa

Broschüren und Schaukästen informieren die Dresdner darüber, was im Falle eines Luftangriffs zu tun ist.

halb der Anlagen kriegswichtiger Betriebe wie Ernemann oder dem Goehle-Werk. Natürlich auch unter dem Albertinum, wo die Luftschutzzentrale ihren Sitz hatte, und in den Objekten der Partei. So wenig sich Gauleiter Mutschmann selbst um ausreichenden Schutz für die Bevölkerung bemühte, so intensiv kümmerte er sich um die Versorgung „seiner" Gebäude. Im Garten von Mutschmanns Stadtvilla an der Comeniusstraße, auf dem Gelände seines Jagdschlosses im Tharandter Wald und dem der Gauleitungsfiliale im südlich Dresdens gelegenen Lockwitzgrund ließ der sächsische NSDAP-Chef bombensichere Anlagen installieren. Das wurde bekannt, sorgte für einigen Unmut und Ärger unter der Bevölkerung und sogar für eine offizielle Beschwerde beim Reichsführer SS, Heinrich Himmler.[56] Mutschmann, davon ungerührt, ließ weiterbauen.

Wollten die Dresdner mehr Schutz, so mussten sie sich selbst helfen und in Eigenarbeit ihre Keller entsprechend ausstatten. Das Luftschutzbauamt kümmerte sich lediglich um die Anlage von 15 halbwegs sicheren Luftschutzräumen, einige Splittergräben, die nur mäßigen Schutz boten, und um die

erwähnten Löschwasserbecken in der Stadt. Nicht einmal die großen Keller unter dem Hauptbahnhof, wo sich ständig sehr viele Menschen aufhielten, waren auch nur im Entferntesten bombensicher.[57] Die vorhandenen sicheren unterirdischen Räume – etwa die alten und geräumigen Katakomben unter der Brühlschen Terrasse und die Tiefkeller unter dem Rathaus – wurden von den städtischen Behörden nie für die Bevölkerung freigegeben. Sie erfüllten bereits andere Funktionen, zum Beispiel als Lager für private Gegenstände der lokalen Würdenträger und womöglich für Alkoholika in großer Menge[58], wie Walter Weidauer behauptet, der erste Nachkriegs-Bürgermeister Dresdens.

Immerhin war seit Kriegsbeginn Abschnitt für Abschnitt ein kilometerlanges unterirdisches Fluchttunnelsystem angelegt worden. 1943 stemmten Arbeiter in die Wände der Keller und unterirdischen Gänge zusätzliche Durchbrüche und vermauerten sie zum Teil sehr leicht wieder. Durch sie sollten sich im Falle eines Angriffs die Menschen aus beschädigten Kellern in noch sichere oder in die Tunnel

Die beiden großen Löschwasserbecken auf dem Altmarkt werden 1943 angelegt

retten können.[59] In Erwartung herkömmlicher Bombardements machte diese Maßnahme durchaus Sinn. Im Feuersturm, der am 13. Februar 1945 durch Dresden toben sollte, verschlimmerten sie die Katastrophe jedoch und erhöhten die Zahl der Opfer erheblich.

Was die Dresdner selbst unter Tage unternahmen, war größtenteils „Kosmetik". Als sie immer häufiger von Fliegeralarmen in die Keller getrieben wurden, richteten sie die Gewölbe nach und nach behelfsmäßig her, mit Bänken, Lampen, Sandeimern, Hand-Feuerspritzen und -patschen zum Ausschlagen kleinerer Brände. Das gab ihnen, zusammen mit den regelmäßigen Luftschutzübungen, das Gefühl eines wenigstens gewissen Maßes an Sicherheit. Außerdem war da ja die deutsche Flugabwehr, die den öffentlichen Verlautbarungen nach im Ernstfall einen undurchdringlichen Sperrriegel aus Flak und Jägern gegen die Bomber bilden würde. Sollten sie dennoch durchkommen, so wussten die Dresdner aus den Übungen, wohin sie sich wenden mussten. Selbst auf den Billetts der Staatoper stand: „Ihr Luftschutzraum ist auf der Rückseite Ihrer Eintrittskarte vermerkt." Die Presse ignorierte den tatsächlichen Schutz-Mangel und tat, als sei man bestens vorbereitet. „Nach wie vor bleibt der beste Schutz der Luftschutzkeller", beruhigte das NS-Parteiorgan „Der Freiheitskampf".[60] Was auch insofern verlogen war, als es in Dresden ja kaum Luftschutzkeller gab, die diese Bezeichnung verdienten. Diese Versicherung und die strenge Vorschrift, bis zur Entwarnung unter Tage zu bleiben, sollten viele Menschen dazu verleiten, nach dem ersten Angriff am 13. Februar 1945 in ihren Kellern so lange auszuharren, bis die zweite Attacke sie darin tötete.

Der 7. Oktober 1944 – die ersten Bomben auf Dresden

Sechs Wochen nach der ersten Attacke auf Freital führte die alliierte Öl-Offensive die Bomber ein weiteres Mal Richtung Dresden. Am 7. Oktober 1944 unternahm die 8. US-Bomberflotte einen Angriff mit 1422 viermotorigen Maschinen und 700 Begleitjägern gegen deutsche Treibstoffzentren. Die 1. Bomberdivsion war unterteilt in zwei Kampfgruppen. Eine sollte Ruhland und Brüx attackieren, die andere das Hydrierwerk Pölitz bei Stettin. Für den Fall schlechter Sicht hatten die Planer zwei Ausweichziele vorgesehen: Dresden oder Zwickau, auch das abhängig von den jeweiligen Wetterverhältnissen. Im Zweifelsfall mussten die Kommandeure der beiden Kampfgruppen, wie stets in einer solchen Situation, die Entscheidung selbstständig treffen.[61]

Der Angriff stand für die gesamte 8. Bomberflotte unter einem schlechten Stern. Über vielen Zielen war die Flakabwehr intensiv und recht präzise – mehrere Maschinen gingen verloren –, über anderen das Wetter schlecht, die Sicht mangelhaft. Etliche Verbände mussten Zweitziele angreifen, darunter die 29 Fliegenden Festungen der 303. Bombergruppe. Brüx, ihr Hauptziel, lag unter einer dichten Wolkenschicht. Der Kommandant entschied sich daher, seine Bomber nach Dresden zu dirigieren, um dort „militärische Anlagen" anzugreifen.[62] Als die B-17 auf Nordostkurs über der Stadt ankamen, fanden sie im Elbtal nur lockere Bewölkung vor; kein Hindernis für einen optisch gezielten Angriff. Um 12.34 Uhr lösten die Viermotorigen aus.

50 Tonnen Sprengbomben fielen auf die Stadt. Sie trafen das Gelände des Friedrichstädter Verschiebebahnhofes und fielen in das dicht bebaute Innenstadtgebiet zwischen Postplatz und dem Bahnhof Wettiner Straße. Knapp 300 Bomben landeten im Areal zwischen Hamburger Straße, Friedrichstraße, Wettiner Straße und der Ostra-Allee. Laut dem Bericht des Dresdner Oberbürgermeisters Nieland wurden dabei 166 Wohngebäude mit 811 Wohnungen zerstört.[63] Die Wettinschule war beschädigt, zudem die nun Rüstungsgüter fertigende Schreibmaschinenfabrik Seidel & Naumann. Insgesamt verloren Nieland zufolge 2755 Dresdner ihr Obdach und nach den Toten- und Vermisstenlisten 267 Menschen ihr Leben, allein 45 davon auf dem Gelände von Seidel & Naumann.[64] Besonders erwähnenswert erschien den örtlichen Stellen der Umstand, dass es keine kulturellen Bauten getroffen hatte – allerdings nur um Haaresbreite: Eine Bombe war auf den Marstall gefallen, das Requisitenhaus der Staatsoper beschädigt, ebenso das Orangeriegebäude „An der Herzogin Garten" in unmittelbarer Nähe des Zwingers.

Die Stadt hatte – nach dem 111. Bombenalarm seit Kriegsbeginn – ihre „Feuertaufe" hinter sich. Um halb zwei Uhr gaben die Sirenen Entwarnung. Die Dresdner verließen ihre Keller und blickten sich um. Die meisten von ihnen konnten aufatmen; ihr Viertel war unversehrt. An vielen Stellen der Innenstadt sah es jedoch ganz anders aus. Dort erblickten die Einwohner erstmals mit eigenen Augen die Folgen der zerstörerischen Kraft einer modernen Kriegsführung. Häuser und Straßen waren zerstört, Tote wurden geborgen und abtransportiert. Im Chaos suchten Rettungstrupps Verschüttete und versorgten Verwundete, bekämpften Feuerwehren Brände. Die Mannschaften der Sammelstellen nahmen ihre Arbeit auf. Krankenwagen bahnten sich einen Weg durch Trümmer und Schaulustige, luden Verletzte ein und transportierten sie in die Krankenhäuser.[65] Auch die Leichenwagen der Bestattungstrupps hatten viele Kilometer zurückzulegen: Nur zwei Särge oder vier lediglich mit Decken oder Planen verhüllte Tote konnten die Fahrzeuge auf einmal aufnehmen und zum Opfersammelplatz bringen, dem Matthäusfriedhof.

Noch während sie hin- und herpendelten, begannen die Aufräumarbeiten. Dabei setzten die Behörden sämtliche verfügbaren Kräfte ein, auch solche, die andernorts noch mit der Beseitigung älterer Bombenschäden beschäftigt waren. Denn „zu Gunsten der vordringlichen Dresdner Arbeiten" wurden „die I-Arbeiten an den Dächern im Freital-Gittersee-Coschützer Schadensgebiet zunächst eingeschränkt".[66] Um die

Am 7. Oktober 1944 ist zum ersten Mal das Dresdner Stadtgebiet Ziel eines Luftangriffs. Das alliierte Luftbild zeigt Bomben-Einschläge auf den Anlagen des Bahnhofs Friedrichstadt.

beiden verbliebenen Dresdner Zeitungen: Kein Wort stand darin über die erste gezielte Attacke alliierter Bomber auf die Stadt, nicht am folgenden, nicht an den weiteren Tagen, nicht einmal in den Todesanzeigen für die Opfer des Angriffs. „Gefallen", hieß es dort nur. Dafür veröffentlichten die Blätter vermehrt Artikel über richtiges Verhalten bei Luftangriffen.[68] Offiziell waren keine Bomben auf Dresden gefallen. Als wären sie nie da gewesen, die Höllenengel, die „Hell's Angels", wie sich die 303. Bombergruppe der 8. US-Luftflotte nannte.

Das Gros der Dresdner wertete die Attacke vom 7. Oktober wiederum als Ausnahme, als Zufall, als ein Versehen. Aus Furcht vor der Furcht war und blieb in ihren Augen die Stadt der sichere Reichsluftschutzkeller. Vorerst stimmte das auch: Über ein Vierteljahr lang erfolgte kein weiterer Bombenangriff auf Dresden.

Die Gauleitung teilte den Glauben an eine Schonung der Stadt allerdings nicht. Seit dem ersten Luftangriff auf Leipzig im Dezember 1943 hatte sie keinen Zweifel mehr daran, dass auch für Dresden verstärkt mit der Möglichkeit eines größeren Bombenangriffes gerechnet werden musste. Die Einrichtung des Bauamtes für Luftschutz im selben Jahr war nur die sichtbarste Konsequenz daraus. Gauleiter Martin Mutschmann warnte die Dresdner vor einem übertriebenen Sicherheitsgefühl: Während der öffentlichen Trauerfeier für die Opfer des 7. Oktober sagte er, niemand solle in der Illusion leben, dass seine Stadt nicht auch attackiert würde: „Es gibt keine friedlichen Inseln in Deutschland."[69] Zwei Monate später wurden Sachsens Städte auf Adolf Hitlers persönlichen Befehl erneut auf ihre Luftschutzbereitschaft überprüft. Denn der „Führer" fürchtete aus gutem Grund, dass „sich die Wucht der feindlichen Luftangriffe demnächst auch nach Sachsen, insbesondere nach Dresden, wenden wird".[70]

Wie schlecht es in einem solchen Fall um den passiven Luftschutz der Bevölkerung stand, wurde bereits geschildert. Wie aber war es um den aktiven Schutz bestellt, um Verteidigungs- und Abwehrmaßnahmen gegen die Bomber? Nach den Angaben amerikanischer Piloten war beim Angriff am 7. Oktober das Feuer der Dresdner Flugabwehr nur „mäßig und ungenau". Das lag zum einen daran, dass sich die Bedienungsmannschaften der Geschütze wie überall im Reich seit Februar 1943 zum großen Teil aus minderjährigen Kindersoldaten rekrutierten, den Luftwaffenhelfern, die der Volksmund Flakhelfer nannte. Nur wenige von ihnen waren körperlich in der Lage, die schweren Granaten schnell genug hintereinander aus den Munitionskisten in die Rohre zu wuchten. Das

Bewohner der vom vorübergehenden Stromausfall betroffenen Gebiete nicht im Dunkeln sitzen zu lassen, blieben einige Geschäfte der Innenstadt, in denen es Kerzen zu kaufen gab, an diesem Sonnabend bis 19 Uhr und am Sonntag geöffnet. Die Schäden waren zwar umfangreich, doch griffen die Hilfsmaßnahmen rasch und konnten ohne große Verzögerungen durchgeführt werden. Zumindest lobten die Erfahrungsberichte des Marstall- und Bestattungsamtes ein paar Tage nach dem Angriff: „Der Organisations- und Einsatzplan über die zu treffenden Maßnahmen ... hat seine Probe bestanden." Wie vorgesehen wurden „die Opfer fremder Nationalität (Esten, Italiener und Franzosen) ... außerhalb des Ehrenhaines beerdigt."[67] Weiter heißt es: „Es ist nicht geplant, wesentliche Änderungen vorzunehmen."

Der Krieg war endgültig in Dresden angekommen – mit einem Angriff, dessen Umfang und Bedeutung zu dieser Zeit bereits vergleichsweise so gering war, dass ihn der Wehrmachtsbericht dieses Tages gar nicht erwähnte. Wie auch die

erledigten an ihrer Seite russische Kriegsgefangene, die Lade-kanoniere. „Alles in allem – ", so erinnerte sich einer der zum Flakdienst kommandierten Hitlerjungen später, „in Dresden stand nicht die Elite der deutschen Flak."[71]

Zum anderen waren die Batterien auch zahlenmäßig nicht besonders stark. Ihren Höchststand von 84 schweren 88-Milimeter-Geschützen, die allein gegen hoch fliegende Bomberverbände etwas auszurichten vermochten, hatte die Dresdner Flak im Juli 1944 gehabt. In den folgenden Mona-ten wurde sie jedoch Schritt für Schritt reduziert. Im Oktober standen in Dresden nur noch 48 Geschütze. Auch dabei blieb es nicht. Als die Ostfront näher und näher rückte, mussten sogar die strategisch bedeutsamen Flakstellungen um Ruhland und Brüx Batterien abgeben. Eine deutsche Stadt nach der anderen verlor ihre Luftabwehr. Wann und wohin man die Reste der Dresdner Flak verlegte, ist nicht mehr bis ins Detail rekonstruierbar. Verschiedene Einheiten wurden in den auf Dauer aussichtslosen Kampf gegen russische Panzer gewor-

fen, andere zunächst zur Verstärkung der Batterien an die Ruhr abtransportiert, dann an der Westfront ebenfalls im Erd-kampf eingesetzt. Ein großer Teil ihrer Bedienungsmann-schaften, darunter viele Dresdner Schüler, kam dabei um.

Im Laufe des Januar 1945 wurde die Stadt ihrer gesam-ten Luftabwehr entblößt.[72] Welche offensichtlichen Täu-schungen dazu führten, dass die alliierten Berichte zu den drei folgenden Bombenangriffen „nicht vorhandenen", aber auch „schwachen und ungenauen" Flakbeschuss erwähnen, ist bis heute unbekannt. Möglich, dass damit der Beschuss entfern-terer Batterien – über Ruhland beim An- und über Brüx beim Abflug – gemeint war. Tatsächlich lag die Stadt nun weitge-hend wehrlos da, was die alliierten Bomber-Oberkommandos freilich nicht wissen konnten. Allerdings ist es sehr unwahr-scheinlich, dass dieses Wissen an ihren weiteren Plänen mit Dresden etwas geändert hätte.

Der 16. Januar 1945 – eine fast wehrlose Stadt

Anders als in den leeren Flakstellungen herrschte auf dem Flughafen Klotzsche im Dresdner Norden im Januar 1945 reger Betrieb. Transportflugzeuge starteten und landeten, sie brachten Verwundete von der Ostfront, die hier in den über-füllten Lazaretten versorgt werden sollten, und flogen nach kurzem Aufenthalt mit Soldaten und Nachschub dorthin zurück. Auch einige zweimotorige Nachtjäger vom Typ Mes-serschmitt Me 110 waren hier stationiert, die sich gemeinsam mit den Maschinen der umliegenden Flughäfen, darunter dem bei Alt-Lönnewitz nahe Leipzig, in ständiger Bereitschaft zum Alarmstart befanden. Nicht zu vergessen die vielen Starts und Landungen der kleinen Maschinen der Flugschule. Auf ungeübte Beobachter mochte dieser Betrieb Eindruck machen, sogar beruhigend wirken: Die Luftwaffe war aktiv und wachsam, man selbst also gut geschützt.

Auch diese Annahme täuschte. Die deutsche Jagdabwehr hatte den in großer Zahl anfliegenden alliierten Bombern und deren unzähligen Begleitjägern seit Monaten kaum noch etwas entgegenzusetzen. Mit dem massierten Auftauchen amerikani-scher Langstreckenjäger im Frühjahr 1944 über Deutschland und dem Erstarken der sowjetischen Luftwaffe war ihr Schick-sal im Grunde besiegelt.[73] Sie verlor die Lufthoheit über dem Reich und gewann sie bis Kriegsende nicht wieder. Das lag weniger an einer zu geringen Zahl von Jagdflugzeugen. Bis

Nach dem Angriff: Schadens-aufnahme in den betroffenen Stadtgebieten.

Die Bedienungsmannschaften der Dresdner Flak bestehen zum großen Teil aus Kindersoldaten, den „Flakhelfern".

Mai 1945 wurden noch mehrere tausend Maschinen gebaut, darunter allein 1300 moderne Düsenjäger des Typs Messerschmitt Me-262, die den amerikanischen Modellen mindestens ebenbürtig waren. Doch mangelte es immer stärker an Treibstoff – ein Erfolg der alliierten Öl-Offensive – und noch mehr an Piloten. Besonders den Amerikanern standen hingegen genug erfahrene Flugzeugführer zur Verfügung, deren Verluste rasch aufgefüllt werden konnten.

Anders sah es in den Reihen der Luftwaffe aus. An Stelle der altgedienten Flieger, die im Kampf fielen, trat beinahe nur noch unerfahrener und schlecht ausgebildeter Ersatz. Und die „Asse" starben in Massen. Allein am 23. Dezember 1944 kamen 98 Piloten ums Leben – ein Zehntel aller einsatzfähigen deutschen Jagdflieger – und bis Jahresende weitere 209.[74] Dennoch flog die Luftwaffe am 2. Januar 1945 mit 900 Maschinen einen Angriff gegen alliierte Flugplätze hinter der Westfront, das „Unternehmen Bodenplatte". 300 Jäger wurden abgeschossen, 200 davon irrtümlich durch eigene Flak, die man nicht über die Aktion informiert hatte. Damit war der deutschen Jagdverteidigung das Rückgrat gebrochen.

Fortan vermochten sie den anfliegenden Bomberverbänden – fast 9000 Maschinen boten Briten und Amerikaner mittlerweile gemeinsam auf – nur noch Nadelstiche zuzufügen. Falls sie überhaupt an einen Verband herankamen und nicht vorher von dessen Jagdschutz abgefangen wurden. Und falls sie Sprit in ihren Tanks hatten. Im Januar 1945 scheint das nur selten der Fall gewesen zu sein. Das Kriegstagebuch des Wehrmachts-Oberkommandos vermerkte im Lagebuch am 26. des Monats: „An Flugzeug-Betriebsstoff stehen zur Verfügung 12 000 t gegenüber 198 000 t im Mai des Vorjahres, d. h. nur noch 6 %."[75]

Wohl deshalb stieg, als die 8. US-Luftflotte am 16. Januar einen 578-Bomber-Angriff auf Mitteldeutschland flog, von dort kein deutscher Jäger auf. Auch nicht vom Flughafen Dresden-Klotzsche. Die Viermotorigen konnten unbehelligt ihre Ziele anfliegen: die Hydrierwerke in Magdeburg und Ruhland, Flugzeugmotorenwerke in und bei Dessau sowie den Jagdflugplatz Alt-Lönnewitz. Doch an diesem kalten Tag mit Temperaturen unter Null lagen die Hauptziele erneut unter Wolken verborgen. Wieder mussten die Bomber Ausweichziele ansteuern, wieder war eines davon Dresden. Nach teilweise chaotisch verlaufenen Anflügen näherten sich 127 B-24 Liberator von verschiedenen Verbänden und aus verschiedenen Richtungen der Stadt. Um 11.20 Uhr wurde Voralarm ausgelöst, die „Luftwarnung" – zum zwölften Mal in diesem Jahr.

Eine halbe Stunde später gab es „Fliegeralarm" – zum zweiten Mal seit Jahreswechsel. Eine weitere Dreiviertelstunde darauf hatten die Bomber ihr Ziel erreicht.

Insgesamt 265 Tonnen Spreng- und erstmals auch knapp 42 Tonnen Brandbomben fielen auf Dresden.[76] Die größten Schäden entstanden auf dem angepeilten Gelände des Friedrichstädter Bahnhofes und im Hechtviertel nahe dem Neustädter Bahnhof. Weitere Bombenwürfe trafen die Gegend um das Rathaus Cotta, den Ortsteil Leutewitz, Löbtau, erneut die Wettinschule und den Wettiner Bahnhof sowie das Gaswerk nördlich vom Neustädter Bahnhof. Es war der bislang schwerste Angriff, viermal so stark wie der vorherige. Die offizielle Opferzahl, soweit sie der Leiter der Begräbnismaßnahmen erfasste, belief sich auf 334 Tote. Dass sich die Zerstörungen angesichts der hohen Anzahl der eingesetzten Flugzeuge und ihrer mitgeführten Bomben nicht umfangreicher ausnahmen, liegt in erster Linie an der mangelnden Konzentration des Angriffs. Er war von verstreuten Verbänden durchgeführt worden, also unter taktisch äußerst widrigen Bedingungen.

Zum dritten Mal waren Bomben auf Dresden gefallen. Die Zahl derer, die nun nicht mehr an Versehen oder Zufall glauben wollten oder konnten, wuchs nach dem 16. Januar deutlich an. Auch die „Dresdner Zeitung" und der „Freiheitskampf" berichteten, anders als nach dem 7. Oktober des Vor-

Wieder wird ein deutscher Jäger abgeschossen. Um die Jahreswende 1944/45 hat die deutsche Luftabwehr kaum noch Piloten, die es an Erfahrung mit ihren Gegnern aufnehmen können.

Während des US-Luftangriffs am 16. Januar 1945 gerät ein nahe dem Alberthafen abgestellter Tankzug in Brand. Im Hintergrund die moscheeartige Fabrik „Yenidze".

jahres, ausführlich über den Angriff, die Zerstörungen, Aufräumarbeiten und Trauerfeierlichkeiten. Und in vielen Todesanzeigen standen nun die Worte „Luftangriff" und „Terror-Bombardement".[77] Keine vier Wochen später bekamen diese Begriffe eine neue Bedeutung.

Der 13. Februar 1945 – das rote Leuchten

Im Januar 1945 erreichte der Krieg das Gebiet des Deutschen Reiches. Im Westen hatten die alliierten Bodentruppen die Ardennenoffensive der Wehrmacht abwehren können und standen mit starken Verbänden an der Reichsgrenze. Im Osten drang die Rote Armee am 12. Januar über die Weichsel vor und eroberte in kurzer Zeit Ostpreußen und Schlesien. Anfang Februar näherte sie sich Frankfurt an der Oder und Breslau und trieb gewaltige Menschenmassen vor sich her:

Millionen Deutsche aus den Ostgebieten waren auf der Flucht. Zu Fuß oder mit Pferdefuhrwerken strömten sie nach Westen, oft angetrieben von blanker Panik. Nachrichten von zahllosen Vergewaltigungen und Morden an der Zivilbevölkerung machten die Runde. Viele Rotarmisten rächten sich auf diese Weise an den Deutschen, deren Soldaten und Sonderkommandos ihr Land zuvor verwüstet und zahllose Zivilisten ermordet hatten. Die beiden Hauptziele der Flüchtenden hießen Berlin und Sachsen.

Das vermeintlich sichere Sachsen war das größte Auffanggebiet für Flüchtlinge in ganz Deutschland mit einer errechneten Kapazität von 1 260 000 Menschen.[78] Auch in Dresden war das Zusammenleben mit Bombenopfern längst nichts Ungewöhnliches mehr. Seit Jahren wohnten hier Umquartierte und Ausgebombte, und jede Woche kamen neue dazu. Die meisten stammten aus dem Köln-Aachener Raum, dem Weser-Ems-Land und Bremen[79], außerdem aus dem Ruhrgebiet, Hamburg und Berlin. Obwohl die Behörden

Dresden im Dezember 1944 zum Zuzugssperrgebiet erklärt und alles getan hatten, um die Überfüllung der Stadt zu verhindern, befanden sich wahrscheinlich ständig einige zehntausend Menschen zusätzlich in Dresden.[80]

Diese Zahl schwoll nun, durch immer neue Flüchtlinge aus dem Osten, noch einmal gewaltig an. Nach all den Zerstörungen, die sie erfahren hatten, muss ihnen die nahezu unversehrte Stadt wie ein Paradies erschienen sein, wie eine Insel des Friedens, auf der sie Verpflegung, Obdach und Hilfe zu finden hofften. Unter den Menschen, die in jenen Tagen nach Dresden kamen, war der damals achtjährige Günter Blobel, mit seiner Familie auf der Flucht aus Schlesien. „Mir kam alles wie im Märchen vor", erinnert sich Blobel. „Die Panther-Quadriga auf der Oper, die vielen Statuen auf den Balustraden der Hofkirche, der Schlossturm und das Schloss. Wir gingen kurz in den Zwingerhof mit den vielen Putten und dem herrlichen Kronentor: Es war das Heiter-Schönste, was man sich nur vorstellen konnte. Ich war überwältigt und wollte am liebsten bleiben."[81]

Den jetzigen Massenandrang von Flüchtlingen aber hätte die Stadt dauerhaft gar nicht bewältigt, sie weder unterbringen noch ernähren können. Die Behörden kümmerten sich so gut es ging um sie und versuchten dennoch weiterhin, die nun Heimatlosen so schnell wie möglich wieder aus der Stadt zu schaffen. Tatsächlich hielten sich viele von ihnen nur kurz hier auf, erholten und verpflegten sich und zogen dann weiter, wie die Familie Blobel. Andere blieben in ihren Notunterkünften, in Schulen, Gaststätten, Turnhallen, und suchten bei Fliegeralarm gemeinsam mit den Einwohnern die Luftschutzräume auf. Täglich trafen neue Trecks in der Stadt ein. Anfang Februar hielten sich möglicherweise bis zu 100 000 Flüchtlinge in der Stadt und ihren Vororten auf. Dresdens Einwohnerzahl dürfte dadurch, gemessen an der Ende 1944 ermittelten Zahl von 567 000[82], auf nunmehr weit über 600 000 angewachsen sein, vielleicht sogar auf 650 000 – genau lässt sich dies nicht mehr ermitteln.

Unterdessen hatten die britischen und US-Luftflotten zur Operation „Donnerschlag" ausgeholt und eine Serie von Großangriffen auf Industrieziele in Deutschland – hauptsächlich Öl-Anlagen – und Städte gestartet. Das Ziel lautete: Truppenbewegungen der Wehrmacht behindern oder unterbinden sowie den eigenen Vormarsch und den der Roten Armee unterstützen.[83] So geschah es. Seit dem 1. Februar flogen die Bomber der Royal Air Force und der Amerikaner massive Angriffe, vor allem gegen Berlin, Essen und Magdeburg. Zum

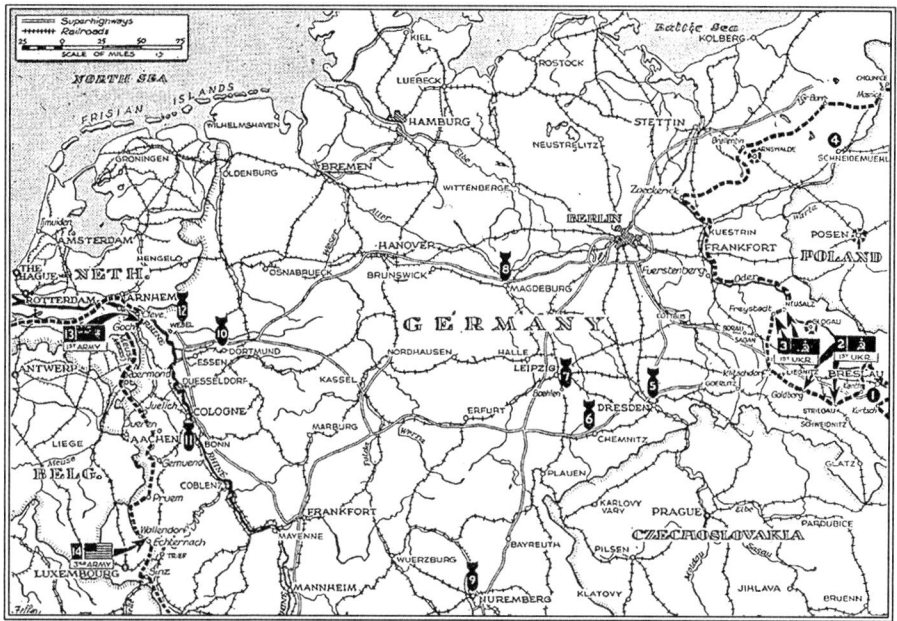

Soviet troops on the eastern front were reported by the Germans to have closed the ring around Breslau (1). A new surge carried the Russians to Striegau and Goldberg (2) and to Freystadt and Neusalz (3). Encircled Schneidemuehl (4) was finally captured. Allied fliers, striking the foe in the path of the Red Army, dealt three smashing blows to Dresden (5) and another to Chemnitz (6). Other points bombed were Boehlen (7), Magdeburg (8) and Nuremberg (9). In support of the Allied forces in the west fliers blasted Dortmund (10), Bonn (11) and Wesel (12), which is in the path of the Canadian First Army (13). This army continued its advances beyond Cleve (detailed map, Page 2). Americans advanced in the Wallendorf-Echternach sector (14).

ersten Mal wurde nun auch Dresden Hauptziel einer kombinierten Attacke beider Verbündeter – und war damit als „Opfer" eines Flächenbombardements der RAF vorgesehen.

Mochten die Dresdner auch ahnungslos gewesen sein; die sächsische Gauleitung war es nicht. Nach dem Krieg gab ein enger Mitarbeiter Martin Mutschmanns beim Verhör zu: „Ja, sie hat gewusst, dass wir mit einem schweren Angriff rechnen mussten ... Damit haben ja alle parteilichen Stellen gerechnet, im Gegensatz zur Bevölkerung, wo bei einem ganzen Teil die Meinung bestand, dass Dresden verschont wird."[84] Man ließ sie in dem Glauben.

Nach der ursprünglichen Planung sollte am Mittag des 13. Februar die 8. US-Luftflotte einen Präzisionsangriff auf militärische Ziele fliegen – hauptsächlich die Gleisanlagen des Bahnhofs Friedrichstadt – und am Abend die Royal Air Force einen Flächenangriff in zwei Wellen auf das Stadtzentrum.[85] Doch die meteorologischen Bedingungen über dem Zielgebiet waren am Vormittag des 13. so schlecht, dass der amerikanische „raid" auf den folgenden Tag verschoben wurde – und Dresden eine Gnadenfrist von wenigen Stunden bekam.

An dieser Stelle seien einige Bemerkungen zur bis heute lebendigen „Tradition" erlaubt, die Luftoffensive der Alliierten im Februar 1945 als verbrecherisch und sinnlos zu bewerten,

Diese Karte aus der New York Times zeigt den Frontverlauf Anfang 1945 und die ausgeführten Bombenangriffe auf deutsche Städte. Die „three smashing Blows" auf Dresden sind entsprechend gekennzeichnet – durch ein Bombensymbol.

Millionen Menschen sind wie die Mitglieder dieses Trecks, der durch die Lausitz zieht, auf der Flucht vor der Roten Armee aus den deutschen Ostgebieten. Viele begeben sich ins vermeintlich bombensichere Sachsen, Zehntausende allein in die Landeshauptstadt.

da Deutschland den Krieg doch schon so gut wie verloren hatte. Letzteres ist im Rückblick sicher richtig. Nur teilte die Reichsregierung diese Meinung mitnichten. Sie gab stattdessen immer lautere Durchhalteparolen aus und schwadronierte weiter von Kriegswende und „Endsieg" durch den Einsatz neuer Wunderwaffen. Folgsam kämpften an allen Fronten noch mehrere Millionen deutscher Soldaten und fügten ihren Gegnern empfindliche Verluste zu. Immer wieder kam es zu kürzeren Gegenstößen, wurden von den Alliierten bereits eroberte Orte wieder „befreit", um kurz darauf noch einmal erobert zu werden – wahrlich und unzweifelhaft sinnlose Aktionen, die den Krieg nur verzögerten und die Opferzahlen auf beiden Seiten unnötig erhöhten.

Aus Berichten alliierter Soldaten spricht häufig die reine Fassungslosigkeit, weil die Deutschen noch in aussichtslosesten Situation lieber bis zum letzten Mann kämpften, statt sich zu ergeben. Niemand in ihren Reihen zweifelte daran, dass Deutschland den Krieg so gut wie verloren hatte. Aber wann

es soweit sein würde und wie viele Menschen bis dahin sterben mussten, das konnte niemand wissen.

Die Deutschen taten jedenfalls alles dafür, dass der Krieg möglichst lange dauerte und möglichst viele Opfer forderte. Bis in den März 1945 wurden auch mit den V2-„Vergeltungswaffen" Terror-Angriffe auf London unternommen – noch einen Monat nach den verheerenden Bombardements auf Dresden am 13. und 14. Februar. Und wer sich heute wundert, warum die Alliierten ihren Endkampf bis zuletzt mit großer Entschiedenheit und unter Einsatz aller Mittel führten, sollte zugleich bedenken: Unmittelbar vor Beginn der Februar-Luftoffensive, am 27. Januar, hatte die Rote Armee mit Auschwitz das größte und schrecklichste Konzentrationslager befreit. Mit einem Mal wurde auch den Gegnern Deutschlands der tatsächliche Umfang jener beispiellosen Maschinerie zur Vernichtung unschuldiger Menschen offenbar, die das „Dritte Reich" in Gang gesetzt hatte. Doch zurück zu jenem Tag, zu den letzten Stunden vor dem Angriff.

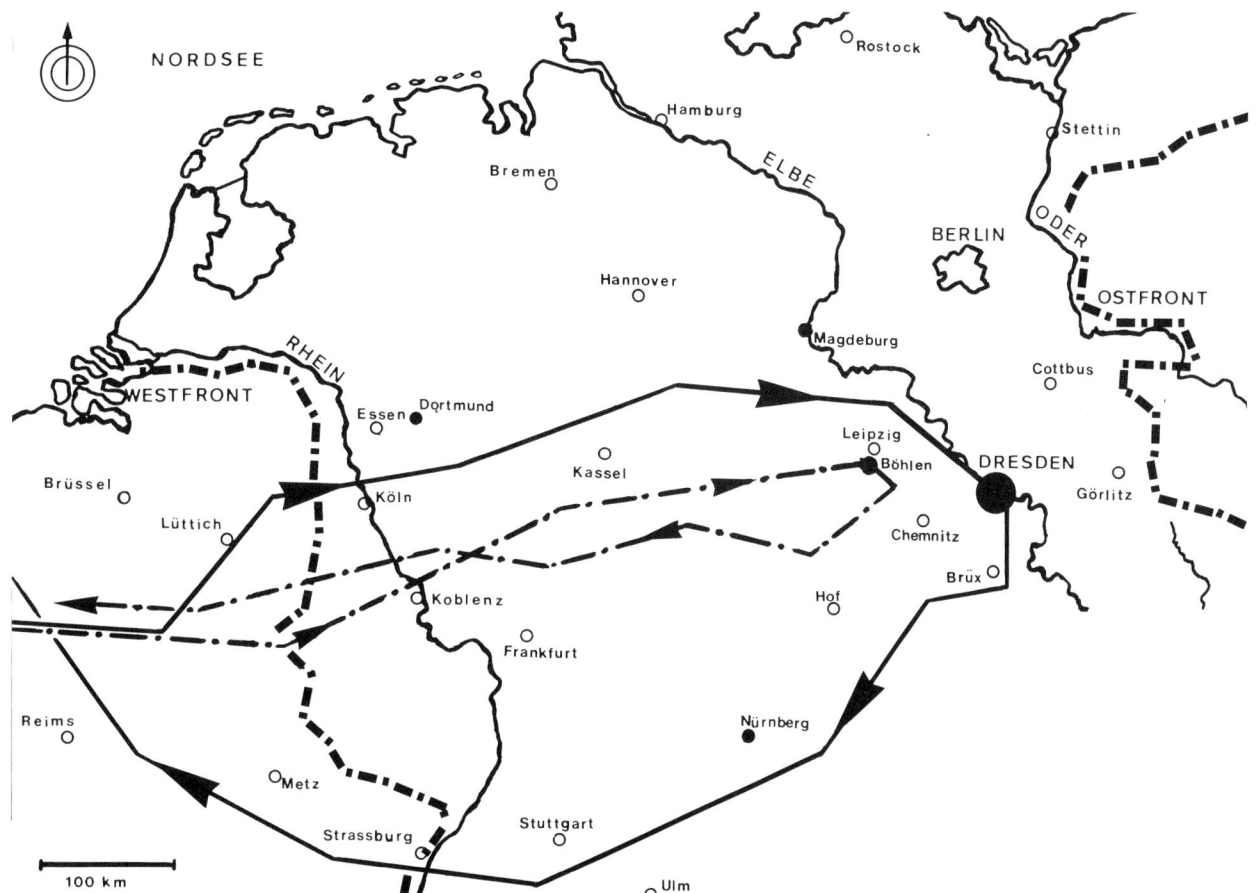

Die Anflugroute der britischen Bomberverbände (durchgezogene Linie) bei ihren Angriffen am 13. und 14. Februar 1945 auf Dresden.

Der 13. Februar 1945 begann wie jeder andere in diesen Wochen auch und war doch etwas Besonderes. Dresden lag weitgehend unzerstört im Elbtal, und heute konnten sich die Bewohner an schon beinahe frühlingshaften Temperaturen erfreuen. Außerdem war Faschingsdienstag, überall liefen bis in die Dämmerung hinein verkleidete und bunt bemalte Kinder durch die Straßen.[86] Sie spielten, sie bettelten bei Nachbarn um Obst und Süßigkeiten, die selten geworden waren. Manch Erwachsener freute sich auf einen ausgelassenen Abend, eine Komödie im Kino oder auf eine der wenigen Tanzvergnügungen, die zu besonderen Gelegenheiten noch in einigen Gaststätten erlaubt waren.

Der Zirkus Sarrasani am Carolaplatz wurde am Abend geradezu bestürmt von Menschen, die bei Akrobatik, Tierdressur und Clownerie den Krieg für zwei Stunden vergessen wollten. Während der zweiten Programmhälfte, um 21.39 Uhr, heulten die Sirenen los. Die Zirkusleitung unterbrach die gerade laufende Nummer mit Clown Pietro und seinem unreitbaren Esel. Ruhig und besonnen suchte das Publikum, wie so oft bei den beinahe regelmäßigen Alarmen, die Schutzräume auf.[87]

Bereits am späten Nachmittag waren von den britischen Flugplätzen in zwei Wellen insgesamt 805 viermotorige Lancaster der 5. Bomberflotte sowie mehrere der schnellen zweimotorigen Mosquitos in Richtung Dresden gestartet. Weitere Maschinen nahmen Kurs auf andere Ziele. Sie sollten Täuschungs- und Störangriffe unternehmen und warfen bündelweise Stanniolstreifen ab. Dadurch verwirrten sie Radar und Luftabwehr der Deutschen und verschleierten ihr Hauptziel möglichst lange – eine bewährte und erprobte Taktik. Auch die übrigen Verbände erledigten an diesem Abend einen Auftrag, wie sie ihn oft ausgeführt hatten und mit eingeübter Präzision auszuführen wussten. Wie ein Uhrwerk lief ihr Angriff ab, der dieses Mal durch nichts aufgehalten oder gestört wurde. Nicht von schlechtem Wetter, weder durch Attacken deutscher Jäger noch den Beschuss von Flugabwehrgeschüt-

Maurice Smith (r.) mit Navigator vor seiner Mosquito. Smith ist der Masterbomber der ersten Bomberwelle auf Dresden, ihr Dirigent.

sanken langsam zu Boden. Binnen Sekunden, um 22.03 Uhr, war die Altstadt erleuchtet wie ein Festplatz.

Erst drei Minuten später schaltete sich die örtliche Luftschutzleitung über Drahtfunk in die Radioprogramme ein und mahnte die Dresdner zur Eile – wie üblich bei diesem Warnverfahren sehr spät[88]: „Achtung, Achtung, Achtung! Die Spitzen der großen feindlichen Bomberverbände haben ihren Kurs geändert und befinden sich jetzt im Anflug auf das Stadtgebiet. Es ist mit Bombenabwürfen zu rechnen. Die Bevölkerung wird aufgefordert, sich sofort in die Schutzräume zu begeben."[89] Es war die letzte Warnung.

Am Nachthimmel hatten nun auch die übrigen neun Mosquitos, die „Pfadfinder", ihren Job begonnen. Sie zischten im Tiefflug heran und markierten das Fußballstadion mit einer Vielzahl roter Leuchtkörper. Die meisten trafen genau ins Ziel und verwandelten das Ostra-Gehege in eine weithin sichtbare rot beschienene Fläche – der Richtpunkt für die herandröhnenden Bomber. Maurice Smith kreiste mit seiner Mosquito in 1000 Metern Höhe und gab um 22.11 Uhr über Sprechfunk durch: „Masterbomber an Plate-Rack-Verband: Beginnen Sie mit dem Angriff und bombardieren Sie das rote Leuchten der Zielmarkierer wie geplant. Bombardieren sie das Leuchten der roten Zielmarkierer wie geplant."[90] Plate-Rack, so lautete der Codename für die 243 Lancaster der ersten Angriffswelle. Zwei Minuten darauf waren sie über der Stadt.

Das Bombardement war dank der nahezu perfekten Verhältnisse für einen Angriff so präzise wie die Markierungen und traf aus niedriger Höhe – mit den üblichen Streuungen – nach Plan das auf den Bordkarten genau abgezirkelte Gebiet, das einem Viertelkreis glich: Vom Ostra-Gehege ausgehend, verlief die nördliche Linie über etwas mehr als 2 Kilometer nach Osten, streifte die Neustädter Elbseite und endete am südlichen Elbufer zwischen Carola- und Albertbrücke. Die östliche Begrenzung war ein Halbkreis nach Süden, der sich am Rathaus vorbei spannte, die Prager Straße kreuzte und an der Falkenbrücke endete. Die südwestliche Begrenzung verlief von dort aus über den Wettiner Platz und die Freiberger Straße zurück zum Ostra-Gehege.[91] Keiner der 18 Dresdner Bahnhöfe lag innerhalb dieses Gebiets, keines jener militärischen Ziele, von denen bei der Einweisung der Piloten vor dem Start die Rede gewesen war.[92] Dafür aber wichtige Zentren der politischen und militärischen Administration wie die Gauleitung im Ständehaus, die Luftschutzzentrale im Albertinum, die Wehrmachtskommandantur im Taschenbergpalais. Vor allem aber sollte sich auch dieser Schlag gegen Zivilisten

zen. Die Stadt hatte, wenn man es so sehen will, keine Chance. Noch während die Menschen ihre Keller und die wenigen wirklichen Schutzräume aufsuchten, erschien die erste britische Maschine über Dresden.

Es war die Mosquito von Masterbomber Maurice Smith, dem wichtigsten Mann bei diesem Angriff, sein Dirigent. Smith musste dafür sorgen, dass die Leuchtmarkierungen genau gesetzt wurden, nach denen sich die Bomber richten konnten. Danach oblag es ihm, die Bombenwürfe und ihre Auswirkungen zu beobachten und gegebenenfalls Korrekturen durchzugeben. Sein Zielpunkt: das Fußballstadion des Dresdner Sportclubs im Ostra-Gehege westlich der Altstadt. Smith stellte fest, dass vom Boden aus keine Gefahr durch Beschuss drohte und befahl den Bombern, von 6700 auf 3000 Meter Höhe hinunterzugehen. Die Sicht war gut. Der Masterbomber hatte keine Schwierigkeiten, das Areal des Ostra-Geheges auszumachen, und dirigierte die Erstmarkierer und Beleuchter herbei. Als solche fungierten einige Viermotorige mit grünen Markierungs-Bomben und Leuchtkörpern an Bord, den „Christbäumen". Die warfen sie ab, ihre Fallschirme öffneten sich, weiße Magnesiumflammen glühten auf und

richten. Ein Flächenbombardement war geplant und wurde exekutiert, ein weiterer Akt des „moral bombing".

Binnen einer guten Viertelstunde fielen über 880 Tonnen Spreng- und Brandbomben auf Dresden, darunter 172 schwere Luftminen oder „Wohnblock-Knacker". So nannten die Briten jene Monster, die beim Aufschlag durch den enormen Luftdruck Dächer abdecken und mehrere Häuser „umlegen" konnten und einen immensen Explosionspilz verursachten. Vielerorts kam es zur gewünschten Kombinationswirkung: Sprengbomben durchschlugen Dächer und Zwischendecken, ließen Türen sowie Fenster bersten und bereiteten damit das Terrain für die Brandbomben, deren Feuer sich so schneller ausbreiten konnten. Dabei handelte es sich um Bündel von achteckigen Stäben zu vier Pfund Gewicht, gefüllt mit 17 Thermit-Pillen. Die Bündel lösten sich nach dem Abwurf auf, die Stäbe trudelten zu Boden, beim Aufschlag entzündeten sich die Pillen und verwandelten die Hülle in eine weiß glühende Masse. Nach wenigen Minuten war die Brandmasse der Bombe verbraucht. Bis dahin musste das Feuer andere Nahrung gefunden haben. Davon gab es reichlich: Schränke, Tische, Betten, Kleidung, Vorhänge. Die eigentliche Nahrung der Flammen war die Stadt selbst.

Als der letzte Bomber um 22.28 Uhr den Rückflug mit einer weiten Südkurve begann, glich das Zentrum von Dresden einem einzigen Brandherd. „Gute Arbeit, Plate-Rack-Verband", funkte der immer noch über der Stadt kreisende Masterbomber Maurice Smith den Lancastern hinterher, „ein gutes Bombardement".[93] Aus seiner Sicht war es das tatsächlich: Überall loderte es, waren Häuser vernichtet oder brachen zusammen, hatte es Straßen zerfurcht, durchlöchert, aufgerissen. Vor allem im Kernziel, der Altstadt, aber auch in der Neustadt, in Johannstadt, in Striesen und anderen Stadtteilen. Noch etwas war den Bombern, wie beabsichtigt, auch gelungen: Sie hatten, wie in Lübeck, Rostock, Hamburg, Kassel sowie Darmstadt – und nicht nur dort – den Feuersturm entfesselt. Beim Angriff auf Darmstadt, der „Generalprobe" für Dresden, war das Zielgebiet auf den Bordkarten ebenfalls als Viertelkreis-Dreieck gekennzeichnet.

Einen solchen glühenden Moloch der Vernichtung konnten die Bomber nur auslösen, wenn es ihnen gelang, möglichst viele Brände in einem dicht bebauten Gebiet zu entfachen, dessen Häuser zum großen Teil aus Holz bestanden. Unter günstigen Bedingungen – und in Dresden herrschten an jenem Abend solche – weiteten sich einzelne Feuerherde zum tosenden und mörderischen Flächenbrand aus. General Hans

Kurz vor dem Angriff flammen um 22.03 Uhr am Himmel – hier über der Christuskirche in Strehlen – erste Leuchtkörper zur Zielmarkierung auf, die „Christbäume".

Rumpf, damals Generalinspekteur der Feuerpolizei, berichtete, was geschah: „Die erhitzte Atmosphäre schießt wie in einem Riesenkamin nach oben, die längs des Erdbodens angesaugte und nachstürzende Frischluft erzeugt einen Orkan, der wiederum auf weithin die kleineren Brände anfacht und in seinen Bann zieht."[94]

Aber der Sturm tobte nicht überall. Selbst in der schwer getroffenen Altstadt gab es noch intakte Gebiete, begehbare Straßen. Auf ihnen erschienen nun, mitten im Chaos aus Feuer und Rauch und Trümmern und Toten, völlig geschockte Menschen. Sie traten aus den Kellern ins Freie, fassungslos, entsetzt, verstört, panisch. Sie taumelten oder rannten los, um der brennenden Innenstadt und dem Inferno zu entkommen. Doch zahllose blieben unter Tage, teils aus Gehorsam – das Verlassen der Luftschutzräume vor dem Entwarnungssignal war bei Strafe verboten[95] – und teils, weil sie sich ohnehin nicht nach draußen trauten. Sie dachten auch daran, was ihnen die Presse so oft verkündet hatte: Der Luftschutzkeller ist der sicherste Ort. In Wahrheit sollten gerade die unzureichend ausgebauten und präparierten Keller zu Todesfallen werden.

Schlimmste, die Bomben der zweiten Welle, stand Dresden noch bevor. Und das britische Bomber Command hatte auch den Tod möglichst vieler Rettungskräfte einkalkuliert, genauer: geplant. Denn die zweite Attacke sollte die Menschen am Boden treffen, während sie mit dem Löschen der Brände des ersten Angriffs beschäftigt waren.[96]

Die Nacht vom 13. zum 14. Februar – im Feuersturm

Was sich während und nach dem ersten Angriff im Inferno Dresdens abspielte, lässt sich schwer in Worte fassen. Doch es existiert darüber – neben den Schilderungen ziviler Zeitzeugen, von denen in diesem Buch viele dokumentiert sind – ein bemerkenswerter Bericht: die Aufzeichnungen von Alfred Birke, einem Luftschutzpolizisten, der in der Nacht Dienst hatte und sich dabei quer durch die Innenstadt vorarbeiten musste. Seine ausführlichen und präzisen Notate liefern eindrückliche Bilder jener Stunden.

Alfred Birke gehörte einer örtlichen Luftschutzeinheit an, die in ihrem Nachtquartier, der Zoo-Gaststätte am Rande des Großen Gartens, vom ersten Angriff überrascht wurde. Als die Bomben fielen, flüchtete er sich mit den Kameraden in einen primitiven überdachten Splitterschutzgraben. Nach einer Viertelstunde drehten die Bomber ab. Birke trat aus dem Unterstand in das Inferno hinaus. Er berichtet: „In der Zoo-Einfahrt sehe ich einen Pkw. Neben ihm ratlos, am ganzen Leib zitternd, einen Kameraden. Er sagt mir, daß er Befehl habe, zur örtlichen Luftschutzleitung im Albertinum zu fahren, aber das sei ihm unmöglich, er sei mit den Nerven am Ende. Er bittet mich, den Auftrag zu übernehmen ... Das Auto ist ein alter Adler, zum Glück im Chassis hoch gebaut. Ich schließe die Fenster und fahre los.

Nach hundert Metern versperren Bombentrichter, quer über die Straße liegende Bäume, Straßenlaternen und Oberleitungsdrähte den Weg. Die Villen an der Bürgerwiese brennen bereits bis ins Erdgeschoß. So komme ich nicht weiter –– aber ich muß hier durch, wenn ich zum Albertinum will. Ich biege in die Anlagen der Bürgerwiese ein, fahre auf Parkwegen und auf dem Rasen, erkenne einen Teich zu spät, der Wagen kippt nach vorn, im letzten Augenblick kann ich ihn abfangen. Im Schein des Feuers, behindert durch die in Rot getauchten Qualmwolken, erreiche ich den Georgplatz. Flammen schlagen aus den geschlossenen Häuserfronten, aus der

Das Zielgebiet, die Innenstadt, ist auf diesem Luftbild für die britischen Bomberpiloten genau abgesteckt und in Form eines Viertelkreises weiß umrandet. Kein einziger Bahnhof liegt innerhalb der Markierung.

Die Flüchtenden bewegten sich in alle Richtungen, meist ziel- und planlos, sie wollten nur raus aus diesem Chaos, dorthin, wo die Flammen noch nicht waren. Tausende aber eilten in die vorgesehenen Auffangräume, die Elbwiesen und den Großen Garten südöstlich der Altstadt, in vermeintliche Sicherheit. Zwischen den Fliehenden und den Toten nahmen die überlebenden Feuerwehrmänner trotz des heillosen Durcheinanders und der bald offenkundigen Aussichtslosigkeit ihrer Mühen mit dem wenigen verbliebenen Lösch- und Bergungsgerät den Kampf gegen das Feuer auf.

Hilfe war unterwegs: Vom weithin sichtbaren Feuerschein alarmiert, eilten Wehren aus dem Umland nach Dresden. Die ersten trafen ab ein Uhr nachts, anderthalb Stunden nach dem Angriff, allmählich ein. Sie wollten fremde Leben retten und verloren stattdessen oft ihr eigenes. Denn das

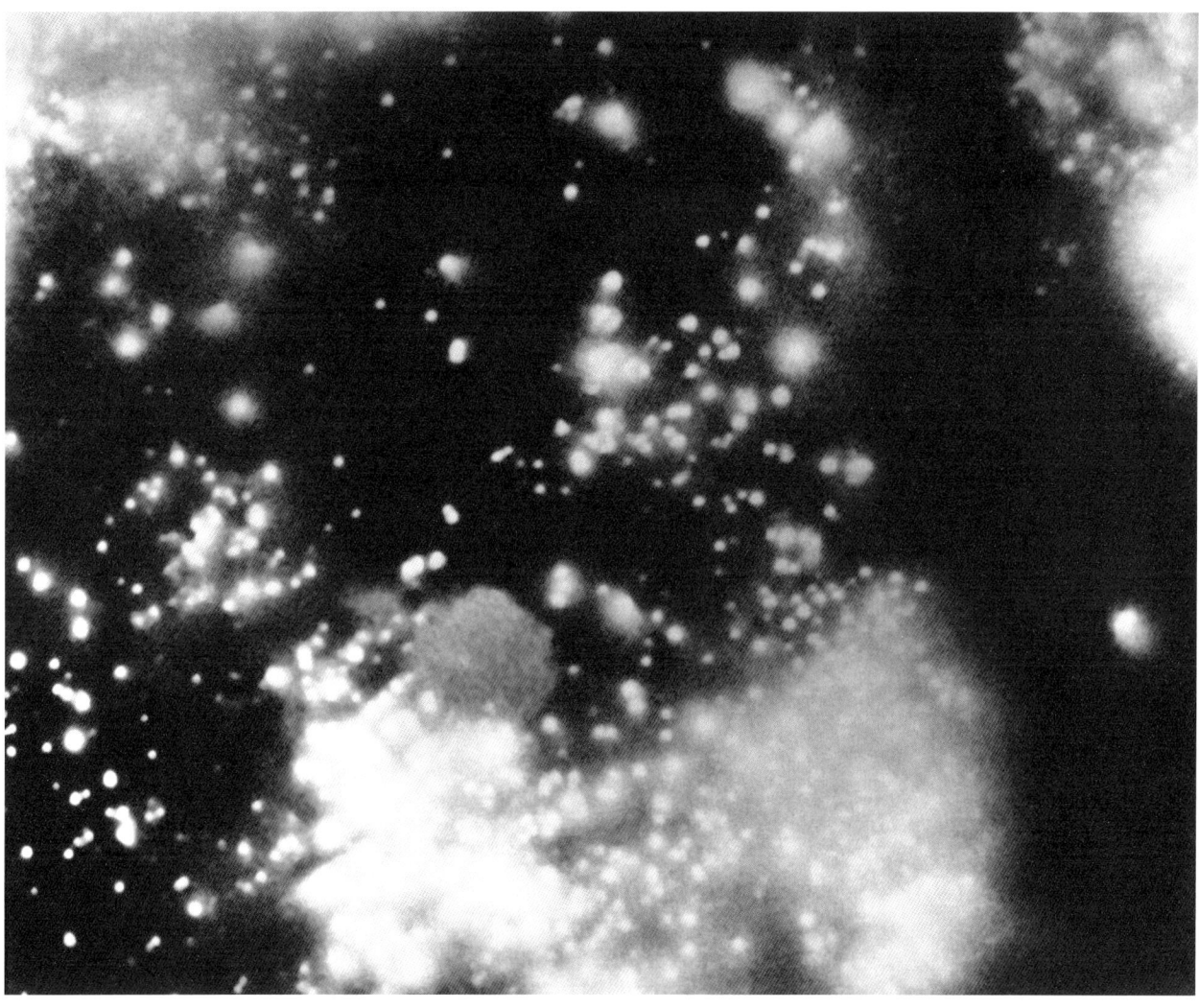

Die Bomber der ersten britischen Angriffswelle werfen ihre tödliche Last ab. Die Innenstadt verwandelt sich in ein Inferno aus Explosionen und Bränden.

Kreuzschule, der Waisenhausstraße. Im Schrittempo steuere ich den Adler in die breite Ringstraße. Plötzlich packt den Wagen ein unheimlicher Sog, der glühende Holzteile, Papierfetzen, Funken in Richtung Elbe wirbelt. Ich bleibe im ersten Gang; denn sobald ich die Kupplung löse, schiebt dieser unheimliche Sturm den Wagen mit Urgewalt vorwärts und er treibt dahin, reagiert nicht auf die Lenkung. Ich muß mich in der Mitte der Straße halten, um nicht von abbröckelnden Häuserwänden verschüttet zu werden. Nicht ein lebendes Wesen, dem ich begegne. Am Pirnaischen Platz liegen drei nackte Leichen, eine Frau und zwei Kinder. Ich passe auf, will sie nicht überfahren. Endlich lichtet sich der Rauch ein wenig, die Feuersbrunst tritt zurück. Das Viertel hinter der Frauenkirche ist nicht so sehr in Mitleidenschaft gezogen. Noch wenige Meter, und ich stelle den Wagen an der Längsfront

des Albertinums ab. Unweit des Eingangs parken noch fünfzehn andere Pkw."[97]

Birke ging ins Albertinum, um sich im Tiefkeller bei seinem vorgesetzten Polizeimajor zu melden. Hier fühlte er sich sicher, in den meterdicken Mauern des soliden Gewölbes, das Zuflucht bot für die Prominenz von Partei, Wehrmacht und Behörden. Es war Sitz der Zentralstelle des Luftschutzes, der Örtlichen Luftschutzleitung. Man empfing ihn nicht eben freundlich. Die Luftschutzleitung hatte keine Ahnung, wie es oben aussah. Birke erzählte, dass draußen die Hölle los sei. Die Luftschutz-Polizei habe alles verloren, der gesamte Wagenpark sei verbrannt.

„Meine Darlegungen im Kreise der hohen Herren hinterlassen einen nachhaltigen Eindruck. Noch höre ich die Worte des Polizeimajors: ‚Birke, das ist das Ende.' Ich hätte am liebs-

In der Innenstadt vereinigen sich mehrere Großbrände zum alles vernichtenden Feuersturm.

ten mit einem kräftigen Ja geantwortet, beschränkte mich jedoch auf ein Achselzucken. Warten Sie im Nebenraum, sagte man mir."[98] Dort erfuhr Birke, dass alle Telefonverbindungen unterbrochen waren, bis auf eine. Über sie kam bald darauf die Nachricht vom neuen Angriff.

Während die Wehren aus dem Umland nach Dresden eilten, befand sich die zweite Welle mit 529 Lancaster-Bombern bereits im Anflug. Das Ziel zu finden war nicht schwer. Dresden hatte sich in ein einziges weithin sichtbares Leuchtfeuer verwandelt, es war nun selbst zum roten Leuchten geworden. Als die Luftschutzleitung erfuhr, dass sich ein neuer Bomberverband näherte, löste sie um 1.07 Uhr Fliegeralarm aus. Doch in der Innenstadt war der Strom während des ersten Angriffs ausgefallen, mit ihm die Sirenen.[99] Die Alarmsignale aus den anderen Stadtvierteln und Vororten dürfte man im Zentrum kaum vernommen haben, zu laut brüllte hier der Feuersturm. Vereinzelte Luftschutztrupps fuhren mit handbetriebenen Kurbel-Sirenen herum[100], die jedoch viel leiser waren als die elektrischen. Praktisch ertönte keine Warnung

in der Altstadt. Die Menschen in den engen Straßen flohen – oder löschten weiter. Bis es zu spät war: Um 1.28 Uhr erschien die Masterbomber-Mosquito von Peter de Wesselow über der Stadt. Der Pilot musste die Zerstörungen abschätzen und über das weitere Vorgehen entscheiden. Sollte auch die zweite Bomber-Welle ihre Fracht in das Hauptziel werfen, die lodernde Altstadt, um den Feuersturm zu vollenden und dem Gebiet den Rest zu geben? Oder sollte er das Zielgebiet ausdehnen? Der Altmarkt war in Feuer und Rauch verborgen, daher nicht eindeutig auszumachen. De Wesselow befahl die Ausweitung – und besiegelte damit das Schicksal der Stadt. Bislang hatte es nur ihr Kerngebiet wirklich schwer getroffen. Nun aber sollte sich der Angriff zum größten und zerstörerischsten konventionellen Flächenbombardement des Zweiten Weltkriegs ausweiten. – und Dresden auch darin einmalig machen.

Ab 1.30 Uhr leerten die Lancaster ihre Schächte. Wieder waren sie dabei ungestört. Auf dem Flugplatz Klotzsche saßen die Piloten in ihren 18 zweimotorigen Messerschmitt-Nacht-

jägern. Beim ersten Angriff waren sie zu spät alarmiert worden und hatten die Angriffshöhe von knapp 4000 Metern erst erreicht, als die Bomber bereits wieder abgedreht hatten. Eine Maschine war bei der Landung von der eigenen leichten Flughafen-Flak irrtümlich abgeschossen worden. Nun aber stiegen sie gar nicht erst auf.[101] Der Flughafenkommandant gab später an, die Verbindungen nach Berlin seien unterbrochen gewesen, er habe daher keine Freigabe für den Start einholen können. Gleichwohl hätten die zweisitzigen Me-110 kaum etwas ausrichten können gegen die vielen britischen Jäger, die die Bomber schützten. Nur sechs Viermotorige stürzten in dieser Nacht ab, Teile einer Lancaster zerschellten auf dem Albertplatz. Sie wurden wahrscheinlich alle von Bomben aus über ihnen fliegenden Maschinen getroffen.

Deren tödliche Fracht fiel in die Altstadt und nun auch weit darüber hinaus: auf die Friedrichstadt, Löbtau, auf die Johannstadt und Striesen, wo besonders große Brände ausbrachen, auf die Südvorstadt, Strehlen, Gruna und Reick. In die elbaufwärts gelegenen Villenviertel Blasewitz und

Loschwitz schlugen ganze Bombenreihen, ebenso in die dazwischen liegenden Grünflächen, die Elbwiesen und den Großen Garten, die Auffangräume, in die sich mehrere tausend Überlebende des ersten Angriffs geflüchtet hatten. Jetzt wurden auch diese vermeintlichen Zufluchtsorte zu Stätten des Todes, krepierten mitten unter den dort versammelten Menschen Brand- und Sprengkörper.

Zur gleichen Zeit bat ein Offizier im Albertinum den Luftschutzpolizisten Alfred Birke um Hilfe: „Ich werde einem Major vorgestellt, der vor einer Stunde hier eintraf. Seine vier motorisierten Hilfs- und Sanitätsbereitschaften warten, von Frankenberg kommend, auf der Autobahn zwischen Dresden und Wilsdruff auf Einsatzbefehl. Der Wagen des Majors und die anderen Pkw sind vor dem Albertinum zerstört. Wenn mein Wagen noch in Ordnung ist, soll ich den Major und einen Feldwebel auf die Autobahn bringen und die einzelnen Züge an ihre Einsatzstellen lotsen ... Im Freien verschlägt es mir den Atem. Ringsum ein prasselndes, loderndes Flammenmeer, wir können uns kaum verständigen. Ich schreie nach dem Major, der einen Meter von mir entfernt ist, den ich aber in den erstickenden Rauchwolken nicht mehr sehen kann, ich fasse ihn am Ärmel und führe ihn zu meinem Wagen, der, es ist ein Wunder, unversehrt am Fuße des jetzt im Dachstuhl brennenden Albertinums steht. Schnell steigen wir ein, es fehlt an Sauerstoff, die Augen schmerzen. Der alte Adler springt tatsächlich treu und brav an, ich wende und fahre zur Carolabrücke. Elbaufwärts, elbabwärts Feuer und nochmals Feuer. Sogar die steinerne Albertbrücke rechter Hand scheint von Flammen umschlossen. Erschrocken sehe ich vor mir auf der Carolabrücke eine Frau, sie kniet und hebt flehend ihre Hände, vor ihr liegt ein Kind. Noch heute mache ich mir Vorwürfe, daß ich nicht, auch ohne Aufforderung des Majors, gehalten habe und die beiden einfach mitnahm. Aber ich war selbst zu verwirrt und mußte auf die herabhängenden Oberleitungsdrähte achten.

Auch die Neustädter Seite brennt. Wir sind im Feuerschein des Zirkus Sarrasani, als es unvermittelt dunkel um uns wird, ein ohrenbetäubendes Poltern und Knirschen, gleich wird es wieder hell. Neben uns schaukelt ein Teil der kupfernen Zirkuskuppel-Verkleidung. Glück gehabt. Das Ding aufs Dach, und unsere Fahrt wäre zu Ende gewesen." Birke lenkte das Auto um Trümmerberge herum oder über glühenden Schutt. Am Albertplatz, am Neustädter Bahnhof dann, wo es nur vereinzelt brannte, begegnete er hastenden, fliehenden Menschen. Die westlichen Viertel der Neustadt lagen im Dunkeln. Durch unzerstörte Straßenzüge fuhr er zur Autobahnauffahrt. Die Frankenberger Bereitschaften standen noch an Ort und Stelle. Birke stieg aus. Reine, frische, kalte Luft. Tief atmete er ein, ein vorübergehendes Schwindelgefühl und Schüttelfrost überkamen ihn. Von der Höhe überschaute er die weite Brandfläche. Seine Wohngegend, das konnte Birke erkennen, war außerhalb des Vernichtungsgürtels. Nach Hause durfte er nicht. Er hatte Befehl, bis zum Abrücken der letzten Bereitschaft auszuharren. Die Hilfszüge aus Frankenberg setzten sich in Richtung auf den Glutkessel in Bewegung. Tausende, Zehntausende eingeschlossener Menschen warteten in den Kellern auf Hilfe. Rund 1200 Männer der Luftschutz-Polizei waren jahrelang ausgebildet worden, ihnen diese Hilfe zu bringen. Sie hatten sich zur Bergung Verschütteter und zur Trümmerräumung bereit gehalten. Dazu die Feuerwehr, die Technische Nothilfe, die anderen Hilfskräfte. Und nun war alles zerschlagen. Ausgebombte, dem Feuersturm entronnen, irrten die Autobahn entlang. So weit aus der Stadt heraus waren sie geflohen, getrieben von der

Angst. Verstört, verzweifelt fragten sie um Rat. Doch wer konnte ihnen schon helfen?

Nach 45 Minuten kam der Major mit dem Feldwebel zurück. Man werde jetzt zum Adolf-Hitler-Platz fahren[102], dort wolle er die Einsatzmöglichkeiten erkunden. Birke schreibt: „Also auf ins Verderben. Zum Neustädter Bahnhof rollen wir glatt durch. Rechts ab zur Marienbrücke. Sie ist unbeschädigt, aber wieder überwältigt mich das Entsetzen über die zu beiden Seiten der Elbe brennende Stadt. Den Straßenbahnschienen folgend biege ich in die Ostra-Allee ein. Es gelingt, über Steinbrocken und glimmende Balken bis zum Zwinger vorzustoßen. Dicke, uralte Baumriesen versperren zersplittert die Straße. Reste eines verkohlten Lastwagens, Bombenkrater vor dem Schauspielhaus, im Zwingerwall. Ich kann nicht weiter. Wir steigen aus. Ich erkläre meinen Fahrgästen den Weg zum Adolf-Hitler-Platz. Sie sollen versuchen, am Zwingerteich vorbei durchzukommen. Ihr Ziel ist dort, wo hinter dem Zwinger aus dem Opernhaus die Flammen hoch zum Himmel schießen. Der Major sagt, ich solle ein paar Minuten warten, sie kämen gleich zurück. Die beiden verschwinden im dicken Qualm." Sie blieben verschwunden. Als die Soldaten nach einer halben Stunde immer noch nicht zurückgekehrt waren, verließ Alfred Birke die brennende Innenstadt. Er fuhr einen Bogen über den Süden, wollte sich wieder zur Luftschutzleitung im Albertinum durchkämpfen. Aber die Flammenwand hatte sich inzwischen geschlossen, sie war undurchdringlich geworden. Niemand kam hinein – und niemand hinaus.

In der Innenstadt ereichte der Feuersturm unbändige Kräfte. Eine große Menge Brandbomben, in die bereits ausgehöhlten Häuser geworfen, hatte den Orkan zusätzlich angefacht. Mit einer unglaublichen Geschwindigkeit und entsetzlichem Dröhnen jagten Feuerwirbel durch die Straßen, hoben Autos in die Luft, wirbelten Mauerstücke herum, trieben brennende Klumpen vor sich her, entwurzelten Bäume, rissen Laternen um, fraßen sich unaufhaltsam voran. Metall und Kunststoff verflüssigten sich, überall tropfte es herab, bildete brennende Lachen und ließ die angsterfüllten Menschen irrtümlich an Phosphor glauben. So groß war die Hitze, dass der Asphalt der Straßen schmolz und manch Fliehender darin stecken blieb. So intensiv die Sogwirkung des Orkans, dass andere regelrecht in die Flammen hineingezogen wurden.

In diesem Feuersturm, auch in seiner unmittelbaren Nähe, war das Überleben unmöglich. Es gab keine Luft zum Atmen. Nicht in den Straßen, nicht in den Kellern. Die Lohe fraß den Sauerstoff. Die meisten Toten dieses Angriffs wurden nicht verbrannt oder erschlagen. Sie sind, wie später im Laufe der Bergungsarbeiten klar wurde, unter Tage an Rauchvergiftungen gestorben oder erstickt.[103] Besonders verhängnisvoll wirkten sich die vielen neuen Durchbrüche zwischen den Kellern sowie das Tunnelsystem unter der Altstadt aus. Bei einem normalen Bombardement hätten sich dadurch viele Menschen retten können, nicht jedoch im Feuersturm: Durch die Löcher und Gänge konnten sich Hitze und Qualm rasch im ganzen System ausbreiten – und das Feuer den Sauerstoff daraus absaugen. Für manchen Eingeschlossenen aber wird der relativ sanfte Erstickungstod eine Gnade gewesen sein. Viele schliefen einfach ein, und wachten nicht mehr auf.

Wie viele Tote allein der zweite Angriff forderte, kann nicht mehr ermittelt werden. Doch dieser hatte – neben Wohn- und Verwaltungsgebäuden, Kirchen, Krankenhäusern und Schulen – auch militärische Ziele getroffen. Industrieanlagen waren zerstört, die Gebäude des Hauptbahnhofs Fakkeln, seine Keller und Stollen Massengräber. Die Semperoper brannte, ebenso das Schauspielhaus. Vom Schloss standen nur noch Reste. Das Dach der Hofkirche war eingestürzt, die Gemäldegalerie schwer getroffen, im Zwinger klafften breite Breschen. Insgesamt knapp 1500 Tonnen Spreng- und 1200 Tonnen Brandbomben hatten das Gesicht der weltberühmten Kulturstadt unkenntlich gemacht. Am Morgen fiel der legendäre „Canaletto-Blick" vom gegenüberliegenden Elbufer auf ein qualmendes Etwas, das eher dem biblischen Gomorrha geglichen haben mag als dem, was der Maler Bernardo Bellotto vor 200 Jahren in mehreren Gemälden verewigt hatte.

Der Mittag des 14. Februar – Tod und Flucht

Als die Sonne am 14. Februar über Dresden aufging, beschien sie eine Wolkendecke. Sie verbarg unter sich einen Ort des Todes, der Verwüstung, aber auch des Lebens, das weiterging, weitergehen musste. Überall in der Stadt war Bewegung. Viele Menschen, die die Nacht in der Innenstadt überlebt hatten, verließen das zerstörte Zentrum, darunter Victor Klemperer. Ihnen boten sich Bilder des Grauens: „Wir gingen langsam, denn ich trug nun beide Taschen, und die Glieder schmerzten, das Ufer entlang bis über die Vogelwiese hinaus. Obern war Haus bei Haus angebrannte Ruine. Hier unten am Fluß, wo sich viele Menschen bewegten oder hingelagert hatten, staken im durchwühlten Boden massenhaft die leeren,

eckigen Hülsen der Stabbrandbomben. Aus vielen Häusern der Straße oben schlugen immer noch Flammen. Bisweilen lagen, klein und im wesentlichen ein Kleiderbündel, Tote auf den Weg gestreut. Einem war der Schädel weggerissen, der Kopf war oben eine dunkelrote Schale. Einmal lag ein Arm da mit einer bleichen, nicht unschönen Hand, wie man so ein Stück in Friseurschaufenstern aus Wachs geformt sieht. Metallgerippe vernichteter Wagen, ausgebrannte Schuppen. Die Menschen weiter draußen hatten z. T. wohl noch einiges retten können, sie führten Bettzeug und ähnliches auf Karren mit sich oder saßen auf Kisten und Ballen. Zwischen diesen Inseln hindurch, an den Leichen und Wagentrümmern vorbei, strömte immerfort Verkehr, Elbe auf- und abwärts, ein stiller, erregter Korso."[104]

Die Rettungskräfte suchten nach Überlebenden, die Überlebenden ihre Angehörigen, lebendig oder tot, sie flohen in die Vorstädte oder durchstreiften Straßen und Ruinen und versuchten, Reste ihres Hausrates zu bergen. Hilfsmannschaften löschten die immer noch überall lodernden Brände und begannen, Eingänge verschütteter Keller freizuschaufeln, bald unterstützt von 2000 Wehrmachtssoldaten der Garnison. Im Laufe der folgenden Tage wurden zusätzlich noch ungefähr 1000 Kriegsgefangene hinzubefohlen – über 3000 waren zu dieser Zeit insgesamt in Dresden untergebracht, vor allem Amerikaner und Briten.[105] Ihre Arbeit barg sehr große Gefahren: Immer wieder stürzten Wände ein, fielen zerstörte Fassadenreste oder ganze Häuser in die Straßen hinein, detonierten Blindgänger, die ständig neue Opfer forderten.

Verletzte erhielten in den noch intakten oder nur leicht beschädigten Luftschutz-Rettungsstellen erste Hilfe durch Ärzte, Krankenschwestern und Sanitäter, ohne Strom, ohne zureichende Mittel. Schwerverwundete, vor allem Patienten mit schwersten Verbrennungen, hatten zunächst kaum eine Überlebenschance. Ohne Unterbrechung trafen neue Verletzte ein. Dann, mitten in die Rettungs- und ersten Aufräumarbeiten hinein, heulten erneut die Sirenen: Noch ein Angriff, ein dritter in diesen wenigen Stunden, auf die schon so furchtbar heimgesuchte Stadt.

Dieses Mal waren die Amerikaner im Anflug, um ihren ursprünglich mit 1400 Bombern geplanten Erstschlag nachzuholen, den schlechtes Wetter am Vortag unmöglich gemacht hatte. Als die 431 Fliegenden Festungen der 8. US-Luftflotte um vier Uhr früh in England gen Dresden abhoben, konnten sie gleichwohl noch nichts vom Umfang der Zerstörungen durch die britischen Nachtangriffe wissen: Die Lancas-

ter der zweiten Welle der Royal Air Force waren erst auf dem Rückflug, genaue Nachrichten über ihren Einsatz noch nicht eingetroffen.[106] Auf die Strategie der amerikanischen Attacke hatte das, was Stunden zuvor mit Dresden geschehen war, folglich keinen Einfluss. Es gab keinen Grund, am „Erstschlag"-Plan irgendetwas zu ändern. Der lautete: Präzisionsangriff auf den Dresdner Verschiebebahnhof. Gemeint war, mit Blick auf das spätere Ergebnis, wohl der Friedrichstädter. Die Einsatzbefehle einiger Verbände nennen gleichwohl auch andere Ziele.[107]

Wieder hatte die Stadt – oder das, was noch von ihr übrig war – Glück im Unglück. Zwar war die Abwehr der Luftwaffe nur schwach, aber dafür das Wetter über Deutschland so schlecht, dass sich einige Bombergruppen der Streitmacht verflogen. Drei von ihnen griffen nach einigem Umherirren Prag an und verursachten dort erhebliche Schäden.

Ab 12.17 Uhr erschienen die verbliebenen 311 B-17 über Dresden. Aber für die Bomberbesatzungen war das Ziel wegen der dichten und bald völlig geschlossenen Wolkendecke optisch ohnehin nur ausschnittweise oder gar nicht auszumachen, was dazu führte, dass viele Maschinen ihre Bomben nach Radar abwerfen mussten, etliche zu spät auslösten und es wieder zu erheblichen Streuungen kam. 13 Minuten dauerte der Angriff, bei dem 475 Tonnen Sprengbomben und knapp 300 Tonnen Brandbomben auf das großflächig zerstörte Stadtgebiet fielen.[108] Die meisten davon trafen die Friedrichstadt, das Bahnhofsgelände und umliegende Wohngebiete, aber auch – unter anderem – ein mit Ausländern vollgepferchtes Lager an der Bremer und die Rüstungsbetriebe an der Hamburger Straße.

Als die Sirenen Entwarnung gaben, hielt es nur noch wenige Dresdner in ihrer Stadt. Ströme von verzweifelten und verängstigten Flüchtlingen verließen das Zentrum, Zehntausende suchten erste Hilfe und Verpflegung in den wenigen, bald hoffnungslos überfüllten Auffangstellen am Stadtrand sowie in den umliegenden Orten, wo man sie vorübergehend ausruhen ließ, registrierte und den Bedürftigen Betreuungskarten aushändigte.[109] Wer Verwandte und Bekannte in anderen Orten hatte, zog weiter. Der große Rest aber blieb, auch kehrten viele zunächst Geflohene Tage später zurück in die Stadt und fanden Unterkunft bei Familien in unbeschädigten Häusern. In manchen Wohnungen, die zuvor schon für eine vierköpfige Familie nicht eben geräumig gewesen waren, lebten nun bis zu zwölf Menschen. Man half sich gegenseitig, so gut es eben ging.

Am Vormittag des 14. Februar unternimmt die US-Luftwaffe mit ihren B-17, den „Fliegenden Festungen", den insgesamt dritten Bombenangriff innerhalb von 14 Stunden auf Dresden.

Die medizinische Betreuung der Verletzten erfolgte unter katastrophalen Bedingungen. 19 Krankenhäuser waren völlig zerstört, darunter der große Klinik-Komplex in der Johannstadt, und weitere drei wie das in der Friedrichstadt schwer beschädigt. Die Aufräum- und Instandsetzungsarbeiten begannen schnellstmöglich, doch noch im März standen insgesamt nur 780 Betten für eine Unmenge an Patienten zur Verfügung.[110] Die meisten Verwundeten und Kranken mussten in Hospitälern der Umgebung versorgt werden, sogar in der ehemaligen Euthanasie-Tötungsanstalt der Nazis auf dem Sonnenstein über der nahen Kleinstadt Pirna am Tor zur Sächsischen Schweiz, wo zwischen 1940 und 1941 rund 15 000 geistig und körperlich Behinderte – im NS-Jargon „lebensunwertes Leben" – umgebracht worden waren.

Dort ließ die Gauleitung wenige Stunden nach dem Mittagsangriff vom 14. Februar ein Blatt drucken und in Dresden verteilen, die „Kurznachrichten für die vom Luftkrieg betroffene Bevölkerung". Darin hieß es: „Wer ausgebombt ist und sich noch in Dresden aufhält, begibt sich am besten an die Peripherie der Stadt. Dort wird er durch Posten der Partei weitere Auskunft und Hilfe erhalten. Helft alle mit, durch besonnenes Verhalten so schnell wie möglich Ordnung in das durch die Kriegsverbrecher zerstörte Leben zu bringen."[111] Das war leichter geschrieben als getan.

Die städtischen Behörden, die etliche Angestellte und Gebäude verloren hatten, waren zunächst selbst völlig überfordert mit der Organisation von Rettungs-, Hilfs- und Aufräummaßnahmen. Zu ihrer Unterstützung wurde Theodor Ellgering, Geschäftsführer des Interministeriellen Luftkriegsschädenausschusses, aus Berlin nach Dresden entsandt. Ellgering inspizierte die Stadt und verfasste einen Bericht, in dem er die bereits angelaufenen provisorischen und unkoordinierten Maßnahmen schönfärbte und eine erste Schadensbilanz vornahm. Er forderte dringende Hilfe von Außerhalb an und begann am folgenden Tag mit der Einrichtung einer ersten zentralen Organisations- und Koordinationsstelle im

Lfde. Nr.	Datum		Zeit		Bezeichnung der Brandstelle		Umfang des Feuers				Hilfeleistung	Einsatz von Feuerlöschgeräten				Ungefährer Wasser-verbrauch	Ausgerückt waren Löschzüge oder Fahrzeuge	
												Rohre		Kleines Lösch-gerät	Son-stiges			
	Tag	Monat	Uhr	Min.	Straße	Nr.	groß	mittel	klein	Blind. Lärm		Motor-spritze	Hydrant	gerät		cbm		km
					Am 13.2.45. Großangriff auf Dresden.													
					14.2.45.													
					15.2.45.													

Die Feuerwehr ist gegenüber einer solchen Katastrophe völlig machtlos. Die knappen und ungewöhnlich spärlichen Eintragungen im Einsatzbuch, niedergeschrieben frühestens am 16. Februar, sagen dennoch viel mehr als die wenigen Worte ausdrücken könnten.

Lockwitzgrund. Allmählich gingen die Aufräumarbeiten in der Stadt – die freilich auch der baldigen Wiederherstellung der Dresdner Eisenbahnanlagen und Produktionszentren dienen sollten – etwas organisierter vonstatten, soweit das unter den widrigen Bedingungen überhaupt möglich war. Auch trafen weitere Hilfskonvois mit Mannschaften, Verpflegung und medizinischen Versorgungsmitteln ein. Doch darf man diese Unterstützungsleistungen nicht allzu hoch einschätzen. Dresden war keineswegs die einzige schwer zerstörte und dringend hilfsbedürftige Stadt in Mitteldeutschland. Zudem stand der Krieg in seiner letzten Phase, wurden Transportmittel, Baumaterialien und auch verfügbare Hilfsmannschaften von Tag zu Tag knapper.

Eine besonders schwierige Maßnahme, so gab Ellgering später an, sei die systematische Evakuierung und Unterbringung der Ausgebombten gewesen. Denn die Flüchtlinge wollten sich nicht in Gebiete östlich der Elbe umquartieren lassen. „Die Furcht vor den Russen veranlaßte sie, auf eigene Faust nach Westen zu marschieren."[112] Viele tausend von ihnen hatten sich nicht einmal die Zeit genommen, ein Lebenszeichen für ihre Angehörigen in der Stadt zurückzulassen. Dresden erlebte den größten Exodus seiner Geschichte.

Der 15. Februar 1945 – „Einen solchen Ort gibt es nicht"

„Dresden?" so soll der britische Luftmarschall Arthur Harris rückblickend über das Werk seiner Bomber gesagt haben, „Einen solchen Ort gibt es nicht."[113] Tatsächlich hatte sich Dresden binnen weniger Stunden in eine rauchende, quadratkilometergroße Brache verwandelt. So groß war der Schock der Überlebenden, so immens die Zerstörung, so vollkommen verändert das Bild der Stadt, dass in etlichen Büchern und sogar in der Erinnerung vieler Menschen die Katastrophe vom 13. und 14. Februar 1945 als der Höhe- und auch Endpunkt der Bombenangriffe auf die Stadt zurückblieb. Zumindest Letzteres trifft keinesfalls zu. Es ging weiter, schon am folgenden Tag.

Den mit ihrem Leben Davongekommenen, die am Nachmittag des 14. Februar auf das völlig zerstörte Stadtzentrum blickten, bot sich neben all den Schreckensbildern auch ein Anblick leiser Hoffnung: Die Frauenkirche hatte überlebt. Ihre beschädigte Kuppel, das architektonische Meisterwerk George Bährs, thronte wie seit fast 200 Jahren über der nun ausgelöschten Altstadt. Doch der Bau war vollständig ausge-

Der Bahnhof Friedrichstadt,
Hauptziel des US-Angriffes,
ist schwer getroffen.

brannt. Am Morgen des 15. Februar hielt die Statik der Belastung nicht mehr stand. Die Stahlträger der Empore kühlten ab und zogen sich zusammen, bis die Innenpfeiler unter dem Druck der Kuppel barsten. Die „steinerne Glocke" sank in sich zusammen, und ihre Druckwelle brachte auch die Innen- und Außenwände der Frauenkirche zum Einsturz.[114] Augenzeugen sahen entsetzt, wie „eine nachtschwarze Staubwolke die ganze Umgebung erfüllte". Als sie sich verzog, ragten nur noch der Stumpf des Treppenturms und ein Stück Chorwand aus dem Schuttberg. Götz Bergander, der am Nachmittag zum Terrassenufer ging, „suchte nach der Kuppel der Frauenkirche. Sie fehlte." Wohl nicht nur ihm gab der Anblick der Ruine „den Rest", nicht er allein begriff „erst jetzt die Bedeutung des Bombardements in seiner vollen Tragweite".[115]

Anderthalb Stunden nach dem Einsturz der Frauenkirche, um kurz vor zwölf Uhr, erschienen erneut Bomber am Himmel über Dresden: 210 Fliegende Festungen der 1. Division der 8. US-Luftflotte. Sie waren auf das Hydrierwerk in Böhlen bei Leipzig angesetzt gewesen, doch eine dichte Wolkendecke über der Region hatte den Angriff unmöglich gemacht. Also nahm der Verband Kurs auf sein Ausweichziel, auf Dresden. Aber das Elbtal war ebenfalls mit Wolken

bedeckt, sodass die Bombenschützen, optisch „blind", mit Radar zielen mussten. Zudem verleiteten Orientierungsprobleme und Fehler die Mannschaften einiger Maschinen dazu, ihre Ladung zu früh abzuwerfen – über dem Gebiet von Meißen – oder, zu spät, auf Pirna, wo es 47 Tote gab. Auch die Übrigen zielten ungenau und verfehlten das Zielobjekt, das Gelände des Bahnhofs Friedrichstadt, nahezu völlig. Ihre Sprengbombenlast von über 460 Tonnen verteilte sich über das Stadtgebiet von Dresden.[116]

Größere und konzentrierte Schäden gab es nur im Waldschlösschenviertel und am Münchner Platz, wo ein Zufallstreffer das Landgericht traf. Das Gebäude war seit 1940 Sitzungsort von Sondergerichten wie dem berüchtigten Volksgerichtshof der Nationalsozialisten sowie Hinrichtungsstätte für überwiegend politische Gegner des NS-Regimes. Mehr als 1300 Menschen wurden bis Kriegsende an diesem Ort durch das Fallbeil ermordet, allein 800 von ihnen stammten aus der Tschechoslowakei.[117] Die amerikanische Luftmine, die am 15. Februar ein Loch in die Nordwand des Gefangenentraktes riss, tötete einige Insassen und ermöglichte anderen die Flucht.[118] Unter den Befreiten befand sich der Ungar Gabor Nemedi, der Künstlerische Direktor des Zirkus Sarrasani, den

Die beschädigte Frauenkirche übersteht die Bombardierungen vom 13. und 14. Februar nur wenige Stunden. Sie ist ausgeglüht, die Mauern können die Kuppel nicht mehr lange tragen. Am Vormittag des 14. Februar stürzt das Gebäude in sich zusammen.

die Polizei am 14. Januar aus uns unbekannten Gründen inhaftiert hatte.[119]

Es ist ein Aspekt der Luftangriffe auf Dresden, der nur selten Erwähnung findet und in der kollektiven Erinnerung heute beinahe untergegangen ist: Die Bomben vernichteten unzählige Leben, aber sie retteten auch einige. Nicht nur die jener Gefangenen, die sich aus dem Gerichtsgebäude am Münchner Platz befreien konnten und, anders als die meisten von ihnen, nicht schon in den nächsten Tagen wieder gefasst wurden. Auch einige Juden, die deportiert und damit in den beinahe sicheren Tod geschickt werden sollten, verdanken ihr Überleben womöglich nur den alliierten Februar-Angriffen.

Ihre Zahl war bereits gewaltig geschrumpft. Die so genannte Rassenpolitik der Nationalsozialisten zur Ausgrenzung, Verfolgung und Vertreibung der Juden hatte sich in Dresden schon bald nach der NS-„Machtergreifung" in zahlreichen legalen und illegalen Aktionen gegen jüdische Bürger

geäußert,[120] begleitet von offenen antisemitischen Hassgefühlen vieler nichtjüdischer Einwohner. Über eine Woche vor der „Reichskristallnacht" führte die Gauleitung unter Martin Mutschmann am 27. Oktober 1938 die erste Deportation durch: Sie ließ sämtliche Juden polnischer Staatsangehörigkeit verhaften – etwa 500 Menschen – und nach Polen schaffen. Etliche weitere und sehr viel umfangreichere Aktionen folgten. Im Januar 1939 lebten statt der 1933 behördlich erfassten 6000 Dresdner Juden nur noch 1536 „Rassejuden" in der Stadt[121], von denen man den größten Teil im Folgejahr aus ihren Wohnungen vertrieb und in insgesamt 32 „Judenhäuser" schickte. Weitere zwei Jahre darauf begann ihre systematische Deportation zunächst in die Ghettos von u. a. Riga und Lodz, später direkt in Vernichtungslager. Was sie an Besitz zurückließen, wurde von den lokalen Behörden beschlagnahmt, dann versteigert oder verkauft. Ihre Habe, so war es geplant, sollte vollständig in „volksdeutschen" Besitz übergehen. Die Verbliebenen mussten, sofern sie als einsatz-

Auch dieses heute unbekannte jüdische Mädchen wird zunächst ins Dresdner „Judenlager" auf dem Hellerberg gebracht, dann ins KZ Auschwitz, wo man es schließlich ermordet.

fähig galten, Zwangsarbeit verrichten. Das geschah zumeist in Rüstungsbetrieben, wo bereits seit Jahren Tausende verschleppte Fremdarbeiter schufteten, die mehrheitlich aus Polen und der Sowjetunion stammten. Am 3. Februar 1943 löste die Gauleitung auch das Dresdner „Judenlager" auf dem Hellerberg auf. Von den über 350 Insassen kamen fast alle in Auschwitz-Birkenau um.[122]

Auschwitz war das größte und berüchtigtste aller Vernichtungslager, die zumeist im eroberten Polen errichtet worden waren. Seit Januar 1942 hatten die Nationalsozialisten den bereits begonnenen Holocaust, den organisierten Völkermord an den elf Millionen Juden Europas, mit allen verfügbaren Mitteln systematisiert und es dabei zu mörderischer Effizienz gebracht. Allein in den Gaskammern von Auschwitz-Birkenau starben jeden Tag Zehntausende Menschen aus allen eroberten Gebieten des Kontinents. Bis Kriegsende wurden sechs Millionen Juden ermordet.

Nun, im Februar 1945, standen die Amerikaner bereits am Rhein und die Rote Armee bei Breslau. Auschwitz hatten die Sowjets zwar im Januar befreit, doch in anderen KZs tobte der Holocaust weiter. Jetzt sollten auch möglichst alle der noch in Sachsen lebenden „privilegierten" Juden, also solche mit einem nichtjüdischen Ehepartner, in Vieh- und Güterwaggons zum angeblichen Arbeitseinsatz transportiert werden. Unter ihnen auch die „Einsatzfähigen" der letzten 174 Juden aus Dresden und 24 aus dem Regierungsbezirk der Stadt. Nur wenige waren, wie Victor Klemperer, davon ausgenommen und durften bleiben.

Am 16. Februar, so war es geplant, sollte der Zug den Neustädter Bahnhof verlassen. Doch die Bomben kamen dem zuvor, und mit ihnen Chaos, Zerstörung, Verwirrung. In dieser unübersichtlichen Situation gelang vielen der für den Abtransport Bestimmten die Flucht. 70 von ihnen sollten tatsächlich in ihren Verstecken den Krieg überleben. Ob ihre planmäßige Deportation den sicheren Tod bedeutet hätte, ist gleichwohl ungewiss: Am selben 14. Februar ging der letzte

Zug mit 169 Juden von Leipzig nach Theresienstadt ab. Doch die Tötungsmaschinerie der Nazis lief mittlerweile immer langsamer und stockender; fast alle Insassen dieses Transportes blieben am Leben.[123]

Aus militärischer Sicht war das Bombardement vom 15. Februar 1945 die ineffektivste Attacke der Amerikaner auf Dresden überhaupt, deren Wirkung gleichsam verpuffte. Die Masse der Bomben fiel in die Trümmer und wühlte sie lediglich noch einmal um. Der Bahnhof Friedrichstadt, Hauptziel des Angriffs, wurde überhaupt nicht getroffen. Schon drei Tage darauf konnte der Bahnverkehr wieder durch Dresden rollen. Das geht aus deutschen Quellen hervor und deckt sich mit dem Einsatzbericht der US-Bombergruppe, die zwei Wochen später einen weiteren Angriff auf die Stadt fliegen sollte, deren Verkehrsverbindungen nach der Tschechoslowakei „noch keine schweren Bombenschäden erlitten hatten".[124]

In der Erinnerung der Dresdner selbst verblasste das Bombardement vom 15. Februar vor dem unvergleichlichen Schrecken der unmittelbar vorhergegangenen Attacken. Sie hatten in jenen Stunden obendrein ganz andere Sorgen.

Der 2. März 1945 – Scheiterhaufen auf dem Altmarkt

„Wer fasst es, wer begreift es – Dresden ist tot."[125] Diese Worte, die der schlesische Dichter Hans Gottschalk Ende Februar in einem Brief schrieb, zeugen von großem Schmerz, unfassbarem Entsetzen und tiefer Trauer, die so viele Menschen beim Anblick der zertrümmerten Stadt empfanden. Nüchtern – keineswegs kalt – betrachtet, treffen sie die Wirklichkeit nicht ganz, aber doch zu einem sehr großen Teil.

Die ermittelten Zahlen lassen den Umfang der Zerstörung allenfalls erahnen. Fast 12 000 Häuser mit 80 000 Wohnungen waren vernichtet – knapp 80 Prozent des Bestandes. Von 19 im Dresdner Adressbuch 1941 aufgezählten Sehenswürdigkeiten – wie die Gemäldegalerie und das Völkerkundemuseum – existierten 17 nicht mehr, ebenso 24 Banken, 31 Waren- und Kaufhäuser, alle fünf Theater, 19 Kinos, 25 Kirchen und Kapellen, 57 Hotels und Gaststätten. Der Zirkus Sarrasani lag wie die Oper in Trümmern, die Anlagen des Zoos am Großen Garten waren umgepflügt, die Tiere im Bombenhagel verendet oder später fast alle von Soldaten erschossen worden, weil man sie weder ernähren noch

unterbringen konnte. Auch 136 Industrieunternehmen hatten durch Bomben und Brände schwere Schäden davongetragen.[126] Allerdings handelte es sich dabei zumeist um kleinere bis mittlere Betriebe, von denen ein Teil binnen weniger Wochen die Produktion wieder aufnehmen konnte. Bis auf die großen Zeiss-Ikon-Werke in Dresden-Striesen waren die wichtigeren Industriekomplexe am Stadtrand oder in der unmittelbaren Umgebung – wie die beiden Sachsenwerke in Radeberg und Niedersedlitz – nicht angegriffen worden und daher unbeschädigt geblieben. Sie hatten die alliierten Strategen nicht interessiert.

Beim Kriegsschädenamt gingen nun jeden Tag hunderte Entschädigungsforderungen von betroffenen Betrieben ein. Die Direktion des Zeiss-Ikon-Werkes zum Beispiel bat um vorläufige Bewilligung von zwei Millionen Reichsmark, um die ersten Auswirkungen des Produktionsausfalls abzumindern. Einer der ersten Entschädigungsanträge wurde von der über die Stadtgrenzen hinaus bekannten „Pfunds Molkerei" gestellt, die Schäden in acht ihrer Verkaufsstellen angab. Die Spanne der Forderungen reichte dabei von 2862,28 Mark für die völlig zerstörte Filiale in der verwüsteten Wilsdruffer Straße bis 2,75 Mark für „Warenverluste" im Laden an der Oppellstraße 36.[127]

Ungleich schwerer als der Verlust von Käse und Gebäuden jedoch wiegen die Leben, die vernichtet wurden. In den Kellern, in den Häusern und den Straßen hatte der Tod eine furchtbare Ernte eingefahren. Niemand konnte in den ersten Tagen auch nur annähernd sagen, wie viele Menschen ihr Leben im Bombenhagel verloren hatten, erschlagen von Sprengkörpern oder herabstürzenden Trümmern, zerrissen von Explosionen, verbrannt im Feuersturm, erstickt in Kellern, ertrunken oder zu Tode gekocht in den beiden großen Löschwasserbecken auf dem Altmarkt, in die sie sich verzweifelt gestürzt hatten, um dem flammenden Inferno, das sie eingeschlossen hatte, zu entgehen.

Rasch verbreitete sich über der Stadt ein pestilenzartiger Gestank – die Toten begannen zwischen und unter den noch warmen Trümmern zu verwesen. Das setzte die Behörden zusätzlich unter Zeitdruck. So bald und so schnell wie möglich musste man sich wegen der drohenden Seuchengefahr an die schlimmste aller Arbeiten machen, an die Bergung der Opfer und deren „Entsorgung". Dafür wurden in großer Zahl auch Kriegsgefangene und Zwangsarbeiter eingesetzt. Was die Rettungskräfte dabei erlebten, lässt sich nur schwer nachvollziehen. Die offiziellen Berichte beschränken sich nüchtern aufs Wesentliche. Darin heißt es etwa: „Männliches Kind, etwa 5 Monate, aufgefunden 18. 2. 45, 8 Uhr, Annenstr. 23/25, 15604, erstickt."[128] Mitunter tauchte das Wort „Reste" auf für – zum Beispiel – verbrannte Leichen, von der Hitze auf Holzscheitgröße zusammengeschmort, sodass mehrere Tote in eine Zinkbadewanne passten.

Die Schilderungen vieler Augenzeugen sind weniger nüchtern. Am südlich des Hauptbahnhofs gelegenen Lindenauplatz fand der Kommandeur einer Transportkompanie mit seinen Männern einige Tote, denen die Hitze die Kleidung vom Körper gebrannt hatte. Er erinnerte sich später an „eine etwa dreißig- bis fünfunddreißigjährige Frau, vollkommen nackt, auf ihrem Pelzmantel, mit dem Gesicht nach unten ... Einige Schritte weiter lagen zwei Jungen im Alter von acht bis zehn Jahren mit dem Gesicht in die Erde hineingewühlt, ebenfalls vollkommen nackt, die im Knie gebeugten Füße standen noch in der Totenstarre nach oben; sie hielten sich umklammert. In einer umgeworfenen Litfaßsäule staken zwei Leichen, ebenfalls nackt. Wir zwanzig bis dreißig Menschen, die dieses Bild erlebten, klammerten uns aneinander und weinten wie die Kinder."[129]

Hans Voigt, der die Abteilung Tote der Dresdner Vermisstennachweiszentrale leitete, schrieb im Nachhinein über die Bergungen: „Nie habe ich geglaubt, daß der Tod in so verschiedener Form an die Menschen herantreten kann, nie habe ich für möglich gehalten, daß Tote in so vielen Gestalten den Gräbern übergeben werden könnten: Verbrannte, Verkohlte, Zerstückelte, Teile von ihnen, als unkenntliche Masse, scheinbar friedlich schlafend, schmerzverzerrt, völlig verkrampft, gekleidet, nackt, in Lumpen gehüllt und als ein kümmerliches Häufchen Asche, darunter Reste verkohlter Knochen. – Und über allem der beizende Rauch und der unerträgliche Verwesungsgeruch."[130]

So unglaublich es auch klingen mag: Diese grausigen Arbeiten erfolgten überwiegend systematisch und waren gut organisiert. Die Behörden wollten sich, wie bei den Sachschäden, auch in Bezug auf die Totenzahlen ein präzises Bild von den Folgen der Angriffe machen und eine ebenso schnelle wie

Die einstige Pracht – ein Trümmerfeld: Blick vom Dach der Hofkirche zur Staatsoper.

Der zerstörte Zwinger.

ordnungsgemäße Bestattung besorgen. Über jeden Bergungsvorgang wurde Bericht geführt. Man legte Listen an, registrierte sämtliche Tote dreifach und versuchte, soweit das möglich war, sie zu identifizieren.[131] Auch um die täglich zu Tausenden eingehenden Nachfragen der Bevölkerung nach dem Schicksal ihrer Angehörigen, Freunde und Bekannten gewissenhaft beantworten zu können – bis zum 10. März wurden 35 000 Menschen als vermisst gemeldet.[132] Überall erschienen mit Kreide geschriebene Suchmeldungen an den Haus- und Ruinenwänden. „Clara Singer hier i. d. Trümmer, Heinrich Singer lebt Coswig Gartenstr 7", hieß es an einer, darunter „Mutter wir suchen dich", daneben „Franz lebst du? Deine Else".[133] Wie viele dieser Fragen ohne Antwort blieben, ist nicht bekannt.

Sehr bald war unübersehbar, dass sich die Zahl der Toten, die alle vorherigen Befürchtungen weit übertraf, nicht ohne weiteres bewältigen ließ. In den ersten zehn Tagen nach dem Angriff wurden nach Aussage von Theodor Ellgering täglich

1000 Opfer geborgen. Zu viel für die Friedhöfe – insgesamt waren sie auf die Aufnahme von maximal 12 000 Toten eingestellt – und die Dresdner Bestattungskräfte, die sich mit improvisierten Transportmitteln wie LKW und Fuhrwerken behelfen mussten, weil sämtliche Leichenwagen zerstört waren. Sie mussten auch durch die „Toten Gebiete" fahren. Dabei handelte es sich um „fast restlos vernichtete Stadtteile", die „vom Polizeipräsidenten auf Vorschlag der Bauverwaltung gesperrt" wurden. Das waren „insbesondere der größte Teil der Innenstadt innerhalb der (Straßenbahn-) Linie 26, die Johannstadt bis zur Fürstenstraße und die Staddteile südlich des Hauptbahnhofs", die man durch Sperrmauern abgeriegelt hatte.[134]

Um die wachsende Seuchengefahr zu bannen, sah sich die örtliche Luftschutzleitung zu einer grausamen Anordnung gezwungen. Sie ließ die Zugänge zur Altstadt von der Wehrmacht hermetisch abriegeln und auf dem Altmarkt große Metallroste errichten. Darauf wurden jeweils bis zu 500 Tote gestapelt, mit Benzin übergossen und angezündet.[135] Einige furchtbare Bilder dieser modernen Scheiterhaufen existieren noch, aufgenommen vom Fotografen Walter Hahn, der sich in jenen Tagen auf den Altmarkt geschlichen hatte.[136] Bis Anfang März wurden so laut Polizeibericht insgesamt 6865 „Gefallene" eingeäschert. Wochenlang hing der Geruch verbrannten Fleisches über der Stadt. Was von diesen Opfern übrig blieb – schätzungsweise acht bis zehn Kubikmeter Asche –, ließ man in ein Massengrab auf dem Heidefriedhof überführen.

Am 15. März 1945 verfasste der „Höhere SS- und Polizeiführer Elbe in den Gauen Halle-Merseburg, Sachsen und im Wehrkreis IV" die „Schlussmeldung über die vier Luftangriffe auf den LS-Ort Dresden". Neben den umfangreichen Sachschäden sind darin auch die vorläufigen Totenzahlen aufgelistet. Unter Punkt „E. Personenschäden" heißt es dort: „Bis 10. 3. 1945 früh festgestellt: 18 375 Gefallene, 2212 Schwerverwundete, 13 718 Leichtverwundete ... Die Gesamtzahl der Gefallenen einschl. Ausländer wird auf Grund der bisherigen Erfahrungen u. Feststellungen bei der Bergung nunmehr auf etwa 25 000 geschätzt."[137]

Eine ungeheuerliche, kaum fassbare Zahl. Im gesamten Bombenkrieg über Deutschland kamen an keinem Ort in einer so kurzen Zeit so viele Menschen durch Bomben ums Leben. Es ist der traurigste „Rekord", der jemals in Dresden aufgestellt wurde. Dennoch kursieren seither Opferzahlen,

deren Verbreiter sich auf Augenzeugenberichte, grobe Schätzungen oder gefälschte Dokumente berufen und auf bis zu 500 000 Tote kommen.[138]

Den Angaben der Schlussmeldung aber entsprechen auch die Zahlen aus dem „Tagesbefehl Nr. 47", erlassen am 22. März 1945 vom Befehlshaber der Dresdner Ordnungspolizei, der damit rechnete, „daß die Zahl (der Opfer) auf 25 000 Tote ansteigen wird". Desweiteren führte das Dresdner Bestattungsamt genaue Beerdigungslisten. Ihre Zahlen decken sich ziemlich exakt mit den Angaben der Schlussmeldung. Demnach wurden bis zum 12. Juli 1945 insgesamt 21 271 Tote bestattet. Unter Berücksichtigung der nicht zentral registrierten Opfer und der noch bis 1957 aus den Trümmern und verschütteten Kellern Geborgenen stellt das Stadtarchiv fest, „dass die Luftangriffe gegen Dresden vom 13. bis 15. Februar 1945 nachweisbar ca. 25 000 Todesopfer forderten".[139] Am 9. Dezember 1950 hatte das Bestattungsamt in einer „Aufstellung der auf Dresdner Friedhöfen befindlichen Gräber von Ausländern, OdF, VVN,[140] Bombenopfern und deutschen Soldaten" insgesamt knapp 34 000 Gräber von Bombenopfern aufgelistet.[141] Die Zahl von 35 000 Toten galt während der DDR-Zeit nahezu durchgängig als offiziell verbindlich.[142]

Nach den vier Februar-Angriffen wuchs mit jedem Tag ohne Bomben die Hoffnung der Dresdner, der Luftkrieg sei für ihre Stadt vorbei. Das Hoffen dauerte nur 15 Tage. In den

Manche Tote sind so verkohlt, dass mehrere von ihnen in eine Zinkbadewanne passen. Insgesamt sterben bei den Luftangriffen auf Dresden zwischen 25 000 und 35 000 Menschen. Sie verbrennen, ersticken, werden erschlagen.

Überall an den Hauswänden hinterlassen Menschen Such-meldungen für ihre ver-schwundenen Verwandten und Freunde. Doch die meisten Adressaten können diese Nachrichten nicht mehr lesen.

eigenen Maschinen. Allerdings störten sie den Anflug der amerikanischen Verbände erheblich: Zwei Bomber-Staffeln attackierten das Hauptziel Ruhland, und als die ersten Vier-motorigen der übrigen Einheiten um halb elf Uhr über Dres-den erschienen, lag die Stadt unter einer dichten Wolken-schicht. Die verstreuten Verbände griffen nach Radar und – ein teilweise sehr ungeordneter Anflug lag hinter ihnen – aus verschiedenen Richtungen an: von Norden, von Westen, von Osten. Entsprechend breit war die Streuung der Explosionen: 940 Tonnen Spreng- und 140 Tonnen Brandbomben regneten auf Radebeul, die Leipziger Vorstadt, auf die Marienbrücke, die Neustadt, die Altstadt, das Waldschlösschenviertel, auf die Stadtteile Striesen, Dobritz, Gruna, Niedersedlitz und Hoster-witz. Bis in die weit östlich gelegenen Dörfer Borsberg und Pillnitz fielen die Bomben. Auch der ehemalige Stolz der „Weißen Flotte", der nun als Lazarettschiff eingesetzte Rad-dampfer „Leipzig", erhielt in Laubegast einen Treffer und sank auf Grund.

Wieder flammten überall Brände auf, wurden Straßen und Häuser zerstört, Leben ausgelöscht. Doch waren die Schäden weit verteilt, hatten viele Bomben vor allem Trüm-mer, Wiesen, Gärten und die Elbe getroffen. Obwohl dies der bislang stärkste Angriff der US-Luftwaffe auf Dresden war, verschwanden auch die Folgen dieser Attacke gewissermaßen hinter all den monströsen Zerstörungen und dem Leid, das die Stunden des 13. und 14. Februar in der Stadt und den Men-schen verursacht hatten. Heute erinnern sich viele Überle-bende kaum noch an den 2. März 1945 und ebensowenig an den 17. April, jenen Tag, der mit einem finalen Schlag das endgültige Ende des Luftkrieges um Dresden brachte.

Der 17. April – ein letzter Schlag aus der Luft

Als zu Ostern 1945 überall in Europa wie jedes Jahr die Erlösungsbotschaft verkündet wurde, war auch den meisten Deutschen klar: Der Krieg stand unweigerlich vor seinem Ende. Deutschland hatte ihn verloren, zumindest so gut wie. Noch aber kämpften starke Wehmachtsverbände im Westen und im Osten, glaubten viele Unbelehrbare und angstvoll Ver-zweifelte weiterhin an den „Endsieg" und ihren „Führer" Adolf Hitler. Die Durchhaltepropaganda lief nun erst recht auf Hochtouren. Eine Kapitulation erfolgte nicht. Unzählige Kindersoldaten und alte Männer wurden als „Letztes

frühen Morgenstunden des 2. März 1945 hoben mehr als 1160 Bomber der 8. US-Luftflotte und 666 Begleitjäger von ihren Flugplätzen in England ab, sammelten sich in der Luft und flogen gen Osten. Alle drei Divisionen der „Achten" waren unterwegs. Die 3. und mit insgesamt 455 B-17 Mächtigste steuerte auf das Hydrierwerk Ruhland zu, auf den mit Me 262-Düsenjägern belegten Flugplatz Alt-Lönnewitz und das Hydrierwerk Schwarzheide. Ihr Ausweichziel hieß erneut Dresden, Bahnhof Friedrichstadt. Wieder war das Wetter über den Hauptzielen zu schlecht für einen Erfolg versprechenden Angriff. Wieder nahmen die Bomber Kurs auf die sächsische Hauptstadt.

Aber der „raid" verlief, ähnlich wie der am 15. Februar, unruhig und ungeordnet. Auch das lag am Wetter, zudem an deutschen Jägern, die sich diesmal den Bombern entgegen-warfen und sie angriffen.[143] Zwar konnten sie nur insgesamt sechs Bomber abschießen und verloren ein Vielfaches an

Aufgebot" in den Kampf und den oft sicheren Tod geschickt.

Für die Dresdner bestand der Tagesablauf in der Suche nach Angehörigen und Unterkunft, in den Mühen der Nahrungsbeschaffung, im Aufräumen, in der Hetze nach dem nächsten Luftschutzkeller, wenn die Sirenen wieder einmal ihren Alarmton durch die Luft über der ausgebrannten Stadt heulten. Ob und vor allem wie das Leben nun weitergehen sollte und würde, davon hatten nur die wenigsten irgendeine Vorstellung. Es „ist alles ratzekahl weg", schrieb eine Frau im März. „Ich glaube, ich habe es noch gar nicht begriffen oder man ist so erstarrt von all dem Entsetzlichen, daß man überhaupt nicht denken kann."[144] Organisierte Hilfe von behördlicher Seite war wenig zu erwarten. Die Verwaltung der Stadt funktionierte nur mühsam, es fehlte auch ihr an intakten Gebäuden, Telefonleitungen, Personal. Und die Aufgaben waren immens: Zehntausende Dresdner hatten ihre Wohnungen und all ihre Habe verloren und besaßen oft nicht mehr als die Kleider, die sie auf dem Leib trugen. Auffangstellen mussten eingerichtet, die vielen Verletzten versorgt, Notunterkünfte geschaffen, Möbel, Hausrat und Kleidung besorgt

sowie Lebensmittelkarten verteilt werden. Viele Obdachlose brachte man in Baracken wie den „Serienmäßigen Behelfsheimen in Jurko-Bauweise" unter, von denen 1000 aufgestellt wurden.[145] Deren Fassungsvermögen reichte freilich nicht aus, und die Behörden teilten ihren Angestellten mit, es „müssten aber auch aus den Trümmern neue Wohnstätten errichtet werden".[146] Die Dresdner halfen dabei nach Kräften mit, und ein vom Landesverband der Kleingärtner e.V. herausgegebenes „Merkblatt für Fliegergeschädigte" bestätigte: „Selbsthilfe ist die beste Hilfe".[147]

Die Arbeiten gingen nur äußerst mühsam voran, ebenso das Aufräumen. Die Straßen im Stadtzentrum lagen voller Trümmer, von ganzen Stadtvierteln standen nur Mauerreste. Zusammen mit Bediensteten der Stadt mühten sich Frauen, Kinder und Alte, wenigstens einige Wege durch den Schutt zu räumen und leicht beschädigte Häuser notdürftig herzurichten. Den städtischen Baubetrieben standen zeitweise ganze 300 Angestellte zur Verfügung, die acht Begräbniskommandos bestanden nur noch aus 45 Mann. Hunderte von Kriegsgefangenen wurden zur Unterstützung abkommandiert, auch

*Das ausgebrannte Schloss
und der Stallhof.*

zum Bergen der Opfer.[148] Gemeinsam mit ihnen räumten Angestellte der betroffenen Betriebe und freiwillige Helfer den Schutt beiseite. Ihre Bezahlung richtete sich auch dabei nach ihrer beruflichen Qualifikation. Ein gelernter Dreher etwa bekam bis zu einer Mark pro Stunde, ungelernte Frauen im gleichen Betrieb nur 50 Pfennig, ein BDM-Mädel erhielt maximal 30 Pfennig.[149]

Die Angst vor neuen Bombenangriffen ließ die Menschen auch bei der Aufräumarbeit nicht los. Immer wieder mussten sie die verbliebenen Luftschutzräume aufsuchen, verbrachten Stunden voller Angst im Dunkeln mit Warten und Bangen und Aufatmen, wenn es Entwarnung gab, ohne dass eine Bombe auf die Stadt gefallen war. Jeden Tag rechneten die Dresdner damit, dass es „wieder losgehen" könnte. Und von neuen Flüchtlingen erfuhren sie es unmissverständlich: Auch der Krieg am Boden rückte näher.

Im Westen marschierten amerikanische Truppen bereits in Thüringen und Sachsen ein. Im Osten startete die Rote Armee an der Oder ihren entscheidenden Vormarsch auf Berlin. Südlich davon drangen die Truppen Marschall Konjews

über die Neiße in Richtung Dresden vor. Verbände der Deutschen Wehrmacht, ungefähr eine Million Mann unter Feldmarschall Schörner, verteidigte nur noch einen gut 100 Kilometer breiten Nord-Süd-Korridor zwischen Berlin und Prag. Die einzige noch halbwegs intakte Eisenbahnverbindung in diesem Korridor führte durch Dresden.

Dort hatte man die wichtigsten Gleisanlagen seit dem 14. Februar behelfsmäßig geflickt. Truppentransporte rollten wieder über die Schienen, auch Züge mit KZ-Häftlingen nach Theresienstadt, „Evakuierte" aus Lagern im Westen, die beim Herannahen der US-Army von der SS geräumt worden waren. Nun wurden sie in die KZs auf den noch von Deutschland kontrollierten Gebieten verschafft. Die Wiederherstellung ihrer Hauptbahntrasse machte die Stadt in dieser letzten Phase des Krieges, vielleicht mehr als zuvor, zum „legitimen militärischen Ziel" für die alliierten Bomber.

Die Verhältnisse in der Luft hatten sich ebenfalls dramatisch verändert: Empörte Reaktionen in Presse und Öffentlichkeit neutraler oder bereits befreiter Nationen auf die alliierten Flächenbombardements deutscher Städte – nachgerade jene vom 13. und 14. Februar auf Dresden – hatten den britischen Premier veranlasst, am 28. März ein Memorandum an den Stabschef der Royal Air Force zu verfassen. Darin schrieb Winston Churchill, er halte „eine genauere Konzentration der Angriffe auf militärisch relevante Ziele ... für notwendiger als weitere Terrorakte und zügellose Zerstörung, so eindrucksvoll diese auch sein mögen".[150] Eine Einschätzung, deren Offenheit durchaus bemerkenswert war und vor allem in der Chefetage der Air Force heftigen Widerspruch hervorrief, weil sie ein erprobtes und aus ihrer Sicht bewährtes Verfahren abzuwürgen drohte.

Doch Churchill blieb hart. Vielleicht erinnerte er sich in jenen Tagen wieder an das, was er beinahe dreißig Jahre zuvor aufgrund der Erfahrungen des Ersten Weltkriegs über das Bombardieren von Zivilisten gesagt hatte: „Nichts, was wir über die Leidensfähigkeit der deutschen Bevölkerung wissen, rechtfertigt die Annahme, dass sie mit solchen Mitteln zur Unterwerfung getrieben werden könnte; vielmehr wird sie dadurch zu noch verbissenerer Entschlossenheit getrieben."[151] Am 16. April erwirkte er schließlich die offizielle Einstellung der alliierten strategischen Luftoffensive. Am gleichen Tag begann die Großoffensive der Roten Armee.

48 Stunden zuvor hatte Gauleiter Mutschmann Dresden auch offiziell zur „Festung" erklärt,[152] deren Betreten und Verlassen streng reglementiert war. Es durften beispielsweise

„alle Männer, die für den Festungsbereich vorgesehen sind …
sich nicht außerhalb der Stadt begeben".[153] Nicht allein Ver-
stöße gegen diesen Befehl unterlagen der Gerichtsbarkeit der
Armee, die nun allein das zivile Leben kontrollierte –
Deutschland hatte sich endgültig in eine Militärdikatur verwandelt. In einer amtlichen Bekanntmachung hieß es: „Auch
die Gerichtsbarkeit ist an das Militär übergegangen."[154]

Fortan sollte die Unterstützung der alliierten Bodentruppen oberste Priorität für die britische und amerikanische
Luftwaffe haben. An der konkreten strategischen Luftkriegsplanung, vor allem an deren Auswirkungen auf deutsche
Städte, änderte das so gut wie nichts. Praktisch gesehen, diente auch der Angriff auf einen wichtigen Verkehrsknotenpunkt
wie Dresden der Unterbrechung von Nachschublinien und
der Behinderung von Truppenbewegungen, war mithin ein
Akt zur Unterstützung der westalliierten – und noch mehr der
sowjetischen – Bodentruppen.

Tatsächlich standen zum wiederholten Mal die Eisenbahnanlagen der Stadt auf der Zielliste der 8. Luftflotte ganz
oben, als 580 Fliegende Festungen der 1. und 3. Division am
17. April um kurz vor 13 Uhr den größten amerikanischen
Angriff des Zweiten Weltkrieges auf Dresden begannen.
Gestört von vereinzelten deutschen Jagdflugzeugen, warfen
die B-17 binnen 84 Minuten über 1500 Tonnen Spreng- und
mehr als 164 Tonnen Brandbomben über dem Stadtgebiet ab.
Das Verhältnis erklärt sich durch das konkrete Objekt des
Angriffs: Brandbomben können an Bahnanlagen nur geringe
Schäden anrichten, Sprengbomben dagegen die Gleisanlagen
nachhaltig zerstören. Und obwohl die Wetterverhältnisse
wiederum eher ungünstig waren, es zu erheblichen Zielerfas-
sungsproblemen und Fehlwürfen kam und damit zu neuen
Zerstörungen auch in Wohngebieten, trafen die meisten Bomben ihre anvisierten Objekte.

Um 15.12 Uhr drehten die letzten Viermotorigen ab. Der
Rangierbahnhof Neustadt, der Altstädter, der Haupt- und der
Friedrichstädter Bahnhof waren nahezu umgepflügt. Ein
Eisenbahner berichtete später: „Wo man hinschaute, sah man
zerrissene Gleisanlagen, rauchende, brennende, umgestürzte
und übereinander geschleuderte Wagen, Schienen und
Schwellen." In diesem finalen Präzisionsangriff, mit ungefähr

*Beim letzten Luftangriff auf
Dresden am 17. April gelingt
es der US-Luftwaffe, die Anlagen des Bahnhofs Friedrichstadt so schwer zu treffen,
dass die Gleise bis Kriegsende
nicht mehr repariert werden
können.*

Der Pirnaische Platz, vor den Angriffen einer der belebtesten Orte im Stadtzentrum.

450 Toten auch der mit der zweithöchsten Todesopferzahl, hatte die US-Luftwaffe ihr Ziel erreicht: Das Eisenbahnnetz von Dresden war lahm gelegt und blieb es bis Kriegsende.[155]

Kaum hatten die Menschen am Boden ihre Arbeit wieder aufgenommen – Tote bergen, Trümmer beseitigen, Notunterkünfte errichten –, da wurden sie vom Kommandanten der Festung Dresden, dem Infanterie-General Werner Freiherr von und zu Gilsa, „umdirigiert". „Um die Verteidigungsbereitschaft des Verteidigungsbereiches beschleunigt zu vollenden", ordnete er am 21. April an: „Jeder Mann, jede Frau sowie Jungen und Mädchen (vom 14. Lebensjahr an) stellen sich mit Schanzgerät (Hacke, Schaufel und Spaten) täglich (einschließlich Sonntag) ... ab sofort jeden Tag um acht Uhr Morgens bis 16 Uhr zum Stellungsbau oder zu Aufräumungsarbeiten."[156] Konkret: Alle Dresdner mussten nun bei der Aushebung von Panzergräben und der Errichtung von Panzersperren am Stadtrand helfen. Das war ganz im Sinne der sächsischen Gauleitung, hatte doch Martin Mutschmann schon

am 16. April, einen Tag vor dem letzten Angriff, öffentlich verkündet: „Die militärische Lage schließt einen Angriff auf Dresden nicht aus. In diesem Fall wird die Stadt mit allen Mitteln verteidigt ... Ich erwarte von jedem Einzelnen den letzten Einsatz für die Ehre, die Freiheit und das Leben unseres Volkes."[157] Mit dem Befehl General Gilsas wurde auch die letzte Arbeitskraft der etwa 365 000 verbliebenen Bewohner der Stadt für die Fortführung des „Totalen Kriegs" requiriert, der nun längst und für jedermann erkennbar so unsinnig geworden war wie der Bau nutzloser Panzergräben und -sperren überall in der Stadt.

Am 22. April, einen Tag nach der Gilsa-Anordnung, eroberten Verbände der Roten Armee Bischofswerda und Großenhain; Dresden lag damit beinahe in Reichweite ihrer Geschütze. Doch der Krieg sollte hier noch bis zu seinem letzten Tage andauern. Noch verfügte die Armee von Schörner in Sachsen über zahlenmäßig recht starke Einheiten sowie mehrere Panzer. Und der Feldmarschall warf alles, was ihm ver-

Blick durch eine völlig vernichtete Straße in der Innenstadt.

blieben war, der Roten Armee entgegen. Der Gegenangriff hatte Erfolg, die deutschen Truppen konnten die sowjetischen Verbände aufhalten, an manchen Stellen sogar zurückwerfen. Etwa bei Bautzen, wo es der Wehrmacht gelang, den Belagerungsring der Sowjets zu durchbrechen und dort eingeschlossene eigene Verbände zu befreien.[158] Doch fehlte diesen Resten der deutschen Armee die Kraft zu mehr, brachten solche Vorstöße lediglich kurze Aufschübe der sicheren Niederlage – und neue Tote.

Das Kriegsende in der Trümmerwüste

Am 30. April entzog sich der Hauptverantwortliche für den Zweiten Weltkrieg der Verantwortung: Adolf Hitler beging in Berlin Selbstmord. Zwei Tage später war die seit Wochen umkämpfte Reichshauptstadt erobert. Weitere vier Tage darauf, am 6. Mai, starteten die Truppen Marschall Konjews von

Norden aus ihre Offensive in Richtung Dresden und Prag. 24 Stunden später befahl Feldmarschall Schörner der Dresdner Garnison, die Stadt nicht zu verteidigen und sich stattdessen als Kampfgruppe Gilsa nach Süden abzusetzen, ins Erzgebirge. Dennoch kam es mancherorts noch zu heftigen Gefechten zwischen sowjetischen Truppen und versprengten deutschen Verbänden, als das 4. Gardepanzerkorps der Roten Armee in die Vororte der Stadt eindrang.

Dies war typisch für die letzten Kriegswochen in Sachsen. Anders als im Westen, wo die Amerikaner vielerorts nur auf wenig oder gar keinen Widerstand trafen, kämpften die Deutschen mancherorts überaus verbissen gegen die Sowjets. Das lag nicht zuletzt an der „Russenangst", die von der NS-Propaganda gezielt geschürt worden war, um den Kampfeswillen der Soldaten anzustacheln.[159] Über 200 Tote soll der Kampf um Straßenzüge und Häuser allein in den Reihen der Roten Armee in Dresden gefordert haben.

Binnen 24 Stunden hatten die sowjetischen Truppen

Am 8. Mai hat die Rote Armee, hier in einer nachgestellten Filmaufnahme auf dem „Blauen Wunder", Dresden vollständig erobert. Es ist der letzte Tag des Zweiten Weltkrieges.

Dresden vollständig besetzt. Es war der 8. Mai 1945, der Tag der deutschen Kapitulation. Das Sowjetische Oberkommando gab bekannt: „Die Kämpfer der 1. Ukrainischen Front haben nach zweitägigen schweren Kämpfen den Widerstand des Feindes gebrochen und heute ... die Stadt Dresden genommen, einen mächtigen Verteidigungsknoten der Faschisten in Sachsen."[160] Ein paar Wochen später wurde auch Gauleiter Martin Mutschmann verhaftet, der sich kurz vor dem Einmarsch der Roten Armee aus Dresden abgesetzt und im Erzgebirge versteckt hatte. Die Sowjets brachten Mutschmann nach Moskau, verhörten ihn und richteten ihn 1948 als Kriegsverbrecher hin.

Am Tag des Waffenstillstands wurde den Truppen des Generals Shadow auf dem Roten Platz in Moskau Salut geschossen – zum Dank für die Einnahme Dresdens. Die Stadt war nun ein Ort, der mit dem, was noch bis Anfang des Jahres an diesem Abschnitt der Elbe zwischen Sächsischer Schweiz und Meißen gelegen hatte, kaum noch Ähnlichkeit besaß – und an manchen Stellen nahezu entseelt. Im Zentrum und in der Johannstadt, wo vor dem Krieg insgesamt 110 000

Einwohner gelebt hatten, hausten nur noch etwa 1000 Menschen.[161]

Erich Kästner beschrieb dieses völlig veränderte Dresden so: „Man geht hindurch, als liefe man im Traum durch Sodom und Gomorrha. Durch den Traum fahren mitunter klingelnde Straßenbahnen. In dieser Steinwüste hat kein Mensch etwas zu suchen, er muss sie höchstens durchqueren. Von einem Ufer des Lebens zum anderen. Vom Nürnberger Platz weit hinter dem Hauptbahnhof bis zum Albertplatz in der Neustadt steht kein Haus mehr. Das ist ein Fußmarsch von etwa vierzig Minuten. Rechtwinklig zu dieser Strecke, parallel zur Elbe, dauert die Wüstenwanderung fast das Doppelte. Fünfzehn Quadratkilometer Stadt sind abgemäht und fortgeweht ... Was sonst ganze geologische Zeitalter braucht, nämlich Gestein zu verwandeln – das hat hier eine einzige Nacht zuwege gebracht."[162] Der Dichter Gerhart Hauptmann, der die Angriffe auf die Stadt in einem Sanatorium überlebte, hatte darüber schon kurz nach den Februar-Bombardements einen Text mit den berühmten und bis heute viel zitierten Worte geschrieben: „Wer das Weinen verlernt hat, der lernt es

Nach Kriegsende macht sich die verbliebene Bevölkerung – hauptsächlich Frauen, Kinder und alte Menschen – endlich von Luftalarmen ungestört an die Aufräumarbeiten.

wieder beim Anblick Dresdens."[163] Doch unter den Schmerz und die Trauer vieler Dresdner mischte sich das Gefühl einer großen Erleichterung: „Es war endlich vorbei", sagt Margit Fischer, die damals neunzehn war und alle acht Angriffe auf ihre Stadt miterlebt hat. „Der Krieg war aus, wir mussten keine Angst vor weiteren Luftalarmen und neuen Bomben und neuen Zerstörungen mehr haben, vor allem keine Angst um unser Leben. Und außerdem musste das Leben ja weitergehen. Wir mussten unsere Stadt doch wiederaufbauen. Aber keiner in Dresden hat damals daran geglaubt, dass das überhaupt möglich sein würde."[164]

Es war endlich vorbei – auf die Hitler-Tyrannei, die Kämpfe zur See, zu Lande und in der Luft traf das zu, und natürlich auch auf den Bombenkrieg über Deutschland und Dresden. Doch der Krieg und die Zerstörung der Stadt, sie lebten weiter, nicht nur in der Erinnerung der Menschen. Auch in der Politik und im offiziellen Gedenken an die Luftangriffe führen sie seither ein wechselvolles Eigenleben. Die Geschichte dieses Eigenlebens ist eine Geschichte von aufrichtigem Erinnern, von Versöhnung zwischen den ehemali-

gen Gegnern und vom ehrlichen Versuch, das Schicksal Dresdens als Warnung vor Kriegen und Mahnung zum Frieden zu verstehen und zu nutzen. Gleichwohl ist es auch die Geschichte von zahllosen Legenden, von verfälschenden Darstellungen und einem mitunter sehr fragwürdigen Mythos, die sich um die Ereignisse gebildet haben. Vor allem aber die eines andauernden Missbrauchs der Katastrophe und ihrer Opfer für ideologische Zwecke verschiedener politischer Gruppierungen.

Diese Geschichte begann sofort nach den Angriffen vom 13. und 14. Februar 1945. Anfang März 1945 unternahm Rudolf Sparing in der NS-Wochenzeitung „Das Reich" die heute bekannteste der frühen propagandistischen Ausbeutungen. „Der Tod von Dresden", so schrieb Sparing, sei „ein Leuchtfeuer des Widerstandes" gegen die Kriegsgegner Deutschlands.[165]

Der Feuersturm, dessen Nahrung aus Tausenden Menschen bestanden hatte, als Fackel des Durchhaltewillens – dies war vielleicht der obszönste Missbrauch der Katastrophe. Doch es sollte nicht der einzige bleiben.

Vom Alltäglichen zum Exemplarischen
Dresden als Chiffre für den Luftkrieg der Alliierten

Von Matthias Neutzner

Kaum zehn Minuten, nachdem am Abend des 13. Februar 1945 die ersten Bomben auf Dresden abgeworfen worden waren, erhielt das Hauptquartier des britischen Bomber Command eine erste Nachricht aus der angegriffenen Stadt. Aus seinem Flugzeug, eintausend Meter über Dresden, meldete der Kommandeur des Einsatzes: „Ziel erfolgreich angegriffen".[1] Wenige Stunden später berichteten die Londoner Nachrichtenagenturen Gleiches. Die alliierten Meldungen des Tages wiesen auf Routine. Ton und Inhalt waren Alltag, sie unterschieden sich von anderen Meldungen anderer Tage nur durch den Zielnamen und operative Details.

Schon zwei Monate später waren die Folgen jener Nacht in Deutschland, in den Ländern der alliierten Kriegsgegner und in den neutralen Staaten Europas weithin bekannt. Unter der *Chiffre Dresden* wurde in den deutschen Medien gegen den alliierten Luftkrieg insgesamt Anklage erhoben. Anhand des *Beispiels Dresden* diskutierte man im britischen Unterhaus alliierte Militärstrategien. Mit dem *Titel Dresden* waren Flugblätter für die amerikanischen Stellungen der Westfront überschrieben.

Es liegt nahe, diese erstaunliche Entwicklung damit zu begründen, dass die Luftangriffe auf Dresden vor allem in ihren Folgen eine besondere Dramatik aufwiesen, dass sich also die *Zerstörung Dresdens* – schon die rasch üblich gewordene Bezeichnung ist ungewöhnlich – deutlich von der langen Reihe der Katastrophen und Unglücke in den von alliierten Bomben getroffenen Orten abhob. Zudem war Dresden im Unterschied zu manch anderem alliierten Ziel ein Ort mit zumindest europäischer Reputation für Schönheit und kulturellen Wert.

Allein, beides hätte nicht ausgereicht, den Städtenamen Dresden so rasch, so nachhaltig und so symbolhaft entrückt zum Beispiel schlechthin für eine jahrelang verfolgte Luftkriegsstrategie zu machen. Vielmehr ist dies vor allem auch das Ergebnis einer sofort einsetzenden Propagandakampagne der deutschen Führung: Gut zwei Monate lang versuchte Goebbels' Propagandaministerium mit unterschiedlichen Schwerpunkten und wechselnder Intensität, die Dresdner Katastrophe für die Zielsetzungen des nationalsozialistischen Regimes nutzbar zu machen.

Im Ergebnis wurde vor allem eines erreicht: Noch vor dem Ende des Krieges verband sich die Erinnerung an die Februar-Luftangriffe auf Dresden fest mit ersten Konstanten einer kollektiven Erzählung, die sofort als *Chiffre Dresden* zitierbar wurde. Die Erzählung entstand als selektive Reflektion der Ereignisse, die von fest gefügten Wertungen eingefasst und symbolhaft verallgemeinert wurde. So etablierte sie sich rasch als Erinnerungsrahmen, so konnte die Chiffre Dresden als Propaganda-Werkzeug genutzt werden, dass bereits seine Eignung auch für die Nachkriegszeit andeutete.

14. Februar 1945:
Aus Dresden wird Erfolg gemeldet

Mehrere zehntausend Menschen waren nötig, um die nächtlichen Luftangriffe gegen Deutschland mit ihrem überaus komplizierten Geflecht aus Logistik, Technologie und militärischer Organisation auszuführen. Mit einigen hundert Nächten Erfahrung funktionierte dieser Apparat in der Nacht vom 13. zum 14. Februar 1945 routiniert. Zu den gewohnten Abläufen gehörte auch das frühmorgendliche Prozedere der militärischen Öffentlichkeitsarbeit: Kurz vor sieben Uhr Ortszeit fasste das Londoner Air Ministry in einem ersten, noch knappen Fernschreiben die Ereignisse zusammen: „In der letzten Nacht setzte das Bomberkommando 1 400 Maschinen ein. Das Hauptziel war Dresden."[2]

Während die Meldung die Redaktionen erreichte, kehrten die ersten Besatzungen der zweiten nächtlichen Angriffswelle aus Dresden zurück. Wie immer wurden sie auch an diesem Morgen über den Angriffsverlauf befragt. Zwei Aspekte ihrer Berichte griffen die Presseoffiziere gern auf: Die Besatzungen beschrieben große Flächenbrände in der Stadt, die auf dem Rückflug noch mehrere hundert Kilometer von Dresden entfernt sichtbar gewesen waren. Und sie hatten mit Erleichterung registriert, dass sie über dem Ziel auf keine deutsche Luftabwehr getroffen waren. Beide Beobachtungen fanden Eingang in die Medieninformationen – als Illustrationen für den Erfolg der nächtlichen Operation und für die militärische Überlegenheit der Alliierten.

Gegen neun Uhr wurde in London das übliche ausführlichere Kommuniqué des Air Ministry veröffentlicht und von den Nachrichtenagenturen verbreitet – noch rechtzeitig für die amerikanischen Morgenzeitungen des 14. Februar, deren Redaktion durch die atlantische Zeitdifferenz einige Stunden später als in Europa schloss. So konnte die *New York Times* ihren Lesern einen „vernichtenden Schlag gegen Dresden" berichten. Die Zeitung nannte auch den Grund für die Luftangriffe und zitierte dazu wörtlich aus der Londoner Erklärung: Dresden sei „Knotenpunkt eines Eisenbahnnetzes und große Industriestadt" und „von großer Bedeutung für die Koordinierung der deutschen Verteidigung gegen Marschall Konjevs Armeen."[3] Die Angriffe auf Dresden werden damit als unmittelbare Unterstützung der sowjetischen Offensive dargestellt, deren Angriffsspitzen – eben „Konjevs Armeen" – in Richtung Görlitz vorrückten. Der kanadische *Toronto Daily Star* fasste die Motive in einer plakativen Schlagzeile zusammen: „Konevs Weg nach Dresden … ausgeleuchtet." Was der Titel nur andeutete, führte einige Seiten weiter ein Kommentator aus: Wenn die Bomber-Besatzungen die Feuer 200 Meilen weit gesehen haben, dann müssen sie auch für die russischen Truppen am Horizont mit bloßem Auge erkennbar gewesen sein.[4] So schuf der Schein des Dresdner Feuersturms eine symbolische Verbindung zwischen den Alliierten und bewies die gerade in Jalta bekräftigte Geschlossenheit. Es lag nahe, die Luftangriffe damit zu einer gemeinsamen militärischen Aktion nicht nur Großbritanniens und der USA, sondern quasi der „Großen Drei" insgesamt zu überhöhen.

Über die in London vertretenen Nachrichtenagenturen erreichten die Informationen des Air Ministry am zeitigen Vormittag die Presse der neutralen Staaten Europas. Einige Nachmittagszeitungen dort schafften es noch, die nächtlichen Nachrichten aufzunehmen: Die Schweizer *Neue Züricher Zeitung* berichtete knapp, ohne Emotionen, und übernahm die britische Beschreibung Dresdens als „Sitz zahlreicher Rüstungsfabriken und Knotenpunkt einer Reihe von erstklassigen Eisenbahnlinien und Straßen".[5] Auch im neutralen Schweden wurde schon am Nachmittag des 14. Februar – die Flugzeuge der dritten amerikanischen Angriffswelle gegen Dresden waren noch auf dem Heimweg – von der Zerstörung der Stadt berichtet. *Aftonbladet* titelte „Riesenangriff auf Dresden" und berief sich bereits auf weitere Quellen: Aus den offiziellen Londoner Verlautbarungen stammten die wiedergegebenen militärischen Fakten und die knappe Begründung für die Angriffe. Die Redakteure aber fügten eigenes Wissen hinzu, und so tauchte schon wenige Stunden nach der Bombennacht eine weitere Charakteristik der angegriffenen Stadt in den internationalen Medien auf: „Dresden, eine der schönsten Städte Deutschlands und eine Hochburg sächsischer Kunst". Zudem gab der Londoner Korrespondent der Zeitung erste deutsche Rundfunkmeldungen weiter, die noch vage auf die große Zahl von Flüchtlingen in der Stadt verwiesen und „die beklemmendsten Szenen" andeuteten.[6] Die Rundfunkstationen der westlichen Alliierten berichteten ab dem späten Nachmittag: Von 18 Uhr an teilte die *BBC* ihren Hörern die offiziellen Informationen mit, ergänzt durch nunmehr ausführlichere Schilderungen der Besatzungen: „Ein gewaltiger Großbrand wurde im Stadtzentrum entfesselt."[7]

Während die alliierten Kommandeure sich auf die Beobachtungen und Fotografien aus der Luft verlassen mussten, verfügten die deutschen Behörden zu diesem Zeitpunkt bereits über Informationen aus der angegriffenen Stadt selbst. Trotz des Ausfalls vieler Nachrichtenverbindungen hatten noch in der Nacht die zentralen Reichsbehörden informiert werden können. Der Interministerielle Luftkriegsschädenausschuß des Propagandaministeriums entsandte sofort einen Mitarbeiter nach Dresden, um die Situation in der Stadt zu erkunden. Am Morgen gab die Dresdner Ordnungspolizei ihren Berliner Vorgesetzten eine erste Lagemeldung: „In der rasenden Feuersbrunst … muss die fast vollständige Zerstörung der Stadt erwartet werden."[8] Im Berliner Propagandaministerium ahnten die Verantwortlichen also bereits die Größe der Dresdner Katastrophe, zögerten aber angesichts der diffusen Nachrichten noch, eine nachdrückliche Medien-Kampagne zu starten. Dennoch erklärte ein Sprecher des Ministeriums am Nachmittag, dass die Angriffe als „reine Terrorakte" betrachtet werden müssten und in Dresden der „weltberühmte Zwinger", das Schloss, die Oper „und andere kulturhistorische Gebäude" zerstört seien.[9] Das Deutsche Nachrichtenbüro, eine der drei Nachrichtenagenturen des Propagandaministeriums, sorgte für die Verbreitung dieser Stellungnahme im Ausland; die Rundfunkstationen der deutschen Auslandspropaganda griffen sie noch am selben Tag auf.

15. Februar 1945: Die deutsche Propagandakampagne startet

Am Abend des 14. Februar 1945 traf der nach Dresden beorderte Mitarbeiter des Interministeriellen Luftkriegsschädenausschusses wieder in Berlin ein. Seine Berichte müssen sehr eindringlich ausgefallen sein, denn sofort beorderte Goebbels den Geschäftsführer des Ausschusses, Theodor Ellgering, mit Stab und Nachrichtentechnik nach Dresden, um persönlich und vor Ort die Hilfsmaßnahmen in Gang zu bringen.[10] Parallel zu Goebbels Mitarbeitern wurden am Morgen des folgenden Tages weitere Berliner Beamte nach Dresden geschickt: Heinrich Himmler, der den SS- und Polizeiapparat leitete, sandte zwei SS-Offiziere, die den Höheren SS- und Polizeiführer in Dresden unterstützen sollten.[11] General Hampe, Befehlshaber der Technischen Wehrmachtshilfe und zuständig für die Wiederherstellung der Eisenbahnanlagen, fuhr mit seinem Stab dorthin und forderte sofort Unterstützung aus der Berliner Reichsbahn-Hauptverwaltung an.[12] Noch bevor am Mittag des 15. Februar erneut amerikanische Flugzeuge Dresden angriffen, waren also die Nachrichtenverbindungen nach Berlin wiederhergestellt und zusätzliche Meldewege eingerichtet, so dass man sich auch im Propagandaministerium nun ein genaueres Bild von der Situation in der zerstörten Stadt machen konnte.

Die Angriffe auf Dresden erschienen dort als nochmalige Steigerung des Luftkrieges, den die deutsche Führung angesichts der fast vollständigen Luftüberlegenheit der Alliierten ohnmächtig geschehen lassen musste. Erst zehn Tage zuvor hatten wieder mehr als eintausend amerikanische Flugzeuge das Berliner Zentrum bombardiert und dabei selbst die Reichskanzlei und Goebbels' Propagandaministerium in Trümmer gelegt. Wie ungehindert und effizient nun mit Dresden eine der letzten noch fast unversehrten Großstädte Deutschlands zerstört werden konnte, das musste für die Berliner Führung eine erneute tiefe Demütigung bedeuten. Die Wut war groß, und im engsten Führungskreis wurde diskutiert, für jeden in Dresden getöteten Zivilisten einen alliierten Kriegsgefangenen hinzurichten[13] und die Zerstörung der Stadt zum Anlass zu nehmen, aus der Genfer Konvention auszutreten. Beides war jedoch nicht im Interesse der Militärführung und wurde vor allem von dort blockiert. Noch Ende März ärgerte sich Goebbels über diese aus seiner Sicht verpasste Chance[14]; in seinem eigenen Arbeitsfeld zumindest sollte ihm das nicht passieren und eine entschiedene Reaktion auf die Zerstörung Dresdens erfolgen: Eineinhalb Tage nach der Bombennacht des 13. Februar starteten das Berliner Propagandaministerium und die Presseabteilung des Auswärtigen Amtes eine der letzten deutschen Propagandakampagnen des Zweiten Weltkrieges.

Wenn hier der Terminus „Kampagne" benutzt wird, so soll dies vor allem andeuten, dass die Maßnahmen mit einem gewissen Maß an Systematik in Planung und Ausführung auf das Erreichen der Propagandaziele ausgerichtet wurden. Dies schließt gleichwohl Improvisationen, taktisches Reagieren, Nachlässigkeiten und Verschiebungen in Prioritäten und Zielsetzungen ein. Auch stand die Behandlung der Zerstörung Dresdens im Kontext der bereits jahrelang erfolgten propagandistischen Bearbeitung des Luftkriegsgeschehens. Dabei ging es in der Inlandspropaganda vor allem darum, die negativen Auswirkungen der Zerstörungen auf die Stimmung in der Bevölkerung aufzufangen. Für die Auslandpropaganda waren einige Wochen vor dem 13. Februar gerade aktualisierte Anweisungen erlassen worden, die dem Thema der „angelsächsischen Luftkriegsführung" hohe Priorität einräumten.[15] Der alliierte Bombenkrieg sollte als lang vorbereiteter und planmäßiger Vernichtungsfeldzug dargestellt werden, auf den Deutschland in berechtigter Gegenwehr mit seinen V-Waffen antwortete. In Berlin erarbeitete man detaillierte Argumentationen und stellte Massenflugblätter und Broschüren für den Auslandseinsatz bereit. Verbindliche Sprachregelungen wurden festgelegt, so „Bomber Harris" und „Killer-Eaker", um die Befehlshaber der alliierten Bomberflotten zu bezeichnen. Ein neuer, rein deklamatorisch gefasster Straftatbestand – „Verbrechen an Europa" – sollte zum Einsatz kommen, um den alliierten Bombenkrieg als Verbrechen „gegen Leben, Kultur und Eigentum der europäischen Nationen" anzuprangern. Die deutschen Möglichkeiten, die öffentliche Meinung im Ausland zu beeinflussen, waren zwar im Kriegsverlauf immer geringer geworden. Dennoch hoffte man in Berlin, mit der propagandistischen Ausnutzung des Luftkrieges insbesondere bei den gesellschaftlichen Eliten der Kriegsgegner und der neutralen Länder eine kritische Haltung zur alliierten Kriegsführung insgesamt und ein gewisses Maß an Solidarisierung mit Deutschland zu erreichen. Die Dresdner Katastrophe bot dafür beste Voraussetzungen.

Im Verlauf des 15. Februar erarbeitete das Propagandaministerium einen ausführlichen Kommentar zur Zerstörung Dresdens, der noch am Nachmittag vom Deutschen Nachrichtenbüro in alle Welt verbreitet[16] und in den Sendungen der fremdsprachigen Rundfunkpropaganda aufgegriffen wurde.[17] In den folgenden Tagen erhielten die deutschen Gesandtschaften im neutralen Ausland den Text übermittelt.[18] Deren regionale Pressedienste fertigten eigene Fassungen in den jeweiligen Landessprachen an und sorgten für die Weitergabe vor Ort.[19] Unter dem Titel „Neues englisches Kulturwerk. Dresden und Chemnitz wurden ausgelöscht" beschrieb der Text einen neuen Höhepunkt des „anglo-amerikanischen Luftterrors", bei dem nun die sächsischen Städte auf „barbarische Weise angegriffen und verwüstet" worden waren. Im Mittelpunkt der Schilderungen stand „die Zerstörung der Kunststadt Dresden": So hieß es: „Der weltberühmte Zwinger, das königliche Schloß, die Hofkirche und all die anderen berühmten Bauwerke, die Dresden zu einem Wallfahrtsort für alle Kunstliebhaber machten und die der Stadt an der Elbe deren unvergleichlich schöne Silhouette gaben, sind zerstört worden." Dresden sei eine Stadt gewesen, in der „hunderte Engländer der gebildeten Schicht" ausgebildet worden waren oder „in den ausgezeichneten Sanatorien" Heilung gefunden hatten. „Trotzdem wurde diese Stadt, die nicht nur zu den Juwelen Deutschlands, sondern auch Europas gezählt wird, gerade von Engländern und Amerikanern zerstört." Dresdens Industrie, behauptete der DNB-Kommentar, sei ohne Bedeutung für den Krieg und die militärisch wichtigen Bahnanlagen würden sich nicht im Stadtzentrum befinden. Auch habe der Brandbombeneinsatz bewiesen, dass – anders als in den britischen Radiomeldungen behauptet – nicht die Eisenbahnanlagen, die man damit nicht zerstören könne, sondern Baudenkmale und Wohngebiete getroffen werden sollten. Solche Terrorangriffe seien allerdings lange als militärisch sinnlos erwiesen. Und so könne es nur darum gegangen sein, „dass man das deutsche Volk und alles was es noch besitzt, ausrotten und vernichten will." Die Engländer und Amerikaner würden Anspruch darauf erheben, „der Welt erste Kulturnation zu sein." Während aber die Rote Armee „Terrorangriffe nach englisch-amerikani-

schem Muster ... als militärisch zwecklos betrachtet", sei Dresden nun das jüngste Beispiel für die „hochstehende Zivilisation" der westlichen Alliierten. Der Kommentar schloss: „Es ist die erste große militärische Tat der Engländer und Amerikaner nach der Konferenz von Jalta. Es ist das erste erkennbare Ergebnis der Alliiertenbeschlüsse gegen Deutschland, die in Jalta getroffen wurden. Das deutsche Volk hat durch eine Kapitulation nichts zu gewinnen. Jetzt hat es auch Dresden verloren. Es bedarf keiner Phantasie sich vorzustellen, wie viel es noch verlieren würde, wenn es jemals vollständig in die Hände der feindlichen Gewalt geriete."[20]

Mit diesem Text zum Auftakt der deutschen Kampagne waren am 15. Februar bereits die Gegenpositionen zu den alliierten Darstellungen fixiert, die nun systematisch vertieft und verbreitet wurden: Die deutsche Propaganda beschrieb Dresden als für die Kriegsführung unbedeutende Kunststadt. Damit war jeder militärische Sinn der alliierten Angriffe von vornherein in Abrede gestellt. Sie wurden als „sinnlos" bezeichnet, wobei sich dies eben nur auf eine Bewertung aus militärischer Sicht bezog. Dagegen glaubte die deutsche Propaganda in den Luftangriffen einen anderen Sinn zu finden: In ihrer Darstellung richteten sich die Bombardements gegen das deutsche Volk, das in seiner physischen, materiellen und geistigen Existenz vernichtet werden sollte. Hier fanden sich dann auch die Anknüpfungspunkte für die weiterführenden Argumentationen: In der Auslandspropaganda genügte es, den alliierten Bombenkrieg als Verbrechen außerhalb der militärischen Notwendigkeiten darzustellen, um das Meinungsbild in den gegnerischen und neutralen Ländern zu beeinflussen. Für die Inlandspropaganda konnte die Beschreibung des Luftkriegs mit der Ankündigung von Ausrottung und Versklavung verbunden werden, die dem deutschen Volk drohen würde, wenn die Alliierten den Krieg gewinnen und die Anfang des Monats in Jalta gefassten Beschlüsse umsetzen würden. Die NS-Führung suchte den Krieg unter allen Umständen und um jeden Preis weiterzuführen; die Furcht vor der Unmenschlichkeit der Gegner Deutschlands erwies sich dabei als wichtiges Instrument, den Durchhaltewillen von Bevölkerung und Armee zu erhalten.

Den so vorgegebenen Leitlinien folgten die deutschen Medien sofort und strikt.

Für die Dresdner hatte die Gaupropagandaleitung Sachsen bereits am Tag nach der Bombennacht „Kurznachrichten für die vom Luftkrieg betroffene Bevölkerung" herstellen lassen. Das A4-Blatt musste in der nahegelegenen Kleinstadt

Pirna gedruckt werden; es enthielt neben dem Wehrmachtsbericht einige zusammengesuchte militärische Erfolgsmeldungen, einen Aufruf zu „Disziplin und Ruhe" und knappe Hinweise für die hilfsbedürftigen Dresdner.[21] Eine erste reguläre Ausgabe der nunmehr einzigen Tageszeitung für Dresden, *Der Freiheitskampf*, erschien am 16. Februar. Der Leitartikel – „Trotz Terror: Wir bleiben hart" – war im Stakkato einer sich von Zeile zu Zeile steigernden Anklage gegen die Alliierten angelegt: „Viehischer Mord", „Vernichtung um der Vernichtung willen", „Ausfluß der niedrigsten Instinkte", „talmudischer Haß". Das Ziel der Terrorbomber, so die Redakteure des *Freiheitskampf*, die Dresdner „weich zu machen für einen ehrlosen und für alle Zeiten verhängnisvollen Frieden", würden sie dennoch nicht erreichen. Im Gegenteil: Das „verpflichtende Vermächtnis der schmerzvoll betrauerten Dresdner Opfer" sei, nun erst recht „härter und trotziger", „verbissener" und von „unabänderlichem Willen" geleitet für Deutschland zu kämpfen.[22]

Am selben Tag leiteten auch die überregionalen deutschen Zeitungen die Dresden-Kampagne der Inlandspropaganda ein. Ihre Beiträge waren zunächst strikt auf die Zerstörung kultureller Werte fokussiert. „Das Kulturverbrechen an Dresden" titelte der *Völkische Beobachter* am 16. Februar, „Die Schändung Dresdens" am Tag darauf: „Ein ungeheurer Terrorangriff hat eine der edelsten und anmutigsten deutschen Städte getroffen".[23] Die *Deutsche Allgemeine Zeitung* beschrieb Wert und Schönheit der Stadt in entrückter, lyrischer Sprache – „beglückende Melodik", „edelbeschwingte mozartische Grazie" – und kontrastierte diese mit einem Zerstörungsbericht, dessen Verben die anonymen Täter gleichsam als blind wütende Einzelkämpfer erscheinen ließen: „niedergestampft", „verstümmelt", „zertrümmert", „hinabgestürzt", „vernichtet".[24] Die Zeitungsberichte stellten Dresden als Gesamtkunstwerk dar; nirgendwo fehlte die überschwängliche Würdigung des „berühmten Panoramas", der „großzügigen Landschaft", der „herrlichen Bauten" – und überall hatte man sie in der Vergangenheitsform verfasst: „Dresden war …"

Der *Freiheitskampf* vom 17. Februar brachte die Argumentation dann auf den Punkt: Unter der Überschrift „Kulturfrevler" stellten die Redakteure die alliierten Gegner als „kulturlose Barbaren" dar, die sich in Dresden „wie in keiner deutschen Stadt zuvor … am Kulturbesitz der Welt versündigt" hätten. Dagegen stünde deutsche „Kulturverantwortung", die sich auch in Kriegszeiten mit der sorgfältigen Restaurierung der Frauenkirche gezeigt habe. So zeichnete die NS-Propaganda das Bild einer auch kulturell überlegenen deutschen Nation, der „kulturelles Untermenschentum" gegenüber stünde. Während Ersteres das Vertrauen auf einen deutschen Sieg stärken sollte, musste Letzteres noch einmal deutlich machen, dass von solchen Gegnern nach einer deutschen Niederlage nur noch größere Verbrechen zu erwarten seien. In derselben Ausgabe des *Freiheitskampf* rief Gauleiter Mutschmann zu „seelischer Stärke" nach dem Vorbild des Führers auf; in seinem Appell deutete er das Leid der Dresdner zur Auszeichnung um: Sie müssten sich nun „der Größe des Schicksals weiterhin würdig zeigen." Ein dritter Kommentar auf der Titelseite gab dagegen „Entsetzen", „Lähmung" und Mutlosigkeit" angesichts des „riesenhaften Terrorangriffs" zu – dies allerdings nur, um sie auf eine „Schreckekunde" zu reduzieren, die längst überwunden sei und der mit „innigster Volksgemeinschaft" geantwortet würde.[25]

15. Februar 1945: Die Alliierten liefern militärische Superlative

Die britischen Zeitungen konnten ihren Lesern erst mit den Morgenausgaben des 15. Februar ausführlichere Berichte über die Luftangriffe auf Dresden liefern. „Vernichtende Schläge gegen Dresden. 650 000 Brandbomben" überschrieb die Londoner *Times* ihren Bericht. „Es brannte überall, mit einer fürchterlichen Konzentration im Stadtzentrum", wurde ein britischer Pilot zitiert, der in der Nacht zum 14. Februar über Dresden gewesen war. Die Bombenschützen des folgenden amerikanischen Mittagsangriffes, so die *Times*, hätten über Dresden noch die Brände beobachten können, die von den britischen Flugzeugen während der Nacht entfacht worden waren.[26] Solches konnte die britische Öffentlichkeit dann auch im Bild sehen: *Daily Sketch* druckte eine Einzelaufnahme aus dem Zehn-Minuten-Film ab, den einer der britischen Bomber während des zweiten Luftangriffs über Dresden gedreht hatte.[27]

Einige Stunden später betonten die amerikanischen Zeitungen vor allem den Gesamtumfang der alliierten Luftangriffe: „8 000 Flugzeuge gegen Deutschland" *(Washington Post)*[28], „Einer der bisher stärksten Luftschläge der Alliierten gegen Deutschland" *(New York Times)*[29], „11 250 trafen das Reich in einem 36-Stunden-Blitz" *(Toronto Daily Star)*[30] – die Schlagzeilen illustrierten die „große alliierte Luftoffensive zur

Unterstützung der russischen Front".[31] Die Zahlen bezeichneten die Summe aller Einsatzflüge der Bomber, Jagdbomber und Jagdflugzeuge gegen mehr als ein Dutzend Ziele, addiert für unterschiedliche Zeiträume. Unter den benannten Orten aber war Dresden das Hauptthema – und blieb es für die nächsten Wochen.

„10 000 Flugzeuge schlagen Tag und Nacht auf das Reich ein" titelte die kanadische Truppenzeitung *Maple Leaf* am 16. Februar und beschrieb die Luftangriffe des Vortages, die u. a. auch Dresden getroffen hatten.[32] Die Schlagzeile der Londoner *Times* erwähnte nur einen Städtenamen: „Erneut Dresden".[33] Auch jenseits des Atlantiks stand der vierte Luftangriff auf Dresden binnen 48 Stunden im Mittelpunkt der Berichte: „Eisenbahn-Stadt hinweggefegt", so die Überschrift in der *New York Times*, und: „Dresden fast erledigt". In der Zwischenzeit aber war die am Vortag gestartete deutsche Kampagne angelaufen, die der Londoner Korrespondent der *New York Times* sachlich umriss: „Die Deutschen gaben alle Zurückhaltung in ihrer Sympathie-Propaganda auf und berichteten, dass Dresden ‚zu einem Haufen Ruinen zerschlagen wurde' und ‚unersetzliche Kunstwerke nur noch qualmender, verbrannter Schutt seien'". In mehreren Absätzen zählte er die als zerstört gemeldeten Dresdner Baudenkmale auf – von Zwinger und Gemäldegalerie bis Japanischem Palais und Oper.[34] Die Redakteure des kanadischen *Toronto Daily Star* waren am selben Tag dagegen von der alliierten Luftoffensive weit mehr beeindruckt als von den deutschen Kommentaren zu Dresden: „Die koordinierten Angriffe auf die Nazi-Kriegsmaschinerie haben zwischen Dienstag- und Donnerstagnacht ein bislang beispielloses Maß erreicht."[35]

„Zwischen Dienstag- und Donnerstagnacht" war Dresden eines der Ziele der alliierten Luftwaffen gewesen – und in den Tagen danach das Top-Thema in der Berichterstattung. Obwohl allenfalls ein Zehntel der insgesamt eingesetzten Flugzeuge tatsächlich die Stadt angegriffen hatte, musste in der öffentlichen Wahrnehmung eine Verbindung zwischen dem Städtenamen Dresden und den Superlativen einer gewaltigen Bomberoffensive entstehen. Noch bevor also detaillierte Nachrichten über die tatsächlichen Auswirkungen der Luftangriffe auf Dresden die Weltöffentlichkeit erreicht hatten, war an die Berichte von der Zerstörung der Stadt bereits – und fälschlicherweise – das Attribut einer einzigartigen militärischen Anstrengung geheftet. Einer solchen aber hatte es gar nicht bedurft, um Dresden zu zerstören: Die Technologie des alliierten Luftkrieges war mittlerweile so perfektioniert worden, dass Aufgaben dieser Art mit dem vergleichsweise moderaten Einsatz einiger tausend Flugzeuge in einigen wenigen Angriffen erledigt werden konnten. Die unablässig wachsenden Ressourcen der alliierten Luftflotten erlaubten es zudem, dies fast täglich zu wiederholen und zeitgleich Zerstörungen an jeweils Dutzenden anderer Orte zu erreichen. Bis in den März 1945 hinein konnte die britische und amerikanische Presse neue Rekorde einer fast ununterbrochen andauernden Bomberoffensive gegen Deutschland melden. Währenddessen blieb auch Dresden ein Thema.

16. Februar 1945: Die schwedische Presse beschreibt eine einzigartige Katastrophe

Für die deutsche Auslandspropaganda, die kaum noch eine Chance hatte, die Medien der alliierten Gegner direkt zu beeinflussen, kam der Berichterstattung in den neutralen Ländern Europas besondere Bedeutung zu. Wenn es gelang, in der dortigen Presse Nachrichten und Argumentationen zu platzieren, die der deutschen Kriegsführung nützlich waren, so erreichten diese – nun aus scheinbar neutraler Quelle stammend – auch die Öffentlichkeit der alliierten Länder. Um diesen Weg indirekter Einflussnahme zu nutzen, hatten das Propagandaministerium und das Auswärtige Amt ein umfangreiches Repertoire an Maßnahmen entwickelt, die sich vor allem auf die noch in Berlin verbliebenen Korrespondenten aus neutralen Ländern konzentrierten. In den täglichen Pressekonferenzen beider Ministerien erhielten sie die offiziellen Nachrichten und Stellungnahmen mitgeteilt. Ihre Bewegungsfreiheit war stark eingeschränkt, ihre „Betreuung" u. a. in einem privilegiert versorgten „Presseklub" ganztägig gesichert. Alle ihre Telefon-, Telegramm- und Briefverbindungen wurden rund um die Uhr überwacht, die Berichterstattungen durch ein komplexes System von Regeln, Drohungen und praktischer Zensur gesteuert.[36] Es war damit ein Leichtes, den ausländischen Korrespondenten die Nachrichten über die Zerstörung Dresdens gezielt zuzuleiten, sie mit Augenzeugen in Verbindung zu bringen und ihnen die offizielle deutsche Bewertung der Geschehnisse nahe zu legen. Reisen nach Dresden gestattete das Propagandaministerium den Journalisten nicht.[37]

Am 16. Februar erschienen erste ausführliche Berichte in der schwedischen Presse. Ivar Vesterlund, der Berliner Korrespondent des Stockholmer *Dagens Nyheter*, titelte „Inferno in Dresden – Unerhörte Anzahl Tote" und zitierte „Berichte von Reisenden", nach denen Dresden „ein einziges brennendes Inferno" sei, „in dem die Menschen zu mehreren Zehntausenden den Tod fanden und … alle weltbekannten kulturhistorischen Bauwerke ganz oder teilweise zerstört wurden." Sein Bericht führte nun endgültig das Thema der Flüchtlinge in die Darstellung der Dresdner Tragödie ein, begründete er doch die „unerhörten Opfer an Menschleben" damit, dass „durch keine Stadt … in den letzten Tagen so viele Ostflüchtlinge ‚geschleust' worden [waren] wie durch Dresden."[38] Das *Svenska Morgonbladet* vertiefte dies in seinem Bericht aus Berlin am folgenden Tag und nennt – aus vertraulicher Quelle – noch höhere Zahlen: „Gegenwärtig spricht man von 100 000 Toten." Auch diese werden mit unvorstellbar vielen Flüchtlingen in der Stadt begründet, so dass sich in der Nacht der Luftangriffe insgesamt 2,5 Millionen Menschen in Dresden befunden hätten.[39] Die deutsche Propaganda griff die schwedischen Meldungen sofort auf. Das *Scandinavian Telegraph Bureau* – ein Dienst, den die Presseabteilung der deutschen Gesandtschaft in Stockholm steuerte – zitierte am 16. Februar die schwedischen Berichte und verbreitete seinerseits eine Zahlenangabe, angesiedelt in der Mitte beider Schätzungen: In Dresden seien 70 000 Menschen getötet worden.[40]

Die Berichte aus Stockholm fanden sofort breite und weltweite Beachtung. Die bislang nur vermuteten und mit den Schilderungen der alliierten Besatzungen illustrierten schweren Zerstörungen in Dresden wurden nun dramatisch bestätigt. Den ohnehin eindrucksvollen Zahlen an abgeworfenen Bomben und gegen Deutschland eingesetzten Flugzeugen, die in den Tagen zuvor in der alliierten Presse berichtet worden waren, setzten die als vertrauenswürdig geltenden schwedischen Berichte nun noch eindringlichere Zahlen von potenziellen und tatsächlichen Opfern entgegen. Noch am selben Tag gab die *New York Times* die schwedischen Schilderungen weiter – „riesige Ozeane aus Feuer" – und zitierte aus *Stockholms Tidningen*: „Noch nie während dieses Krieges ist eine Stadt in einer Nacht so zerstört worden."[41] Am Tag danach überschrieb der *Toronto Daily Star* seinen Korrespondentenbericht aus Schweden mit „Dresden zu Staub verbrannt", zitierte die Stockholmer Zeitung *Expressen* und beschrieb die vollständige Zerstörung der Stadt mit den englischen Adverbien „atomized" und „pulverized".[42] Die in Schweden veröffentlichte Zahl 70 000 wurde hier – wenn-

gleich mit dem Verweis auf die von Deutschland beeinflusste Quelle – ebenso aufgegriffen wie in vielen weiteren Berichten auf dem gesamten amerikanischen Kontinent.[43]

Kaum vier Tage nach dem 13. Februar waren der Weltöffentlichkeit also Beschreibungen und Zahlenangaben mitgeteilt worden, mit denen die Zerstörung Dresdens als bislang größte Katastrophe für die Zivilbevölkerung während des gesamten Zweiten Weltkrieges gedeutet werden konnte. In rascher Folge vertieften weitere Presseartikel diesen Eindruck, die wiederum vor allem von schwedischen Korrespondenten geliefert wurden. Jacob Kronika, Vertreter des *Svenska Dagbladet* in Berlin, bewertete in seinem Bericht vom 20. Februar die Luftangriffe auf Dresden als „etwas vom Schrecklichsten …, was bisher in diesem Krieg geschehen ist." Er nannte „unbeschreibliche Szenen", die man „in den Farben des Infernos malen müßte". Selbst die Hamburger Zerstörungen seien übertroffen und Dresden wäre ein „Crescendo der Bombenverwüstung".[44] Drei Tage später ging *Svenska Dagbladet* ein weiterer Bericht zu, der neue Zahlen enthielt und am 25. Februar veröffentlicht wurde: „Fast 200 000 Opfer der Angriffe auf Dresden" lautete nun die Überschrift. Die Zahl der Flüchtlinge am Abend des 13. Februar gab der Artikel mit ebenfalls etwa 200 000 an.[45]

Die beiden Berichte im *Svenska Dagbladet* fassten bereits musterhaft all jene Elemente zusammen, die in den Wochen danach – und in vielen Aspekten bis heute – das weltweit rezipierte Bild der Zerstörung Dresdens ausmachten: Dresden erschien nun ausschließlich als überaus wertvoller Ort der Kultur und Kunst; von einer militärischen Bedeutung der Stadt war keine Rede mehr und der Kontext des militärischen Kriegsgeschehens wurde vollständig ausgeblendet. Die große Zahl der Flüchtlinge in Dresden am Abend des 13. Februar schien bestätigt. Und sie wurde als ausschlaggebender Grund für die alles Bisherige übertreffende Zahl an Opfern der alliierten Angriffe dargestellt. Die Zerstörung der Stadt schien vollständig; die Katastrophe, die Dresden betroffen hatte, im Kriegsverlauf einzigartig.

Es ist sehr wahrscheinlich, dass die für die Auslandspropaganda Verantwortlichen in den Ministerien von Goebbels und Ribbentrop auf die schwedischen Berichte zumindest mittelbar Einfluss genommen hatten. In jedem Fall verfügten die deutschen Behörden über zahlreiche Mittel und Wege, Nachrichten und Bewertungen, die ihren Intentionen widersprachen, zu verhindern. Sie werden gleichwohl in diesem Fall wenig Mühe mit der Durchsetzung ihrer Interessen gehabt haben. Wenn Ivar Vesterlund am 15. Februar nach Stockholm berichtet hatte, dass „das große Gesprächsthema in Berlin … heute nicht mehr die Nähe der Front, sondern – Dresden" sei, dann entsprach das wohl der Wahrheit. Tatsächlich verbreiteten sich Fakten und Gerüchte, die aus ersten Berichten Dresdner Augenzeugen stammten, sofort über ganz Deutschland. Hier muss daran erinnert werden, dass die deutschen Medien den gesamten Februar hindurch im Inland nicht ein einziges Detail zum Ablauf der Luftangriffe und überhaupt keine Zahlenangaben dazu veröffentlichten. Zwar war die Nachricht von der Zerstörung der Kulturstadt als Anklage an die Alliierten ab 14. Februar per Rundfunk und ab 16. Februar auch über die Presse durch ganz Deutschland gegangen. Die Beschreibungen des Geschehens aber blieben nebulös, deuteten unerhörte Zerstörungen nur an und boten so weiten Spielraum für Spekulationen. Dies entsprach durchaus der gängigen Praxis: Seit Jahren waren in den deutschen Medien die Folgen des alliierten Bombenkrieges im Detail zumeist verschwiegen und lediglich propagandistisch kommentiert worden. Die Deutschen mussten also auch im Falle Dresdens den privaten Informationen vertrauen, die rasch weitergegeben wurden und sicher auch die ausländischen Korrespondenten in Berlin erreichten. Die Nachrichten aus Dresden schilderten Schreckliches, und es bedurfte wohl keiner Einflussnahme des Propagandaapparates, dass Ivar Vesterlund seinen Bericht mit Anteilnahme schloss: „Wir hier in Berlin … waren voller Mitgefühl für die Menschen dort."[46]

So konnten die deutschen Verantwortlichen im Hintergrund bleiben und damit vermeiden, dass die Glaubwürdigkeit der Berichte durch zu offensichtliche Einflussnahme gefährdet würde. Sie hätten, wären sie an objektiver Berichterstattung interessiert gewesen, zumindest den Übertreibungen der Zahlenangaben widersprechen müssen und auch können: Man ging in den Berliner Dienststellen von einigen zehntausend Toten und mehreren hunderttausend Flüchtlingen aus – also Schätzungen, die deutlich unter denen der schwedischen Berichte lagen.[47] Eine Korrektur war aber durchaus nicht im Interesse der deutschen Auslandspropaganda. Ganz im Gegenteil: Am 19. Februar wies das Auswärtige Amt seine Gesandtschaften im neutralen Ausland an, in der Pressearbeit den „angelsächsischen Bombenkrieg in allen nur möglichen Variationen" herauszustellen und dabei die „früher geübte Zurückhaltung bei [der] Aufklärung über tatsächlich angerichtete Schäden und Menschenopfer [der] Luftangriffe weitgehend" aufzugeben. Im Mittelpunkt sollte die

Zerstörung Dresdens stehen. Die Gesandtschaften wurden mit Bezug auf die DNB-Meldung vom 16. Februar angewiesen, ein „Massenflugblatt ‚Dresden – Opfer des Luftkrieges'" in der jeweiligen Landessprache herzustellen;[48] aus Berlin würde zentral eine Bildbroschüre mit gleichem Titel bereitgestellt werden. Als „Geheime Verschlußsache" folgte am 7. März telegrafisch die Anweisung, sich für das Flugblatt auf den Artikel im Stockholmer *Svenska Dagbladet* vom 25. Februar zu beziehen. Der Leitsatz sollte nun lauten: „Eher 200 000 als 100 000 Todesopfer".[49]

Damit hatte die deutsche Propaganda im Falle Dresden nun bereits zwei Zwischenerfolge verbuchen können: Über die schwedischen Berichte waren auch die Medien und die Öffentlichkeit der alliierten Länder erreicht worden. Und schließlich hatte die Stockholmer Presse das gewünschte Rückzitat geliefert, mit dem die Anklage jenes „alliierten Verbrechens an Dresden" die propagandistisch notwendige Wucht erhielt: „Eher 200 000 als 100 000 Todesopfer".

16. Februar 1945: Geben die Alliierten „Terrorangriffe auf Flüchtlinge" zu?

Während schon in den ersten schwedischen Korrespondentenberichten die besondere Tragödie der Zerstörung Dresdens mit der hohen Zahl der Flüchtlinge in der Stadt in Zusammenhang gebracht wurde, erwähnte die deutsche Propaganda diesen Aspekt im Inland zunächst nicht. Möglicherweise erschien das Thema den Verantwortlichen als zu heikel, unterstrichen doch die hohen Flüchtlingszahlen noch einmal nachdrücklich die deutschen Niederlagen an der Ostfront. Stattdessen richteten sich die wütenden Anklagen der deutschen Medien in den ersten Tagen nach dem 13. Februar ausschließlich gegen die Zerstörung kultureller Werte und gegen den Tod von Zivilisten allgemein. Dies änderte sich am 19. Februar, knapp eine Woche nachdem die ersten Bomben auf Dresden gefallen waren. Den Anlass dafür lieferte ein folgenschwerer Fehler in der alliierten Berichterstattung.

Im Hauptquartier der alliierten Expeditionsstreitkräfte in Paris fand am Nachmittag des 16. Februar eine der üblichen Pressekonferenzen statt, bei der die dort akkreditierten Journalisten einen Überblick über die laufenden militärischen Operationen erhielten. Sie wurden an diesem Tag über Änderungen in der Strategie des alliierten Luftkrieges gegen Deutschland unterrichtet: Die Angriffe der Bomberflotten sollten sich nun „gegen große Bevölkerungszentren richten", und man würde versuchen „zu verhindern, dass dorthin Hilfsmaterialien geliefert würden oder Flüchtlinge herauskämen – alles dies im Rahmen eines umfassenden Planes, die deutsche Wirtschaft in die Knie zu zwingen."[50] In der anschließenden Diskussion fragten Journalisten nach, ob das Ziel nun eher die Behinderung der Flüchtlingsbewegungen oder die des militärischen Nachschubs wäre. Die Antwort war eindeutig: „Hauptsächlich Verkehrsanlagen, um zu verhindern, dass sie militärischen Nachschub befördern." Der befragte britische Presseoffizier setzte dann allerdings hinzu, es gehe auch darum, „die Reste der deutschen Moral" zu zerstören.[51]

Für Howard Cohan, den anwesenden Korrespondenten der Nachrichtenagentur *Associated Press*, schien dies ein deutlicher Strategiewechsel. In seinem Bericht aus Paris formulierte er: „Die alliierten Luftwaffenchefs haben die lang erwartete Entscheidung getroffen, absichtliche Terrorbombardements deutscher Bevölkerungszentren durchzuführen, als rücksichtloses Mittel zur Beschleunigung von Hitlers Untergang." Noch am selben Nachmittag legte er wie üblich seine Meldung den alliierten Zensoren vor, die den Text zunächst ablehnten. Cohan intervenierte, der zuständige Zensuroffizier vergewisserte sich daraufhin noch einmal in den ihm vorliegenden Leitlinien für die nachmittägliche Pressekonferenz und ließ sich schließlich überzeugen, den Text mit kleinen Änderungen zu genehmigen. 18.28 Uhr ging die Meldung für die Morgenzeitungen nach Amerika heraus.[52]

Die wohl eher flüchtige Entscheidung der Pariser Zensur erwies sich rasch als Fehler: Zum ersten Mal hatte scheinbar die Führung der alliierten Streitkräfte zugegeben, dass Zivilisten das Ziel ihrer Bomberverbände wären. Zu allem Überfluss bezeichnete die AP-Depeche die Luftangriffe als „Terrorbombardements" – ein Begriff, der seit Jahren von der deutschen Propaganda gebraucht worden war, um die alliierten Zerstörungen in Deutschland zu brandmarken. Beides war in der Pressekonferenz so nicht gesagt worden, schien nun aber eine offizielle Verlautbarung zu sein. In Großbritannien erkannte man den Fehler sofort und stoppte die Nachricht noch in der Nacht. Radio Paris hatte sie allerdings schon Stunden vorher gesendet[53], und in den kommenden zwei Tagen griffen sie auch die amerikanischen Zeitungen auf: „Alliierte Führung wählt unbarmherziges Terrorbombardement um Nazi-Moral zu zerschlagen" überschrieb die US-amerikanische Zeitschrift *The Grit* am 18. Februar ihren Bericht. Die neue Strategie sei, so wurde den Lesern mitgeteilt, schon mit dem Tagesangriff

auf das mit Flüchtlingen voll gestopfte Berlin offensichtlich geworden. Und nun würden weitere Angriffe wie die gegen Berlin, Dresden und Chemnitz folgen.

Der Strategiewechsel, den die AP-Meldung mit dem falschen Titel der „Terrorbombardements" versehen hatte, schien den amerikanischen Redakteuren akzeptabel: Zwar würde, so *The Grit*, die Entscheidung vielleicht auf einige Proteste aus dem alliierten Lager treffen, „aber sie werden wohl durch ein Gefühl der Genugtuung in den Teilen Europas aufgewogen, in denen die deutsche Luftwaffe und die V-Waffen der Nazis für den unterschiedslosen Mord an zehntausenden Zivilisten verantwortlich sind." Es war auch den amerikanischen Journalisten klar, dass man in Berlin die alliierte Verlautbarung sofort benutzen würde und sie erwarteten einen „Ausbruch zorniger Worte". Gleichzeitig wiesen sie aber auch schadenfroh darauf hin, dass die neue Wortwahl den „Nazipropagandisten" wohl kaum zur Steigerung ihrer Vorwürfe dienen könne, denn „alle bisherigen alliierten Angriffe auf Deutschland wurden von den Deutschen als ‚Terrorangriffe' bezeichnet."[54]

Goebbels reagierte dennoch, wenngleich mit Verzögerung. Die Alliierten hatten seit Jahren eine strikte Nachrichtenblockade gegen Deutschland verhängt, so dass sich die deutschen Behörden komplizierter konspirativer Wege bedienen mussten, um mit den Medienberichten der Gegner versorgt zu werden. So erfuhr man in Berlin von der AP-Meldung – die ja in der europäischen Presse der Alliierten nicht erschienen war – erst als die Alliierten sie bereits offiziell dementiert hatten: Am Abend des 17. Februar war in Paris als Reaktion auf erste amerikanische Veröffentlichungen eine Richtigstellung veranlasst worden. William Stehen, Pariser Korrespondent der Nachrichtenagentur *Reuters*, berichtete nun, es habe überhaupt keine Änderungen in der alliierten Luftkriegsstrategie gegeben und deutsche Städte würden nach wie vor nur „nach den Zwängen militärischer Zweckmäßigkeit angegriffen." Im Unterschied zur AP-Meldung des Vortages bezog sich das Dementi nun vor allem auf die Zerstörung Dresdens: Ziel der Alliierten sei es gewesen, mit den Angriffen auf Dresden „den Verkehr zu lähmen und die Bewegung von Truppen von der Ost- zur Westfront und zurück zu verhindern. Die Tatsache, dass die Stadt zum Zeitpunkt des Angriffes mit Flüchtlingen überfüllt war, ist reiner Zufall gewesen."[55]

19. Februar 1945: Die zweite Phase der deutschen Kampagne beginnt

Als diese Wirrungen der alliierten Pressearbeit am 19. Februar in Berlin bekannt geworden waren, reagierten Propagandaministerium und Auswärtiges Amt sofort. Die Dresden-Kampagne konnte nun auf einen neuen Aspekt fokussiert und frisch entfacht werden.

Am folgenden Morgen schon stellten die Verantwortlichen erste Erfolge fest: Die gesamte deutsche Frühpresse habe den alliierten Leugnungsversuch in „schärfster Sprache … gebrandmarkt".[56] Das war etwas übertrieben, denn in Dresden reagierte man erst am Tag danach: Der Dresdner *Freiheitskampf* brachte am 21. Februar die Schlagzeile „Zynischer Ablenkungsversuch der Luftgangster": Obwohl längst die „Planmäßigkeit dieses unmenschlichen Terrors" von den Alliierten eingestanden worden sei, würde das nun unverschämt abgestritten. In dem „feigen und brutalen Anschlag gegen Dresden" habe sich die „Skrupellosigkeit dieses jüdisch-sadistischen Untermenschentums besonders grauenvoll dokumentiert". Die Anklage des *Freiheitskampf* gipfelte in der empörten Wiedergabe der *Reuters*-Meldung: Jetzt behaupteten die deutschen Gegner zynisch, es sei reiner Zufall gewesen, dass Dresden mit Flüchtlingen überfüllt war.[57]

Dem Berliner *Völkischen Beobachter* geriet die Auseinandersetzung mit dem alliierten Dementi zur Begründung einer neuen Dolchstoßtheorie: „Da man den Widerstand unserer Truppen von vorne nicht brechen kann, sucht man ihn von hinten meuchlings zu erdolchen", wie das schon im vorigen Weltkrieg geschehen sei – damals allerdings mit „Blockade und Hungertod". Den Gegnern gehe es darum, „dem bolschewistischen Bundesgenossen … eine Bresche in die feste Moral der deutschen Heimatfront zu schlagen". Nun aber, nachdem sie dies im „ersten Siegesrausch nach ihren tollwütigen Überfällen" zugegeben hätten, müssten sie erkennen, dass das Gegenteil eintrete. Davon war auch Deutschlands Führer überzeugt, der drei Tage später verlauten ließ: „Da man uns so viel vernichtet hat, kann uns das nur im fanatischen Geist bestärken, die Feinde mit tausendfachem Hass als das anzusehen, was sie sind: Zerstörer einer ewigen Kultur und damit Vernichter der Menschheit! Und aus diesem Hass kann uns nur ein heiliger Wille erwachsen: mit allen Kräften, die uns Gott gegeben hat, diesen Vernichtern unseres Daseins entgegenzutreten und sie am Ende niederzuschlagen."[58]

Während so die Inlandskampagne einen neuen Höhe-

punkt fand, versuchten die Berliner Verantwortlichen, Gleiches auch im Ausland zu erreichen. Parallel zu den deutschen Redaktionen wurden auch die ausländischen Korrespondenten in Berlin noch am Nachmittag des 19. Februar unterrichtet. In der Auslandspressekonferenz des Auswärtigen Amtes verglich man die einander widersprechenden alliierten Meldungen, deren erste „die Terrorabsicht gerade der letzten Angriffe auf die Wohnbezirke von Berlin, Dresden, Chemnitz und Cottbus feststellt".[59] Auch die Rundfunkstationen der deutschen Auslandspropaganda griffen das Thema Dresden sofort wieder auf und betonten nun das Schicksal der Flüchtlinge in den zerstörten deutschen Städten. In die Anklage gegen die Alliierten mischten sich nebulöse Drohungen: Ein deutscher Rundfunkkommentator verkündete bereits am 19. Februar, „… es sollte nicht vergessen werden, dass das Deutsche Oberkommando noch einige Mittel zur Verfügung hat, um Angriffe auf Flüchtlinge, wie sie in Dresden geschehen sind, zu rächen."[60] Die alliierte Presse interpretierte dies als Ankündigung neuer deutscher Wunderwaffen, die gleichwohl Propaganda bleiben sollte.[61]

Zwar zeigten sich die internationalen Medien insgesamt von den neuen Argumenten der deutschen Dresden-Kampagne nicht sonderlich beeindruckt, aber sie erreichte zumindest – zusammen mit den Berichten der neutralen Presse über die Katastrophe in Dresden –, dass die Stadt in den Medien der Welt blieb. Dresden war weitere Berichte wert, obwohl sich die alliierte Bomberoffensive längst anderen Zielen zugewendet hatte und Tag für Tag weitere deutsche Städte angegriffen wurden. Selbst eher vage Gerüchte zur Situation in der zerstörten Stadt wurden geglaubt und weitergegeben: Am 20. Februar berichtete die *Washington Post* aus Moskauer Rundfunkmeldungen und „weiteren europäischen Quellen" über „Unruhen im Bomben-geschwärzten Dresden", wo Volkssturmmänner gegen ihre Entsendung nach Schlesien demonstriert hätten und „Anti-Nazi-Losungen auf Mauern" erschienen seien, „die das Ende für Hitler und diesen Krieg fordern." Das war eine Falschmeldung, wurde aber gern als endlich eintreffender Beweis dafür geglaubt, dass die gewaltige alliierte Bomberoffensive nun tatsächlich die Moral der deutschen Bevölkerung zerstören würde.[62]

Die Berichte der amerikanischen Presse über eine neue Orientierung der Alliierten auf „Terrorbombardements" waren von Teilen der Öffentlichkeit in den USA überaus kritisch aufgenommen worden, widersprach die vermeintliche neue Haltung doch diametral allem, was bisher als offizielle

Strategie galt. Obwohl der Protest nur eine kleine Minderheit der Öffentlichkeit repräsentierte, erwies er sich als nachdrücklich genug, um die amerikanischen Kommandeure in Europa zu einem gesonderten Dementi zu veranlassen: Die US-Luftstreitkräfte würden keine Flächenbombardements ausführen, ließ deren Oberbefehlshaber, General Arnold, erklären, und das habe auch für die amerikanischen Angriffe auf Dresden gegolten. Nun folgten noch einige Nachfragen und weitere Erklärungen, der Protest in den USA aber schien sich zu beruhigen.[63] Die Verantwortung für die Dresdner Katastrophe, über die nun immer schrecklichere Details öffentlich wurden, schoben die amerikanischen Kommandeure damit implizit auf das britische Bomber Command ab, dessen Führung ja nach wie vor – wenngleich nur unter Ausschluss der Öffentlichkeit – mit Nachdruck die offizielle britische Strategie der Flächenbombardements verfocht. Trotzdem sich die öffentliche Kontroverse rasch gelegt hatte, wurden sich führende Politiker der westlichen Alliierten der Gefahr bewusst, dass die Dresden-Berichte den Anspruch der Alliierten auf moralische Überlegenheit untergraben könnten. Großbritanniens Premierminister Churchill war bereits persönlich mit einzelnen Protesten aus dem britischen Establishment konfrontiert worden, und auch in Washington ließ sich Kriegsminister Stimson persönlich versichern, dass die Angriffe auf Dresden den geltenden alliierten Strategien entsprochen hatten und von der sowjetischen Führung angefordert worden waren.[64]

Letzteres stimmte – zumindest mit dem expliziten Bezug auf Dresden – nicht, war aber Gegenstand auch öffentlicher Spekulationen in der amerikanischen Presse. Immer wieder hatte man die Zerstörung Dresdens in den Kontext einer großen alliierten Luftoffensive zur Unterstützung des sowjetischen Vormarsches gestellt. Als die deutschen Verteidiger eine Woche nach dem 13. Februar die Rote Armee an einigen Abschnitten der Ostfront vorübergehend stoppten und dort gar zum Gegenangriff übergingen, wurde auch dies in der Presse mit Dresden in Verbindung gebracht: Möglicherweise hätten die Russen die Vorbereitungen dieser Gegenangriffe beobachtet und daher um die Ausschaltung Dresdens gebeten.[65] Das blieb Spekulation. Zumindest schien der Wert der alliierten Bombardements für die Rote Armee unstrittig: Schon wenige Tage nach dem 13. Februar hatte man aus Moskauer Berichten zitiert, dass „die vernichtenden Schläge der britischen und US-Flugzeuge gegen Dresden, Cottbus und andere Schlüsselpunkte hinter den deutschen Linien" die

deutsche Verteidigung behindern würden[66] – woran man sich in der sowjetischen Generalität allerdings nach dem Ende des Krieges nicht mehr erinnern mochte.

Auch wenn im Februar 1945 der Zeitpunkt des Kriegsendes noch für niemanden erkennbar war – in den Medien der neutralen Staaten wurde das Thema Dresden allmählich Gegenstand von Überlegungen, die bereits auf die Nachkriegszeit zielten. „Europa nach dem Krieg wird ein verzweifelter Ort sein", schrieb die *Irish Times* am 21. Februar und zählte die kulturellen Verluste auf dem Kontinent auf. „Selbst Dresden, eine der schönsten Städte Europas, wird als zerstört gemeldet." Der Kommentator nannte die lange Liste der verlorenen Dresdner Baudenkmale und war überzeugt, dass nun kein Besucher je mehr in Städte wie Dresden reisen würde – „es sei denn, die Touristen sind an Schlachtfeldern interessiert."[67] Drei Wochen später bilanzierte ein Sachverständiger im *Svenska Dagbladet* den alliierten Luftkrieg. Er mochte ihn nicht als militärisch gerechtfertigt bewerten und verschob die Diskussion darüber in die Zeit nach dem Krieg. Eines aber war ihm sicher: Bis zum Ende des Krieges würden die Bombardements weitergehen und weitere Städte wie Dresden „dem Erdboden gleichgemacht werden" – allein auf Grund ihrer Lage hinter der Front und ohne Rücksicht auf Zivilbevölkerung oder Kulturwerte. Sein Schlusssatz beschrieb die Situation treffend: „Die Götterdämmerungsstimme von Deutschlands Führer hallt jetzt in einem Bombensturm von beinahe unfassbarem Ausmaß."[68]

4. März 1945: Die deutsche Propaganda erreicht ihren Höhepunkt

In Goebbels' Propagandaministerium konnte man Ende Februar 1945 mit den Ergebnissen der deutschen Kampagne zufrieden sein. Die Genugtuung wäre noch größer gewesen, wenn die Berliner Behörden von den untergründigen Irritationen und den vertraulichen oder öffentlichen Protesten in England und den USA gewusst hätten. So gut aber war der deutsche Propagandaapparat nicht mehr informiert. Dennoch konnte man es sich als Erfolg anrechnen, dass mit dem Thema der Zerstörung Dresdens einige aus deutscher Sicht wünschenswerte Argumentationen in die Weltöffentlichkeit gelangt waren, dass die alliierte Propaganda hier die Initiative eingebüßt und sich zudem drastische Fehler geleistet hatte. Auch im Inland schien es eher nützlich gewesen zu sein, das

Thema nicht unterdrückt, sondern deutlich aufgegriffen zu haben. Wenn die deutsche Bevölkerung trotz der beängstigenden Kriegslage nun auch noch Katastrophen wie die in Dresden, die in ganz Deutschland Entsetzen ausgelöst hatte, hinnahm und den Krieg weiter ertrug, dann konnte man das auch als Erfolg der eigenen Propaganda werten. Bei Goebbels und seinem Stab musste der Eindruck entstanden sein, dass es zumindest den Versuch lohnte, die Empörung über die sich unablässig steigernden Zerstörungen gegen den Feind zu mobilisieren.

Wieder, und immer noch, bot sich dazu das Thema Dresden an. Die Ausgangssituation war überaus gut: In kaum zwei Wochen hatte sich in Deutschland und in großen Teilen der Welt das Dresden-Bild einer einzigartigen Kunststadt verfestigt, die einer beispiellosen Vernichtung zum Opfer gefallen war. Selbst in der Öffentlichkeit der alliierten Staaten begann die kulturelle Bedeutung der Stadt bereits, deren militärischen Wert zu verdecken. Auch knüpfte sich mittlerweile das Flüchtlingsmotiv fest an Dresden; das Schicksal der namenlosen Flüchtlinge gab der Zerstörung der Stadt eine zusätzliche, universale Dimension. Alles dies war durch die deutsche Propaganda gefördert und – zumindest teilweise – initiiert worden. Nun schien es an der Zeit, den Zwischenerfolg auszubauen, die geeigneten Argumentationen zu ordnen, zu vertiefen und so weit als möglich Kapital daraus zu schlagen.

Der Anlass kam diesmal aus den eigenen Reihen: Am 3. März 1945 – zufällig einen Tag nach einem erneuten amerikanischen Tagesangriff gegen Dresden – hatte Robert Ley, Chef der Deutschen Arbeitsfront, in der Berliner Zeitschrift *Der Angriff* seinen zynischen Kommentar zum Bombenkrieg gegen Deutschland gegeben: „Jetzt, da wieder eines der wertvollsten Juwele, die schöne Stadt Dresden, von den Judensöldlingen zusammenbombardiert worden ist, atmen wir fast auf. … Das Schicksal hat uns unser Gepäck erleichtert, und da wir daran nicht zerbrachen, sind wir jetzt stärker denn je … und werden im Blick auf den Kampf und den Sieg durch die Sorge um die Denkmäler deutscher Kultur nicht mehr abgelenkt. Vorwärts!" Ley gab die Dimension der alliierten Zerstörungen unumwunden zu – „Das Schicksal hat fast die Hälfte der Nation zu Besitzlosen gemacht" – und propagierte nun, dies als Chance zu begreifen, auch den letzten alten Zopf bürgerlicher Überzeugungen abzustreifen. Die alliierten Bomben erschienen ihm als willkommene Reinigung; der Artikel endete in einem ekstatischen Ausbruch: „So marschieren wir ohne allen überflüssigen Ballast und ohne das schwere ideelle

und materielle bürgerliche Gepäck in den deutschen Sieg. Wir treten an zum Sturm. Sturm – Sturm – Sturm läuten die Glocken von Turm zu Turm."[69]

Das war selbst Propagandaminister Goebbels zu viel, der in seinem Tagebuch „ausgekochte Wut" über dieses taktische Ungeschick festhielt: „So kann man natürlich den Luftkrieg nicht behandeln."[70] Das Propagandaministerium reagierte unverzüglich, und schon am folgenden Tag erschien in der von Goebbels gegründeten Wochenzeitung *Das Reich* ein in Länge, Inhalt und Diktion überaus ungewöhnlicher Aufsatz, den der Schriftleiter des Blattes verfasst hatte: „Der Tod von Dresden. Ein Leuchtzeichen des Widerstandes."[71] Im Gegensatz zu Leys irrwitzigem Ausbruch am Vortag war Rudolf Sparings Text ein Meisterwerk seiner Gattung: Sorgfältig vermied er jede Schilderung, die den Lesern als Übertreibung unglaubwürdig erscheinen musste, und jede allzu schroffe Wertung. Die Sprache des Aufsatzes ist – zumindest im Vergleich mit den Diktionen der üblichen Tageszeitungsberichte – zurückhaltend, die Polemik gegen die alliierten Gegner eher intellektuell gegründet. Am wirkungsvollsten musste für die Leser aber das bisher unbekannte Maß an Offenheit sein, mit der das Geschehen beschrieben und bewertet wurde – wenngleich die Propagandisten diese Offenheit durchaus in ihrem Sinne zu dosieren wussten.

In nachdenklichem Tempo und weit ausholend stellte Sparing die ungeheuren Anspannungen dar, die dem deutschen Volk durch den Bombenkrieg auferlegt seien, und die es mit „Selbstbehauptungskraft" meistern würde. Auch er gab die Dimension des alliierten Luftkrieges offen zu – „Der Gang in den Keller gehört zum Tagesablauf von Millionen" – und begründete die „Selbstverständlichkeit, mit der die Deutschen seine Folgen hinnehmen," in dem Wissen um die Urheberschaft des Bombenkrieges, die er mit rasch skizzierten geschichtlichen Daten den Alliierten zuwies. Nun aber sei mit Dresden ein Fall eingetreten, der über alles bisherige hinausrage und mit dem die Alliierten die „abendländische Kultur selbstzerstörerisch preisgegeben" hätten: „Die drei Luftangriffe auf Dresden … haben … die radikalste Vernichtung eines großen zusammenhängenden Stadtgebietes und im Verhältnis zur Zahl der Einwohner und der Angriffe die weitaus schwersten Verluste an Menschenleben hervorgerufen. Eine Stadtsilhouette von vollendeter Harmonie ist vom europäischen Himmel gelöscht. Zehntausende, die unter ihren Trümmern werkten und wohnten, sind in Massengräbern beigesetzt, ohne dass der Versuch einer Identifizierung möglich gewesen wäre." Damit war das Einmalige der Zerstörung Dresdens herausgestellt – und dass mit lediglich geringen Überzeichnungen. Selbst die Zahl der Toten hatte Sparing nicht maßlos übertrieben, dann allerdings als dramaturgische Steigerung den Verzicht auf jede Identifizierung angefügt, obwohl er wissen musste, dass dies nicht der Wahrheit entsprach.

Seinen Höhepunkt erreichte Sparings Text in der ausführlichen Beschreibung der Angriffe selbst, die bislang nie öffentlich geäußerte Details mit der subtilen Zeichnung einer völlig unschuldigen Stadt verbanden. Sein Bericht schrieb Zahlenangaben und Abläufe fest, die bis heute die Erinnerung an das Geschehen beeinflussen; die „inneren Stadtbezirke" schilderte Sparing als absolut und restlos zerstört. Die Argumente gegen den von den Alliierten behaupteten militärischen Sinn der Angriffe auf Dresden fand er im „zerbrochenen Auf- und Grundriss eines unserer edelsten Städtebilder".

Am des Ende des Textes brachte Sparing seine beiden wichtigsten Aussagen auf den Punkt: In jeweils einem Absatz klagte er die alliierte Kulturzerstörung an und forderte die Deutschen zum Widerstand auf. „Wann wird die Welt, die heute in Feindschaft um uns steht, erkennen, was es auch für sie bedeutet, dass man von dem, was den Begriff Dresden ausmacht, nur noch in der Vergangenheitsform sprechen kann?" Und: „Gegen diese Drohung" – der Vernichtung im Krieg oder nach einer Kapitulation – „gibt es keinen anderen Ausweg als den des kämpfenden Widerstandes."

Propagandaministerium und Auswärtiges Amt sorgten nun in einer konzentrierten Aktion dafür, dass Sparings Darstellungen so weit als irgend möglich Verbreitung fanden. Über ganz Deutschland hinweg wurden Auszüge in den Tageszeitungen wiedergegeben. Auch die Rundfunksender – sowohl die im Inland als auch die der Auslandspropaganda – verlasen Sparings Text. Der Artikel wurde als Sonderdruck gefertigt und vertrieben. Die deutsche Auslandsagentur Transocean verbreitete ihn international.

Inhalt und Vertrieb des Artikels erwiesen sich als gleichermaßen erfolgreich: Im Inland wurde der Text positiv aufgenommen. Endlich war Konkretes zum Dresdner Geschehen zu erfahren. Die Schilderungen deckten sich mit den umlaufenden Erzählungen der Augenzeugen, die zurückhaltende Sprache machte die Mitteilungen vertrauenswürdig. Der Text wurde abgeschrieben, aufbewahrt oder weitergegeben. Zwar wird die Aufforderung zum „kämpfenden Widerstand" nur geteilten Widerhall gefunden haben, die Darstellung und die Bewertung der Ereignisse aber fanden fast einhellige Zustimmung.

Im Ausland griffen die großen Nachrichtenagenturen den Text noch am 4. März auf und verbreiteten längere wörtliche Zitate – wenngleich in einigen Fällen mit fehlerhafter Datierung der Dresdner Luftangriffe. Am Tag darauf fanden sich Auszüge aus Sparings Artikel in praktisch allen überregionalen Zeitungen Großbritanniens, der USA und vieler weiterer Länder: „Dresden ausgelöscht" überschrieb die Dubliner *Irish Times* ihren Bericht und veröffentlichte in der folgenden Ausgabe auf der Titelseite eine Fotografie der unzerstörten Stadt. Das war ungewöhnlich. Wie zum Abschied reihte die Abbildung die Türme und Kuppeln der Dresdner Altstadt vor einer sanften Flussschleife auf. Alles dies schien unwiederbringlich verloren.[72] So gab es auch die *New York Times* am 5. März wieder: „Dresden, eine der ältesten und am meisten geliebten deutschen Städte, hat aufgehört zu existieren". Die Redakteure blieben gleichwohl misstrauisch gegenüber den deutschen Darstellungen und spekulierten, ob sie „des Propaganda-Effektes wegen oder in einem Ausbruch von ungewöhnlicher Offenheit" erfolgt seien. Dennoch zitierten sie ausführlich mehrere Absätze des Sparing-Textes und übernahmen alle Zahlenangaben.[73] Etwas knapper berichtete die *Washington Post* am gleichen Tag, brachte aber ebenso Sparings Einordnung der Dresdner Zerstörungen: „Die Dresdner Katastrophe ist ohne Beispiel".[74]

Auch die schwedische Presse, die als erste über die schweren Auswirkungen der Luftangriffe berichtet hatte, nahm einige Tage später die „ungewöhnlich realistische Darstellung" des Artikels zum Anlass, das Thema erneut aufzugreifen: *Dagens Nyheter* stellte am 10. März besonders die hohe Zahl der Toten heraus – „die verhältnismäßig höchste Zahl, die man jemals in einer bombardierten deutschen Stadt hatte."[75]

Der Erfolg dieser neuerlichen Aktion zum Thema Dresden musste den Initiatoren in Berlin als sensationell erscheinen. Selten war es in den letzten Kriegsjahren gelungen, eigene Berichte in einer derartigen Breite international platziert zu bekommen – noch dazu mit hoher Glaubwürdigkeit und fast ohne relativierende Kommentare der jeweiligen Redaktionen.

Den alliierten Luftkrieg beeinflusste alles das nicht. Völlig ungerührt von den Dresden-Berichten veröffentlichte das Hauptquartier des Britischen Bomber Command am 11. März eine Zwischenbilanz, der *Svenska Dagbladet* am folgenden Tag eine treffende Überschrift gab: „Fünfundsechzig deutsche Städte hamburgisiert".[76] In Berlin, das nach dieser britischen Inventur bereits zu einem Fünftel zerstört war, beobachtete man in Goebbels' Ministerium dennoch, ob die Auslandspropaganda irgendwelche Reaktionen in der Politik der alliierten Regierungen zur Folge haben würde.

6. März 1945:
Als symbolhaftes Beispiel in britischen Kontroversen um den Bombenkrieg

Erneut wäre es für Goebbels und seine Mitarbeiter überaus befriedigend gewesen, hätten sie erfahren, wie unmittelbar ihre Aktionen auch die höchsten politischen Ebenen der alliierten Gegner erreichten. Zwei Tage nachdem der wohlkalkulierte Text zur Zerstörung Dresdens im *Reich* erschienen war, wurden Auszüge daraus im britischen Unterhaus als Beweis zitiert: Am Nachmittag des 6. März 1945 verlas der Abgeordnete Richard Stokes einen Bericht des *Manchester Guardian*, der die zentralen Passagen aus Sparings Beitrag wiedergegeben hatte. Im britischen Parlament wurden so die Schilderungen der Dresdner Katastrophe aktenkundig – und dies im Wortlaut aus Goebbels Berliner Zeitschrift. Stokes stellte dem Schicksal Dresdens die in Großbritannien unterdrückte AP-Nachricht vom 16. Februar gegenüber, nach der die alliierte Bomberoffensive sich nun auf „Terrorbombardements" konzentrierte. Der Dresden-Bericht diente ihm als Beweis, dass diese alliierte Strategie bereits Praxis war. Stokes wollte nun von der Regierung wissen, ob es tatsächlich offizielle britische Politik sei, Bevölkerungszentren aus der Luft anzugreifen. Die Antwort der Regierung dementierte erneut „wahllose Bombardements", Stokes dagegen beharrte auf seiner Einschätzung.[77] Seine Sicht auf den alliierten Bombenkrieg entsprach der Wahrheit weit mehr, die Stellungnahme des Air Ministry war eine hinter der spitzfindigen Formulierung versteckte Lüge.

Die Unterhaus-Debatte endete ohne greifbare Ergebnisse. Richard Stokes hatte stellvertretend für eine kleine Minderheit in der britischen Gesellschaft gesprochen, die schon seit 1942 öffentlich gegen die britischen Flächenangriffe auf Deutschland opponierte. Für diese Gruppe war die Zerstörung Dresdens nun zum symbolhaften Beispiel geworden, an dem sich der Gegenstand ihrer Kritik musterhaft darstellte. Von Anfang März 1945 an – also gut drei Wochen nach der Zerstörung der Stadt – spielte der Städtename Dresden in den Auseinandersetzungen um Sinn und Moral des alliierten Bomberkrieges eine zentrale Rolle.

Diese Auseinandersetzungen dauerten auch in Großbritannien an, nunmehr aber unter Ausschluss der Öffentlichkeit und im engsten Führungszirkel selbst: Es war Premierminister Churchill, der drei Wochen später am Beispiel Dresdens die alliierte Bomberoffensive insgesamt in Frage stellte. Am 28. März richtete er ein Memorandum an seinen Stabschef: „Mir scheint jetzt der Moment gekommen zu sein, da man die Frage überprüfen sollte, ob deutsche Städte bombardiert werden sollten, nur um den Terror zu verstärken, wenn auch unter anderen Vorwänden. ... Die Zerstörung Dresdens hinterlässt ernsthafte Zweifel an der Durchführung des alliierten Bombenkrieges."[78] Churchill, der die Prämissen der britischen Bombereinsätze gegen Deutschland jahrelang nachdrücklich beeinflusst hatte, schien nun von alledem nichts mehr wissen zu wollen und plädierte leidenschaftlich für eine strikte Konzentration auf militärische Objekte. Tatsächlich konnte die fortwährende Zerstörung einer deutschen Stadt nach der anderen nunmehr für die Alliierten nicht mehr viel Vorteil bringen; Churchills Intervention war daher pragmatisch, wenngleich im Abwälzen der Verantwortung für die nun nutzlos scheinende Strategie heuchlerisch.

Das Komitee der Stabschefs beriet Churchills Memorandum mit dem Oberbefehlshaber des Bomber Command, Luftmarschall Arthur Harris, in dessen heftiger Entgegnung wiederum Dresden als Beispiel diente: „Die aktuelle Aufregung wegen Dresden könnte jeder Psychiater leicht erklären. Sie hat mit deutschen Orchestern und Schäferinnenfiguren aus Meißner Porzellan zu tun. In Wirklichkeit war Dresden ein Haufen von Rüstungsfabriken, ein intaktes Verwaltungszentrum und ein wichtiger Verkehrsknotenpunkt. Es ist nun nichts mehr von alledem."[79] Die heftige Kontroverse ist hier im Detail unwichtig, nur das Ergebnis soll noch genannt werden: Churchill zog sein Memorandum zurück, die Orientierung der alliierten Bomberoffensive auf Flächenbombardements allerdings wurde abgeschwächt.

Die Diskussionen im Regierungs- und Militärapparat der westlichen Alliierten blieben der Öffentlichkeit ihrer Länder verborgen. Auch das Berliner Propagandaministerium erfuhr davon nichts. Die Auseinandersetzungen um die letzte Phase des alliierten Bombenkriegs wären wahrscheinlich ohne die Anstrengungen der Goebbelsschen Propagandisten in dieser Weise nicht geführt worden. Allerdings hatten sie es dann nicht vermocht, die Entscheidungen der Alliierten in irgendeiner Weise zu beeinflussen. Lediglich das symbolische Objekt, an dem sich die Argumente der Parteien in der alliierten Führung und Öffentlichkeit festmachen ließen – Dresden – war mit tatkräftiger Unterstützung der deutschen Auslandspropaganda fixiert worden.

März 1945: Im Einsatz als Propagandawaffe

In Berlin hatte man in der Zwischenzeit alle noch verbliebenen propagandistischen Wege und Mittel aktiviert, die Dresden-Kampagne vor allem im Ausland zu verstetigen und auszuweiten. Das Auswärtige Amt übermittelte den deutschen diplomatischen Vertretungen in den neutralen Ländern Europas regelmäßig detaillierte Anweisungen, wie die Zerstörung Dresdens in der Propagandaarbeit vor Ort zu behandeln sei. Auch Auszüge aus dem Sparing-Artikel vom 4. März waren telegraphisch zugestellt worden, so dass sich die Presserefenten nun bemühen konnten, den Text in den Medien des Gastlandes oder über eigene Kanäle in denen weiterer Länder zu platzieren. Dies erwies sich in einigen Fällen als erfolgreich: So war es der Berner Gesandtschaft möglich, Textpassagen in der Schweizer Presse unterzubringen und dann als Zitat daraus – und dadurch mit der zusätzlichen Glaubwürdigkeit der neutralen Berichterstattung versehen – in der kanadischen Presse zu lancieren: „Drei Wochen nach den Bombardements auf Dresden lassen die deutschen Behörden nun neutrale Korrespondenten beschreiben, wie die radikalste Auslöschung eines Stadtgebietes, die je stattgefunden hat, geschehen ist", leitete der *Toronto Daily Star* am 8. März seinen Korrespondentenbericht aus Bern ein.[80] In Portugal lancierten die deutschen Diplomaten noch bis in den April hinein Dresden-Berichte in der Presse, in denen das Berliner Material wortgetreu zitiert und die deutschen Wertungen übernommen werden: „Die Bolschewisten brauchten in Dresden nicht einzumarschieren, um die geplante Zerstörung all dessen, was Kultur bedeutet, durchzuführen. Es waren also nicht die Barbaren, die Dresden zerstörten. Es waren englische Flieger."[81] Auch in Berlin wurden die ausländischen Korrespondenten regelmäßig mit den Argumentationen und Materialien zum Falle Dresden ausgestattet. In den Auslandspressekonferenzen des Auswärtigen Amtes diente das Beispiel der Zerstörung Dresdens regelmäßig dazu, etwa die vermeintlichen Zielsetzungen des alliierten Bombenkrieges zu illustrieren oder die dafür Verantwortlichen zu brandmarken.[82]

Andere Mittel zur Ausweitung der Dresden-Kampagne

im neutralen Ausland waren schwieriger bereitzustellen. Schon am 28. Februar hatte das Auswärtige Amt seinen Auslandsvertretungen zwei Fotografien zugesandt, auf denen Kinder abgebildet waren, „die beim Terrorangriff auf Dresden durch Phosphor[83] verletzt worden sind." Die deutschen Diplomaten wurden angewiesen, insbesondere eines der Motive möglichst weit zu verbreiten: „Es soll versucht werden, dieses Bild überall in der Welt so herauszustellen, dass es zu einem Begriff für die grausame Kriegführung der Westmächte wird."[84] Das Vorhaben litt unter logistischen Schwierigkeiten; die Post in einige der Gesandtschaften war nun bereits wochenlang unterwegs. Ende März gingen in Berlin weitere Fotografien – diesmal mit Motiven der Zerstörungen in Dresden – an die Diplomaten im neutralen Ausland ab. Sie sollten für Flugblätter und Propaganda vor Ort genutzt werden, erreichten die Empfänger aber mit erheblicher Verzögerung – beispielsweise in der Schweiz erst Anfang April.[85] So verebbten die aufwändigeren Aktionen wieder, für die der Auslandsapparat der deutschen Propaganda nun kaum noch in der Lage war. Auch die Ende Februar angekündigte Bildbroschüre zur Zerstörung Dresdens ist wohl nie gefertigt worden oder gar in den Auslandsvertretungen angekommen.

Als handlungsfähiger erwies sich dagegen die Frontpropaganda der Deutschen Wehrmacht, die bereits Ende Februar ein Flugblatt mit dem Dresden-Thema hergestellt hatte. In englischer Sprache richtete es sich an amerikanische Truppen, die an der Westfront und in Italien. Es war als persönliche Anklage gegen Generalleutnant Doolittle verfasst, den Oberkommandierenden der 8. US-Luftflotte, die zwei der Februar-Angriffe gegen Dresden ausgeführt hatte. Doolittle wurden Feigheit und Sadismus vorgeworfen. Dresden, so das Flugblatt, sei eine Stadt „völlig ohne Industrie aber mit vielen Kulturdenkmalen" und nach dem „bolschewistischen Durchbruch an der Ostfront" ein gewaltiges Flüchtlingslager gewesen. „Für jeden Soldaten, der diese Bezeichnung verdient, würde Dresden damit noch weniger zum militärischen Ziel als es das in den fünf Jahren seiner Sicherheit gewesen war." Doolittle aber habe weit mehr als zehntausend Flüchtlinge ermorden lassen, die nun ein „ewiges Denkmal für diese tapfere Tat eines ritterlichen amerikanischen Offiziers und Ehrenmannes bilden" würden. In einigen Auflagen des Flugblattes, die jeweils große Stückzahlen umfassten und an beiden Fronten zum Einsatz kamen, war die Fotografie des Kindes wiedergegeben, die auch die Auslandsvertretungen zugestellt bekommen hatten.[86] Jenen Sendungen hatte auch das Flugblatt selbst beigelegen – als Beispiel für die propagandistische Behandlung des Themas.[87]

Im Fronteinsatz wurde die Darstellung der Zerstörung Dresdens im Wortsinne zur Propagandawaffe, mit der die Moral der gegnerischen Truppe beeinträchtigt werden sollte. Auch die deutschen Außenpolitiker verwendeten das Dresden-Motiv schon unmittelbar nach der Zerstörung der Stadt in gleichermaßen taktischem Einsatz: Nachdem beispielsweise am 22. Februar die schwedische Regierung öffentlich gegen die Erschießung von Norwegern durch deutsche Soldaten protestiert hatte, konterte das Auswärtige Amt mit dem nachdrücklichen Hinweis auf die Zerstörung Dresdens – eine Aufrechnung toter Zivilisten, die zahlenmäßig zugunsten der Deutschen ausfallen musste: „In dieser Welt sind innerhalb von 72 Stunden in der letzten Woche tausende von Menschen – Frauen, Greise, Kinder, völlig unschuldig durch die Bomben britisch-nordamerikanischer Flugzeuge hingeschlachtet worden." Dagegen habe es keine schwedischen Proteste gegeben, so Deutschlands Spitzendiplomaten. Und das mache den schwedischen Vorwurf hinfällig.[88]

April 1945: Die Nachkriegsperspektive rückt in den Mittelpunkt

So war die Darstellung der Zerstörung Dresdens zu allerlei propagandistischem und diplomatischen Geplänkel auf Nebenschauplätzen gut. Auf den Kriegsverlauf konnten diese Aktionen keinen Einfluss haben, und das erwartete man in den Ministerien von Goebbels und Ribbentrop auch nicht mehr. Stattdessen deutete die deutsche Auslandspropaganda im Falle Dresdens bereits über das Kriegsende hinaus: Je verzweifelter die deutsche Situation wurde, desto mehr sollte der nachdrückliche Hinweis auf den alliierten Bombenkrieg der zunehmenden „feindlichen Kriegsverbrecheragitation" begegnen. Die Alliierten hatten seit der Jalta-Konferenz noch deutlicher gemacht, die deutschen Verantwortlichen als Kriegsverbrecher anklagen zu wollen. Wenn es der deutschen Propaganda dagegen gelingen würde, die „Urheber, Vollstrecker und Wortführer des angelsächsischen Bombenterrors" gleichermaßen zu Kriegsverbrechern zu stempeln, so würde sich damit die deutsche NS-Elite bessere Ausgangsbedingungen für die kommende juristische Aufarbeitung sichern können.

Während die Rote Armee ihren Sturm auf Berlin begann, waren einige weiterblickende NS-Funktionäre längst dabei,

eine Nachkriegsbewertung der Ereignisse vorzubereiten, die ihnen nützlich sein konnte. Der deutsche Vizekonsul in Zürich notierte am 16. April 1945 seine Rangordnung der Verbrechen des noch tobenden Krieges: „Als größte Anklage über allem Leid … und über aller Schuld, die die kriegführenden Staaten tragen" stünden die „Vernichtung abendländischer Kultur … und die Vernichtung der europäischen Volkssubstanz". Seine Anklage richtete sich dabei nicht gegen die systematische Ermordung der Juden Europas oder etwa gegen den deutschen Vernichtungsfeldzug im Osten. Sein wichtigster Anklagepunkt war Dresden – „die Vernichtung einer der schönsten Kulturstätten Europas" und die „Tötung von hunderttausenden von Kindern und Frauen in dieser Stadt".[89] Das Symbol Dresden war damit als vermeintlich größtes Verbrechen des Krieges für die Auseinandersetzungen der Nachkriegszeit positioniert.

Ohnehin galt es ja, bereits Wochen nach dem 13. Februar weithin – und nicht nur in Deutschland – als größte Katastrophe zumindest des Luftkrieges. Und genau diese Bewertung macht letztlich auch den Kern der bis heute berühmtesten Stellungnahme zur Zerstörung Dresdens aus: „Wer das Weinen verlernt hat, der lernt es wieder beim Untergang Dresdens." Es ist dies die Auftaktzeile aus der Klage des großen deutschen Dichters Gerhart Hauptmann über die Vernichtung der von ihm geliebten Stadt. Er hatte sie als greiser Sanatoriumspatient vom Stadtrand aus beobachten müssen. Zurückgekehrt an seinen schlesischen Wohnsitz verfasste er den knappen Text, der am 29. März im deutschen Rundfunk verlesen wurde und in den Tagen danach in den großen Zeitungen Deutschlands erschien.[90] Die deutsche Auslandspropaganda stellte Hauptmanns Zeilen Anfang April den deutschen Vertretungen zu. Am 9. April veröffentlichte der Deutsche Pressedienst die „bittere Anklage" in Stockholm: „Auch wenn das europäische Gewissen, an das eine weltberühmte Persönlichkeit wie Gerhart Hauptmann sonst appelliert, nicht länger existiert, wird die Stimme des alten Dichters doch das eigene Volk wachrütteln und wird den Blick der Ausländer auf dieses Verbrechen gegen die westliche Kultur lenken. Man wird sich dabei schämen."[91]

Gerhart Hauptmanns Text blieb die letzte Aktion, die Goebbels Propagandaministerium im Rahmen seiner Dresden-Kampagne umsetzen konnte oder wollte. Zwei Wochen nach seiner Veröffentlichung in Stockholm war Berlin von der Roten Armee eingeschlossen, einen Monat später der Krieg in Europa beendet. Die Klage des Dichters scheint, liest man sie ohne Kenntnis des geschichtlichen Kontextes, in einem Moment reiner Trauer, fern aller Verstrickungen der Zeit entstanden zu sein. Und doch wurde sie sofort propagandistisch benutzt, vielleicht missbraucht. So stellt sich das berühmte Zitat selbst als Teil der komplizierten Geschichte der Erinnerung an den 13. Februar 1945 dar.

Die kollektive Erzählung vom 13. Februar 1945

Wie immer es der deutsche Propagandaapparat auch angestellt hätte, es wäre ihm nicht gelungen, die Zerstörung Dresdens binnen weniger Wochen zum symbolhaften Beispiel für die Auswirkungen der alliierten Bomberoffensive zu „machen", die *Chiffre Dresden* einfach „herzustellen". Aller Professionalität und des umfangreichen Repertoires aus Beeinflussen und Unterdrücken, Lancieren und Aneignen, Verstärken und Verschweigen zum Trotz – die in den vorangegangenen Kapiteln beschriebenen Aktionen der Berliner Führung hätten doch nur ein künstliches Zeichen produziert, das beliebig geblieben wäre, als Propaganda erkennbar und ohne emotionale Kraft. Die rasche „Symbolwerdung" gelang nur, weil Dresden als Ort vor seiner Zerstörung eine nachdrückliche Ausstrahlung mit mindestens europäischem Wirkradius besaß und weil das Ereignis des Dresdner Feuersturms in seinem Geschehen und seinen Folgen tatsächlich aus der langen Reihe der fast tagtäglichen Zerstörungen im sechsten Jahr des Zweiten Weltkrieges herausragte.

Aus umgekehrter Perspektive betrachtet hätten aber auch diese beiden Aspekte allein nicht genügt, die Zerstörung Dresdens zur Chiffre für den alliierten Bombenkrieg zu machen und nachhaltig zu festigen. Zumindest wäre Dresden starke „Konkurrenz" in anderen europäischen Städten erwachsen, die durch die Bomben der Alliierten noch schwerere Schäden erlitten hatten, die ähnlich Dresden weithin bekannt waren und emotionale Ausstrahlung besaßen. Erst das konsequente Aufgreifen des Geschehens in der Propaganda der deutschen Führung erzeugte jene Vereinfachungen, Überhöhungen und Verschiebungen, die letztlich die symbolhafte Chiffre formten.

Als im Mai 1945 der sechsjährige Krieg mit der umfassenden Niederlage der Verursacher zu Ende ging, wurde die Zerstörung Dresdens bereits in fest gefügten Erzählformen erinnert, die sich in einigen zentralen Aussagen deutlich vom tatsächlichen Geschehen und von objektiven Wertungen unterschieden. Dresden erschien als *einzigartige* und *unschuldige* Stadt, die *plötzlich* und *sinnlos* eine in ihren Auswirkungen ebenso *einzigartige* Zerstörung erfahren hatte. Diese Perspektive auf den 13. Februar 1945 in Dresden war nicht auf die Dresdner Überlebenden oder die deutsche Bevölkerung insgesamt beschränkt. Auch in Teilen der Öffentlichkeit, mindestens in den Ländern Westeuropas und Nordamerikas, war sie im Sommer 1945 bereits manifest. Die Erzählung mündet fast zwangsläufig in eine Wertung: So erinnert mussten die Luftangriffe auf Dresden Kritik hervorrufen. Die Zerstörung der Stadt wurde – je nach Position des Betrachters – zum tragischen Unglück oder zum vorsätzlichen Verbrechen. Gegenentwürfe zu dieser Erzählung, in denen etwa Dresden als militärisch bedeutend dargestellt und die Luftangriffe als sinnvoll und gerechtfertigt bewertet wurden, existierten parallel, waren aber bereits deutlich verdeckt.

Es lohnt, die einzelnen Grundthemen der dominierenden Erzählung noch einmal zu betrachten:

Die einzigartige Stadt. In jeder Erzählform, selbst bei nur knappen Erwähnungen, wird die Darstellung der Zerstörung Dresdens mit dem Hinweis auf den weltweiten kulturellen Ruhm der Stadt und ihre Schönheit eingeleitet. Das Bild der „Kunststadt Dresden" muss mindestens in Europa so fest etabliert gewesen sein, dass auf das Stichwort der Zerstörung hin quasi reflexhaft die Erinnerungsformeln von der Bedeutung der Stadt präsent waren. Dies ist sofort auch als Kernthema der deutschen Propaganda aufgegriffen und ausführlich vertieft worden. Dadurch gestützt und in der umfassenden Zerstörung vom materiellen Kern gelöst, gerann der Ruhm sehr schnell zum Mythos, wurde die schöne Kunststadt zum einzigartigen Dresden – „ohne Beispiel in der Welt".

Die unschuldige Stadt. In solch umfassender Schönheit konnte es keine Schuld und nichts Kriegerisches geben. Die deutsche Propaganda lieferte schwärmerischste Beschreibungen der zerstörten Kulturbauten in solchem Maß, dass allein deren Zahl jeden Bericht dominieren musste. Die schwachen Hinweise der Alliierten auf die Dresdner Rüstungsindustrie – die ja tatsächlich bedeutend gewesen ist – wurden durch die deutschen Entgegnungen mit einigen Federstrichen weggewischt; allein die Eisenbahnlinien waren nicht zu leugnen. Da sich die beiden britischen Luftangriffe am 13. und 14. Februar vor allem gegen das unmittelbare Stadtzentrum gerichtet hatten, wo es tatsächlich nur wenige militärisch bedeutende Ziele gab, konnte die deutsche Propaganda diese Diskussion zudem leicht als gegenstandslos abtun. Von Fremdarbeiterlagern, KZ-Außenstellen, Gestapogefängnissen und Ähnlichem redete man ohnehin nicht. Das Selbstbild Dresdens hatte immer schon Industrie, Militär und andere „kulturlose" Themen verdrängt, ebenso hielt es die massive Tourismuswerbung. Daran konnte nun von deutscher Seite in einer Doppelstrategie aus Verschweigen und Betonen angeschlossen werden, und so verschwanden etwa die Gauhauptstadt Dresden, der Festungsbereich Dresden oder das Rüstungskommando Dresden aus dem Blick. Die Stadt erschien fern des Krieges, unschuldig auch aus militärischer Perspektive. Die feste Verankerung des Flüchtlingsthemas in der Erzählung untermauerte dies: Deren Unschuld als Nichtkombattanten übertrug sich implizit auf die Stadt, die ihnen Obdach bot.

Die Plötzlichkeit der Zerstörung. Die Dresden-Erzählung ist eine Luftkriegs-Erzählung. Nur mit dieser hypermodernen Technologie konnte solch umfassende Zerstörung so rasch und ohne Vorzeichen erreicht werden. „Plötzlichkeit" bedeutet hier also Effizienz und Überraschung gleichermaßen. Binnen Minuten wurde aus latenter Bedrohung tatsächliche Gefahr, das Bombardieren selbst benötigte je „Arbeitsgang" nur eine oder zwei Viertelstunden. Die deutsche Propaganda beschrieb die Zerstörung Dresdens in nur einer Nacht vor allem als Kontrast von Vorher und Nachher, die nur Stunden auseinander lagen. Die alliierten Berichte betonten die Effizienz als Beweis militärischer Überlegenheit. So wurde die kollektive Erzählung fest mit einem wirkungsvollen Moment hoher Dramatik verbunden.

Die einzigartige Katastrophe. Die Luftangriffe auf Dresden stellten unzweifelhaft eines der schwersten und effektivsten Bombardements des Zweiten Weltkrieges dar, ehe nur wenige Monate danach in Hiroshima eine neue Epoche in der Geschichte des Zerstörens eingeleitet wurde. Für Dresden und die Menschen in der Stadt waren sie eine Katastrophe ungeheuren Ausmaßes. Die Nachricht darüber erreichte die Öffentlichkeit Europas und Amerikas binnen weniger Tage, vermittelt durch summarische Beschreibungen und durch Zahlenangaben. In den ersten drei Wochen nach dem 13. Februar 1945 lieferte die deutsche Propaganda so gut wie keine Details zu den Auswirkungen der Luftangriffe – von der Aufzählung der Schäden an Kulturgütern abgesehen –, während Sprachwahl und Bewertungen den Eindruck einer vollständigen Zerstörung der gesamten Stadt erzeugten. Die Presse der Welt folgte dem rasch und einhellig. Als in den schwedischen Berichten erste Schätzungen zur Zahl der in

Dresden getöteten Menschen auftauchten, die alles bisher Bekannte übertrafen, griff die deutsche Propaganda dies sofort auf, stärkte die hohen Angaben aktiv und sorgte für eine weite Verbreitung – alles dies verdeckt und wider besseres Wissen. In den eigenen Darstellungen wurden dagegen niedrigere, aber ausdeutbare Zahlen genannt, was gezielt die Glaubwürdigkeit der Angaben aus dem neutralen Ausland stärkte. Am Ende des Krieges waren sowohl in der deutschen Öffentlichkeit als auch in Westeuropa und Amerika Größenvorstellungen von mehreren hunderttausenden Opfern weithin verbreitet. Damit schienen die Angriffe auf Dresden tatsächlich das weitaus folgenschwerste Ereignis des Luftkriegs gewesen zu sein. In der deutschen Führung hätte man dies leicht korrigieren können. Indem stattdessen das Erzählmotiv der einzigartigen Zerstörung gestärkt wurde, suchte man sich bereits eine bessere Ausgangsposition für die Schulddiskussion nach dem Krieg zu verschaffen.

Die sinnlose Zerstörung. Sofort nach dem 13. Februar 1945 bestritt die deutsche Propaganda jeden militärischen Wert der Luftangriffe, nach einigen Tagen führte sie das Adjektiv „sinnlos" für die Zerstörung Dresdens ein. Auf alliierter Seite wehrte man sich dagegen nachdrücklich und begründete die Angriffe mit der Notwendigkeit, die Logistik des deutschen Militärapparats zu schwächen. Die Propaganda konnte dabei allerdings die internen Auseinandersetzungen um Strategie und Moral des Luftkriegs nur bedingt kaschieren und lieferte so Ansatzpunkte, die es der Gegenseite leicht machten, die alliierten Begründungen zu diskreditieren. Am wirkungsvollsten erwies sich dabei die nachdrückliche Festigung des Bildes der wertvollen Kulturstadt, mit dem – eher emotional als rational – Dresdens Rolle als militärisches Zentrum der deutschen Verteidigung in den Hintergrund trat.

Alle Erzählkonstanten, die im Frühjahr 1945 den kollektiven Bericht der Zerstörung Dresdens in seiner Hauptströmung ausmachten, haben so gut wie unbeschadet die Zeiten überdauert und bilden noch heute den Kern eines mittlerweile weltweit bekannten Symbols. Dies ist das eigentlich Außergewöhnliche. Mit zunehmendem Abstand zu den Ereignissen, mit der Verfügbarkeit verlässlicher Informationen und ausgewogener Bewertungsmaßstäbe hätte die kollektive Erinnerung korrigiert und ergänzt werden können. Dass dies nicht geschah, hatte wiederum mit Propaganda zu tun: Die Chiffre Dresden erwies sich unverändert brauchbar auch für die politischen Auseinandersetzungen nach dem Mai 1945.

Vom Anklagen zum Erinnern

Die Erzählung vom 13. Februar

Von Matthias Neutzner

Im September 1945 fassten US-amerikanische Wissenschaftler, die im zerstörten Deutschland die Ergebnisse des alliierten Luftkriegs untersuchten, ihre Erkenntnisse zusammen. Sie vermuteten, der nachhaltigste Effekt des Bombenkrieges bestünde darin, dass die Deutschen nun selbst die Erfahrung von Zerstörung und Leid hatten machen müssen: „Weit mehr als jede andere militärische Aktion, die der letztendlichen Besetzung Deutschlands voranging, erteilten diese Angriffe den Deutschen eine massive Lektion über die Nachteile eines Krieges. Das war eine schreckliche Lehre." Und sie waren sich sicher: „Sie wird die deutsche Nation nachhaltig prägen."[1] Für die Erfahrung des alliierten Bombenkrieges gegen Deutschland stand am Ende des Zweiten Weltkrieges nachdrücklich auch der Städtename Dresden. So schien es nahe zu liegen, dass diese Erfahrung implizit oder auch exemplarisch mit Dresden in Verbindung bleiben, dass Diskussionen um Geschehnisse oder Strategien in diesem Kontext anhand der *Chiffre Dresden* erfolgen würden.

Der vorangegangene Abschnitt hat gezeigt, dass die Zerstörung Dresdens in kurzer Zeit auch außerhalb Deutschlands bekannt geworden war und in der Öffentlichkeit der westlichen Alliierten als symbolhaftes Beispiel in Diskussionen um Sinn und Moral des Bombenkrieges verwendet wurde. So bezog die Öffentlichkeitsarbeit der alliierten Luftwaffen die Angriffe auf Dresden in ihre Erfolgsbilanz der ersten Nachkriegstage ein: In der *New York Times* vom 11. Mai 1945 dienten Aussagen befragter deutscher Funktionäre als Beweis dafür, dass die strategischen Bombardements einen deutlichen Beitrag zum alliierten Sieg geleistet hätten. Insbesondere die systematische Zerstörung des Verkehrswesens habe Rüstungswirtschaft und Militär nachhaltig geschädigt. Der Bericht nannte zwei Beispiele: Das Ruhrgebiet und Dresden.[2]

Als Ende Dezember 1945 zum ersten Mal eine Gruppe von fünf westlichen Journalisten die sowjetische Besatzungszone bereisen durfte, fühlte sich Gladwin Hill, Berichterstatter der *New York Times* unbehaglich, auch auf Dresden zu treffen. Die Journalisten waren die ersten Amerikaner, die nach Kriegsbeginn in die Stadt kamen – in dem Wissen, dass auch die amerikanische Luftwaffe hier „einen der übelsten Massenmorde der Geschichte vor der Atombombe" verübt habe, wie Hill sich ausdrückte. Aus seinen Schilderungen spricht Erstaunen über das tatsächliche Ausmaß der Schäden, die in diesem Fall wohl die deutsche Propaganda nicht übertrieben habe. Dresden erschien ihm als Geisterstadt, „die Menschen sind apathisch gegenüber der Zukunft".[3]

1945: Das Trauma

Während des gesamten Zweiten Weltkrieges hatte der Sicherheitsdienst der SS für die Berliner Führung regelmäßig Lageberichte zur innenpolitischen Situation im Deutschen Reich erarbeitet. Knapp 30 Jahre nach Kriegsende wurden sie in einer vielbändigen Taschenbuchausgabe publiziert, die mehr als 6 700 Seiten umfasst. Der letzte dort abgedruckte Bericht, zusammengestellt Ende März 1945, endet mit: „Sie – die in Dresden oder Chemnitz – ihre Toten …" Der Schluss des Berichtes fehlt; das Satzfragment weist in eine ungewisse Zukunft, an deren Ausgangspunkt Zerstörung und Tod stehen.[4]

Dass die Überlieferung der Spitzelberichte des verbrecherischen Regimes mit zwei Ortsnamen abbricht, die hier als Beispiel für den von Deutschland so vernichtend verlorenen Luftkrieg stehen, ist Zufall. Dennoch aber illustriert es bildhaft

die doppelte Katastrophe, in der sich die deutsche Bevölkerung im Mai 1945 befand: Der Abbruch des Textes ist Ausweis des vollständigen Zusammenbruchs der gesellschaftlichen Ordnung, die zerstörten Städte stehen für den ungeheuren Preis, den auch die deutsche Bevölkerung für den deutschen Krieg zu zahlen hatte. So unterschiedlich die Erinnerung für jeden Einzelnen ausfallen musste, das Bild der Trümmerlandschaften wurde zum gemeinsamen Sinnbild des verlorenen Krieges. Auch und erst recht in Dresden.

Nicht einmal drei Monate trennten den 13. Februar 1945 von der deutschen Kapitulation – eine kurze Zeitspanne, verglichen mit den 66 Kriegsmonaten davor. Dennoch endete in

der rückblickenden Wahrnehmung der Dresdner der Krieg bereits im Feuersturm der Luftangriffe. Diese so übermächtige Erfahrung überlagerte zudem die Erinnerung an die Ereignisse der voran gegangenen Jahre, der 13. Februar 1945 wurde zum zentralen Motiv der Dresdner Kriegserzählung überhaupt. Und das aus gutem Grund: Der abrupte Verlust, der die Menschen der Stadt so dramatisch getroffen hatte, war ein mehrfacher: Zehntausende hatten Angehörige, Freunde, Nachbarn verloren. Das gewohnte Lebensumfeld, jene verlässlichen Haltepunkte, an denen sich Leben ausrichtet, existierte nicht mehr. Zusammen mit den Zeugnissen der Stadtgeschichte gingen oft auch die Erinnerungsstücke der eigenen, persönlichen Geschichte verloren. Zu diesem weit reichenden Identitätsverlust trat die prägende Erfahrung der Luftangriffe selbst, die demütigende Hilflosigkeit angesichts einer anonymen, übermächtigen Gewalt, die das Überleben zufällig werden ließ. Nun waren die Städter zu Flüchtlingen geworden, mit der Erfahrung von Todesangst und Zerstörung im Gepäck.

„Ich / Bin verschont geblieben, aber / Ich bin gebrandmarkt", schrieb Heinz Czechowski, der als 10-Jähriger nun in einer Stadt zu leben hatte, die „ein Steinmeer in beunruhigender Gestaltlosigkeit zwischen lieblichen Hügeln" geworden war, „bewohnt von Ratten und Toten".[5] Die Chronisten der Zeit – angetrieben von der unausweichlichen Notwendigkeit, sich der neuen Realität zu stellen – haben den Zustand von Stadt und Menschen eindringlich beschrieben – am nachdrücklichsten Wilhelm Rudolph, der noch im Februar 1945 begann und über etwa ein Jahr hinweg mehr als 200

Zeichnungen der Ruinenschluchten schuf, ehe Wind und Wetter sie in eine bizarre Landschaft verwandelten – „rührend schön und einsam in tiefer Trauer".[6] Der lückenlosen Zerstörung in den zentralen Vierteln der Stadt folgte der Zeichner mit einer Inventur, deren jedes Motiv einen anderen Ort abbildet, jedoch den immergleichen Zustand zeigt. Die Orte waren austauschbar geworden.[7]

Es wäre Trauer notwendig gewesen. Trauer über die verlorenen Menschen, über die verlorene Stadt. Unter den Bedingungen des Jahres 1945 waren solche Emotionen strikt in den Bereich des Privaten gezwungen, wo sie sich vielfältig äußerten, wie nicht zuletzt die Brieftexte zeigen, die in diesem Buch wiedergegeben sind. Eine öffentliche Trauer, die Austausch mit anderen Menschen und kollektive Auseinandersetzung mit dem Geschehen ermöglicht hätte, war weder in den Monaten vor, noch nach dem Kriegsende möglich. Während die Goebbelssche Propaganda Gefühle der

links und rechts:
27. März 1949.
Freiwillige Arbeitseinsätze der Dresdner Bevölkerung zur Enttrümmerung der Dresdner Innenstadt, Ziegelbergung am Fetscherplatz.

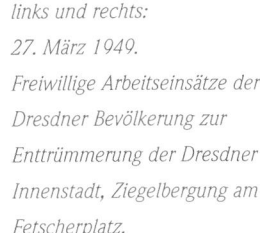

Trauer sofort vom Tisch wischte, um stattdessen eine Solidargemeinschaft der Deutschen zu proklamieren und unbedingten Widerstandswillen einzufordern, verhinderten nach dem 8. Mai 1945 die Prämissen des politischen Neubeginns einen öffentlichen Diskurs.

Mit der deutschen Niederlage konnte das Leid der Bevölkerung nicht mehr in den Erfolg eines „höheren Sinns" eingeordnet werden, der es möglicherweise erträglicher gemacht hätte. Stattdessen wurden die Deutschen mit der eigenen Schuld konfrontiert. Die sowjetische Besatzungsmacht hatte ein berechtigtes Interesse an symbolischer und tatsächlicher Bestrafung. Gleichzeitig nutzten sie und die mit ihr verbundenen deutschen Kommunisten die notwendige „Entnazifizierung" zur Durchsetzung eigener politischer Ziele. Unter diesen Rahmenbedingungen konnten unmöglich alliierte Kriegshandlungen – wie eben der Bombenkrieg, den die Bevölkerung als moralisch nicht gerechtfertigt bewertete –

öffentlich diskutiert werden. So blieb der erlittene Schmerz verschwiegen.[8]

Wenn Gefühle, die ihre Ursache in seelischen Verwundungen haben, nicht bewältigt werden können, kann ein Trauma entstehen – ein Begriff, der in der Gedankenwelt des Jahres 1945 keinen Platz hatte. Viele Millionen Menschen in ganz Europa hatten Traumatisches erleben müssen, ohne dass ihre innere Verfassung zum Gegenstand von Nachdenken und Fürsorge wurde. Das war im besiegten Deutschland nicht anders. Erst Jahrzehnte später nahm sich die medizinische Forschung der psychischen Folgen von Kriegen an, und das bezeichnenderweise zunächst mit Blick auf die Soldaten.[9] Die Menschen inmitten der Zerstörungen des Krieges – in Deutschland wie anderswo – konzentrierten sich auf die unmittelbaren Bedürfnisse des Weiterlebens und verdrängten ganze Teile ihrer jüngsten Vergangenheit. In Dresden gehörte dazu auch, die kollektive Erzählung von der Zerstörung der

8. Oktober 1946.
Sowjetische Soldaten in einer
Grafikausstellung mit
Dresdner Motiven.

behaupten und schrittweise beginnen, ihren Herrschaftsanspruch ausbauen. Als wichtigstes Mittel dazu erwies sich ein radikaler Antifaschismus, der zweifach erfolgreich war: Über „antifaschistische" Säuberungen konnten nun tatsächlich NS-Verbrecher dingfest gemacht, aber „nebenher" auch politische Konkurrenten unter Druck gesetzt oder entfernt werden. In der politischen Propaganda knüpfte die KPD an das Prestige des Widerstandskampfs gegen das nationalsozialistische Regime an. Die machtpolitischen Ziele blieben in der Auseinandersetzung mit dem „Faschismus" zunächst verborgen; die Bevölkerung konnte durch Mitarbeit am „antifaschistischen" Wiederaufbau einer Auseinandersetzung mit eigener Schuld entgehen. Vor diesem Hintergrund musste das geschichtliche Ereignis der Zerstörung Dresdens im Februar 1945 für die neuen Machthaber nahezu zwangsläufig interessant erscheinen.

Im Herbst und Winter 1945 war die Wahrnehmung der Stadtzerstörung natürlich vor allem auf die Folgen konzentriert: Die Schwierigkeiten, denen sich Verwaltung und Bevölkerung ausgesetzt sahen, erwiesen sich als enorm; das Dresdner Stadtzentrum bedeckten fünf Millionen Kubikmeter Schutt – eine Menge, die 100 Hektar Land vier bis fünf Meter hoch bedecken würde.[10] Die neue politische Elite musste sich daher unentwegt auf den Februar 1945 beziehen, um die vielfältigen aktuellen Probleme und ihre Maßnahmen zu begründen: „Noch nie in seiner vielhundertjährigen Geschichte war Dresden so zerstört wie jetzt nach dem Nazikrieg." Gleichzeitig profilierten sich die „neuen Männer" vor dem Hintergrund der großen Aufgabe: „Es gehört Mut und unbändiger Lebensglaube dazu, Ordnung in den Trümmerhaufen zu bringen. Die neuen Männer haben diesen Mut" erfuhren die Dresdner Anfang Juni 1945 aus der *Tageszeitung für die deutsche Bevölkerung*.[11] So blieb die Zerstörung Dresdens aus mehrfacher Perspektive unentwegt im Blick der Dresdner, dies allerdings als nunmehr schon selbstverständlicher Teil des Stadt-Alltags.

Aber bereits ab Juni 1945 war hin und wieder auch das über den Alltag hinaus Weisende, das Symbolhafte der Erinnerung an die Zerstörung Thema in der politischen Propaganda. Am 2. Juni veröffentlichte die *Tageszeitung für die deutsche Bevölkerung* das Protokoll eines Verhörs mit Martin Mutschmann, dem verhafteten ehemaligen Dresdner NSDAP-Gauleiter. In den Fragen an ihn stellte die Zerstörung Dresdens einen wichtigen Anklagepunkt dar. Mutschmann wurde – zu Recht – vorgeworfen, den Schutz der Bevölkerung vernach-

Stadt aufzugreifen, deren Entstehung im vorangegangenen Abschnitt des Buches gezeigt wurde. Mit den Erzählmustern der *einzigartigen* Stadt blieb eine idealisierte Vergangenheit lebendig, die als innere Zuflucht aus den umfassenden Irritationen der Nachkriegszeit nutzbar und trotz aller Zerstörung da und dort auch äußerlich noch sichtbar war. Die *unschuldige* Stadt bot allen Dresdnern summarisch an, einem Anfangsverdacht eigener Schuld im Nationalsozialismus zu entgehen. Die *einzigartige* Zerstörung schließlich gab dem Leid der Dresdner etwas Besonderes, mit dem sich das eigene Schicksal ein wenig vom umfassenden Elend im Nachkriegsdeutschland abhob. Dieses Besondere sollte die Art des Umgangs mit der Erinnerung an den 13. Februar 1945 bestimmen. Die Stellvertreterfunktion der *Chiffre Dresden* erwies sich dabei als vielfältig ausdeutbar.

1946: „Schuld der Nazikriegstreiber"

Unmittelbar nach der Eroberung Dresdens durch sowjetische Truppen, die erst am Morgen des letzten Kriegstages in Europa erfolgte, suchten kommunistische Aktivisten mit Unterstützung und im Auftrag der Besatzungstruppen Schlüsselpositionen im Verwaltungs- und Polizeiapparat zu sichern. Auch nach der Bildung mehrerer politischer Parteien konnte die kommunistische KPD ihre bereits dominierende Rolle

lässigt zu haben und so „Mitschuldiger an Dresdens Katastrophe" gewesen zu sein.[12] Wichtiger noch war die – ebenfalls zutreffende – Argumentation, die Zerstörung der Stadt sei eine direkte Folge des von den „deutschen Faschisten" entfesselten Krieges. In den Presseartikeln der folgenden Monate tauchte diese Ableitung in Nebensätzen auf. Sie findet ihren ersten offensiven Ausdruck in einer Buchveröffentlichung. Im Dezember 1945 gab der Rat der Stadt Dresden einen Bildband mit Fotografien Kurt Schaarschuchs heraus: „Bilddokument Dresden 1933–45", dessen Thema die Vergangenheit „einer der schönsten Städte der Welt" und deren Zerstörung war. Das Geleitwort von Kurt Liebermann, KPD-Mitglied und Leiter des städtischen Nachrichtenamtes, erwähnte dabei prominent die „Schuld der Nazikriegstreiber" und rief vor allem „zur tätigen Mitarbeit" am Neuaufbau auf. In 25 Doppeltafeln wurden Vorher-Nachher-Aufnahmen berühmter Bauwerke und Perspektiven Dresdens dargestellt. Der Titel richtete die von den Abbildungen ausgehende Anklage auf die nationalsozialistische Vergangenheit Deutschlands.

Aus der Sicht der KPD war diese Argumentationslinie hilfreich und logisch: Wenn die Zerstörung Dresdens Schuld der „deutschen Faschisten" war, dann wurde der Wiederaufbau zur antifaschistischen Aufgabe, passte sich also hervorragend in die politische Positionierung ein: Unter der Führung der KPD würden die Dresdner nun Faschismus und Zerstörung gleichermaßen überwinden. Eine Anklage gegen die westlichen Alliierten dagegen hätte innenpolitisch weit weniger Aktivierungspotential gehabt und die deutschen Akteure zudem in Konflikt mit der Besatzungsmacht gebracht, die wenige Monate nach dem Ende des Krieges noch kein Interesse an einer öffentlichen Konfrontation mit den westlichen Alliierten hatte. Vor diesem Hintergrund war es folgerichtig, dass die Dresdner Stadtverwaltung bei der sowjetischen Militäradministration um Genehmigung von „Großkundgebungen" zum ersten Jahrestag der Zerstörung Dresdens bat. Deren Propagandaabteilung genehmigte dies unter der Auflage, dass keine „Tendenzen gegen die Alliierten" geäußert würden. Das entsprach ohnehin den Interessen der Stadtverwaltung, was auch auf die zweite Bedingung zutraf: „Es soll alles vermieden werden, was den 13. Februar als Trauertag erscheinen läßt."[13]

Ende Januar 1946 wurden detaillierte Absprachen dazu getroffen. Ab 9. Februar warb die *Sächsische Volkszeitung* für den Besuch der insgesamt 29 Versammlungen in verschiedenen Sälen der Stadt. Die Anzeigen machten das Thema unmissverständlich klar: „Der Neuaufbau Dresdens".[14] Für jeden Saal wurden nun zwei Hauptredner bestimmt, weitere Wortmeldungen und kulturelle Darbietungen organisiert. Die Versammlungen sollten eine vorbereitete gemeinsame Erklärung verabschieden, in der die Verantwortung der „Naziverbrecher" klargestellt und deren „strengste Bestrafung" durch das alliierte Kriegsverbrechertribunal in Nürnberg gefordert wurde. In der Hauptsache aber ging es darum, die Zustimmung der Bevölkerung zum „Ersten Dresdner Aufbauplan" zu dokumentieren, den die Stadtverwaltung fünf Wochen vorher vorgelegt hatte. Der 13. Februar 1946 war so als Auftakt des Wiederaufbaus geplant und als „Wende im Leben unserer Stadt" angekündigt.[15]

Walter Weidauer, KPD-Funktionär und Erster Bürgermeister, leitete den Jahrestag in der Tagespresse und im Rundfunk in diesem Sinne ein: „Könnte man den Verbrechern in Nürnberg keine weiteren Schandtaten nachweisen, allein die Zerstörung Dresdens müßte genügen, um diese Banditen zur härtesten Strafe zu verurteilen." Sein Artikel nannte zwar „Schmerz und Trauer" der Dresdner angesichts des „sinnlosen Opfers", ließ daraus aber sofort den „Willen zum Neuaufbau" erwachsen. Weit größeren Raum nahmen das Lob für den Aufbauplan und der Aufruf zum Engagement für „ein neues und schöneres Dresden" ein.[16] Die Versammlungen verliefen im Wesentlichen nach Plan, und der Sofortbericht an die sowjetische Militäradministration konnte am folgenden Tag abrechnen, dass die vorbereitete Resolution „in voller Einstimmigkeit angenommen" worden war.[17] Der abschließende Bericht an die Besatzungsmacht zwei Tage später hätte den sowjetischen Propagandaoffizier allerdings hellhörig machen müssen: Aus vielen Veranstaltungen wurde lebhafte Zustimmung gemeldet, wenn die Redner erklärt hatten, „daß die Rote Armee niemals offene Städte bombardiert habe".[18] Der Beifall der Zuhörer galt sicherlich weniger dem Lob der Roten Armee, als vielmehr der impliziten Anklage gegen die westlichen Alliierten. Dies aber hatte ja eigentlich vermieden werden sollen. Auch war es genauso falsch wie taktlos, wenn die Redner Dresden als „offen", d. h. militärisch unverteidigt beschrieben. Sie übernahmen damit das Selbstbild der unschuldigen Stadt; den Adressaten ihres Berichtes dagegen musste die Erinnerung an die teilweise schweren Kämpfe zur Einnahme dieser „Festung Dresden" noch lebendig sein.

Die berichtete freudige Zustimmung zum Auftakt des Wiederaufbaus beschreibt die Stimmungslage am ersten Jahrestag der Zerstörung nur unvollständig. Eine der Bezirksverwaltungen meldete völlig konträre Eindrücke: Die versammelte Bevölkerung habe vor allem vom „Schreckenstag" gesprochen, Erinnerungen daran ausgetauscht und so seien die Versammlungen weniger ein Ausdruck für den „Beginn des Wiederaufbaus" als eher für die „Wiederkehr des Todestages" gewesen. Und man fügte hinzu, dass der 13. Februar 1945 von einem „Großteil der Bevölkerung seelisch noch nicht überwunden" sei.[19]

Diesen Eindruck hatten auch einige der westlichen Journalisten, die wie bereits erwähnt ab Dezember 1945 in mehreren Gruppen erstmals Dresden besuchen durften. Gladwin Hill beobachtete in der Dresdner Bevölkerung vor allem „Benommenheit von dem unvergleichlichen Schlag" der Zerstörung und vermisste noch zündende „Begeisterung für den Wiederaufbau". Er wertete vorsichtig, gleichwohl erschien es ihm am gefährlichsten, dass scheinbar niemand in Dresden wirklich Wut auf beispielsweise die Amerikaner habe. Die Dresdner würden fast stolz von dem großem Elend berichten, so als sei es „eine unvermeidliche göttliche Strafe, die nichts mit ihrer eigenen politischen Torheit zu tun habe." Das waren deutliche Hinweise auf Gefühlsstau und Verdrängung gleichermaßen, beides Symptome eines kollektiven Traumas.[20]

Die Berichte der Amerikaner, Kanadier und Engländer dokumentieren, dass zur Jahreswende 1945/46 das symbolhafte Abbild von der Zerstörung Dresdens zwei Ausprägungen bekommen hatte, die nebeneinander existierten: Die kommunistisch dominierte offizielle Politik in Dresden hatte die ursprüngliche Symbolik zu ersetzen versucht: Die Zerstörung Dresdens war nun nicht mehr in erster Linie als das symbolische Beispiel für den alliierten Bombenkrieg positioniert, sondern stand symbolhaft für die Verbrechen der „deutschen Faschisten". In der Außenansicht aber blieb die alte Bedeutung vollständig erhalten – und in Teilen der deutschen Bevölkerung auch. Die *Chiffre Dresden* war also schon weithin interpretierbar geworden.

Dies erklärt auch, wieso die Dresdner Stadtverwaltung in der Resolution zum Jahrestag als Folge der Luftangriffe 25.000 Tote benennt, während die amerikanischen Journalisten etwa zehnfach höhere Zahlen vermelden – 200.000 beispielsweise die *Washington Post*[21], gar 300.000 die *New York Times*[22]. Sie hatten diese direkt vom sowjetischen Stadtkommandanten erfahren und zusätzlich noch viele, oft stark übertriebene, Details des Geschehens. Ross Munro, ein kanadischer Journalist aus der zweiten Besuchergruppe, die drei Wochen später nach Dresden reiste, gab dagegen die korrekte Statistik der

Stadtverwaltung wieder.[23] Seine Quelle war Walter Weidauer. Die erstaunliche Differenz erklärt sich aus einer Nebenbemerkung des sowjetischen Generalmajors an die amerikanischen Journalisten – einem sarkastischen Verweis auf die Trümmer: „Dies haben Sie gemacht, und nun müssen wir das aufräumen." Hier deutete sich eine – noch fast scherzhafte – außenpolitische Abgrenzung zu den westlichen Alliierten an. Da war jede Übertreibung recht. Weidauer dagegen wollte vor allem mit Professionalität beeindrucken; er führte die Statistiken und Planungen der noch jungen Verwaltung vor, in denen kein Raum für phantastische Zahlen blieb. Nur eine Bemerkung Weidauers kam dem kanadischen Journalisten ein wenig weltfremd vor: „Der Bürgermeister schien sehr weit in die Zukunft zu sehen, als er erklärte, die Stadt könne nur vollständig aufgebaut werden, wenn die Tourismusindustrie wieder in Gang käme."[24]

Schon im ersten Jahr nach dem 13. Februar 1945 war dreierlei deutlich geworden: Erstens würde die *Chiffre Dresden* auch in der Nachkriegsgesellschaft Bedeutung behalten. Zudem erwies sich ihr Kern, die kollektive Erzählung, als fest gefügt – von Weidauer bis zur *New York Times* stellte niemand die erzählerischen Konstanten in Frage. Noch immer galt Dresden als die *einzigartige, unschuldige* Stadt – wenngleich Weidauer vorsichtig eine Mitschuld der Dresdner andeutete –, die *sinnlos, plötzlich* und in ihren Folgen ebenfalls *einzigartig* zerstört wurde. Schließlich zeigte sich ein weiteres Charakteristikum: Die Erzählung konnte mühelos fast beliebige Erzähldetails aufnehmen: Jede dramatische Zuspitzung, jede Totenzahl schien glaubhaft, war erst einmal das *Einzigartige* des Geschehens akzeptiert. Das ist noch heute so.

1946: „Wie liegt die Stadt so wüst"

Am Abend des ersten Jahrestages der Zerstörung Dresdens schlugen um 21.45 Uhr die Glocken aller Kirchen in Dresden und in den umliegenden Gemeinden an. Das viertelstündige Geläut in seinem Dreiklang aus Klage, Warnung und Hoffnung sollte etwa jenen Zeitpunkt markieren, an dem im Vorjahr die ersten Bomben auf Dresden geworfen wurden, und jene Zeit, die der erste „Arbeitsgang" der Zerstörung benötigt hatte.[25] Dieser „beklemmende Augenblick im feuchten Frösteln des Februars"[26] ist seitdem der beständigste Ausdruck des Gedenkens geblieben. Die Zeit des Glockengeläuts stellt bis heute den Fixpunkt im Gedenkritus der Jahrestage dar, an dem sich andere Veranstaltungen orientieren. Die gesamte Stadt horcht einen Moment lang auf.

„Wie liegt die Stadt so wüst, die voll Volks war" – Die Klagelieder des Propheten Jeremias erschienen dem Dresdner Kreuzkantor Rudolf Mauersberger, der nach schrecklichen Erlebnissen im Dresdner Feuersturm in sein erzgebirgisches Heimatdorf geflüchtet war, als „zeitnahe Worte". Um einen „Zustand tiefster seelischer Depression" zu überwinden, komponierte er am Karfreitag und Karsamstag 1945 einen Trauerhymnus, der die alttestamentarische Klage aufgriff. Nach einem überaus schwierigen Neubeginn führte der Dresdner Kreuzchor dieses karge A-capella-Werk am 4. August 1945 im dachlosen Kirchenschiff der ausgebrannten Kreuzkirche auf. Zur Aufführung wurde ein Gedenkspruch für die elf Sängerknaben des Chores verlesen, die in der Nacht des 13. Februar 1945 ums Leben gekommen waren.[27]

Am ersten Jahrestag wurde die Erinnerung an die Zerstörung Dresdens in den Gottesdiensten der evangelischen Gemeinden aufgegriffen. Für die katholischen Christen stand das Gedenken an die Menschen im Mittelpunkt, die im Jahr zuvor in den Luftangriffen ums Leben gekommen waren. So feierten die Gemeinden Requiem-Gottesdienste und griffen damit die tradierte Liturgie der missa pro defunctis, der katholischen Messe für die Verstorbenen, auf.

Zudem wurde für katholische Christen ein zweiter zeitlicher Bezug wichtig: Der 13. Februar des Jahres 1945 war zufällig Faschingsdienstag. Seit dem 18. Jahrhundert hielten Dresdner Katholiken in der Faschingszeit ein 40-stündiges Gebet in der Hauskapelle des Josephinenstifts ab, das dem Karneval ein Zeichen der Buße entgegensetzen sollte und traditionell am Nachmittag des Faschingsdienstages endete. Im Jahr nach der Zerstörung Dresdens griff der Probst der Hofkirche diese Tradition auf und setzte sie in Bezug zur Katastrophe des Vorjahres. In einer verschont gebliebenen Seitenkapelle der schwer beschädigten Kirche endete so am 5. März, dem Faschingsdienstag des Jahres 1946, das 40-stündige Gebet im Gedenken an die Zerstörung der Stadt. Die katholische Jugend schloss mit einer Nachtanbetung an, eingeleitet von einem Requiem und abgeschlossen am folgenden Morgen mit der Aschermittwochsliturgie. „Der Wind wehte Schnee auf den zertrümmerten Hochaltar, von wo die Jugendlichen die Klagelieder des Propheten Jeremia sangen", erinnerte sich eine Teilnehmerin. „Wir waren arm und doch reich durch all diese Erfahrungen."[28]

4. August 1945.
In der ausgebrannten Kreuzkirche führt der Dresdner Kreuzchor Rudolf Mauersberger Trauerhymnus „Wie liegt die Stadt so wüst, die voll Volks war" auf.

Das kirchlich organisierte Gedenken an die Zerstörung Dresdens sollte für die beiden großen Konfessionen in den Jahren nach 1946 relativ konstant bleiben. Im Mittelpunkt standen die Gedenkgottesdienste in den Gemeinden, die Feier des katholischen Requiems und das 40-stündige Gebet. Sie gaben Raum, Trauer auszudrücken und um Frieden zu bitten. Sie schlossen aber auch – zumindest in ihren theologischen und liturgischen Bezügen – das Anerkenntnis eigener Schuld und die Auseinandersetzung mit Reue und Sühne ein.

1946: „Vor allem müssen wir anfangen!"

Im Frühjahr 1946 drehte die Filmgesellschaft DEFA einen kurzen Werbefilm für den Ersten Dresdner Aufbauplan. Der Film beginnt mit beeindruckenden Totalansichten des zerstörten Dresdner Stadtzentrums, die in epischem Gestus mit langsamem Schwenk der Kamera eine Landschaft zeigen, in der es kein Leben mehr gibt. Eine pathetische Stimme aus dem Off verkündet: „Wenn aber die Menschen schweigen, so werden die Steine anfangen zu reden!" Im Film bleibt die Anklage noch ohne Adressaten, die Steine „reden" ohne Richtung. (Der Satz ist ein Zitat aus dem Sparing-Artikel vom März 1945, der den Höhepunkt der Goebbelschen Dresden-Kampagne mar-

Arbeitseinsatz der Freien Deutschen Jugend zur Enttrümmerung der Dresdner Innenstadt, 1949.

kierte, was den Autoren möglicherweise nicht bewusst war.) Während der Blick vom Rathausturm einer einsam durch die zerstörte Stadt fahrenden Straßenbahn folgt, erklärt der Kommentator, dass nun aber, vom Rand der Stadt ausgehend, das Leben wieder durch die zerstörte Metropole pulsieren würde. Das Resümee muss aus heutiger Sicht eher tragikomisch wirken, für die Dresdner des Jahres 1946 war es das vielleicht nicht. Auf einem Trümmerhügel breitet dann Bürgermeister Weidauer vor einer Gruppe Mitarbeiter einen Plan aus: „Das ist der Dresdner Aufbauplan". In heroisierender Untersicht aufgenommen, wischt er in einem kurzen Dialog alle Bedenken weg: „Vor allem müssen wir anfangen!" Hier wechselt nun die Szene. In einer kurzen Spielfilmsequenz wird gezeigt, wie ein Jugendlicher der Versuchung zu Schwarzmarktgeschäften widersteht und stattdessen einer Kolonne der Freien Deutschen Jugend folgt, die singend zum Aufbaueinsatz marschiert. Die folgende Hälfte des Filmes gibt die Aufbauarbeit in einem pathetischen Bild-Musik-Epos wieder.[29]

Im Kontext der Wiederaufbau-Werbung schien Auftraggebern und Filmemachern also keine explizite Schuldzuweisung für die Zerstörung der Stadt notwendig. Kurz danach entstanden zwei weitere Produktionen mit Dresden-Sujet, die im Gegensatz dazu die offizielle Bewertung reflektierten: Ein Wochenschaubeitrag aus dem späten Frühjahr 1946 griff mit einer nachgestellten Szene im Luftschutzkeller die Dresdner

Bombennacht auf. Die Sequenz warb für eine Beteiligung am „Volksausscheid in Sachsen".[30] Mit dieser Abstimmung wollte die nunmehr führende Sozialistische Einheitspartei Deutschlands (die aus der Zwangsvereinigung von KPD und SPD hervorgegangen war) eine Enteignung der „Kriegs- und Naziverbrecher" erzwingen, vor allem aber auch neue Eigentumsformen durchsetzen. Vor diesem Hintergrund war das symbolische Beispiel Dresden brauchbar, um noch einmal die Schuld der „Naziverbrecher" zu illustrieren. Der Volksausscheid in Sachsen verlief wie von den Initiatoren gewünscht und stärkte damit die SED-Dominanz deutlich.

In einem weiteren, wesentlich längeren Propagandafilm der DEFA wurde die Bewertungsperspektive ausführlicher abgeleitet: Nach einer filmischen Schilderung der unzerstörten Stadt deutet der Film die Machtergreifung der Nationalsozialisten an. Ein Häftling spricht aus seiner Zelle heraus die Schuld der Deutschen am Aufstieg Hitlers aus: „In diesem Lande ist alles zu Lügen geworden. Die Formen sind leer, Deutschland hat kein Gewissen mehr! ... Kein Gewissen, keine aufrechten Menschen mehr!" Und erneut: „Die Menschen schweigen, eher würden die Steine sprechen." Danach ertönen Sirenen, werden die Luftangriffe angedeutet und die Zerstörungen gezeigt."[31]

Die Verweise in den Filmproduktionen des Jahres 1946 zeigen die Festigung der offiziellen Bewertung: Als Schuldige an der Zerstörung Dresdens wurden weiter ausschließlich die Nationalsozialisten angeprangert. Diese Deutung der *Chiffre Dresden* war für die SED solange hilfreich, wie „Antifaschismus" unmittelbar als Machtmittel in der Auseinandersetzung um die führende politische Rolle in der sowjetischen Besatzungszone eingesetzt werden musste. Als sich 1947 die Zerstörung Dresdens zum zweiten Mal jährte, schien der 13. Februar aber in der internen Rangfolge der propagandistisch nutzbaren Gedenktage bereits verdrängt. Öffentliche Kundgebungen fanden nicht statt, die *Sächsische Volkszeitung* erinnerte nur knapp mit einer Fotografie der Elbansicht von Brühlscher Terrasse und Frauenkirche vor der Zerstörung: „Entsetzlicher Ausklang der zwölfjährigen Barbarei und hoffnungsvoller Auftakt einer neuen Zeit".[32]

In der UNION, der Tageszeitung der Christlich-Demokratischen Union Deutschlands, betonte am gleichen Tag ein fast ebenso knapper Kommentar andere Perspektiven: „Die Geschichte kennt keine Parallele zu dem Tod von Dresden, und späteren Chronisten wird es vorbehalten sein müssen, festzuhalten, ob und inwieweit eine militärische Notwendigkeit bestand, mehrere Kulturepochen und eine ziffernmäßig niemals feststellbare Zahl von Menschenopfern innerhalb weniger Stunden zu vernichten."[33] In der Reflektion des christlichen Bildungsbürgertums Dresdens, an das sich die UNION richtete, blieben die Erzählbilder von der einzigartigen Stadt und Zerstörung dominant. So war es nur folgerichtig, die von der Stadtverwaltung ermittelte Zahl der Toten der Luftangriffe nicht zu akzeptieren und sie stattdessen im weiten Raum des „Nicht-mehr-Feststellbaren" anzusiedeln. Auch der durch die SED vorgegebenen Schuldzuweisung folgte man nicht. Zwar blieb die Anklage gegen die westlichen Alliierten noch verschlüsselt, gleichwohl wurden die deutschen Verursacher des Krieges nicht genannt.

Zwei Monate später diskutierte der Dresdner Romanist Victor Klemperer mit dem Schriftsteller Ludwig Renn über den 13. Februar 1945. Danach notierte er in seinem Tagebuch: „Stärker berührte mich ein anderes. Er nennt es verbürgt u. im Ausland völlig bekannt, dass Dresden von den Engländern u. Amerikanern gegen den Einspruch der Russen zerstört wurde u. nur deshalb, weil man den Russen die Stadt nicht gönnte."[34] Wie Klemperer suchten viele Dresdner nach wie vor nach Begründungen für die traumatischen Ereignisse im Februar 1945. Dieses Bedürfnis, die konkreten Ursachen für das eigene Leid kennen zu wollen, konnte von den abstrakten Schuldzuweisungen der offiziellen Interpretation nicht befriedigt werden. Trotz aller Schuld der „Naziverbrecher" waren es ja doch keine deutschen Flugzeuge gewesen. Welche Motive aber hatten die Alliierten gehabt? Unter den Dresdnern war zwei Jahre nach Kriegsende das Erzählmotiv der unschuldigen Stadt so selbstverständlich, dass es militärisch nachvollziehbare Gründe für die Luftangriffe von vornherein ausschloss. Als nun der außenpolitische Ton zwischen der Sowjetunion und den westlichen Alliierten zunehmend schärfer wurde, erschienen Erklärungsansätze wie der von Klemperer notierte glaubhaft.

Im Jahr danach deutete auch die SED-Propaganda eine bevorstehende Verschiebung der Schuldperspektive an: „Viele Tausend, in der Mehrzahl Frauen, Kinder und alte Leute", so der Kommentar in der Sächsischen Volkszeitung am 13. Februar 1948, „mußten im Bombenregen der anglo-amerikanischen Flugzeuge ihr Leben lassen zu einem Zeitpunkt, da der Nazikrieg bereits sein Ende erreicht hatte."[35] Zum ersten Mal nach dem Kriegsende wurden nun, noch ohne Bewertung, die Ausführenden der Zerstörung wieder genannt – und dies mit dem von der NS-Propaganda etablierten Adjektiv: „anglo-amerikanisch".

1949: „Dresden klagt an!"

Am 22. September 1948 eröffnete Ministerpräsident Max Seydewitz das wieder aufgebaute Große Haus des Staatstheaters Dresden mit einer Festrede, in der er auch die Zerstörung der Stadt im Februar 1945 behandelte. Zwar geißelte auch er das „Verhalten der Naziführer, die verbrecherischerweise die Fortsetzung des Krieges auch dann noch erzwangen und Deutschland zum Kriegsschauplatz machten, als ihre militärische Niederlage längst eine Tatsache war." Nunmehr richtete sich die Anklage aber auch gegen die westlichen Alliierten: „Sinnlos aber waren auch die Bomben-Großangriffe der amerikanischen Luftflotte, die in *einer* Nacht … der Kunst- und Kulturstadt Dresden Tod und Vernichtung brachten." Der Ausgang des Krieges, so Seydewitz, sei längst entschieden gewesen.[36]

Mit dieser nunmehr deutlichen und öffentlichen Neupositionierung trug die SED den mittlerweile stark veränderten innen- und außenpolitischen Bedingungen Rechnung. Im Inneren hatte man in der Zwischenzeit die eigenen Machtpositionen nachhaltig gesichert. In den Blockparteien konnten Oppositionsbestrebungen erfolgreich unterdrückt und der SED-Einfluss in den Massenorganisationen durchgesetzt werden. Das Instrument der „Entnazifizierung" wurde nicht mehr benötigt. Parallel dazu verhinderten die zunehmenden Interessenkonflikte zwischen der Sowjetunion und den westlichen Alliierten eine gemeinsame Besatzungspolitik mit dem Ziel der Einheit Deutschlands. Im Juni 1948 schrieben stattdessen die getrennten Währungsreformen die Entwicklung zu zwei eigenständigen deutschen Staaten fest. Der Kalte Krieg begann.

Das hatte rasch auch geschichtspolitische Folgen: Im Verlauf des Jahres 1948 revidierten die sowjetische und die SED-Propaganda die bis dahin verbindliche Geschichtsdeutung vom gemeinsamen Kampf der vier Alliierten gegen Hitlerdeutschland: Nunmehr war es in ihrer Darstellung allein die Sowjetunion gewesen, die immer und konsequent gegen den Nationalsozialismus gekämpft habe, während Großbritannien und die USA Hitlerdeutschland zunächst unterstützt hätten. Hier konnte die SED-Propaganda ansetzen und die Schuld der westlichen Alliierten auch an der Zerstörung Dresdens betonen.

Am vierten Jahrestag der Luftangriffe auf Dresden wurden nun zum zweiten Mal Kundgebungen in den Stadtbezirken organisiert, um jetzt an „die Zerstörung der Stadt durch die anglo-amerikanische Luftwaffe" zu erinnern. Die Zeitun-

*13. Februar 1952.
Propagandaplakat gegen die
wirtschaftliche (Schumann-
Plan) und militärische
(Pleven-Plan) Westintegration
der BRD.*

der englisch-amerikanische Angriff sich gerade mit solcher Wucht gegen Dresden richtete." Liebermann gab als Erklärung an, dass es den westlichen Alliierten lediglich um Zerstörungen in der künftigen sowjetischen Besatzungszone gegangen sei. „So wie Hitler war die amerikanische Politik skrupellos bereit, Frauen und Kinder zu morden, ganze Städte auszubrennen, wenn es nur gilt, sowjetisches oder vermeintlich sowjetisches Gebiet zu schädigen." Im Westen würde man nun einen „neuen 13. Februar" vorbereiten, der nur durch eine „Massenbewegung der antifaschistisch-demokratischen Kräfte" und die „Einheit Deutschlands" zu verhindern sein.[38]

In einer Sonderbeilage der zentralen Tageszeitung der SED, dem Berliner *Neuen Deutschland*, schrieb Walter Weidauer, nunmehr Oberbürgermeister Dresdens, am selben Tag gleiches: Auch er machte neue Kriegshetzer in den angelsächsischen Ländern aus, „die nur gar zu gern und möglichst bald ... die Welt in einen Krieg stürzen möchten." Die Zeitungsbeilage enthielt neben Weidauers Text Berichte von Dresdner Augenzeugen und erstmals auch Fotografien der zerstörten Stadt, darunter Abbildungen von den Leichenverbrennungen auf dem Altmarkt.[39]

Damit war die Anklage vollständig: Die Täter wurden namhaft gemacht, wenngleich seltsam selektiv: Es schienen nun nicht selten allein die USA gewesen zu sein, deren „Superfestungen und Liberators" Dresden bombardiert hatten; die britischen Lancaster fehlten oft. Auch das Motiv der Täter konnte benannt werden: Den westlichen Alliierten sei es darum gegangen, den demokratischen Neuaufbau in der sowjetischen Besatzungszone zu erschweren oder gar zu verhindern. Und schließlich waren mit den Aufnahmen der zur Verbrennung gestapelten Leichen die dokumentarischen Beweise zugänglich, die ein noch weitaus größeres anklägerisches Moment besaßen als die Abbildungen der zerstörten Stadt.

Im folgenden Jahr erschien in Dresden der Fotoband „Dresden – eine Kamera klagt an", in dem diese „Beweise" einem Massenpublikum zugänglich gemacht wurden – „kommentarlos und unbestochen – nur durch das Objektiv einer Kamera gesehen", so die Verlagsreklame. Die Aufnahmen des Bandes stammten zumeist von dem Dresdner Fotografen Richard Peter, der auch die Zusammenstellung besorgte. Sein Buch wird von nur drei Motiven des unzerstörten Dresden eingeleitet, Nachtaufnahmen einer stillen, entrückt schönen Stadt. Dem dritten Motiv steht unvermittelt eine zerklüftete Trümmerlandschaft gegenüber, im Anschnitt gedruckt und

gen luden für den Nachmittag und Abend des 13. Februar 1949 in 17 Dresdner Säle ein, die Überschrift lautete: „13. Februar 1945 – Dresden klagt an!" Am Vortag erinnerte ein Kommentar in der *Sächsischen Zeitung* jetzt erstmals auch an die „Superfestungen und Liberators", deren „todbringende Last ... alles ohne Unterschied" unter sich begrub.[37]

Kurt Liebermann, nunmehr Kreisvorsitzender der SED, hielt die Hauptrede des Tages – kurioserweise im Zirkus Aeros. Es sei nun, führte er aus, an der Zeit, „hart und ungeschminkt die Schuldigen" an den Luftangriffen auf Dresden zu benennen. Dresden klage zuerst das deutsche Volk selbst an, das die „Nazipartei" an die Macht kommen und sich in den totalen Krieg hineinziehen ließ. „Die Dresdner Einwohner selbst haben nichts Entscheidendes unternommen, um ihre Stadt vor der Vernichtung zu retten." Diese Perspektive mag ungewohnt sein, so Liebermann weiter, aber „erst wenn wir uns der ganzen Verantwortung bewußt sind, bekommen wir den Abstand zu jenen, die den Krieg aktiv gewollt und vorbereitet haben, die ihn mit gehobenem Bewußtsein führten und ihn heute noch bejahen." Liebermanns Argumentation wurde hier aus der antifaschistischen Legitimation der SED heraus zum Angebot: Mit der Unterstützung ihrer Politik könnten die Dresdner manifestieren, dass sie nun wirklich zu denen gehören, „die den Krieg verabscheuen." Allerdings, führte er weiter aus, ist schon damals die Frage gestellt worden, „warum

sich damit jenseits der Bildbegrenzung ohne Ende fortsetzend. Diesen Blick vom Dresdner Rathausturm nach Süden dominiert im Vordergrund eine steinerne, engelhafte Figur, die scheinbar über der Landschaft schwebt und deren Geste auf die Zerstörungen weist. Das Motiv – abgebildet auf Seite 999 dieses Buches – sollte rasch zum visuellen Sinnbild des 13. Februar 1945 werden. In Richard Peters Buch leitet es mehrere Kapitel ein, in denen thematisch geordnet die Zerstörungen der Stadt, hin und wieder auch der unzerstörte oder wieder aufgebaute Zustand gezeigt werden. Den Abschluss des ersten Teils bildet „Der Tod über Dresden" – eine Sequenz aus sieben Aufnahmen, deren Thema die Opfer des Dresdner Feuersturms sind. Die mumifizierten Leichen dreier in den Luftschutzkellern erstickter Menschen zeigt Richard Peter in schwer erträglicher Nahaufnahme; zwei Fotografien Walter Hahns geben die grausigen Szenen der Leichenverbrennungen wieder. Im zweiten Buchteil wird dann der Aufbau zum Thema – dargestellt als Neubau einer Kollektivgesellschaft und abgeschlossen mit der Nahaufnahme eines Arbeiters, der mit einer Tragebütte auf dem Rücken eine Leiter herauf und zu einer besseren Zukunft aufsteigt.

Dem Buch ist ein Gedicht Max Zimmerings vorangestellt, dass die Richtung der Anklage eindeutig benennt: Die „Stadt am Strom" sei nun „zerfetzt, entstellt" durch „eigne Schmach und durch die Schmach / die Wallstreets Namen trug." So wurde Richard Peters „Kompendium für eine leidgesättigte Menschheit" auch zur „Anklage gegen imperialistische Kriege", wie die Verlagsreklame betont. „Jedem Deutschen dieses Buch" warb der Verlag. Die hohe Auflage von 50.000 Exemplaren war rasch verkauft.[40]

1950: „Nationaler Kampftag gegen amerikanische Kriegshetzer"

Mit der Gründung der beiden deutschen Staaten im Herbst 1949 musste die SED-Führung bestrebt sein, der von ihr beherrschten Deutschen Demokratischen Republik eine möglichst breite Legitimation in der Bevölkerung und außenpolitische Akzeptanz zu verschaffen. Knapp fünf Jahre nach dem Ende des Zweiten Weltkrieges, dessen Schrecken den Menschen in ganz Europa noch sehr lebendig waren, bot sich das Thema „Frieden" für die Profilierung sowohl nach innen als auch nach außen an. In ihrer Propaganda stellte die junge DDR sich als Staat dar, der kompromisslos die Wurzeln der

13. Februar 1951.
Kundgebung auf dem
Dresdner Karl-Marx-Platz.

nationalsozialistischen Gewaltherrschaft beseitigt und Frieden zum zentralen Leitbild erhoben hatte. Im Gegensatz dazu warf sie der Bundesrepublik Deutschland vor, in der Traditionslinie des „Dritten Reiches" zu stehen und durch ihre enge Bindung an den westlichen Staatenblock den Frieden zu gefährden. Insbesondere die USA wurden für militärische Aufrüstung und politische Konfrontation verantwortlich gemacht, so dass die westdeutsche Republik als Vasall der „Friedensfeinde" erschien. Die Abgrenzung dazu bot der Bevölkerung der DDR einen Ansatz für Identifikation mit ihrem Staat. In der Außenwirkung machte der Friedensbezug die DDR auch für Teile der Öffentlichkeit der BRD und des Westens überhaupt attraktiv.

Vor diesem Hintergrund beschloss das Politbüro der SED im Januar 1950, die Erinnerung an die Zerstörung Dresdens für eine Propagandakampagne mit europaweiter Dimension zu nutzen.[41] Das Thema war bereits im Vorjahr durch die Veröffentlichungen im *Neuen Deutschland* in der gesamten sowjetischen Besatzungszone platziert worden. Daran konnte jetzt angeknüpft werden. Die Koordinierung der Kampagne oblag der „Nationalen Front des demokratischen Deutschlands", in der alle Parteien und Massenorganisationen zusammengefasst worden waren, und den Friedenskomitees. So rief am 9. Februar 1950 das „Deutsche Komitee der Kämpfer für den Frieden" in Berlin das „gesamte deutsche

Februar 1952.
Transparent an der
staatlichen Frauenklinik,
Pfotenhauerstraße.

sen Kampf zu gewinnen", die Kulturschaffenden wurden zu einer gesonderten Kundgebung eingeladen.[45]

Am 13. Februar 1950 berichtete die *Sächsische Zeitung* von vielen weiteren Briefen und Telegrammen aus der sächsischen Bevölkerung an die Dresdner Stadtverwaltung. Der Rat der Stadt hatte seinerseits an die Bürgermeister von 17 zerstörten westdeutschen Städten geschrieben: „Die Toten des Luftangriffs auf Dresden können nicht mehr sprechen. Aber ihr schreckliches Ende gibt uns das Recht und die Pflicht, in ihrem Namen Worte der Mahnung an alle Deutschen zu richten." Die Mahnung verband man mit dem Appell, Forderungen des Weltfriedenskongresses zu unterstützen, die Unterdrückung der „Kämpfer für den Frieden" in Westeuropa aufzuheben und der „Sowjethetze" ein Ende zu bereiten.

Ein längerer Artikel in derselben Ausgabe beschäftigte sich mit dem historischen Geschehen der Zerstörung Dresdens selbst. Dem nunmehr propagierten Geschichtsbild zum Zweiten Weltkrieg folgend wurde eingangs der unaufhaltbare Siegeszug der sowjetischen Armee beschrieben, der keinen Zweifel mehr an der Niederlage „des fluchbeladenen Naziregimes" zuließ; die Front im Westen blieb ausgespart. Dann folgte der Verweis auf jene Agenturmeldung vom 17. Februar 1945, in der die alliierte Luftwaffenführung „absichtliche Terrorbombardierungen der großen deutschen Bevölkerungszentren" angekündigt hatte. (Im vorangegangenen Abschnitt dieses Buches ist diese Meldung zitiert worden – auch mit der korrekten Datierung, 16. Februar, und ebenso das folgende Dementi aus dem alliierten Hauptquartier.) In seltsamem Zeitsprung beschrieb der Artikel danach, wie diese Ankündigung umgesetzt wurde: Am 6. Februar 1945 habe eine Besprechung in London stattgefunden, in der „Handlanger der Wallstreet" gefordert hätten, Dresden zu zerstören, um Truppenkonzentrierungen der Roten Armee dort zu verhindern und deren Vormarsch zu verzögern. Auch „Vertreter der Rüstungsmonopole" seien anwesend gewesen, für die es vor allem wichtig gewesen sei, auf die großen Vorräte an Bomben zu verweisen, die „noch vor Ende des Krieges verbraucht werden müßten". Damit war das Fazit der fabulierten Erzählung klar: „Für die Herren von der Wallstreet und der City ist der Krieg immer nur ein Geschäft, und die Terrorbombardierungen, die militärisch sinnlose Zerstörung Dresdens sollten ihnen auch bis zum letzten Augenblick ihre großen Profite sichern." In der anschließenden Beschreibung der Luftangriffe und ihrer Folgen war kommentarlos die Zahl der Getöteten im Vergleich zur bisherigen offiziellen Angabe fast verdoppelt

Volk" auf, „am 13. Februar, dem fünften Jahrestag der Zerstörung Dresdens durch anglo-amerikanische Bomber, in allen Betrieben, Dörfern und Städten Friedenskundgebungen durchzuführen."[42] Der Jahrestag der Zerstörung Dresdens war damit als Propagandaereignis zumindest für die DDR aufgestellt. Rasch übermittelten erste Vertreter von Städten, Gemeinden und Parteien „Grüße brüderlicher Verbundenheit" nach Dresden.[43]

Dort legte das örtliche Vorbereitungskomitee fünf Losungen für die zentrale Kundgebung fest, die sich alle „gegen die Zerstörer Dresdens" richteten. Mit geringer sprachlicher Varianz wurden diese abwechselnd als „amerikanische Kriegstreiber" oder „amerikanische Kriegshetzer" benannt. An den zentralen Gebäuden der Stadt wiesen Losungen auf die Friedfertigkeit der Verbündeten: „Die Sowjetunion bombardierte keine wehrlosen Frauen und Kinder". Die Ruinen wichtiger Gebäude waren mit „Hier zerstörten amerikanische Bomber eine Kulturstätte" gekennzeichnet. Die Nationale Front gab eine Broschüre „Dresden kämpft für den Frieden" heraus.[44] Eine umfassende politische Mobilisierung in der Stadt setzte ein: Die Volkssolidarität führte Straßensammlungen für den Neuaufbau der Stadt durch, Betriebe waren zu „Friedensqualitätsschichten" aufgefordert, Agitatoren der Nationalen Front hatten „die noch Abseitsstehenden für die-

worden: 45.000 Menschen seien im Februar 1945 „ermordet" worden. Das Fazit: „Das zerstörte Dresden, früher eine der schönsten Städte Europas, und die bestialische Ermordung eines großen Teils seiner Einwohner, das sind die Visitenkarten der profithungrigen, blutrünstigen anglo-amerikanischen Imperialisten."[46]

Solcherart präpariert absolvierten die Dresdner dann das umfangreiche Programm des fünften Jahrestages: Am Vormittag legten Delegationen aus den Betrieben Kränze vor Obelisken und Tafeln nieder, die an sechs Orten im Stadtgebiet errichtet worden waren. Am Mittag ruhte für eine Minute jeder Verkehr in ganz Sachsen. Im Großen Haus des Staatsschauspiels versammelten Kulturbund und Nationale Front am Nachmittag „Kulturschaffende" und „Angehörige der Intelligenz". Von den Standplätzen in den Stadtbezirken marschierten schließlich 100.000 Dresdner zur zentralen Kundgebung auf dem Karl-Marx-Platz vor dem Japanischen Palais; der Rundfunk berichtete live. Die „Dresdner Jugend" zog anschließend mit Fackeln, Fahnen und den „Liedern der FDJ durch die Trümmer der Stadt" zum Neuen Rathaus, wo ein ehemaliger Angehöriger der britischen Streitkräfte in der BRD über die „verbrecherischen Pläne der Kriegshetzer" informierte.[47]

Das Bild des Jahrestages bliebe allerdings unvollständig, würde man nicht auch die Veranstaltungen abseits des propagandistischen Lärmens und die vielen Gesten privater Trauer verzeichnen. Die Kirchgemeinden bezogen Erinnerung und Gedenken in ihre Gottesdienste ein. In den Staatlichen Sammlungen Radebeul erinnerten Gemälde an das „Unsterbliche Dresden", kontrastiert durch eine Dresdner Ausstellung der Trümmerzeichnungen und -holzschnitte Wilhelm Rudolphs. Und wie in den Jahren zuvor, legten die Überlebenden Blumengebinde in den Trümmern ab, markierten mit selbst gefertigten Erinnerungsmalen die Orte, an denen sie Angehörige, ihre Wohnung, ihre Stadt verloren hatten.

„Diese amerikanische Untat steht an Barbarei den von der ganzen Welt verurteilten Methoden der nazistischen Luftwaffe in nichts nach." Die Bewertung ist einem Aufsatz von Victor Klemperer entnommen, der im Februar 1950 veröffentlicht wurde.[48] Fünf Jahre zuvor hatten ihn, einen der letzten noch nicht verschleppten oder ermordeten Juden in Dresden, die Luftangriffe vor einer möglichen Deportation bewahrt. Auch er folgte nun den Deutungsvorgaben der SED-Propaganda. Gleichzeitig machte sein Text eine tiefere Überzeugung sichtbar: Im Erleben von Krieg und Zerstörung gründete bei Klemperer und vielen Überlebenden des 13. Februar

1945 eine elementare Sehnsucht nach Frieden. „Große und vielfältige Geschichtsabläufe drängen sich in der Phantasie nachfolgender Generationen oft in ein Einzelgeschehnis oder in ein Bild oder in einen Namen zusammen. ... Wer bei uns mit dem Gedanken des Krieges spielt, den muß man in sittlicher und moralischer Hinsicht aufklären, aber vielleicht wirkt stärker als alles Belehren der eine Anruf: Dresden!"

Februar 1952. Selbstverpflichtung einer Hausgemeinschaft anlässlich des 7. Jahrestages der Zerstörung Dresdens.

1950: Die Erzählung vom 13. Februar 1945

Mit der landesweiten Kampagne zum fünften Jahrestag war die Erinnerung an die Zerstörung Dresdens zumindest in der Bevölkerung der DDR nachhaltig erneuert. In der gesamten Republik fanden am 13. Februar 1950 Kundgebungen und Versammlungen statt; für ganz Sachsen war die einminütige Verkehrsruhe am Mittag Pflicht. Die Dresdner Stadtverwaltung erhielt Hunderte Grußadressen und Solidaritätsschreiben aus anderen Orten, in denen sich nur selten ein Hinweis auf Zerstörungen auch dort fand.[49] Wie aus Berlin angeordnet hatte der Rat der Stadt Dresden Vertreter von Städten aus Westeuropa und der BRD zu den Gedenkfeierlichkeiten eingeladen, die jedoch zumeist absagten. Ihre Reaktionen zeigten aber, dass auch bei ihnen Dresden immer noch – und nun

links: 13. Februar 1952.
Der Stellvertretende Minister-
präsident der DDR, Walter
Ulbricht, spricht während der
Kundgebung auf dem
Theaterplatz.

rechts: Februar 1952.
Selbstverpflichtung eines
Arbeitskollektivs anlässlich
des 7. Jahrestages der Zerstörung Dresdens.

wieder verstärkt – als symbolhaftes Beispiel für die Schrecken des Bombenkriegs galt, einzigartig in seinem dreifachen Superlativ aus Schönheit, Kulturwert und Zerstörung.

Die Anklage der DDR-Propaganda gegen die USA und Großbritannien wurde international wahrgenommen. Die britische Regierung sah sich zum Reagieren veranlasst: Ein Sprecher des Außenministeriums wiederholte am 13. Februar 1950 die schon 1945 genannten Argumente für die Zerstörung der Stadt. Er setzte hinzu: „Wenn die Deutschen vom Bombardieren reden, so sollten sie sich auch an das deutsche Bombardement auf Warschau am 1. September 1939 erinnern, mit dem alles Folgende ausgelöst wurde."[50] Wie immer man die geschichtlichen Ereignisse bewertete, die Nachrichtenagenturen der Welt berichteten wieder über Dresden, die Chiffre war erneut gesetzt.

Woran sie erinnerte, war im Kern seit dem Kriegsende konstant geblieben: Die kollektive Erzählung, begründet im Geschehen des 13. Februar 1945 und geformt von der nationalsozialistischen Propaganda, hatte auch für die neue SED-Kampagne nicht angetastet werden müssen. Die Motive wurden stattdessen vertieft und ergänzt. Nach dem 13. Feb-

ruar 1950 sollten alle Konstanten der Erzählung soweit ausgeformt sein, dass sie bis zum Ende der DDR für deren Geschichtspolitik tauglich blieb.

Dresden galt stärker denn je die als „Schönste unter den Schönen", so Victor Klemperer im seinen bereits zitierten Aufsatz. Das unzerstörte Dresden existierte als imaginäre Parallelwirklichkeit weiter. Als im Herbst 1950 eine Broschüre zur Rechenschaftslegung über „5 Jahre Aufbauarbeit der Stadtverwaltung Dresden" veröffentlicht wurde, bildete eine ganzseitige Abbildung des Elbpanoramas im nächtlichen Lichterglanz den Auftakt – „Dresden im Spiegel der Lichter" –, eine Aufnahme der Vorkriegszeit, so als ob das Zerstörte noch oder wieder existieren würde.[51] Parallel zum Beräumen der Ruinen verklärte sich das verschwundene Stadt-Bild weiter: Die einzigartige Stadt.

Obwohl die SED sich und ihren Staat von vornherein als „antifaschistisch" proklamierte, war man an einer tiefgründigen Auseinandersetzung mit der „faschistischen" Vergangenheit Dresdens nicht interessiert. Weder die Bedeutung der Gauhauptstadt Sachsens im Gesellschaftsgefüge und Unterdrückungsapparat des Nationalsozialismus noch deren Rolle

links: 13. Februar 1955. Festveranstaltung anlässlich des 7. Jahrestages der Zerstörung Dresdens im Großen Haus des Staatstheaters Dresden.

rechts: Februar 1951. Selbstverpflichtung der Umsiedlerin Elli Butter an ihrem Arbeitsplatz im Röntgen- und Transformatorenwerk Dresden.

bei der Vorbereitung und Durchführung des Krieges wurden zum Thema systematischer geschichtlicher Forschungen oder gar öffentlicher Diskurse. Im Glanz der Doppelstadt aus erinnerter und erster wieder gewonnener Pracht war die dunkle Seite Dresdens nur dann kurz sichtbar, wenn die Biografien einzelner Verfolgter des Naziregimes zum Thema wurden. Für die Erinnerung an die Luftangriffe blieb das beherrschende Selbstbild Dresdens von den Konzentrationslagern in der Stadt, den Judenhäusern, den Baracken der Zwangsarbeiter und Kriegsgefangenen oder von der Guillotine im Hof des Landgerichts unberührt. Und auch die SED stellte es nicht in Frage: Die *unschuldige* Stadt.

So musste Dresden zwangsläufig auch als militärisch unbedeutend erscheinen, wie das die Goebbelssche Propaganda schon im Februar 1945 postuliert hatte. Nicht eine einzige Wortmeldung des Jahres 1950 erinnerte an die militärischen Stäbe im Taschenbergpalais, an Luftkriegsschule, SS-Pioniere, Luftgaukommando oder Fahnenjunkerschule, an die 20.000 Soldaten der Garnison, an 160 Rüstungsunternehmen im Stadtgebiet und so weiter – die Liste militärisch relevanter Einrichtungen Dresdens im Februar 1945 ist lang.[52] Im Ergeb-

nis dieser kollektiven Verdrängung mussten die alliierten Luftangriffe von vornherein als sinnlos bewertet werden – wenn die SED-Propaganda nicht ohnehin in Frage stellte, ob es denn den „Anglo-Amerikanern" überhaupt um den Kampf gegen die NS-Diktatur gegangen sei.

Zu dieser Argumentation war in der Propaganda der Jahre 1949 und 1950 noch das Erzählmotiv des Zeitpunktes der Zerstörung getreten. Die Luftangriffe auf Dresden wurden nun in der kollektiven Erzählung endgültig dem Ende des Krieges zugeordnet, einem Zeitpunkt also, an dem dessen Ausgang schon entschieden gewesen sein würde. In dieser perspektivischen Verkürzung unterstellt die Erzählung, es hätte in den knapp drei Monaten zwischen dem 13. Februar 1945 und dem 8. Mai keiner militärischen Anstrengungen mehr bedurft, die NS-Diktatur zu besiegen. Das verwundert, da die SED parallel dazu und völlig berechtigt die großen Opfer der Roten Armee gerade in dieser letzten Phase des Krieges pries. Im Zusammenhang mit den Luftangriffen wurden die gewaltigen Militäroperationen im Frühjahr 1945 ausgeblendet, und so deutete auch der Zeitpunkt der alliierten Luftangriffe auf deren Sinnlosigkeit.

*13. Februar 1952.
Kranzniederlegung einer
westdeutschen Delegation.*

Fest verankert in der kollektiven Erzählung war auch eine weitere Überzeugung: Selbst wenn Dresden militärisch wichtig gewesen wäre und der Verlauf des Krieges noch offen, so hatte die Zerstörung Dresdens ja tatsächlich keinen militärischen Nutzen im Kampf gegen das nationalsozialistische Regime gehabt. Für diese Einschätzung spielte die Art der Ausführung der Luftangriffe eine wichtige Rolle: Insbesondere die britischen Bomber hatten sich über Dresden jener Technologie des Flächenbombardements von Stadtzentren bedient, die dessen Befehlshaber für die einzig effektive hielten. Militärische Vorteile auf diese Weise und mit diesem Preis an Menschenleben zu erreichen, ist moralisch in keiner Weise zu rechtfertigen, ist nicht angemessen und unmenschlich. Dennoch blieben die Flächenbombardements nicht militärisch wirkungslos. Aber auch in Dresden hatte nach 1945 niemand untersucht, welche Auswirkungen die alliierten Luftangriffe tatsächlich auf die Rüstungsproduktion, den Militärbetrieb, die deutsche Verteidigung oder die Moral von Wehrmacht und Bevölkerung gehabt hatten. Für die Dresdner schien der Misserfolg klar, Goebbels' Propaganda hatte das ebenso dargestellt und auch die SED übernahm dieses Urteil. So erschien die Zerstörung der Stadt als neuerlich sinnlos.

Aus dreifacher Perspektive war damit die Erzählkonstante bekräftigt: Die *sinnlose* Zerstörung am *Ende des Krieges*.

(Die SED-Propaganda fügte hin und wieder noch eine neue Variante für das Argument der Sinnlosigkeit hinzu:

Wenn es den westlichen Alliierten gar nicht darum gegangen sei, die deutsche Wehrmacht zu schlagen, sondern im Gegenteil den Vormarsch der Roten Armee zu behindern, dann wäre ja auch das angesichts der überwältigen Macht des sowjetischen Vormarsches sinnlos geblieben.)

Auch ein weiteres Motiv der kollektiven Erzählung hatte die SED-Propaganda übernommen und bekräftigt: Die Zerstörung Dresdens blieb in der Erinnerung einzigartig, eine Katastrophe, deren Folgen die aller anderen alliierten Luftangriffe des Zweiten Weltkrieges übertroffen hatte. Und tatsächlich sind die Auswirkungen in Dresden überaus dramatisch gewesen. Wenn der SED an einer objektiven Geschichtsdarstellung gelegen gewesen wäre, hätte sie sich lediglich des absoluten Superlativs enthalten müssen – das aber war nicht in ihrem Interesse: Der Superlativ gab die Möglichkeit zu kraftvoller Anklage und erhöhte zudem den Wert der eigenen Aufbauleistung. Und so reisten in den Jahren nach 1950 die Bürgermeister von Nordhausen und Plauen, von Potsdam und Halberstadt am 13. Februar nach Dresden. Ihre Städte waren ähnlich verwüstet, die Erinnerung ihrer Bürger aber spielte für die Propaganda keine Rolle. Dresden war als Stellvertreter bestätigt: Die *einzigartige* Zerstörung.

Gerade diese Erzählkonstante, der Superlativ, war von größter Bedeutung: Im quasi unendlichen Erzählraum der Einzigartigkeit hatten jede Geschichte und jedes Detail Platz. Wie immer man den Ablauf der Geschehnisse im Februar 1945 erzählte, noch das absurdeste Detail blieb glaubhaft. Selbst innerhalb der strikt geplanten Propagandakampagnen konnten unterschiedliche Versionen von Beschreibungen und Zahlenangaben nebeneinander genutzt werden. Die Erzählung vom 13. Februar 1945 war eine symbolhafte geworden und hatte sich vom tatsächlichen Geschehen gelöst. Damit war die Chiffre Dresden in idealer Weise für propagandistische Zwecke nutzbar geblieben.

1952: „Bericht vom Sterben einer Stadt"

„In dieser Steinwüste hat kein Mensch etwas zu suchen, er muß sie höchstens durchqueren. Vom einem Ufer des Lebens zum anderen." Ende 1946 beschrieb Erich Kästner, in welchem Zustand er seine Geburtsstadt nach Kriegsende vorgefunden hatte. Sein Text voller Schmerz, Zuwendung und mit dem leidenschaftlichen Aufruf zur Verständigung erschien in der Münchner „*Neuen Zeitung*".[53] Berichte wie dieser und

Nachrichten unterschiedlicher Art verschafften Dresden in den ersten Nachkriegsjahren eine bescheidene Medienpräsenz in den westlichen Besatzungszonen Deutschlands, die zumindest die Erinnerung an „eine der schönsten Städte der Welt", so Kästner, und ihre Zerstörung auch dort lebendig hielt. Am Ende der 1940er Jahre fand Dresden dann als symbolhaftes Beispiel für den leidvoll erlebten Bombenkrieg Eingang in die westdeutsche Literatur.

„Als er um die Ecke kam, wo der Neumarkt liegen mußte, erblickte er einen anscheinend über die ganze Breite des weiten Platzes gelagerten Berg, als wäre der Boden von unten bis zum ersten Stock der Häuser hochgetrieben. 'Wer hier gestern atmete, der ist nicht mehr', sagte der Engel Seragul, und Metos fügte hinzu: 'Wie der Rauch vergeht.'"[54] Am Morgen des 14. Februar 1945 irrt der Journalist Georg Forster auf der Suche nach Frau und Tochter durch die zerschlagene, noch qualmverhangene Innenstadt Dresdens, begleitet von den Engeln Metos und Seragul, die ausgesandt sind, den Menschen Leid und Prüfung zu bringen. Dresden bildet den letzten Akt ihres Auftrages, schließt ein barbarisches Zeitalter.

Bruno E. Werners Roman „Die Galeere" erschien 1949 bei Suhrkamp in Frankfurt am Main, fand sehr gute Aufnahme, wurde mehrfach aufgelegt und in mehrere Sprachen übersetzt. Werner legte die Dresden-Sequenz als Höhepunkt seiner Roman-Dramaturgie an. Eindrucksvoll beschrieb er eine anonyme, umfassende, unerklärliche Zerstörung, erzählt in biblischen Sprachbildern – eben jene „Sodom- und Gomorrha-Höllen", die Gerhart Hauptmann im März 1945 nur angedeutet hatte. Auch in einem weiteren Buch des Jahres 1949 erschien die Zerstörung Dresdens als rätselhafter mythischer Einbruch in die Geschichte: „Den Untergang dieser Stadt schien sich Satan als etwas Besonderes bis zum Schlusse aufgehoben zu haben." – Erhart Kästners autobiografischer Roman „Das Zeltbuch von Tumilat", ebenfalls in Frankfurt am Main erschienen, erzählt von zwei deutschen Kriegsgefangenen, die in einem ägyptischen Lager die zerstörten Kulturschätze Europas katalogisieren. Dresden wird dabei zum zentralen Gegenstand ihrer Forschung.[55]

Die Zerstörung der Stadt war also als literarisches Thema präsent, und die beiden erwähnten Werke schilderten das Geschehen in Dresden eindringlich. Es blieb gleichwohl völlig ohne historische Einordnung, wurde zur mythischen Strafaktion. Ähnlich die Perspektive im Merian-Heft „Dresden", ebenfalls 1949 erschienen: „Als er uns zum letzten Mal über die Brücke geleitete, stand mächtig über dem dunkel schwin-

genden Berge Orion, sein Schicksalgestirn. Es kündete Tat und Opfer." Das Heft beschrieb in ausführlichen, sorgfältig bebilderten Beiträgen den Dresdner Reichtum an Geschichte, Architektur und Kunst. Auch „Der Untergang" wurde darin zum Thema: Rolf Engerts Text gab nicht an, wessen Flugzeuge es gewesen waren und warum sie die Stadt angriffen hatten. Fritz Löffler, der über „Das jetzige Stadtbild" schrieb, vermerkte lediglich: „Die Frage nach dem Warum ihrer Zerstörung wird nie eine befriedigende Antwort finden."[56]

Wie im Osten Deutschlands so war es auch in den westlichen Besatzungszonen während der Jahre unmittelbar nach Kriegsende zunächst nicht opportun, den alliierten Bombenkrieg in seinen Ursachen und Wirkungen zu diskutieren. Während aber die ostdeutsche Propaganda stattdessen die ursächliche Kriegsschuld der nationalsozialistischen Vergangenheit betonte, schien es aus der Perspektive der „Merian"-Beiträge des Jahres 1949 das „Dritte Reich" in Dresden nicht gegeben zu haben. Die geschilderte Stadt hatte scheinbar allein der Kunst gelebt. So musste die Zerstörung rätselhaft sein – ein Schicksal, dessen Gründe und Urheber im Dunkel blieben.

Als am Ende der 1940er Jahre die Spannungen zwischen der Sowjetunion und den westlichen Alliierten wuchsen, wurde das Thema des alliierten Bombenkriegs im Osten Deutschlands für die politische Auseinandersetzung instrumentalisiert. In Westdeutschland standen stattdessen die Vertreibungen aus den ehemaligen deutschen Ostgebieten und das Schicksal der Kriegsgefangenen in der Sowjetunion im Mittelpunkt der gesellschaftlichen Wahrnehmung – beides Themen, mit denen Unfreiheit und Gewalt im sowjetischen Machtbereich deutlich zu werden schienen. Diese wechselweise Abgrenzung bot der Bevölkerung eine Möglichkeit, sich mit ihren jeweiligen gesellschaftlichen Verhältnissen zu identifizieren, indem sie wirkliche oder behauptete eigene Grundwerte mit der als mangelhaft dargestellten Situation jenseits der Blockgrenze verglich.

Dafür taugte im Westen Deutschlands der Bombenkrieg nicht und so wurde er öffentlich zumeist nur formelhaft erinnert oder gar verdrängt. Die Zerstörung erschien, zugespitzt formuliert, „als die erste Stufe des erfolgreichen Wiederaufbaus."[57] Anders die Erinnerung an die Zerstörung Dresdens: Die Stadt befand sich außerhalb der westlichen Gesellschaft, unberührt von deren Aufbau-Sog. Ihre Katastrophe überstrahlte bereits die aller anderen zerstörten Städte, als Symbol schien sie unangreifbar. So konnte die Geschichte der Zerstörung Dresdens bereits sechs Jahre nach dem Ende des

Krieges nachdrücklicher als die der zerbombten Städte des Westens beschrieben werden.

Im Jahr 1951 unternahm Axel Rodenberger mit dem Buch „Der Tod von Dresden" den ersten Versuch, die Ereignisse um den 13. Februar 1945 zusammenhängend und ausführlich zu erzählen. Sein „Bericht vom Sterben einer Stadt" konnte sich kaum auf dokumentarische Überlieferungen stützen. Rodenberger hatte jedoch die Luftangriffe auf Dresden selbst erlebt und Erzählungen weiterer Augenzeugen zusammengetragen. Aus diesen komponierte er ein romanhaftes Potpourri unterschiedlicher Erzählstränge, durchmischt mit knappen Darstellungen geschichtlicher Hintergründe. Sein Bericht blieb ungenau, war an vielen Stellen übertrieben, oft grotesk verzerrt. Dennoch – und deswegen – hatte Rodenberger eine eindrucksvolle Chronik der Vernichtung geschaffen, die ihre Wirkung nicht verfehlte. Sein Text erschien zunächst in der populären Zeitschrift „Das Grüne Blatt"; das Buch erreichte in den folgenden 12 Jahren acht Auflagen, über 250.000 Exemplare wurden verkauft.

Rodenbergers Buch war kein Hohelied auf die *einzigartige* Stadt. Es war der Bericht einer einzigartigen Katastrophe. Deren Größe maß er auch an der Zahl der Umgekommenen – zwischen 100.000 und 400.000 Menschen seien im Februar 1945 in Dresden getötet worden, zitierte er nach dem Hörensagen aus angeblichen amtlichen Berichten, die ihm nie vorgelegen hatten.[58] Rodenbergers Schilderungen und Zahlenangaben passten in die bereits verbreitete Erzählung von der *einzigartigen* Zerstörung und bestätigten sie ihrerseits. In den folgenden Jahrzehnten sollten sie unablässig zitiert und mündlich weitergegeben werden.

Die Zerstörung Dresdens war damit auch in der Öffentlichkeit im Westen Deutschlands als das herausragende Beispiel für den Bombenkrieg bestätigt worden. Die sowjetische Besatzung der Stadt, aus der Perspektive des Westens eine neuerliche Katastrophe, schien das tragische Schicksal Dresdens festzuschreiben.

1953: Altes Dresden. Neues Dresden

Am 1. Mai 1953 wurde in Dresden der Grundstein für die Gebäude an der Westseite des Altmarktes gelegt – acht Wochen nach Stalins Tod und sechs Wochen vor dem Aufstand am 17. Juni. Es begann der Wiederaufbau des Stadtzentrums.

Die Überwindung der gewaltigen Kriegszerstörungen erwies sich in ganz Deutschland als Prüfstein für die politisch Verantwortlichen. Ihre Zukunftsvisionen entwickelten sie vor dem Hintergrund der zerstörten Städte: „Auferstanden aus Ruinen / Und der Zukunft zugewandt", so die Eingangszeilen der DDR-Nationalhymne. Planung und Ausführung des Aufbaus waren dabei nicht nur von funktionalen Notwendigkeiten oder städtebaulichen Überzeugungen bestimmt, sondern ebenso von der Auseinandersetzung mit dem Trauma der Zerstörung beeinflusst. Für Dresden galt dies in besonderem Maße: Die Stadt hatte ihr Selbstverständnis wesentlich aus ihrem kulturellen Reichtum bezogen, der in der Stadtgestalt repräsentiert wurde. Die kollektive Erinnerung an das *einzigartige* Dresden war vor allem eine Erinnerung an die Schönheit der Stadtanlage und ihrer Bauten. Mit dem fast vollständigen Verlust fehlten in hunderttausenden Biografien die vertrauten Bezugspunkte, an denen sich das Leben bis zur Zerstörung ausgerichtet hatte. Um dies auszugleichen bewahrten die Dresdner die Erinnerung an das Bild der Stadt, an ihre Atmosphäre und Kultur. Sie verbanden die erinnerten Orte mit der eigenen Biografie und mit den vielfältigen Begebenheiten der Kulturgeschichte. So entstand die Erzählung einer Idealstadt, für die nach 1955 der Begriff „Das alte Dresden" üblich wurde, entnommen dem Titel eines populären Buches von Fritz Löffler, in dem er die Baudenkmale der Stadt vor ihrer Zerstörung inventarisiert hatte.[59] Die solcherart geformte Erinnerung allein hätte indes nicht ausgereicht, die reale Stadt wieder zur Heimat zu machen. Ein deutlicher Teil der Bevölkerung unterstützte darüber hinaus mit erstaunlicher Beharrlichkeit, die Versuche wenigstens einige Pretiosen des zerstörten Stadtbildes zu erhalten und zurück zu gewinnen. Es entstand ein „symbolischer Ortsbezug"[60,] bei dem etwa der Zwinger, die Oper, das Schloss, die drei großen Altstadtkirchen, eine Handvoll weiterer Bauten und vor allem die Elbansicht der Altstadt – „die Silhouette", „der Canaletto-Blick" – zu Stellvertretern für das Verlorene wurden, deren Rückgewinnung einen „Neubau" der Stadt insgesamt verkraftbar machte.

Natürlich gab es auch andere Stimmen: Städteplaner, die nun die Chance sahen, die Idealentwürfe der zwanziger Jahre zu verwirklichen. „Verkehrsromantiker", so Fritz Löffler[61], die eine moderne Stadt ohne Barrieren für den Verkehr erträumten. Dies war überall im zerstörten Europa so und viele der Aufbauplanungen, die im Sommer 1946 für ein „Neues Dresden" vorgeschlagen wurden, unterschieden sich nicht von denen anderenorts. Die Dresdner bewegte zudem noch das grauenhafte Erlebnis der Bombennächte, für die Einzelne auch die Städteplaner verantwortlich machten: „Niemehr sollen zu enge Straßen und Innenhöfe ohne Sicherheitsausgänge Tausenden von Menschen das Leben kosten."[62] Die bescheidenen Mittel und besonnenere Planer verhinderten indes einen vollständigen Bruch mit den vorhandenen Stadtstrukturen. Stattdessen sollte Dresden diese im Wesentlichen aufnehmen, jedoch als moderne, gesunde und verkehrsgerechte Stadt wieder erstehen – allerdings mit einem zusätzlichen Anspruch versehen: Die Stadt würde schöner als zuvor werden, versprachen die Verantwortlichen. Zunächst aber waren die Trümmer zu beräumen, was sich ab 1946 angesichts der ungeheuren Massen auf Großflächen konzentrierte und in den folgenden Jahren mehr und mehr mit industriellen Mitteln erfolgte.[63] Im Ergebnis von technischem Pragmatismus und politischen Überzeugungen wurde dabei auf die Ruinen auch wertvoller Baudenkmale keine Rücksicht genommen. Ihr Wiederaufbau schien illusorisch oder für die „neue Stadt der Werktätigen" entbehrlich.[64] „Das war Dresden", notierte Victor Klemperer 1958, und beschrieb die beräumte Stadt als „saubere Leere", eine „ausgebreitete plastische Landkarte".[65] Die Dimension des Verlustes war sichtbar geworden.

Ab 1951 gewannen zunehmend ideologische Prämissen Einfluss auf die Planungen. Über die Leitlinien, nach denen die auserwählten „Aufbaustädte" zu gestalten seien, wurde nun in Berlin entschieden. Während die ersten repräsentativen Bauten am Altmarkt noch die zentrale Vorgabe einer „nationalen" Formensprache für Dresden interpretierten und sich dabei an der Architektur des Barock orientierten, bestimmten dagegen in den folgenden Jahren mehr und mehr ökonomische Notwendigkeiten und Zeitströmungen in Städtebau und Architektur den Wiederaufbau Dresdens. Die Ergebnisse zogen gleichermaßen heftige Kritik wie deutliches Lob nach sich. Dass die Neue Zürcher Zeitung Dresden Ende 1965 eine „wohltuende Atmosphäre historisch-kultureller Eleganz und Kontinuität"[66] bescheinigen konnte, war aber vor allem auch dem hartnäckigen Widerstand eines Teils der Dresdner Bevölkerung zu verdanken. Aus der Imagination des „Alten Dresden" und der Erfahrung des Verlustes motivierte sich ein Dresdner Bildungsbürgertum, das „zumindest als Vetomacht nicht ganz auszuschalten war" und „manchen Neuplanungsradikalismus gebremst, in einigen Fällen sogar gebrochen" hatte.[67] Die für Dresden typische leidenschaftliche Begleitung jedes Bauvorhabens, das hartnäckige Festhalten an

allen noch erlebbaren Zeugnissen des „Alten Dresden", die Reinszenierungen des Verlorenen – all das gründet im Letzten in dem Versuch, das Trauma vom 13. Februar 1945 zu verarbeiten. Die *einzigartige* Stadt der kollektiven Erzählung ist durch kein „Neues Dresden" zu ersetzen.

1955: „Gegen imperialistischen Krieg"

„,Vielleicht war mit diesen Bombern gar nicht der Hitler gemeint', sagte Reichhold. ,Sondern?' ,Die Russen.'" Der Antifaschist Reichhold begnügt sich seinem unbekannten Zellenkameraden gegenüber mit Andeutungen. Er ist überzeugt, dass der alliierte Luftangriff draußen den sowjetischen Vorstoß behindern soll. – Der Dialog in einer Zelle des Dresdner Polizeipräsidiums am Abend des 13. Februar 1945 ist dem Roman „Phosphor und Flieder" von Max Zimmering entnommen.[68] In dieser 1954 erschienenen, ersten belletristischen Arbeit zum Thema in der DDR gab Zimmering die hier seit dem fünften Jahrestag der Zerstörung verbindliche Lesart wieder: Großbritannien und die USA hätten die Zerstörung Dresdens befohlen, um die Rote Armee zu behindern. In Variationen blieb diese Argumentation während der gesamten 1950er Jahre konstant. „Kaltblütig überlegte Massenvernichtung ohne militärische Notwendigkeit, aber mit politischen Zielen imperialistischer Prägung", so fasste die von Deutschen Friedenskomitee herausgegebene Broschüre zum siebenten Jahrestag zusammen, konstatierte allerdings, es sei eher um eine nachträgliche Ausweitung der künftigen Besatzungszonen der westlichen Alliierten gegangen. Max Seydewitz, pensionierter Ministerpräsident des Landes Sachsen, kombinierte in seinem 1955 erschienenen Buch „Die unbesiegbare Stadt" beide Deutungen. In jedem Fall aber unterstellte die SED-Propaganda den westlichen Alliierten, die „weltbekannte Kultur- und Kunststadt" Dresden zerstört zu haben, um politische Zielsetzungen gegen die Sowjetunion durchzusetzen.

„Faschistische Granaten zerstörten Nowgorod, amerikanische Bomber Dresden" war ein Aufsatz überschrieben, der am 13. Februar 1951 in der *Sächsischen Zeitung* veröffentlicht wurde. Die gedankliche Verbindung wurde im Text auf eine knappe Formel gebracht: „Beide Städte: Symbol des verbrecherischen imperialistischen Krieges". Aus der Sicht der SED-Propaganda gab es nun keinen Unterschied mehr zwischen der „imperialistischen" Deutschen Wehrmacht und den ebenso „imperialistischen" amerikanischen Bomberflotten.

Beide wurden gleichsam zu „Waffenbrüdern" und mussten daher auch gleiche Feinde haben. So konnte sich auch die Zerstörung Dresdens nur gegen die Sowjetunion gerichtet haben.

Mit dieser Deutung waren seit 1950 an den Jahrestagen der Zerstörung Dresdens DDR-weite Propagandakampagnen veranstaltet worden, die nun jährlich wiederholt und ausgebaut wurden. Sie verfolgten vor allem innenpolitische Ziele. In der DDR verschärfte sich Anfang der 1950er Jahre die innenpolitische Konfrontation, die schließlich zum Volksaufstand des 17. Juni 1953 führte. Parallel spitzten sich die Gegensätze zur Bundesrepublik zu, die schrittweise in die politischen und militärischen Bündnisse des Westens eintrat, während die DDR sich in die Strukturen des Ostblocks integrierte. So benutzte die SED das Friedensmotiv, das sich leicht mit dem 13. Februar verbinden ließ, um eine scharfe Abgrenzung zur „Kriegsvorbereitung" im Westen zu erreichen und so die Identifikation der eigenen Bevölkerung mit dem „Friedensstaat" DDR zu stärken. Dazu wurde die „imperialistische" BRD in die Traditionslinien des deutschen Nationalsozialismus gestellt: Die Richtlinien des Nationalrates der Nationalen Front zum 10. Jahrestag der Zerstörung Dresdens 1955 geißelten das Bündnis der Mörder von „Dresden und Hamburg, Berlin und Mannheim, Hiroshima und Phoengjang" – gemeint sind also Großbritannien und die USA – mit den Mördern „von Warschau und Coventry, von Stalingrad und Rotterdam, von Lidice und Oradour" – also das „Dritte Reich" und hier nun dessen angeblicher Nachfolgestaat, die BRD.[69] Gleichzeitig nutzen die DDR-Medien die Dresdner Zerstörungen, um eine permanente Furcht vor einem neuen Krieg zu schüren: „Das war Dresden im Februar 1945, das ist Korea heute, und das soll nach den Plänen der amerikanischen Kriegstreiber das Deutschland von morgen sein", so ein Propagandafilm aus dem Jahr 1951."[70]

In diesem Argumentationsrahmen wurde nun Jahr für Jahr ein riesiger Propagandaapparat in Stellung gebracht, koordiniert durch die „Nationale Front des demokratischen Deutschland". Zunächst waren die aktuellen „ideologischen Ziele" festzulegen: „Abscheu und Hass gegen die barbarischen Welteroberungspläne der amerikanischen Imperialisten verstärken", „Notwendigkeit der bewaffneten Verteidigung unserer Heimat erkennen", „noch größere Anstrengungen zur Festigung unserer Arbeiter- und Bauernmacht" erreichen und so weiter.[71] Auf dieser Grundlage begann dann die Propagandaarbeit, in einigen Jahren bereits mehrere Monate vor dem 13. Februar. Zum 10. Jahrestag der Zerstörung Dresdens,

1955, beispielsweise waren 7100 Agitatoren der Nationalen Front im Einsatz, die mehr als 3000 Hausversammlungen, Ausspracheabende, Vorträge u. ä. durchführten. Flugblätter und Broschüren in großer Auflage wurden verteilt, 80.000 Gedenkplaketten aus Meißner Porzellan verkauft. Eine breite Verpflichtungsbewegung sollte alle Dresdner veranlassen, das Friedensbekenntnis in konkreten Taten auszudrücken – Verpflichtungen für 225.000 Aufbaustunden und Leistungen im Werte von 226.000 Mark erbrachte das im Jahr 1955.[72] Zwei Wochen lang erschienen täglich in der Presse Berichte über die „Massenbewegung", Aufforderungen zum Besuch der Veranstaltungen und Kommentare zum historischen Kontext und den aktuellen politischen Auseinandersetzungen. Die Betriebe, Einrichtungen und Hausgemeinschaften wurden aufgefordert, ihr Bekenntnis mit „Sichtwerbung" deutlich zu machen; „Trümmerstätten" erhielten anklagende Losungen, wichtige aufgebaute Gebäude wurden angestrahlt. Je nach aktuellem Anlass kamen spezifische Aktionen hinzu, so 1951 die Aufforderung, 400.000 persönliche Briefe nach Westdeutschland zu schicken, in denen eine Friedensinitiative der DDR propagiert werden sollte.[73]

Für die Durchführung der Jahrestage selbst hatte sich derweil ein festes Repertoire an Veranstaltungen etabliert: Am Vortag fanden Versammlungen in Betrieben und Schulen statt, in einigen Jahren auch zentrale Kulturveranstaltungen. Der 13. Februar selbst begann mit morgendlichen Kranzniederlegungen an bis zu zehn Orten im Stadtgebiet und auf dem Heidefriedhof. 12 Uhr mittags ruhte der Verkehr für eine Minute. Während des Tages war zumeist eine zentrale Gedenkveranstaltung im Großen Haus des Staatsschauspiels oder dem Hygienemuseum vorgesehen, wo prominente Intellektuelle auftraten – etwa Arnold Zweig (1951), Anna Seghers (1952) oder Johannes R. Becher (1953). Danach folgte die zentrale Massenkundgebung, zunächst auf dem Karl-Marx-Platz vor dem Japanischen Palais, ab 1957 dann auf dem Altmarkt, an der jeweils bis zu 200.000 Dresdner teilnahmen.[74] Deren Dramaturgie bestand aus Musikstücken, Chören und Rezitationen, der Hauptrede, dem Übergeben von Verpflichtungen, der Rede eines Gastes und schließlich dem Verlesen einer „Entschließung". Die große Bedeutung des 13. Februar für die DDR-Politik illustrieren die Hauptredner: unter ihnen die wichtigsten Berliner Spitzenfunktionäre, so Walter Ulbricht (1952), Otto Grotewohl (1951, 1955) oder Johannes Dieckmann (1953, 1956). Nach der Kundgebung veranstaltete die FDJ zumeist einen Fackelzug und die Honoratioren trafen sich mit den auswärtigen Gästen zu einem Empfang. Kurz vor oder nach dem Jahrestag war die Bevölkerung zu Arbeitseinsätzen auf den „Volksbaustellen" der Stadt aufgerufen.

Jahr für Jahr lud man Bürgermeister, Verwaltungsbeamte und Stadträte aus vielen Städten der DDR und der BRD nach Dresden ein. Während die ostdeutschen Vertreter zumeist pflichtgemäß anreisten, sagten die aus dem Westen in der Regel ab. Stattdessen fuhren westdeutsche Friedensaktivisten nach Dresden – 1952 verzeichnete die „Teilnehmerliste West" ca. 160 Personen, die zumeist dem linken Parteienspektrum angehörten.[75] Sie wurden umfassend betreut und blieben teilweise jahrelang im Kontakt mit der Stadtverwaltung.

Das christliche Gedenken an die Zerstörung Dresdens fand mit dem Wiederaufbau der evangelischen Kreuzkirche einen weiteren zentralen Ort im Dresdner Stadtzentrum. Am Morgen des 13. Februar 1955 wurde sie in einem Gottesdienst „zum 10jährigen Gedächtnis des Bombenangriffs auf Dresden" eingeweiht. Mehrere Tausend Dresdner waren gekommen. Am Nachmittag desselben Tages erhielt das nach 1945 geborgene Lutherdenkmal erneut seinen Platz auf dem Neumarkt, im Hintergrund die Ruine der Frauenkirche.

Mit dem „Dresdner Requiem" hatte Kreuzkantor Rudolph Mauersberger in den Jahren zuvor eine evangelische Totenmesse komponiert, die der Kreuzchor seit 1949 aus Anlass der Jahrestage der Zerstörung Dresdens in verschiedenen Dresdner Kirchen aufgeführt hatte. Nun war der Chor in die Kreuzkirche zurückgekehrt, wo seitdem Jahr für Jahr dem Dies Irae der Zerstörung der Trost des Evangeliums folgt: „Gott wird abwischen alle Tränen von ihren Augen".[76]

1963: „Schlimmer als Hiroshima"

Als die Dresdner „Hasst-Amerika-Demonstrationen", wie sie die *New York Times* betitelte, am Anfang der 1950er Jahre immer lautstärker wurden, sah sich das Außenministerium der USA genötigt, entgegen zu halten. Am 11. Februar 1953 ließ es eine offizielle Erklärung verbreiten: Die Luftangriffe auf Dresden seien im Sinne sowjetischer Bitten um eine Verstärkung des britisch-amerikanischen Luftkrieges gegen Deutschland erfolgt. Dresden wäre eine Nachschubbasis gewesen und der Angriff sei mit den Sowjets koordiniert gewesen. Die Erklärung implizierte damit, die Sowjetunion habe die Zerstörung Dresdens gewünscht. Das war falsch, nicht aber die Erin-

13. Februar 1955. Einweihung der wieder aufgebauten Kreuzkirche mit einem Gedenkgottesdienst zum 10. Jahrestag der Zerstörung Dresdens.

nerung an den gemeinsamen Kampf: „Es ist eine große Ironie, wenn die Sowjets ihren Kriegsverbündeten nun Aktionen vorwerfen, die zur Unterstützung gemeinsamer Ziele unternommen wurden."[77] Die amerikanische Entgegnung wurde in der gesamten westlichen Welt berichtet.

Auch in den folgenden Jahren berichteten die Medien Westeuropas und der USA aus Dresden, zumeist im Umfeld des 13. Februar. Ihre Berichte setzten sich kritisch mit der SED-Propaganda auseinander – „Geschichtsfälschung um die Bombardierung Dresdens" titelte die Neue Zürcher Zeitung 1955[78] –, berichteten aber auch von der Schwere der Zerstörungen und dem mühevollen Wiederaufbau: „Die Totalität der Zerstörung ist nun noch sichtbarer als zuvor, da die Trümmerberäumung riesige leere Flächen hinterließ". Dresden wurde als die „am meisten zerstörte Stadt Europas" beschrieben, die Zahl der Toten zumeist mit 100.000 angegeben.[79] Mit dieser regelmäßigen Medienpräsenz blieb die Zerstörung Dresdens im Bewusstsein der internationalen Öffentlichkeit. Die Luftangriffe galten weithin als schrecklicher Höhepunkt des Bombenkrieges und sie wurden mit völlig konträren

Absichten zitiert: Die antisemitische Wochenzeitung „The Broom" veröffentlichte bereits 1948 großformatige Aufnahmen der Leichenverbrennungen auf dem Altmarkt – „300.000 Zivilisten in Dresden ermordet" – und klagte den „jüdisch-britischen Säufer Churchill" an.[80] Die christliche Vereinigung Pax stellte 1957 in den Unterlagen eines Friedenssymposiums den Fall Dresden heraus: 100.000 Tote – „Das ist mehr als wir in Hiroshima umbrachten."[81] Und in den Pazifismus-Diskussionen amerikanischer Quäker wurde 1961 auch Dresden, „wo 200.000 Menschen starben", als Argument genutzt.[82] Die Beispiele ließen sich fortsetzen. Die symbolhafte Erzählung hatte sich von den geschichtlichen Tatsachen gelöst und blieb für vielerlei Argumentationen brauchbar.

In den 1960er Jahren sollte die *Chiffre Dresden* nachhaltig gestärkt werden. 1963 veröffentlichte der Brite David Irving in London sein Buch „The Destruction of Dresden" und erzeugte sofort weltweites Medieninteresse. „Britisches Buch erneuert Streit um alliierten Angriff auf Dresden", titelte die *New York Times*[83], und im Londoner *New Statesman* brachte Richard H. S. Crossman die Aussage des Buches auf den Punkt: „Kriegsverbrechen"[84]. Tatsächlich hatte Irving die Zerstörung Dresdens als „das größte Blutbad in der europäischen Geschichte" beschrieben und die Verantwortung dafür weitgehend dem britischen Premierminister Churchill zugeschrieben. Insbesondere in Großbritannien erzeugte Irvings detaillierte Beschreibung heftige Reaktionen unter Intellektuellen quer durch das politische Spektrum: „Das schlimmste Verbrechen, das Großbritannien jemals angerichtet hat", urteilte der konservative Abgeordnete Lord Bothby in der Londoner Times, „unserer Geschichte unwürdig" der Historiker Sir Harold Nicolson. Gegenstimmen wiesen auf die deutsche Verantwortung für den Krieg hin; die geschichtlichen Details der Planung, Durchführung und Auswirkungen der Luftangriffe wurden ausführlich und öffentlich diskutiert.[85]

David Irving hatte einige Jahre lang mit immensem Fleiß alliierte und deutsche Dokumente zusammengetragen, die in der Mehrzahl noch nie veröffentlicht worden waren, und mit großem Aufwand Zeitzeugen ausfindig gemacht – auch in Dresden. Seine Schilderungen waren packend, voller schockierender Details und mit noch nie gesehenen Fotografien illustriert. Sein Buch versah die kollektive Erzählung vom 13. Februar mit anschaulichen Erzählbildern, die bis heute zumindest in Westeuropa dominant bleiben sollten. Mehrere Künstler griffen Irvings Darstellung auf. Der britische Dramatiker

Albert Hunt lud Irving ein und erarbeitete mit Studenten ein Theaterhappening, in dem die Geschichte des Bombenkrieges gegen Zivilisten in der gebrochenen Darstellung einer St. Valentines Show erfahrbar wurde.[86] Auch der westdeutsche Dramatiker Rolf Hochhuth bezog sich mit „Soldaten" auf Irvings Dresden-Erzählung.[87] Hochhuth hatte 1964 unter Verweis auf den kommenden 20. Jahrestag der Zerstörung Dresdens einen offenen Brief an Bundespräsident Lübke geschrieben. Er forderte ihn darin auf, sich dafür einzusetzen, dass der Bombenkrieg in die Genfer Konvention aufgenommen und so geächtet würde.[88] „Soldaten" fokussiert auf die Gestalt Churchill, dessen Entscheidung für das Bombardieren deutscher Städte Hochhuth als ein aus tragischer Notwendigkeit begangenes Verbrechen darstellt. Eine Uraufführung im Londoner National Theater stoppten die Verantwortlichen im April 1967, da sie Hochhuths Churchill-Bild für nicht akzeptabel hielten.[89]

Irvings Buch machte alles dies nur noch populärer, es wurde in mehrere Sprachen übersetzt und mehrfach aufgelegt. Für die Positionierung der Zerstörung Dresdens als einzigartige Katastrophe war die im Buch angegebene Zahl von 135.000 in Dresden getöteten Menschen wichtig – deutlich mehr als in Hiroshima, was mit Irvings Arbeit als wissenschaftlich belegt galt. Insbesondere dieses Detail wurde einer der Gegenstände eines Verleumdungsprozesses, den Irving im Frühjahr 2000 führte, um sich gegen Vorwürfe, er sei ein Geschichtsfälscher, zu wehren. Irving hatte inzwischen deutlich rechtsextreme Positionen angenommen und seine Reputation als seriöser Historiker bereits weitgehend verspielt. Er verlor den spektakulären Prozess, und u.a. seine Angaben zur Zahl der Toten in Dresden wurden als systematische Fälschung entlarvt. Richard J. Evans, einer der einbezogenen Fachgutachter, veröffentlichte seine Untersuchungen; sein Buch schildert auf mehr als 40 Seiten, wie Irving von Auflage zu Auflage willkürlich Bewertungen änderte, Quellen aufnahm oder verwarf, Begründungen fälschte – alles das, um möglichst hohe Totenzahlen behaupten zu können.

Eine zentrale Stelle in Irvings Beweisführungen nahm die Abschrift eines „Tagesbefehl Nr. 47 vom 22.3.1945" ein, die bereits Max Seydewitz 1955 als Fälschung beschrieben hatte und für deren Echtheit Irving keinerlei Beweis besaß. Nachdem in den folgenden Jahren mehrere authentische Dokumente bekannt wurden, die wesentlich geringere Zahlen enthielten, musste sich Irving 1966 öffentlich revidieren. In einem Brief an die Londoner Times bekannte er, dass es nun dokumentarische Beweise für Zahlen in der Größenordnung von 22.000 Toten gäbe. Allerdings revidierte er in allen weiteren Ausgaben seines Buches seine falschen Angaben nicht oder nur teilweise, bezog sich weiter auf das gefälschte Dokument und benutzte in Vorträgen und Interviews seine viel zu hohe Angabe nun dazu, sie mit angeblich viel niedrigeren Opferzahlen des Holocaust zu vergleichen. Seine Verlage taten ein übriges, um den Absatz der Bücher zu fördern; so charakterisierte der Münchner Heyne-Verlag auf dem Umschlag der Taschenbuchausgabe von 1985 Irvings Buch als „Chronik und Anklage" und gab als Beweis für das Spektakuläre der erzählten Geschichte 300.000 Tote an – eine so hohe Zahl war nicht einmal in Irvings Buch zu finden. Der gab 1977 in den deutschen und erst 1995 in den englischsprachigen Ausgaben zu, dass der Tagesbefehl eine Fälschung sei.[90]

In der Zwischenzeit waren Irvings gefälschte Zahlen und die ebenso falsche Beweisführung dazu in der ganzen Welt verbreitet und wurden in vielen anderen Publikationen zitiert. Sie sind daher bis heute nur sehr schwer zu korrigieren. In den Jahrzehnten danach schossen die Spekulationen, Schätzungen oder Behauptungen weiter ins Kraut. In die kollektive Erzählung von der *einzigartigen* Zerstörung passten die hohen Zahlen mühelos – in Bezug auf Dresden wurde jede Phantasterei geglaubt.

1965: „Inferno Dresden"

Als David Irving als einnehmender und weltgewandter Rechercheur nach Dresden reiste, um hier Informationen für seine Arbeit zu sammeln, beeinflusste er nebenher ein anderes Projekt: Walter Weidauer, Kommunist und Bürgermeister in Dresden zwischen 1945 und 1958, begann sich nach seiner Pensionierung erneut mit den historischen Vorgängen um die Zerstörung der Stadt zu beschäftigen. Vor ihm hatten bereits mehrfach Dresdner Funktionäre ähnliche Forschungen unternommen, so der erste Leiter des Stadtarchivs, Franz Zapf, oder Max Seydewitz. Dessen bereits erwähntes Buch erzählte die Ereignisse romanhaft und war mit seinen oft übertriebenen oder falschen Details gleichsam das östliche Pendant zu Rodenbergers Darstellungen, getragen jedoch von flammenden Anklagen gegen „amerikanische und westdeutsche Imperialisten". Walter Weidauer konnte sich auf einige dieser Vorarbeiten stützen und zudem seine Verbindungen in der Stadtverwaltung zur Recherche nutzen. Parallel zu ihm

13. Februar 1967. Großkundgebung auf dem Dresdner Altmarkt zum 22. Jahrestag der Zerstörung Dresdens. Hauptredner: Werner Krolikowski, 1. Sekretär der Bezirksleitung Dresden der SED.

arbeitete David Irving in Dresden. Er versuchte mit Erfolg, ein kooperatives Verhältnis zur Stadtverwaltung herzustellen, ertrug eine belehrende Rezension Weidauers zu Kölner Vorabveröffentlichungen seiner Arbeit[91] und trat gar mit ihm gemeinsam vor die Presse.[92] Als Gegenleistung für vielfältige Unterstützung hinterließ er dem Dresdner Stadtarchiv reichliches Dokumentarmaterial aus britischen und amerikanischen Archiven.

Dort hätte Weidauer nie recherchieren dürfen, so dass erst Irvings Informationen und dessen Gastgeschenke seiner Arbeit den Anschein einer objektiven Untersuchung gaben, die sich eben auch auf dokumentarische Überlieferungen der westlichen Alliierten stützen konnte. Weidauer verstand sich als Klassenkämpfer, der die „Geschichtswissenschaft zur scharfen Waffe" gegen „westdeutsche Militaristen" machen wollte: „Meine Absicht war keinesfalls, eine neue Chronologie, ein umfassendes Werk zu schreiben. Ich wollte nur einiges richtig stellen..."[93] So legte er sein Buch „Inferno Dresden", das 1965 zum 20. Jahrestag der Zerstörung erschien, dem Untertitel entsprechend als Polemik an: „Lügen und Legenden um die Aktion 'Donnerschlag'". Das Buch geriet ihm zu einem propagandistischen Rundumschlag, der vor allem gegen die Bundesrepublik – „gegenwärtig der aggressivste und abenteuerlichste Staat in Europa"[94] – gerichtet war: „So finden wir die von deutscher Seite Schuldigen an der Zerstörung Dresdens als die treibenden Kräfte der Kriegsvorbe-

links: 13. Februar 1965. Kranzniederlegung auf dem Heidefriedhof.

rechts: 13. Februar 1966 Kundgebung auf dem Dresdner Altmarkt zum 21. Jahrestag der Zerstörung Dresdens. Hauptredner: Werner Krolikowski, 1. Sekretär der Bezirksleitung Dresden der SED.

reitung in Westdeutschland wieder."[95] Kern des Buches war die abenteuerlich begründete These, die erste amerikanische Atombombe habe auf Dresden fallen sollen und nur die Rote Armee hätte dies mit ihrem raschen Vormarsch verhindert. Weidauer verbreitete dies in großer Öffentlichkeit mit Sonderpublikationen und Vorträgen, eine offizielle britische Gegendarstellung irritierte ihn nicht.[96]

Mit aufklärerischem Eifer und enormen Selbstbewusstsein ging Weidauer auch einige weit verbreitete Legenden an. So widerlegte er Seydewitz' märchenhafte Geschichte vom amerikanischen Agenten Noble, der von Dresden aus die Bomber eingewiesen habe. Und er setzte der weltweit verbreiteten Überzeugung von Hunderttausenden Toten des 13. Februar 1945 eine eigene Dokumentation entgegen, die etwa 35.000 getötete Menschen ergab. Diese in ihrer Größenordnung korrekte Zahl sollte von da ab die offizielle Angabe der Dresdner Stadtverwaltung und der DDR-Geschichtsschreibung werden. In der zweiten Auflage seines Buches konnte er 1966 erstmals die ihm inzwischen zugängliche Schlussmeldung des höheren SS- und Polizeiführers Elbe zu den Februar-Luftangriffen auf Dresden publizieren, in der bis zum 10. März 1945 eine Zahl von 18.375 getöteten Menschen genannt war.[97] Dieses authentische Dokument und weitere, parallel in der BRD gefundene amtliche Berichte aus dem Jahr 1945 zwangen David Irving dann zu seinem halbherzigen Dementi.

Mit Weidauers Buch war für die SED-Führung alles zum Thema gesagt, bis 1990 erschienen neun Auflagen.[98] Seine Aussagen gerieten zu Glaubenssätzen, weitere Forschungen fanden nicht statt. Mit unterschiedlichen Betonungen bezog sich die DDR-Propaganda auf Weidauers Informationen, geschichtliche Publikationen zitierten sie, die Ausstellungen des Dresdner Museums für Stadtgeschichte übernahmen Darstellung und Wertung[99]. In den Forschungen zur Dresdner Stadtgeschichte wurde fortan die Betrachtung der Jahre 1933 bis 1945 auf Untersuchungen zum „antifaschistischen Widerstand" reduziert, alle anderen Themenbereiche blieben ausgespart.

Diese eingefrorene Geschichtsdeutung gab während der 1960er Jahre den Rahmen für die SED-Propaganda zu den Jahrestagen der Zerstörung Dresdens ab. Nach dem Bau der Berliner Mauer ließen die sowjetischen Entspannungsbemühungen der Ära Chruschtschow allerdings eine allzu deutliche Konfrontation mit den USA in den Hintergrund treten. Stattdessen rückte die Polemik gegen die Bundesrepublik in den Mittelpunkt: „Der deutsche Imperialismus – Todfeind des deutschen Volkes! Kämpft gegen die Bonner Atomkriegsgefahr!", so die Losung der „Großkundgebung" zum 20. Jahrestag der Zerstörung Dresdens 1965.[100] Daneben rückte immer mehr das Lob der eigenen Wiederaufbauleistung in den Mittelpunkt: „Seht was aus uns geworden ist" titelte die Sächsische Zeitung im gleichen Jahr und beschrieb

links und rechts:
13. Februar 1970
Kundgebung auf dem Dresd-
ner Altmarkt zum 25. Jahres-
tag der Zerstörung Dresdens.
Hauptredner: Willi Stoph,
Vorsitzender des Minister-
rates der DDR.

die „beglückende Gegenwart" der Stadt.[101] Dabei erhielten Anfang der 1960er Jahre zum ersten Mal Zeitzeugen breiten Raum in den Zeitungen. Ihre Schilderungen von Zerstörung und Leid gaben den Hintergrund für die Darstellungen der Erfolgsgeschichte ab.

Aus beiden Perspektiven betrachtet – Frieden und Wiederaufbau – stellte sich die DDR als Sieger im Systemvergleich mit der Bundesrepublik dar; die Bevölkerung sollte erkennen, im besseren der beiden deutschen Staaten zu leben: „Uns verbindet alles mit unserer souveränen sozialistischen Deutschen Demokratischen Republik und nichts mit der Welt des Imperialismus!"[102] In der zweiten Hälfte der 1960er Jahre kehrte mit dem Krieg in Vietnam auch die propagandistische Konfrontation mit den USA wieder: Ein Vertreter der vietnamesischen Botschaft sprach auf der Kundgebung am 13. Februar 1966. Das Thema blieb während der folgenden Jahre wichtig, die Parallelen schienen deutlich: „Was heute in Vietnam passiert, sind im Wesen die gleichen Verbrechen, die am 13. Februar 1945 an Dresden verübt wurden – Völkermord, Terror und blindwütiges Zerstören".[103]

Inhalt und Atmosphäre der Gedenktage waren seit dem Anfang der 1960er Jahre weitgehend fixiert, die Inszenierungen des Tages wurden zu Ritualen: Der Kranzniederlegung auf dem Heidefriedhof folgte im Laufe des Tages eine „Großkundgebung", zumeist auf dem Altmarkt. „Zehntausende Dresdner" hörten halbstündige Reden der SED-Führung des

Bezirkes; aller fünf Jahre reisten Redner aus Berlin an, für die man dann 100.000 oder gar 200.000 Menschen mobilisierte. Jahr für Jahr wurde ein „Dresdner Aufruf", „Dresdner Appell" oder eine „Dresdner Erklärung" verabschiedet, mit der sich die Bevölkerung der gerade aktuellen außenpolitischen Initiative anzuschließen und ihre Verbundenheit mit DDR und Sozialismus zum Ausdruck zu bringen hatte. Ringsum wogten Sondersitzungen, Agitatorenkonferenzen, Vorträge, Foren, Ausstellungen und viele weitere Aktivitäten – selbst die Besatzung der MS Dresden hielt irgendwo auf den Weltmeeren eine „Feierstunde" an Bord ab.

Zudem bemühten sich die politisch Verantwortlichen kontinuierlich, den 13. Februar in Dresden durch internationale Delegationen aufzuwerten. Bis zum Mauerbau 1961 hatte man sich vor allem auf westdeutsche Gäste konzentriert, nunmehr sollten Vertreter von Städten und Orten mit hoher symbolischer Bedeutung in den Diskussionen um Gewalt und Krieg eingeladen werden. So reisten zwischen 1960 und 1970 Delegationen u.a. aus Coventry, Leningrad, Warschau und Lidice nach Dresden, auch weitere Partnerstädte sandten Vertreter.

Parallel zu Kundgebungen und Kranzniederlegungen war seit Mitte der 1960er Jahre schrittweise auch eine Tradition kultureller Veranstaltungen zum 13. Februar entstanden, die in der Regel von der Dresdner Staatskapelle und von weiteren städtischen oder kirchlichen Orchestern und Chören getragen

Sommer 1965.
Mit einem sechsmonatigen
Versöhnungseinsatz helfen
Jugendliche aus Coventry
beim Wiederaufbau des
Dresdner Diakonissen-
krankenhauses. 2. v. l.: Rev.
Martin Turner, der geistliche
Leiter der Gruppe.

verjagen."[104] Zwei Jahre später predigte er in der voll besetzten Kirche, unter deren Gottesdienstbesuchern „die vielen jungen Menschen auffielen", so der Bericht der Kirchenzeitung, gegen die „billigen Parolen eines Gleichgewichtes des Schreckens" und für ein „Gleichgewicht der Liebe, der Verständigung, der Güte".[105]

1965: Das Nagelkreuz

Die Erinnerung an den Krieg ruft Bilder des Leids hervor; jeder Krieg trägt aber auch Momente des kommenden Friedens in sich. Zum Weihnachtsfest 1940 übertrug die britische Rundfunkanstalt BBC einen Gottesdienst aus der Ruine der einige Wochen vorher von deutschen Bombern zerstörten Kathedrale in der mittelenglischen Stadt Coventry. Dort sagte der Probst der Kathedrale, Dick Howard: „Wir werden uns bemühen, alle Gedanken an Rache auszuschließen, gleich wie schwer uns das fällt, um nach diesem Krieg eine freundlichere und christlichere Welt zu bauen."[106] Diese mutige Selbstverpflichtung der Gemeinde sollte eingelöst werden. Sie fand ihr Symbol im Kreuz aus Nägeln des verbrannten Dachstuhls der Kathedrale, dem Nagelkreuz. In den Jahren 1961/62 wurde in den Ruinen der Kirche ein internationales Versöhnungszentrum eingerichtet – aufgebaut auch von Jugendlichen der deutschen „Aktion Sühnezeichen/Friedensdienste" – und eine beeindruckende Arbeit für Versöhnung und Frieden begonnen.

Im November 1964 richtete Howards Nachfolger, Probst Bill Williams, einen Aufruf an die britische Öffentlichkeit, Spenden für eine „christliche Geste der britisch-deutschen Versöhnung" zu sammeln. Zum Ort für diese Versöhnungsgeste war Dresden bestimmt worden: „Die ostdeutsche Stadt, die durch alliierte Bomben stark zerstört wurde, verkörpert als offene Wunde für viele Deutsche auf beiden Seiten der Mauer immer noch die Erinnerung an den Zweiten Weltkrieg."[107] Nach mehrjährigen Vorbereitungen hatte Probst Williams Verhandlungen mit den DDR-Behörden aufgenommen und schließlich die Genehmigung erhalten, eine Gruppe Jugendlicher nach Dresden zu senden, die zusammen mit deutschen Altersgefährten einen Flügel des zerstörten evangelisch-lutherischen Diakonissenkrankenhauses aufbauen sollte. Am 14. März 1965 verabschiedete die Gemeinde die Gruppe mit einem feierlichen Gottesdienst. „Ich glaube", sagte Probst Williams in seiner Predigt, „dass dieses Vorhaben die eindeu-

wurde. Auf dem Programm standen vor allem Requiem-Kompositionen – oft jene von Mozart, Brahms oder Verdi – oder musikalische Werke, die einen direkten Bezug zur Zerstörung Dresdens hatten. Der Kreuzchor sang alljährlich in der Kreuzkirche Rudolph Mauersbergers „Dresdner Requiem", was gleichzeitig auch den Fixpunkt der evangelischen Liturgie an den Jahrestagen der Zerstörung Dresdens darstellte.

In der katholischen Kirche wurden bis 1969 noch 40-stündige Gebete gehalten, die am Abend des Faschingsdienstages endeten. Am 13. Februar selbst fand ab 1957 jährlich ein zentraler Requiemgottesdienst in der Hofkirche statt, zumeist unter Beteiligung des katholischen Bischofs. In seiner Predigt am 13. Februar 1965 bezog sich Bischof Otto Spülbeck auf David Irvings Buch und deutete die Zerstörung Dresdens: „Wir können nur sagen, daß hier eine blinde Kriegsmaschinerie nach ihren eigenen Gesetzlichkeiten abgelaufen ist." In deutlicher Abgrenzung zur SED-Polemik mit ihrer Anklage gegen den Imperialismus und dem gezielten Schüren von Kriegsangst, rief er dazu auf, „daß wir Schluss machen wollen mit dem Haß und daß wir die Angst bei den Menschen

tig größte christliche Anstrengung darstellt, die wir je in dieser Kathedrale unternommen haben." Es gehe um die „Heilung einer tiefen Wunde der Geschichte im Namen und in der Autorität Jesu Christi."[108]

Über sechs Monate hinweg arbeiteten etwa zwei Dutzend britische Jugendliche in Dresden und beräumten den für den Wiederaufbau bestimmten Gebäudeteil des Krankenhauses. Der Einsatz endete mit einem Gottesdienst am 9. September 1965, bei dem Probst Williams der Dresdner Diakonissenhauskirche ein Nagelkreuz aus Coventry überreichte. Zwei Jahre später war der Aufbau des Krankenhauses beendet. Die Einweihung fand neuerlich mit britischen Gästen statt: „Das Herzstück des christlichen Glaubens ist, dass wir Türen offen halten, die Türen des Vertrauens und der Vergebung", formulierte Probst Williams in seiner Predigt am 3. September 1967 in Dresden.[109] Das mutige Bekenntnis aus dem Jahr 1940 ist eine solche Tür gewesen.

Die britischen Helfer waren in Dresden mit der Hoffnung angetreten, „die Bitterkeit, die sie bei den Älteren noch spürten, zu überwinden und zu einer unmittelbaren menschlichen Zusammenarbeit zu kommen." Dies war offensichtlich gelungen; die Ausstrahlung des Projektes muss weit reichend gewesen sein. Es kam zu vielen Begegnungen während der Arbeit, in Kirchgemeinden, auf der Straße. Abseits der propagandistischen Polemik des staatlichen Gedenkens in Dresden war aktive Versöhnung begonnen worden.[110]

Aus der Perspektive der Dresdner Stadtverwaltung gliederte sich die Initiative des Versöhnungszentrums in die Beziehungen zu Coventry ein, die Mitte der 1950er Jahre mit der Gründung von Freundschaftsgesellschaften in beiden Städten begonnen hatten. Die Basis dieser gegenseitigen Annäherung bildete die Geschichte der Zerstörung, die beide Städte zu Symbolorten für die kollektive Erinnerung an den Zweiten Weltkrieg gemacht hatte. So war es nur folgerichtig, dass viele der ab 1956 organisierten gegenseitigen Besuche und Aktionen zeitlich um die jeweiligen Jahrestage angeordnet waren und sich in die Gedenkinszenierungen der besuchten Stadt eingliederten. Am 14. Februar 1964 wurde in Dresden ein Partnerschaftsvertrag unterzeichnet, den die DDR-Behörden vor allem nutzen wollten, um für die internationale diplomatische Anerkennung der DDR zu werben. Die Umsetzung des Vertrages erwies sich indes als schwierig: Auf Dresdner Seite wurden die Kontakte als Propagandamaßnahmen angelegt, aktuellen politischen Zielen untergeordnet und unter Ausschluss der Öffentlichkeit ausgeführt. Nachdem die

internationale Anerkennung der DDR 1972 erreicht war, flaute das Interesse der Dresdner Stadtverwaltung an der Partnerstadt deutlich ab.[111]

Auch einige weitere Städtepartnerschaften, so ab 1959 mit Wrocław und ab 1961 mit Leningrad, wiesen inhaltliche Bezüge zur Geschichte des Zweiten Weltkrieges auf, wenngleich ihr Zustandekommen nicht explizit mit der symbolhaften Bedeutung der Zerstörung Dresdens in Verbindung stand. Gleichwohl war der 13. Februar in den Partnerstadtbeziehungen ein wichtiges Datum, an dem regelmäßig Delegationen nach Dresden reisten. Dies erreichte allerdings nirgendwo die zeitweise hohe Intensität der Beziehungen zu Coventry, die auch die Dresdner Stadtverwaltung 1965 – im Jahr des Versöhnungseinsatzes im Diakonissenkrankenhaus also – mit einem öffentlich sichtbaren Ergebnis dokumentieren wollte: Im Sommer des Jahres arbeitete eine zweite Gruppe Jugendlicher aus Coventry, die im Rahmen eines Jugendaustauschprogramms Ferien in der DDR machten, in Dresden. Zusammen mit Jugendlichen aus Frankreich, Ungarn und der DDR legten sie am Dresdner Elbufer einen Garten an, der ebenfalls dem Frieden und der Versöhnung gewidmet war.

1969: „Schlachthof 5"

Auf dem Höhepunkt des Vietnamkrieges erschien 1969 in New York Kurt Vonneguts Roman „Schlachthof 5 oder Der Kinderkreuzzug". Sein Thema mutet wie ein literaturwissenschaftlicher Exkurs an: Wie schreibt man einen Roman über die Zerstörung Dresdens? Oder gar ein Antikriegsbuch? Vonnegut ging es um eigenes Erleben; als amerikanischer Kriegsgefangener wurde er Augenzeuge der Luftangriffe auf Dresden. Der Bericht darüber, den er hatte gleich nach Kriegsende verfassen wollen, bereitete ihm unerwartete Schwierigkeiten – „Aber mir fielen damals nicht viele Worte zu Dresden ein". Schließlich, 23 Jahre später, fand er die gesuchte Form und komponierte eine bizarre Collage aus Charakteren und Episoden, eine Kette von Assoziationen, Fakten und Fiktionen, ohne Helden und ohne Glorie. Einem rasanten Videoclip gleich folgen die Erzählschnipsel aufeinander, Spiegelungen der irrwitzigen Realität des Krieges. Das Antikriegsbuch war geschrieben und machte Vonnegut zu einem der bekanntesten Schriftsteller der USA.

Nebenher war auch ein Buch über die Zerstörung Dresdens entstanden: „Die sich am Himmel abhebende Silhouette mit ihren Kuppeln und Spitztürmchen war üppig, zauberisch und absurd. ... Fröhlich pfiffen noch Dampfheizungskörper in Dresden, Straßenbahnen ratterten, Telefone klingelten und wurden beantwortet. Lichter gingen an und aus, wenn Schalter betätigt wurden. Es gab Theater und Restaurants. Es gab einen Zoo. Die Hauptindustrien der Stadt bestanden in der Herstellung von Medikamenten, Nahrungsmitteln und Zigaretten."[112] In Vonneguts Beschreibung ist Dresden wenige Wochen vor seiner Zerstörung eine Stadt fern des Krieges, – dann jedoch: „Als die Amerikaner und ihre Wachmannschaften schließlich hinausgingen, war der Himmel schwarz von Rauch. Die Sonne war wie ein zorniger Stecknadelkopf. Dresden war jetzt wie der Mond, nichts als Mineralien. Die Steine waren heiß. Alle anderen im weiten Umkreis waren tot."[113]

Vonneguts Roman war überaus erfolgreich, wurde weltweit übersetzt und von Hunderttausenden Menschen gelesen. Die so vermittelte Erzählung der Zerstörung Dresdens beeinflusste, vor allem im gesamten englischen Sprachraum, wahrscheinlich am nachhaltigsten die Perspektive auf die Stadt und die Luftangriffe im Februar 1945. Mit „Schlachthof 5" wurden dort die Konstanten der bereits etablierten kollektiven Erzählung gefestigt, in die folgenden Generationen hineingetragen und bis heute festgeschrieben: die *unschuldige, einzigartige* Stadt und ihre *sinnlose, einzigartige* Zerstörung.

Heute ist die *Chiffre Dresden* weltweit geläufig. Seit „Schlachthof 5" steht „Dresden" nicht mehr nur für den alliierten Bombenkrieg, sondern für militärische Gewalt gegen Zivilisten überhaupt. In dieser Funktion – als symbolisches Beispiel für Leid, Zerstörung und den Verlust unersetzbarer kultureller Werte – findet sich die Zerstörung Dresdens in mehreren tausend Büchern und in ungezählten Medienproduktionen: Militärtheoretikern dient Dresden als Vergleichsgröße bei der Bewertung militärischer Strategien; Psychologen nutzen die Traumata der Dresdner Zerstörung als Maßstabsbildner für andere Perspektiven; Völkerrechtler diskutieren am Beispiel Dresden die rechtlichen Dimensionen des Kriegs; für Historiker, Soziologen und viele weitere Disziplinen ergeben sich reiche Bezüge. Fakten oder Folgerungen werden an der Chiffre bewertet, mit ihr begründet oder illustriert.

Die kollektive Erzählung von der Zerstörung Dresdens ist so eindeutig, die erzeugten Bilder sind so allgemein verfügbar, dass ein weltweit erscheinendes amerikanisches Magazin als Unterschrift zur Fotografie einer Trümmerlandschaft nur formulieren musste, die abgebildete Stadt würde nun deutlich wie Dresden aussehen („... a distinct Dresden look"). Es handelte sich um das völlig zerstörte Kabul.[114] Im Amerikanischen ist die Wendung „like Dresden after the bombing" zur Umgangssprache geworden, finden sich in Romanen und Zeitungsartikeln. Sie beschreibt einen Zustand vollständiger Zerstörung.

1977: „Dresden im Luftkrieg"

Auch in der Öffentlichkeit der Bundesrepublik hatte David Irvings Buch – in der deutschen Fassung 1964 unter dem Titel „Der Untergang Dresdens" erschienen – die Erinnerung an die Zerstörung der Stadt vertieft. Dass mit seiner Arbeit nunmehr eine scheinbar wissenschaftlich fundierte Geschichtsschreibung zu diesem von so vielen Emotionen begleiteten Thema zur Verfügung stand, ermutigte jetzt auch die Kommentatoren der überregionalen Presse, sich zu den Luftangriffen auf Dresden zu äußern. Der 20. Jahrestag der Zerstörung Dresdens 1965 wurde zum publizistischen Anlass, den nahezu alle Medien der Bundesrepublik nutzten. Den Grundtenor ihrer Beiträge bestimmte Irvings vermeintlich seriös geschätzte Zahl der Toten: Mit 135.000 getöteten Menschen wären in Dresden weit höhere Verluste zu verzeichnen gewesen als durch jeden anderen Luftangriff in der Geschichte, selbst die Atombombenabwürfe eingerechnet.

Der damit bewiesene Superlativ des Leids verfestigte das ohnehin in der kollektiven Erzählung verankerte Motiv der *einzigartigen* Katastrophe. In untrennbarem Zusammenhang damit stand der Verweis auf den ungeheuren Kulturverlust, den die alliierten Bombardements verursacht hatten, der Verweis also auf die einzigartige Stadt. Aus beiden Perspektiven – der größten Opferzahl und dem unermesslichen Wert des Zerstörten – begann Mitte der 1960er Jahre die Erinnerung an die Zerstörung Dresdens in der westdeutschen Öffentlichkeit zum Beispiel für das Leid der deutschen Bevölkerung im Zweiten Weltkrieg zu werden. Dies musste nicht zwangsläufig mit Anklagen gegen die westlichen Alliierten verbunden sein. Gleichwohl stand die *Chiffre Dresden* zunehmend auch für eine alternative Perspektive auf die Kriegsereignisse. Bundestagspräsident Gerstenmaier sah sich im Februar 1965 genötigt, die westdeutsche Bevölkerung davor zu warnen, „die Vernichtung Dresdens vor 20 Jahren den Alliierten anzukreiden" und so der ostdeutschen Propaganda zu verfallen. Stattdessen, appellierte er, „ist es unsere Pflicht, uns dem Ressentiment zu versagen und damit auch von unserer Seite immer wieder einen aktiven Beitrag zur Versöhnung zu leisten."[115] Die Grundmuster der bundesdeutschen Diskussion bis 1989 waren damit vorgezeichnet. Im Rahmen der festgeschriebenen kollektiven Erzählung wurde immer breiter, insbesondere an den hervorgehobenen Jahrestagen, an die Zerstörung Dresdens erinnert. Zumeist achtsam und abgewogen reflektiert, blieb diese Erinnerung dennoch auch geeignet, die deutsche Schuld an Krieg und Völkermord zu relativieren.

Vor diesem Hintergrund veröffentlichte 1977 der Berliner Publizist Götz Bergander eine umfassende Untersuchung über „Dresden im Luftkrieg". Mit dieser Gesamtdarstellung der politischen und Militärgeschichte der Luftkriegsereignisse lag nun erstmals eine wissenschaftliche Arbeit zum Thema vor. Bergander konnte sich auf die Ergebnisse seiner langjährigen Forschungen zum Thema und eine Unzahl recherchierter Dokumente aus deutschen und internationalen Quellen stützen. In seinem Buch bot Bergander ausgewogene, integre Urteile über die Hintergründe und Bewertung der Angriffe an. Mit einer umfassenden Beweisführung stützte er die auch von der Dresdner Stadtverwaltung angegebene Zahl von 35.000 Toten und setzte sich sorgfältig mit weit verbreiteten Überzeichnungen des Geschehens auseinander. Dies führte zwangsläufig dazu, dass seine Darstellung mit der fest etablierten kollektiven Erzählung in Kollision kommen musste. Das vermeintliche „Herunterrechnen der Totenzahl" wurde als Angriff auf das Motiv der *einzigartigen* Katastrophe angesehen, der Nachweis der militärischen Bedeutung der Stadt oder die Benennung der verbrecherischen Praxis der NS-Führung als Ablehnung des Motivs der *unschuldigen* Stadt verstanden.

Götz Berganders Darstellung ist bis heute unangefochten die Basis jeder weiterführenden Forschung zum Thema. Außerhalb Deutschlands wurde das Buch allerdings kaum wahrgenommen, in Westdeutschland musste es sich gegen die weiter aufgelegten älteren Arbeiten behaupten, in der DDR wurde es nicht verlegt. Zudem hatten mittlerweile zahlreiche belletristische Werke[116], journalistische Darstellungen und zunehmend auch Fernsehproduktionen die etablierte Erzählung in noch den phantastischsten Details verbreitet. So fand sich für jede Behauptung irgendwo ein zitierbarer „Beleg". Damit begann zumindest in Westdeutschland die kollektive Erzählung der Zerstörung Dresdens zu erodieren. Die Chiffre Dresden, deren emotionale Kraft eher gestiegen war, wurde noch stärker ausdeutbar und damit in jedwede Richtung benutzbar.

13. Februar 1983.
Kerzen vor der beleuchteten
Ruine der Frauenkirche.

1982: Stille und Kerzen

Die Großkundgebung zum 25. Jahrestag der Zerstörung Dresdens 1970 sollte für mehr als ein Jahrzehnt die letzte bleiben. Die dogmatisch mit dem 13. Februar verbundene Propaganda gegen den „Militarismus" der BRD und – je nach politischem Tagesbedarf – auch gegen den „internationalen Imperialismus" drohte außenpolitisch nun mehr Schaden als Nutzen anzurichten. Die internationalen Beziehungen standen im Zeichen der Entspannung, die DDR schloss 1972 einen Grundlagenvertrag mit der BRD, wurde 1974 in die Vereinten Nationen aufgenommen. Die plumpe Agitation in Richtung Westen passte nicht mehr. So verschwanden die staatlichen Gedenkinszenierungen Stück für Stück. Einzig die Kranzniederlegungen auf dem Heidefriedhof blieben als Ritual erhalten, nunmehr allerdings „still", d. h. ohne Reden; das propagandistische Tamtam der zwei Jahrzehnte zuvor verschwand vollständig. Am offiziellen Geschichtsbild hatte sich indes nichts geändert, die Schuldigen waren noch immer klar verortet. Aber selbst der Leitartikel zum 35. Jahrestag der Zerstörung

13. Februar 1985.
Gedenktafel vor der Ruine der
Frauenkirche.

repetierte dies eher lustlos: „Vom Imperialismus zerstört – Im Sozialismus aufgebaut".[117] Nahm die Berichterstattung in der *Sächsischen Zeitung* nach dem 13. Februar 1971 noch eine halbe Titelseite ein, so informierte man 1979 mit lediglich fünf Sätzen auf Seite 8.

Parallel zur Abwendung der SED-Propaganda von den Jahrestagen wurde bis zum Anfang der 1980er Jahre auch ein zunehmendes Desinteresse der Bevölkerung am gemeinsamen Erinnern offenbar. Die ritualisierten staatlichen Gedenkinszenierungen mit ihren vorgegebenen propagandistischen Stoßrichtungen hatten der Zeitzeugengeneration lediglich eine Pseudoöffentlichkeit gegeben. Die tiefen persönlichen Erfahrungen des Jahres 1945 blieben ausgespart. Über Jahrzehnte hinweg wurde die kollektive Erzählung vom 13. Februar durch die SED verwaltet und die *Chiffre Dresden* als taktische Propagandawaffe benutzt. So musste die Weitergabe der Erinnerung an die folgenden Generationen auf den privaten Raum beschränkt bleiben. Dort spielte sie eine große Rolle; in vielen Dresdner Familien war der Erzählbogen vom „Alten Dresden" über die Zerstörung bis zu den Nachkriegsjahren nach wie vor Gesprächsthema. Aber schon im Bereich der halböffentlichen Kommunikation – der Schulen, der Stadtteilkultur, der Organisationen etc. – blieben diese Erfahrungen angesichts anderer staatlicher Schwerpunkte ausgespart. Einzig die inzwischen gefestigten kulturellen Gedenktraditio-

nen, insbesondere die Gedenkkonzerte der Staatskapelle, boten nach wie vor einen Rahmen für Besinnung und Trauer, ebenso die jährlichen Requiem-Aufführungen des Kreuzchores. Gleichwohl wurde auch innerhalb der evangelischen Kirche der Sinn eines „rituell wiederholten Erinnerns" diskutiert und sogar überlegt, das abendliche Glockenläuten einzustellen.[118]

In dieser Atmosphäre des Verstummens hatte im Oktober 1981 ein spontaner Impuls ungeahnte Folgen: Eine Gruppe friedenspolitisch engagierter Dresdner Jugendlicher lud auf selbst gefertigten Handzetteln für den kommenden 13. Februar zu einer Gedenkfeier vor die Ruine der Frauenkirche ein: „Diese Feier", so hieß es in dem Aufruf, „wurde nicht von einer Organisation vorgeschlagen, sondern von Jugendlichen, die ihren Wunsch nach Frieden ohne 'höhere' Genehmigung zeigen wollen. Lasst Euch von der Polizei nicht provozieren. Bringt Kerzen und Blumen mit. Dann singen wir ‚We shall overcome' und gehen nach Hause."[119]

Der Aufruf für diese Aktion fand rasch über Dresden hinaus in der gesamten DDR Verbreitung. Die Verantwortlichen der SED, die jede gesellschaftliche Bewegung außerhalb der kontrollierten Strukturen verhindern wollten, reagierten mit Repressalien gegen die Initiatoren und drohten im Falle des Stattfindens mit deutlichen Strafen. Um die Jugendlichen zu schützen, bot die Leitung der ev.-luth. Landeskirche Vermittlung an. Die Gruppe stimmte schließlich einem Friedensforum in der Kreuzkirche als Alternative zu. Am Abend des 13. Februar 1982 versammelten sich dort etwa 5000 zumeist junge Menschen und diskutierten mit Kirchenvertretern „alle tagespolitisch brisanten Themen" in Offenheit und gegenseitigem Respekt, erfuhren aber gleichzeitig die Begrenztheit des kirchlichen Handlungsrahmens. Mit dem Glockengeläut um 21.45 Uhr endete die Diskussion, ein gemeinsames Friedensgebet schloss sich an. Danach, und entgegen den Intentionen der kirchlichen Veranstalter, zogen etwa eintausend Jugendliche zur Ruine der Frauenkirche, standen dort schweigend mit brennenden Kerzen.[120]

Dieser Abend – eine „Sternstunde des Friedens"[121] – gab wichtige Impulse für die Entstehung einer unabhängigen Friedensbewegung in der DDR. Und er begründete eine Ausdrucksform des Gedenkens, die schon wenige Jahre später als selbstverständlich und typisch für Dresden gelten sollte: Ein schweigender Ritus vor der Ruine der Frauenkirche, der sprachlose Trauer öffentlich machte und im Zeichen der Kerzen eine Gemeinschaft der Hoffnung versammelte.[122]

Die Verantwortlichen der SED reagierten prompt: Noch vor dem 13. Februar 1982 hatte der Rat des Bezirkes beschlossen, ab dem kommenden Jahr wieder öffentliche Großkundgebungen zu veranstalten – nunmehr vor der Ruine der Frauenkirche, die man damit symbolisch zu besetzen versuchte. Die Dramaturgie dieser Veranstaltungen war um größere Glaubhaftigkeit bemüht: Neben dem Hauptredner – nach wie vor ein Spitzenfunktionär – kamen jetzt auch ausgewählte Vertreter verschiedener Bevölkerungsgruppen zu Wort. Inhaltlich stand vor allem die postulierte Bedingtheit von Sozialismus und Frieden im Mittelpunkt, die beschwörend repetiert wurde und vor der die außenpolitische Konfrontation trotz rhetorischer Abrüstungsaufrufe an die NATO in den Hintergrund trat. Die Inszenierung der Kundgebungen bediente sich wie in den Jahrzehnten zuvor der üblichen Requisiten: Tribüne, Fahnen, Losungen. Am Abend erstrahlte die Ruine der Frauenkirche im Scheinwerferlicht, Mahnwachen der FDJ zogen mit Fackeln auf. Und dennoch versammelten sich Jahr für Jahr viele Hundert, manchmal Tausende Dresdner schweigend mit Kerzen vor der Ruine. Als 1988 ein Bauzaun den Zutritt verhindern sollte, wurde er unversehens zu einem eindrucksvollen Lichtkranz um den Schuttberg der eingestürzten Kirche.

Die spontane Aktion vom 13. Februar 1982 war auf ein spirituell und organisatorisch vorbereitetes Umfeld gestoßen: Bereits zwei Jahre zuvor hatte Christof Ziemer, ev.-luth. Superintendent an der Kreuzkirche, die Genehmigung für einen öffentlichen Gedenkgottesdienst an der Ruine der Frauenkirche beantragt, die allerdings verweigert worden war. Stattdessen lud Ziemer am 13. Februar 1980 zu einem Friedensgebet in die Kreuzkirche ein. Dies fand im folgenden Jahr seine Fortsetzung, nunmehr aber ausgerichtet durch den einige Monate zuvor gebildeten Stadtökumenekreis, in dem fast alle christlichen Gemeinschaften der Stadt vertreten waren. Damit formte sich bereits eine kirchliche Reaktion auf die kritischen Fragen an das Gedenken. Der Impuls des 13. Februar 1982 verhalf diesen Bemühungen zum Durchbruch, während die ökumenische Basis mit ihrer breiten Verankerung in der Gesellschaft Nachhaltigkeit sicherte.

So wurden ab 1983 jährlich ökumenische Friedensgottesdienste – wechselweise in der Kreuzkirche und in der Hofkirche – zum geistigen Mittelpunkt des Erinnerns an den 13. Februar 1945, auch für viele Nichtchristen. Drei Jahre später lud am 13. Februar 1986 der Stadtökumenekreis die Dresdner Christen zu einem „konziliaren Prozess" ein, um eine „Öku-

menische Versammlung für Frieden, Gerechtigkeit und Bewahrung der Schöpfung" vorzubereiten. In einer breiten demokratischen Diskussion sollten in der gesamten DDR zentrale Themen der Gesellschaft erkannt und thematisiert werden. Zwei Jahre später fand das erste Delegiertentreffen der Ökumenischen Versammlung ebenfalls im Umfeld des 13. Februar in Dresden statt. Der explizite Bezug auf den Jahrestag der Zerstörung Dresdens manifestierte das Friedensziel dieser gesellschaftlichen Bewegung, die längst auch außerhalb der Kirchen wirkte. Die Diskussionen und Aktionen um das gemeinsame Erinnern trugen dazu bei, Schritt für Schritt den Raum für einen demokratischen Diskurs in der DDR-Gesellschaft zu erweitern. Die vielen hundert Menschen, die mit Kerzen zur Ruine der Frauenkirche zogen, deuteten den Aufbruch im Herbst 1989 bereits an. Vorerst aber hielten am 13. Februar 1988 Ausreisewillige den auf dem Neumarkt wartenden westlichen Kamerateams ihre Transparente entgegen.

1985: Erinnerung, Versöhnung, Frieden

Mit „erwartungsfroh" und „kämpferisch" beschrieb der Berichterstatter des *Neuen Deutschland* die Stimmung unter den 200.000 Dresdnern, die am Nachmittag des 40. Jahrestags der Zerstörung ihrer Stadt auf dem Theaterplatz

13. Februar 1987. Ökumenischer Friedensgottesdienst in der Kreuzkirche.

links: 13. Februar 2000. Die Sächsische Staatskapelle unter Sir Collin Davis führt Benjamin Brittens „WAR Requiem" auf.

rechts: 13. Februar 1991. Das weiße Kreuz auf dem Dach des Kunstvereins-gebäudes mahnt gegen den Krieg im Irak.

zusammengekommen waren. Während sie dem Hauptredner der Kundgebung, Partei- und Staatschef Erich Honecker, hundertfach sein Portrait entgegenhielten, bezog sich die Erwartung der Dresdner vor allem auf das Gebäude, neben dem die Tribüne errichtet worden war: Am Abend des 13. Februar 1985 sollte die wieder aufgebaute Semperoper eingeweiht werden. Sie hatte immer zu jenen symbolhaften Orten gehört, an denen sich die Erinnerung an das „Alte Dresden" festmachte, die mit unzähligen Geschichten im Bewusstsein gehalten, bewahrt und wenn nötig verteidigt wurden. Ihre Rückgewinnung war tatsächlich ein Ereignis für die Dresdner. Der festliche Glanz der Oper überstrahlte die müde Friedensrhetorik, mit der, wie seit Jahren schon, auch diesmal für den „sozialistischen Friedensstaat" geworben wurde. So schaffte es nur ein Satz aus Honeckers Rede, Stadtgespräch zu werden, das Versprechen nämlich, nunmehr den Wiederaufbau des Dresdner Schlosses zu beginnen.

Das abendliche Glockenläuten vernahmen die Staatsgäste in der Oper nicht – dort wurde noch der „Freischütz" gegeben. In der vollbesetzten Kreuzkirche dagegen läuteten die Glocken fünf Minuten der Stille ein, ehe Zeichen der Versöhnung und des Friedens ausgetauscht wurden. An der Ruine der Frauenkirche versammelten die Glocken die „Schweigewache der Davongekommenen und ihrer Nachfahren".[123] Auf einer Vorstadtbühne läuteten sie das emotionslose Zersägen einer Pappkartonstadt ein, ausgeführt von Schauspielern in Arbeitsanzügen, genau 13 Minuten lang, der Dauer des ersten Luftangriffes auf Dresden 40 Jahre zuvor. Zur selben Zeit tat eine weitere Theatergruppe im englischen Bradford gleiches.[124]

Das öffentliche Erinnern hatte in den Jahren seit 1982 eine große inhaltliche Breite mit reichen Ausdrucksformen

bekommen. Wohl konnte die SED-Propaganda noch die weitaus größte Zahl an Menschen versammeln, die Atmosphäre der Jahrestage bestimmte sie nicht mehr. Insbesondere im Umkreis der Kirchen wurde die tief verwurzelte Friedenssehnsucht der Überlebenden des Krieges aufgegriffen, das Motiv „Frieden" aus der starren Zuschreibung der Staatspropaganda gelöst und in den Mittelpunkt des Erinnerns gestellt. Das Nachdenken über Inhalte und Wege des Friedens musste notwendigerweise auch kritische Fragen an den Zustand der DDR-Gesellschaft stellen. Die *Chiffre Dresden* wurde in den 1980er Jahre auch für eine kritische künstlerische Auseinandersetzung mit dem Friedensthema wichtig, was eine große Breite an Ausdrucksformen erschloss.

Frieden setzt Versöhnung voraus, und dies bildete parallel das zweite Leitmotiv der Erinnerung an die Zerstörung Dresdens. Bei der Suche nach Versöhnung mit den ehemaligen Kriegsgegnern war es nur den Kirchen möglich, vom Staat unabhängige Verbindungen auszubauen, so nach Polen oder Großbritannien. Eine besonders intensive Zusammenarbeit gelang zwischen der Dresdner ev.-luth. Kirche und der anglikanischen Kirche in Coventry, deren Vertreter regelmäßig an Gottesdiensten und Foren in Dresden teilnahmen. 1985 wurde die Kreuzkirche zum zweiten Nagelkreuzzentrum in Dresden. Hier fanden dann auch 1986 und 1989 zwei Simultan-Gottesdienste mit der Kathedrale von Coventry statt, die von der britischen BBC übertragen wurden. Alle diese Aktivitäten hatten ihren Anlass in der aktiven Erinnerung in beiden Städten an die Luftangriffe und den Krieg. Auch die Dresdner Stadtverwaltung nutzte diesen Bezug, um die Partnerbeziehungen nach Coventry wieder zu intensivieren. Dessen Bürgermeister nahm an den Gedenkveranstaltungen zum

links: 13. Februar 2002.
Gedenkandacht in der Ruine
der Dresdner Trinitatiskirche.

rechts: 13. Februar 2001.
Rechtsextremisten aus dem
Umfeld der „Jungen
Nationaldemokraten" bei der
Kranzniederlegung auf dem
Heidefriedhof.

40. Jahrestag der Zerstörung Dresdens teil und initiierte eine Aufführung von Cormac O'Duffy's „Dresden Requiem".[125]

Die Perspektiven Frieden und Versöhnung mussten notwendigerweise um ein drittes Motiv ergänzt werden: Um Versöhnung zu erreichen, ist eine gemeinsame Auseinandersetzung mit der Vergangenheit notwendig, eine wahrhaftige Erinnerung, die auch das Eingeständnis eigener Schuld ermöglicht. Hier kam den Zeitzeugen eine wesentliche Rolle zu, und so gehörten Augenzeugenberichte rasch zur Liturgie der Friedensgottesdienste. Darüber hinaus beschäftigten sich bald nach 1982 verschiedene Gruppen mit dem geschichtlichen Kontext der erinnerten Ereignisse. Im kirchlichen Umfeld entstand als erstes Ergebnis die Ausstellung „... oder Dresden", die im Februar 1985 in der Kreuzkirche gezeigt und später als Buch dokumentiert wurde.[126] Parallel begann eine ehrenamtliche Gruppe innerhalb des Kulturbundes mit systematischen Zeitzeugenbefragungen, denen ab 1987 erste öffentliche Veranstaltungen folgten. Aus beiden Blickwinkeln war im Ergebnis eine Neubewertung der fest gefügten kollektiven Erzählung von der Zerstörung Dresdens offenbar geworden: Indem erste Aspekte der Verstrickungen der Stadt und ihrer Bürger in nationalsozialistische Unterdrückung und Kriegführung aufgezeigt wurden, musste insbesondere die Erzählkonstante der *unschuldigen* Stadt auf deutliche Kritik stoßen.

Hier konnte auch der am 14. Februar 1982 von Christen verschiedener Konfessionen gegründete „Arbeitskreis Begegnung mit dem Judentum" wichtige Impulse einbringen.

Am Ende der 1980er Jahre hatte die SED die Deutungshoheit über den 13. Februar und die Initiative in der öffentlichen Darstellung dieses Themas weitgehend verloren. Aus den Impulsen der „Nebenöffentlichkeit" einzelner Gruppen

und Kirchen war binnen weniger Jahre eine parallele Erinnerungskultur entstanden, die an den Jahrestagen der Zerstörung Dresdens mehrere Tausend Menschen mobilisierte und darüber hinaus vielen als „das eigentliche Gedenken" galt. Den geistigen Kern dieses Erinnerns bildete der Zusammenhang von wahrhaftiger Erinnerung, aktiver Versöhnung und umfassendem Frieden. Mit dem schweigenden Versammeln vor der Ruine der Frauenkirche war ein Ritus gefunden worden, der diese Inhalte fühlbar auszudrücken vermochte. Die Prozession mit brennenden Kerzen von den beiden Hauptkirchen der Stadt zur Frauenkirche gewann den öffentlichen Raum für die selbstbestimmte, sichtbare Teilhabe der Bürger zurück.

Im September 1989 hatte die erwähnte Kulturbundgruppe eine Ausstellung vorbereitet, die im Festsaal des Stadtmuseums gezeigt wurde: „Lebenszeichen – Dresden 1944/45". Sie endete am 7. Oktober 1989. Am Abend desselben Tages setzte sich am Hauptbahnhof eine erste Demonstration in Bewegung, der Herbst 1989 begann.

Der Rahmen für das Erinnern

Am Abend des 45. Jahrestages der Zerstörung Dresdens, dem 13. Februar 1990, versammelten sich die Dresdner erneut, diesmal jedoch in einem völlig veränderten gesellschaftlichen Umfeld. Binnen weniger Monate war die politische Diktatur der SED implodiert und die zerstörte Frauenkirche diente jetzt nicht mehr als Kulisse für staatliche Gedenkkundgebungen. Nunmehr nutzte Bundeskanzler Helmut Kohl die Emotionalität dieses Ortes, um im Dezember 1989 für sein Ziel

13. Februar 2003.
Kranzniederlegung auf dem
Heidefriedhof.

die öffentliche Anklagebank!"[129] In den öffentlichen Diskussionen artikulierte sich die Erwartung, nun da endlich Meinungsfreiheit herrsche die Wahrheit über die Geschichte der Zerstörung Dresdens erfahren zu können – was oft auf die Bestätigung der kollektiven Erzählung von der einzigartigen Katastrophe zielte. In der sich formierenden politischen Landschaft der Parteien, Organisationen, Gruppen, der Verwaltung und Wirtschaft wurden rasch unterschiedliche inhaltliche Prämissen für die Erinnerung deutlich. Zum ersten Mal beeinflussten politische Akteure von außen die Erinnerung der Stadt, wurde sie Teil nationaler oder internationaler Diskurse. Und zum ersten Mal wurde alles dies live von dutzenden Fernsehstationen in alle Welt übertragen.

Eine gemeinsame Erinnerungsarbeit in der Atmosphäre des „runden Tisches" kam nicht wieder zustande. Stattdessen bildete sich eine vielfältige Erinnerungskultur heraus, in der unterschiedliche inhaltliche Perspektiven und Formen einander ergänzen oder im Gegensatz zueinander stehen. Es ist hier kein Raum, dieses komplexe Netz von Akteuren und Aktionen, von Zielen, Bedingungen und Wirkungen darzustellen. Vermutlich benötigt es ohnehin größeren zeitlichen Abstand und breitere Forschung, um Zusammenhänge zu erkennen und ausgewogene Bewertungen zu formulieren. So soll lediglich in groben Zügen die Geschichte der kollektiven Erzählung seit 1990 und die Bedeutung der *Chiffre Dresden* skizziert werden.

Parallel zur deutschen Wiedervereinigung, die im Oktober 1990 staatsrechtlich ihren Abschluss fand, musste das Verhältnis der Deutschen zu den Völkern Europas und der Welt neu bestimmt werden. Dies setzte gemeinsames Erinnern voraus, in dem die Auseinandersetzung mit dem Zweiten Weltkrieg eine zentrale Rolle einnahm. In diesem Kontext wurde die *Chiffre Dresden* seit 1990 verstärkt politisch aufgegriffen und Dresden mit dem 50. Jahrestag der Zerstörung 1995 endgültig als gesamtdeutscher Gedenkort bestätigt. Dabei war die kollektive Erzählung zumeist kaum in Frage gestellt. Dresden galt noch immer als *einzigartige, unschuldige* Stadt; seine Zerstörung wurde weiterhin mit demselben Superlativ einzigartig erinnert und als *sinnlos* klassifiziert. Während die politische Mitte die *Chiffre Dresden* aus dem zeitgeschichtlichen Kontext heraus interpretierte und ihr Gedenken auf Frieden und Versöhnung ausrichtete, wurde für die extreme Rechte der Bundesrepublik der 13. Februar mehr und mehr zum symbolischen Ort der deutschen Opfer, der Aufrechnung von Leid und Schuld.

eines wiedervereinigten Deutschland zu werben. Die Veranstaltungen am 13. Februar 1990 hatte zum ersten Mal ein „runder Tisch" der Kirchen, der Stadtverwaltung und vieler Gruppen gemeinsam vorbereitet. Nach Jahren mehr oder weniger offener Konfrontation konnte die Kirche nun heraustreten, „der Marktplatz wird zur Kirche".[127] Der in den Jahren zuvor abseits der offiziellen Deutungen erarbeitete Umgang mit der Erinnerung schien auch, und gerade, im veränderten Umfeld weiterhin gültig: „Der 13. Februar ist ein Tag, an dem der Weg in die Zukunft über die Erinnerung führt", sagte Christof Ziemer in seiner Rede auf dem Dresdner Altmarkt. „Wir gedenken der Toten und erinnern damit zugleich an die Würde, die Kostbarkeit und die Unverletzlichkeit des Menschen. In die Trauer über eigenes Leid mischt sich Scham und Schuld über unsägliches Leid, das in deutschem Namen über andere gekommen war. ... Indem wir uns dieser Geschichte stellen, bekennen wir uns zur Aufgabe, eine menschliche Gemeinschaft aufzubauen, in der das Kriterium für wahre Gerechtigkeit die Solidarität mit dem schwächsten Glied ist; sei es nah oder fern."[128] Dem geschichtlichen Verstehen, so die Vision, solle nun die „freie verantwortliche Tat" folgen.

Ein solcher Konsens aber war kaum noch herzustellen. In der Innenstadt tauchten am Abend erste Flugblätter auf, in denen gefordert wurde: „Verbrecher am deutschen Volk auf

Mit ersten detaillierten Forschungen zur Stadtgeschichte Dresdens in Nationalsozialismus und Zweitem Weltkrieg differenzierte sich ab 1995 das Geschichtsbild in der lokalen Fachöffentlichkeit. Nunmehr lagen fundierte Erkenntnisse vor, mit denen die erhebliche Bedeutung der Stadt etwa im nationalsozialistischen Unterdrückungsapparat, als bedeutende Rüstungsstadt, als Militärbasis etc. nachgewiesen werden konnte. Parallel dazu ergaben weitere Forschungen auch eine genauere Sicht auf die Militärgeschichte des Zweiten Weltkrieges im Allgemeinen und den alliierten Luftkrieg im Besonderen. Diese Erweiterungen des Geschichtswissens kollidierten deutlich mit der kollektiven Erzählung vom 13. Februar. Da diese für viele Dresdner mittlerweile zum festen Bestanteil ihrer Biografien geworden ist und andere Akteure sie für unterschiedliche politische Zwecke in Stellung gebracht haben, trafen öffentliche Korrekturen des Geschichtsbildes auf erbitterten und hoch emotionalen Widerstand. Eine Versachlichung der Diskussion ist bislang nicht gelungen.

Die Jahrestage der Zerstörung Dresdens sind nach wie vor durch vielfältige Aktionen des Erinnerns geprägt, die auch die Solidarität mit fremdem Leid, das aktive Eintreten gegen Gewalt und Krieg einschließen. Als nachhaltig wirkende Orte der Erinnerung sind dabei nach wie vor die Kirchen wichtig, ergänzt u.a. durch den Altmarkt, wo seit dem Jahr 2000 eine eigene Veranstaltungstradition entstand.

Eine neue, wichtige Rolle könnte der Erinnerungsort Frauenkirche spielen. Die Ruine der Frauenkirche war seit dem Februar 1945 als Stadtzeichen sinnbildlich mit der Zerstörung Dresdens verknüpft, blieb gleichwohl als Ort aktiver Erinnerung bedeutungslos. Dies änderte sich erst 1982 durch unkonventionelles, bürgerschaftliches Engagement – außerhalb der etablierten Strukturen und in mutiger Auseinandersetzung mit dem gesellschaftlichen Status Quo. Auch auf diese Tradition bezogen sich die Initiatoren, als sie 1990 zum Wiederaufbau der Kirche aufriefen und dies überaus kontrovers diskutiert wurde. Nunmehr ist der äußere Bau der Kirche vollendet und prägt das Stadtbild in beeindruckender Weise. Tatsächlich ist eine Wunde geheilt – ein Versöhnungswerk vor allem zwischen den Dresdnern und ihrer geschundenen Stadt. Der Bau wurde und wird durch großartige Gesten der Solidarität und der Versöhnung in Deutschland und in aller Welt gefördert. Indem sie dies entgegennehmen, sind die Dresdner die Verpflichtung eingegangen, diese Kirche nunmehr der Welt zu widmen, den im Aufruf zum Wiederaufbau formulierten Anspruch des „Weltfriedens-

zentrums"[130] einzulösen. Dies allerdings hat in den Wiederaufbau-Diskussionen der letzten Jahre kaum eine Rolle gespielt und ist bislang noch ohne institutionelle Basis geblieben.[131]

Vor dem 60. Jahrestag der Zerstörung Dresdens steht die demokratische Öffentlichkeit der Stadt vor der Aufgabe, Ziele und Mittel des Erinnerns an den 13. Februar 1945 zu diskutieren und neu zu bestimmen, an die wertvollen Traditionen der Erinnerungskultur anzuknüpfen und dem Missbrauch vorzubeugen. Dazu formulierte eine Gruppe Dresdner Bürger im Herbst 2004 einen „Rahmen für das Erinnern", der Grundsätze des Erinnerns benennt und vor allem einen Horizont der Erinnerung aufzeigt: Frieden.

10. Februar 2002.
Mit einer Lesung übergeben Mitglieder der Interessengemeinschaft „13. Februar 1945" mehr als 300 Berichte Überlebender der Zerstörung Dresdens an das Dresdner Stadtarchiv (v. l.: Helga Sievers, Nora Lang, Helga Skoczowsky).

Bild-Geschichte(n)

Bild-Geschichte(n)

Dresden 1939 bis 1945 – Die Kriegszeit in Fotografien und Filmen *Von Wolfgang Hesse*

Rückkehr

Die Vaterstadt, wie find ich sie doch?
Folgend den Bomberschwärmen
Komm ich nach Haus.
Wo liegt sie denn? Wo die ungeheueren
Gebirge von Rauch stehn.
Das in den Feuern dort
Ist sie.
Die Vaterstadt, wie empfängt sie mich wohl?
Vor mir kommen die Bomber. Tödliche Schwärme
Melden euch meine Rückkehr. Feuersbrünste
Gehen dem Sohn voraus.   *Bertolt Brecht, 1943*

Das in den Erinnerungen der vor 1945 in Dresden lebenden Menschen bewahrte Bild der gewachsenen, vielgestaltigen Gesamtarchitektur und urban lebendigen Stadt ist
wesentlich fotografisch geprägt. Das gilt noch weitaus stärker
für die den Nachgeborenen übergebene Vorstellung. Ein
ineinanderfließendes, erzählendes Mosaik aus Einzelbildern
setzt sich in den Köpfen zusammen zu einem virtuellen Erfah-
rungsraum: Tag- und Nachtansichten, Stimmungsbilder, Aufnahmen der Monumente, Blicke in belebte Straßen, auf
bedeutende Ereignisse oder kleine Augenblicke des Alltags
akzentuieren und überlagern die gelebte Erinnerung. Die
Fotografien treten zunehmend an deren Stelle, und sie
werden sie in nicht allzu ferner Zukunft ganz ersetzt haben.

Doch geht es bei diesem Bild der Stadt nicht eigentlich
um Fotografien im strengen Sinn. Außer in den Familienalben
sowie als originale Negative oder Positive der Archive und
Museen erscheinen sie in verwandelter Form. Sie wurden in
Büchern gedruckt, in Filmen projiziert, und im Fernsehen, auf
CD-ROMs oder Video vollends entkörperlicht. Sie sind dabei

nicht allein technisch verändert worden Die Bilder wurden in
neue Gebrauchsweisen überführt, in neue Erzählungen
eingegliedert. Hier berichten sie Anderes denn als Einzelbilder
oder in ihren ursprünglichen Zusammenhängen: Das Bild der
Stadt Dresden ist medial produziert.

Diese Verwandlung erzeugt eine eigene Geschichtlich-
keit, und sei es nur aus dem Grund, daß sich die Bilder
vielfach einer exakten zeitlichen und thematischen Bestimmung und damit auch der an Schriftdokumente gewohnten
Kritik entziehen. Als Scheidemarke im Gebrauch dient oft
allein die Zerstörung Dresdens, ein „Vorher" und ein
„Nachher". Solche Pauschalierung führt aber nicht a priori zu
falschen Urteilen: Es gibt Kontinuitäten außerhalb der als
historisch bezeichneten Ereignisse, Gleichzeitigkeiten im
Ungleichzeitigen auch hier. Wie sollte es auch anders sein:
„Geschichte" ist kein abgeschlossener Prozess mit nur der
Vorwärtsrichtung ihrer Chronologie. Geschichte wird rück-
blickend gemacht, sie wird re-konstruiert.

Das gilt für Fotografien gleichfalls, wenn auch die einfa-
che Erfahrung sagt: Dieses war so und so, man sieht es doch.
Die Kamera gilt als unbestechlich, und eine Fotografie fixiert
objektive Sachverhalte. Doch ist solche Beweiskraft des Sichtbaren nur ein erster, immerhin wichtiger Gesichtspunkt: Die
Ausschnittbestimmung, die Wahl des Zeitpunkts, die Bild-
komposition, die Entwicklung des Films, die Auswahl für die
Abzüge, die Ausarbeitung in der Dunkelkammer – all diese
Tätigkeiten des Fotografen und der Labore kommen hinzu.
Ihre Bedeutungsproduktion wird fortgeschrieben durch die
immer wieder neu entstehenden Zusammenhänge der privaten Alben oder Schuhkartons, durch professionelle
Archivierung, durch Aufbereitung zu Diavorträgen – oder
eben Bücher wie dieses.

Keine Fotografie lässt sich begreifen ohne den Zusammenhang solcher Entscheidungen bei ihrem Zustandekommen und ihrer Verbreitung, sei es im Gespräch im Familienkreis, sei es bei der Veröffentlichung für ein großes Publikum. Fotografie ist stets auch mit Text verbunden, mit dem gesprochenen Wort, mit der gedruckten Nachricht. Die Kontexte ihrer Produktion wie ihrer Rezeption sind untrennbare Teile ihrer Wirklichkeit. Wie also eine Bilderzählung einrichten, die genau dies zum Thema hat? Wie das komplexe Ansinnen denken, nichts weniger als eine Geschichte der Zerstörung der Dresdner Innenstadt am 13./14. Februar 1945 als Fotogeschichte zu erzählen?

Nach Durchsicht des bisher gesammelten Materials der IG 13. Februar 1945, in Kenntnis gedruckt erschienener Bilder, die Fotografien vor allem Richard Peters im Kopf, und dank des aktiven Entgegenkommens zahlreicher Archiv- und Museumsmitarbeiter wurde rasch deutlich: Es gibt eine Fülle vielgestaltigen Bildmaterials. Es bewahrt die unterschiedlichsten Blickrichtungen und Interessen in sich. Bewusste Perspektivenwechsel könnten daher einen Zugang eröffnen, der die handelnden Personen und Personengruppen in ihren Bildern erkennbar macht. Und möglichst klare visuelle Hinweise auf die Entstehungszusammenhänge würden nachvollziehbare, sinnlich einleuchtende Deutungsbezüge geben.

Das Ziel: Das Bildkapitel sollte Hinweise auf die Gegenwart des Krieges vor der Zerstörung der Stadt geben und sichtbar machen, was Luftkrieg hieß. Sehr bald war auch klar, Thema würde nicht die Zerstörung der Bauwerke und des historisch gewachsenen Grundrisses oder gar nostalgische Erinnerung an das „Vorher": Thema würden die Menschen sein, ausschnitthaft und in verschiedenen Lebenssituationen, und Thema würde die physikalische Gewalt der Zerstörung – mit einem schmalen Ausblick auf die Zeit des „Danach". So ist, spiegelbildlich zum Kriegsgeschehen, die reale Stadt Dresden verschwunden in dieser Erzählung. Nur selten sichtbar umgibt sie die Handelnden.

Gegliedert in elf unterschiedlich große Kapitel erzählen nun die hier aus aberhunderten ausgewählten Fotografien Geschichte in anekdotischen Momenten. Dabei erwies es sich als wenig sinnvoll, den Krieg sozusagen am 8. Mai 1945 enden zu lassen – die Summierung der Zerstörungen zieht sich in die Nachkriegszeit hinein.

Bei der Reproduktion der Vorlagen beibehalten wurden die originalen Proportionen der Fotografien und diese nicht – wie dies oft geschieht – zugunsten des Layouts beschnitten.

Auch auf eine prinzipiell mögliche Rekonstruktion der ins Grünliche verschobenen Farbigkeit der Diapositive von Walter Hahn wurde verzichtet. Nicht erhalten hingegen sind die Größenverhältnisse der Aufnahmen; sie wurden den Maßen des Satzspiegels und den Erfordernissen der Gestaltung angepasst.

Zugleich ist die Chronologie der Bilder nur eine scheinbare, folgt nur in groben Zügen dem Gang der Ereignisse. Die Erzählung tritt gewissermaßen ab und an zurück, um Abstand oder Vorschau zu gewinnen, anders anzusetzen, neu zu zeigen und zu fragen: Das Bildkapitel wird zum Essay, einem im übertragenen Sinn literarischen Versuch.

Dresdner, Kriegswirtschaft, Aufklärung

Wer waren die „Dresdner" im Krieg? Die Bürger oder Arbeiter, die versuchten – manche die Faust in der Tasche geballt – durchzukommen bis „nachher". Die Nazis und die Mitläufer, die Alten und die Kinder, die Soldaten, Männer und Frauen. Doch gehörten auch die dazu, die das Deutsche Reich vernichten wollte: die Zwangsarbeiter, die Kriegsgefangenen, die Juden, die Widerständler. Eine zusammengewürfelte und in den Krieg verwobene Gesellschaft war zu zeigen. In der in der Kriegsproduktion gearbeitet wurde, um zu überleben oder aus Überzeugung – und in der deshalb gestorben wurde. In der trotz allem gelebt wurde, geliebt auch. Fotografien begleiteten die Propagandaschlacht des Totalen Kriegs – und zugleich den Versuch, zivilen Alltag zu retten, als ob nichts wäre. Die Kapitel „Dresdner", zusammengestellt aus diversen Quellen, und „Kriegswirtschaft" – ein fiktives Betriebstagebuch – erzählen von diesen widersprüchlichen Ebenen mit unterschiedlichen Intentionen und Mitteln, als Werksdokumentation, Reportageaufnahme, Knipserbild oder Polizeifotografie.

Solch nahem Blick auf die Menschen als Akteure im breiten Feld zwischen Tätern und Opfern folgt der kalte Atem der Geschichte, welcher in der Rüstungsproduktion, in der Kriegführung, im Vernichtungsfeldzug des Deutschen Reichs seine Ursache findet: „Aufklärung" findet von oben statt, nüchtern katalogisierend. Ihre Perspektive ist die der automatischen Bordkameras der alliierten Flugzeuge. Es ist der bedrohliche Prolog in einem technisch entzauberten Himmel. Er bereitet – unsichtbar – die Auswertung, das Lesen der Bilder, die Bestimmung des Ziels vor. Es sind die Blicke von Ingenieuren und Planern, die perfekte Militarisierung einer Landschaft zur Angriffskarte, die den Krieg auf den Bild-Begriff bringen.

Verdunkelung, Inferno, Moltkeplatz, Stillstand

Diese Perspektive von oben setzt sich fort in einem Film aus den Geschwadern der britischen Flieger, die den von ihnen entfachten Brand festhielten. Die aus dem Zeitlauf des Streifens geklammerten Standbilder aber lassen das Schwanken des kreisenden Lancaster-Bombers verschwinden, die Lichtblitze verlieren ihr Bedrohliches, die Ausschnitte ästhetisieren die Explosionen und den Feuersturm zu Karten fremder Sterne. Und doch sind es authentische Bilder des Untergangs Dresdens: Auf die „Aufklärung" folgt die radikale, unumkehrbare „Verdunkelung".

Die gehetzt verwackelten Nachtaufnahmen eines der wenigen, die während des Feuersturms tollkühn zu fotografieren wagten, geben die notwendige Entgegnung von unten: höchste Subjektivität im „Inferno". Es sind Amateuraufnahmen, die gerade aus den technischen Unzulänglichkeiten ihre Wirkung entfalten.

Der gewissermaßen laut berstenden Emotionalität dieser Bilder folgt eine Sequenz von Kleinbildaufnahmen mit dem Blick auf die zur Ruhe gekommene Physik der Zerstörung. Trümmer auf dem „Moltkeplatz", wohin das Auge reicht, bis es die ruinierten Leiber der Toten ausmacht, die ganz zu Material geworden sind.

Danach im „Stillstand" makroskopische Blicke auf verbrannte, zerdrehte, verschmolzene Gegenstände. Ihr Fotograf Richard Peter hatte in der Arbeiterfotografenbewegung und vom Neuen Sehen nicht nur die großen pathetischen Bildentwürfe gelernt, sondern auch, große Geschichte im kleinen Detail zu erzählen.

Inventur, Altmarkt, Ziegelwüste

Schließlich ein neuer Perspektivenwechsel, wieder von oben, doch in relativ naher Schrägsicht: „Inventur", eine Bestandsaufnahme beim Flug über die noch rauchenden Trümmer, zwei Tage danach. Das Militär begutachtet den Schaden gegnerischer Effizienz. Dabei geraten auch Außenbezirke ins Blickfeld, die gemeinhin nicht mit dem Bild Dresdens in Verbindung kommen. Die Bildfolge stellt erstmals – hier topographisch elbaufwärts von Pieschen bis Reick geordnet – die vollständige Überlieferung der Sequenz in der Sammlung Bergander vor.

Auch die Farbfotografien von den Leichenverbrennungen auf dem „Altmarkt", 23 verschiedene Motive von Walter Hahn, der diese nicht ohne offiziellen Parteiauftrag angefertigt haben konnte, werden hier erstmals vollständig publiziert – und in den Rahmen ihrer Überlieferung gezeigt, als Objekte, denen das Grauenhafte einbeschrieben ist, vorbereitet zur Projektion in Vorträgen.

Die „Ziegelwüste" – der Titel greift eine Metapher Erich Kästners auf – vermittelt eine Vorstellung von der Ruinenlandschaft und der allmählichen Wiederkehr eines schweren Alltags. Das Beräumen der Trümmer im großen Maßstab jedoch, der beginnende Wiederaufbau geraten hier nicht in den Blick – nicht zu rasch soll sich die Geschichte weiterbewegen zu scheinbar sicheren Ufern.

Der Engel der Geschichte

Auf die bis heute andauernde Zukunft verweist abschließend das Kapitel „Der Engel der Geschichte", das mit der Doppelseite aus Richard Peters berühmtem Buch von 1950 „Dresden – eine Kamera klagt an" beginnt. Dieser Band mit seinem Vorwort von Max Zimmering und in seiner Gegenüberstellung von nächtlichen Vorkriegsidyllen, Ruinenlandschaften, Totenkellern und dem Wiederaufbau ist ein beeindruckendes Dokument der Geschichtsdeutung des Kalten Kriegs – und der Dresdner Heimatliebe.

Wie wenige andere Bilder des 20. Jahrhunderts hat die von Peter geprägte Rückenfigur der „Bonitas", der „Güte", auf dem Rathausturm vor dem Ruinenfeld der Innenstadt ikonische Bedeutung erlangt, über den Ort und die Zeit hinaus. Die schier nicht enden wollende Reihe der Nachfolger verweist auf eine breite Sinnstiftung, in der sich viele finden und dieses Motiv zu ihrer Deutung nutzen konnten: Verteidiger der Alliierten wie Revisionisten, Pazifisten oder SED-Funktionäre, Christen und Humanisten. Im Hintergrund dieser Figur, als klagender, mahnender, begütigender oder apokalyptischer „Engel" gedeutet, vollzieht sich der Wandel: der Untergang Dresdens in den Ruinen, die Ausbreitung einer öden Brache der zweiten Zerstörung und der Aufbau einer neuen Stadt.

Der Sinn wird fortgeschrieben in den Diskussionen um die Vergangenheit und die Zukunft. Sie sind nicht zuletzt Auseinandersetzungen um Symbole, um die Bedeutung von Bildern und das Deuten von Geschichte – auch in Fotografien, als Bild-Geschichte(n).

Dresdner

Unbekannt
Herbert Bochow mit seinem
Sohn auf der Vogelwiese,
1939. Der Kommunist wird
1942 in Dresden als Wider-
standskämpfer verurteilt und
in Berlin-Plötzensee hingerichtet.

Kurt Schaarschuch
(1905–1955)
Ein Landser auf Urlaub
in Dresden, 8. Mai 1940.

Hans Wunderlich
(1894–1973)
Feierlicher Aufmarsch einer
Infanterie-Einheit der Deut-
schen Wehrmacht nach der
Besetzung Westeuropas,
August 1940.

Reinhard Berger (1890–1976)
Gino Neppach als Pario und
Maria Cebotari als Julia in
„Romeo und Julia" von Heinrich Sutermeister, Uraufführung Staatsoper Dresden,
13. April 1940.

Unbekannt
Die Gattin des italienischen
Kapellmeisters Alfonso Jaffa
(vorn) auf der Treppe zur
Brühlschen Terrasse, 1941.

Kurt Schaarschuch
(1905–1955)
Kelterei Donath in Dresden-
Loschwitz, um 1940.

Gertrud Heinrich
Staatliche Meisterschule des
deutschen Handwerks, Unter-
richt in dekorativer Malerei,
1941.

Unbekannt
Dienstjubiläum bei den
Verkehrsbetrieben,
um 1940.

Unbekannt
Arno Eckelmann (2. v. r.) bei
einem Kameradschaftsabend
auf dem Louisenhof, 1942.
Als Angestellter im Wehr-
meldeamt hilft er Personen,
die sich dem Kriegsdienst entziehen wollen. Er wird 1944
in Dresden zum Tode ver-
urteilt und hingerichtet.

R. Rolle
Ankunft von Zwangsarbeitern
zur Desinfektion in der
Fabrikstraße, Juli 1942.

Gertrud Heinrich
Aufbahrung des Kgl. Musik-
direktors und Stabstrompeters
Christoph Heinrich Stock
(1862–1942).

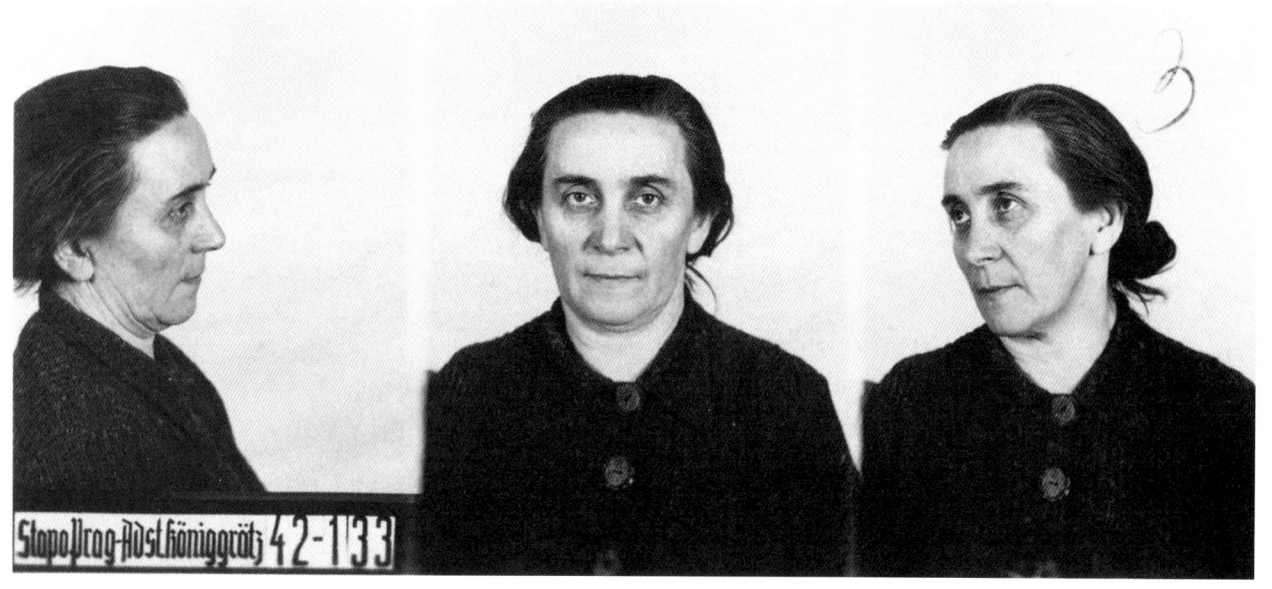

Gestapo Prag
Jíndra Jaklová nach ihrer Ver-
haftung 1942. Sie und ihr
Mann Karel Jakl werden am
15. September 1943 in
Dresden wegen Widerstands
gegen die deutschen Besatzer
hingerichtet.

Stapo Prag-Ast Königgrätz 42-133

Christian Borchert
(1942–2000)
Mary Wigman tanzt
„Abschied und Dank" im
Komödienhaus, Prager Straße.
Standbild aus dem „Film-
archiv der Persönlichkeiten:
Mary Wigman", 1942.

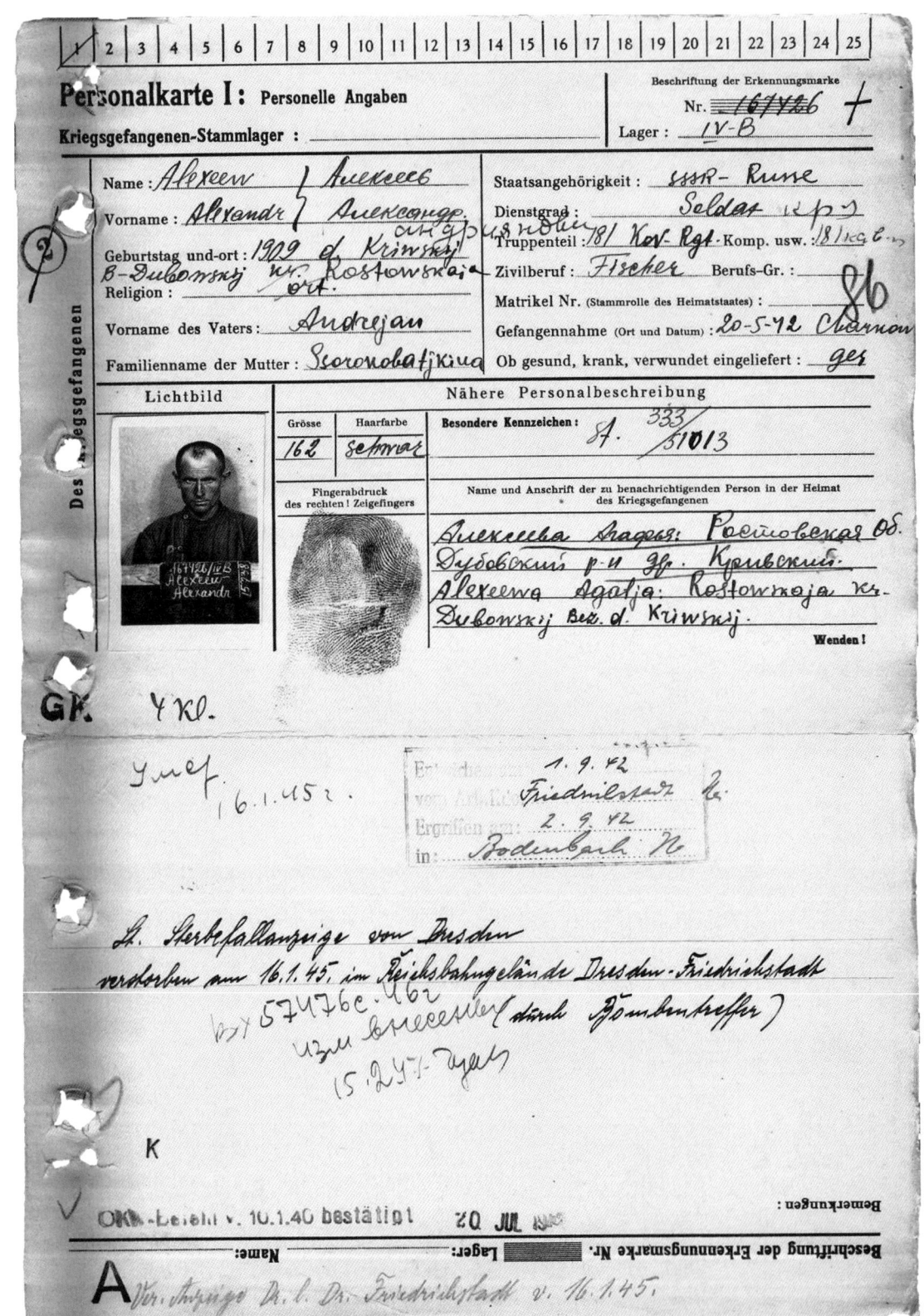

Unbekannt
Personalkarte (1942) des
sowjetischen Kriegsgefange-
nen Alexandr Alexeev, „ver-
storben am 16. 1. 45 im
Reichsbahngelände Dresden-
Friedrichstadt (durch
Bombentreffer)“.

Erich Höhne (1912–1999)
Frauen mit Kindern vor dem
SS-Untersturmführer Henry
Schmidt. Standbild aus dem
Film „Zusammenlegung der
letzten Dresdner Juden in das
Lager am Hellerberg am
22./23. November 1942".

Unbekannt
NSDAP-Gauleiter Martin
Mutschmann (1879–1948)
besichtigt die Kriegsproduk-
tion bei Radio-Mende, 1943.

Karl Palitzsch (1928–2003)
Flakhelfer in der Stellung der
Heimatflakbatterie 238/IV,
Liebstädter Straße, 1944.

Helga Schaarschuch (*1927)
Jungen in der Straßenbahn,
Sommer 1944.

Helga Schaarschuch (*1927)
Mann am Briefkasten, Alt-
markt, Ecke Löwen-Apotheke,
Sommer 1944.

*Helga Schaarschuch (*1927)*
Passanten beim Besteigen
einer Straßenbahn,
Sommer 1944.

Kriegswirtschaft

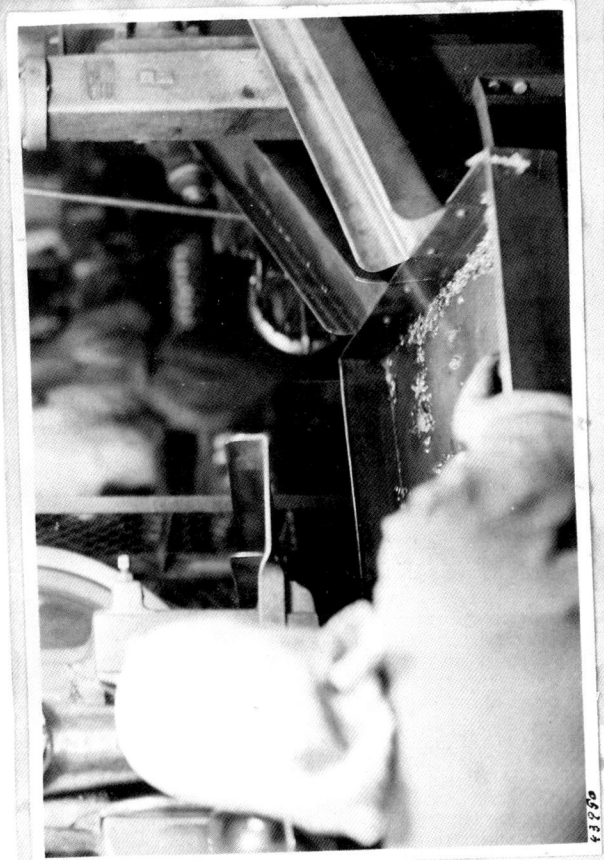

Werksfotograf
Albumdoppelseite mit Doku-
mentationen von Produktion
und Betriebsleben im Sach-
senwerk Niedersedlitz, 1944.

43920

43921

43922

43923

43924

43925

43926

43927

43928

43929

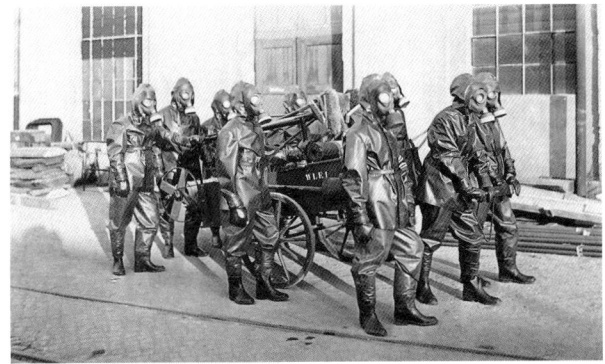

links: Gasspürtruppe und Gerätewagen, 25. 9. 41.

rechts: Lehrlinge schaffen in ihrer Freizeit Weihnachtsgeschenke, 4. 10. 41.

links: Schachmeister des Sachsenwerks, 11. 12. 41.

rechts: Betriebsobmann Jünger auf Urlaub, 24. 11. 41.

links: Betriebsversammlung Sachsenwerk; Gauleiter Mutschmann besichtigt das Sachsenwerk, 31. 10. 41.

rechts: Funktechnikerin im Rundfunk-Labor, 11. 3. 43.

links: Arbeitskamerad Kürbis
am Arbeitsplatz, 11. 1. 42.

rechts: Neue Bauvorhaben.
Ost-Arbeiterinnen-Lager,
10. 8. 42.

Weihnachtsfeier der Ost-
Arbeiterinnen, 25. 12. 42.

links: Sachsenwerk Schreber-
gärten, 1. 8. 1942.

rechts: Weihnachtsfeier der
Ost-Arbeiterinnen,
25. 12. 42.

Weihnachtsfeier der Ost-
Arbeiterinnen, 25. 12. 42.

links: Kriegsberufswettkampf
der deutschen Jugend.
Gruppe Eisen und Metall,
25. 4. 44

rechts: Wehrkampftag der SA,
19. 9. 1943.

links: Betr. Verbesserungsvor-
schlag Maschinsky MfK,
11. 10. 43.

rechts: Hebefeier für die
Werkhalle 301, 16. 10. 43.

links und rechts: Appell mit
Kreisobmann Oppelt,
16. 2. 44.

links: Die Wehrmacht singt,
17. 3. 43.

rechts: Bau von Luftschutz-
gräben durch unsere Gfm.
aus den Büros, 22. 8. 44.

Fließbandfertigung in Werk-
halle Sf, 1. 7. 44.

links: Werkstatteinsatz der Gehaltsempfänger Werk Niedersedlitz, 1. 10. 44.

links und rechts: Vereidigung des Volkssturmes in Niedersedlitz, 12. 11. 44.

Verleihung des Kriegsverdienstkreuzes I. Klasse an Dir. Dr. Kunze, 29. 11. 44.

Aufklärung

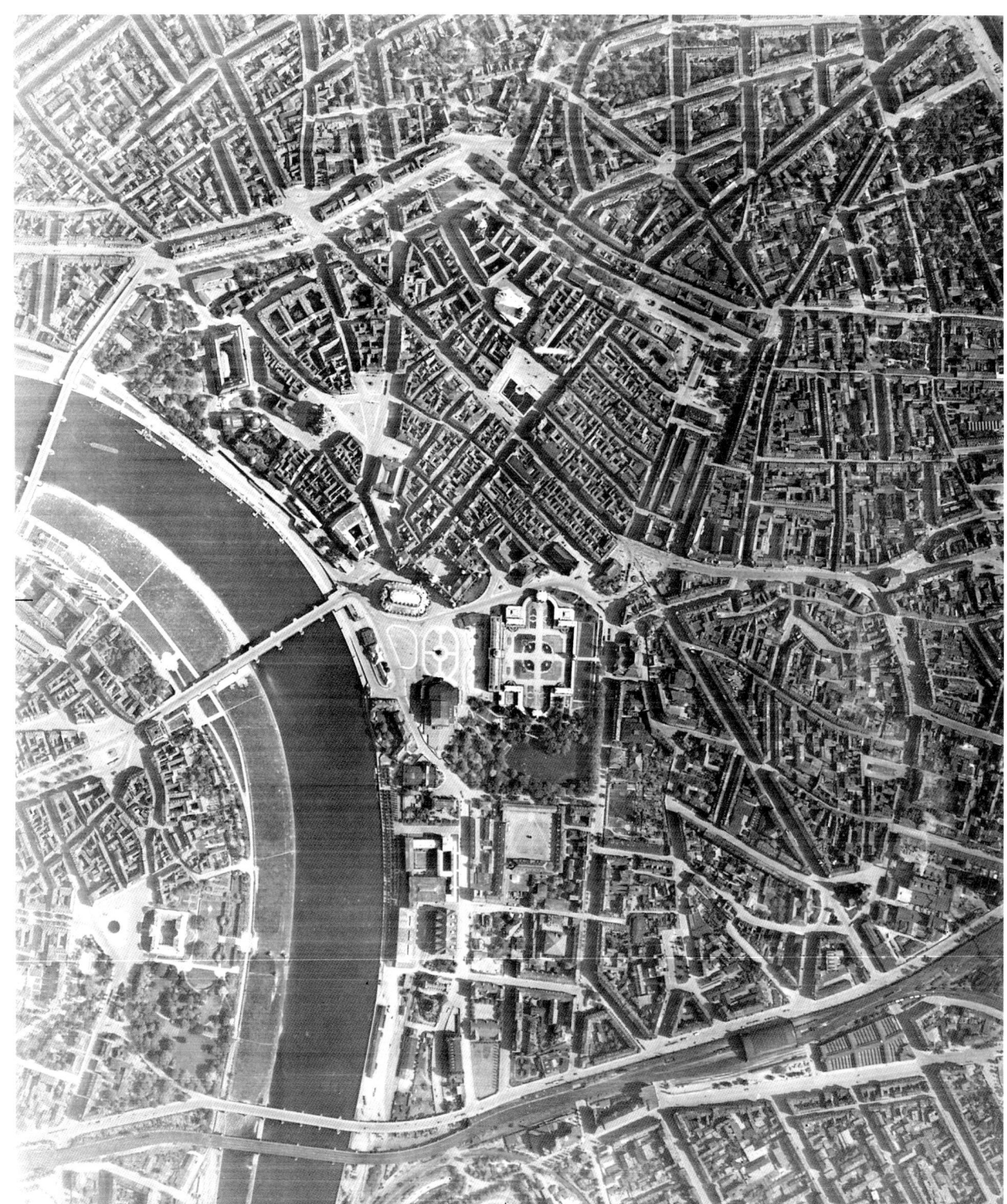

106. Photogroup der Royal
Air Force; Flug-Nr. 106
G-0630
Aufklärungsaufnahmen über
dem Dresdner Stadtzentrum
am 31. Mai 1944 (Maßstab
1:9.000; Flughöhe 27.000 ft.;
Brennweite der Kamera:
914,4).

194

Verdunkelung

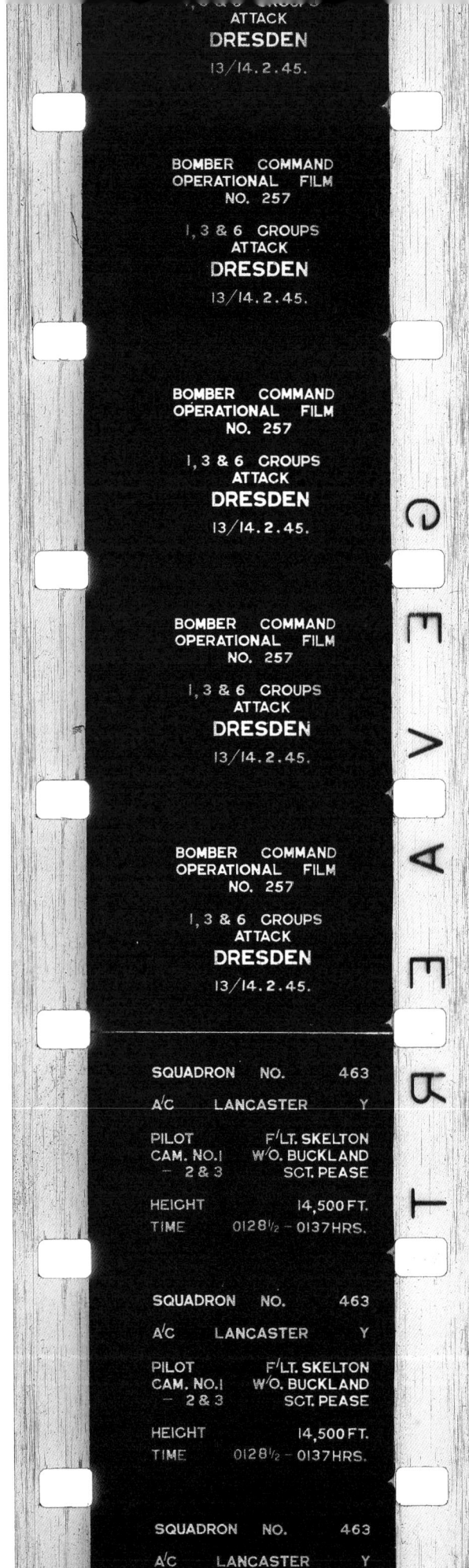

*Royal Air Force, Squadron No. 463, Kamera: W'O. Buckland und Sgt. Pease
Bomber Command Operational Film No. 257: 1, 3 & 6 Groups attack Dresden 13/14. 2. 45. (Filmkopie der 1970er Jahre).*

links: Schrifttitel mit technischen Angaben.

rechts: Leuchtbombe zur Zielmarkierung, sog. „Christbaum".

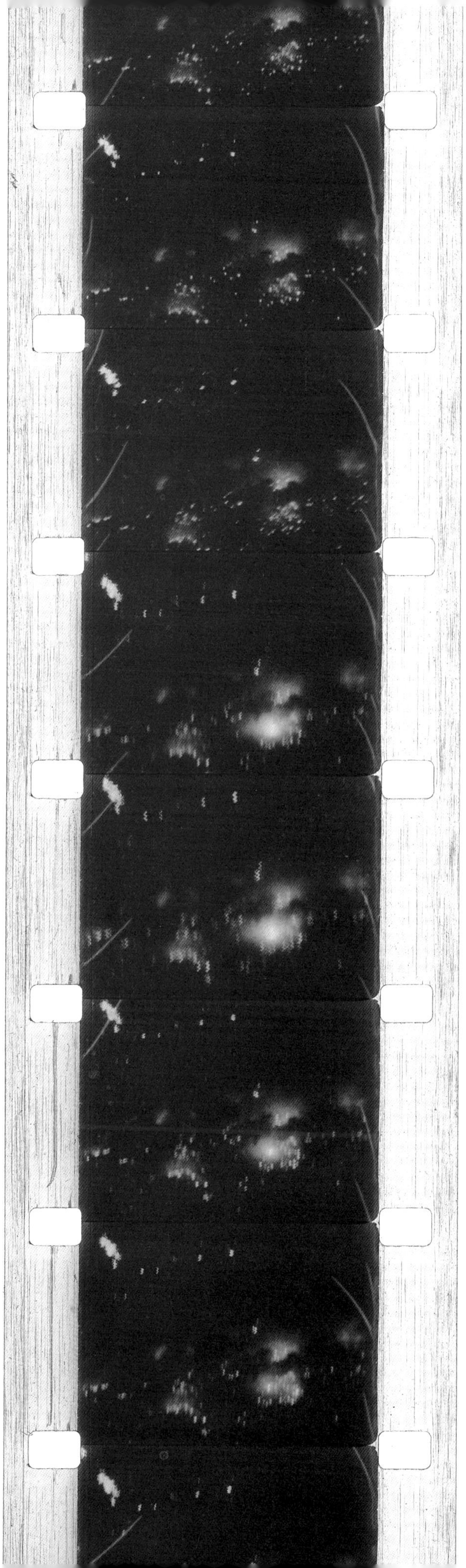

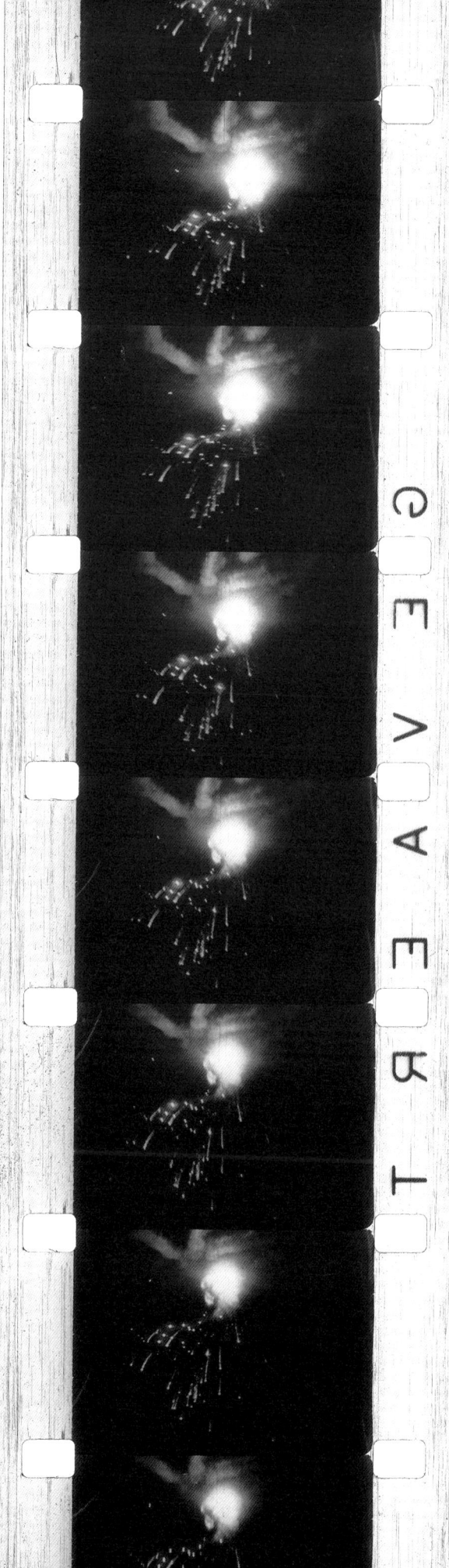

links: Brandstellen im Stadtgebiet, links vermutlich ein
„Christbaum" in größerer Entfernung zum Kameraflugzeug,
rechts wohl Explosion einer
4000 lb-Luftmine.

rechts: Zündung einer Zielmarkierung und Ausstoß von
fallenden Leuchtstäben.

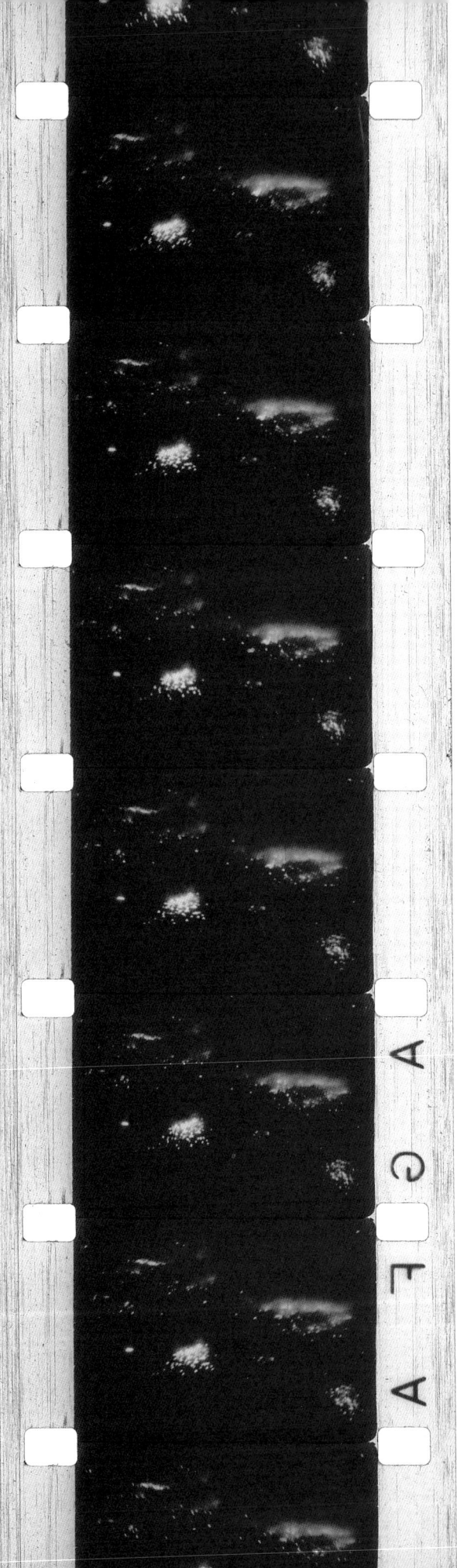

links: Brennende Straßen
direkt unter der Kamera-
maschine, der helle Fleck
rechts wohl eine 4000 lb-Luftmine.

rechts: Brennende Stadt aus
größerer Entfernung, Schräg-
aufnahme.

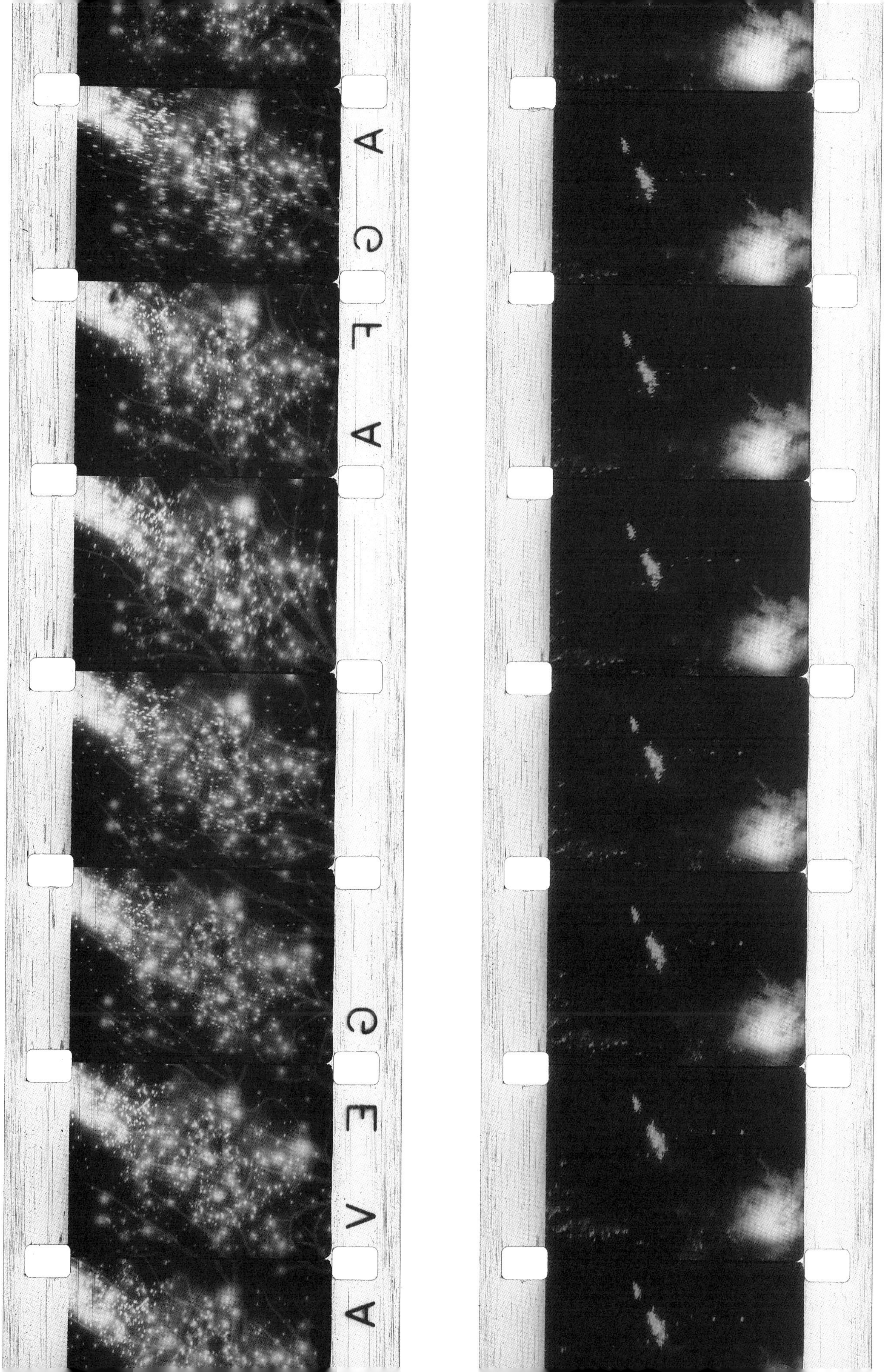

links: Brennende Stadt unter
der Kameramaschine, Senk-
rechtaufnahme.

rechts: Explosion einer 4000
lb-Luftmine, links niederge-
hende Zielmarkierung
(„Christbaum").

201

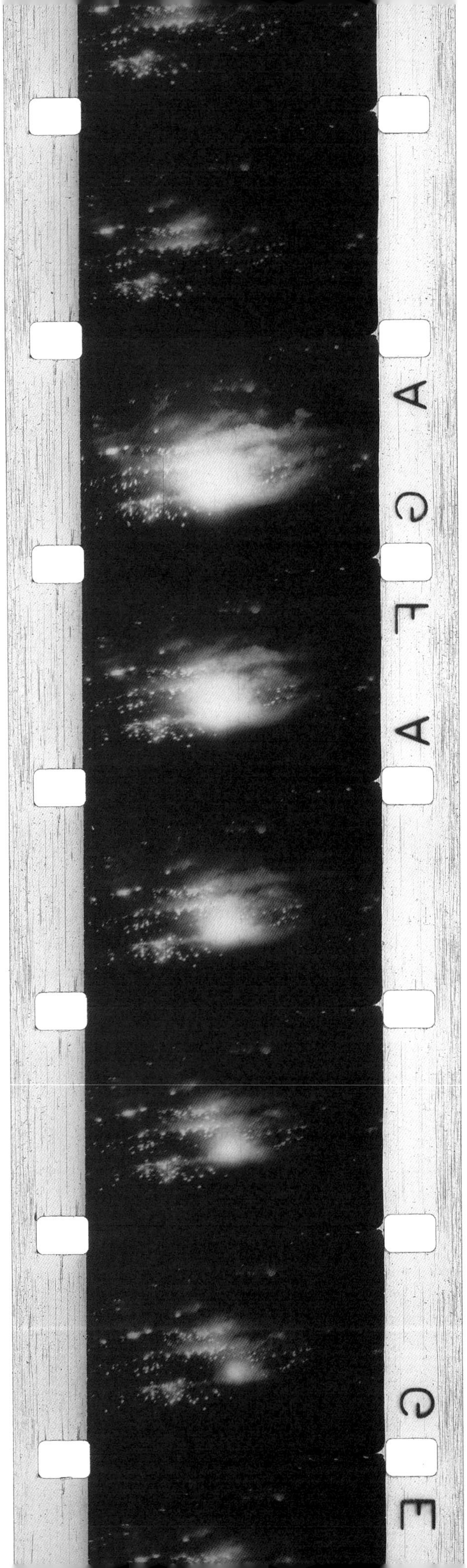

links: *Brennende Stadt, die
dunkle Fläche darin wohl der
Große Garten, rechts Explosion einer Luftmine.*

rechts: *Brennende Stadt, die
dunkle Fläche darin wohl der
Große Garten.*

Inferno

Unbekannt
Blick vom fast 10 km ent-
fernten Possendorf auf die
Leuchtbomben über Dresden.

Hans-Joachim Dietze (1930)*
Blick vom Räcknitzhang zur
Stadt.

Hans-Joachim Dietze (1930)*
Brände im Schweizer Viertel.

Hans-Joachim Dietze (1930)*
Brand der Alten Technischen
Hochschule, Bismarckplatz.

Hans-Joachim Dietze (1930)*
Brand der Alten Technischen
Hochschule, Bismarckplatz.

Hans-Joachim Dietze (1930)*
Blick von der Hohen Brücke
zur Alten Technischen Hoch-
schule, Bismarckplatz.

Hans-Joachim Dietze (1930)*
Blick zum Wiener Platz
(Feuersturm am
Hauptbahnhof).

Hans-Joachim Dietze (* 1930)
Blick vom Hauptbahnhof zum
Wiener Platz.

Hans-Joachim Dietze (* 1930)
Wiener Platz / Ecke Prager
Straße mit der Feuerversiche-
rung.

Moltkeplatz

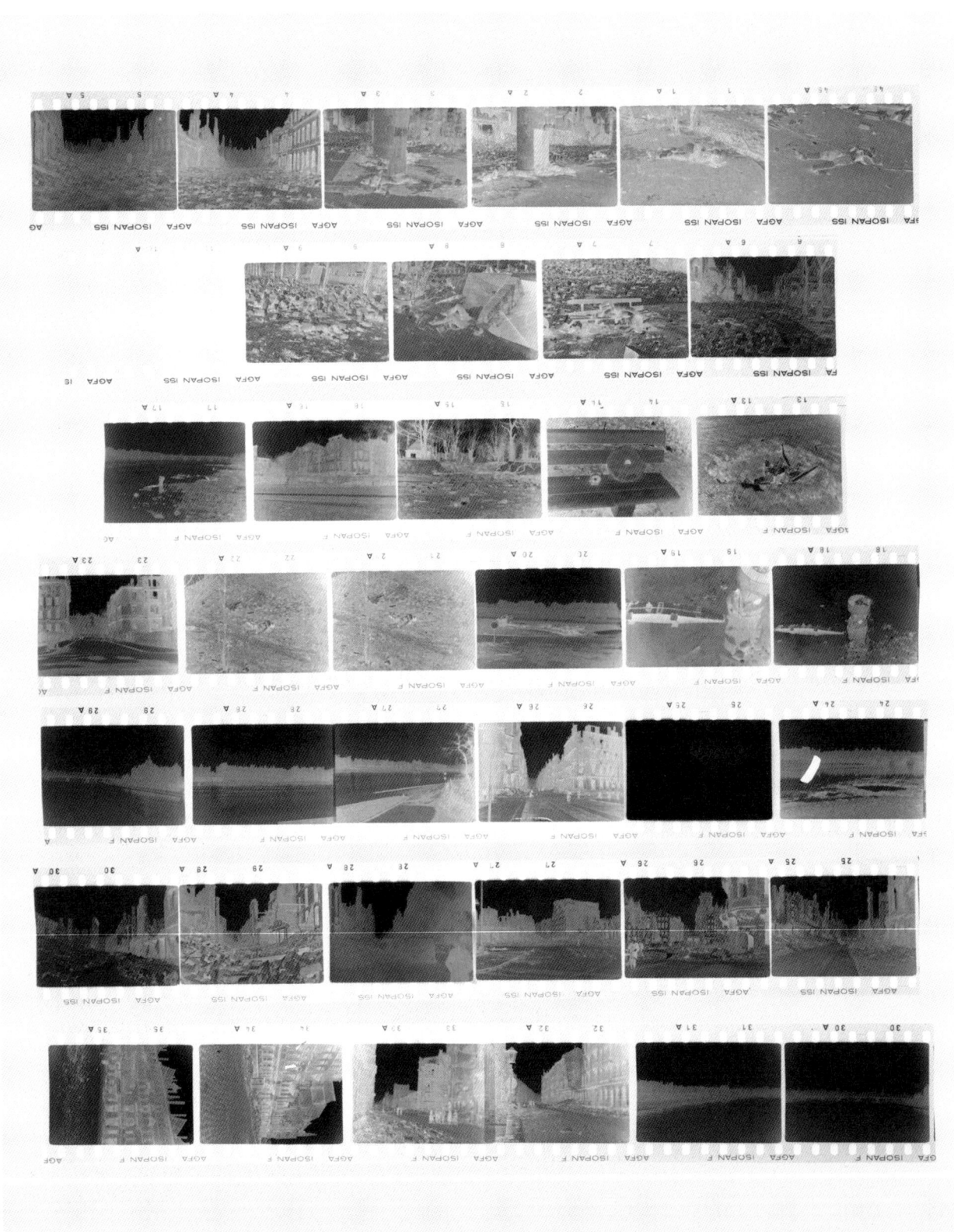

Heinz Kröbel (1918–1970)
Kontaktbogen des Kleinbild-
negativfilms K 112, wohl
14. Februar 1945.

*Litfaßsäule Ecke Moltke-
platz/Struvestraße.*

*Ecke Moltkeplatz/Räcknitz-
straße.*

*Räcknitzstraße Richtung
Hauptbahnhof, Turm Eck-
gebäude Prager Straße 49/
Wiener Platz.*

Moltkeplatz.

Struvestraße Richtung Prager Straße, rechts Moltkeplatz.

Moltkeplatz.

Am Splitterschutzgraben.

Moltkeplatz.

Stillstand

Richard Peter sen.
(1895–1977)
Zerstörter Straßenbahn-
fahrplan am Hauptbahnhof.

Richard Peter sen.
(1895–1977)
Vernichtetes Archivgut im
Ratsarchiv.

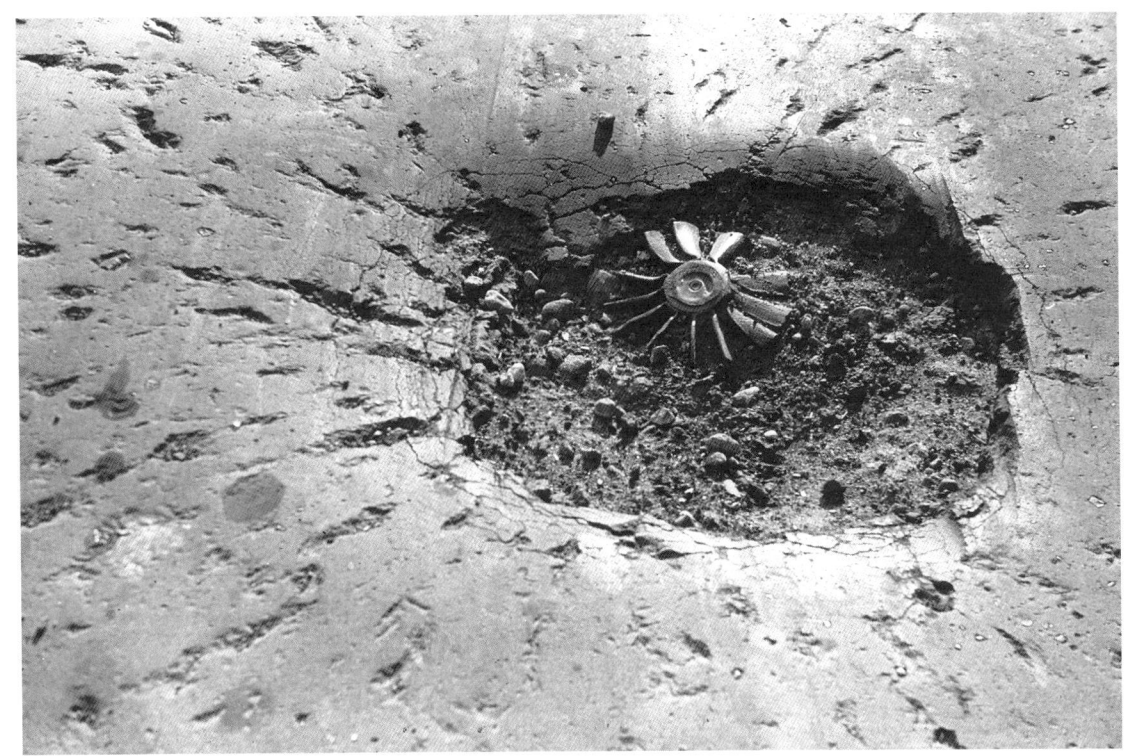

Richard Peter sen.
(1895–1977)
Windrad einer kleinkalibrigen
Splitterbombe (ca. 10–12 kg)
im Asphalt nahe Altmarkt.

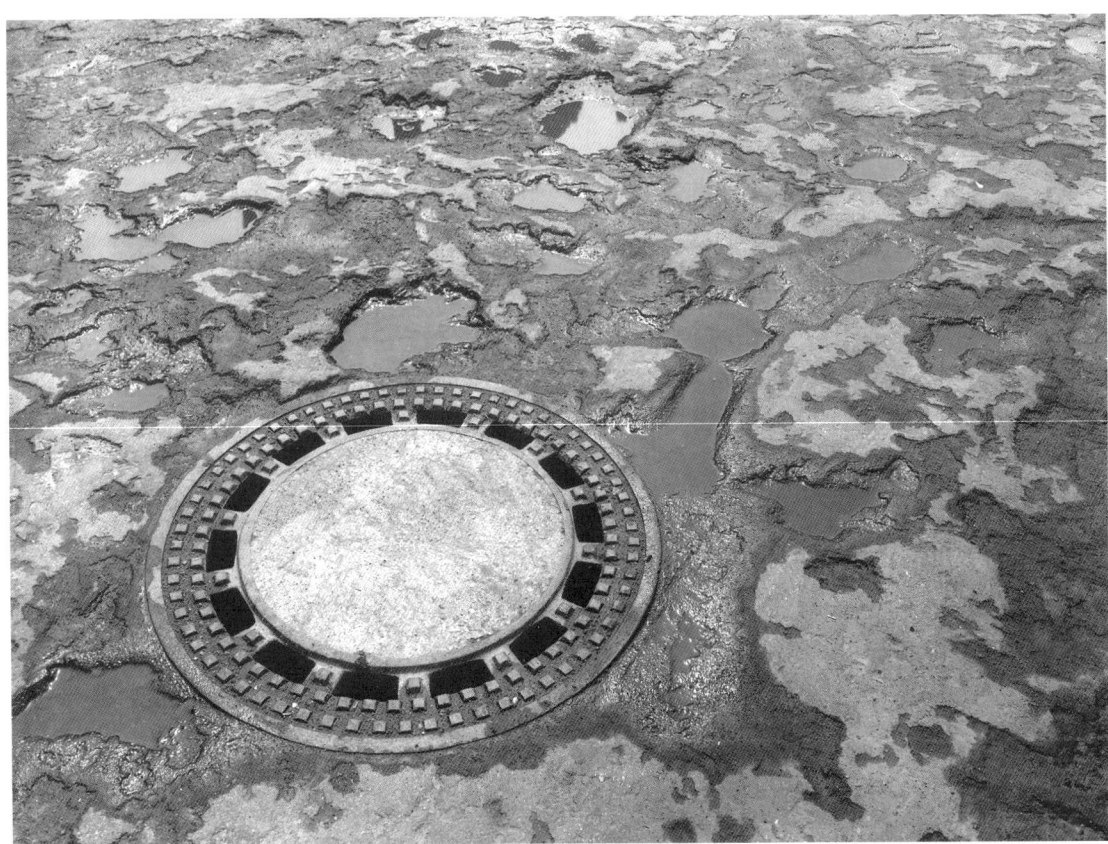

Richard Peter sen.
(1895–1977)
Verbrannte Asphaltdecke.

Richard Peter sen.
(1895–1977)
Durch Hitzeeinwirkung
deformierter, genieteter
Kastenträger.

Richard Peter sen.
(1895–1977)
Geschmolzene Glasgefäße in
den Lingner-Werken.

Richard Peter sen.
(1895–1977)
Teil eines Stahlfenster-
rahmens mit Sicherheitsgitter
und geschmolzenen Glas-
scheiben.

Richard Peter sen.
(1895–1977)
Zifferblatt der zerstörten
Turmuhr des Neuen Rat-
hauses.

Inventur

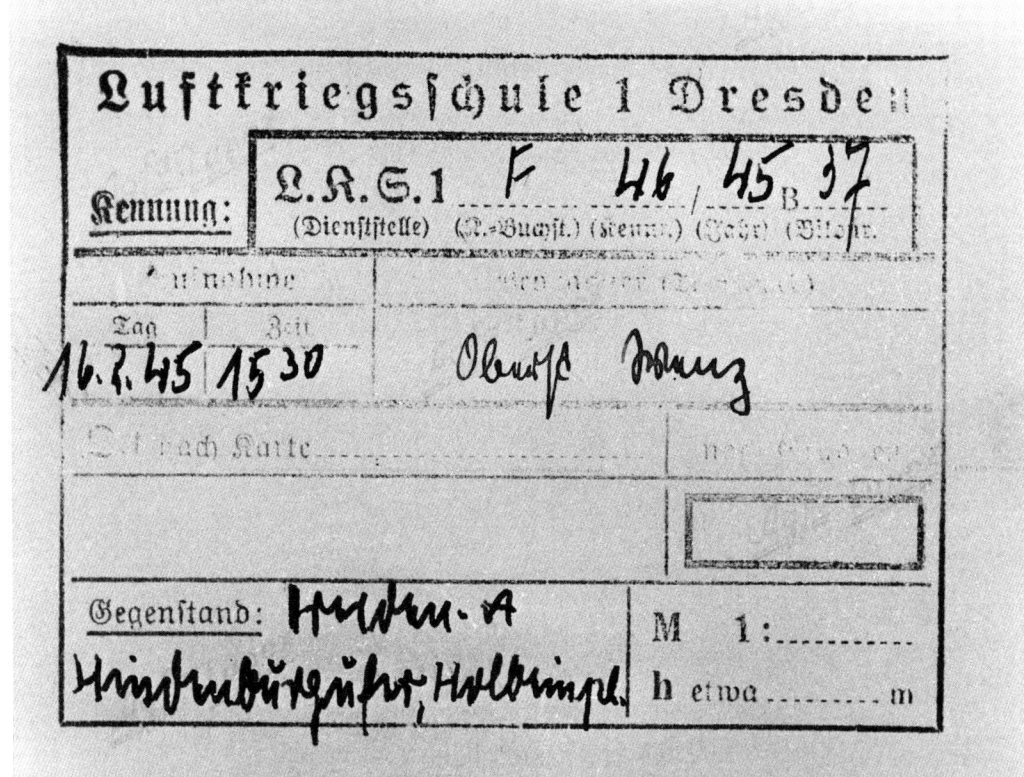

Luftkriegsschule 1 Dresden, Oberst Wenz Rückseitiger Inventarstempel der Befliegung zwischen Pieschen und Reick, 16. Februar 1945, mit Eintrag Dresden-Altstadt – Hindenburgufer, Holbeinplatz.

Pieschen mit Winterhafen, parallel zum Ufer Leipziger Straße, links Rehefelder Straße.

*Friedrichstadt mit Straßen-
bahnhof Waltherstraße, vorn
Innerer Katholischer Friedhof
und Kirche St. Michael.*

*Friedrichstadt mit König-
Albert-Hafen und Hafen-
mühle, dahinter die Elbe,
davor Bremer Straße, im
Vordergrund Hamburger
Straße.*

Friedrichstadt, Stadtkranken-
haus.

Wettiner Bahnhof Richtung
Elbe und Marienbrücke, links
Löbtauer-/Weißeritzstraße,
rechts Ehrlichstraße, in der
Bildmitte Jakobikirche.

Wettiner Bahnhof in Richtung Hauptbahnhof, links Könneritzstraße mit Platz der SA, rechts Weißeritzstraße.

Städtischer Speicher an der Devrientstraße, rechts Zollamtsgebäude, links die Elbe (Reste früherer Druckmarkierungen).

*Hauptbahnhof, vorn
Bismarckstraße, oberhalb
Wiener Platz mit Eingang
Prager Straße und Reichs-
bahnstraße.*

*Theaterplatz mit Hofkirche,
Gemäldegalerie, Zwinger und
Oper (Reste früherer Druck-
markierungen).*

Terrassenufer, Brühlsche Terrasse, dahinter Frauenkirche und Türme des Neuen Rathauses und der Kreuzkirche, rechts Augustusbrücke und Schloss (Reste früherer Druckmarkierungen).

Carolabrücke mit Bombentrichtern, rechts Brühlsche Terrasse mit Belvedere und Albertinum.

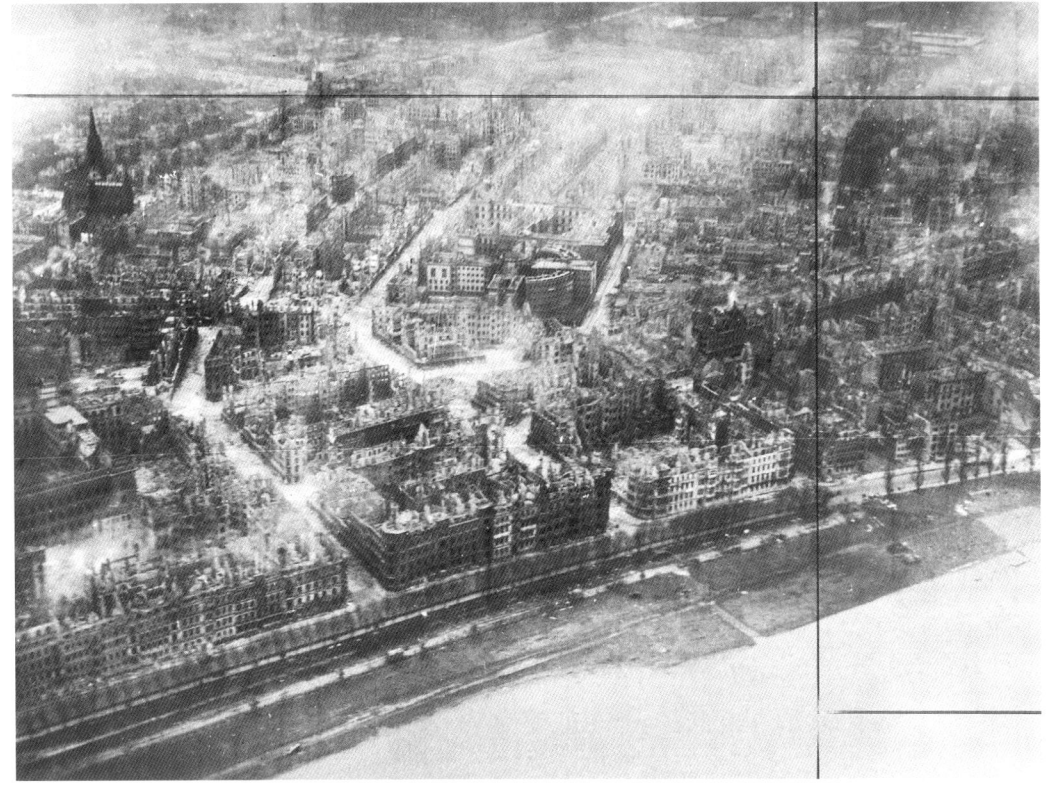

Terrassenufer zwischen Carola- und Albertbrücke, links Schulgutstraße, Mitte Rietschelstraße, hinten links Johanneskirche (Reste früherer Druckmarkierungen).

Johannstadt mit Hindenburg- ufer, links Hertelstraße, rechts Schill-/Gutenbergstraße.

*Johannstadt, links Gneisenau-
straße mit Bönischplatz,
dahinter Horst-Wessel-Schule
(Knabenberufsschule Gerok-
straße), rechts Elisenstraße.*

*Johannstadt mit Hindenburg-
ufer, links Neubertstraße.*

Strehlen, Gebiet um den Weberplatz, Mitte Hochschule für Lehrerbildung, hinten Luftkreiskommando IV der Deutschen Wehrmacht.

Gaswerk Reick, dahinter Fremdarbeiterlager und Winterbergstraße, vorn Eisenbahngleise.

Altmarkt

Walter Hahn (1889–1969)
Leichenverbrennung auf dem
Altmarkt, 25. Februar 1945.

links: Soldaten stapeln
Leichen auf einem Schienen-
rost.

rechts: Tote auf dem Pflaster,
im Hintergrund Soldaten
beim Abladen von einem Pfer-
defuhrwerk und Stapeln der
Leichen, Ruine Altmarkt 15,
Ecke Webergasse.

links: Zivilisten und Soldaten
beim Transport und Registrie-
ren der Toten, im Hinter-
grund Germania-Denkmal
und Erdwall des Löschwasser-
beckens, Blick zur Wilsdruffer
Straße/Ecke Schloßstraße.

rechts: Zivilisten und Soldaten
beim Transport und Registrie-
ren der Toten, im Hinter-
grund Germania-Denkmal
und Erdwall des Löschwasser-
beckens, Ruinen des Alten
Rathauses und Altmarkt 16.

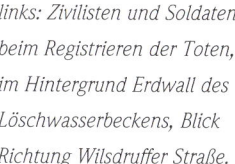

links: Zivilisten und Soldaten beim Registrieren der Toten, im Hintergrund Erdwall des Löschwasserbeckens, Blick Richtung Wilsdruffer Straße.

rechts: Soldaten beim Abladen der Toten von einem Pferdefuhrwerk, im Hintergrund rechts Erdwall des Löschwasserbeckens, Ruine Altmarkt 16.

links: Soldaten beim Abladen der Toten von einem Pferdefuhrwerk, im Hintergrund rechts Erdwall des Löschwasserbeckens, Ruine Altmarkt 15 und 16, Blick Richtung Seestraße und Webergasse.

rechts: Brennende Tote auf dem Schienenrost, im Hintergrund Ruinen Altmarkt 7 und 8, Blick Richtung Marktstraße.

links: Soldaten beim Abladen und Aufschichten der Toten, im Hintergrund Erdwall des Löschwasserbeckens und Ruinen Altmarkt 4 und 4 a, Blick Richtung Wilsdruffer Straße 2 und Schloßstraße.

rechts: Brennende Leichen auf dem Schienenrost, im Hintergrund Ruinen Altmarkt 7 und 8, Blick Richtung Marktstraße.

links: Soldaten transportieren Tote zum Leichenstapel, im Hintergrund Germania-Denkmal, Ruinen Altmarkt 4 und 4 a, Blick Richtung König-Johann-Straße.

rechts: Zivilisten beim Registrieren von Toten, im Hintergrund Germania-Denkmal, Erdwall des Löschwasserbeckens, Ruinen des Alten Rathauses und Altmarkt 16, Blick Richtung Scheffelstraße und Wilsdruffer Straße.

links: Zwei weibliche Tote, Identifizierungsschein an der rechten Leiche „Die Tote heißt F. S., Dresden A 1, Amalienstraße 12".

rechts: Soldaten beim Transport und Stapeln der Toten auf Schienenrost, im Hintergrund Germania-Denkmal und Erdwall des Löschwasserbeckens, Blick Richtung Wilsdruffer Straße und Schloßstraße.

links: Tote auf der Straße mit Passanten links, rechts Erdwall des Löschwasserbeckens.

rechts: Tote auf dem Pflaster liegend, im Hintergrund Zivilisten beim Registrieren der Toten, rechts Germania-Denkmal und Erdwall des Löschwasserbeckens, Ruinen des Alten Rathauses und Altmarkt 16, Blick Richtung Wilsdruffer Straße und Schloßstraße.

links: Soldaten stapeln Leichen auf dem Schienenrost.

rechts: Zivilisten und Soldaten beim Registrieren der Toten, Ruinen Altmarkt 13 und 14, Blick Richtung Seestraße.

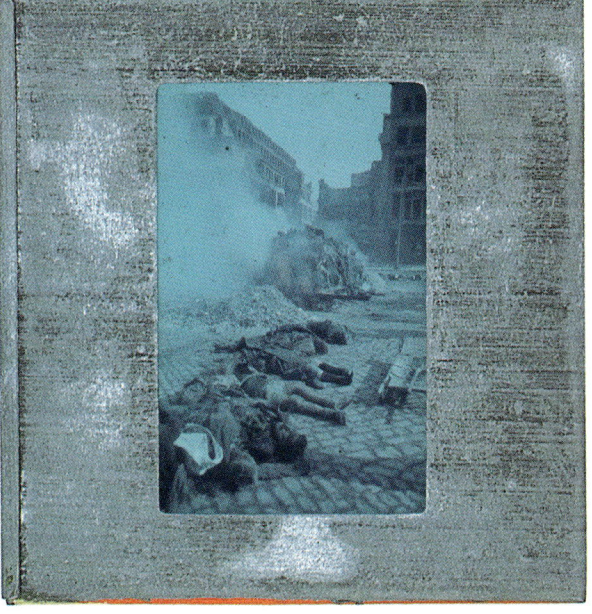

links: Tote auf dem Pflaster liegend, im Hintergrund brennender Leichenstapel auf Schienenrost und Ruinen Altmarkt 7 und 8, Blick Richtung Marktstraße.

rechts: Tote auf dem Pflaster liegend, Zivilisten und Soldaten beim Registrieren, rechts Germania-Denkmal und Erdwall des Löschwasserbeckens, Ruinen des Alten Rathauses und Altmarkt 16, Blick Richtung Scheffelstraße.

links: Tote auf dem Pflaster liegend, rechts brennender Leichenstapel, im Hintergrund Germania-Denkmal und Erdwall des Löschwasserbeckens, Ruinen Altmarkt 4 und 4 a, Blick Richtung Wilsdruffer Straße.

rechts: Zivilisten und Soldaten beim Registrieren der Toten, links Erdwall des Löschwasserbeckens, Ruinen Altmarkt 12, 11 und 8, 9, 10, Blick auf Kreuzkirche und Rathausturm.

Soldaten beim Stapeln von Toten auf dem Schienenrost.

Walter Hahn (1889–1969)
Blick vom Rathausturm mit
einmontiertem Hakenkreuz.

Ziegelwüste

Kurt Ueberschär (1901–1988)
Notreparatur des Hauses
Dohnaer Straße 5, Februar
1945.

Erich Höhne (1912–1999)
Verteilung von Lebensmitteln,
1945.

Willy Roßner (1903–1980)
Blick von der Schloßstraße in
die Rosmaringasse, Richtung
Neumarkt, nach 1945.

Richard Peter sen.
(1895–1977)
Einwohner bergen Möbel und
Hausrat aus der Ruine eines
Wohnhauses, um 1945.

Willy Roßner (1903–1980)
Sprengung an der Kreuzung
Johannstraße/Moritzstraße,
nach 1945.

Richard Peter sen.
(1895–1977)
Enttrümmerung der Innen-
stadt; Gruppe von Frauen auf
dem Altmarkt/Südseite, um
1945.

Willy Roßner (1903–1980)
Vorbereitung zur Sprengung
von Blindgängern am West-
endring, Dresden-Plauen,
nach 1945.

Richard Peter sen.
(1895–1977)
Leichenbergung in einem
Luftschutzkeller, 1946.

Richard Peter sen.
(1895–1977)
Gedenken am Totensonntag
1946.

Richard Peter sen.
(1895–1977)
Auffahren eines Schuttkegels
zwischen Ruinen mit
Trümmerbahn.

Der Engel der Geschichte

Richard Peter sen.
(1895–1977)
Gegenüberstellung des nächtlichen Panoramas der Altstadt
vor der Zerstörung und Blick
vom Rathausturm nach Süden
1945, aus: Richard Peter:
Dresden – eine Kamera klagt
an, Dresden 1950,
Tf. 3 und 4.

253

Willy Roßner (1903–1980)
Blick vom Rathausturm, 1945.

Erich Andres (1905–1992)
Blick vom Rathausturm,
1945/46.

Ernst Schmidt
Blick vom Rathausturm, 1947.

Willy Roßner (1903–1980)
Blick vom Rathausturm, 1952.

257

Hilmar Pabel (1910–2000)
Blick vom Rathausturm, 1955.

Dietmar Alex
Blick vom Rathausturm,
August 1961.

Richard Peter sen.
(1895–1977)
Blick vom Rathausturm, 1969.

Daniel Scholz (* 1978)
Blick vom Rathausturm, 1997.

Zeitzeugnisse

Zeitzeugnisse

Der 13. Februar in privaten Aufzeichnungen aus dem Jahre 1945 *Von Günter Jäckel*

Schreiben als Widerstehen

Denn, Herr, die großen Städte sind
verlorene und aufgelöste;
wie Flucht vor Flammen ist die größte, –
und ist kein Trost, daß er sie tröste,
und ihre kleine Zeit verrinnt.

Rainer Maria Rilke

Die Originale dieser hier versammelten Briefe und Tagebücher aus den letzten vier Monaten des Krieges sind vergilbtes, brüchiges Papier, Zettel, Post- und Ansichtskarten, oft hastig geschrieben, mit zitternder Hand, in Bleistift, verwaschener Tinte, seltener mit Maschine, mühsam erhalten, oft schwer zu entziffern. Wenn sie nun, 60 Jahre danach, erneut gelesen werden, dann gewiss nicht mit jener existentiellen Anteilnahme wie einst von ihren Empfängern, wohl aber vielleicht mit Ergriffenheit vor Zeit und Schicksalen, die offenbaren, wie sich in den dunkelsten Tagen der Stadt, zwischen Januar und Mai 1945, die Weltgeschichte als Alltagsleben zugetragen hat; aufgezeichnet von Menschen, die nie im Licht der Öffentlichkeit standen und oft anonym bleiben, Kinder und Greise, vor allem Frauen. Ihre Mitteilungen, zersplitterte Zeugnisse einer Erfahrung, die längst der Gegenwart entrückt scheint und nur noch von wenigen geteilt wird, sind nun Dokumente, bewahrt im Archiv der „Interessengemeinschaft 13. Februar", das Matthias Neutzner leitet. Doch wie in der Traumdeutung Sigmund Freuds bleiben die Ängste und Verletzungen dieser Generation als verschüttetes Bewußtsein Teil eines kollektiven Wissens um die Vergangenheit - abseits einer hektisch gleißenden Waren- und Konsumwelt, in der elektronische Medien die alte Briefkultur immer mehr verdrängt haben, und doch gegenwärtig, wo immer die Erinnerung sich den Nachtseiten des Daseins zuwendet.

Diese oft schlichten Beschreibungen vom Untergang einer berühmten Stadt und der Mühsal des Lebens danach zeigen eine andere Wirklichkeit, als sie die abstrakte und darum unmenschliche Vogelschau militärischen Erörterns über Dresden als eines „legitimen" Ziels strategischen Handelns oder als Objekt einer Vergeltung größerer deutscher Untaten bereithält. Jene etwa 7 000 Soldaten, die in mehr als 1000 Bombern innerhalb von 14 Stunden die Auslöschung exekutierten, verstrickt in jenes gnadenlose Geschehen, zwischen Befehl und Gewissen und – vielleicht – Reue, hatten zu gehorchen, wie alle Soldaten auf der Welt. Es gibt nur spärliche Zeugnisse von ihren Konflikten, doch man weiß, dass ihr Weg zu den Zielen oft genug ähnliche Gefahren und Todesängste bedeutete wie jene, die sie ihren Opfern zufügten. Diesen, den Wehrlosen und Nichtkombattanten, die in den Kellern und brennenden Straßen, den zivilen Bezirken der Stadt, um ihr Leben kämpften, erschienen die Ereignisse in ihrer maßlosen Gewalt wie ein kosmisches, also unfassbares Ereignis, das bezeichnenderweise immer wieder mit dem Bild der Hölle benannt wird. – Waren sie als Kollektiv schuldig am Krieg und seinen Verbrechen? Gewiß, sie hatten oft genug leichtfertig, aus Gleichgültigkeit, Opportunismus oder Unmündigkeit den von Terror gestützten Verlockungen und Versprechungen ihrer Führer vertraut. Täter oder gar Mörder und Rufmörder waren nur wenige von ihnen.

Nie bis zum Abwurf der Atombomben sind in so wenigen Stunden so viele von ihnen getötet, so viele Häuser und Straßen ausgelöscht worden wie hier, nie wohl war die Ohnmacht der Betroffenen größer. Nur das Vermögen, im Wort etwas von ihrem Unglück zu benennen, blieb den Davongekommenen. Davon handeln diese Texte. Im Chor ihrer Stimmen sind sie zu einem der vielen Zeugnisse aus Geschichte und Mythologie geworden, die zwischen Troja und Karthago, Guernica oder Hiroshima vom Untergang der Städte handeln.

Wenn auch damit Dresden zu einem dieser Zeichen für die Katastrophen des 20. Jahrhunderts und der Bewohner von Städten geworden ist, so sollte es zugleich Erinnerungen aufrufen an andere Ereignisse, beispielsweise jene, die in Briefen und Tagebüchern aus dem belagerten Leningrad des Winters 1941/42 stehen, wo etwa 300 000 Menschen verhungerten und erfroren. Diese fremden Leiden sind ebenso Teil einer globalen Erinnerungslandschaft wie jene, die sich in unseren Tagen ereignen. So ist für Dresden weder die Sentimentalität einer Opfergesinnung noch ein revanchistisches Aufrechnen gegenüber Exzessen der einstigen Feinde angemessen, am wenigsten eine plumpe Bagatellisierung der ungeheuerlichen Ereignisse angesichts der eigenen Untaten in jenen Jahren. Und wenn in den spontanen Schilderungen der Zeitzeugen das Inferno, der Brand und die Verzweiflung beschworen werden, so muß gleichermaßen jene Nacht zum 10. November 1938 bedacht sein, als SA-Horden mit der Brandstiftung in der Synagoge das Feuer als ältestes Kulturgut freventlich freisetzten; – und es blieb über sechs Jahre freigesetzt, bis es zuletzt auch die Stadt verbrannte.

Der Brief als unverwechselbare Stimme des Einzelnen, uralter Diskurs seit Beginn der Schriftlichkeit: Nie waren Not und Not=Wendigkeit des Schreibens größer als in jenen Monaten, da das große Sterben auch Ost- und Mitteldeutschland erreicht hatte; nie konnte das geschriebene Wort mehr Verzweiflung oder Erlösung bringen, wurden seine Botschaften sehnlicher erwartet. Ein Telegramm von drei oder fünf Worten, ein lapidares „Lebenszeichen", eine Postkarte, ein Brief waren die einzigen Brücken zwischen den weit ins Land verschlagenen, entwurzelten Menschen: Stimmen des Lebens im unmenschlichen Rauschen eines Chaos zwischen Himmel und Erde, dem Dröhnen der Flugzeuge, dem Geheul der Sirenen und der Phrasen in Radio und Zeitung.

Auch der Raum hatte seine vertrauten Dimensionen eingebüßt. Kaum vorstellbar in unseren Tagen offener Grenzen ist jene andere Wirklichkeit, in der sich die Briefschreiberinnen zu bewegen hatten. „Von Hannover bis Radebeul … 4 Tage im Stehen, fuhr eine Ärztin. Ich fuhr von Meißen bis Radebeul 4 ½ Std. mit Aufenthalten. Fahrplan gibt es keinen, man wartet auf den Bahnhöfen, bis mal 1 Zug geht." (IV.1) Von Radebeul nach der Dresdner Südvorstadt brauchte man einen halben Tag. Der Weg führte durch eine apokalyptische Landschaft aus Trümmern des vergangenen Lebens. Darin lagen in den Tagen danach die Toten, oft genug die nächsten Angehörigen oder Freunde, zerrissen, von der Glut

geschrumpft, zu Stapeln gehäuft. Das Wohnen war zu einem „Unterschlupf" geworden, nicht immer willig gewährt von den Verschonten. Das ungewisse Zusammenleben auf engstem Raum war schwierig; es sollte über Jahrzehnte fortbestehen. „Nun warte ich 4 Wochen lang zwischen Koffern und herumlieg. Zeug auf das versprochene kl. Zimmer u. nun soll es noch mal 4 Wochen dauern", schreibt Dora Baumgärtel am 25. August an ihre Tochter. Erfurt etwa war kaum noch erreichbar und wurde immer ferner, je mehr der Krieg seinem Ende zuging. Zuletzt lag es im „Feindesland", gleichsam auf einem anderen Planeten. Ungenauigkeiten, auch Gerüchte sind darum fast zwangsläufig; die Briefe konnten kein dialogischer Austausch mehr sein, sondern waren eher Bekenntnisse oder Fragen in offene Zeiten und Räume. Erst Monate später würden sie oftmals den Empfänger erreichen. Die Briefmarke mit dem Profil des „Führers" war dann pflichtgemäß geschwärzt.

Nicht nur das Empfangen von Post, auch das Schreiben selbst wurde zu einem Ereignis. Drei Briefumschläge konnten ein wertvoller Besitz sein, ebenso ein Bleistift. Einem verlorenen Füllfederhalter wird noch lange nachgetrauert. Der Mangel an Papier zwang zu Improvisationen, auch der Staat teilte sie und entlarvte seinen Mangel. „Für innerbetrieblichen Verkehr alte Umschläge umdrehen!" stand auf Stenogrammblöcken. Ihr privater Gebrauch war verboten. Geschrieben wurde „beim Anstehen nach Mehl", „stehend am Küchentisch", gegen die Erschöpfung eines schweren Arbeitstages, oft bei Kerzenlicht, Strom gab es, wenn überhaupt, nur stundenweise. Wo bei Kriegsende die postalische Zustellung versagte, scheute man weder Kosten noch Risiken für private Weiterleitungen. „Der Herr, der vor 4 Wochen 3 Briefe an Dich mitnahm und nach 14 Tagen Antwort bringen wollte, hat sich nicht wieder blicken lassen." (II.16)

Briefe als Offenbarungen der menschlichen Existenz: Das Schreiben diente nicht nur den elementaren Botschaften des Überlebens; es suchte zugleich das Erfahrene und Erlittene festzuhalten und weiterzugeben. Dora Baumgärtels Bericht an ihre Kinder vom Tag danach (III.3), der Brief einer Tochter an die Eltern, die von Bautzen nach Hause kommt (III.6) oder die Aufzeichnungen aus der Totenwelt der Großen Plauenschen Gasse, die ein Unbekannter einer Urne und damit einer fernen Zukunft anvertraut hat – „Ich bin kein Geschichtsschreiber, sondern will nur den dunkelsten Tag meines Lebens in einem Bericht festhalten" – (III.5), dazu viele andere Belege gewinnen in der Schlichtheit ihrer Alltagssprache eine überzeitliche Gültigkeit, die sie zu existentiellen Paradigmen werden lässt. Der Strom der Flüchtlinge, die am Vormittag des 14. Februar die brennende Stadt verlassen (III.14) findet eine bewegende Entsprechung in dem, was Wilhelm von Archenholz am 20. Juli 1760 gesehen und seiner „Geschichte des Siebenjährigen Krieges" anvertraut hat: „Die Landstraßen wimmelten von Menschen. Greise und Matronen, durch Alter und Schwachheit zu Boden gedrückt, krochen an ihren Stäben fort, oder lehnten sich auf den Arm ihrer Söhne und Töchter, die große Bündel trugen und selbst kaum fort konnten …. Alle Begriffe des Schicklichen und Anständigen hörten in diesen schrecklichen Stunden auf, alle Verhältnisse des bürgerlichen Lebens wurden geschwächt, oder aufgelöst."

Damit sind die Texte zugleich der Versuch, ein Trauma zu bannen, eine Last von der Seele zu schreiben, die diese Generation zu tragen hatte wie keine andere zuvor – ohne Beistand von Beratern, Seelsorgern, Psychologen. Noch Jahrzehnte später, bis ans Ende des Lebens wohl, werden die Erlebnisse wach sein in schlaflosen Nächten, in Träumen und Alpträumen. Wo die Kürze der Mitteilung nicht administrativ erzwungen ist – ein „Lebenszeichen" durfte höchstens zehn Worte enthalten, ein Feldpostbrief konnte auf einem Blatt DIN 5 nur einseitig beschrieben werden –, bedeutet sie oft genug ein Verstummen angesichts von Verzweiflung oder Erschöpfung, oder das Fragmentarische ist Zeichen der zerbrechenden Ordnung (I.7).

Vielfach erweisen sich diese Aufzeichnungen unfreiwillig als Ausdruck jener doppelten Wahrheit, die das Leben und Denken zumal dieser Endzeit bestimmte, aber aus Furcht vor Überwachungen nie direkt ausgesprochen wurde. Auf dem Briefpapier – Rückseiten von Luftschutzmeldungen, Formularen, auch auf Postkarten – finden sich Weisungen der Ordnungshüter: „Private Verwendung von Büropapier ist unstatthaft!" „Papier wird aus kriegswichtigen Rohstoffen hergestellt!" Gelegentlich steigert man sich zu anspruchslosen Reimen: „Laß Vorsicht bei der Arbeit walten, Du hilfst dem Volk viel Kraft erhalten." Seit 1945 ist jede Postkarte mit einem Begleitwort versehen, in reimlosen Versen, also poetisch: „Der Führer kennt nur Kampf / Arbeit und Sorge. / Wir wollen ihm den Teil abnehmen, / Den wir ihm abnehmen können." In den oft grotesken Eingeständnissen des Mangels offenbart sich die Ohnmacht des „Dritten Reiches". Zu einer fast surrealen Verbindung aus offizieller Zeitdeutung und eigener Erfahrung fügen sich die Einträge dort zusammen, wo sie

in Jahreskalendern von 1945 aufgezeichnet sind. So ist am 10. Mai eingedruckt: „1940 Deutscher Angriff über die Westgrenze". Unter dem 11. Mai steht die Notiz „Russen besetzen das Haus" (I.17). Hinter den Befehlen, Drohungen, Anweisungen und verordneten Gedenktagen hört man die leisen Stimmen der Betroffenen, der verwalteten und gedemütigten Einzelnen, die sich, oft furchtsam, im eigenen, unreglementierten Wort zu behaupten suchen: mit Beschreibungen vom Leben und Überleben in einem grauen Alltag, von Tod und Sterben, den Dürftigkeiten, Entbehrungen, Ängsten, in Mutlosigkeit, Resignation und Tapferkeit des Widerstehens. „Überall wo ich mich hinwenden kann sind Beamte immer wieder Beamte – aber nirgends finde ich – Menschen." (III.5) Als Ausdruck jener stillen Gewalt, die das Wort auch in der äußersten Verlassenheit gewinnen kann, gehören sie einer anderen Welt an als die grellen Verlautbarungen der Macht. Zugleich wissen die Briefschreiber, dass mit ihren Versuchen, etwas von jenem ungeheuerlichen Ereignis festzuhalten und ihm eine sprachliche Ordnung zu geben, ihr Vermögen überfordert ist, – vielleicht jedes sprachliche Vermögen. Dennoch gibt es keine anschaulicheren, eindrucksvolleren Zeugnisse als diese Rufe aus dem Abgrund, die uralte Stimme des „de profundis".

Denn indem sie ihr Unglück und das der Stadt benennen, suchen sie der Vergänglichkeit des Augenblicks, der Vernichtung, dem Tode das geschriebene Wort als einen Ausdruck der Dauer entgegenzusetzen. Dass die Berichte einander oft ähnlich sind, die Bilder sich überschneiden, versteht sich aus dem jähen Bruch zwischen dem Vorher und dem Nachher, einer vergleichsweise geordneten Lebenswelt und dem, was sich innerhalb weniger Stunden zugetragen hat. Es zeigt, wie viel jeder erfahren und zu sagen hat. Vielleicht können erst wir dies ganz erkennen. Was damals Bericht war, Mitteilung, Aufschrei ohne Zukunft, nur dem Augenblick verhafteter Ausdruck des Entsetzens, ist nun, 60 Jahre danach, zu einem Epos aus Leiden und Widerstehen geworden; – Dokumente, wie sich vergangenes Leben im Alltag zugetragen hat: In der Kälte jenes Winters, nachdem das große Feuer verglüht war, in der Sorge um Brot, eine Lagerstatt unter einem heilen Dach, Windeln für das Baby oder Kleidung und Schuhe. „Unser Keller steht sicher noch unversehrt, die guten Kartoffeln, die noch drin liegen, hätte man gern", schreibt E. Hering eine Woche nach dem Angriff (IV.8).

Dieses Nebeneinander von alltäglichen Verrichtungen und dem absolut Außergewöhnlichen, dem Vertrauten und dem Unerprobten, der Geborgenheit und der Preisgabe, dem Feuer und der Kälte erweist sich als eine Metapher für jene Wochen. Auch die Kälte des menschlichen Zusammenlebens, Egoismus und Unverständnis breiteten sich mit der Not immer mehr aus und straften die Propagandalegende von der „Volksgemeinschaft" Lügen. „Die Leute haben so wenig Verständnis für unsere Lage, da sie noch alles in Hülle und Fülle haben", schreibt Charlotte Axt aus Marienberg (III.7). Es ist nicht die einzige Klage der verstörten und traumatisierten Überlebenden. Helga S. berichtet von „purer Fremdenfeindlichkeit" in den Dörfern des Bayrischen Waldes, „und wir mußten sogar vom Landrat hören, daß wir wieder dorthin zurückgehen sollen, wo Begriffe von Ordnung und Sauberkeit, wie man sie in Bayern hat, nicht bekannt sind." (Angriff Martha Heinrich Acht, S. 140). Auch Victor Klemperer vertraut seinem Tagebuch ähnliche Erfahrungen an.

Es waren nicht Soldaten, sondern vor allem Frauen, auch Kinder und ältere Männer, denen die Lasten des Zusammenbruchs aufgebürdet waren und die den Strategien der Auslöschung den Willen zum Überleben entgegensetzt haben, den Bomberverbänden die Tapferkeit und den Mut im Keller, im Mangel die Fürsorge um ihre Angehörigen. Der überstrapazierte soldatische Begriff von Heldentum empfängt angesichts der stillen Gewalt dieses Lebenswillens eine andere Bewertung; nicht als „Tapferkeit vor dem Feind", die mit Orden und Ehrungen ausgezeichnet wurde, sondern als tägliches Bewähren in der Not und Gefahr, – als verzweifelter Mut etwa, wie Annelies Himmstädt nach dem ersten Angriff mit ihrem Kind den „Durchbruch Viktoriastraße" und danach bis zum Morgen das Grauen im Hauptbahnhof bestand. „Der Keller hielt, aber wir glaubten nicht, daß wir noch mal rauskämen, hatten uns schon zum Sterben hingelegt." Wer solches erlebt hatte, wird künftig den Keller kaum noch als Schutzraum ansehen wollen. „Wir sind beim Angriff ins Freie gelaufen. Im Freien hört es sich zwar intensiver an, aber ich habe doch nicht solche Angst wie im Keller. Es ist eben die große Angst vorm Verschüttetwerden." (IV.7) Mut gehörte dazu, sich in den Stunden ständiger Bedrohung durch Bomber und Tiefflieger in der Stadt zu bewegen, und mit List gepaarte Tapferkeit war es gewiß auch, inmitten des absolut verwalteten Daseins (das denen, die alles verloren hatten, kaum den dürftigen Trost von 50 Gramm Kaffee, etwas Branntwein und eine Tüte Pfefferkuchen gewähren konnte), Freiräume zu schaffen, die der Familie oder den Angehörigen zugute kamen. Es waren Frauen, die den Siegern zuerst als Beute in die Hände fielen, und

sie waren es vor allem, die nach dem Kriegsende die Trümmer beseitigten, die eine militärische, also maskuline Ordnung hinterlassen hatte. „Mir geht es hier sehr schlecht. Ganz liederlicher Dreck […], nichts zu essen, 15 Std. am Tage Arbeit, nie eine freie Stunde", schreibt Dora Baumgärtel am 25. August 1945 aus Dresden.

In ihrer Unmittelbarkeit übertreffen diese Zeugnisse oft spätere Formen des Erinnerns, so unauslöschlich sich auch diese eingeprägt haben mochten. Es gibt hier keine rückwärtsgewandten Deutungen, kaum Reflexion, keine Verzerrung und Verschiebung der Fakten. Alles ist Gegenwart, Erlebnis und Zeitgenossenschaft. Die Verfasser waren keine Schriftsteller, doch sie zeigen (wie etwa die Mitarbeiterin des „Roten Kreuzes" Dora Baumgärtel) oft außerordentliche sprachliche Fähigkeiten, die Atmosphäre der Tage zu erfassen. Das schließt weder Irrtümer und Fehlurteile aus, den Glauben an Gerüchte, gelegentlich auch das Weiterleben gewohnter Denkbilder und Sprachklischees des „Dritten Reiches", der „LTI" (V.5).

Die Schicksalsbühne der Weltgeschichte wird kaum gesehen. Sie ist zu fern und zu unübersichtlich. Wo man sich ihrer gelegentlich zu bemächtigen sucht, wirkt dies eher banal. Radio und Zeitungen erweisen sich als nicht mehr vertrauenswürdig – sofern sie das je gewesen sind. Die weißen Kondensstreifen am Himmel, Luftlagemeldungen und ferner Kanonendonner waren den in Not und Einsamkeit auf sich gestellten Menschen in diesem Frühling wichtiger als die tönenden Worte von Wehrmachtberichten und zuversichtlichen Kommentaren. Die Schönheit der erwachenden Natur kontrastierte mit ihrer verzweifelten Lage: „Es wird immer schlimmer. (…) Mir geht es soweit gut. Doch schwer ums Herz ist einem immer. Das schöne Wetter mit Vogelgesang und Blumenflor in den Gärten heitert auch nicht auf. Jeden Tag 2–3 mal Alarm." (V.2) Erst in diesen Wochen machten die meisten jene Erfahrung, die seit 1939 nicht neu war in Europa, dass ihre gesamte Existenz, ihre vergangene und künftige Lebenszeit, in Frage gestellt war, zumal als sich mit Plünderungen, Gewalt und in Panik das „Dritte Reich" auflöste. Die Furcht vor der Rache durch die Rote Armee – geschürt von Propaganda, Gerüchten, Tatsachen und Ahnungen von dem, was zuvor im Osten geschehen war – ließ am Sinn des Weiterlebens zweifeln, und viele suchten den Freitod. Dem Blick durch ein Fernrohr gleich, wurden nur Einzelheiten gesehen, ohne Zusammenhänge mit anderen Ereignissen; kaum jene, die seit zwölf Jahren das Leben in Deutschland bestimmt hatten. Ein Ende des Krieges als Befreiung konnte man sich in diesen zwangsläufig egozentrischen Blicken auf das Allernächste schwer vorstellen. Um so größer das Erstaunen, wenn der Machtwechsel halbwegs human verlief und man von den Russen nicht „allzuviel gespürt" hatte (I.11). Am ergreifendsten sind wohl die schlichten Notizen der zwölfjährigen Gisela Scheibe, die am 20. April in ihren Jahreskalender schreibt: „weiße Fahnen herausgehangen". Daneben steht gedruckt „1889 Geburtstag Adolf Hitlers". Am 9. Mai notiert sie „Frieden" (I.18). Die meisten hingegen mussten Plünderungen, Ausquartierungen, Vergewaltigungen, Verbitterung und Willkür der Sieger als Demütigung empfinden. Gesten von Freundlichkeit und Verständigung wurden genau registriert. Es sind erste Andeutungen einer Grenzüberschreitung, die auf Zukunft weisen.

Briefe als „ein Verkehr mit Gespenstern" (Franz Kafka) – wie soll man sie heute lesen, diese Aufzeichnungen aus den bittersten Tagen der Stadtgeschichte und der deutschen Geschichte, dem Totenreich von 1945, das hier wieder lebendig wird? Vielleicht mit ratlosem Erschrecken, dass die weitgehend zivilisierte bürgerliche Gesellschaft Taten und Gesinnungen möglich machte, die, von Deutschland ausgehend, einer Infektion gleich weiter um sich griffen, Fronten und Grenzen überschritten und damit auch zur Zerstörung Dresdens führten. Trauer über das Leiden seiner Bewohner, die nie genau gezählten Toten, zu denen auch jene etwa 1 200 Juden gehören, die noch 1941 hier gelebt haben, und über jene Millionen andere, die in Europa gelitten haben und gestorben sind, – und damit, 60 Jahre nach dem Untergang der alten Stadt und dem Ende des Krieges etwas von jenem umfassenden Weltschmerz über Ohnmacht und Verführbarkeit des Menschen, die auch in den Entgrenzungen militärischen Tuns manifest werden; Trauer und Scham über Verstrickungen in Unmenschlichkeiten, deren Erscheinungen und Folgen vielleicht auch die einstigen Sieger nachdenklich stimmen. „Ich erzähle die Geschichte, die mich erschüttert hat so daß ich sie erzählen muß", schreibt der Emigrant Karl Zuckmayer als amerikanischer Kulturoffizier 1947 in seinem „Deutschlandbericht". „Es ist die Geschichte von Menschen, wie ich sie gesehen habe, wie sie mitten in unserer zivilisierten Welt im Winter 1946/47 lebten und starben."

So ist zu wünschen, dass mit der Lektüre dieser verstörenden Texte zugleich etwas von der Aura jener versunkenen Zeit wieder lebendig wird; – auch wenn die alten Steine und Gewölbe aufgesogen sind von neuen Fundamenten, Baugru-

ben, Häusern, Tiefgaragen. In den Briefen und im Nachdenken über ihre Botschaften wird erneut die Geisterwelt der untergegangenen Stadt beschworen, nun als ein europäischer Erinnerungsort offen für Vernunft und Versöhnung. Ihre Vergangenheit liegt unter den glatten Straßen, auf denen damals, am 9. August 1940 beispielsweise, die Soldaten der 4. Infanteriedivision vom Wiener Platz zum Altmarkt marschierten, von der Bevölkerung als Sieger umjubelt, bevor alles verweht wurde im Feuersturm und verschüttet unter Trümmern. Verwaschene Inschriften wie LSR (Luftschutzraum) oder kreisartige kleine Vertiefungen in Granitplatten von Fußwegen, Einschläge von Brandbomben, sind letzte, kaum noch lesbare Zeichen. Doch in jeder Februarnacht, wenn die Glocken lauten und in der Stille, die ihnen folgt, wird die vergangene Zeit erneut zur Gegenwart. Es war 22.03 Uhr damals, als rote und grüne Zielmarkierungen niedergingen und bald danach an einem gleißend erleuchteten Himmel, der keine Gnade kannte, eine Stimme sprach: „Gute Arbeit, Plate-rack-Verband. Die Bomben liegen ausgezeichnet."

Es gibt vielerlei Sehweisen, die alten Dokumente zu lesen und sie zu ordnen. Der Herausgeber hat auf eine einfache Zeitgerade verzichtet und versucht, in fünf thematischen Querschnitten etwas von den Lebenserfahrungen jener Monate aufscheinen zu lassen. Jeder Text wurde mit einer Überschrift versehen, nach Möglichkeit einer authentischen Aussage. Nur unter Bedenken wurde jener umfangreiche, geschlossen überlieferte Briefwechsel aufgelöst, den die etwa 60-jährige Dora Baumgärtel mit ihren drei Töchtern geführt hat. Aus Achtung vor den Verfassern, von denen nun viele zu den Toten gehören, sind ihre Zeugnisse unverändert wiedergegeben. Wenige offensichtliche Schreibfehler wurden korrigiert, die Orthographie blieb unangetastet, Kürzungen, die schon im Hinblick auf den Umfang notwendig waren, wurden nur innerhalb des Textes markiert. Auf zeitgeschichtliche und biographische Kommentierungen wurde nahezu ganz verzichtet. Die Texte sprechen auch da für sich, wo Hinweise der Verfasser auf Dinge des Alltags nur ihrer Welt angehören.

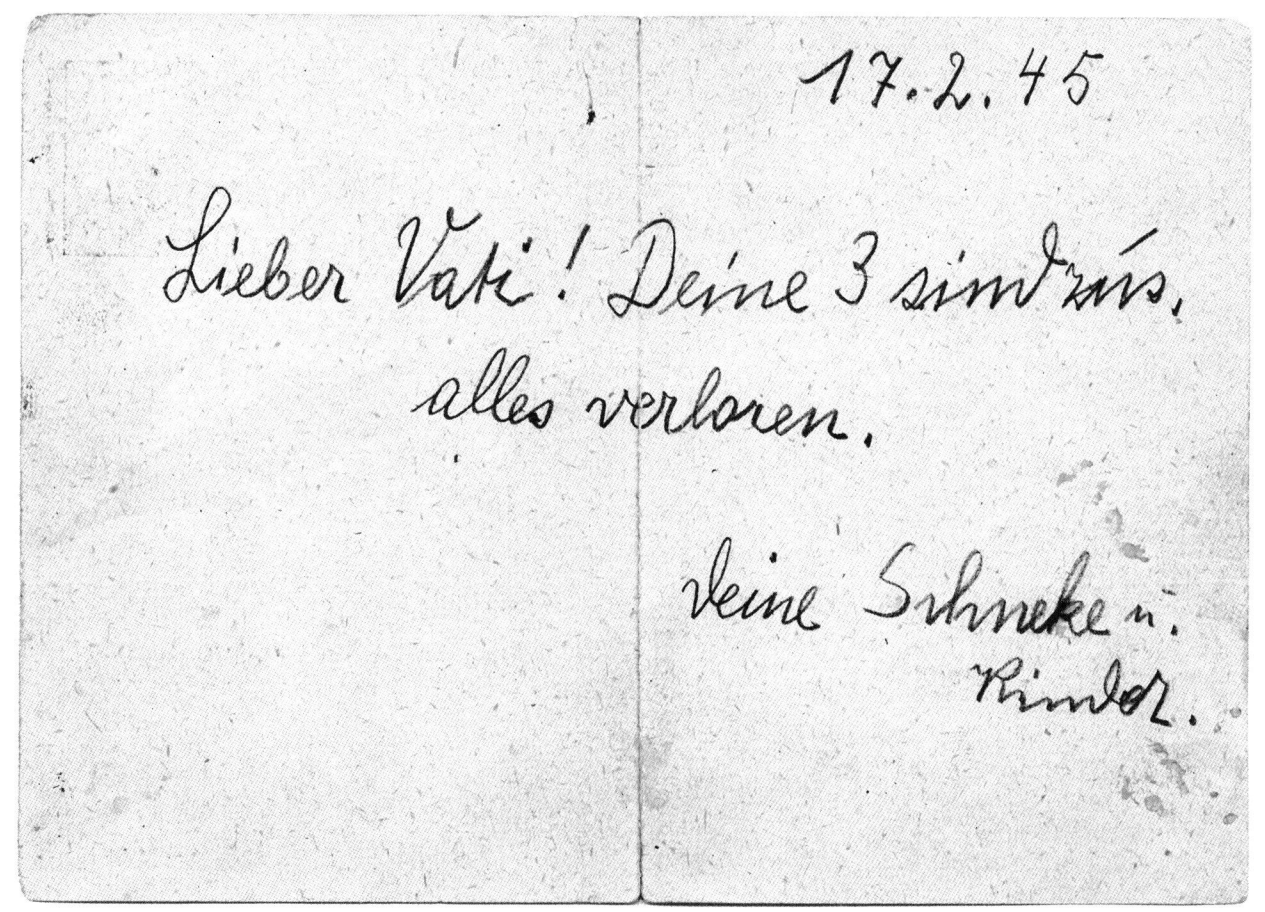

Karte von Helga Skoczowsky,
17. 2. 1945 (S. 329)

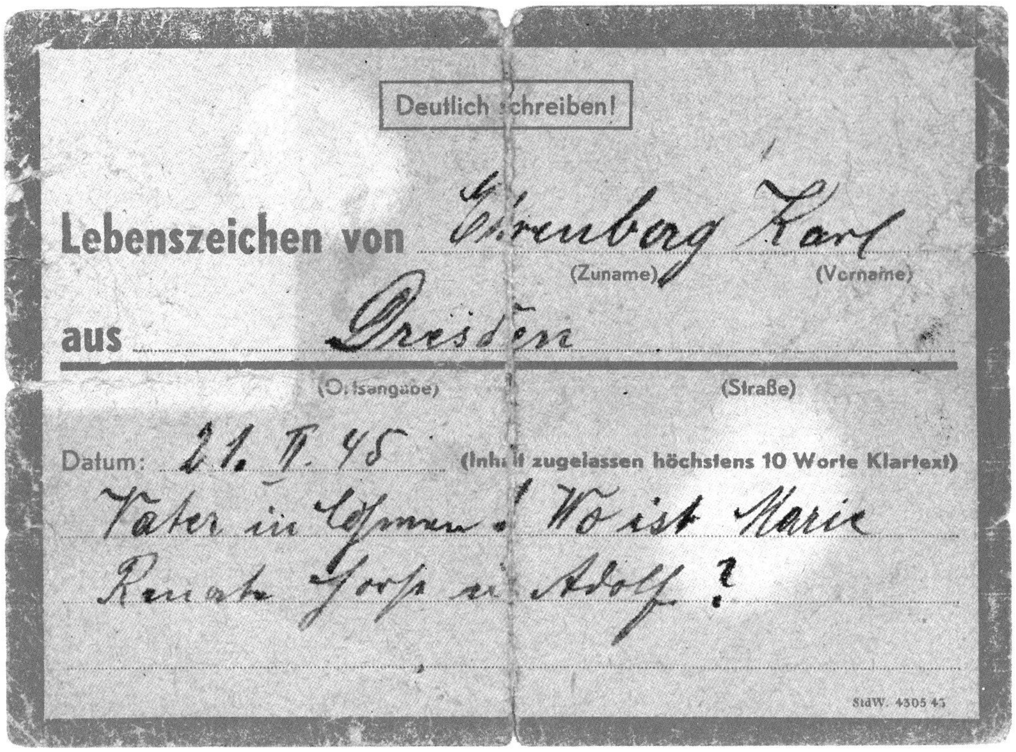

Deutlich schreiben!

Lebenszeichen von Ehrenberg Karl
(Zuname) (Vorname)

aus Dresden
(Ortsangabe) (Straße)

Datum: 21. II. 45 (Inhalt zugelassen höchstens 10 Worte Klartext)

Vater in Cosmen! Wo ist Marie
Renate Horst u. Adolf?

StdW. 4305 45

Karte „Lebenszeichen" von Karl Ehrenberg, 21. 2. 1945

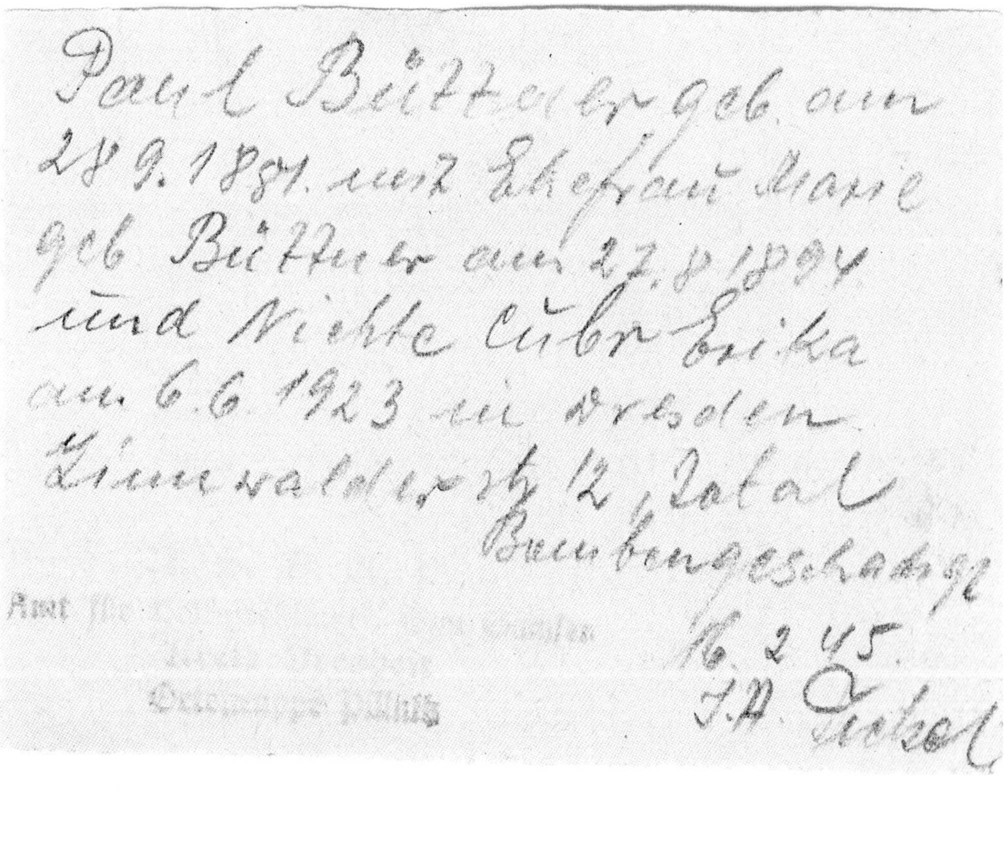

Paul Büttner geb. am
28.9.1881 mit Ehefrau Marie
geb. Büttner am 27.8.1894
und Nichte Cubr Erika
am 6.6.1923 in Dresden
Zinnwalderstr. 12, Total
Bombengeschädigt
16.2.45.
I.A.

Bescheinigung für Familie Büttner über Bombenschäden, 16. 2. 1945

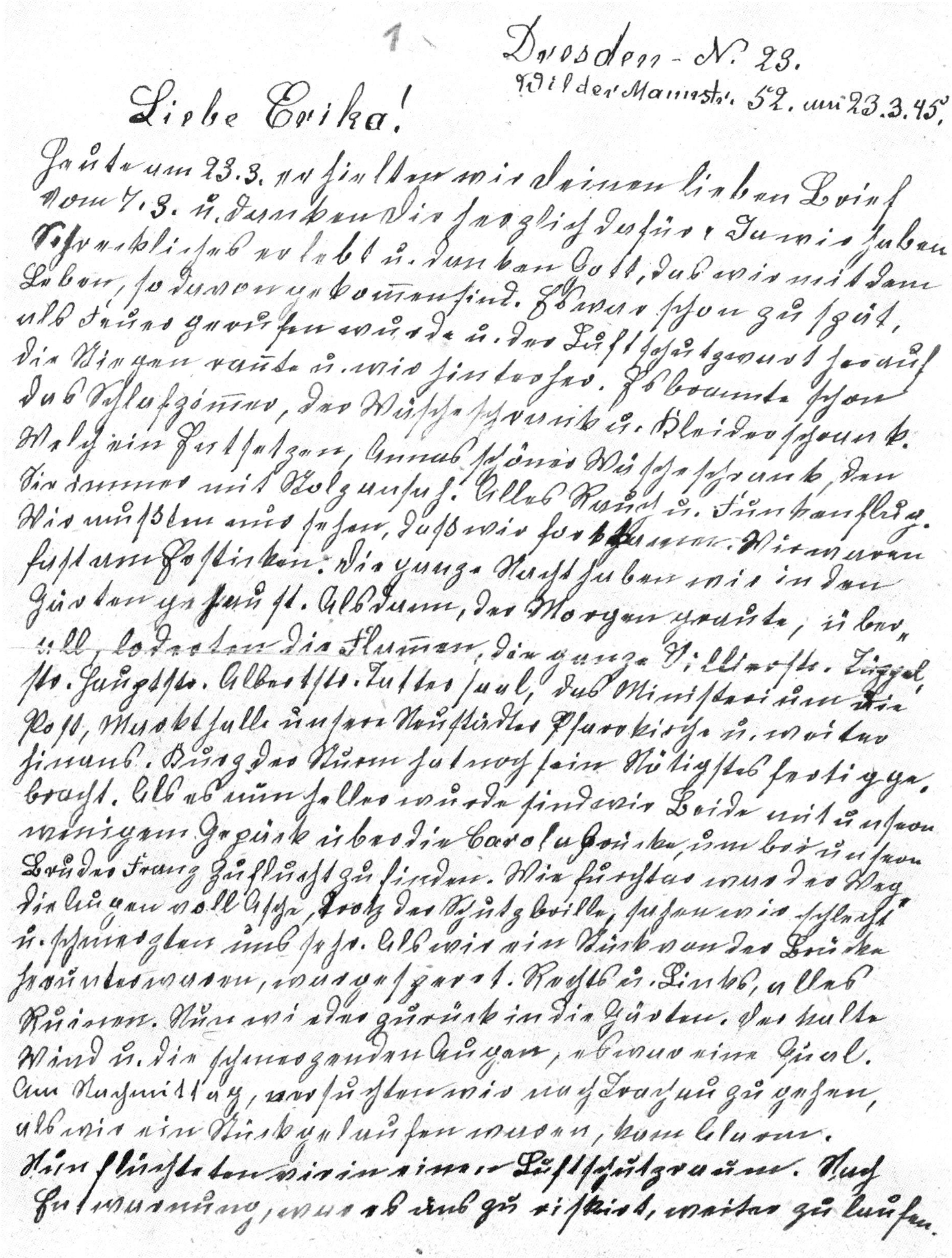

1

Dresden – N. 23.
Wilder Mann Str. 52. am 23.3.45.

Liebe Erika!

Heute am 23.3. erhielten wir deinen lieben Brief vom 7.3. u. danken dir herzlich dafür. Zurzeit haben wir das Leben, so wie es geworden ist. [...]

[Der übrige Text ist in deutscher Schreibschrift (Sütterlin) verfasst und nur teilweise lesbar.]

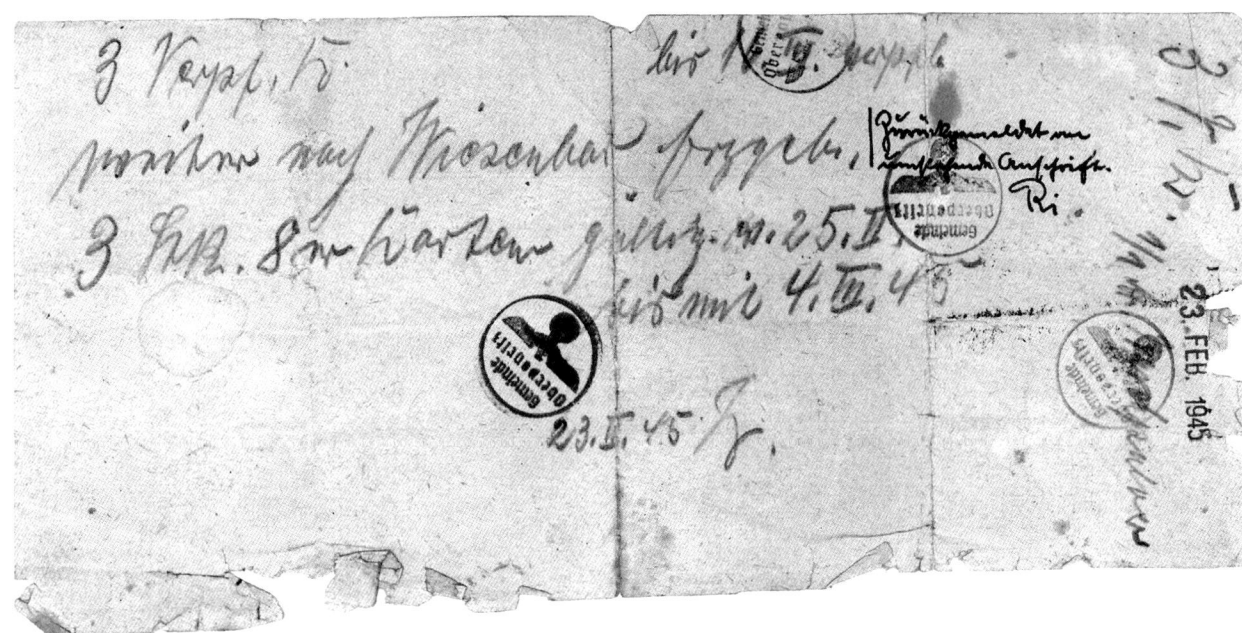

Bescheinigung, Februar und März 1945

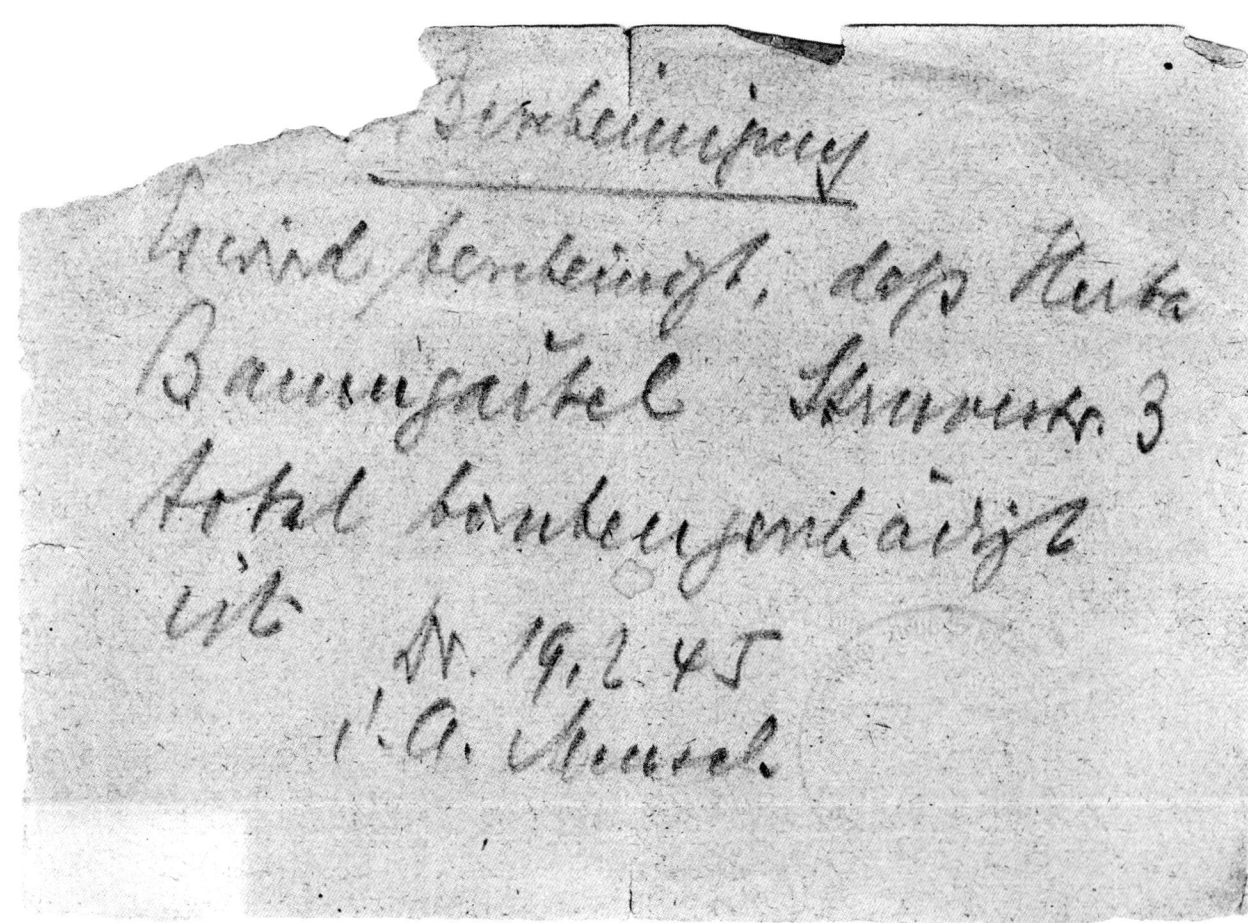

Bescheinigung für Herta Baumgärtel über Bombenschäden, 19. 2. 1945

61. ÖLW: 21.2.1945	14 05	—	—	14 15		
130.) 22.2.1945	11 55	12 05	—	13 05	}	
131.) " "	—	13 10		13 30		
132.) 23.2.1945	—	10 35	11 55	12 05		
133.) " "	—	20 25	21 00	21 05		
62. ÖLW: 24.2.1945	23 25	—	—	23 40		Berlin
63. " 25.2.1945	10 40	—	—	11 10		
134.) 25.2.1945	—	20 30		20 40		
135.) 26.2.1945	—	20 40	—	21 00		Berlin
136.) 27.2.1945	—	12 50	—	14 15		
137.) 2.3.1945	—	10 05	?	(etwa 11 45)		
138.) 3.3.1945	9 45	9 55	—	11 35		
139.) " "	—	20 35	—	21 00		Berlin
64. ÖLW: 4.3.1945	9 40	—		10 00		
140.) 5.3.1945	—	9 55		11 30		
141.) " "	—	20 40		22 25		
142.) 6.3.1945	—	20 40	—	20 55		
65. ÖLW: 7.3.1945	?	—	—	(gegen 11 30)		
143.) 7.3.1945	—	21 25		22 25		
144.) 14.3.1945	—	21 10	—	22 20		
145.) 15.3.1945	13 45	13 50	15 25	15 20		
146.) 17.3.1945	—	11 20	—	13 20		
147.) " "	—	13 40	—	14 10		—
148.) 19.3.1945	—	12 55	—	14 30		
149.) 21.3.1945	—	3 30	—	4 30		
150.) " "	—	9 20	—	10 25		
66. ÖLW: 21.3.1945	13 15	—	—	13 45		—

Erfassung der Luftalarme in Dresden (Auszug) durch Winfried Bielß, 1945

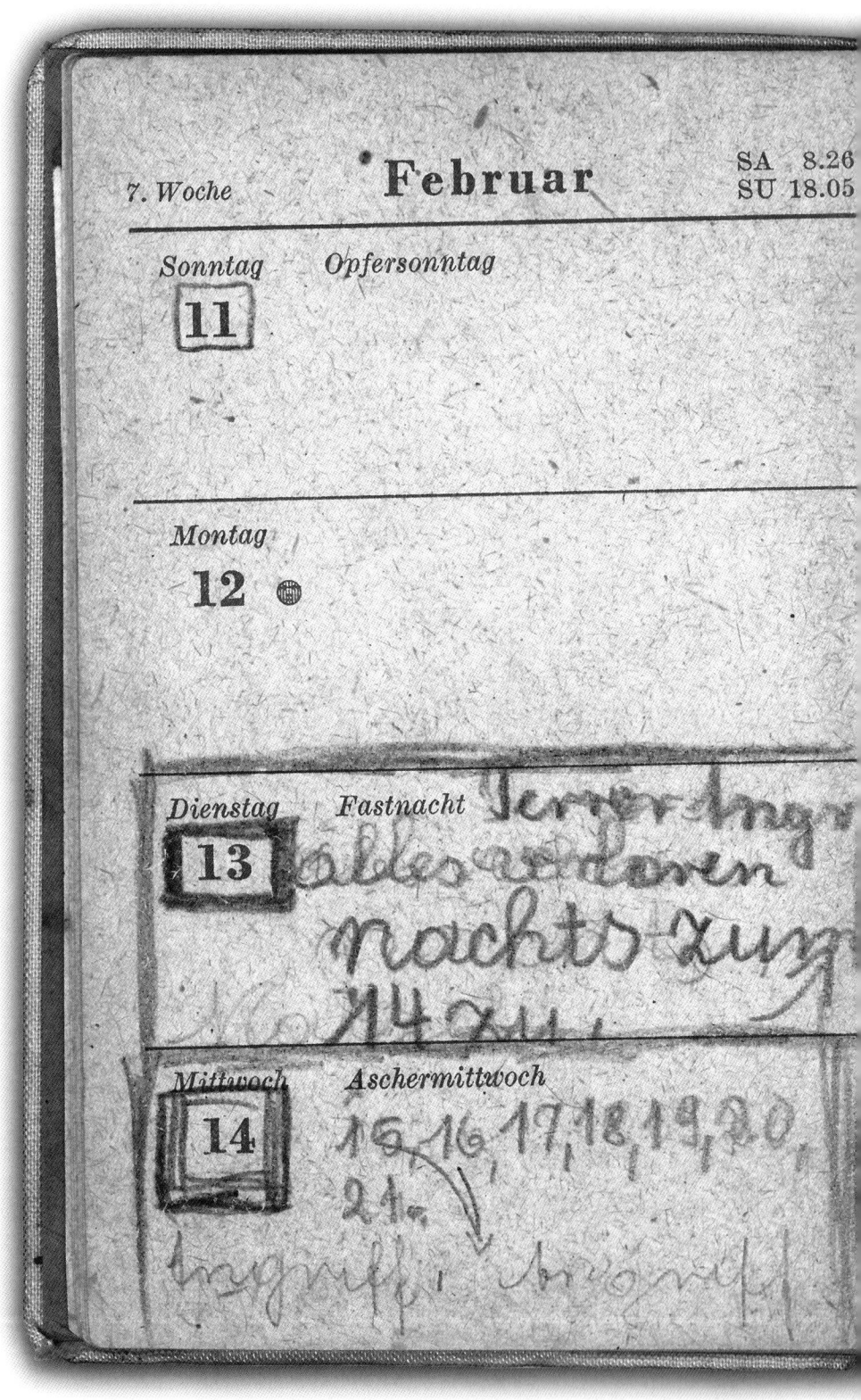

Kalendereintrag von Gisela
Scheibe, 11.–24. 2. 1945
(S. 290)

I. Zeit und Zeitwende

I. 1. „Ganz erstaunt, daß wir es so schön haben"

Margarethe Ehrenhold an Luftwaffenhelfer Hellmut Ehrenhold
Feldpost, abgestempelt am 16. 1. 45, 9–10 Uhr in Dresden-N.

Lieber Hellmut!   Dresden, 15. 1. 45

Heute Montag erhielt ich Deinen lieben Brief und Karte, ebenso erhielt ich vorigen Sonntag die vorletzte Karte, wofür ich Dir vielmals danke. Ich mache mir so allerhand Sorgen um Dich, ob du wohl frieren mußt; denn bei uns ist es sehr kalt, wie ist es denn bei Euch? Heute ist Montag und so ein Sonntag ohne Dich ist nun vergangen. Ich war bei der Oma, hast Du ihr denn nun auch mal geschrieben? Bitte beiden, sie gibt mir und dir doch auch manches. Mußt auch meiner mal schreiben. Hast Du denn nun endlich daß Päckel, eher kann ich Dir ja nichts schicken, bevor ich nicht weiß, ob Du es bekommst. Es ist ja alles so unruhig, immer Alarm, man weiß ja nicht, ob Du die Post immer bekommst. Bitte schreibe mir immer bissel genauer, ob Du alles bekommst.

Nun lieber Hellmut, es freut mich, daß Du wieder gesund bist. Sind bei Euch die Flieger auch viel? Heute war Hansel seine Mutter bei mir. Sie war ganz erstaunt, daß wir es so schön haben. Ich bin auch mal dort gewesen, wollte wieder was holen. Denke Dir, Hansel seinem Vater haben sie ein Bein abgenommen, ist daß nicht schlimm? Und nun noch etwas. Ich bin sehr traurig. Denke Dir, unser guter Leo ist gefallen, habe am Freitag Post von seinen Eltern bekommen. Ich kann es noch gar nicht fassen, daß er nicht mehr zu uns kommen kann. Hoffentlich, mein guter Junge, steht Dir der liebe Gott bei, und sei Dir immer ein Schutzengel. Sei ja immer recht lieb und brav gegen Deine Mitmenschen. (…)

Kannst Du denn nun mal auf Urlaub oder steht daß noch im Felde? Die Schüler von Eurer Schule haben jetzt die Abschluß-Prüfung gemacht. Bachmann auch, er ist nach Hause gekommen. Du schreibst doch nach Dänemark, hast Du denn frei? Wenn es nur Fettigkeiten geben würde, könnte ich dir was backen. Hast Du die Marken bekommen? – Du schreibst doch gar nichts. Soll ich Dir wieder Marken schikken? Kannst Du Dir dort was kaufen? Bitte schreibe mir mal bissel ausführlicher. Habe für Dich 125 g Butter und etwas Fleisch, soll ich Dir die Marken schicken? Aber auf Deinem Brief ist Dein Absender durchgestrichen und der Brief geöffnet. Bitte sei vorsichtig im Schreiben; muß Deine neue Adresse drauf. – Sie haben die Adresse draufgeschrieben. Also nun, mein lieber Hellmut, ich will nun schließen, es ist schon ½ 10 Uhr. Gestern Nacht war zweimal Alarm, bin sehr müde, also gute Nacht.
[unleserlich]
Schreibe recht bald und viel, denn ich bekomme ja nun bloß noch von Dir Post. Ich kann's wirklich nicht fassen vom Leo.

Viele 1000 herzliche Grüße und Küsse von Deiner guten Muttel.

I. 2. „Noch in Dresden"

Annelies Himmstädt (Dresden) an Gertraude Baumgärtel (Erfurt)

Meine liebste Traudel!   Dresden, 7. 2. 1945

Für Deinen lieben Brief hab recht herzlichen Dank. (Meine Tinte ist etwas dünn, hoffentlich kannst Du es lesen.) Du siehst, daß wir noch in Dresden sind, hoffentlich auch bleiben können. Räumungsbefehl ist bis jetzt noch nicht ergangen. Ich möchte wissen, wo denn alle Menschen hin sollten. Wenn die Russen in Dresden sind, dann ist doch sowieso alles futsch. Du hast recht, man darf gar nicht ins Nachdenken kommen. Da könnte man glatt verrückt werden. –

Bei Silbermanns hab ich gestern angerufen. Lore war auch gleich selbst am Apparat. Sie läßt Dich herzlich grüßen und Dir für Deine Sorgen und den Anruf danken. Und sie hätte Dir schon schreiben wollen, würde es auch bald tun. Sie ist seit reichlich acht Tagen bei ihren Eltern mit ihren Jungens, 19 Std. von Breslau unterwegs gewesen, also noch nicht so schlimm, aber da es gerade so sehr kalt war, wären sie alle drei erst krank gewesen hier, aber jetzt ginge es wieder besser. Von ihrem Mann hatte sie grad gestern Post. Die Dienststelle wäre in Breslau nicht mehr, würde nach Dresden verlegt, vorläufig war er in Freiburg/Schl. Sie war fest überzeugt, daß sie wieder nach Hause könnten. Beneidenswerter Optimismus! –

So, inzwischen sind einige Stunden vergangen, und jetzt will ich weiter schreiben.

I. 3. „Jedes Wort ist wie ein Abschiedswort"

Dora Baumgärtel (Meißen) an Gertraude Baumgärtel (Erfurt)

Mein liebes Kleines!　　　　　Meißen, 31. 3., nachm.
Eben bekomme ich Deinen Brief vom 28. 3. Er macht mich fassungslos, das kann nicht wahr sein, gestern kam eine politische Meldung, daß die Meldung, Panzerspitzen seien in Würzburg, vom Feind gegeben sei und falsch sei. Es kann nicht in Eisenach sein. Es wäre nicht auszudenken. Warum nur, warum mußtest Du so weit weg gehen von hier? Ich lebe nur noch in Angst um Dich, das ist kein Leben mehr. Gestern Angriffe Berlin und Erfurt, heute mittag Wehrmachtbericht, und jetzt Dein Brief. Ich sehe Dich Tag und Nacht vor mir in Deiner Angst vor Fliegern, nun auch das noch. Nie weiß ich, was Du tust, wie Du gerade lebst, ob in Angst im Keller oder Wald, das halt' ich nicht mehr aus. Wenn Dir etwas passiert dann sei versichert, ich lebe keine Stunde länger. Ich hab' Dich immer so besonders geliebt, ich könnte es nicht ertragen. Und alle lieben Gedanken einer Mutter um ihr Kind sind heute ohne Wirkung. Jedes Wort ist wie ein Abschiedswort, jeder Gedanke ist wie der letzte. Aber es kann ja nicht sein, es ist nicht denkbar. Ich möchte zu Dir und Stunde um Stunde würde ich laufen, wenn ich auch nur eine Hoffnung hätte, Dir helfen zu können. Aber in all diesem Elend ist selbst einer Mutter Hilfe ein Nichts. –

Mein armes Kleines, so allein in Deiner Angst und ich hier so allein in meiner um Dich. Und dabei ist Osterfest, es ist alles wie ein irrer Wahnsinn! So kann es ja nicht enden. In der Wochenschau soeben: „Hitler glaubt fest, daß diese Krise vorüber gehen wird." Zum Lachen, immer nur Phrasen, bis zuletzt. Meine Traudel, was Dir auch passieren wird, denke immer, es geht alles vorüber, auch Schmerz und Quälerei und Angst und Not. Einmal hat alles ein Ende. Mein Gott, wie soll man denn hier noch leben nach Deinem Briefe, 2 Osterfeiertage, mutterseelenallein und ohne Menschen von früh bis abends! Gar nicht auszudenken!

Ich habe in diesen langen Jahren, besonders seit 1921, mindestens 50mal schon gedacht: Schlimmer kann's nicht kommen u. Ärgeres kann mir nicht passieren und es kam doch immer wieder was noch Schlimmeres. Als jetzt zuletzt in Dresden die Russenangst war, dachte ich auch, es sei das Letzte, und als der Angriff war, dachte ich auch, es sei das Letzte. Und immer ging es wieder weiter. Denk auch so mein Kind. Und wisse, ich lasse Dich nicht allein, ich kann Dir

nicht helfen in Angst und Not, aber ich kann getreu sein und Dir nachfolgen, das sollst Du wissen! Wenn es zum Schlimmsten kommt und Dir etwas passiert! Und wenn wir sterben müssen, dann wollen wir tapfer sterben, alles geht vorbei, und wenn es noch so weh tut und furchtbar ist. Aber ich glaube so fest, daß Du etwas zu schwarz gesehen hast, das Radio spielt lustige Musik und im Kino lachen die Menschen. Ob es da so schlimm stehen kann? Hitler glaubt, Goebbels hält Reden, der Rundfunk dementiert Feindmeldungen. Hab' nicht so viel Angst, ich bereue es sehr, daß ich Dich so vom Schicksal erbettelt habe. Sei tapfer, mein Kleines.
Mims

Anm: Dora Baumgärtel aus Dresden leitete in Meißen eine Dienststelle des Deutschen Roten Kreuzes (DRK). Deshalb steht in Briefanschriften gelegentlich „Lagerführerin". Ihre verheiratete Tochter Gertraude, 35 Jahre alt, lebte in Erfurt.

I. 4. „An die Zukunft mag man ja gar nicht denken"

Annelies Himmstädt (Radebeul) an Gertraude Baumgärtel (Erfurt)
Handschriftlicher Vermerk der Empfängerin: „am 11. Aug. 45 erhalten"

Meine liebste Traudel!　　　　　Radebeul, 4. April 45

Mit einem Brief an Dich will ich die Osterfeiertage beenden. Zunächst hab recht innigen Dank für Deinen lieben Brief, der grad gestern am Ostermorgen ankam. Daß wir uns eingebildet hatten, Du könntest herkommen, entsprang wohl hauptsächlich unserem Wunsch danach. Es ist ja jetzt alles so elend erschwert, aber vielleicht geht es doch mal irgendwie. Wir müssen uns doch mal wiedersehen!

Die Feiertage haben wir ganz gut überstanden. In der Nacht vom 13./14. Februar hätten wir auch nicht gedacht, daß wir wenige Wochen später in einer sonnigen Veranda, mit Veilchensträußchen auf dem Tisch, sitzen würden, und daß im Garten doch alles wieder blüht und grünt. Wir haben uns zwar immer gewünscht, irgendwo im Freien zu wohnen, aber daß es so schnell kam und vor allem auf diese Weise! Na, nun wollen wir wenigstens das Schöne an unserer unfreiwilligen Sommerfrische recht ausnützen, und jeden Tag genießen, den wir noch leben. An die Zukunft mag man ja gar nicht denken. Da kann es einem schon himmelangst werden. Du schriebst mal, die Russen gingen mit einem unheimlichen Tempo vor. Aber, mit dem Westen verglichen, war das ja beinahe Schneckentempo. Es ist doch furchtbar, wenn man sich das überlegt, was jetzt alles zerstört wird von Deutschland. Als Du „Wetzlar" lasest im OKW-Bericht, ist es Dir da nicht anders zu Mute geworden? Man kann sich gar nicht vorstellen, wie das werden soll! – Schluß!

Ich sitze jetzt, nachdem die Lütte im Bett ist, noch auf der Veranda, das 1. Mal abends, durch die Einführung der Sommerzeit. Es wird zwar jetzt schon dämmrig. Am schönsten ist es in der Veranda am Morgen, da scheint die Sonne rein, die wärmt dann für den ganzen Tag. Im Zimmer haben wir zwar meistens noch ein kleines Feuerchen für abends. Addel ist heute zum Nachtdienst. Morgen früh wird Mims kommen.

Liebes Tölchen, Du schreibst nun, Du hast ein Paket für uns fertig gemacht, und wir sollen Dir nun noch schreiben, was wir unbedingt brauchen! Du hast uns doch nun schon eine Menge geschickt in den Doppelbriefen (es waren aber doch acht), und wir waren über alles sehr froh und Dir dankbar. Sehr fehlt uns allen beiden der Füllfederhalter, da wirst Du ja auch keine auftreiben können, aber vielleicht einige Schreibfedern. Halter wäre auch ganz schön, einer ist aber hier. Federn nicht gar zu spitz. Addel möchte gerne einen Bleistiftspitzer. Briefumschläge sind auch rar. Ich möchte sehr sehr gern ein bißchen hübsches Buch haben zum Einschreiben von der Lütten. Alles, was ich nun vom 1. Lebensjahr von der Kleinen eingetragen habe, ist ja weg. Ich weiß ja auch nicht, ob wir noch übrig bleiben und ob es überhaupt Zweck hat, alles für später aufzuschreiben, möchte es aber doch ganz gern tun. Und hast Du vielleicht gar Strickgarnreste?? Unbescheiden, gelt!

I. 5. „Deutschland kommt mir vor wie wahnsinnig"

Dora Baumgärtel (Meißen) an Gertraude Baumgärtel (Erfurt)

8. 4. 45, Sotg. mitt. ½ 2 Uhr

Mein geliebtes Kleines!

Es ist Sonntag, mittags, und ich bin wieder den ganzen Tag so allein in meiner Not und Angst um Dich, mein armes Kind. Wie es Dir wohl gehen mag? Ich könnte jedes Mal laut schreien, wenn der Rundfunk sagt: „Die Schlacht in Thüringen". Ob Du sehr in Ängsten bist? Oder sehr tapfer? Oder gleichgültig geworden und erstarrt, wie wir alle es ja auch schon fast sind in all diesem Elend. Ob Du in der Walderholung bist z. Sonntag? Oder im Luftschutz bei Stopfs? Oder in der kl. Pappvilla mal arbeitest an Deinem Elfriedenzimmer? Wenn ich nur erst mal Nachricht hätte von Dir, daß ich weiß, wo und wie Dich meine Gedanken suchen können. Ich weiß noch nicht mal, wo und wie Du schläfst? Und auch nicht ganz genau, wo die Walderholung ist. Jedenfalls, wenn ich an sie denke, sehe ich immer den Luchergarten vor mir. Wie harmlos und schön war alles damals noch und war doch schon Krieg fast 3 Jahre lang. –

Deutschland kommt mir vor wie wahnsinnig. Man sagt, jeder Dresdner habe seit dem Angriff einen kl. oder größeren Schaden erlitten, ich ja auch, erklärlich, aber ich glaube, alle Deutschen haben einen. Das Radio sang soeben: „An der Saale hellem Strande" und keiner überlegt sich dabei, daß der Feind dran ist, diese stolzen und kühnen Burgen zu zerstören. Dieser Pfingstmorgen auf Saaleck: Unsere Heidecksburg! Kösen, das geliebte! Selbst Eisenberg [...] ist mit dran. Ruhla! [...] Noch vor 14 Tg. dachte ich, dort wäre Ruhe und Sicherheit! Heute 2 x Voralarm, 21 Flieger über Thüringen! Aber das Radio singt: „In der Heimat ist es schön." Und „freut euch des Lebens". Als ich gestern, wie ich Dir im Brief 13 schrieb, nochmals die „Philharmoniker" sah, dachte ich, selbst wenn alles noch so gut ausgehen würde, so etwas wird es nie wieder und nirgends geben: Konzert, Opernhaus, Zwingerserenade, Theater, ein Ausflug, eine kl. Reise, ein gemeinsames gemütliches Sonntagsfrühstück, ein Weihn.fest. Nichts, nichts! Und nur das nackte Leben behalten, um bloß zu schuften, zu hungern, zu frieren. Vielleicht wenn man jung ist, ich könnte es nicht mehr. So ohne alle Sachen, mit nichts wieder anfangen, nur Erinnerung, Bitterkeit. Ich nicht. –

Eben 2 Uhr. Keine Kampfverbände. Jetzt Nachrichten. Immer Sätze, aus denen man nur Halbes heraushört, nie Klares. Die 2 Alarme heute früh und mittag über Thür. waren ja nur kurz, aber man kann auch in 20, 25 Min. einen ganzen Stadtteil zerpochen. Leipzig muß wieder böse dran gewesen sein. Sie erzählen von Italien, Japan, USA und wissen immer alles ganz genau von den anderen, von uns wissen sie nichts und sagen nichts. – (...)

Eben der Wehrmachtbericht: Überall Siege der Deutschen, aber merkwürdigerweise kommt der Feind immer näher. Russen Birkenbach, westlich v. Mühlhausen Amerik.

zurückgeworfen? Wieviel Flugzeuge sie in Mitteldeutschland abgeschossen haben in den letzten Angriffen sagen sie, aber welche Gegenden es betraf, verschweigt man uns. Wie viele Panzer sie abschießen, erzählen sie 6 x am Tage, auch wer das Ritterkreuz bekommt. Die Soldaten sitzen im Kino, Hitlerjungen verteidigen die Heimat, Frauen vollbringen Heldentaten, Wehrmacht sitzt stdlg. in Cafés! Was bedeutet das? Wer macht das? Wilde Gerüchte deshalb. Mein Verstand kann da nicht mehr mit. Ein einfacher Laie würde denken, die Soldaten gehören an die Front, statt der Schuljungen.

Jeder blühende Strauch, jede Frühlingsblume tut einem weh. Und doch ist nichts so tief in mir wie die Sorge um Dich, mein armes Kleines, mein Frühlingskind, mein Sonntagskind!!

Gestern kaufte ich mir 1 Sommerhut, es kam mir vor wie der reinste Hohn. Sommerhut? Was wird mit uns sein, wenn Sommer ist? Neulich sagte Liesel W.: „Es handelt sich jetzt doch nur noch um Tage." Und im nächsten Moment schenkt sie mir 2 Hasenfelle, um mir f. nächsten Winter m. alten Mantel neu zu besetzen. Ich sagte bloß: „Ach Liesel, was hast Du eben gesagt?" Und dann lachten wir, trotzdem es im Ruinenkeller der […] war. Das ist alles Gewohnheit u. trotz allem Spuk […] wieder Hoffnung.

Mims

I. 6. „Viel Geschwätz und viel Angst"

Dora Baumgärtel (Meißen) an Gertraude Baumgärtel (Erfurt)
Vermerk: „17. 8. 45 erh."

Meißen, 13./14. 4. 45

Mein liebes, kleines Tölchen!
Wo bist du um diese Nachtstunde, in der ich im Bett sitze u. schreibe, ¾ 1Uhr? Wie lebst du? Was denkst du? Was tust du? Viele Fragen und keine Antwort aus Erfurt!

Aber die Zeitung schrieb, die Post in die besetzten und Kampfgebiete würde besonders sorgfältig befördert und ginge an den Absender zurück, wenn Beförderung z. Z. unmöglich sei. Ich schrieb am 8. 4. Nr. 14, dann 1 Karte und vorgestern, nein gestern, Nr. 16. Wir hatten eben ¹/₂ Std. lang Alarm, vorher Kleinalarm, wo geschossen worden sein soll. In Coswig fiel gestern eine (!?) Bombe, ein Stück Bahngleis und ein Stückchen Fabrik daneben. In M. siehts heute gefährlich aus. Die 2 Brücken sind schon lange fertig gemacht z. Sprengung.

Heute sollen Soldaten m. v. Panzerfäusten vorn gestanden haben, Wehrmacht fuhr raus und rein, es war viel Betrieb u. viel Geschwätz und viel Angst. Meine Wirtin und Schwester räumten bis ¹/₂ 12 ihr Geschirr u.s.w. in den Keller, zuerst das große Hitlerbild, das merkwürdigerweise bei allen treuen Nazis zuerst verschwindet. Aber nicht, um es zu retten, sondern dass es der Feind nicht findet! Tapfere Nazis! Wäre Roosevelt vor 4, 5 Wochen gestorben, wäre vielleicht manches anders gekommen, jetzt nützt es uns wohl nichts mehr. Wir sind alle verloren, es ist so oder so aussichtslos. Dessenungeachtet, der Mensch ist ein ewig optimistisches Geschöpf, kaufte ich mir heute Kleid, Mantel und Hut. 2 Std. stand ich mit Frau Matzes Schwester vor dem Mantelladen, raste dann 2 x zur […] bez.scheinstelle, 2 x ins Rathaus und 2 x ins Wirtschaftsamt, nach 5 Std. hatten wir den Mantel. Das Kleid war ein frdl. Zufall u. der Hut von Alis Schein, ich bekomme ja keine, weil ich Wintersachen habe. 80,– M ausgegeben und glaube dabei, daß ich vielleicht noch 3 oder 6 Tg. zum Leben habe. Jetzt arbeite ich 3 Vormittage in der DRK Kreisstelle, Abt. IV, Kammerverwaltung u. führe da die wichtige Kartei.

Wenn du mal wieder Fotos machst, machst du mir 1 Bild, ev. vergrößert, von Tante Ilse u. mir, damals im Groß. Garten? Mit den 2 Handtaschen? Tante Ilses Freundin, Frau Pusch ist auch tot, im Keller verbrannt, 2 Männer dito von 2 Klassenschwestern, meine Totenliste umfaßt bis jetzt 70 Menschen, 30 Bekannte und 40 aus der Zeitung. –

Ich falle hin vor Müdigkeit, ich muß aufhören. Ihr schlagt euch wohl sehr tapfer, der Feind machte einen Bogen, gewann Weimar, umging Lpz. und marschiert geradewegs auf uns zu. Ich schwanke zwischen Strick u. Heldentaten. Was soll ich tun?

Innigst Mims

Sonnbd. früh – ¾ 7 Uhr

Hatte eben Krach! So eine alb. Lotte im Hause prescht mit Getöse jeden Morgen um 6 Uhr raus und rein und zieht die Verdunkelung hoch. Dabei hat sie den ganz. Tag nichts zu tun. Sieht sich als „totalgeschädigt" an und holt sich jeden 2. Tag aus Dresden noch Körbe voll Sachen aus ¹/₂ zerstörtem Haus u. Keller. Aber erst, nachdem sie Mengen v. Scheinen gekriegt hat. Das ist ja auch Betrug! Bis ¹/₂ 1 Alarm, vor 2 Uhr nicht z. schlafen und um 6 Uhr aufgeweckt für nichts und nichts. Hauptsächlich ist es nur um den Hunger, wenn der

Tag soooo lang ist, muß man noch mehr hungern. Habt Ihr denn in Eurer Lage jetzt wenigstens etwas Zulage? Wir haben hier noch nicht mal Kaffee und Alkohol, 9 Wochen ist es her! Ali hatte zu Ostern etwas. Ich sah am Dienstag die vielen netten Sachen, die Du so liebevoll f. die 3 gespendet hast. Alles so geschickt ausgesucht u. so nett gepackt. Und sitzt nun selbst in so großer Not, mein Armes. Bleibe nur tapfer, wehrt Euch, dann lässt der Feind ab v. Euch!

I. 7. „Jeder denkt an das ‚Wunder‘ "

Dora Baumgärtel (Meißen) an Gertraude Baumgärtel (Erfurt)

                    Meißen, 13. 4. 45, nachts ½ 1 Uhr, Nr. 18
Mein liebstes Tölchen!

Sitze gerade seit gestern abend im Bett und schreibe. Eben wieder 1 Std. Alarm. Heute war hier ein wilder Tag. Jetzt hält der Kreisleiter eine Rede über die Verteidigung der Stadt. Alles raste in die Läden, kaufte alles, was es gab. Wilde Gerüchte: Leipzig, Nossen u.s.w. […] ist gefallen, […], unser schöner Harz ist jetzt dran, aber ich will ihn gerne verlieren, wenn sie […] zur Festung gemacht haben, und das scheint jetzt so. Jena, Saalfeld, Weißenfels gefallen, […] sind nun schon 1 Tag alt. – Die Kinos haben wieder aufgehört zu spielen. Wir warten hier stündlich, […] und im Grunde glaubt man doch nicht richtig dran. Jeder denkt an das „Wunder"! –

Ich habe keinen Brief von Dir bekommen, keine Zeile von Dir! Ich kann mir nicht denken, daß Du seit fast 14 Tagen nicht geschrieben hättest, also geht es wohl sehr langsam, […] wenn Du wenigstens meine Briefe bekommst, daß Du weißt, wie ich an Dich denke. […] Aber Deine Nachrichten […] heute stimmen […] daß Angriffe […] schwer verwundet wurde und z.Z. im Krankenhaus liegt. Seit 45 Tagen stehen Todesnachrichten vom 13. Febr. im Blatt. In Magdeburg kamen […] Großangriffe. Ob Herta dort war? […] In Dresden ist […] Während Ihr am 2. 4. schon […] für 30.–31. 3. haben wir noch nichts. –

[…] Dienstag habe ich 6 Aufnahmen von unserer Lütten gemacht, aber das Entwickeln soll 4 Wochen dauern, da hoffe ich, daß Du inzwischen auch wieder machen kannst. Einen Film habe ich noch, den will ich nun Dienstag, wenn ich noch nach R. kann, noch paar Fotos machen.

Es ist schwer, an Dich zu schreiben. 10 Briefe ohne Antwort. Aber ich denke immer an Dich, wenn nun auch schon wieder die Angst um H. und A. kommt. Bitter bereue ich, Kinder bekommen zu haben, nur für solch Elend, und immer diese Angst.

Jetzt werde ich müde, leb wohl für heute. Immer in Gedanken bei Dir!

Deine Mims.

Gleich 12 Uhr, eben wieder […] Alarm!

I. 8. „Nun sind wir dran"

Dora Baumgärtel (Meißen) an Gertraude Baumgärtel (Erfurt)

Mein liebstes Traudel!   Meißen, 16. 4. 45

Nun sind wir dran. Vor 1 ½ Std. 5 Min. Alarm: Panzergefahr. Seitdem alles kopflos. Läden geschlossen, kein Mensch darf über die Brücken, falls sie gesprengt werden. Die sind so dumm, die Brücken zu sprengen, ehe der Feind da ist. Meine Polinnen sind auf der anderen Seite. Ich war im DRK, alles türmte, mitten im Satz blieben die Maschinen stehen, ich war die letzte, die raus ging, machte erst noch meine Arbeit zu Ende. Wenn das DRK türmt, kann man von der Bevölkerung nichts anderes verlangen. –

Eben wollte ich essen gehen, alle Lokale geschlossen. Wie die sich das denken, wo man schließlich Mittagessen muß u. keinen Vorrat haben kann, weil man alle Marken f. die Lokale braucht. Mir ist überhaupt unklar, wie das werden soll. Hier wäre ich schon froh, wenn ich von Dir 1 x Nachricht bekommen hätte, da ich wüßte, wie sich das ungefähr abspielt, ich hätte mich wenigstens etwas beruhigt, meine Angst um Dich, im Nu geht es immer von Neuem los, meine Ali und Herta und die Lütte. Ich will versuchen, ob ich morgen noch mal wenigstens für paar Std. nach Radebeul kann. Aber ich fürchte, es wird nicht mehr gehen. Es geht noch eine kleine Überfähre, aber man kann ja nicht wissen, was in einer Stunde los ist. Dauernd Tiefflieger, Alarm, Entwarnung. Wieder ein anderes Alarmsignal.

Zucker und Mehl haben sie uns für 2 Perioden vorweg gegeben, beim Mehl hieß es: Sonderzuteilung, natürlich nahm ich es. Jetzt ist es aber für die nächste Periode. So ein Reinfall! Jetzt koche ich 6 kl. Kartoffeln für den ganzen Tag, dann habe ich noch […], das ist alles. Wenn die Lokale nicht wieder aufmachen, sitze ich da. –

Fröhlich spielt das Radio, bei uns war noch nicht mal Entwarnung, und das Radio sagte: Kein feindl. Luftverband. ½ Std. vor dem Panzeralarm kam die Nachricht, es bestände keine Gefahr. Sie sind alle samt und sonders verrückt! Wenn nur erst mal Nachricht käme von Dir, vielleicht aber lebst Du gar nicht mehr, vielleicht bist Du verwundet. Ich habe nun damit abgeschlossen, daß noch etwas Gutes werden würde. Wir werden uns wohl kaum noch einmal sehen! Nun ist ja alles aus. Jetzt kann man bloß noch auf anständige Art sterben, so Leute wie ich, in meinem Alter und meinen Verhältnissen. Jetzt werde ich hier noch durchhalten, solange die Sache dauert u. man vielleicht noch mal nützen kann. Wenn Du mir endlich schriebest, heute soeben wieder keine Zeile. Furchtbar ist das, das Warten u. ewige Ängstigen.

Leb innigst wohl für heute.
Deine Mims

I. 9. „Wir sind auf alles gefaßt"

Herta Baumgärtel (Radebeul) an Gertraude Baumgärtel (Erfurt)
Handschriftlicher Vermerk der Empfängerin: „15. Aug. 45 erhalten"

Mein liebes liebes Tölchen!   Radebeul, 19. 4. 45

Obgleich ich nicht weiß, ob Dich Briefe von uns erreichen, will ich doch schreiben, wer weiß, ob ichs die nächsten Tage noch kann. Wie es in Erfurt aussieht, was Du durchgemacht hast, wie es Dir geht usw., davon haben wir keine Ahnung. Und Du weißt kaum, wie es bei uns aussieht. Über das, was vorgestern getroffen wurde, schreibe ich nichts, denn man kann nicht wissen, ob die Briefe gelesen werden. Jedenfalls sind wir diesmal nicht betroffen, und der Brief auf dem N.B. ist nur für kurze Zeit eingestellt. Aber was bei uns wird, das weiß kein Mensch. Seit heute müssen wir fragen: kommts erst vom Westen oder vom Osten, oder hörts vor uns auf? Oder werden wir von zwei Seiten überrannt? Wir sind auf alles gefasst. Ob wir uns jemals wiedersehen oder voneinander hören, wissen wir nicht. Und dabei ist draußen solch wunderbares Frühlingswetter, und unsere Lütte ist zu süß (wenn

sie auch anfängt, eigenen Willen zu haben und manchmal ganz gewaltig, wie an dem zerknautschten Bogen zu sehen ist, den sie mir eben geklaut hat), daß man den Krieg am liebsten vergessen möchte.

Vorgestern und gestern waren wir sehr zuversichtlich, heute siehts wieder böser aus. Wir haben schon Lebensmittel auf längere Zeit bekommen. Klein-Alarm ist fast dauernd und Tiefflieger sind am Werk. Und trotzdem habe ich das bestimmte Gefühl, daß Dir nichts zugestoßen ist und daß auch wir heil aus allem herauskommen. Wie es allerdings weitergehen wird, was nachher kommt, ist unerfindlich. Hoffentlich machen wir immer alles richtig, daß man sich später nicht mal Vorwürfe macht, daß man etwas hätte anders machen müssen. –

Wenn wir nur von Dir mal Nachricht bekämen, aber das bleibt wohl nur eine Hoffnung.

Heute haben wir fast den ganzen Tag Kleinalarm, unterbrochen durch drei Vollalarme und eine halbe Stunde Ruhe. Was wird die Nacht bringen?

Für Dich, mein liebes Tölchen, alles alles Gute, und halte für uns den Daumen.

Mit innigsten Grüßen
Deine Addel

Wenn wir nur von Dir mal Nachricht bekämen, aber das bleibt wohl nur eine Hoffnung.

Heute haben wir fast den ganzen Tag Kleinalarm, unterbrochen durch drei Vollalarme und eine halbe Stunde Ruhe. Was wird die Nacht bringen?

Für Dich, mein liebes Tölchen, alles alles Gute, und halte für uns den Daumen.

Mit innigsten Grüßen
Deine Addel

I. 10. „Es ist vielleicht die letzte Mahlzeit"

Dora Baumgärtel (Meißen) an Annelies Himmstädt und
Herta Baumgärtel (Radebeul)
1 Blatt, Schreibmaschine

Mein liebes Anneliesl! und Herta!   24. 4. 45
Durchschlag an Traudel

Ich war heute früh wie immer zeitig auf und wollte nach Radebeul. Die Brücken waren gesperrt, ich kam ja durch mit meinem Brückenausweis, aber da fuhr der Bus nicht nach Weinböhla, Straßenbahn war fraglich und Autos konnten keine fahren, weil alle Straßen gesperrt waren. So konnte ich natürlich nicht fort. Ich hätte es nur versuchen können, nach Weinböhla 1 ½ Stunde zu Fuß und dann evtl. wäre doch die Straßenbahn gegangen oder 1 Auto hätte mich mitgenommen. Aber ich hätte nur etliches abgegeben und wäre wieder zurück und das war mir zu riskant, weil ich nicht wußte, ob es noch gehen würde. Denn ich bin nun mal hier in Stellung und kann bei der Unsicherheit das Lager nicht verlassen, kann ja auch jeden Augenblick im DRK gebraucht werden. Also ließ ich es. Ich wäre sonst gekommen, Ali zu beruhigen. Nicht, daß ich etwa dächte, Ihr hättet Angst um mich, aber bei so unklaren Gerüchten hätte ich Ali gerne etwas beruhigt. Dann hatte ich auch Stoff ergattert für zwei Bettlaken und 1 Kopfkissen und wäre es gerne losgeworden. Hatte ein Schwimmentchen und eine Tüte Lebkuchen für die Lütte und ein paar Bonbons für Euch. Nun muß ich es wohl als eisernen Bestand behalten, wie es gedacht ist, denn es sollen nämlich die Amerikaner, oder es können auch die Russen sein, erwartet werden.

Meißen ist eine kleine Festung, es soll heldenhaft verteidigt werden. Angeblich kämen sie von 2 Seiten. Vorgestern abend wurde die Bevölkerung noch um 10 Uhr auf den Markt bestellt und gestern große Zettel überall angeschlagen. Kein Grund zu Besorgnis. Die Russen, von Görlitz kommend, seien eingeschlossen in Ostsachsen, könnten keinen Nachschub bekommen und würden restlos vernichtet. Alles ging befriedigt heim, heute sieht alles wieder so anders aus. Kein Mensch weiß, was los ist, ein furchtbares Durcheinander, bis zum letzten Moment läßt man uns in Ungewißheit. Am Sonntag haben sie Meißen rechts der Elbe geräumt, Tausende zogen mit ihrem Krämchen über die Brücke, heute ziehen etliche wieder zurück, weil es nun wieder heißt, sie kämen von 2 Seiten. Manchmal hört man, sie könnten in 1 Stunde dasein, dann heißt es wieder, sie sind in Riesa, dann wieder, es dauert noch länger und so geht es hin und her. Aber das ist ja überall dasselbe. Briefe werdet Ihr auch kaum bekommen.

Fortsetzung ½ 2 Uhr.
Es ist soweit, um 12 Uhr Panzeralarm. Ich saß im Rest. und wollte gerade bestellen, da mußte geschlossen werden. Kochte mir dann zu Hause einige Kart. und hatte erfreulicherweise gerade eben etwas Wurst gekauft. Nun haben wir gepackt, das letzte in den Keller getragen, wie ich das mit den Kleidern machen soll, weiß ich noch nicht. Wie gut, daß ich nicht in Radebeul bin, sonst könnte ich vielleicht nicht mehr zurück. Sie sollen in Lommatzsch sein, 14 km entfernt, aber wer es ist, weiß niemand. Reizende Überraschung! Der Führer soll in Berlin sein, es mit zu verteidigen. Dies ist nun unsere Seite von Meißen, da haben sie seit 2 Tagen Hunderte von Flüchtlingen von rechts hingestopft, bei uns schlafen zwei Damen auf dem Boden, sie sind da ganz nett eingerichtet. Der kleine Keller und das volle Haus, die Rommeekarten habe ich auf alle Fälle mit hinuntergenommen, man kann ja nicht wissen, wielange es dauern könnte. Wenn was los ist, werde ich gleich in eine Rettungsstelle oder Laz. oder Krankenhaus eingesetzt. Ersteres wäre mir lieber.

Eben trinke ich noch ein Tröpfchen Bohnenkaffee, ein komisches Gefühl ist es doch, wenn man denkt, es ist vielleicht die letzte Mahlzeit, und dann denkt doch wieder jeder, es kann nicht sein oder gerade ihm kann nichts passieren. Die Amerikaner wären uns ja lieber. Nachrichten aus Köln haben ergeben, daß dort nach der Besetzung alles seinen geordneten Gang geht und auch Nahrungsmittel da wären. Vor einer Belagerung habe ich keine Angst, vor Schießen usw., aber vor einem persönlichen Zusammentreffen mit einem oder den Russen eben doch. Ein Trost ist dabei, daß doch alles mal vorübergeht. Wir glaubten eben immer doch an das letzte große Wunder, und wenn Roosevelt 5, 6 Wochen eher gestorben wäre, wäre doch vielleicht alles anders geworden. Man hätte nicht so lange glauben sollen an alle die Versprechungen und Vorreden, aber wir bleiben immer dieselben.

Nun will ich Euch hiermit Lebewohl sagen, falls etwas geschieht. Vielleicht ist mir das Schicksal am Ende meines Lebens noch einmal gewogen und läßt mich noch die große Tat begehen, auf die ich mein Leben lang gewartet habe. Eiserne Kreuze wird es ja kaum noch geben oder ehrenvolle

Nachrufe. Ich werde mir Tinte und Feder mit in den Keller nehmen und da an meinem Buche für Lieselotte etwas schreiben, wenn es geht, damit das als Andenken an mich bleibt und mich über die Tage hinwegbringt. Lange kann es ja in dem kl. Neste kaum dauern, wahrscheinlich wird es schnell zusammengeschossen sein mit den kl. Häuschen, die aber andererseits wieder dicke Mauern haben und solide gebaut sind. Ich will nur hoffen und innigst wünschen, daß Ihr dort verschont bleibt. Ich hatte eigentlich gedacht, sie würden nach Berlin einschwenken, ich täte das, wenn ich ein Deutschfeind wäre.

Also, liebe Kinder, lebt wohl und gehe das Schlimmste an Euch vorüber. Wer weiß, was unser Tölchen macht, ob sie überhaupt noch lebt und wie es ihr geht. Daß alles so entsetzlich werden würde. (Es schießt, glaube ich!)

Mutter

I. 11. *„Von den Russen haben wir nicht allzuviel gespürt"*

Herta Baumgärtel (Dresden-Trachau) an Dora Baumgärtel (Meißen)

Liebe Mims!   Trachau, 25. Mai 45

Da wir gestern auf der Post lasen, daß Postverkehr nach Meißen wieder möglich ist, wollen wir heute gleich schreiben. Vielleicht ist auch von Dir eine Nachricht an uns unterwegs. Hoffentlich bist Du gut nach M. gekommen und hast vor allem Deine Sachen gut vorgefunden und in die Wohnung wieder reingekonnt. Wir sind sehr gespannt auf eine Nachricht von Dir. –

Bei uns ist nach wie vor nicht reinzukommen, und nachdem in Dresden anscheinend alles viel besser läuft und bedeutend mehr Ordnung ist, haben wir das Kapitel Radebeul so gut wie abgeschlossen. Was weiter wird, wissen die Götter. Am Montag fange ich wieder in der kamag an, da über die Zukunft des DRK noch keiner was weiß, dank der getürmten Dienststelle, die zur Zeit von Herrn Glöckner (!) als Beauftragter des Oberbürgermeisters geführt wird. Nach seiner Rede hört das DRK auf, nur der Krankentransport geht weiter und die Pflegetätigkeit. Ich vermute, daß unsere Arbeit evtl. einmal mit einer ähnlichen russischen Organisation

zusammengetan werden wird. Ob man dann noch dabeibleiben kann oder nicht, wird die Zukunft zeigen. –

Sonst gehts uns hier ganz gut, von den Russen haben wir persönlich nicht allzuviel gespürt, bis auf einen, der durchaus (in der Wohnung) „uno momiento mit mir schlafen wollte", den ich aber trotz Androhung von Schießen und Kaputtmachen im letzten Augenblick noch los wurde. – Schlimmer ist es in dieser Beziehung der armen Tante Liesel ergangen, die dies über sich ergehen lassen mußte! Ihre Mutter ist vor reichlich 8 Tagen gestorben, nachdem sie das ganze Schwere der letzten Tage noch hat durchmachen müssen. – Die Bühlauer haben für einen Tag aus ihrem Haus rausgemußt, dann konnten sie wieder rein. Es sah dreckig aus, und geklaut ist manches, aber seitdem haben sie Ruhe gehabt. –

Wir hatten am Mittwoch zusammen eine Reise mit Kind und Kegel über Strehlen, Gruna, Striesen, Tolkewitz, Bühlau gemacht und sind dabei am Grab gewesen, sogar mit Blumentöpfen, die wir anstandslos kaufen konnten. – Straßenbahnen gehen zum Teil wieder wie in der letzten Zeit, die 15 von der Geblerstraße nach Stadt Metz. Nach Radebeul usw. wegen Strommangel noch nicht. R.-West hat immer noch kein Licht. Gas haben wir auch noch nicht, in Bühlau haben sie es schon seit einigen Tagen. – Die Lebensmittelzuteilung ist für die erste Zeit nicht ungünstig, sogar besser als vorher. Ob es so bleibt? Das Leben hier wird im übrigen immer schwieriger wegen der fehlenden Kochmöglichkeit, vor allem in Bezug auf Beschaffung von Holz oder Kohle. Ein Wäschewaschen ist vollkommen unmöglich. –

Das wäre für heute das Wichtigste, und ich hoffe, daß wir bald auch von Dir etwas erfahren, hoffentlich Gutes.

Viele herzliche Grüße
Deine Herta

Sasch läßt herzlich grüßen.

I. 12. „Manche finden es schön, daß es keine Angriffe mehr gibt"

Dora Baumgärtel (Meißen) an Gertraude Baumgärtel (Erfurt)

Mein liebstes Tölchen!   Meißen, 31. 5. 45

Ich schreibe diesen Brief an Dich ins Blaue hinein. Falls im geordneten deutschen Lande einmal wieder Post gehen wird, so soll er fertig sein, um gleich mit hinaus zu gehen.

Ich schrieb gelegentlich an Dich bis zum 25. 4. Nr. 24. Dieser Brief kam gestempelt vom 26. 4. zurück mit dem Vermerk: zur Zeit nicht zu bestellen. Wir wissen nun seit 2 Monaten nichts von Dir. Weder ob Du noch lebst noch wie Du lebst! Schon allein wegen dieses Leides hätte der Schuldige einen 1000fach qualvollen Tod leiden müssen. Was ich in diesen 2 Monaten ertragen habe, ist grenzenloses Elend, Millionen von Deutschen und auch Millionen von anderen Menschen außerhalb Deutschlands ist es so ergangen. Und was wirst Du durchgemacht haben, mein Armes? Du allein? Tag und Nacht denke ich an Dich in düsteren Bildern, vielleicht war es gar nicht so schlimm, vielleicht war es 1000 x schlimmer. Ich habe viele Menschen kennen gelernt, erst gestern wieder eine Frau, die jemand in Erfurt haben und seit genau derselben Zeit keine Nachricht haben. Das ist natürlich ein Trost. Aber unklar ist alles trotzdem. Während man von allen Städten mal was hört, von Erfurt ist nichts zu hören. Die letzten Radio- u. Zeitungsmeldungen: Erfurt verteidigt sich heldenhaft. Der Feind hat hohe Verluste. Südwestlich Erfurt Kämpfe. Dann noch mal: Weimar ist gefallen. Alles Anfang April und seitdem Stille.

Und was hast Du nun von hier gehört? Zuerst war am 27. 4. der Höhepunkt der Schlacht bei Meißen, starker Beschuß, viele Tote u. Verwundete. Dann Ruhe. Dann am 4. 5. mußte die Stadt geräumt werden, weil man mit wichtigen militärischen Operationen im Kreis Meißen u. Großenhain rechnete. Die Polinnen wurden fortgeschafft, ich ging noch abends nach Radebeul. Dann wurde es auch dort lebhaft, Schießerei und sollte bei Dresden eine Schlacht werden. Da kam der Umschwung, kapitulierte alles. Am Sonntag, Montag waren die Russen in Meißen und plünderten furchtbar mit Polen, Ukrainern die zurückgekommen waren und lieben Deutschen zusammen. Ich war ja nun leider nicht da, mein Zimmer wurde ihr Quartier, 132 Gegenstände sind weg, so ging alles von der Schreibmaschine bis z. Küchenmesser.

Am Dienstag früh waren sie ja in Radebeul. Am Donnerst. mußte Tante Elses Haus angeblich für nur 3 Tg. geräumt werden. Wir durften alle unsere Sachen ins Schlafz. bringen, Schlüssel mitnehmen und taten es auch in „loyaler" Gesinnung. Nach 3 Tagen standen Möbel im Garten, unsere Sachen im Keller, auf wüsten Haufen und wir durften nichts mehr haben. Wir zogen zu Bekannten 2 Straßen weiter, m. Notgepäck im Leiterwagen u. Kinderbett auf kl. Räderchen. Am folg. Tag mußte das ganze Villenviertel angeblich f. 2 Monate geräumt werden. Voller Verzweiflung zogen wir wie oben beschrieben nach Trachau, das Bett ging kaputt, aber Frau […] nahm uns auf, auch noch am anderen Tag Frau Eschenbach u. Schwester, die ja nach d. Dresdner Ausgebombtsein auch in Radebeul wohnten. Da gab es nun kein Gas, kein Licht, kein Wasser. Als Wasser u. Licht wiederkamen machte ich mich dann auf nach Meißen. In glutvoller Hitze 9 Std. Landstraße mit schwerem Gepäck und hier die Bescherung.

Ich frage mich täglich, warum ich noch da bin und bin so stumpf vor Elend wie alle Menschen, daß ich es selbst nicht weiß. Es gibt Menschen, die noch lachen können, manche finden es schön, daß es keine Angriffe mehr gibt. Manche warten auf ein Wunder. Warum aber müssen wir in Meißen noch verdunkeln, während in Berlin alles hell ist und allein in […] 33 Kinos schon wieder spielen? Ich finde natürlich keine Arbeit. Bald hätte ich den Heiratsantrag eines alten Herrn angenommen, der nach Bonn zurück will, aber wenn er nicht in Erfurt aussteigen will, wäre das Opfer zu sinn- u. nutzlos geworden. Ich weiß nicht, wie ich weiter bestehen soll, 90 Pfd. bin ich nun u. brauche täglich 4 bis 5,– M für Lokal ohne etwas zu verdienen. Kann ja wegen der Sachen auch nicht fort v. Meißen. Ich warte wie alle anderen auf die Post, auf ein Wunder, auf die Eisenbahn und im besonderen auf Dich.

Immer bei Dir
Deine Mutter.

I. 13. „Alles überstanden"

Herta Baumgärtel (Dresden-Trachau) an Gertraude Baumgärtel (Erfurt)
Brief, 7. 5. 1945
1 Blatt A5, handschriftlich mit Bleistift beschrieben

Mein liebes liebes Tölchen!   7. Juni 45

Vielleicht glückt es, daß diese Zeilen Dich erreichen. Wir wissen von Dir gar nichts. Wir leben alle und haben alles überstanden. Schön war es nicht. Von Fritz wissen wir noch nichts. Mims ist wieder in Meißen, sie hat ihre Sachen zum Teil eingebüßt. Wir wohnen jetzt nicht in Radebeul, sondern bei Losch in Trachau, Dopplerstr. 5, in einem Zimmer, da in R. die R sind. Einige Sachen haben wir mitnehmen können, aber vieles eingebüßt. Die Lütte ist munter und vergnügt, klettert und läuft, aber redet noch nichts, ist aber sehr schlau. Ich arbeite wieder bei der kamag, wir müssen allerdings erst aufräumen und von vorn anfangen. Gesundheitlich gehts uns allen gut, mit dem Essen hats bis jetzt auch noch geklappt.

Wenn Dich dieser Brief erreicht, setze Dich bitte mal mit der Nichte einer Kollegin, Dr. Gertrud Boden, Erfurt, Spicherer Str. 9 bei Dr. Fleckner in Verbindung und sage dort, bei ihren Eltern mit Tante, bei Patschkes und Puchernas sei alles in bester Ordnung. Vielleicht hast Du bald mal Gelegenheit, über einen heimkehrenden Soldaten uns Nachricht zu geben. Wir sind sehr in Sorge, wie es Dir gehen mag, hoffen aber, daß Du alles gut überstanden hast.

Mit allerherzlichsten Grüßen von uns allen
Deine Addel

14. „Aber wir wollen hoffen, daß unsere Unglückssträhne zu Ende ist"

Herta Baumgärtel und Annelies Himmstädt (Dresden) an Gertraude Baumgärtel (Erfurt)

Mein liebes Tölchen!   Dresden, 29. Juni 1945

Vielleicht glückt es, daß Dich dieser Brief erreicht und vielleicht haben wir das Glück, daß wir auch von Dir etwas erfahren können. Ich schrieb neulich schon einmal an Dich, weil Gelegenheit durch einen Ausländer war. Falls Du diesen Brief nicht bekommen hast, schreibe ich Dir über unser Schicksal dann noch mal alles. Aber zuerst mal die Frage nach Deinem Erleben. Wir sind sehr in Sorge um Dich, hoffen aber doch, daß es Dir den Umständen entsprechend ergangen ist und Du wenigstens gesund geblieben bist. Das können wir von uns auch sagen, aber sonst hat es uns ganz hübsch mitgenommen. Die letzte Nachricht von Dir war wohl die Mitteilung, daß Du die Angriffe von Ende März überstanden hattest. Was hinterher kam, wissen wir nicht.

Wir haben am 17. April noch einen Angriff auf Dresden gehabt, der uns aber nichts tat. Am 8. Mai kamen die Russen, also gerade zum Waffenstillstand!! Erst bliebs bei uns ganz ruhig, aber am 10. Mai vormittags kamen sie zu uns, und wir mußten binnen kurzem aus der Wohnung raus. Wir nahmen mit, was wir auf einem Leiterwagen und im Kinderbettchen fortbrachten, ließen eine ganze Menge uns inzwischen geschenkter und gekaufter Sachen zurück. Die erste Nacht verbrachten wir eine Straße weiter bei Bekannten von Hähnels, die aber auch am Freitag früh räumen mußten. Wir zogen also wieder auf die Straße und nach vielem Überlegen zu Frau Aschinski nach Trachau. Dort haben wir nun 7 Wochen verbracht, die alles andere als schön waren. Und seit gestern haben wir nun eine Wohnung, das heißt zwei möblierte Zimmer mit Küchenbenutzung. Bis jetzt gefällts uns sehr gut, aber es ist ein sehr schönes Haus, so daß wir wieder Angst haben, daß uns die Russen eines Tages auch hier raussetzen, aber wir wollen hoffen, daß unsere Unglückssträhne zu Ende ist. (…)

Nun zum Schluß alles Gute, mein Tölchen. Hoffentlich bekommen wir von Dir recht bald gute Nachricht. Für heute die allerherzlichsten Grüße

Deine Addel

I. 15. „Nichts zu essen, 15 Stunden am Tag Arbeit"

Dora Baumgärtel (Dresden) an Gertraude Baumgärtel (Erfurt)

Postkarte, undatiert, handschriftlich mit Tinte beschrieben, abgestempelt: Dresden-Blasewitz, 25. 8. 45, 12 Uhr)

M. lbs. Trdl.!

Ich will die Gelegenheit benutzen, falls mal wieder nicht geschrieben werden darf. Es ändert sich ja alles schnell. Von Dir hörte ich nichts seit 21. 7. Mir geht es hier sehr schlecht. Ganz liederlicher Dreck. [...], nichts zu essen, 15 Std. am Tage Arbeit, nie eine freie Stunde. Nun wartete ich 4 Wochen lang zwischen Koffern und herumlieg. Zeug auf das versprochene kl. Zimmer u. nun soll es noch mal 4 Wochen dauern. Wer weiß, was dann wieder kommt. Ich glaube nicht, daß ich es so lange aushalten kann, Du wirst mich wohl kaum noch vorfinden, wenn Du mal kämest. Alles Geld ist auch weg u. verdienen kann ich ja kaum mehr! Leb wohl!

Immer D. M.

I. 16. „Noch leben wir, aber das ist auch das einzige"

Dora Baumgärtel (Dresden) an Gertraude Baumgärtel (Erfurt)

Postkarte, undatiert, handschriftlich mit Tinte beschrieben, abgestempelt: Dresden, 28. 8. 45

Es muß ertragen werden, bis es nicht mehr geht. Wie lange sind die Besatzungstage, von denen Du schreibst u. was liegt alles zwischen ihnen und heute. Noch leben wir, aber das ist auch das einzige. Wir warten nun stdl. auf Dich! Ob Du kommst? Ob Du unterwegs bist? Oder ob Du alles aufgeben mußtest? Raten und bitten kann man da nicht, aber Du weißt schon, wie wir uns freuen würden. Natürlich müßtest Du genau wissen, daß Du zurück kannst! Sonst wäre es ja schrecklich wegen Deiner Sachen. Wegen hierbleiben würde ich mich ja trotzdem freuen. Aber, aber – alles hat 2 Seiten. Erst müssen wir uns mal aussprechen, damit der Briefwechsel wieder ins Geschicke kommt.
Leb wohl für heute, D. M.

I. 17. 105 Tage und Nächte – Tagebuch

11. u. 12. Februar 1945
Zu Hause gepackt. Russen nördl. Bunzlau, morgens i. Labor, Stimmung auf dem Nullpunkt. Die Russen sollen i. Kohlfurt sein. Geschützfeuer zu hören?
Die Elbbrücken sollen fertig zum Sprengen sein.
Wehrm.-Bericht: Östl. Sagan, Richtung Berlin?
Abends mit Ruth am Telefon. Handwagenfuhre besprochen. Taschen für Sparkassenbücher genäht.

13. Februar 1945
Wehrm.-Bericht: Nördl. Sagan. In der Nacht 2 Terrorangriffe, die Stadt brennt.

14. Februar 1945
morgens zur Quartierung. Oberstleutnant mit Frau. Mittags 3. Angriff. Haus brennt, gelöscht, ausgeräumt, im Keller geschlafen.

15. Februar 1945
zur Hausgraben ... (?)
drüben geschlafen
4. Angriff, Hofmühle.

18. Februar 1945
morgens Post nach Cotta gebracht.
Mit Mutti zum Institut gelaufen, nichts als Trümmer. Heimzu mit Pferdefuhrwerk gefahren.

19. Februar 1945
Flaktr. Licht u. Radio ist wieder da, dauernd Alarm

24. Februar 1945
Brief nach Cotta gebracht. Frl. Merper da.

25. Februar 1945
Silberne Hochzeit. Zum Mittelzimmer Tischchen aufgebaut. Nachmittags Korallen geholt.

26. Februar 1945
Mit Tatti bei Madaus durchs Gehege übergefahren. Frau Schade (?) getroffen. Zu Hause war Inge.

27. Februar 1945
das erste Mal Post bekommen, zwei Briefe.

28. Februar 1945
Mutti krank, Rippenfellentzündung

1. März 1945
Brief nach Cotta gebracht, nachmittags

2. März 1945
Morgens fürs Institut Maschine geschrieben, Angriff. Kühlhaus brennt, Neustadt

3. März 1945
Mit Mutti bei Schneesturm zu Heinich (?) gelaufen. Anzug geholt. Alarm. Heimzu Frühlingswetter. Abends herrlicher Sternenhimmel, Alarm.

4. März 1945
Nachmittags: Mittelzimmer. Gedichte gelesen, kein Alarm, kalt u. stürmisch.

6. März 1945
Ungers Auto fahrbereit nach Wilsdruff, kein Alarm.

7. März 1945
Auto wieder fahrbereit, kein Alarm.

10. März 1945
Morgens Prof. Vogel u. Tatti hier. Post gek.

11. März 1945
zu Haus, gestopft, gelesen

12. März 1945
Nachmittags Inge da. Auf d. Magdeburger Str. verabschiedet. Tatti getroffen.

13. März 1945
den ganzen Tag Maschine geschrieben

14. März 1945
Morgens gewaschen, dann Schlachthof, Rabatt für Inge abgegeben.

15. März 1945
Bei herrlichem Wetter durchs Gehege zu Madaus. Zentralblatt 1939 gewälzt, mittags Alarm.

16. März 1945
Post bekommen. Nachmittags auf d. Amts Gruppe u. Fahrbereitplatz wegen Auto.

17. März 1945
Morgens Alarm, nachmittags bei Zieglers wegen Auto, erfolglos geschrieben.

18. März 1945
zu Hause. Wegen Kronach beraten. Wehrm.-Ber. schlecht. Koblenz verloren.

19. März 1945
Bei Madaus, Alarm

20. März 1945
Nach Strehlen gelaufen zur NSKK. Auto frei bekommen

21. März 1945
zu Hause, 3 x Alarm

22. März 1945
zu Hause, herrl. Wetter. Kämpfe in Mainz, Bingen, Worms

23. März 1945
Bei Madaus, herrl. Wetter, Alarm

24. März 1945
zu Hause, herrl. Wetter
Nachmittags geschrieben, viel Alarm

25. März 1945
Herrliches Frühlingswetter. Nachmittags mit Mutti bei Thieles gewesen, nachgesehen

26. März 1945
Herrliches Wetter, bei Madaus, 2 x Post gekommen

27. März 1945
Zu Hause, geschrieben, 3 Briefe gekommen, im Garten gegraben

28. März 1945
Zu Hause, gegraben

29. März 1945
Bei Madaus, vorher auf dem Eierwirtsch.-Verband in Kötzschenbroda

30. März 1945
Morgens im Garten abgetreten, 2 Briefe gek. Nachmittags geschrieben
Karfreitag

31. März 1945
Zu Hause. Hersfeld ist im Wehrmachtsbericht genannt worden. Nordwestl. davon sind Kämpfe

April 1945

1. April 1945
Den ganzen Tag am Lautsprecher. In Hersfeld Häuserkämpfe
Ostersonntag

2. April 1945
Morgens Hühner gefüttert, geschrieben

3. April 1945
Gegraben

4. April 1945

5. April 1945
Bei Madaus. Im Gehege nachmittags Gewitterstimmung

6. April 1945
Auf der Vermißtenzentrale, Milch geholt

7. April 1945
Bei Frl. Wehrmann, dann bei Hermanns
herrl. Wetter

8. April 1945
Morgens mit Mutti in der Kirche. Herrliches Wetter, Heinz gekommen. Morgens im Gehege, nachmittags im Zschonergrund. Abends alle im Silo geschlafen.

9. April 1945
Morgens wegen der Fahrt nach Kitwitz (?) beraten (Mittelzimmer)
Nachmittags Heinz wiedergekommen. Zug verpaßt

10. April 1945
Morgens mit Heinz im Gehege. Herrliches Wetter. Nachmittags Heinz endgültig abfahren

11. April 1945
Morgens an Heinz geschrieben. Nachmittags Hamburger Straße Monopolverwaltung. Herrliches Wetter

12. April 1945
Bei Madaus

13. April 1945
Bei Madaus Käse untersucht. Panzerspitzen in Leipzig? Borna? Herrliches Wetter

14. April 1945
Lebensmittel in den Silokeller geschafft. Werferbatterien auf der Bremer Str., Telefonleitung auf den Silo gelegt. Brücken gesperrt. Nachmittags mit Mutti in Cotta auf d. Post. Abends im Garten. Herrliche Baumblüte

15. April 1945
Die Amerikaner im Anmarsch. Nachmittags mit Mutti auf dem Silo.

16. April 1945
Herrliches Wetter, Baumblut

17. April 1945
³/₄ 2 h Angriff, Speicher im Hafen brennen. Abends Zucker und Studentenfutter geholt. Im Haus wenig Schaden. Soldaten kommen in d. Silo

18. April 1945
Alarm
(in den Kalender eingedruckter Gedenktag: 1941 Kapitulation d. jugoslaw. Wehrmacht. Einreihung d. zehnjährigen in Jungvolk u. Jungmädelbund)

19. April 1945
Die Russen vor Bautzen, Amerikaner in Döbeln, Roßwein?
Nachmittags Frau Krebs da. Flucht nach Prag?

20. April 1945
Nachmittags Kleinalarm. Tiefflieger über dem Silo.
rübergerannt
1889 Geburtstag Adolf Hitlers

21. April 1945
Kein Alarm, morgens und mittags gebacken. Alles in den Silo
geschafft. Abends Soldaten da. Klavier gespielt.

22. April 1945
Russen in Königsbrück u. Bischofswerda, Grünberg
Gerüchte über Waffenruhe u. Verhandlungen mit Ameri-
kanern

23. April 1945
Die Russen sind eingetroffen. Eisenhower in Dresden?

24. April 1945
Amerikaner in Wilsdruff? Russen in Meißen.
Zeugnis und Kündigung gebracht.

25. April 1945
Russen bei Riesa die Elbe erreicht. Abends Klavier gespielt.
Mondscheinsonate

26. April 1945
Morgens bei Bramsch wegen Anstellung gefragt. Nachmittags
Eßzimmermöbel rübergebracht. Im Garten gewesen. Abends
wieder bei Bramsch

27. April 1945
Zu Hause die Lage verhältnismäßig ruhig.
1941 Einmarsch in Athen

28. April 1945
Morgens bei Bramsch. Günstigen Bescheid geholt. Gegen
Abend und die ganze Nacht Artilleriefeuer zu hören. Meißen
wird beschossen. Abends Stoffe gekauft.

29. April 1945
Ari-Feuer von Meißen gehört. Dresdner Ari Probeschießen

30. April 1945
Morgens zu Hause. Nachmittags in Cotta Pflanzen geholt.
Anschließend bei Englers.

1. Mai 1945
Bei Bramsch angefangen.
Biologische Wasseruntersuchung

2. Mai 1945
Bei Bramsch

3. Mai 1945
Bei Bramsch

5. Mai 1945
Morgens bei Bramsch. Nachmittags mit Mutti in der Apotheke.
Flüchtlinge getroffen. Ari-Feuer gehört

6. Mai 1945
Morgens Ari-Feuer stärker. Nachmittags alles für die Flucht
gepackt. In der Ferne Trommelfeuer

7. Mai 1945
In Zweifel, ob fliehen oder bleiben. Mittags Soldaten abgerückt. Nachts im Silokeller auf Strohsäcken geschlafen

8. Mai 1945
Stalinorgel! Morgens in Gaskammer versteckt?
Mittags die ersten Russen gesehen.

9. Mai 1945
Meist in der Küche aufgehalten. Gerüchte, Amerikanische?

10. Mai 1945
In der Mühle, in der Küche
Himmelfahrtstag. 1940 Deutscher Angriff über die Westgrenze

11. Mai 1945
Russen besetzen das Haus. Von einem Mühlenfenster alles
beobachtet.

12. Mai 1945
In der Mühle auf dem Walzenboden angefangen, auf Appell
gewartet. Herrliches Wetter

20. Mai 1945
Pfingstsonntag – Muttertag
Nachmittags im ? gestopft.

22. Mai 1945
Frühschicht

23. Mai 1945
Die ganze Woche in der Mühle Fenster geputzt.

24. Mai 1945
Abends gelesen – Kriminalromane

25. Mai 1945
usw.!! Im Haus mit Reinemachen angefangen

26. Mai 1945
Die Russen sind aber immer noch drin

Anm.: Es handelt sich hier um lapidare Einträge in einen Terminkalender des Jahres 1945. Besonders aufschlussreich der Kontrast zwischen den handschriftlichen Notizen und den vorgedruckten Gedenktagen

I. 18. „Weiße Fahnen herausgehangen" – 89 Tage eines Kindes

Kalender 1945 von Gisela Scheibe, 8. 4. 45 von Vati

Dienstag 13. Februar, Fastnacht
Terror Angr. alles verloren
nachts zum 14. zu

Mittwoch 14. Februar, Aschermittwoch
15, 16, 17, 18, 19, 20, 21 => Angriff, Angriff

Freitag 2. März
Zwickau, Lothar Streitstraße 12 angekommen

Montag 5. März
Angriff

Mittwoch 7. März
Annelies habe ich geschrieben; Brief

Donnerstag 8. März
Dr. Sippels angekommen

Sonnabend 10. März
Abends ³/₄ 9 – ³/₄ 10 Voralarm
(unleserlich)

Notizen
Dr. Kies Arzt. Hals.
Bahnhofstraße

Sonntag 11. März, Heldengedenktag, Opfersonntag
Gisela Geburtstag
20 RM. ein Lichtel angebrannt, Gutes Essen

Montag 12. März
Halsschmerzen
Abends Voralarm
Nachmittags ~

Mittwoch 14. März
Nachmittag
Voralarm
Abends Alarm

Donnerstag 15. März
Nachmittag u. Abends Alarm
Eilkarte zurückgekommen

Freitag 16. März
Tante Trudel geschrieben
nachmittags Voralarm und
Abends Alarm

Sonnabend 17. März
Mittags Alarm, Halsschmerzen weg

Notizen
20 RM. 1 Licht. 1 Hemd, 6 Buntstifte. Lotte und
Karten, Schachtel mit Marzipan, Stachelbeerkompott

Sonntag 18. März
Konfirmation
Mittags Voralarm
Portmoné bekommen.

Montag 19. März
Schwerer Angriff auf Zwickau
Dienstag 20. März
Alarm

Mittwoch 21. März, Frühlingsanfang
Alarm

Donnerstag 22. März
Brief von Sigrid bekommen
Alarm

Freitag 23. März
Sigrid geschrieben

Sonntag 25. März
Alarm
Vati nach Dresden gefahren mit Laster

Montag 26. März
Reichenbach angegriffen

Dienstag 27. März
Vati wiedergekommen
Voralarm

Mittwoch 28. März
kein Alarm

Donnerstag 29. März
Voralarm
Olaf

Freitag 30. März, Karfreitag
kein Alarm

Sonnabend 31. März
Alarm

Sonntag 1. April, Ostersonntag
Voralarm

Montag 2. April, Ostermontag
Voralarm

Dienstag 3. April
Sigrid hat geschrieben

Mittwoch 4. April
Alarm

Donnerstag 5. April
Alarm

Freitag 6. April
Alarm

Sonnabend 7. April
Voralarm
Sigrid geschrieben

Sonntag 8. April
Nur Voralarm und Alarm (?)

Montag 9. April
Nur Voralarm und Alarm

Dienstag 10. April
Sigrid
Nur Voralarm und Alarm

Mittwoch 11. April
Angriff auf den Zwickauer Bahnhof und Fabriken

Donnerstag 12. April
Alle weggefahren (Gerloff, Fribel, Brüggemann, Werner, Mürzel)

Freitag 13. April
Panzeralarm

Sonnabend 14. April
Artilleriebeschuß auf die Stadt

Sonntag 15. April
Artillerien
Artilleriebeschuß, Panzeralarm, Nachts im Keller

Montag 16. April
Verstärkter Beschuß
Nacht im Keller

Dienstag 17. April
17.45, von dem Terror erlöst,
Amerikanische Besetzung
schöner Moment

Freitag 20. April
weiße Fahnen herausgehangen

Montag 23. April
Vati ins Geschäft

Dienstag 24. April
Hitler in Berlin

Sonnabend 28. April
Amerikaner rausgeschmissen.
Jetzt auf dem Dachboden b. Grimm

Montag 30. April
Vateli
Hitler gestorben (Selbstmord)

Mittwoch 9. Mai
Frieden

Sonnabend 12. Mai
Amerikaner sind weg.

II. Schreiben und Überleben

II. 1. „Um Euch bange ich oft"

Gertraude Baumgärtel (Erfurt) an Dora Baumgärtel (Meißen)

Mein liebes Mimslein!   Erfurt, 4. 2. 45

Heute soll nun endlich der vorgesehene Brief werden. Den ich vorigen Sonntag im Nachtdienst schrieb, hast Du hoffentlich bekommen. Diese Woche erhielt ich nun von Dir den Brief mit der großen Überraschung. Ich habe, ehe ich ihn aufmachte, immer befühlt und versucht rauszubekommen, was das Päckchen drin wohl sein möge, aber auf diese köstliche Idee: Schokolade! bin ich nicht gekommen. Ich habe sie erst mal vor mich hingelegt und paar kleine Knapperchen

davon abgebissen und so ganz langsam mit Genuß im Munde zergehen lassen. (...) Von meinem teuren Schwager bekam ich gestern Neujahrsgrüße. Abgestempelt in Linz am 27. 12. 1944, über 5 Wochen.

Nun für heute Dir recht herzliche Grüße und alles Gute von Deiner Traudel

II. 2. „Wie ist in Dresden die Stimmung?"

Gertraude Baumgärtel (Erfurt) an Annelies Himmstädt (Dresden)

Postvermerk: „Unzustellbar zurück"; Handschriftlicher Vermerk: „unanbringlich!"; „15. Aug. 45 zurückbekommen"

Meine liebste Amsel!   Erfurt, 8. 2. 45

Gestern bekam ich Deinen ersehnten Brief, habe recht vielen Dank. Das hier ist noch nicht die richtige Antwort drauf, nur ein Lebenszeichen. Gestern, als thüringisch-sächsisches Gebiet bombardiert wurde, ist in Erfurt nichts gefallen. Ich bange aber auch um Euch, denn sie flogen immer weiter Ost, also in Eurer Richtung. Chemnitz haben sie ja bombardiert, also hoffe ich stark, daß Dresden nicht. Hoffentlich habt Ihr mir schon geschrieben. – Um uns rum ist Thüringen schwer angegriffen, vor allem Bahnhöfe und Land in der Nähe der Bahnhöfe. Bhf. Gotha schwer, Bhf. Arnstadt und Stadt, auch Bhf. Apolda, sonst Gera, bei Ilmenau, Meiningen, Hildburghausen und verschiedenes andere, aber davon weiß man noch nichts Näheres. Frl. Rex war gestern gerade in Arnstadt und war erschüttert. V. Bahnhof gehen keine Züge, sie mußte erst eine halbe Stunde laufen und kam spät in der Nacht. Das Licht war bei uns paarmal weg u. wir erwarteten alle, daß Eft. mit drankäme. Aber sie heben es sich wohl noch f. besonderes auf. Wie ist in Dresden die Stimmung wegen des Ostens? Meinen anderen Brief hast Du sicher bekommen. Am Tag nach dem ich ihn schickte, kam eine Karte von Deinem Fritz aus Linz mit Neujahrsgrüßen!! Abgest. am 27. 12. 44, ist über 5 Wochen gegangen. –

Anm.: „Die Stimmung wegen des Ostens": die Rote Armee stand bereits östlich von Görlitz und es kursierten Gerüchte über eine Räumung von Dresden.

II. 3. „Vielleicht der letzte Brief"

Dora Baumgärtel (Meißen) an Gertraude Baumgärtel (Erfurt)

Mein liebes Tölchen!   Meißen, 11. 2. 45

Vielleicht ist dies der letzte Brief, den ich an Dich schreiben kann. In mir ist alles durcheinander. Die Russen sind ja schon ganz nahe, sollen schon in Liegnitz sein, in Meißen sind schon Gräben ausgeworfen worden. Tag und Nacht kommen die Flüchtlinge, lange, endlos lange Trecks, viel Elend zu sehen und zu hören. Diese Leute konnten noch flüchten, wo aber sollen wir hin? Wir armen Sachsen, bis jetzt am geschütztesten in der Mitte des Reiches, sind wir nun hilflos den wüsten Horden ausgeliefert. Anstatt das Volk zu beruhigen und zu ermutigen vor allem, schreiben sie in den Zeitungen noch täglich von den unerhörtesten Grausamkeiten. Ich persönlich werde natürlich nicht flüchten, für mich ist ja auch später nichts mehr zu erwarten und ansehen, wie sie vielleicht meine Kinder und unsere Lütte quälen und martern, dazu fehlt mir die Kraft. Für mich liegt ein Ende Strick bereit. Tag und Nacht mache ich mir die bittersten Vorwürfe, daß ich Kinder bekommen habe, aber es war damals doch tiefster Friede und kein Mensch konnte nur im entferntesten ahnen, daß es uns einmal so gehen könnte. Das sage ich mir ja auch 100 mal am Tage und doch hören die Selbstvorwürfe nicht auf. Aber wissen, was geschehen könnte, womöglich es noch mit ansehen und nicht helfen können, das kann ich nicht. Zu allem lese ich gerade noch ein baltisches Buch, das paßt schlecht zu den jetzigen Tagen. Vielleicht ist heute unser aller letzter Sonntag, vielleicht geht es auch noch eine Weile so weiter, Qual ohne Ende, vielleicht geschieht ein Wunder, ich wüßte nicht, was uns noch retten könnte. Drauf warten und hoffen, daß gerade wir paar aus dem Chaos übrigbleiben, darauf kann man nicht hoffen. Ihr seid jung, Ihr könnt auch nach schrecklichem Erleben weiterleben, aber jemand wie ich nicht mehr. Alles flüchtet nach Thüringen, wenn Dresden wirklich geräumt werden sollte, würde Ali auch in einen Flüchtlingszug müssen und könnte nicht direkt zu Dir, vielleicht hätte man es schon etwas eher tun müssen, aber nun wird es privat nicht mehr gehen. Aber unterwegs ist wohl immer noch Möglichkeit, weil sie ja froh sein müssen, wenn welche bei Verwandten unterkommen und sie weniger Sorgen haben. In mir dreht sich alles, ich weiß nicht mehr weiter. Aber Du sollst es wenigstens wissen, Herta hört über-

haupt nicht drauf, wenn andere Menschen etwas sagen, sie ist völlig fertig mit sich, nur DRK, und Ali hat das Kind. Aber ich will Dir das Herz nicht schwer machen, man hat ja schon manchmal gedacht, es geht nicht weiter und es ging doch weiter. (…)

Mein Radio ist auch verstummt, es ging nicht mehr, ich hatte die Postentstörung da, aber es lag an der einen Röhre und ich brachte es zur Reparatur. Sie sind hier alle viel entgegenkommender, die Läden, lange nicht so frech wie in Dresden, aber es wird doch eine Weile dauern.

Nun muß ich aufhören, sonst wird der Brief zu dick, darum lebe herzlichst wohl und falls es mein letzter Brief sein sollte, ich habe Dich immer sehr lieb gehabt, trotz allem auch in den letzten Jahren noch. Lebt wohl.

Mutter/Mims.

II. 4. „Lebenszeichen"

Vorgedruckte Karte „Lebenszeichen", handschriftlich mit Tinte beschrieben
Hinweis: „Inhalt zugelassen höchstens 10 Worte Klartext"
Lebenszeichen von: Ali Himmstädt aus Dresden
Eilnachricht an: Gertraude Baumgärtel, Erfurt, Colmarer Str. 19,
Abgestempelt: Meißen, 15. 2. 1945, 10 Uhr

15. 2.
Alle 3 leben, Stadt weg, sind nahe Dresden Lager.
Mutter

II. 5. „Ob es überhaupt einen Zweck hat, Briefe zu schreiben"

Gertraude Baumgärtel (Erfurt) an Dora Baumgärtel (Meißen)
Stempel: „Auch bei TAGESALARM weg von der Straße und in den Schutzraum"

Meine liebe Mims!   Erfurt, 17. 2. 45

Wer weiß, ob es überhaupt einen Zweck hat, Briefe zu schreiben, ob Dich der Brief überhaupt jemals erreicht? Ich weiß von keinem von Euch, ob Ihr noch am Leben seid und ob Ihr die Wahnsinnsangriffe überstanden habt, sowenig wie ich weiß, ob ich morgen noch am Leben bin, oder was mein Schicksal ist u. wann es sich erfüllt. Ich habe Deine Briefe vom 11. bekommen, zwei Tage vorher, ehe der Wahnsinn auf unser armes armes Dresden einsetzte. Und es ist keine geringste Möglichkeit gegeben, etwas zu erfahren. Denn alle Verbindung nach Dresden ist ja abgeschnitten und Du wirst, falls Du nicht nach der ersten Angriffsnacht nach Dresden gefahren bist, d.h. wenn es da noch ging, auch abgeschnitten sein. Oder aber, Du bist mit in Dresden. Ich weiß nicht, ob Meißen mit angegriffen ist, man erzählt zwar davon, aber ich sitze hier mit gebundenen Händen und muß wer weiß wie lange auf eine Nachricht warten und wie wird die dann lauten.

Ich sitze nur immer da oder wache aus dem Schlaf auf und stelle mir die grausigsten Bilder vor und wahrscheinlich übertrifft die Wahrheit noch die schrecklichsten Bilder. Von diesem Elend, das in Dresden herrschen muß, kann man sich ja kein Bild machen. Die Bedrohung durch die Russen war doch wahrlich schon entsetzlich genug, und jetzt verblaßt das vor den Angriffen. Wenn ich denke, daß ich vielleicht als einzige von uns allen noch am Leben bin, könnte ich verrückt werden. Und wenn Du in Meißen bist und Herta u. Ali und unsere süße Lütte doch leben, was müssen sie da für ein Grauen aushalten, – oder die eine lebt und die andere nicht, es sind Gedanken, die man einfach nicht zu Ende denken kann. Und ich hier gehe meiner oft jetzt so bedeutungslosen Arbeit nach und kann absolut nichts unternehmen um zu helfen, wenn Hilfe noch möglich ist. Was hat uns alle der Krieg doch schon hart gemacht; daß man in solcher Situation noch nicht verrückt geworden ist, muß einen selbst wundern. –

Ich schreib Dir die Nummer von Topf auf, falls Du den Brief bekommst und irgendwann mal eine Möglichkeit hast, von Meißen aus anzurufen (25125). Einen klaren Gedanken kann ich nicht mehr fassen und wenn mir eine Nachricht eines Tages vielleicht das Schlimmste mitteilen sollte, dann liegt in dem Wissen, daß es mich auch jede Stunde treffen kann, beinahe ein Trost. Nur schnell soll es gehen.

Innigst Deine Traudel

II. 6. „Schreibe bitte bald recht ausführlich"

Herta Baumgärtel (Freital) an Gertraude Baumgärtel (Erfurt)

Eben lese ich mit Entsetzen, daß nun auch Erfurt im Wehrmachtbericht steht. Nun kommt zu dem eigenen Wirrwarr noch die Angst um Dich. Hoffentlich hast Du unsere Karte schon gehabt, so daß Du uns recht schnell schreiben kannst, zuerst über Mims natürlich, die ja jetzt unsere Anschriften hat. Vielleicht hast Du nun auch so Trauriges durchgemacht wie wir, aber wenn Du nur noch am Leben bist. Was ist mit Topf & Söhne? Das Leben ist jetzt wirklich nicht leicht, wenn man all das Elend überall sieht. Wenn Du kannst, schreibe bitte bald recht ausführlich.

Alles alles Gute und recht herzlichste Grüße
Deine Addel.

II. 7. „Mit großer Freude empfangen"

Elisabeth Hering (Berthelsdorf) an Flieger Günter Jäckel (Teil-Lazarett Waldbärenburg)
Ansichtskarte von Possendorf, Feldpost
Vermerk: Verlegt, zurück an Absender. Neue Anschrift abwarten

Lieber Günter!   B. d. 21. 2. 45

Soeben kam Dein lieber Brief, mit großer Freude empfangen. Wir sorgten uns alle sehr um Dich, doch erfuhr ich vorgestern, wo ich in Dresden war, und mir noch einmal meine liebe Sedanstr. ansah und einen Koffer von der Mommsenstr. holte, daß ihr im Erzgebirge seid. Ich bin nun vorläufig bei der guten Tante Lydia, mit Altners und Frl. Silbermann, die in Weißenborn sind, mit 2 Wagen hierher gegangen. Wir blieben in unserem sicheren Keller bis früh, dann im Garten. Eure Wohnung war da noch ganz, doch am Montag lag Schutt und Steine darin.

Vorläufig herzliche Grüße von Tante Lydia und Deiner Tante Lisel.

Anm.: Elisabeth Hering war etwa 65 Jahre alt, Besitzerin eines vierstöckigen Mietshauses Sedanstr. 6. Sie starb 1950 in bitterer Armut

II. 8. „Jeden Tag warte ich auf ein paar Zeilen"

W… Otto Velsa an Inge Rost (Dresden)
Feldpost

Meine liebste Inge   O. U. den 27. 2. 45

… den herzlichsten Dank für Dein Schreiben vom 4. 2.

Die Freude die Du mir damit bereitet hast, ist unbeschreiblich. Jeden Tag wartete ich auf ein paar Zeilen, jeden Tag nahm der Kummer und die Sorge um Dich mein Mädel zu. Du wirst mich vielleicht für sehr weichlich halten, was für unsere jetzige, schwere Zeit nicht das richtige ist. Aber Du wirst auch zugeben müssen, daß einem nicht leicht ums Herz sein kann, wenn man … im Radio die furchtbaren Bombenangriffe auf Dresden zu hören bekommt. Dazu kommen noch die einzelnen Gerüchte von Soldaten, die noch viel schauerlicher klangen, als die im Rundfunk.

Fast unmöglich kamen einem die ganzen Ereignisse dieser letzten Tage vor.

Noch zu Weihnachten konnte sich diese saubere Stadt ihrer Schönheit erfreuen.

Heute nun sind ihre Prachtbauten von geschichtlichem Wert zum größten Teile den Bomben zum Opfer gefallen.

Anm.: O. U.: Ortsunterkunft. Feldpostbriefe durften keine Ortsangaben enthalten. Vgl. auch II.16.

II. 9. „Dieses Warten nach einem Angriff ist doch furchtbar"

Annelies Himmstädt (Radebeul) an Gertraude Baumgärtel (Erfurt)

Meine liebe, liebe Traudel!   Radebeul, 4. 3. 45

Ich war ja so sehr froh, als gestern Nachricht von Dir kam. Deine rote Karte mit Deinem Brief vom 21. 2. zusammen, mir von Reichstädt hierher nachgeschickt.

Dieses Warten immer auf Nachricht nach einem Angriff ist doch furchtbar. Und ehe man die eine Nachricht hat, kracht's vielleicht schon wieder. Am Freitag war es so in Dresden wieder. Vormittags 10 Uhr. Herta hat Dir gleich eine Karte geschickt. Sie war auf einem Lazarettschiff in Klein-

zschachwitz, da hat's ins Hinterdeck getroffen. Gestern vormittag kam sie hierher nach Radebeul und da war gleich wieder Alarm. Sie war noch ganz kaputt von dem Schreck am Freitag. Und ich habe solch rasende Angst gehabt, als immer wieder neue Wellen von Fliegern über uns wegbrausten, es dauerte so lange, Bomben hörten wir auch krachen. Es ist wohl in Pieschen gewesen, Neust. Bahnhof, evtl. Grenadierkaserne. Es ist furchtbar, kaum fahren mit Müh und Not paar Züge wieder, zertrümmern sie schon wieder alles. – (…)

Gestern bekam ich auch eine Karte von meiner Schwiegermutter, deren Haus in Magdeburg hat's nun auch getroffen. Aber sie waren in […]dorf und haben doch noch die Sachen, die sie dort hatten. Sie schreibt ganz verzweifelt. Von Fritz hab ich noch nichts bekommen. Bis dorthin braucht ja die Post sicher sehr lange und inzwischen ist Linz schon zweimal angegriffen worden. Es ist alles so furchtbar. Von Tante Ilse ist nichts zu finden. Sie wird wohl nicht mehr am Leben sein. Wolfgang Rosenthal ist aus der Franklinstraße durchs Feuer um halb Dresden herum durch die Heide über Hellerau, Moritzburg nach 3 Tagen in Skäßchen gelandet, war 2 Stunden dort, ehe seine Mutter kam, die in Dresden nach ihm gesucht hatte.

II. 10. „Einer von drei geretteten Briefbogen"

Herta Baumgärtel und Annelies Himmstädt (Radebeul) an Gertraude Baumgärtel (Erfurt)
2 Blätter A6 mit Aufkleber „Herta Baumgärtel, Dresden-A. 1, Struvestr. 2", und 2 Blätter A5-Stenogramm-Heft, handschriftlich mit Bleistift beschrieben. Jede Seite des Stenogramm-Hefts ist unten mit einem Aufdruck versehen: „Feldpostanschriften deutlich schreiben", „Fernsprechleitungen überlastet – fasse Dich kurz", „Postleitzahl, Freimarke, Absender nicht vergessen"

Herta Baumgärtel
Dresden A. 1, Struvestraße 3

Mein liebes Tölchen!   Radebeul, 16. III. 45 – 18. III. 45

Dies ist einer der drei geretteten Briefbogen dieser Art, alle anderen sind hin, auch die süßen kleinen Figuren von Dir. Immer wieder fällt einem plötzlich etwas ein, was weg ist. Aber das ist ja unwesentlich. Das Wichtigste ist, daß wir leben und vor allem gesund sind. Die Sorge umeinander werden wir ja in den nächsten Wochen oder Monaten nicht loswerden, denn wer weiß, was uns noch alles Schreckliches erwartet. Vielleicht ist aber auch das Schreckliche vorbei, und es wird auch im Deutschen Reich in der Politik bald Frühling. Bei dem schönen Frühlingswetter heute könnte man das beinahe glauben. (…)

Sei froh, daß Du Dresden nicht sehen mußt, es sieht einfach entsetzlich aus. In Leipzig u. Magdeburg war es längst nicht so schlimm, vor allem weil man ja in Dresden jedes Haus und jede Straße kennt bezw. gekannt hat. Ich bin jedesmal ganz fertig, wenn ich das alles immer wieder sehe. (…)

Heute zum Sonntagmorgen haben wir den uns so lieb geschickten Schinken verspeist und dabei an Dich gedacht. Bei uns ist jetzt die Zeit auch so alarmreich wie bei Euch, meist vormittags oder mittags und dann abends gegen 9-10, so daß man immer mit dem Zubettgehen warten muß. Allerdings ist dann die Nacht über immer ruhig gewesen, so daß wir uns jetzt nachts wieder ausziehen, nachdem die ganzen ersten Wochen angezogen geschlafen wurde. Es ist aber eine ewige Unruhe und Angst, teils vor Angriffen, teils vor den Russen. Augustus- und Marienbrücke sind für den Fahrverkehr vollkommen gesperrt, weil sie mit Panzersperren zugemauert sind. Auf allen größeren Straßen, auch hier in Radebeul, werden solche Dinger gebaut. Zum Glück sind sie ja in unserer Richtung etwas zurückgedrängt worden. Wie wird noch alles werden? Für das geschickte Hemd recht schönen Dank. Wenn Dirs gelingt, paar Briefbogen u. Umschläge aufzutreiben, wäre ich Dir sehr dankbar. Meine 500 gehamsterten Umschläge und das viele Schreibpapier ist alles hin.

Nun noch mal alles alles Gute für die Zukunft und schreibe bald wieder, wie Dirs geht und wie Du lebst. Hoffentlich können wir uns doch recht bald mal wiedersehen. Für heute die allerherzlichsten Grüße.

Deine Addel

Meinen kleinen lieben Füller hatte ich gerettet und vor einiger Zeit aus der Manteltasche verloren. Das wurmt mich mehr als manches andere.

II. 11. „Ich schreibe an Dich in weite Ferne"

Dora Baumgärtel (Meißen) an Gertraude Baumgärtel (Erfurt)

Mein liebes Traudel!   19. 3. 45

Ich schreibe an Dich in weite Fernen. Ich schreibe Dir seit 4 ½ Wochen Briefe, ohne noch je eine Antwort zu haben. Natürlich hast Du geschrieben, aber ich bekomme nichts. Vielleicht auch bekommst Du nichts von mir. Aber trotzdem, würdest Du doch einmal schreiben! Geschrieben nach Radebeul hab ich, und noch kam keiner. Ich möchte immer wieder dasselbe schreiben, weil ich ja gar nicht weiß, ob Du es je gelesen hast. Was gäbe ich drum, ich könnte einmal nach Erfurt kommen, mit Dir zu reden. Oder noch besser, Du könntest einmal herkommen. Heute vorm. hatte ich plötzlich die absurde Idee, Du würdest am 21. 3. hier sein wollen. Vielleicht nähme Dich ein Topf'sches Auto mit, wenigstens 1 Stück weit. Oder was man so auf einmal sich für dummes Zeug ausmalt, wenn man etwas so gerne möchte. (. . .)

Seit so viele Flüchtlinge in Thür. u. Franken sind, kommt dieses eben dran. An der richtigen Stelle merkt man das anscheinend nicht. Wenn ich doch endlich mal 1 Brief von Dir bekäme, Tag um Tag vergeht, an jedem hoffe ich von neuem. Auch durch so etwas wird man zermürbt. Bitte, schreibe!!!
Mutter.

II. 12. „Schriftstücke unter Verschluß halten: Feind liest mit"

Herta Baumgärtel (Radebeul) an Gertraude Baumgärtel (Erfurt)

4 Blätter A5-Stenogramm-Heft, handschriftlich mit Tinte beschrieben. Jede Seite des Stenogramm-Hefts ist unten mit einem Aufdruck versehen: „Pst! Feind hört mit", „Schriftstücke unter Verschluß halten: Feind liest mit", „Der Feind folgt dir wie ein Schatten", „Halte dein Stenogrammheft stets unter Verschluß", „Stenogrammblätter gehören nicht in den Papierkorb", „Auch Fahrlässigkeit bedeutet Verrat", „Drei Kriegsgebote: Vorsicht, Gewissenhaftigkeit, Verschwiegenheit"
Vermerk: „am 11. Aug. 45 erhalten"

Mein liebes Tölchen! Radebeul, 3. April 45

Mir fällt das Schreiben immer wieder schwer, weil ich meinen lieben kleinen Füller nicht mehr habe, zum Bleistiftspitzen keinen Spitzer, und nur mit einer alten Feder v. Tante Else schreiben kann. Damit hast Du schon verschiedenes, was ich dringend brauchen kann. Schreibpapier langt fürs erste. Als ich die hübschen kleinen Briefbogen von Dir bekam, habe ich bald geheult (bald, denn um Sachen will ich nicht heulen). Hab recht vielen Dank dafür, auch von den Fotos von der Lütten habe ich die doppelten bekommen. Daß Du so lieb von Deinen Sachen schickst und von anderen organisierst, dafür herzlichsten Dank.

Inzwischen ist ja die Sorge um die Sachen schon wieder in den Hintergrund getreten und die ums Leben tritt in den Vordergrund. Daß die Amerikaner, wie aus Deinem heute eingegangenen Brief ersichtlich ist, Erfurt schon so nahe sein sollen, ist ja kaum glaublich, und am 13. II. hatten wir besprochen, daß Ali vor den Russen zu Dir kommen sollte. Was muß das deutsche Volk bloß alles durchmachen, und wie wird noch alles enden. Und dabei blüht es hier draußen so schön und die Vögel singen, daß man sich gar nicht vorstellen kann, daß die Menschen absichtlich so viel Leid sich gegenseitig antun. An sich sind wir hier auch bei Alarmen ruhiger geworden, vor allem, da auch hin und wieder ein Tag ohne Sirenen vorkommt. Sicher ist man heute nirgendwo und man kann als einziges sich wünschen, daß es schnell geht, wenn es einen erwischt. Das Schlimmste ist aber immer die Sorge umeinander. An Dich können wir nur noch in Sorge denken, und wenn ich nicht zu Haus bin, habe ich immer die Angst, daß sie mittlerweile nach Radebeul kommen und ich nicht da bin. Man kann sich jetzt nur noch Mut zureden und muß für jeden Tag dankbar sein, den man noch in Ruhe verbringen kann. (...)

Und nun, mein liebes Tölchen, halt die Ohren steif, und ängstige Dich nicht zu sehr, weder um uns noch um Dich. Ich sage mir oft: Sind wir aus dem Schlamassel vom 13./14. II. herausgekommen, wird uns das Schicksal auch weiterhin gnädig sein, und das gilt auch für Dich mit. Aber vielleicht kannst Du jetzt jeden Tag wenigstens einen kurzen Kartengruß schicken, und wir schreiben auch so oft wie möglich. Ali hat ja gestern an Dich geschrieben. Mims ist heute hier, und wir haben Deine letzten Briefe u. Karten, die sie jetzt alle bekommen hat, gelesen. Wir hoffen stark und zuversichtlich, daß Erfurt das Schreckliche erspart bleibt und daß sich doch noch

alles irgendwie zu einem einigermaßen guten Ende wendet, und wenn nicht, müssen wirs eben ertragen und sehen, wie wir mit allem fertig werden.

Für heute die innigsten Wünsche und Grüße
Deine Addel

II. 13. „Alle Sender kaputt, die Zeitung bringt nichts"

Dora Baumgärtel (Meißen) an Gertraude Baumgärtel (Erfurt)

Mein liebstes Tölchen! Meißen, 22. 4. 45

Ob Du all diese Briefe jemals bekommen wirst? Antwort kommt keine. Zurück kommt kein Brief. Wir denken, es wird v. Flugzeug abgeworfen. Heute, Samstag, sieht plötzlich alles etwas besser aus. Man spricht von Verhandlungen u. daß der neue Präsident der USA anderes wollte. Es soll 48 Std. Waffenruhe sein. Amtliches gibt es nicht, Radios sind verstummt, weil ja alle Sender kaputt sind, die Zeitung bringt nichts. Vor 6 Tg. sollte mein Lager hinüber nach Zaschendorf, heute kommt alles von der anderen Elbseite rüber auf unsere. Alles ist verrückt! Alle Menschen rennen woandershin, ziel- und planlos. Plötzlich kann manches gekauft werden. Weiße Wäsche, Bettwäsche, Spielsachen. Ich kaufte eine Plätte, alle Lager u. Läden entleeren sich. Die Russen sollen in Königsbrück sein, Kamenz als letztes war amtlich, die Amerikaner zuletzt in Hainichen (wo Helmuts Lehrstelle war), Ottendorf bei Hainichen. Aus Cöln kamen 2 Briefe an verschiedene Stellen, Stempel: Britisch-Cöln. Alles ginge in Ordnung, Ernährung wäre gut. Ginge alles seinen Gang. Vielleicht ist das das Wunder, auf das wir warten: der neue Präsident. Wie ists in Erfurt? Man hört nichts mehr davon seit Weimars Fall, und wir denken, es ist umgangen worden und Ihr habt Ruhe??

Es ist ein furchtbares Leben, aber man wird abgestumpft und stur. Man kann nicht weiter denken als z. nächsten Stunde. Herta hat Dir wohl geschrieben, daß ihr am Dienstag, 17. 4. bei dem Angriff auf Dr.-Neust. nichts passiert ist. Tante Liesels Haus ist 1/2 kaputt, Möbel u.s.w. nichts passiert.

Ich denke immer an Dich, Kleines! Wenn Du doch endlich schriebest.

Innigst M.

II. 14. „Briefe wieder nach Halle, Leipzig, Chemnitz und – Dresden"

Gertraude Baumgärtel (Erfurt) an Dora Baumgärtel (Meißen)

Mein liebstes Mimslein!   Erfurt, 20. 7. 45

Vor zwei Stunden erfuhr ich zufällig auf der Post, daß Briefe wieder nach Halle, Leipzig, Chemnitz und (…) Dresden befördert werden. Nach fast vier Monaten können wir uns nun offiziell wieder schreiben!!! Ich hatte ja 2 x das Glück, inzwischen von Euch Nachricht zu bekommen und Ihr werdet nun auch durch Herrn Funke meinen Brief bekommen haben und wissen, wie es mir geht und daß ich alles überstanden habe und bei allem immer noch so mit einem blauen Auge davon gekommen bin. (…)

Daß ich vorige Woche nach Dresden wollte werdet Ihr ja nun sicher durch Herrn Funke wissen (brachte er auch das Päckchen für die Lütte mit?). Es war wohl Fügung, daß er gerade an diesem Tage kommen mußte und mir die Schrecknisse und Strapazen und Unmöglichkeiten vor Augen führen konnte. Wer weiß, wie es mir sonst gegangen wäre. Ich hatte beim Fahrkarte holen extra gefragt ob die Fahrt unterbrochen wäre (dann hätte ich zumindest keinen Koffer mitgenommen), und die Beamtin sagte mir: Sie müssen zuerst in Naumburg umsteigen und ich weiß nicht genau, ob Sie da direkt Anschluß nach Dr. haben oder erst nochmal in Leipzig umsteigen müssen. Das war am 7. Juli. Seit gestern!!! hängen Plakate aus, daß es unmöglich ist, nach Westen zu gelangen (bei Eisenach liegen Tausende von Menschen, die nicht weiterkommen) und daß es auch nach Osten kein Weiterkommen und keine durchgehende Fahrt gibt und die Menschen überall zu Tausenden festliegen. Wieviele Menschen haben sich in der Zeit auf den Weg gemacht und alles für umsonst erduldet, es ist eben auch zu Fuß ganz unmöglich, in von Amerik. oder Engl. besetztes Gebiet zu gelangen. Hier wird jetzt immer wieder gemunkelt, daß auch die R. wieder abziehen und als 3. Besetzung die Engl. herkämen. Ist ja egal, wer nun da ist. Helfen und bringen tut uns keiner was, in unserem spez. Fall nur wäre dann wahrscheinlich die Verbindung wieder schwieriger. –

II. 15. Feldpost

Feldpostbrief aus dem Osten, A5

Meine liebe Hannel!   26. 12. 44

Habe laufend Deine lieben Briefe bis Nr. 60 erhalten, habe für Deine große Geduld immer die Hoffnung obenaufzusitzen den besten Dank. Hatte Dir wohl schon geschrieben, daß ich wieder bei meiner alten Einheit bin. Nun gibt es wieder recht viel Arbeit und Ärger, denn die Pferde müssen dauernd in bestimmten Zeiten getränkt, gefüttert, geputzt werden, zugleich bin ich wieder als Fahrer eingeteilt, habe da schon manche Nacht mir um die Ohren schlagen müssen. Auf jeden Fall kann ich nur sagen, daß der Dienst recht hart ist und ich oft an Leib und Seele gebrochen bin. Vor allem bringt das ganze Umgehen mit Pferden rohe Menschen mit sich, und ich bin da nicht die robuste Natur dazu. Bin die Tage bis zum Heiligabend immer bis 24 Uhr nachts bei ziemlicher Kälte außerhalb gewesen. (…)

Wollen nun hoffen und wünschen, daß im neuen Jahr endlich der Friede, den wir lange so ersehnen, eintrifft. Bis dahin möge unsere schöne Stadt Dresden verschont bleiben, so daß wir dann gemeinsam noch glückliche Tage in unserem Heim verbringen können. Wünsche Dir nun alles Gute, komme recht gut ins neue Jahr und bleibe für mich immer recht gesund, die Hoffnung dürfen wir nicht aufgeben, doch noch glückliche Stunden zu erleben.

Leb nun wohl mein liebes Hannchen und sei innig gegrüßt von Deinem Dich liebenden treuen Hans.

---

handschriftlicher Brief, A5, weiß

Meine liebste Inge!   14. 3. 45
Wieder einmal habe ich meine Dienststelle gewechselt und bin wieder an der Ostsee gelandet! Das Neueste ist ja, daß ich nun für immer bei der Flak bleiben werde. (…)

Übrigens, liebe kleine Inge, hast Du meinen Brief aus Parchim schon erhalten? Schreibe mir doch bitte recht bald, denn mit großer Sehnsucht warte ich schon sehr lange auf ein paar Zeilen von Dir. Dein letzter Brief, den ich erhalten habe, war vom 11. 2. 45.

Wenn ich ehrlich sein sollte, muß ich mir gestehen, als sei irgend etwas bei den schweren Bombenangriffen auf Dresden geschehen, und dieses innerliche, schreckliche Gefühl werde ich nicht eher los werden, bevor ich nicht einen Brief von diesem Monate erhalte.

Fast wie eine Sünde oder Verbrechen kommt mir mein Gedanke vor, daß irgend etwas passiert sein sollte. So etwas darf und wird niemals vorkommen.

Liebste Ingeborg, sage mir, daß ich ein dummer Junge bin und keine Angst zu haben brauche.

Heute Nacht hatte ich einen netten Traum, und dieser müßte doch eigentlich in Erfüllung gehen, da es die erste Nacht in diesem neuen Orte gewesen ist. Wir waren da zusammen, meine kleine Inge, und zwar für immer. Sollte vielleicht doch recht bald die Zeit kommen, in der wir in Frieden leben können.

Nun für heute, meine Liebste, möchte ich meine Zeilen beenden, indem ich Dich recht herzlich bitte, mir bald ein paar Worte zu schreiben. In Gedanken bei Dir, grüße ich Dich,
Dein Otto

Emil Riehler (z. Z. Eger/Sudetengau) an Marg. Riehler (Dresden)

Postkarte, abgestempelt in Eger, 1. 3. 45, 12 Uhr

Meine Lieben daheim,   Eger, 28. II. 45

ich teile Euch mit, daß ich am 21. II. mit dem Lazarettzug hier durchgekommen bin und es mir jedenfalls gut geht. Wie geht es Euch? Bitte teilt mir Eure neue Adresse mit, falls Ihr ausgebombt seid.

Herzliche Grüße von Eurem Vater

(Abschrift auszugsweise aus einem Feldpostbrief, 2 Wochen nach dem 13. Feb. 1945

(aus dem Briefanfang)   O.V. den 27. 2. 45
... es ist einem nicht leicht ums Herz, wenn man dauernd im Radio die furchtbaren Bombenangriffe auf Dresden zu hören

bekommt. Dazu kommen noch die einzelnen Berichte von Soldaten, die noch viel schauerlicher klangen, als die im Rundfunk.

Fast unmöglich kommen einem die Ereignisse dieser letzten Tage vor.

Noch zu Weihnachten konnte sich diese saubere Stadt ihrer Schönheit erfreuen. Heute nun, sind ihre Prachtbauten, von geschichtlichem Werte, zum größten Teile den Bomben zum Opfer gefallen. ...
(aus der Briefmitte)
Einmal schon in diesem Briefe, schrieb ich von Kummer und Sorgen, und diese trage ich seit unserem Beisammensein. Am liebsten wäre ich damals nie mehr von Deiner Seite gewichen, und ich glaube, ja ich weiß es sogar, daß ich es Dir in manchen dieser vergangenen Stunden sagte. Leider kann man nicht nach seinen Gefühlen handeln, da einem ja nicht mal der Leib mehr gehört, sogar die Sinne werden von anderen kommandiert. Was nützen einem da die finstersten Ahnungen?

Heute muß ich zu meinem Schrecken all das bestätigt finden, was in meinem Herzen und in meiner Seele auf engstem Platze zusammengeballt ist ...
(Schluss des Briefes)
(...) Wie sollte ich mir vorkommen, wenn ich an Feigheit oder Angst leiden würde? Ich gebe zu, daß ich am Leben hänge, und kein Mensch könnte das verheimlichen und dann erst recht, wenn man lieben darf und wieder geliebt wird.

In der Hoffnung auf ein zeitiges Wiedersehen grüße ich Dich sowie Deine werte Mutti und Eva
Dein Otto.

II. 16. Postboten

Baumgärtel (Dresden) an Gertraude Baumgärtel (Erfurt)
Postkarte, undatiert, handschriftlich mit Tinte beschrieben; abgestempelt: Dresden, 28. 8. 45)

M. l. Tölchen!

Heute kamen 2 Briefe, vom 7. und 9. 4. Etwas spät! Am Sonntag, gestern, brachte Ali einen von Dir vom Juli durch einen Herrn. Er wollte wieder mitnehmen, aber er mußte bis Montag mittag in seiner Wohnung sein und er verlangte Reiseproviant, Obst, Brot u.s.w. Wir haben ja selber nichts, nicht mal mehr Geld. Der Herr, der vor 4 Wochen 3 Briefe an Dich mitnahm und nach 14 Tagen Antwort bringen wollte, hat sich nicht wieder blicken lassen! Trotz der 20 Mark. Oder ist es dieser, der den Brief an Ali schickte per Post? Wir sind nicht klug geworden. Verzeih die Schrift, aber es gibt in diesem reichen Hause für die Wirtschafterin keinen Platz z. Schreiben, als stehend am Küchentisch, da geht es nicht besser. Es war hier natürlich ein arger […] aber was soll ich sonst tun!

II. 17. Fünfundzwanzig Tage im Mai

Johannes Hust (Aufzeichnungen 7.5. bis 31. 5. 1945)

handschriftlich; verfasst vermutlich 1945

Montag 7. Mai 45
Im Spätnachmittag bis abend 10 Uhr furchtbar vor Kanonendonner, russische Offensive westlich Dresden, die sich nach Süden erstreckte. Fast die ganze Nacht nicht geschlafen!

Dienstag 8. Mai 45
Früh wird die Schule in Dobritz geräumt. Die gesamten Bestände von Stiefeln, Mänteln, Hemden, Hosen u.s.w. für den Volkssturm werden von den Einwohnern mitgenommen. Gegen 11 Uhr zogen die ersten Kolonnen Russen in Dobritz ein. Zu uns kamen gleich 2 russ. Offiziere, durchsuchten die Wohnung, nahmen sich Brot u. unser Büchsenschweinefleisch u. aßen ergiebig. Da wir keinen Schnaps hatten, gaben wir ihnen 1 Fl. Rotwein, die sie leerten, dann gingen sie wieder, ohne etwas mitzunehmen. 1 Std. später kam 1 Russe, zog seinen Revolver u. fragte, ob Soldaten im Haus seien. Er ging aber dann wieder. Nachmittag gegen 2 Uhr kam eine große Kolonne zu uns ins Haus. Fritz war ganz außer Fassung, weil 1 russ. Höherer Korporal mit mehreren Revolvern sagt: Hier bleiben wir über Nacht mit 3 Mann. 1 Kanone wurde im Garten aufgefahren u. Munition abgeladen. Der Stab wohnte bei Fr. Schulze. Bei uns war Massenbetrieb in den Erdgeschoßräumen, besonders in der Küche von uns. Die Soldaten verlangten Wasser, Kaffee, Kartoffeln, Rasierzeug. Draußen im Hofgarten war das Wasser für die Soldaten, sie wuschen u. rasierten sich u. aßen ausgiebig, z. Teil von unseren Keller-Vorräten. Für den Stab mußte Gertrud rohe Kartoffeln, in Scheiben geschnitten, braten mit viel Speck u. Fett. Es bru-

zelte herrlich, die Russen benahmen sich im Allgemeinen sehr freundlich u. anständig, gaben uns Tabakwaren. Liesel u. Trudel hatten viel zu tun, nur Fritz konnte sich mir den Russen z. T. verständigen. Draußen war ein unaufhörlicher Durchmarsch, Richtung Pirna. Gegen 6 Uhr rückte die Batterie mit Geschütz u. Munition ab. Wir atmeten auf. Abends gegen 10 Uhr klopfte es an die Haustüre. Es standen 2 junge Russen mit Rädern vorm Tore. Sie wollten sich waschen u. begehrten Quartier. Auch sie waren sehr freundlich u. anständig u. hatten alles mit, Essen u. Schnaps. Abwechselnd konnten wir uns zur Ruhe begeben, wir waren ja alle todmüde. Wir bildeten mit Familie Schulze u. deren 3 … eine Gemeinschaft in unserer Küche. Die Nacht ging gnädig vorüber. Else kam auch nachmittags mal vom Weißen Hirsch gucken u. sagte, den Görlitzer hätten sie ausgeräumt. Sie war erstaunt über unseren Betrieb.

Mittwoch 9. Mai 45
Dauernd kamen Flüchtlinge, Russen u. Stationierte zu uns. Sie wollten zu trinken haben. Gegen 10 Uhr kam ein russ. Korporal u. 1 Zivilist mit 1 Pferd. Sie gaben uns die Hand, begehrten Brot, frühstückten im Hofgarten u. schenkten uns schließlich beim Weggang 1 Leberwurst. Nachmittag gegen 3 Uhr kam ein Treck Flüchtlinge mit Pferd u. Wagen, meist mit Kühen u. wollten Wasser für Vieh u. sich. Sie stammten aus Bretnig bei Pulsnitz. Dann kamen entlassene Landser, die sich Zivilsachen erbaten. Es riß nicht ab! Dauernd Begängnis u. ohne Ruhe. Gegen Abend kamen 4 Franzosen – 3 Mann, 1 Frau mit 1 Kalosche ohne Pferd. Sie fragten ob sie bei uns übernachten könnten. Wir willigten ein. Sie gaben uns zunächst jeden 1 Stäbchen, dann 1 Büchse Schweinefleisch u. ließen mich u. Fritz aus einer Fl. Cognak trinken. Dann wuschen sie sich, rasierten sich u. begaben sich zu Mäkes u. Kropfs Zimmer. Fr. Schulze, die gerade Feuer hatte, Strom und Gas brannte nicht, mußte Fleisch braten u. Kartoffeln kochen. Dann kam noch ein müder Landser u. begehrte Quartier. Er war aus Mecklenburg. Wir nahmen auch diesen auf. Zum Schluß kam noch ein Planenwagen mit Polen 10–15 Personen. Sie wollten nur im Hof Quartier haben u. im Wagen schlafen. Auch sie nahmen wir noch auf. Da der eine wenig Kleidung hatte, verlangte er Quartier im Hause. Wir mußten schließlich für diesen auch ein Bett verschaffen. Der Pole schlief bei Kropfs in der Küche u. der Landser aus Mecklenburg in Trudels Bett. Das Haus war übervoll. So ein Betrieb, nirgends konnte es schlimmer sein als bei uns! Eins hätte ich

bald vergessen: Nachmittag gab es große Aufregung, ein russ. Soldat kommt ins Haus u. verlangt „Maschin" (Fahrrad). Geht durch Stuben u. Keller u. dann in den Hof. Fritz muß den Schuppen aufschließen. Er findet Liesels Rad, läßt aufpumpen u. fort geht´s damit. Liesel heult: ausgerechnet mein Rad! Da sehen wir, daß der Russe nicht vorwärtskommt. Wir sagen, Fritz saus nach, er schmeißt das Rad vielleicht weg. Der Russe versucht wieder, ein Stück zu fahren, mußte wieder absteigen. Fritz jagte die Straße weiter. Zum Glück standen weiter draußen russ. Autos, die den Russen mitnahmen. Gerade war der Russe im Begriff, das Rad einem deutschen Soldaten zu geben, kam Fritz an. u. konnte nach kurzem Wortwechsel Liesels Rad wieder in Empfang nehmen. Er konnte aber selbst nicht fahren, weil Fritz eine Schraube gelockert hatte. Das war sein Glück, sonst war Liesels Rad ferner. Große Freude, als das Rad wieder da war. Wir habens sofort auf dem Boden verstaut. Draußen unaufhörlicher Vorbeistrom russ. Truppen. Bei Richters nebenan war an diesem Mittwoch ebenfalls große Erregung: Einquartierung von Polen, 13 Personen, mit 3 Kleinstkindern! Ein Kind war die Nacht gestorben. Richters waren bedient! Er mußte auch noch Motorräder reparieren.

Donnerstag 10. Mai 45
Unaufhörlich war der Menschenstrom an russ. u. poln. Gefangenen u. deutschen Flüchtlingen. Ich stellte mich beim Bauer Findeisen an, wo es Kartoffeln gab, 30 Pfund konnte ich heimtragen, es waren Saatkartoffeln. Im Ort selbst hausten fast überall die Polenmädel vom Lager Seidnitz. Sie holten sich einen russ. Soldaten u. gingen mit diesem in die Wohnungen, wo sie sich Kleidung u. Wäsche u. Schuhe mitnahmen. Bei Erin u. bei Richters holten sie viel Kleidung u. Sonstiges weg. Sogar 2 Brote, die sich Richters versteckt hatten, nahmen sie mit. Keiner konnte etwas machen, obwohl die Kommissare sagten, es sei verboten. Kein Fahrrad auf der Straße war sicher, Erins u. Richters Fahrrad waren ferner. Kropf sein Rad auf der Straße weggenommen! Es war schlimm. Bei uns nahmen sie Uhren mit. Mäkes waren ihre 3 Uhren los. Dauernd kamen Ausländer u. deutsche Flüchtlinge nach Wasser, Kaffee, Brot, Kartoffeln. Wir kamen nicht zur Besinnung. Kaum nach dem Mittagessen gab es wieder große Aufregung bei uns. 3 Russen kamen zu uns (alles spielt sich fast nur bei uns ab!), verlangten zu essen, u. ein Russe durchsuchte dann die Wohnung. Er wollte anscheinend Uhren, die Rocktaschen u. Sachen wurden abgesucht. 10 Stck. Zigarren von mir nahm er mit. Dann durchsuchte er noch Liesels Schrank, fand aber

nicht das, was er brauchte, Sachen nahm er nicht mit. Wütend zog er dann wieder ab. Doch kurz darauf kam er wieder mit noch einem Russen, der wutschnaubend bei uns eintrat. Er suchte nach Stiefeln u. Schnaps. Schließlich ging er eine Treppe hoch zu Mäkes, die gerade Wasser holen waren. Da er nicht in die Wohnung konnte, mußte Fritz mit. Ehe er jedoch den Schlüssel zur verschlossenen Tür holen konnte, haute der wütende Russe die Glastüre ein, daß es nur so krachte. Fritz mußte vorneweg, dahinter die beiden Russen. Sie durchwühlten die Wohnung nach Stiefeln u. Schnaps, fanden aber nichts. Der Bulle tobte! Schließlich jagte Fritz runter, holte das letzte bissel Steinhäger u. gab es dem Russen, da wurde er etwas besänftigt. Fritz mußte erst? Glas trinken, dann zog der Bulle ab u. verließ das Haus. Das war eine Aufregung! Fritz war vollständig erledigt! Wir waren soweit, das Haus doch zu verlassen, dachten wir doch, es ging so weiter, weil die Polenmädel überall noch plünderten. Doch ich beruhigte sie u. sagte: mögen sie doch holen was sie wollen, die Ausgebombten haben zu Tausenden noch viel mehr verloren. Zum Glück gab es keine weiteren Aufregungen. Fritz hatte 2 Stunden ruhen können u. war wieder ruhiger geworden. Bei Richters nebenan hausten die Polenmädel besonders. Zum Abend kam neue Einquartierung ins Haus. 8 Weißrussen mit großem Handwagen zur Übernachtung! Sie machten sich draußen auf dem Felde Lagerfeuer. Wir mußten großen Topf dazu geben. Unaufhörlich der Menschenstrom! Alles kam zu uns! Wasser für Mensch u. Vieh mußten wir geben. Zum Glück lief es wieder. 2 Russen, die bei Kropfs übernachten sollten, kamen nicht. So war glücklich der Tag beendet. Die Nacht war ruhig!

Freitag 11. Mai 45
Früh zeitig ging der Betrieb los bei uns. Jetzt kamen die deutschen Trecks zurück. Der Tag begann heiß zu werden. Unaufhörlich mußten wir u. Mäkes Wasser bringen, alle hatten furchtbaren Durst. Gegen 11 Uhr kamen 2 Bauern mit Pferdegespann zu uns. Sie wollten Kartoffeln gekocht haben, hatten aber auch nicht viel Ruhe, weil sie ihnen die Pferde wegnehmen wollten. Sie waren aus der Großenhainer Pflege. Wir gaben ihnen die für uns gekochten Kartoffeln, die sie uns reichlich wiedergaben. Da es viele waren, wurde gleich eine Kartoffelsuppe mit Speck, den sie ausgaben, gemacht. Schließlich konnten sie nach kräftiger Stärkung wieder abrücken. Sie bedankten sich herzlich u. gaben uns ein Stückchen Speck. Es war bullig heiß, 38 Grad im Schatten, die Vorbeikommenden

begehrten dauernd Wasser. Das Vieh hatte Durst. Hektoliter von Wasser mußten wir abgeben. Hundert Menschen langen nicht, die bei uns einkehrten. Viele wollten Kartoffeln oder Brot haben, wir konnten ihnen nichts geben. Haben wir ja selbst kaum noch Brot. Gegenüber auf der Wiese lagerten unzählige Polen mit Vieh u. Wagen. Es war das reinste Lager von Granada. Alle holten Wasser bei uns. Viele wuschen sich bei uns. So ein Betrieb ist wohl selten in Dobritz gewesen. Dann kam eine Bäuerin mit Ochsengespann. Sie wollte bei uns übernachten, war aus Lindenau bei Ortrand geflüchtet. Wir nahmen sie auf. 2 Kühe waren auch noch mit dabei, sie wurden gleich ausgeschirrt u. angebunden u. gemolken. Wir erhielten auch frische Kuhmilch, auch etwas Kartoffeln. Schließlich holte Fritz noch einen Berliner, der ein Ochsenge- spann nach Großenhain geleiten sollte u. gegenüber lagerte, mit zu uns, so daß also 2 Wagen, 2 Ochsen u. 2 Kühe den Hofgarten belegt hatten. So ein Betrieb! Und dauernd noch Begängnis, Ukrainer, Jugoslawen, Russen, Polen, Deutsche! Die Deutschen waren am bescheidensten u. verlangten nur Wasser. Die Polen waren schon dreister u. wollten oft zu essen. Viele dachten, wir wären ein Gutshof, weil wir so nahe am Felde liegen. Doch auch dieser Tag ging zur Neige, ohne besondere Aufregungen. Was wird der neue Tag bringen? Gegen 10 Uhr begaben sich alle zur Ruhe.

Sonnabend 12. Mai 45

Die Nacht war ruhig verlaufen. Die beiden Gespanne wurden fertig gemacht, u. los ging die Fuhre in Richtung Loschwitzer Brücke. Alle verabschiedeten sich herzlich für die Betreuung. Der Berliner spendete allen gute Zigarren. Die Einkehrer hat- ten etwas nachgelassen, obwohl es bullig heiß war. Trudel u. ich machten uns deshalb auf den Weg zu Muttern nach Roch- witz. Schon in Tolkewitz merkte man nicht das Geringste von diesem Betrieb, der auf der Pirnaer Landstr. herrschte. Rein- ster Friede! In Tolkewitz wehten überall rote Fahnen. Vom Wasserwerk ab auf der Tolkewitzer Str. kamen russ. Bagage- wagen u. russ. Radfahrer, die auf dem Fußweg fuhren. Dann merkte man von Russen oder Ausländern fast nichts, in Loschwitz u. Blasewitz überhaupt nichts. Was war das für eine Wohltat! (...) Schon dachten wir, die kommende Nacht von Einquartierung verschont zu sein, da kam ein junger bewaffneter Ukrainer zu uns in den Hof u. fragte, ob er Quar- tier für 8 Mann bekommen könnte. Wir mußten bejahen. Gleich darauf kam noch ein baumlanger Offizier mit Adjutant (er gehörte zu den Leuten) u. wollte auch Quartier. Wir

brachten diese bei Kropfs unter, die anderen blieben mit 2 Pferden u. 1 Kuh auf dem Hofgarten, die ganze Nacht über. Neben uns schliefen außerdem 3 deutsche Soldaten. So ein Übernachtungsbetrieb! Das ganze Haus voll. Die Ukrainer waren ruhig u. anständig. Sie spendeten fürs Haus sogar ein Eimerchen mit Sardinen. Herr Kropf, der sich nur ganz selten mal sehen ließ, erzählte allerdings am Sonntag darauf, daß das Brautkleid seiner Frau u. von ihm eine Hose fehlten. Na er kann auch mal etwas opfern, hat sich um sein Haus nicht gekümmert u. alles den Mietern überlassen!

Sonntag 13. Mai 45

Die vorbeiziehenden Kolonnen u. das Wasserholen hatten etwas abgenommen. Doch am Vormittag gab es wieder große Aufregung. 2 Zivilpolen, junge arrogante Kerle, kamen mit 2 russ. Soldaten zu uns. Sie begaben sich ins Nebenzimmer von uns, verlangten Speck, Fleisch u. Schnaps. Wir konntens ihnen nicht geben, nur Brot u. etwas von unserer geschenk- ten Wurst. Schließlich zwangen sie nach aufregendem Auf- enthalt Fritz aufs Sofa, legten ihm die Pistole auf die Brust u. zogen ihm buchstäblich die Hose vom Leibe. Dann zogen sie ab, Fritz war wieder fertig. Nach Tisch erneute Aufregung für alle Hausbewohner. Große Kolonnen deutscher Soldaten unter russ. Bewachung machten uns gegenüber auf der Wiese halt. Sie sollten Wasser bekommen, waren erschöpft bei die- ser Wärme von ca. 40° u. hatten auch nichts im Leibe. Zum Glück hatten wir Wasser genügend abgefüllt, in der Leitung gab es fast nichts mehr. Wir konnten gar nicht schnell genug die Wasserflaschen füllen für ca. 800–1000 Mann, die sie unterwegs geschnappt hatten u. von denen einige in Leuben u. Tolkewitz wohnten. So ein Herzeleid, Trudel war ganz außer Atem u. Fassung, wollte sie doch jedem Soldaten hel- fen. Einer von diesen gab ihr 1 Glas mit Butterschmalz, das sie verstohlen im Eimer heimbrachte. Dann kam der Befehl zum Weitertransport, es war herzzerreißend! Ein Soldat kam nicht mehr weiter, er torkelte wie betrunken auf der Straße u. brach schließlich an der Schule zusammen. 6 Mann ging es ähnlich so, sie wurden in der Schule untergebracht. Erschöpfung, Durchfall u.s.w. Einer ist darauf gestorben. So ein Jammer. Im Hofe lagerten seit Mittag 4 ital. Juden. Sie getrauten sich nicht fort wegen den Russen u. wollten nach Chemnitz, wo die Amerikaner sein sollen. Schließlich erbaten sie Quartier für die Nacht, wir gewährten es ihnen. Abends mußten Schulzes für sie Makkaroni kochen. Sie mußten ihren Windeltopf dazu nehmen weil die anderen Töpfe zu klein waren. Fein roch es nach den in Butter geschwenkten Makkaronis, u. wir mußten zusehen. Doch jetzt haben wir ja noch zu essen. Wie lange noch, wenn der kleine Vorrat alle ist? – Die Nacht verlief gottlob ruhig.

Montag den 14. Mai 45
Das Verbeifluten der Kolonnen hat immer noch nicht abgenommen. Immer wieder poln. Menschen mit Handwagen u.s.w. Im Hofgarten lagerten vorübergehend deutsche Soldaten in Zivil u. andere. 3 Südrussen (in der Nähe der Türkei wohnhaft gewesen) blieben mehrere Stunden. Rasierten u. wuschen sich u. aßen von ihrem reichlichen Vorrat. – In der 4. Stunde nachmittag kam Mutter ganz erschöpft zu uns. Sie war im Krankenhaus gewesen u. brachte die traurige Nachricht, daß unser lieber Rud vorm. ? 10 verstorben sei. So ein Herzeleid! Will es denn gar nicht aufhören? Ich erhielt den Auftrag, sofort nach Rochwitz zu gehen u. Hedwig die traurige Kunde zu überbringen, sowie zu veranlassen, daß ein Sarg bestellt u. ins Krankenhaus gebracht wird, damit er nicht ins Massengrab kommt. Sofort machte ich mich auf den Weg, fuhr in Blasewitz über u. war bald in Rochwitz. Hedwig war tief erschüttert von der Kunde, die Hausbewohner hielten es kaum für möglich. Ich richtete alles aus, wegen des Sarges u.s.w. u. bat, uns zu benachrichtigen, wenn das Begräbnis sein soll. Dann ging ich auf demselben Weg, es ist der kürzeste, wieder nach Dobritz. Dort waren inzwischen 2 Ehepaare, aus der Breslauer Gegend stammend, zur Übernachtung eingetroffen. Ihnen hatten sie in der Tscheschei Zugmaschine u. Wagen, Koffer u. Gepäck restlos abgenommen. Sie besaßen nichts mehr. Die Frauen hatten wunde Füße. Da Mutter ganz hierbleiben wollte, mußte ich bei Kropfs Nachtquartier nehmen. Hoffentlich kommt nicht noch andere Einquartierung! Noch einzuflechten ist, daß am zeitigen Nachmittag wieder deutsche Soldaten als Gefangene auf der Wiese gegenüber lagerten. Sie erhielten unser letztes Wasser aus den Fässern, es lief nicht mehr. Ein Soldat, der auf der Rückmerstr. wohnte, konnte entkommen. Die anderen fragten uns: Was wird aus uns? Wohin kommen wir? Was ist unsre Mark wert? Wir konntens ihnen nichts sagen, tappen selbst alle im Ungewissen. Keine Anordnung von oben, kein Rundfunk, da Elektrisch nicht brennt. Ist das eine Zeit!

Dienstag 15. Mai 1945
Wieder stehen wir Männer auf der Wacht, kommen doch immer noch Kolonnen vorüber u. Wasserholer. Mutter die

sich etwas erholt hat, staunte über den Betrieb, der hier herrscht. Die 4 Quartierleute nebenan bleiben noch da, die Frauen können wegen ihrer wunden Füße noch nicht fort. Kurz nach Tisch hält 1 Zugmaschine mit Anhänger u. Wohnwagen vor unserem Haus. Sie können nicht mehr weiter, kaputt. Natürlich nun zu uns! Wassergeben, Feuermachen, Rasierzeug geben, Kartoffeln schälen u. braten, das ist unser Los. Als wir erst nicht Feuer machen wollten, holte die Frau bewaffnete Soldaten, die uns dazu zwangen, sonst würden sie den Gartenzaun dazu nehmen. Fr. Schulze nebenan machte Feuer u. los ging die Bruzelei. Dann waren die Eindringlinge zufrieden u. schließlich auch ganz friedlich. Gegen Abend kamen 5 Polen (4 Frauen u. 1 Mann) mit 3 kleinen Wagen u. begehrten Nachtquartier im Hofgarten. Sie wollten draußen schlafen. Wir gewährten es ihnen. Man kann es ja nicht ablehnen, da werden sie link. Das nächste ist gleich: Kaffee kochen. Wir könnens nicht verweigern, wenn wir gleich sagen, daß wir kein Feuer haben. Fritz macht Feuer u. wir kochen Kaffee, den sie uns gaben. Dann kamen die 3 Soldaten aus dem Wohnwagen u. gesellten sich zu den Polen. Sie verlangten Trinkgefäße u. sogar 1 Decke für den Tisch. Schließlich begehrten die Soldaten, das wir für 3 Personen Quartier im Hause schafften. So mußten sie bei Kropfs untergebracht werden. Ich mußte bei Mäkes Nachtruhe halten, da ja Mutter mein Bett hatte. In der Nacht gab es neue Aufregung. Gegen 2 Uhr kamen mit Auto 4 Russen, pochten an die Haustür u. verlangten Nachtquartier. Jeder Raum wurde von ihnen mit Taschenlampen (Elektrisch brannte nicht) durchstöbert. Sogar in den Keller gingen sie. Wir wollten sie einzeln unterbringen, doch das wollten sie nicht, wollten alle 4 beisammen sein. Meine Chaiselonne bei Mäkes durchsuchten sie nach Waffen u. fragten mich, ob ich eine Waffe hätte. Schließlich zogen sie wieder von dannen u. fuhren ab in Richtung Leuben. In der 5. Stunde kam dann wieder 1 Fuhrpark Kolonne, die Wasser für die Pferde begehrten. So eine unruhige Nacht! Nirgends kann es so sein wie bei uns! Noch erwähnen muß ich, daß vorm. Willy mit Wolfgang per Rad uns aufsuchten. Sie müssen Falkenstein verlassen u. haben nun große Sorge, wie sie ihr Gepäck herunterbekommen. Auch dort u. in Schmiedeberg soll allerhand los gewesen sein. Sie haben auch keine Ruhe gehabt.

Mittwoch 16. Mai 1945
(…) Doch schon begann gegen 6 Uhr bei uns gegenüber auf der Wiese Leben. Ein Polengespann nach dem anderen kam

an zum Nächtigen. Wasserholer kamen zu uns für Mensch u. Vieh in Scharen. Frauen wollten Suppe u. Kaffee kochen. Fr. Mäke machte gleich Feuer bei Kropfs u. die Polenfrauen schalteten u. walteten in dessen Küche bis zum Abend. Wir waren gerade beim Abendbrot, hörten wir schon wieder lauter Soldatenstimmen. Sie traten ein in unsre Wohnung u. besichtigten die Schlafgelegenheiten. Es wurde Platz für 12 Mann benötigt. Das ganze Haus wurde aufgestöbert. Für 12 Mann Schlafgelegenheiten, wo wir sowieso so beengt sind! Alles in unserm Haus! Es ist furchtbar. Schon dachten wir, unsre Wohnung bliebe verschont, kamen 2 Offiziere (anscheinend Ärzte) u. gingen in Liesels Schlafzimmer, das ihnen gefiel u. das sie mit Beschlag belegten. Liesel traten die Tränen in die Augen, daß man ihre Betten benutzte. Wir mußten zu 4. im engen Wohnzimmer die Nacht verbringen. Ich schlief notdürftig im Lehnstuhl, die anderen 3 auf 2 Chaiselongs, doch Ruhe gab es nicht. Nebenan ging es raus u. rein, über uns trampelten Stiefel. Im Hause Unruhe. Die Soldaten hatten sich Polenmädel von uns gegenüber geholt. Im 1. Stock soll der reinste Puff gewesen sein. Kein Schlaf. Gegen 3 Uhr morgens verlangten sie Tee. Trudel kochte sofort welchen, dann brach die Einquartierung auf u. fuhr mit ihrem im Hofe eingestellten Lastauto mit Getöse wieder ab. – So eine Nacht hatten wir noch nicht erlebt! Es wird ja immer schlimmer anstatt besser! Was soll nur noch werden, es ist zum Verzweifeln. Für kurze Zeit begeben wir uns zur Ruhe.

Donnerstag 17. Mai 45

(…) Was ist das Leben für viele? Nur Kampf ums Dasein. Und jetzt erst recht nach diesem verlorenen Kriege. Von Mittag an marschiert ein unermeßlich langer Zug deutscher Soldaten (auch Frauen) in Richtung Dresden. Sie sollen ins Lager Pferderennbahn kommen u. marschieren wie sie wollen, nicht in Marschordnung. Es sind Oesterreicher, Bayern, Pommern, Holsteiner u.s.w. Nach u. nach füllt sich unser Hofgarten mit diesen armen Menschen, die bei 30° im Schatten kaum noch laufen können u. sich vor Müdigkeit gleich langlegen. So kehren unsre Soldaten heim! – Wir legen uns nach Tisch abwechselnd mal hin, da wir ja kein Auge haben zumachen können. Aber an Schlaf ist auch jetzt kaum zu denken. Unaufhörlich sausen die Fahrzeuge vorüber (Autos, Motorräder, Lastwagen mit johlenden Russen, Panzer, Raupenschlepper u. Kutschgeschirre. Und immer noch kommen unsre Soldaten vorüber gewankt. Es sollen gegen 20.000 Mann sein. Dazu kommen gegen Abend Kolonnen wieder zurück, da das Lager voll sein

soll. Schließlich wird der Rest in der 7. Abendstunde doch noch nach Dresden herein abtransportiert. Unser Garten leert sich auch u. die Straße wird ruhiger. Die Wiese gegenüber ist auch nicht besetzt worden. Vielleicht haben doch die Polentrecks nun aufgehört. Es wäre eine Wohltat, denn sie machen uns doch immer Sorge u. Arbeit. – Das erste Mal keine Einquartierung! Hoffentlich kommt in der Nacht keine! Wir begaben uns schon ½ 9 Uhr zur Ruhe, sind wir ja zum Umfallen müde.

Freitag 18. Mai 45

Es hat die Nacht gewittert u. sich etwas abgekühlt. Der Verkehr auf der Straße hat aufgehört. Gott sei Dank! Hoffentlich wird nun mal Ruhe! Gegen 10 Uhr vormittag kommt Lieselottes Mann um zu erfahren, wo seine Leute sind. Abgemagert u. ganz erschöpft ist er heimgekommen, findet keine Familie vor. 10 Tage ist er unterwegs gewesen von Prag auf Umwegen, dauernd in Lebensgefahr. Alles haben sie ihm abgenommen, Uhr, Ringe u. sämtliche Lebensmittel. Er hat Angst, daß sie ihn wieder einfangen. Ich schaffe ihn in seine Wohnung. – Nachmittag in der 4. Stunde kommt Lieselotte mit Kind, Mutter u. Großmutter sowie Frau Fiedler aus Schmiedeberg, Lager Falkenhain, bei uns vorbei. – Die Trecks haben aufgehört. Hoffentlich wird die Nacht ruhiger.

Pfingstsonnabend 19. Mai 45

Keine besonderen Ereignisse! In Seidnitz werden viele Häuser beschlagnahmt, die Leute müssen binnen 2 Stunden fort. Wohin?

1. Pfingsttag 20. Mai 45

Keine besonderen Ereignisse. Vormittag wurden anständig gekleidete Menschen aus der Straßenbahn geholt u. zum Arbeiten kommandiert. Ich entging zufällig der Sache. Die neuen Lebensmittelkarten werden ausgegeben. Wir wandern nachmittags nach Rochwitz. So ein trauriges Pfingstfest!

2. Pfingsttag 21. Mai 45

Vormittag keine besonderen Ereignisse! Am Nachmittag kommen wieder große Züge deutscher gefangener Soldaten. Ein jammervoller Anblick! Wo sollen nur die armen Menschen hin! Sie können kaum noch vom Fleck, ermattet u. kaputt auf den Beinen, schauen sie sehnsüchtig zu uns, ob man ihnen was gibt. Viele geben ihnen was sie haben: Zigaretten, Kekse oder Kuchen. (…) – So kehren unsre Soldaten in die Heimat!

Dienstag 22. Mai 45

Wir melden uns zum Dienst im Präsidium. Was mit unserer Verwaltung wird ist noch ganz ungewiß. – Vormittag ging ich mal zu Gillner Paul in seine Dienststelle. Er hat viel zu tun mit den neuen Lebensmittelkarten u. trägt rote Armbinde. Ganz abgemagert, wie wir alle, sieht er aus. Seine Frau war beim Bäcker arbeiten. Trudel geht nachmittag zum Arzt, da sie seit Wochen so hustet, u. sich ganz elend fühlt. Er sagt, das komme alles von Erschöpfung, auch das unruhige Herz, u. will sie bald wiederherstellen. Hoffentlich wird es wieder! Wir hatten seit dem frühen Tod Rudis große Sorge um sie.

Mittwoch, 23. 5.

Ich gehe nach Gittersee zum Dienst.

Donnerstag 24. 5.

Letztmalig gehen wir nach Gittersee u. bringen unsre Akten u. s. w. nach dem Präsidium. Aber unsre Dienstverhältnisse schweben immer noch im dunkeln. Unser Amt soll eventuell nach Emser Allee 24 kommen.

Freitag 25. 5.

Dienst im Präsidium. Dr. Weiße findet sich seit 13. Februar 45 erstmalig wieder bei uns ein. Viele andere Arbeitskameraden lassen sich wieder sehen.

Sonnabend 26. 5.

Dienst im Präsidium Die neue Dienststelle in der Emser Allee hängt immer noch in der Schwebe. Was unsre Verwaltung wird, ist immer noch ungewiß.

Sonntag 27. 5.

Wir gehen nachmittags nach Rochwitz. – Abends mieten wir bei Kropfs das Zimmer nebenan, unter Schwierigkeiten. Kropfs sind sehr nett und wollen uns Ausgebombten behilflich sein. Somit sind wir bis auf weiteres an Dobritz gefesselt. Trudel will ja auch nicht mehr in die Trümmer.

Montag 28. 5.

Dienst im Präsidium Das Projekt Emser Allee scheitert, da die Räume zu wenig sind u. das Villengrundstück viele Mängel aufweist. – Im Amte werden „alte Kämpfer" u. SS u. SA entlassen.

Dienstag 29. 5.

Ich hatte Glück mit einem Fuhrmann, der unsre Möbel bei Willy holen soll. Herr Knobloch, Kiesgrubenbesitzer, hat sich bereit erklärt. Sonst keine besonderen Ereignisse.

Mittwoch 30. 5.

Als wir nachmittag heimkommen, sind die Möbel schon im Hofgarten. Das ging schnell u. wir sind froh.

Donnerstag 31. 5.

Wir sind eingerichtet u. haben nun auch ein kleines bescheidenes Heim, wo man mal für sich sein kann. Seit 3 ½ Monaten schlafen wir wieder in einem Bett. Ist das eine Wohltat!

Und nun schließe ich meine Chronik!
Hans.

III. Vierzehn Stunden

III. 1. „Da sahen wir schon die Christbäume über der Stadt"

Ursula Oswald (Dippoldiswalde) an Gerda ?

Briefpapier, A 4, weiß, maschinengeschrieben

Dippoldiswalde, d. 10. 3. 1945

Liebe Gerda!

(…) Danach gingen Heidi (eine Freundin) und ich in den Zirkus. Dort durfte ich nun doch der letzten Vorstellung beiwohnen. Nach 9 Uhr hieß es, es wäre Alarm und die Besucher sollten die vorgeschriebenen Luftschutzkeller aufsuchen. Ich sagte aber zur Heidi, wir wollten sehen, daß wir nach Hause kommen …. Wir sind aber bloß noch zum Georgplatz gekommen, da sahen wir schon die Christbäume über der Stadt. Gegenüber der Kreuzschule sind wir in den Keller, nachdem es in dem Haus bereits bis in den 1. Stock brannte – auch die Kreuzschule brannte drüben – sind wir aus dem Keller, trotz Funkenflug usw. und in die Bürgerwiese. Von dort sahen wir unsere Wohnung brennen. Wir liefen hin, aber es wäre zwecklos gewesen, der Sturm brachte große Flammen von den brennenden Häusern. So haben wir erstmal in der Höhe des Blüherparks verschnauft. Ich habe immer gefragt, ob nicht jemand von der Bürgerwiese 12 (die Wohnung der Eltern) hier wäre. Ich dachte immer, die Eltern würden schon zeitig genug aus dem brennenden Haus gekommen sein.

(...) aber ein Junge aus dem Nachbarhaus war zu uns gestoßen. Wir wollten nun, da Qualm und Sturm in der Bürgerwiese immer toller wurden, zusammen irgendwo ins Freie. Wir sind gerade bis zum Carolasee im Großen Garten gekommen. Da kommt der 2. Angriff. Wir haben uns auf den Bauch gelegt und abgewartet. Links und rechts flogen Brandbomben. Auch Tiefflieger kamen mit ihrer Bordwaffenschießerei über den Großen Garten. Äste flogen mir auf den Kopf. Mit einmal bekomme ich irgend etwas in den Unterleib, wälze mich hin und her, blute stark, auch aus dem Mund. Auch flog mir etwas ans Kinn. Auf jeden Fall wollte ich mit dem Leben abschließen. Die Kapuze war vom Mantel gerissen, mein Kranz (Haartracht) war ab. Nach dem Angriff rufen mich die anderen, wir wollen weitergehen. Ich bitte sie, sie sollen mich doch liegen lassen. Aber das gab es nicht, und so bin ich denn losgehumpelt. Links und rechts habe ich mich stützen müssen. Zuerst bin ich nicht weit gekommen, das Blut spritzte nur so. Die Heidi hat mich mit einem vorhandenen Verbandspäckchen etwas verbunden. Wir kamen zu einer noch stehenden Villa. Dort war zwar alles überfüllt, aber ich konnte nicht weiter. Dort bin ich von einem Sani fürs erste verbunden worden. Den Rest der Nacht habe ich auf einem Sofa zugebracht. Am Morgen hat Heidi einen Arzt gesucht, später wurde ich von zwei Matrosen mit einem Leiterwagen zu ihm gefahren. Im Haus des Arztes war die Polizeistelle. Nach dem Mittagsangriff hielt ein Polizist ein Sanitätsauto an, das mich in eine Auffangstelle bringen sollte. Sie konnten jedoch vor Schutt nicht hingelangen, so setzten sie mich zwischen den Trümmern ab. Heidi war bei mir. Nun mußte ich wieder humpeln. Ein Mann brachte uns in die Hans-Schemm-Schule, sie war seit 3 Wochen Lazarett und bis zum 1. Stock ausgebrannt. Der Stabsarzt verband auch mich jeden Tag, es war nur keine Möglichkeit, daß ich abtransportiert wurde. Schließlich gelang es Heidi, ein Lastauto anzuhalten. 2 Soldaten holten mich aus dem Keller. Die Reise ging ins Pirnaer Stadtkrankenhaus. Dort wurde ich sofort geröntgt, aber man sieht den Splitter nicht, nur den Schußkanal, der über 10 cm lang ist, in der linken Lendengegend. Dazu habe ich einen Bluterguß unter dem Einschuß, der sehr schmerzt. In der rechten Lendengegend habe ich ebenfalls eine Schußwunde. Vorn in der linken Oberschenkelbeuge habe ich zwei Stichwunden, durch die ich den meisten Blutverlust hatte. Die schlimmste Wunde ist die in der linken Lendengegend mit dem langen Schußkanal. Es ist noch nicht operiert worden, man wartet ab, ob der Splitter nicht allein herauseitert. (...)

Am 28. Februar holte mich mein Vater aus Pirna ab, d. h. gegen ärztlichen Rat verließ ich das Krankenhaus. Ich wurde mit dem Leiterwagen von einem Krankenpfleger zur Haltestelle gebracht, von dort mit dem Bus (!!) nach Dippoldiswalde. Nun liege ich schon seit dem 1. 3. hier im Lazarett. Schmerzen habe ich keine mehr ...

Ich möchte gern einmal so richtig an die frische Luft ...

Ich habe diesen Brief ein paar Tage auf meinem Nachttisch liegenlassen, da ich einfach nicht schreiben konnte. Ach, wenn ich nur erst mal wieder gesund bin, aber das wird wohl noch dauern. Aber vielleicht geschieht bis dahin das Wunder, auf das wir alle warten.

An unser altes liebes Dresden darf ich gar nicht denken ...

Ich kann zu all dem nur sagen, daß man Gott danken muß, daß wir unser Leben aus den Flammen haben retten können.

Dir und Deinen Eltern recht herzliche Grüße,
Deine Ursula Oswald.

PS.: Ich habe Dir einen so langen Brief geschrieben, am Ende wollte ich ihn gar nicht abschicken. Laß dem Brief kein langes Leben, es ist kein Museumsstück, denn ich konnte nur im Liegen schreiben, nicht einmal einen Stuhl im Kreuz vertrug ich, wegen der Schmerzen.

Deine Ursel.

Anm.: Heidi ist eine Freundin.

III. 2. „Eine böse halbe Stunde"

Dr. Adam an seine Frau und Karla

Liebste Frau, liebste Karla!   Dresden, Samstag, 17. 2. 45

(...) Mitten im Großen Garten, nach 2 Uhr, hörte ich den zweiten Luftalarm (ein Teil der Sirenen ging damals noch). Ich machte Laufschritt, sah aber ... (unleserlich) von Menschen im Garten und hinter den Bäumen. Als ich aber am Palais ankam, das noch nicht brannte, während alle sonstigen Wirtschaften und Pavillons schon in Flammen standen, konnte ich gerade noch die ersten „Christbäume" sehen, da rumste es auch schon wieder, und ich flüchtete in den sehr tiefen und sicheren Keller. Dieser war schon randvoll von Lazarettinsassen der brennenden Wirtschaften und von Flüchtlingen. Ich saß auf der Treppe und zündete anfangs jedes Mal die Kerze an, die der Luftdruck auspustete, ließ es aber dann.

Es war wieder eine böse halbe Stunde, schlimmer als die erste. Der Große Garten – übrigens auch der Zoo – ist wie umgepflügt von schweren und schwersten Dingern. Auch unser Palais fing an zu brennen. Ich stieg nachher, da von Bereitschaft keine Spur war, wieder hinauf und verbrachte ca. 2 Stunden im Garten, teilweise unter Rhododendron mich vor Funken und Regen schützend. Der Feuersturm war zum Orkan geworden. Er war auch mitten im Garten so stark, daß Äste und ganz große Pappeln umgeknickt wurden. An vielen Stellen brannten Bäume an. Die Brandbomben sind, wie ich am Tage beobachten konnte, ungefähr in 5 m Abstand gefallen. Das Palais brannte vollkommen aus. Ich ging noch mal in den Keller, in dem zwar Rauch war, der aber völlig fest gehalten hatte; auch der Eingang darüber, aus Gewölbegemäuer ausgeführt, hielt stand. Gepriesen sei der Baumeister. Ganz schwere Trichter sitzen rundum auf dem Rasen, einer unmittelbar am Gebäuderand. Im Garten sind viele dickste Eichen umgeworfen. Eine ganze Anzahl toter Flüchtlinge habe allein ich später gesehen, die dort schutzsuchend vom zweiten Angriff überrascht wurden. Auch von auswärts gekommene und eigene Feuerlöschtrupps wurden so betroffen. Zwischen vier und fünf machte ich mich auf den Weg zum … (unleserlich) zur Meldung und Veranlassung des Abtransports der Kellerinsassen. Dieser Rückweg war furchtbar. Nicht wegen der Gefahr. Die drohte höchstens von Zeitzündern oder einstürzenden Wänden und Türmen; mit Brille und feuchtem Tuch und ohne Gepäck kam ich auch durch den beizenden Funkenorkan. Aber die armen, armen, halb irrsinnig umherlaufenden Menschen! Besonders die Alten. Manche nur notdürftig gekleidet. Mancherorts lagen sie an Straßenkreuzungen (um nicht erschlagen zu werden) wie Mohammedaner auf dem Boden, um Luft zu schöpfen. Alles, alles brannte lichterloh und stürzte schon ein. An ein Löschen nirgends zu denken. Nur Flucht, aber wohin? Nach allen möglichen Richtungen fragten sie mich. Sie hatten alle Orientierung verloren, kamen aus der Hölle der Innenstadt.

Den gleichen Weg zurück! Güntzstraße – Sachsenplatz – Polizeikaserne – unser Häuserblock, die Marschallstraße, beide Elbufer auf- und abwärts, ein einziges Flammenmeer. Ich sah an unseren Fensterhöhlen hinauf, wo längst die Decken durchgebrochen waren und die Balken im Erdgeschoß lagen. In die Sch'straße konnte man wegen der stürzenden Teile nicht hinein. Der Ansatzstutzen zum Kachelofen in der großen Stube war das einzige, was ich noch erkennen konnte. Also Totalschaden. Aber es tat gar nicht weh. Hunderttausende hatte in der gleichen Stunde dasselbe betroffen, alles Fühlen war umgepflügt. Nur eine tiefe, tiefe Dankbarkeit regte sich in all dem grauenvollen Empfinden immer wieder: wie gut, daß Euch beiden das erspart geblieben ist. Kommt nicht, Euch die Trümmer anzusehen! Behaltet unser freudvolles Heim in freundlicher Erinnerung. Es war einmal. (…)

Nun will ich doch ins „Bett", d. h. Diwan. Ausziehen tut sich in Dresden wohl noch wochenlang kein Mensch mehr. Ich will an Euch denken. Hoffentlich habt Ihr bald meine ersten Karten erhalten und seid nicht zu lange in Sorge gewesen. – „Liebe Mutter, sei nicht traurig" wegen der Wohnung. Das alles ist ersetzbar. – Aber ich glaube fest, ich brauche Dich nicht zu trösten. Du bist nicht aus Süßholz geschnitzt. Und unser Karlinchen, ach das weiß nichts von Sorgen. Gott behüte sie weiter. Es wird ja doch eine Zukunft für sie geben. Seid nur recht froh miteinander. Ich bin es im Gedenken an Euch. Kleine „schwebende Jungfrau" Du !

Und damit einen herzlichen Gutenachtkuß, der dazu ein Halbstachelkuß ist, denn ich habe mich erst mittags rasiert. Schlaft gut, Ihr beiden. Es grüßt Euch (und … (unleserlich) und Kinder)

Euer Adam

Wahrscheinlich nach Postempfang und guten Nachrichten:
Das waren die ersten ruhigen Stunden seit Tagen. Habt Dank, Ihr beiden dafür!

Adam

18. 2. (unleserlich) bzw. Nachwort:
Benutze diesen Brief anderen gegenüber mit Vorsicht. Er ist ungeschminkt und soll Dir meine Erlebnisse schildern, aber nicht miesmachen. Es tut gut, einmal alles einem anderen erzählt zu haben, von dem man weiß, daß er keinen falschen Gebrauch davon macht.

III. 3. Der Tag danach

Dora Baumgärtel (Meißen) an ihre Kinder
4 Blätter A5, Schreibmaschine

Meißen, 15. 2. 45, ½ 11 Uhr
Meine lieben Mädels und Fritz!

Dieser Brief gilt vor allem Dir, mein Traudel, und Fritz, aber ich will versuchen, ihn auch an Herta und Ali gelangen zu lassen.

Meine roten Karten, soeben bei meiner Rückkehr nach Meißen sofort auf der Post geschrieben, habt Ihr, Tölchen und Fritz, hoffentlich bekommen, Euch beiden die größte Sorge von der Seele zu nehmen. Nach stundenlangem Suchen in Dresden gestern bekam ich durch einen winzigen Zufall von 1–2 Minuten die Nachricht, daß Ali und unsere Lütte gesund und von Herta nach einem Auffanglager in Possendorf gebracht seien. Vielleicht hat sich das dann noch geändert, ich konnte nicht hingelangen, aber wußte jedenfalls, daß alle Drei gestern mittag, es war wohl gegen 3 oder 4 Uhr, noch lebten, also nach den 2 Nachtangriffen und wohl auch nach dem Tagesangriff gegen 12 Uhr. Dieser gestrige Tag, an dem ich durch diese tote Stadt, die einmal unsere Heimat war, lief und rannte, um meine Kinder zu suchen, war wohl der schwerste Tag meines Lebens. Ich war mutterseelenallein, kaum 20 Menschen begegnete ich auf meiner Irrfahrt durch die Stadt.

Abends bei dem 1. Angriff hatte ich in unserem kl. Höfchen gestanden, und meine Polinnen bewacht, weil sie immer wieder aus dem Keller auf die Straße laufen. Den Feuerschein nahm ich für Scheinwerfer, viel gehört haben wir nicht, während bei dem vorigen Angriff zu hören war. So war ich eigentlich ganz ruhig. Den 2. Angriff in der Nacht hatte ich mich angezogen und saß in meinem Zimmer, und das war wohl der Angriff, bei dem unser Haus draufging, sodass wir jetzt alle zusammen nichts, aber auch gar nichts mehr haben. Anscheinend ist das Haus von einer Bombe getroffen während das Haus der Zeitung noch brannte. Von unserem Haus stand noch ein Stückchen Vorderwand, vielleicht bis zur 1. Etage, die Schutthaufen meterhoch.

Also ich ging früh ½ 9 zu meinem Bäcker, wo ich immer früh meine Tasse Kaffee trinke und da höre ich, wie die Bäckerfrau sagte, „wir müssen ja heute Brot mit backen für Dresden". Nun wurde ich stutzig und ging zur Post, kein Schnellamt. Ich fragte am Schalter, ob was in Dresden gewe-

sen sei und das Frl. sagte „Es sieht verheerend aus", sie sagte hauptsächlich die Neustadt und Reick. Nun ging ich heim und zog meine DRK-Uniform an, 1. weil ich da besser durchkomme, auch eher Fahrgelegenheit habe als in Zivil (wie es ja dann auch wurde) und 2. weil ich natürlich dachte, helfen zu können. (Das wurde aber nichts, es war kein RK zu sehen, keine NSV, keine Verpfleg- oder Verbandsplätze, garnichts, nicht einmal Feuerwehr, die löschte, entweder war kein Wasser da oder sie dachten, es nützt doch nichts mehr.)

Also lief ich zum Bahnhof, ohne was mitzunehmen als einen Brotkanten für den Notfall, weil ich die Hände frei behalten wollte. Der Zug sollte bis Radebeul gehen, aber wir stiegen alle schon in Kötzschenbroda aus, weil es nicht weiter ging. Nun zur Straßenbahn, die bis Stadtgrenze fahren sollte. Ich kam auch noch mit, es waren massenhaft Leute da und an der Endhaltestelle mußte ich nun laufen. Es war gegen 12 Uhr und nach wenigen Schritten kamen Flieger, kein Alarm, die Bomben krachten, Bordwaffen schossen, alles rannte in den nächsten Keller.

Als es ruhiger wurde, bin ich heraus und lief 3, 4 Straßen weiter, sah ein Wehrmachtauto mit dem Roten Kreuz, das gerade weg fahren wollte, rief es an und ließ mich mitnehmen bis zur Ecke Leipz. Straße/Stadt Metz. Unter der Überführung hielt der Wagen und wir sahen die ersten Toten, diese von dem eben stattgefundenen Angriff, 12, 13 Soldaten in 2 Haufen übereinanderweggeschmissen, aber alle tot, die Köpfe gespalten und wir konnten nichts helfen, das RK Auto hatte auch nichts bei sich.

Dann also stieg ich aus und wollte über die Marienbrücke, weil die Augustusbrücke kaputt sein sollte. Die entgegenkommenden Leute sagten aber, es wäre wegen des Qualms unmöglich, was ich auch einsah, denn die ganze Altstadt lag hinter einer dicken schwarzen Qualmschicht. Also ging ich durch die Anlagen nach dem Neust. Markte zu. Da traf ich die Meißner und andere Feuerwehren, die aber nichts taten, trotzdem die Häuser brannten und alle an der Elbe, wo ja wohl genug Wasser war. Sie sagten mir, es sei ausgeschlossen, ohne Gasmaske oder Brille in die Altstadt zu kommen und sie hatten auch alle ganz rote entzündete Augen, wie ich natürlich heute auch. Da fiel 20 Schritte vor mir das brennende Dach vom jap. Palais herunter auf die Straße. Ich rannte zur Meißner Gasse, die brannte lichterloh, also einen Umweg durch eine andere Gasse, die nicht ganz so schlimm war und kam an den Neust. Markt, da brannten viele Häuser, viele waren eingestürzt, der Denkmalsockel stand und der

Kirchturm der Martin Lutherkirche war auch zu sehen. Hier aber das Wasser bis an die halbe Wade hoch, hinüber zu kommen sei unmöglich, die Brücke ganz kaputt, in die Altstadt nicht hineinzugelangen.

Aber die Angst um die Kinder trieb mich vorwärts und ich wagte mich allein auf die Brücke, während die Männer zurückblieben. Es waren große Löcher auf der Fahrbahn, die Geländer abgerissen, die Steine geborsten, aber mir war das egal, ich wollte bloß hinüber und kam auch. Am Schloßplatz standen zwei Trupps mit Schaufeln, aber sie standen nur, ich habe keine Hand sich rühren sehen und keine Schaufel graben, solange wie ich in Dresden war. Durch die Schloßstraße konnte ich nicht, große meterhohe Schutthaufen, gesperrt, also die Augustusstraße, das Ständehaus brannte, die Terrasse glaube ich stand noch, vom Schloß ein unterer Teil, alles konnte ich nicht sehen und merken. Und dieser Qualm, dieser Funkenregen überall aus den brennenden Häusern, denn es kam zu allem Elend noch ein schreckl. Wind. Bis Anfang Neumarkt kam ich an brennenden Straßenbahnen und über meterhohe Schutthaufen weg, aber über den Neumarkt war es unmöglich, der Schutt lag über den ganzen Platz, paar Meter hoch. Also zurück und wollte [es] über den Postplatz versuchen.

Am Georgentor kam ein Motorradfahrer, der mich fragte, ob er bis zur Polizei Schießgasse durchkäme, ich sagte, es sei unmöglich, er wollte nun an der Elbe lang bis zur Carolabrücke, und ich sagte, ich wolle mit und schwang mich auf den Sitz hinten drauf und so ging es über Schutt, Holz, brennende Stücken usw. weg bis Anfang Ringstraße. Da stieg ich ab, das Polizeipräs. war auch weg, und ging die Ringstraße hinauf. Fragte einen entgegenkommenden Mann, ob ich durchkäme bis zur Prager, er sagte, vielleicht über die Bürgerwiese, durch die Straßen nicht, aber ich müßte starke Nerven haben, es läge alles voller Leichen. Und so war es auch, ein Bild des Grauens, eine neben der anderen, übereinander, alles nackte verbrannte und völlig verkohlte zusammengeschrumpfte ehemalige Menschen. Also über den Pirn. Platz, in die Straßen hinein war ausgeschlossen, rannte also zur Bürgerwiese, dort waren einige Menschen, die in den Bunkern waren, keiner hatte was zu essen oder zu trinken, keiner wußte, wohin er sollte, keiner wußte, was werden sollte. Ich konnte nur trösten, raten, Auskunft geben. Lüttichaustraße war vollständig unmöglich durchzukommen, der Schutt paar Meter hoch, ich versuchte es Hand in Hand mit einem Manne, allein war es überhaupt nirgends möglich wegen des ständigen Abrutschens, noch vor dem Moltkeplatz mußte ich es aufgeben. Nun dachte ich, in einer Villenstraße stünden ja die Häuser nicht so an der Straße und es würde gehen. Ich ging also bis zur Beuststraße. Hier wie auch in der Bürgerwiese jedes Haus zerschlagen, kein Baum mehr, alles lag über die Wege, aber unter den Bäumen wegkriechend und übersteigend und über den hier nicht ganz so hohen Schutt schaffte ich es doch. Dann die Sidonienstraße, meterhoch, kein Haus, das nicht brannte oder entzwei war, wie überhaupt in der ganzen Innenstadt. Auf meinen ganzen Wegen sah ich kein Haus, höchstens mal eine Villa, die vielleicht noch etwas bewohnbar sein könnte. Die Sidonienstraße ging noch an, ich traf einen Herrn und wir gingen einander an der Hand haltend über die Schutthaufen. Er wollte zur Viktoriastraße und war, wie sich auf dem Rückweg dann herausstellte, der Vater von der kl. Helferin Dora Buchholz, Herta erinnert sich gewiß.

Mit unendlicher Mühe und vollständig zerkratzten Schuhen, brennenden Augen, gelangten wir so zwischen brennenden Häusern, von denen ununterbrochen Stücke auf die Straße fielen, über Steine, Schutt meterhoch und brennenden Holzstücken unter den Füßen, bis an unsere Ecke. Ans Haus zu kommen war unmöglich, der Schutt lag mehrere Meter hoch, und alles brannte noch. Also zum Ferdinandplatz. Hier dasselbe.

Aus den Nachrichten heraus brannte es, der Schutt brannte, vor den Luftschutzkellern lag der Mörtel und Steine paar Meter hoch und brannte, es war ein Ding der Unmöglichkeit, heranzukommen. Und ich muß auch ehrlich sagen, daß in diesem Augenblick nach all den furchtbaren Eindrücken, ich soweit war, zu denken, wenn nur wenigstens alles schnell gegangen wäre. Und doch mußte mir eine innere Stimme gesagt haben, daß Ihr nicht drunter liegen konntet, Ihr 2 oder 3, denn ich hätte sonst alleine versuchen müssen, einen Weg zum Luftschutzkeller zu bahnen und eben jeden Stein einzeln abzutragen. Es war zu furchtbar.

Nun traf ich den Herrn wieder, der auch nach s. Hause gesehen hatte und wieder vereint gingen wir den ganzen Weg zurück, nun zum Bahnhofe, in der Hoffnung, hier vielleicht Herta anzutreffen. Am Bahnhofe und dem letzten Stück Prager aber, wo die Straße breiter war, konnte man gehen, es war eine Erlösung. Am Bahnhof innen alles kaputt, keine DRK Stelle, nichts zu sehen, hier Leichen am Straßenrande, manche noch in Kleidung, und ich mußte sie mir ja auch alle ansehen. Herta fand ich nicht, niemand vom DRK. Nun kehrte ich wieder um und wollte zur DRK Kreisstelle, weil ich dachte, Herta sei irgendwo zum Einsatz und ich könnte wenigstens sie finden. Ging also die Wienerstraße, die zu laufen möglich war und dann zur Tiergartenstraße. Im DRK Hause war noch das Parterre und wohl auch ein Stück der 1. Etage noch da, Verwundete lagen überall herum, die nun nach und nach hier abgeholt wurden. Ich traf Frl. Kirschstein, die von Herta nichts wußte, aber auch nichts schlimmes, und dann die Jünger, die mich wieder mit ganz jammervoll kleinlichem Kram anödete.

Weil nun niemand was wußte, und man mir unterwegs gesagt hatte, ich müsse zum Abend aus der Stadt heraus sein, ich ja auch nicht weiter wußte, und nicht wußte wohin, sagte, sie sollten Herta sagen, ich wolle versuchen, nach Bühlau zu kommen, denn ich dachte, vielleicht ist es erst in unserem Hause später passiert und sie hätten noch nach Bühlau gekonnt. Ich war schon auf der Straße, da kam mir eine Helferin nachgerannt, ich solle gleich wieder kommen, es sei jemand da, der wüßte, wo meine Kinder sind. Es war Weinhold, die ein gütiger Zufall gerade in diesem Augenblick in die Kreisstelle geführt hatte. Sie sagte „Nach dem ersten Angriff hat Ihre Tochter (also Herta) die Schwester und die Kleine zum Bahnhof in den Bunker geholt, sie waren gesund und unversehrt und dann sind sie in einem anderen Bunker (ich glaube Bismarckplatz) gewesen, und jetzt hat Frl. B. die Schwester mit der Kleinen in das Auffanglager Possendorf bringen wollen, und dann wollte sie zum Bahnhof zurück und wollte auch mal sehen, ob das Haus noch stünde". Also muß es doch wohl nach dem 1. Angriff noch gestanden haben und Ali wußte da wohl noch gar nicht, daß sie nichts mehr hatte, aber auch gar nichts.

Ich war nun trotz allem wie erlöst, rannte den Weg zurück und dachte das 1. Mal an einen Bissen Essen, kam aber nicht weiter, als drei Bissen von dem harten Kanten abzubeißen, weiter ging es nicht. Ich lief zum Bahnhof, suchte hier nochmals alles ab nach Herta, fand diese nicht und machte mich nun auf nach der Auffangstelle Langemarckstraße, wie mir Weinhold gesagt hatte. Ich ging auch den Weg, der gangbar sein sollte, aber er war furchtbar. Die Sedanstraße hinauf, über Bäume und Schutt und brennende Hausteile, die Häuser brannten noch, es knisterte an allen Ecken und Enden und immer wieder fielen Teile herunter auf die Straße, manchmal ganze Stücken Hauswand. Und ich ganz allein, kein Mensch weit und breit zu sehen. Aber ich kam zu der Auffangsstelle, hier waren viele Menschen und ich wollte nun sehen, nach Possendorf zu kommen. Gewiß

machte ich mir Gedanken, wie ich jemals von dort wieder nach Meißen resp. Radebeul zum Zuge kommen sollte. Außerdem konnte es ja sein, daß sie wo anders hingekommen waren, es war ja alles ganz unsicher, und wie ich noch so denke, wie ich es am besten machen sollte, rief der Mann aus „Wer will nach Radebeul, da drüben steht das Auto".

Da betrachtete ich das als einen Hinweis, denn helfen konnte ich ja nicht, weder den Menschen in der Stadt noch meinen Kindern, so lief ich kurz entschlossen zu dem Auto. Es war ein offenes kl. Lastauto, aber frdl. Männer schoben und hoben uns hinauf und es waren Säcke und Gepäckstücke drauf, daß man sitzen konnte, während die anderen Flüchtlingsautos, denen wir begegneten, alle stehen mußten. Das war eine Fahrt. Alles brannte, Funkenregen, daß man den Kopf bedecken mußte, beißender Qualm, die Augen schmerzten, wie sehr, im Hafen brannten noch die Schiffe, die schon nach dem Mittagsangriff brannten, ein heftiger Wind, es war nicht möglich, den Hut aufzubehalten, die Haare flogen. In Radebeul, eine Haltestelle von den 4 Jahreszeiten entfernt, wurden wir abgesetzt. Man hatte natürlich gedacht, hier sei ein Lager und die Leute waren deshalb mitgefahren, aber es war nichts, alle standen auf der Straße. Es fing an zu dunkeln, niemand wußte nun wohin. Eine alte Frau brachte ich noch ein Stück zur NSV Stelle, nach Meißen zu fahren wurde es mir nun zu dunkel, entweder hier oder in Meißen, es wäre finster geworden. Meine Nerven waren am zusammen brechen, ich gedachte in die Führerschule zu gehen, wohin einige Angehörige der DRK Landesstelle geflüchtet waren, früh, anstatt zu helfen. Das wollte ich, solchen Menschen begegnen. Da fiel mir [ein], Tante Else könne vielleicht zufällig dasein, oder mindestens könnte ich bei Frau Pfarrer Hähnel ein Sofa bekommen. Es wohnt ja auch eine ältere Dame in Tante Elses Wohnung. Also ging ich dorthin, sie ließ mich gleich ein, trotzdem sie mich natürlich nicht kannte, sie umhegte mich in der liebevollsten Weise, brachte mir Kaffee und Zwieback und sagte, natürlich solle ich da schlafen in Illys Bett, die ja kaum noch mal mitkommt. Dann an den warmen Ofen, denn meine Schuhe und Strümpfe waren ganz naß. Am Neust. Markt früh und an der Kreisstelle nachm. hatte das Wasser auf der Straße so hoch gestanden, daß alles naß war. Um über die brennenden Trümmer zu steigen, war es ja sehr gut gewesen, aber nun nach der kalten Fahrt war der Ofen schon besser.

Hier kam dann natürlich alles Ausgestandene erst zum kleinen Zusammenbruch, aber sie waren alle sehr liebevoll.

Bei Hähnels mußte ich dann Abendbrot essen, bekam auch Wein zur Stärkung, dann schlief ich während und nach dem 2maligen Alarm ungefähr 3 Stunden. Heute früh nun mußte ich erst mit der Straßenbahn bis Coswig, weil in Radebeul diese Nacht Gleise getroffen waren. Dann landete ich hier und ging gleich zur Post, Telegramme an Traudel und Fritz aufzugeben, aber es wurden keine angenommen, nur die roten Karten konnte ich schreiben, und ich tat es auch, weil vielleicht nicht alle ankommen oder doch von hier aus die Verbindung über Leipzig schneller geht als von Dresden aus.

So, mein Traudel und Fritz, ich habe Euch nun berichtet und Herta und Annelies bekommen vielleicht den Durchschlag auch. Jetzt mittag ist nun hier wieder Voralarm. (…)

Ich wünschte, ich könnte in Dresden sein und suchen und graben, statt hier so überflüssig zu sitzen. Ich werde morgen zum DRK gehen, sie stellen doch sicher Hilfskräfte in Dresden. Der Volkssturm von Meißen kam gestern abend wieder, sie hätten noch nichts tun können, weil alles noch brannte. Aber die kleinen Brände vor den Kellerfenstern, die hätten sie schon löschen und ausmachen können. Ich verstehe dies alles nicht, es klang von den anderen Städten immer alles ganz anders. Es war aber wohl auch nicht so restlos, wie hier.

Lebt wohl für heute
Mutter

Anm.: „Aus den Nachrichten heraus": die „Dresdner Neuesten Nachrichten" (DNN) am Ferdinandplatz

III. 4. Durchbruch „Viktoriastraße"

Annelies Himmstädt (Reichstädt) an Gertraude Baumgärtel (Erfurt)

4 Blätter A6, liniert, handschriftlich mit Bleistift beschrieben; abgestempelt: Dippoldiswalde, 16. 2. 45, 11 Uhr

Meine liebste Traudel!
Unsere Karte hast Du wohl bekommen? Nun sitzen wir hier, ärmer als Kirchenmäuse, auf Stroh, mit nichts und gar nichts. Es hat uns schlimm erwischt. Nun haben wir hier nichts mehr. Ganz Dresden ist wohl glatt erledigt. Da ist wohl kein Stadtteil mehr, der nicht betroffen ist. Es war grauenhaft.

Nach dem 1. Angriff 21.00 soundsoviel mußten wir aus dem Keller der DNN und wußten nicht wie und wo, alles dick voll Qualm. Kein Durchbruch frei. Lange haben wir noch unten gesessen. Dann Durchbruch Viktoriastraße. Draußen alles ein Flammenmeer. Wenn Addel nicht gewesen wäre, ich wüßte nicht, was aus uns geworden wäre. Allein hätte ich wohl nie den Mut und die Kraft gehabt, durch das Feuer und Steine und Splitter durch zu kommen. Wir wollten irgendwo ins Freie. Es brannte alles. Um die Ecke in Richtung Hauptbahnhof. Weiter kamen wir nicht – raus, auch auf der […]straße brannte es. Der Bahnhof stand noch, und wir rauf in die Wache. Splitter und so war furchtbar viel. Wir glaubten, wir seien gerettet. Nach paar Minuten Ruhe ging der 2. Alarm 1 ½ Std. Im Bahnhof in den Keller. Der Angriff hat den Bahnhof wohl hingebracht. Was noch steht, weiß ich nicht. Der Keller hielt, aber wir glaubten nicht, daß wir noch mal rauskämen, hatten uns schon zum Sterben hingelegt. Um 5 Uhr ungefähr hieß es: Durchbruch frei. Da haben wir noch Koffer, Rucksack und alles liegenlassen, weil wir wohl schon halb weggewesen waren, und kamen mühselig raus. Wieder alles ein Riesenfeuer. Dann haben wir noch paar Stunden auf der Straße gesessen. Vormittags zu Fuß über Trümmer zur Mommsenstraße, von dort sollten Autos fahren. Da haben wir erst bei Pauls (Mims' Freundin) Rast gemacht, mir 2 Windeln geborgt und 2 Jäckchen, für die Lütte. Sie war klatschnaß. Jetzt sind wir nun hier in der Schule in Reichstädt.

Ob wir in Privatquartier kommen und wie lange wir hier bleiben, ist noch unbestimmt. Hier ist alles noch mehr als primitiv, Tölchen, nun sieh mal, ob Du uns was schicken kannst. Ich habe auf dem Leib Nachthemd, Schlüpfer, Trainingshose, Pullover, Jacke u. Mantel, kaputte Schuh und kaputte Strümpfe. Nicht mal einen Gürtel hab ich mit. Herta hat 1 x Wäsche und Uniform. Um Sachen für die Lütte haben wir an Mausi geschrieben, ob die uns was schickt? Es ist furchtbar. Man kann es noch gar nicht alles fassen, ich könnte dauernd heulen. Herta ist heut vormittag wieder zurück, sie muß sehen, wie sie reinkommt. Sie muß ja zum RK und sehen, ob die Firma noch steht. Sie will erst mal sehen, ob bei uns noch was im Keller ist, aber Hoffnung haben wir nicht. Es ist grauenhaft. Das hätte man nie gedacht, der ganze Große Garten ist eine Wüstenei, die Altstadt ein Trümmerhaufen, bis in die Vororte rein. Herta ist jetzt in Freital, sie wohnt bei Wolf, Talstr. 4. Sie werden eine Verpflegstelle einrichten, weiß nur nicht wo. Sie muß auch mal sehen, was mit der Firma wird. Da sollen die Keller noch stehen, und das Haus vom […] sie noch nicht. –

Mims war gestern nach Dresden, sie wollte sehen, ob von den Sachen im Keller noch was da ist, aber es war noch nicht möglich. Nun hat man ihr für Montag Hilfe versprochen. Aus dem Keller von der DZ, wo wir nach dem Angriff raus sind, sind 30 Tote. Mims hat dort mitgeholfen, Elstermann, Liebenau, Schindler usw. Frau Dr. Stock ist anscheinend nach O-Bärenburg, es hätte an der Hausmauer gestanden. Unser Haus hatte anscheinend nicht so gebrannt, sondern einen Volltreffer bekommen.

Hoffentlich ist nun Dir nichts passiert, auch in Deiner Wohnung nicht. Diese ewige Angst und Sorge. Alle haben es so satt, und es wird wohl noch schlimmer kommen. Ob wir noch mal richtig leben können. Ich glaub es nicht.

Nun, meine Traudel, für heute Schluß. Bitte schreib gleich. Alles Gute.
Innigst grüßt Dich
Deine Amsel
Wozu leben wir nun noch? Um zu warten, bis die Russen kommen? Hier unter solchen Bedingungen! – Mittags, als wir bei Pauls waren, kam ein 3. Angriff, eine Brandbombe ins Haus, die Addel mit löschte. Diese Nacht sollen sie schon wieder zweimal in Dresden gewesen sein. – Ein Brief an Dich lag fertig zum Einstecken auf dem Korridortisch. – Ich kann kaum noch reden, jedes Wort tut weh, ganz heiser vom vielen Heulen und dann wohl auch erkältet. Liselott hat Schnupfen, aber ich muß froh sein, wenn's dabei bleibt. –

Was tut man sonst alles für die Kleine, und für nichts, nichts. Essen, Schlafen, mit allem kommen sie durcheinander, hocken den ganzen Tag im Stroh, da macht die Kleine nun ihre Laufübungen.

Also, Traudel, wie ist's denn bei Euch? Hoffentlich nichts wieder gewesen? Wir hatten Dich neulich anrufen wollen, wurde aber nicht angenommen. Dann kam auch Deine Karte. Mein Brief darauf ist ja verbrannt. Nun sieh mal zu, ob Du Deinen armen, obdachlosen, ausgebombten Schwestern bißchen helfen kannst. Ob ich mein Leben in Trainingshosen herumlaufen muß? Ach, es ist furchtbar. Was soll nur mit uns werden? Ich sehe immer noch Flammen und eingestürzte Häuser, doch jetzt Schluß.

Innigste Grüße
Deine Amsel

III. 5. „Den dunkelsten Tag meines Lebens" – Große Plauensche Gasse

Vorliegender Bericht ist eine Abschrift des von Gottfried Frühmorgen verfassten Schreibens von der Dresdener Bombennacht. Das Schreiben wurde am 17. Februar 1975 mit den beiden Noturnen in der Grabstätte Schiefner auf dem Moritzburger Friedhof Abt. 1, Reihe Grab 22 beim Grabmachen, für die Brüder Walter und Fritz Schiefner, als Inhalt einer Tonurne, die durch einen Hackenschlag zerbrochen war, gefunden. Durch das Kondenswasser war das Papier völlig aufgeweicht. Der Teil des Papiers, der auf einem der blechernen Verschlüsse gelegen hatte, war stark vom Rost angegriffen, von der Unterschrift war nur Gottfried noch lesbar.

Moritzburg, den 1. März 1975   Herbert Glöckner
                                             Friedhofsmeister
(…) Ich bin kein Geschichtsschreiber, sondern will nur den dunkelsten Tag meines Lebens in einem Bericht festhalten, um ihn meinen Brüdern an die Front zu schicken. Insbesondere mein lieber Sepp, der du irgendwo in der Slowakei bist, gerade du willst wissen, wie die lieben Dresdener und die schöne Stadt Dresden gestorben sind.

Mir liegt jede Absicht fern, hier irgend etwas aufzublähen und einen interessanten Frontbericht zu schreiben, doch verlangt die Größe dieser Tragik ein paar Worte mehr als sonst.

Da ich den Angriff selbst miterlebt habe, brauche ich keine Phantasie zu Hilfe zu nehmen sondern will einfach schreiben, was ich erlebt habe. (…)

Schier eine Ewigkeit dauerte der Angriff, endlich Vorentwarnung. Ich ging mit Vater sofort hinauf, um zu sehen, was aus unserm Haus geworden ist. Der Anblick war schrecklich genug, alle Fensterstöcke und Türen waren zerfetzt, und das Hinterhaus wie Vorder- und Seitengebäude boten einen trostlosen Anblick. Auf dem Dachboden des Hinterhauses waren zwei Stabbrandbomben eingefallen, die ich sofort löschte. Unser lieber Vatl sah bleich und verstört aus und machte sich an allen möglichen Stellen zu schaffen. Das Nebengebäude Kühnscherf brannte bereits, und der Windstoß bedrohte unser Hinterhaus. Wir stellten Brandwachen in die oberen Stockwerke. Der Wind wurde zum Sturm und riss alle Türen in den Wohnungen in Fetzen, Fenster waren ja nicht mehr vorhanden. Das dem Vorderhaus gegenüberliegende Gebäude von Zocher brannte ebenfalls lichterloh. Ich stand auf dem Dachgarten, um mich das Toben des furchtbaren Elements Feuer. Der Sturm wurde immer stärker, und bald brannten alle Häuser in diesem Bezirk, dazwischen gingen Zeitzünder hoch.

Meine Schilderung soll ja nur den lieben Eltern gelten, und ich will daher von unserer Rettung hier nichts schreiben. Wir, Christa und ich haben nach dem ersten Angriff das Haus verlassen, weil der Qualm das Leben des Kindes gefährdet hat.

Der zweite Angriff zerstörte das Vorderhaus durch Volltreffer und Phosphor, das Hinterhaus, Seitengebäude und Garagenbau wurden durch Feuer vernichtet. Als wir am anderen Tag morgens um $\frac{1}{2}$ 10 Uhr unseren Unterschlupf verliessen, bis dahin waren wir auch durch Feuer eingeschlossen, bot sich uns der furchtbare Anblick der Großen Plauenschen Strasse. Alle Einwohner des Hauses waren rettungslos verloren, sie wurden beim zweiten Angriff durch Verschüttung eingemauert und sind dann verbrannt. Der Anblick war erschütternd und ist kaum zu beschreiben. Der ganze Stadtteil in Schutt und Asche, man konnte über Hunderte Meter sehen, kein Haus, daß den Blick auffing, ein Bild totaler wahnsinniger Zerstörung, ein Werk des Teufels. Ich blickte nochmals auf das Haus der Eltern und wusste, nachdem ich um 9 Uhr schon dort war, hier ist alle menschliche Hilfe vergebens, außerdem war die Altstadt tot. Kein Mensch außer den Überlebenden, die aus ihren Kellern krochen (das waren wenige), keine Luftschutzpolizei, einfach nichts, was helfen konnte. Wie es bei uns weiterging, will ich auch in einem anderen Bericht schreiben, hier sind meine Gedanken nur bei den lieben Eltern. Wir mussten mit dem Kind auf jeden Fall aus diesem Qualm, aus dieser Hölle heraus, ich trug den Jungen über Steinberge, zwischen brennenden und einstürzenden Häusern, vorbei an Toten und Sterbenden. Christa nahm mit zerrissenem Herzen Abschied von der Stätte von ihrer Heimat!

Am anderen Tag war unser Bataillon zu Bergungsarbeiten eingesetzt, und ich bat einen Zugführer, da ich selbst eine Augenverbrennung hatte, dort den LS-Keller freizulegen. Am Abend brachte er mir die erwartete Nachricht, dass hier alle menschliche Hilfe vergebens sei und nur eine Großaktion angesetzt werden könnte. Sechs Tage später ging ich mit Onkel Walter und einem Freund Walters zur Schadensstelle. Die Schuttmassen waren noch so heiß, daß man nicht stehen konnte, ohne sich die Schuhsohlen zu verbrennen. Bergungsmaschinen waren nicht zur Stelle, und mit der Schaufel war hier nichts zu machen. Mit nicht aussprechbarem Leid ging ich wieder von der Stelle, wo einst unser gastliches Haus stand, und die ganze Welt und alles Leben schien mir zu Ende. Schmerz-

lich war für mich immer die Rückkunft, wenn ich meiner lieben Frau sagen mußte, daß alle Hoffnung zu Ende ist.

Nun hörte ich, daß man die geborgenen Toten am Altmarkt sammelt und sie mit Flammenwerfer zur Asche verbrennt. Dieses Schicksal wollte ich meinen über alles geliebten Schwiegereltern ersparen. Ich stellte beim Batl.-Kommandeur Oberstleutnant Hartmann ein Gesuch um Stellung eines Bergungskommandos. Er bewilligte mir für den nächsten Tag einen erfahrenen Oberfeldwebel und sechs Mann. Wir fuhren am Morgen zur Großen Plauenschen Strasse und die Leute begannen nach meinen Anweisungen zu graben. Der Einstieg war genau an der richtigen Stelle erfolgt und legte den Eingang zum Keller frei. Eine furchtbare Hitze kam uns aus dem Keller entgegen und erlaubte nur einen Aufenthalt von wenigen Minuten. Trotz der schlechten Lampe, die wir zur Verfügung hatten, bot sich mir der schmerzlichste Anblick meines ganzen Lebens dar. Am Eingang kauerten mehrere Menschen, die anderen an der Kellertreppe, und weiter hinten im LS-Keller waren die vielen anderen. Die Leichen waren in der Form als Menschen erkennbar. Sie zeigten noch genau den Körperbau, die Schädelform, waren aber ohne Bekleidung, Augen und Haare, also verkohlt, aber nicht zusammengeschrumpft. Bei Berührung fielen sie zu Asche zusammen und zwar restlos, ohne Skelett oder irgendwelchen einzelnen Knochen. Nur eine männliche Leiche, die ich sofort als die meines lieben Schwiegervaters erkannte, zeigte einen zwischen zwei Steinen eingeklemmten Arm noch etwas erhalten. Wir legten die Steine frei, und da sah ich an dem graumelierten Anzugsstoff meine Vermutung bestätigt. Nicht weit daneben war unzweideutig die liebe Mutter. Ihre schlanke schmächtige Form und auch die Kopfform ließ keine Täuschung zu. Nachdem ich wieder Luft geholt hatte und nach irgendeinem Gefäß suchte, stieg ich nochmals ein und nahm vom Vater einen Fingerknochen, von der Mutter eine feste Masse aus dem Kopf und von beiden Asche. Tieferschüttert stand ich mit meiner Blechschachtel, die die Reste der uns allen so lieben Menschen barg auf dem Schutthaufen. Noch nie war ich so traurig, so verzweifelt und allein wie in diesem Augenblick. Was ist das Leben doch für eine Scheinbarkeit, für ein kurzes Verweilen auf dieser wahnsinnigen Erde. Ich dachte an Spengler „und dazu schweigt Gott". Mit meinem kostbaren Schatz nahm ich mit feuchten Augen Abschied von dieser Stätte des Grauens, meine Nerven wollten nicht mehr halten, ich zitterte am ganzen Körper, und mein Herz pochte zum Zerreißen. Der Oberfeldwebel und sogar die sechs Russen, die gegraben hatten, standen still und waren ergriffen von der Wucht des Eindruckes in dieser Stunde. Es wäre noch viel zu sagen aber meine Gedanken sollen nicht abweichen von den lieben toten Eltern.

Ich muss alles so schreiben, wie es war, und wen soll ich schonen? Wer dies liest, erlebt nur einen kleinen Teil von dem, was ich zu schauen und zu tragen hatte. In diesem Trümmerfeld fand ich kein würdigeres Gefäß als eine leere Konservendose, darein legte ich die sterblichen Überreste meiner lieben Eltern, nahm sie mit nach Hause, und so sind sie noch heute in meinem Zimmer. Wenn ich nachts schlafen gehe, überläuft mich kein Schauer, sondern nur Liebe, unbeschreibliche Liebe strömt von den Lebenden zu den Toten. Vielleicht bekomme ich eine Urne und einen Totenschein, dann werde ich sie im Grabe zu Moritzburg beisetzen lassen. Am gleichen Tage war ich noch beim Polizeirevier am Georgplatz und bat um einen Totenschein. Man bedauerte, berief sich auf Verfügungen und sagte mir noch zu allem Überfluß: wir sind Beamte und müssen uns an die Vorschriften halten. Was soll man dazu sagen? Vielleicht belehrt mich ein Jurist, daß diese Beamten recht hatten, aber wo ist der – Mensch – der mir helfen will. Überall wo ich mich hinwenden kann, sind Beamte, immer wieder Beamte – aber nirgends finde ich – Menschen. (…)

Was soll ich noch schreiben, diese Schilderung hat drei Durchschläge, wovon ich einen an dich, lieber Bruder Sepp, einen an meine Eltern, einen an meine liebe Frau schicke, und den anderen in die Urne lege.

Viel wäre dazu nicht mehr zu sagen, und außerdem bin ich zu keinem rechten Gedanken mehr fähig. In mir ist alles leer und ausgestorben. Ausgebrannt wie die Keller unserer Häuser ist meine Seele, alles ist zusammengebrochen, und nie mehr wird mich jemand in ausgelassener Freude sehen. Vielleicht hat das Schreiben viele Fehler, sicher hat es das, man möge mir das aber verzeihen – ich habe kein rechtes Gefühl mehr für eine Form! Du lieber kleiner Junge, den ich aus dem Feuer getragen habe, sollst das einmal lesen und wissen, daß auch du viel verloren hast. Die Eltern, die wir beweinen, haben dich über alles geliebt, und wenn du sie gekannt hättest, würdest du unseren Schmerz verstehen.

Wenn es dir einmal schlecht geht im Leben, wenn du einmal glaubst, irgend etwas nicht mehr zu ertragen, dann lese diesen Brief deines Vaters, der einen Teil unseres harten Lebens schildert. Soll ich noch trösten in meinem großen Leid, wo mich niemand tröstet? Dir liebe Frau, meine gute Christa, will ich noch sagen, wir müssen leben. Das Schicksal

hat uns auf eine wunderbare Weise gerettet und uns den Weg aus dem Feuer und Tod gewiesen und hat uns noch den kleinen Jungen mit auf den Weg gegeben. Wenn die Tage vorbei sind, wird die Wunde heilen, und dann wird einmal wieder Freude sein. Bleibe du in Dingelfing und pflege das Kind, ich werde sofort den harten Kampf mit dem Leben wieder aufnehmen und glaube noch Kraft genug zu haben, um damit fertig zu werden. Eine große Last liegt nun bei mir, es ist das schlimmste Geschäft mit den Behörden zu verhandeln. Wir haben Kasernensperre, und ich kann nur alles schriftlich machen. Ich werde versuchen, von unserem Vermögen noch etwas zu retten, nicht des Geldes wegen oder der Sucht am Besitz, nur um dem Jungen wieder einmal ein Heim zu bauen.

Wir wollen nicht klagen, sondern kämpfend dem Leben entgegen treten, weil wir sonst von der Härte des Kampfes hinweggerafft werden. Nur der Starke meistert das Leben, insbesondere in der jetzigen Zeit. Behalten wir unsere Eltern in dauernder Erinnerung, denken wir alle Tage an sie, und wenn der Sturm dieser Zeit einmal vorbei sein wird und wir wieder zu einem Heim kommen, wird eine Ecke in unserem Haus dem Gedächtnis der lieben Toten gebaut werden. Sie haben den Frieden und haben ausgekämpft, ihre Seele spürt kein Leid mehr, ich glaube, sie haben es besser als wir.

Der Herr gebe ihnen die ewige Ruhe
und uns die Kraft das Leben zu bestehen
wie sie es getan haben!

Pirna, den 12. März 1945   Gottfried *(unleserlich)*

III. 6. „Weiter konnte ich mir nichts ansehen" – Bischofsplatz

Meine lieben, guten Eltern!   Dresden, den 20. 2. 45

Es ist soeben 22 Uhr, und ich will versuchen, noch eine Stunde zu schreiben. Wir waren grad zum 4. Male im Keller heut: früh 4–5 Uhr, mittags, 20 Uhr und 21 Uhr. Nun langt's uns, und wir wünschen uns alle nun eine ungestörte Nacht.

Ihr Lieben konntet mich vielleicht nicht so recht verstehen, daß es mich so mit allen Fasern nach Dresden zog. Alle Eure fürsorgliche Liebe und die ruhige Geborgenheit vermochten mich nicht zu halten. Ich mußte fort, und Ihr könnt Euch nicht denken, wie froh ich war, als unser Fahrzeug endlich losfuhr. Man hatte mir angeboten, mich lieber in den Führerwagen zu setzen, da darin etwas geheizt war.

Die Strecke bis Bautzen war fürchterlich verstopft. Sie wurde 3fach befahren. 2 Züge Flüchtlinge, Gefangene und motorisierte Kolonnen in westlicher Richtung und ein Zug Pferdewagen, Lastautos und Gefangene in östlicher Richtung. Man konnte nur schwer daran glauben, daß dahinter eine planvolle Regie stand. Oft konnte nur Schritt gefahren werden.

An besonders kritischen Stellen ließ mein Fahrer echt bayrische Flüche hören, und an Höhepunkten bohrte er dazu in der Nase. Wie verschieden sich doch die Menschen irgendwie Luft machen müssen.

Vor Bautzen wurde von Militärkontrollen nach Waffen gefragt. Wir hatten zwischendurch noch einen Oberstabsarzt mit Rucksack und Fahrrad, seine feldgraue Schwester und einen schlesischen Flüchtling aufnehmen müssen. Ungefähr 5–6 km vor Weißig wurden wir an die Luft gesetzt. Man hatte uns schon vor Beginn der Fahrt darauf aufmerksam gemacht, daß nicht bis Dresden gefahren würde. Man mußte auf dem kürzesten Wege nach Niedersedlitz. Also raus aus dem Wagen und auf die Landstraße. Ich holte zwei Damen mit Leiterwägelchen ein, bat darum, mein Sturmgepäck aufladen und mich mit vorspannen zu dürfen, das gern gestattet wurde.

Vielen Flüchtlingen aus Dresden begegneten wir, eine alte Jungfer fiel besonders auf, die als einziges Gepäck eine Handtasche und einen Vogelkäfig mit darüber gedeckter Strickjacke gerettet hatte.

Übrigens waren meine Weggenossen Mutter und Tochter von der Kurfürstenstraße, die noch einiges aus ihrer Wohnung zu holen hofften. Also hatten wir eine Richtung. Sie erzählten mir schon viel von den Angriffen. Von Weißig bis Endstation Bühlau konnte ich mit der Straßenbahn fahren. Dann hätte ich die 11 bis Parkhotel Weißer Hirsch benutzen können. Doch die Bahn ließ so lange auf sich warten, daß ich mich Mutter und Tochter, die inzwischen eintrafen, wieder anschloß.

Am Parkhotel fingen die Zerstörungen an, aber nur geringere. Ab Waldschlößchen bekam alles ein anderes Gesicht, und Brandgeruch wehte uns entgegen. Bald war jede Villa zerstört oder ausgebrannt! Es wurde immer schrecklicher! Ab Goldener Löwe nur noch Ruinen, die Straßen hoch

mit Steinmassen bedeckt. Meine Begleiterinnen bogen ab, und ich ging zum Albertplatz. Nur noch Ruinen, Theater des Volkes ohne Dach, vollkommen ausgebrannt, das Sachsenbankhochhaus ausgebrannt und unten zerstört durch ein abgestürztes Flugzeug, das dran liegt. Ein Lastauto fuhr heran, voll beladen mit nackten Frauen- und Kinderleichen, ohne Plane drüber! Ich glaub', da hab´ ich meine Farbe sehr schnell gewechselt. Wie aus dem Boden gewachsen stand ein liebenswürdiger älterer Herr neben mir und bat, mein Köfferchen tragen zu dürfen. Er fragte nach meinem Ziel und meinte, er wolle zum Postamt 12, dem ungefähr einzigen, das noch existiere, und könne mich somit damit trösten, daß ich meine Wohnung doch vielleicht noch unzerstört auffinden würde. Die Verwüstungen auf der Königsbrücker Straße ließen tatsächlich nach. Doch als ich an den Bischofsplatz kam, da wurde mir entsetzlich bang, das TBB (Kino) ausgebrannt, Wollwarenhaus Krause bis Cerny entsetzliche Ruinen, Kalt's Eis, wo sonst unsere Fenster zum Glasen standen, verschwunden. Von unserer teils zerstörten Brücke hing das Fahrgestell eines Wagens zur Straße herunter, ein Wagen ganz unten, noch brennend, er war mit Medikamenten beladen gewesen und stank fürchterlich.

Je näher ich meinem Ziele kam, um so feiger wurde ich. – Ich ging ganz links an der Friedhofsmauer, dann sah ich unser Ecktürmchen.

Gott sei Dank, das Dach war ganz! Meine zerfetzte Markise baumelte am Balkon, die Jalousien hingen zersplittert über Bord, kein Fenster mehr zu sehen, doch das Haus stand! Frau Böhmer brachte gerade einen Eimer Scherben aus dem Haus. Merkwürdig, wo doch alles gut war und ich die Treppen hoch stieg, wurde mir's jämmerlich weich in den Knien. Als ich bei Krauses geklingelt hatte, Frau Krause sagte nichts, als sie mich sah, und ich sah nicht, ob sie's selbst war, sagte ich: ich kann gar nichts sehen. Und darüber war Frau Krause wiederum sehr erschrocken und dachte, ich hätte etwas mit den Augen.

Als dann alles geklärt war und wir mit den Kindern bei Kerzenschein in der Küche saßen, umarmten wir uns und heulten erst mal einen kleinen Vers. Es war übrigens inzwischen nach 15 Uhr geworden. Das Mittagessen war grad fertig, Kartoffelstückchen mit Kalbfleisch, nichts Besonderes, doch war es heiß und naß und tat doch irgendwie gut.

So nach und nach erfuhr ich alles. Es muß grauenvoll gewesen sein. Sie haben im Keller liegen müssen, sonst wären sie durch die Luft geschleudert worden. Kein Wasser, kein

Gas, kein Strom. Ab Freitag Wasser in einem Waschhaus auf der Gutschmidtstr. 13, sonst auf dem Friedhof, das abgekocht werden muß. Mich konnte nichts mehr erschüttern, auch nicht, als Frau Krause sagte: Sie müssen bei uns schlafen. Sie haben keine Korridortür mehr. Das war übrigens leicht übertrieben! Ich hab` noch eine Tür! Doch was für eine! Wie eine Ziehharmonika auseinandergetrieben! Und sie steht wenigstens 10 cm auseinander!

Dann begleitete mich Frau Krause nach oben. Sie und Frau Georgi hatten zwischen 1. und 2. Angriff alle Gardinen und Verdunklungen von den Fenstern entfernt und alles von den Außenwänden abgerückt, das ich hatte stehen lassen, wie Ecksofa. Und das war gut so: denn es war viel, viel Flugasche und Funkenregen von den umliegenden Bränden in die Zimmer geflogen. Die Fenster in abertausend Scherben und feinsten Splittern, die in Türen, Tapeten, Polstermöbeln und sogar im Holz staken. Im Wohnzimmer viel Putz von der Decke, daß das Stroh vorlugt, Türwirbel herausgerissen, Fensterkästen eingedrückt. Aber merkwürdig, am Klavier war die linke Fensterscheibe wie zum Schutz noch erhalten! Doch viele Kratzer hat es bekommen. Alles sieht aus wie zerschundene Raubritter. Aber nun hab` ich alles nochmal so lieb! Hoffentlich bleibt mir's! (…)

Am Spätnachmittag hab` ich die Kinder mal allein gelassen und bin nach Altstadt hinüber gepilgert. Es wurde ein Schreckensweg!!! Glaubt Ihr, daß auf der langen Hauptstr. nur noch 5 kleine Häuser bis auf die Fensterschäden erhalten sind? „An Gottes Segen ist alles gelegen" mit den angrenzenden Häusern.

Es wirkt fast symbolhaft. Von der Dreikönigskirche steht noch der Turm und ein paar Mauern des Schiffes. Straßenbahnen sind ausgebrannt und stehen schief auf der Straße, große Bombentrichter überall. Am Neustädter Markt kein Haus mehr erhalten, auch die Klostergasse, wo Tante Martha und Lorenz Fehenberger wohnten, ist zerstört. Die Augustusbrücke hat einen Treffer bekommen, das Ständehaus zerstört, ebenso das Prinzenpalais, Italienisches Dörfchen, Bellevue, Oper ohne Dach und ausgebrannt. Viele Flüchtlinge sollen gerade in der Oper untergebracht gewesen sein. Der Zwinger sehr zerstört, kein Wallpavilion, kein Kronentor, kein Meißner Glockenspiel existiert mehr. Ein Jammer! Vom Postplatz ist nur in der Mitte das Wartehäuschen erhalten. Wallstraße nur Trümmer, Wilsdruffer Straße kein Haus mehr. Altmarkt war früher einmal. Schloßstraße Trümmerhaufen, überhaupt kein Haus mehr zu erkennen. Ein Schild: „Blind-

gänger, Lebensgefahr, Einsturzgefahr!" Weiter konnte ich mir nichts ansehen! Ich habe geweint wie noch andre, und keiner schämte sich der Tränen. Ich konnte gar nicht schnell genug laufen, daß ich wieder zu den Kindern kam. Man kann sich nicht denken, daß wieder einmal frohes Leben in der traurigen Stadt wird sein können. Wie tot ist alles! In der Hofkirche hatte sich das Feuer wieder entflammt. Es wirkte gespenstig in der beginnenden Dunkelheit. Der Speicher an der Elbe brannte noch, ebenso das Ministerium des Innern. (…)
Eure dankbare Ruth

III. 7. „So wenig Verständnis für unsere Lage" – Königsbrücker Straße 2

Von Lotte Axt (Marienberg i./Sa.) an Christiane Hahn (Reinhardtsgrimma)

handschriftlicher Brief, A 4, weiß

Mein liebes Fräulein Hahn!   Marienberg, am 4. 4. 1945

Mit vielem herzlichem Dank erhielt ich Ihren lieben Brief vom 17. 3. 45, der mich sehr erfreute. Ja, liebes Fräulein Hahn, wer hätte gedacht, daß es so schlimm wird, und unser schönes Dresden in einer Nacht eine Trümmerstätte würde. Wir mußten schon nach 10 Minuten des ersten Angriffs aus unserem Keller flüchten, da schon alles einstürzte und ringsum brannte. Ich konnte nichts retten, habe alles verloren. Das Kleid, welches ich anhatte, und die Schuhe, u. etwas Wäsche zum wechseln im Rucksack, das ist heute mein ganzes Hab u. Gut. Es ist furchtbar. Meine Schwester war an dem Abend gerade zur Chorprobe, und flüchtete ins Hygienemuseum, von da rannte sie mit einer Bekannten auf Umwegen nach ihrer Wohnung Langemarckstr., welche beim 2. Angriff auch betroffen wurde, das ganze Haus brannte. Wie durch ein Wunder blieben die Möbel meiner Schwester erhalten, das Zimmer lag im Erdgeschoß etwas geschützt. Leider war bis jetzt noch keine Möglichkeit, die Möbel zu transportieren, dadurch ist es möglich, daß sie auch noch futsch sind. Meine Schwester hatte so viel bei mir im Keller, darunter alle Sachen meines Schwagers, der Ärmste hat überhaupt nichts anzuziehen, wenn er wiederkommt. Mein Keller ist vollkommen ausgebrannt und verschüttet. Wenn man das geahnt hätte. Ich hatte den schönsten u. größten Keller im ganzen Hause.

Dadurch, daß an unserer Ecke ein viermot. Bomber mit voller Last abstürzte u. explodierte, ist eben die rechte Seite des Hauses bei uns verschüttet. Aus den anderen Kellern konnte alles durch den Mauerdurchbruch von Nr. 4 gerettet werden. Am anderen Morgen bin ich gleich zu meiner Schwester, welche ich aber erst abends in Bannewitz traf, wohin wir beide flüchteten. Es hatte ja für mich auch keinen Zweck, wieder nach Neustadt zurück, deshalb war auch mein Name nicht am Haus. Es tut mir so leid, daß auch Sie so viel eingebüßt haben, ich hatte immer geglaubt, Sie wären da draußen verschont geblieben, da auch etliche Bekannte von uns in Ihrer Gegend ihr Heim behielten. Von Herrn Scharnhorst, Herrn Ziller, Frl. Goetsch u. Frl. Schaal habe ich Nachricht. Grüßen Sie nur auch Frau Funke herzlich von mir, hoffentlich hat sie gute Nachricht von ihrem Mann. Lange kann es ja nicht mehr dauern. Was aber wird aus uns werden. Wir haben uns das jetzt auch oft gesagt, wie gut, daß unsere liebe Mutter alles verschläft. Man kann ja nicht einmal das Grab besuchen, wer weiß, ob es noch steht, der Johannes Friedhof ist gesperrt. Wie geht es Ihnen allen. Haben Sie es mit Ihrem neuen Quartier gut getroffen. Man ist ja so primitiv geworden. Es ist recht gut, daß Sie Ihren guten Mut noch haben, das hilft schon über vieles hinweg. Es ist ja auch schön, daß Ihre ganze Familie zusammen ist. – Wir sind hier bei meiner Cousine gut untergekommen. Trotzdem leide ich furchtbar unter den ganzen Verhältnissen. Die Leute haben ja so wenig Verständnis für unsere Lage, da sie noch alles in Hülle u. Fülle haben. Der Gedanke, was mal aus mir werden soll, verfolgt mich Tag u. Nacht. Ich möchte ja auch meinen Geschwistern nicht zur Last fallen. Wie ist es bei Ihnen, haben Sie immer gute Nachrichten? Ich wünsche es Ihnen von Herzen. Bleiben Sie gesund und lassen Sie wieder etwas von sich hören. Seien Sie mit Ihren Angehörigen recht herzlich gegrüßt von Ihrer Lotte Axt. Viele Grüße von meiner Schwester.

Erich Schneider ist seit voriger Woche eingezogen in Komotau. Hat auch alles verloren, die Familie hat ein möbliertes Zimmer in Freiberg. Die Staatskapelle ist in Elster und Brambach.

Hinweis der Adressantin: Fräulein Axt wohnte Königsbrücker Str. 2, gegenüber vom Artesischen Brunnen. Der Bomber lag zwischen ihrem Haus und dem zerbombten Teil des Hochhauses.

III. 8. Die Achtzigjährigen – Innere Neustadt

Helene Anders (Dresden) an Erika Rückert (Sebnitz)
Handschriftlicher Brief, weißes Papier

Liebe Erika!   Wilder-Mann-Str. 52, am 23. 3. 45

Heute am 23. 3. erhielten wir Deinen lieben Brief vom 7. 3. und danken Dir herzlich dafür. Ja, wir haben Schreckliches erlebt u. danken Gott, daß wir mit dem Leben so davongekommen sind. Es war schon zu spät, als Feuer gerufen wurde u. der Luftschutzwart herauf die Stiegen rannte und wir hinterher. Es brannte schon das Schlafzimmer, der Wäscheschrank u. Kleiderschrank. Welch ein Entsetzen, Annas schöner Wäscheschrank, den sie immer mit Stolz ansah. Alles Rauch und Funkenflug. Wir mußten nur sehen, daß wir fortkamen. Wir waren fast am Ersticken. Die ganze Nacht haben wir in den Gärten gehaust. Als dann der Morgen graute, überall loderten die Flammen, die ganze Villiersstr., Düppelstr., Hauptstr., Albertstr., Luthersaal, das Ministerium, die Post, Markthalle, unsere Neustädter Pfarrkirche u. weiter hinaus. Kurz, der Sturm hat noch sein Nötigstes fertiggebracht. Als es nun heller wurde, sind wir beide mit unserem wenigen Gepäck über die Carolabrücke, um bei unserem Bruder Franz Zuflucht zu finden. Wie furchtbar war der Weg, die Augen voll Asche, trotz der Schutzbrille sahen wir schlecht, und schmerzten uns sehr. Als wir ein Stück von der Brücke herunter waren, war gesperrt. Rechts und links, alles Ruinen. Nun wieder zurück in die Gärten. Der kalte Wind und die schmerzenden Augen, es war eine Qual. Am Nachmittag versuchten wir nach Trachau zu gehen. Als wir ein Stück gelaufen waren, kam Alarm. Nun flüchteten wir in einen Luftschutzraum. Nach der Entwarnung war es uns zu riskant, weiterzulaufen, nun wieder zurück in die Gärten. Es fing schon an zu dunkeln, da kam eine Eisenbahnschaffnerin u. suchte uns. Diese wohnte neben Helenes Nachbarin, u. diese mußte zur Bahn, um was zu erledigen. Helen hat ihr unsere Adresse gegeben, sollte mal nach uns sehen, ob uns was passiert wäre. Diese gute Helferin hat das Gepäck aufs Rad genommen, u. so war uns Hilfe zuteil geworden. Wir sind, es war halb sechs Uhr, auf Umwegen über Königsbrücker Str., Lößnitzstr., hinter dem Bahnhof, der auch noch hell brannte, nach der Großenhainer Str., die auch links und rechts in Flammen stand, weiter zu Fuß nach der Wilder-Mann-Straße, wo wir endlich matt ankamen. Die Nachbarin hat uns zuerst die

Augen behandelt, Suppe und Kaffee gegeben, da wir seit dem Brand nichts zu uns genommen hatten. Dann haben sie Schwester Helen gerufen, die schon schlief, es war ja schon gegen 9 Uhr, als wir ankamen. Schwester Helen hatte gar keine Ahnung von dem, was in Dresden für ein Feuer war und daß es in Trümmern lag. Sie war ja nicht wenig erschrocken, als wir mit nichts vor ihr standen u. alles, alles verloren hatten. Wir danken Gott dem Herrn, daß wir hier eine liebevolle Aufnahme und warmes Unterkommen fanden. (…)

Liebe Erika! Die Tanten haben Dir alles berichtet. Da brauche ich nichts mehr hinzufügen. Dank für Brief und Gruß.
Tante Helene

Die Geschwister Anna Anders und Marta Rückert wohnten in Dr.-Neustadt, Villiersstraße 15. Sie waren beide über 80 Jahre alt. Die Schreckensnacht schildern sie in beiliegendem Brief und wie sie sich abmühten, um zu ihrer Schwester nach Dresden-Trauchau, Wilder-Mann-Str., zu kommen. Dort wurden sie aufgenommen und blieben beisammen.

III. 9. „Mir ist immer, als hätte ich einen schlimmen Traum und müßte bald aufwachen" – Johannstadt

Briefpapier, A 4, weiß, maschinengeschrieben

Liebe Helga! Dölzschen, den 5. 4. 45

Heute erhielt ich Deinen Brief vom 31. 3. Gleichzeitig trudelte schön langsam Dein Brief vom 23. 2., den Du nach der Stephanienstraße gerichtet hattest, bei mir ein. Ich bin sehr froh, nun endlich ein Lebenszeichen von Dir zu haben. Gestern erhielt ich die Karte von Frl. Benkert vom 14. 3. Die Postverbindung ist noch immer ganz miserable. Ja, liebe Helga, ich habe kaum geglaubt, daß Du und Deine Angehörigen aus Eurem Hause heil herausgekommen seid. Ich war gleich kurz nach dem Angriff dort. Es sah ja grauenhaft aus. – Auch uns hat der zweite Angriff den Rest gegeben. Retten konnten wir so gut wie nichts, nur was wir auf dem Leibe hatten und die Papiere. Meine Tasche, die ich immer mit im Büro hatte, habe ich großes Mondkalb bei der Flucht vor den Flammen in Dietels Schlafzimmer geschmissen. Warum, weiß ich heute noch nicht. Darein hatte ich noch zuletzt mein gutes blaues Kleid und meinen gestrickten Rock gestopft. Spä-

ter hat mein Vater noch aus unserem Keller einige Porzellanteller und etwa 4 Zentner Kohlen gerettet. Das ist alles. Beim ersten Angriff brannte unser Nebenhaus. Wir haben geschuftet wie die Ochsen, damit das Feuer nicht übergreift. Unsere sämtlichen Sachen, sogar die Möbel, haben wir mit Hilfe der Ausländer ins Erdgeschoß geschafft. Darunter auch mein heißgeliebtes Schifferklavier und die Bretteln. Als wir uns schon freuten, unser Haus gerettet zu haben, kam der zweite Angriff. Ein Regen von Brandbomben fiel auf unser Haus und dann noch Sprengbomben. Das war ein Gefühl, als der Boden unter uns schwankte. Der Keller hat aber gehalten. Nur kamen überall, auch zu den Mauerdurchbrüchen, die Flammen herein. Es entstand dann eine ziemliche Panik, und wir fanden den Ausweg durch Dietels Schlafzimmer. Übrigens, nach dem ersten Angriff kam Lotti von Dölzschen nach Hause und hat dann den furchtbaren zweiten Angriff bei uns mit erlebt. Bei all dem Durcheinander haben wir dann noch unsere Eltern verloren. Das war das Schlimmste von der ganzen Schreckensnacht. Wir sind zuerst aus dem Keller heraus, und ich wußte genau, daß unsere Eltern noch drin waren. Wenn Lotti nicht dagewesen wäre, ich glaube, dann wäre ich auch umgekommen. Sie hat mich vielleicht sechsmal zurückholen müssen aus dem brennenden Haus. Ich wollte immer wieder unsere Eltern retten. Wir haben uns dann mühsam einen Weg nach dem Großen Garten gesucht und sind dann nach langem Hin und Her an der Gasanstalt in Reick herausgekommen. Wir waren ja beide halb blind, Schutzbrillen und Gasmasken waren verlorengegangen. In Reick fanden wir eine Bude, wo das Dach fast abgerissen war, mit Bänken und Tischen drin. Dort haben wir mit 3 Bahnarbeitern die Nacht verbracht, immer vor uns hin weinend. Einer hatte einen Apfel einstekken, der uns sehr half, den schlimmen Durst zu stillen. Am frühen Morgen kam eine Frau und brachte uns einen Teller warme Suppe. Am Mittwoch kam dann noch ein Angriff, und am Mittag sind wir dann in Dölzschen gelandet. Als unsere Eltern bis zum Abend nicht eingetroffen waren, glaubten wir nicht mehr, daß sie aus den Flammen herausgekommen sind. Am Donnerstag kamen sie endlich, vollkommen erschöpft und krank hier an. Sie haben Unbeschreibliches durchgemacht. Daß sie uns jemals lebend wiederfinden, haben auch sie nicht gedacht. Sie sind am nächsten Tag noch einmal in die Stephanienstr. gegangen und haben die dort umherliegenden Leichen durchgesehen, ob wir dabei sind. (…)

In der ganzen Zeit nach dem Angriff habe ich fast weiter nichts gemacht als dauernd herumgelaufen. Meine Mutter hatte in dieser Nacht gerade neue Schuhe angezogen und sich lauter Blasen geholt. Sie konnte wochenlang überhaupt keinen Schuh anziehen. Mein Vater hatte eine schwere Rauchvergiftung und Lungenentzündung. Er wird wohl in seinem Leben nie mehr arbeiten können. Es ist ein Jammer! (…)

In meiner Familie hat der Terrorangriff grausame Lücken gerissen. 11 Tote haben wir zu beklagen, darunter auch meine beiden Großmütter. An der Frauenkirche ist meine Tante, mein Onkel und 4 Kinder umgekommen. Man darf gar nicht darüber nachdenken. Mir ist immer, als hätte ich einen schlimmen Traum und müßte bald aufwachen.

Übrigens, Trudel habe ich auch ausfindig gemacht. Sie ist bei ihrer Schwester in Gittersee und hat weiter nichts retten können als ihr Kind.

Hoffentlich habt Ihr in der Zwischenzeit Post von Deinem Vater bekommen. Man hört ja jetzt allgemein, daß von der Ostfront keine Post durchkommt. Dr. E. hat gerade an dem Dienstag die Nachricht bekommen, daß sein jüngster Sohn vermißt ist. Von meinem „Mann" habe ich wie durch ein Wunder bisher immer noch Post bekommen. Ich hatte ihm eine Eilnachrichtenkarte geschickt, die ihn, obwohl er inzwischen längst eine andere Feldpost-Nr. bekommen hatte, noch erreicht hat. Jetzt erhalte ich so langsam alle Briefe, die er nach der Stephanienstraße gerichtet hatte, nachgesandt. Er hatte 5 Verwundungen und deshalb viel Zeit zum Schreiben. Nach seinen letzten Briefen sitzt er am nördlichsten Zipfel des Plattensees. Übrigens, Dein Karl-Heinz ist zu einer anderen Einheit gekommen. Erich schreibt wörtlich: „Er war im Einsatz eine Niete und deshalb gar nicht wert, mit einem Mädel in Verbindung zu treten."

So, liebe Helga, nun hast Du einen langen Brief und weißt so einigermaßen über alles Bescheid.

Ich wünsche Dir recht baldige gute Nachricht von Deinem Vati und auch von Toska und grüße Dich und die Deinen herzlichst

III. 10. „Feuersturm am Rathausplatz" – Georgplatz

Einsatzbericht des Feuerwehrmannes Waldmann, Zugführer des 3. F. Zuges der 9. Bereitschaft der Dresdner Feuerlöschpolizei, 15. 2. 1945

2 A4-Seiten, Schreibmaschine, ohne Unterschrift

Am 13. 2. 45 erhielt ich um 22.45 Uhr Einsatzbefehl durch den Abt. Führer Hptm. Thiele. Schadenort Georgplatz. Ich rückte mit meinem Zug nach dort aus. Da kein leitender Offizier da war, meldete ich mich bei der Luftschutzleitung im Rathaus. Ich wurde mit meinem Zug Georgplatz 5 eingesetzt. Meine Aufgabe war, das Gebäude zu halten (Amt für Volksbildung), mit untergebracht war noch das Wirtschaftsamt. Der Dachstuhl brannte in voller Ausdehnung. Ich setzte eine Gruppe mit 4 C Rohren über dem Eingang C des Gebäudes und eine Gruppe mit 4 C Rohren über dem Eingang A ein. Das Feuer hatte ich gut in der Gewalt. Um 0.50 Uhr gab ich Meldung durch Fernsprecher über Lu-Leitung Rathaus weiter an den Luftschutzort. Um 1.00 Uhr kam der Fliegeralarm. Da ich damit rechnete, daß der Feind seine Sprengladung zuerst in die brennenden Gebäude legt, ließ ich die 7 Rohre zurücknehmen.

Die B Zuleitung vom Rathaus (Zysterne) bis Georgplatz ließ ich liegen. Inzwischen erfolgte auch schon der Bombenabwurf auf den Einsatzort. Ich sammelte meine Männer und führte sie in einen Luftschutzkeller am Rathaus. Auf dem Wege dorthin wurden wir von einem Flieger im Tiefflug angegriffen und beschossen … Als sich die Maschine verzogen hatte, ließ ich ein LF von der Saugstelle (Zysterne Rathaus) wegnehmen und nach der Mitte der Ringstr. schieben. Ich wollte mir wenigstens ein Fahrzeug sichern. Den Schlauchwagen, den ich außerdem noch mithatte, ließ ich nach der Bürgerwiese schieben. Nun hatte ich meine Fahrzeuge auseinandergezogen und ging in den Keller. In der Zwischenzeit traf das Haus, in dem ich mit meinen Leuten war, ein Volltreffer. Ich rückte sofort mit meinen Leuten durch den Notausstieg Kreuzstr. 4 wieder aus dem Keller aus. Da ein derart großer Flächenbrand in der Zwischenzeit sich entwickelt hatte, war ein Durchkommen mit den Fahrzeugen unmöglich. Hunderte von Menschen lagen auf dem Rathausplatz und weitere Ströme von Menschen aus allen Richtungen über dem Georgplatz nach Richtung Elbe. Ich versuchte, um die Menschenrettung durchzuführen, eine Wassergasse mit dem mir zur Verfügung stehenden Löschwasser der Zysterne aufzubauen. Ich wollte einen Fluchtweg Richtung Elbe durch die Ringstr. schaffen. Mein LF 8 wurde durch den Tieffflieger zerschossen. Mein LF 15 fiel durch eine Sprengbombe aus. Das Pumpenlager war getroffen. Den Schlauchwagen konnte ich zum saugen nicht verwenden, so daß ich meine Absicht, Schaffung einer Wassergasse, fallen lassen mußte. Ich war gezwungen, auch meine Männer in Sicherheit zu bringen. Inzwischen war der Feuersturm am Rathausplatz derart gestiegen, daß es die Menschen zu Boden warf und vernichtete. Ich gab meinen Männern den letzten Befehl, mit mir zusammen durch die Feuerwand von ca. 100 m nach der Elbe zu durchzustoßen. Ich ging voran und bahnte den Weg. Ich brachte meinen Zug bis auf zwei Mann in Sicherheit. Die beiden Männer, Riesche u. Kaufmann, scheinen mir nicht gefolgt zu sein. Ich und meine Männer erhielten Verbrennungen 2. Grades …

III. 11. „Und läßt sich nicht beschreiben" – Elbwiese

Hannel und Gottfried … (Dresden) an Margarete verw. Rühle (Brockwitz)

Firmenbriefpapier, A 4, handschriftlich

Liebe Gretel!   Dresden, den 16. 03. 1945

Heute erhielten wir Deinen Brief vom 12. des Jahres. Habe recht herzlichen Dank für Deine Liebe und Sorge um uns! Ja, die Nacht vom 13. zum 14. Februar werden wir wohl nie in unserem Leben vergessen. All unsere jahrzehntelange Arbeit und alle unsere Mühen umsonst. Wir stehen vor einem Nichts! Selbst unser Anfang vor 18 Jahren war leichter und nicht so trüb und finster wie die Zukunft, die vor uns liegt. Oft schon haben wir uns in diesen Tagen gefragt, wofür alles?

Wir kommen uns vor wie Zigeuner und Bettler. Solange man nichts haben will, ist alles gut. Aber wenn man etwas verlangt, mag es sein was es will, dann sieht man wohl, wie es mit der viel gepriesenen Volksgemeinschaft aussieht.

Unser Haus und schönes Heim haben wir gleich beim ersten Angriff verloren. Rechts und links von uns waren Spreng- und Brandbomben niedergegangen. Gleich nachdem Ruhe eingetreten war, sind wir raus aus dem Keller. Ringsherum brannte alles. Die Häuser Steinstraße 1a und 3 standen in Flammen. Unser Haus stand. Sämtliche Türen und Fenster waren durch den Luftdruck heraus. Aber sonst alles in Ordnung.

Durch den Kellerdurchbruch hatten wir von der Steinstraße 3 zirka 30–40 Personen zu uns herüber gelassen. Und so ihnen das Leben gerettet. Durch den starken Sturm fing unser Haus Feuer. Mit allen Kräften versuchten wir, das Unheil abzuwenden. Wir kämpften, bis kein Wasser mehr da war. Dann fing der Dachstuhl an zu brennen. Nun trugen wir, was wir an Kleidern und Wäsche erreichen konnten in den Keller. Viel ist es nicht im Vergleich zu dem, was alles verbrannt ist. Dann fing es im Erdgeschoß an. Wir mußten das Haus verlassen. Mit welchem Gefühl dies geschah, wirst Du Dir ja denken können. Durch den starken Rauch konnten wir nur unser Leben retten. Das Luftschutzgepäck und das aus der Wohnung Gerettete war im Keller. Wir flüchteten, da die untere Steinstraße noch stand, an die Elbe.

Den 2. Angriff erlebten wir an der Elbe liegend im Freien. Wir hatten uns entschlossen, nach Radeberg zu laufen. Auf der Vogelwiese, in der Höhe der Fürstenstraße, ging der Tanz los. Es war furchtbar. Und lässt sich nicht beschreiben. Neben uns lagen zwei Soldaten, die meinten, lieber zwei Stunden Trommelfeuer, als dies noch einmal erleben. Ich glaube, es sagt genug. Auch wir möchten dies alles nicht noch mal durchmachen. Nach diesen 40 Minuten Hölle sind wir weiter nach Blasewitz. Dort über die Elbe, die Grundstraße hoch und über Bühlau, Ullersdorf nach Radeberg. Um halb acht Uhr waren wir bei Mutter. Wir sahen aus wie die Feuerrüpel. Hier trafen wir auch Trudel. Sie hat Gott sei Dank nicht das Unglück in Dresden erlebt. Sie war mit Elsbeth in Bautzen gewesen und die Nacht in Radeberg geblieben. Sie hat noch ihre Wohnung. Die kaputten Fenster und Türen sind inzwischen wieder in Ordnung. In der Neustadt sieht es ja besser aus. Unser Geschäft steht noch. Dort hatten wir nur Fenster- und Türenschäden. Arbeiten können wir noch nicht richtig. Seit Montag gibt es wieder Strom und Wasser, aber noch kein Gas; und das brauchen wir zu unserer Fabrikation. Auch fehlt jede Lust und Liebe. Man weiß ja nicht, wofür man arbeitet. Vielleicht ist auch unser Geschäft schon ein Trümmerhaufen, wenn Du diesen Brief erhältst. 50 % unserer Belegschaft wohnte in der Altstadt und ist ausgebombt. Wann wird dieser Wahnsinn endlich enden? Wir haben keine Dresdner getroffen, die durch den Angriff härter geworden sind. Alle waren nur verbittert. Von meiner Verwandtschaft sind alle total ausgebombt. Und jeder wohnt woanders.

Wir hätten Dich gern einmal persönlich gesprochen. Aber die Verbindungen sind ja so schlecht. Unser Auto, es stand in der Großgarage Albrechtstraße, ist auch mit verbrannt.

Was macht der Junge? Du schreibst gar nichts. Auch nicht, wie es Dir geht. Eberhard hat seit dem 19. Januar nicht mehr geschrieben. Hoffentlich ist da nichts passiert. Wir selbst sind gesund und hoffen das auch von Dir. Wir und alle Radeberger wünschen Dir alles Gute! Der liebe Gott möge Dich vor gleichem Schicksal bewahren,

und grüßen Dich alle herzlichst!
Hannel und Gottfried und Mutter und Elsabeth mit Kindern
Anbei Deine Marken zurück.

III. 12. „Ein Feuersturm von der Elbe her" – Brühlsche Terrasse

Undatierter Bericht, vermutlich März/April 1945
Maschine geschrieben, A 4

(…) Ich mache mich zu Fuß auf dem Weg in die Stadt. Viele Leute strömen stadtwärts, zumeist Männer, um sich zum Einsatz zu melden. Am Riesaer Platz sind die ersten Brände zu sehen, in den Gärten längs der Kanonenstr. lodert es auf. Bahnanlagen in Pieschen brennen. Liststr., an der glüht eine Alteisen- und Kohlenhandlung. Weiter stadtwärts nehmen die Verwüstungen immer mehr zu. Wohnhäuser und Fabrikanlagen sind eingestürzt oder brennen noch.

Der Neustädter Bf. brennt, ebenso Züge, von denen zum Teil Wagen auf den Straßenbrücken in Weißglut stehen, während drunter hinweg die Menschen strömen. Am Japanischen Palais wird ein Teil mit Motorspritzen gelöscht. Bis zum Neustädter Markt konnte ich vordringen, dort stand das Blockhaus, die gegenüberliegenden Gebäude (Narrenhäusl) und die ganze Klosterstraße in hellen Flammen. Da Einsturzgefahr bestand, war der Brückenaufgang gesperrt. Ich versuchte nun über die Marienbrücke zu meinem Ziel zu kommen. Auf der Ostraallee, die Turnhalle an der Permoserstr. brannte, ich ging daher nach der Elbe herunter, vorbei an brennenden Kohlenlagern. Finanzamt stand noch unbeschädigt. Bellevue und Italienisches Dörfchen sowie das Kulissenhaus der Oper brannten. Ein Durchkommen dort war unmöglich, ich ging am Zwingerteich entlang, am Postplatz vorbei nach dem Theaterplatz. Die Hofkirche hatte auch schon Treffer abbekommen

und brannte von innen. Im Geschäft fand ich alles fast unbeschädigt, nur die Scheiben hatte der Luftdruck eingedrückt. Ich wollte schnellstens wieder heimkehren, als ein zweiter Alarm kam. Der Angriff, der nun folgte war ungeheuer. Während 40 Min. war wohl nicht eine Sekunde, in der es nicht krachte, rauschte oder bebte. Wir vertrauten dem festen Bau unseres Hauses, sofern es nicht gerade einen Volltreffer einer Luftmine erhielte. Nach dem Abflauen des Angriffs, in welcher Zeit aber noch dauernd zahlreiche Explosionen von Zeitzündern stattfanden, orientierten wir uns und sahen, daß ringsherum alles in Flammen stand. Der Ausgang durch den Hausflur nach der Straße aber war frei. Das uns gegenüberliegende Landtagsgebäude brannte erst wenig, auch unser Haus erst in den oberen Stockwerken. Ein Feuersturm von ungeheurer Stärke wehte uns von der Elbe her entgegen. Ich hatte aber den Gedanken, in nächster Nähe der Elbe am sichersten zu sein. Vom Menschenstrom erfaßt, stand ich plötzlich vor einem kleinen Eingang am Torbogen der Brühlschen Terrasse, wo er die Brühlsche Gasse überspannt. Dort hinein wurde ich mit gezogen. Dort war annehmbare frische Luft. Es sollte ein Gang sein, der bis zur Hofkirche führte. Heizungsrohre für das Landtagsgebäude lagen darin. Nicht lange, mußten wir entdecken, daß aus der Höhe, wohin eine Treppe führte, Funkenflug kam, von dort drang auch Rauch ein und erschwerte mehr und mehr das Atmen. Nach ein oder 1 ½ Std. wurde die bisher ruhige Stimmung ungemütlich, es drohte der Ausbruch einer Panik, weil die im hinteren Teil des Ganges stehenden Leute angeblich kaum noch atmen konnten. Draußen heulte noch immer der Feuersturm, wie ein riesenhaftes Gebläse zog der Sturm durch den Torbogen an uns vorüber, alles versengend und verbrennend, was sich ihm in den Weg stellte. Endlich ließ die Glut zeitweilig etwas nach, so daß die Tür geöffnet werden konnte, um frischere Luft hereinzulassen bzw. den immer unruhiger werdenden Menschen den Ausgang frei zu geben.

Ich selbst war nun zeitweilig unter einem Brückenbogen der Augustusbrücke oder im Terrassengassebogen. Der Feuersturm änderte jedoch immer mal seine Richtung, so daß auch dort manchmal kaum zu atmen war. Nun mag es sein, daß ich durch meine Krankheit ganz besonders empfindlich gegen Rauch geworden bin. Jedenfalls glaubte ich, elbaufwärts günstigere Luftbedingungen vorzufinden und wanderte Richtung Carolabrücke. Diese sollte nicht passierbar sein, weil der Holzbelag brenne. Weiter ging ich nach der Albertbrücke, ich wollte doch so schnell wie möglich heim. Zu ⁹⁄₁₀ hatte ich die

Brückenüberschreitung geschafft, da drehte sich der Sturm etwas, und die volle Feuersglut der brennenden Kurfürstenstr. schlug mir entgegen. Wieder zurück auf Altstädter Seite, an die Elbe herunter und wieder weiter elbaufwärts, ich hoffte, eine Fähre zu finden, aber keine war in Betrieb. Selbst ein so isoliert stehendes Gebäude wie Antons an der Elbe stand in hellen Flammen, nichts hatte der Bombenterror verschont. Endlich hatte ich die Loschwitzer Brücke erreicht, diese war zwar auch mehrfach getroffen, aber gangbar. Der Weg an der Elbe zurück wäre zwar der kürzeste gewesen, aber das Elbtal war noch zu verqualmt, und deswegen ging ich nach der Mordgrundbrücke hoch, durch den Wald übers Fischhaus, an den Kasernen vorbei und war endlich nach 8 früh wieder daheim, daheim bei der unverletzt gebliebenen Familie, im noch unbeschädigt gebliebenen Heim.

Vater Reinhardt hätte beinahe auch zu den Ausgebrannten gezählt: noch während des 2. Angriffs bei einem Kontrollgang entdeckte er auf dem Dache des Hauses Brandbomben, ein zufällig anwesender Feldwebel kletterte aufs Dach, Vater reichte ihm, auf der Leiter stehend, die Löscheimer hoch, so haben sie es geschafft, daß kein Feuer zum Ausbruch kam. Nebenhäuser sind abgebrannt, schräg neben dem Haus ist ein ordentlicher Bombentrichter.

Auf der Sebnitzer Str. ist Tante Gertruds Haus wohl das einzige, das etwas abbekommen hat, die Etage über ihr ist zum größten Teil ausgebrannt, im Hof brannten die Kohlenlager.

Auch unser Geschäft ist bis in den Keller ausgebrannt, alles vernichtet, auch die Buchhaltung. Die Privatwohnung des Chefs ist ebenso vernichtet, wie auch unsere Filiale in der Pillnitzer Str. Filiale Freital ist unbeschädigt. Wir haben in Strehlen in einem kleinen Laden ohne Schaufensterscheibe versucht, den Grosso-Verkauf wieder aufzunehmen. Es türmen sich aber die Schwierigkeiten: Warenmangel, die meisten Fabriken sind ausgebrannt, ob ein provisorischer Betrieb bei der sich immer mehr nähernden Front überhaupt erst ins Auge gefaßt wird, weiß ich nicht. Unser Lieferwagen ist auch vernichtet.

Gefühle oder Gedanken zu dem Elend und dem Vernichtungswerk zu Papier zu bringen, übersteigt mein Können.

III. 13. „Mit Worten nicht zu schildern" – *Striesener Platz*

handschriftlicher Brief, A 4, weiß

Meine lieben Käte und Hans!   Dresden, 21. Febr. 1945

Was wir in der Nacht vom 13. zum 14. haben erleben müssen, haben Euch Lore und Rudi in großen Zügen schon geschildert. Es war so unvorstellbar grauenhaft, daß es uns auch jetzt nach Ablauf einer Woche noch nicht völlig gelungen ist, unser inneres Gleichgewicht einigermaßen zurückzugewinnen. Mit Worten ist all das Entsetzliche, was über uns hereinbrach, jedenfalls nicht zu schildern. Wer hätte auch nur zu ahnen vermocht, daß ein menschliches Gehirn die abgrundtiefe Gemeinheit ersinnen könnte, etwa 1 ½ Stunden nach dem ersten, ungemein schweren Angriff, der bereits den größten Teil unserer schönen Stadt in Trümmer gelegt hatte, sofort noch einen wenn möglich schwereren folgen zu lassen! Die Folgen des ersten Angriffs waren schon verheerend genug: unser Nachbarhaus Volltreffer einer schweren Sprengbombe, die aber glücklicherweise nicht gezündet hatte, rundherum zahlreiche Häuser in lohende Fackeln verwandelt, von denen der Feuersturm ungehemmt durch die zertrümmerten Fenster und Türen unserer Wohnung raste. Trotz des beispiellosen Chaos waren wir noch froh, daß wir nicht auch brannten, ich habe noch die besonders gefährdeten Dinge, wie z. B. Gardinen usw von den Fensterhöhlen entfernt, Kontrollgänge bis aufs Dach organisiert, für die Ablöschung der fortlaufend hereinfliegenden Brandteile gesorgt und was dergleichen Verrichtungen mehr sind. Da wir in dieser Nacht ohnehin nicht in die Wohnung hätten zurückkehren können, brachten wir noch eine Matratze und sämtliche Federbetten in den Luftschutzkeller und legten die Kinder dort nieder. Und dann kamen, als ich gerade im Dach nach dem Rechten sah, plötzlich – ohne Alarm, da die Sirenen ja bereits zerstört waren! – neue Kampfverbände und warfen über ½ Stunde lang ununterbrochen die schwersten Spreng- und ungezählte Brandbomben und Phosphorkanister über uns herab. Unmittelbar um unser Haus herum in Entfernungen von 1–10 Metern habe ich später die Krater von 4 Bomben allerschwersten Kalibers festgestellt, und ich vermag es heute noch nicht zu fassen, wie es möglich gewesen ist, daß unser Keller diese ungeheuren Erschütterungen hat überstehen können, ohne ebenso zusammenzustürzen, wie das übrige, darüberstehende Haus. Inmitten betender, jammernder und weinender Frauen und Kinder hatte ich Lore, Ilse und Erika umfaßt und konnte nichts anderes erwarten, als das Ende unseres Daseins. Als aber dann gegen jede Erwartung das Krachen der detonierenden Bomben verstummte, ohne daß wir begraben worden waren, mußte die Möglichkeit des Entkommens aus den Trümmern gesucht werden. Das Verlassen des Kellers durch den gewöhnlichen Hauseingang war ebenso ausgeschlossen, wie durch den vorgesehenen Notausstieg im Waschhaus, da sowohl von dem nun lichterloh brennenden Nachbarhaus (Verlagsbuchhandlung!) wie von unserem Garagenhaus her der Feuerorkan waagerecht in die Tür und den Ausstieg hereinfegte. Als einziger Fluchtweg blieb der Ausstieg durch das vorsorglich seines Gitters entblößte Fenster unseres Kohlenkellers übrig, obwohl auch dort das Nachbarhaus über und über in Flammen stand, und obwohl auch von den brennenden Trümmern unseres eigenen Hauses dauernd brennende Teile herabstürzten. Die Minuten, die nötig waren, um mit Hilfe einer kleinen Leiter und unter selbstlosem Einsatz unseres Hausmannssohnes die meisten Hausgenossen, darunter alte Leute und kleine Kinder, hinauszubefördern, dehnten sich zu Ewigkeiten. Als Lore und Ilse hinaus waren und ich mich mit Erika, 2 Frauen und 2 Kindern noch im Keller befand, brach plötzlich eine glühende Masse von unserem Haus herunter und versperrte uns auch noch diesen Fluchtweg. Mir blieb nichts übrig, als Erika und mich über und über mit Löschwasser naß zu machen, uns beiden nasse Decken überzulegen, und dann durch den glühenden Hauseingang den Sprung ins Freie zu wagen. Unmittelbar nach dem Striesener Platz war nicht hinauszukommen, so daß ich mit dem Kinde – und hinter mir die beiden Frauen mit den 2 Kindern – den Weg zwischen Haus und Garage hindurch suchen mußte. Hätte Dante uns auf diesem Wege begleiten müssen, dann wäre seine Schilderung der Hölle vermutlich bei weitem grausiger ausgefallen. In dem furchtbaren Feuersturm, übersät von glühenden Brocken, durch ein Gewirr von Bombentrichtern, gestürzten Bäumen und Häusertrümmern, gelang es mir erst nach dem übernächsten Haus, einen Ausweg nach dem Striesener Platz zu erkämpfen und Erika über die Mauer hinweg in verhältnismäßig größere Sicherheit zu bringen und auch den beiden nachkommenden Frauen und Kindern zu helfen. Dann irrten wir in dem völlig verwüsteten Striesener Platz umher, bis wir schließlich Lore und Ilse, die uns schon umgekommen glaubten und dem Wahnsinn nahe waren, wiederfanden. Ein Entrinnen von dem Platz gab es

nicht, denn alle Häuser ringsum und auf den angrenzenden Straßen standen ohne jede Ausnahme in hellen Flammen, verbreiteten eine geradezu infernalische Hitze und bedeckten uns dauernd mit glühenden Brocken. Dazu war die Luft erfüllt von einem undurchdringlichen, beizenden Qualm, so daß wir noch zu ersticken fürchteten. Wir legten uns deshalb in einen Bombentrichter, deckten unsere Decken über uns und haben die ganze Nacht bis früh 8 Uhr dort verbracht, indem wir uns gegenseitig immer die herabregnenden Brandteile ablasen! Durch Qualm und Hitze waren meine Augen mittlerweile so mitgenommen, daß ich nahezu nichts mehr sehen konnte, und Lore ging es nicht besser. Als es tagte, konnten wir feststellen, daß von unserem Haus nur noch die Reste von 3 Außenwänden standen, während die Ostwand, unter der Lore und Ilse herausgekommen waren, völlig zusammengestürzt war. Kurz nach 8 Uhr begann für uns der Weg des Elends. Außer dem, was wir auf dem Leibe trugen, hatten wir ja nichts, aber auch gar nichts retten können, und mußten doch noch glücklich sein, mit unseren Kindern wenigstens körperlich im wesentlichen unversehrt davongekommen zu sein. An zahllosen Leichen vorüber, die noch so dalagen, wie sie grausam erschlagen worden oder verbrannt waren, zogen wir durch die Wintergarten-, Comeniusstraße und Karcher Allee in Richtung Strehlen. Kaum ein einziges Haus stand noch. Da ich kaum sehen konnte, mußte ich mich von Erika, die sich ungemein tapfer gehalten hat, führen lassen. (…)

Vorläufig bin ich jedenfalls noch in völlig verzweifelter Stimmung. Hinzu kommt ja nun noch die allgemeine Lage Deutschlands. Weite Gebiete unserer Heimat befinden sich schon in Feindeshand, von Ost und West branden weiterhin die Wogen der feindlichen Heere heran, und die Basis, von der aus gegebenenfalls die von der Führung vorausgesagten Gegenschläge erfolgen könnten, wird fast täglich schmaler. Bei der schweren seelischen Belastung, der wir im Inneren durch den fluchwürdigen Bombenterror ausgesetzt sind, bietet der Blick auf diese Lage unseres Vaterlandes wahrlich wenig Anlaß, froh und sicher in die Zukunft zu sehen. Und trotzdem bleibt nichts übrig, als zu hoffen und den Worten der Führung zu vertrauen, die uns einen erfolgreichen Ausgang dieses unseligen Krieges in Aussicht stellen, und daran mitzuhelfen, soweit unsere geringen Kräfte ausreichen.

III. 14. „In langem Zug kamen Flüchtlinge" — Blasewitz

Maschine geschriebener Bericht auf weißem vorgedruckten Arbeitspapier der Firma Herbert Hultsch, Techn. Vertretungen

Dresden-Blasewitz, den 27. 2. 1945

(...) Am Mittwoch Morgen waren wir alle etwas übernächtigt. Als wir auf die Strasse sahen, kam uns zum ersten Mal zum Bewusstsein, dass sehr viel passiert sein musste. In langem Zug kamen Flüchtlinge die Residenzstrasse, Naumannstrasse und Hüblerstrasse entlang, heraus aus der Stadt, mit gerettetem Gepäck, Kinderwagen, Leiterwagen, teilweise verbunden. Ich sah eine Grossmutter im Kinderwagen sitzen, alte Leute im Leiterwagen.

Alle hatten sie schwarze Gesichter und Hände, von Russ geschwärzt, viele hatten verbundene Gesichter oder Augen. Alle strebten sie fort, aus der Stadt hinaus, nur fort. Es war ein trauriger Anblick. Der Strom riss ausser bei Alarmen tagelang nicht ab, sogar in der Nacht nicht.

Bekannte und Unbekannte kamen auch zu uns herauf, als sie sahen, dass wir in einem Zimmer noch Fensterscheiben hatten und baten, sich kurze Zeit ausruhen zu dürfen. (...)

Mittag gegen ½ 12 hörten wir urplötzlich ohne Alarm – die Sirenen waren zerschlagen – den Aufschlag von Sprengbomben in schneller Folge in kurzer Entfernung, vielleicht 500 m.

Ich ging grade über den Vorsaal und schrie gleich laut „Angriff". Jeder griff sich, was er gerade zur Hand hatte, in erster Linie natürlich Kinder und Kinderwagen. Wir hatten 3 Kinderwagen in der Wohnung, Fr. P., Fr. Schönfeld und Eva je mit Kind. Bei den Bombenwürfen über den Hof den Luftschutzkeller Angelsteg 5 zu erreichen war ausgeschlossen. Wir sausten in unseren Kohlenkeller, und es hat wohl kaum 2 Minuten gedauert, bis alle unten waren. Ich hatte einen halbleeren Koffer in der Hand, aber das war ja gleichgültig.

Jetzt meinten sie aber uns in Blasewitz. Sprengbombe auf Sprengbombe krachte herunter. Wir hörten im Keller Bomben zischen und Glassplitter wie Regen herunterkommen. Angesichts der Lage hat Peter den Mauerdurchbruch zum Oeffentlichen Luftschutzraum aufgebrochen, weil dieser sicherer ist und wir haben zunächst die Kinderwagen durchgehoben.

Nach dem Mauerdurchbruch geht es durch einen Keller-

gang zum Eingang. Dort gab es noch eine Stockung, weil durch den Luftdruck die Eingangstür herausgerissen war. Ich habe erst Hilfe geholt, und das Hindernis wurde beseitigt. Dann konnten die Frauen mit Kinderwagen – im Keller waren insgesamt 4 – in den Oeffentlichen. Ich bin dann zurück, um die anderen Leute zu holen. Auch dort waren noch 2 oder 3 Kinder dabei. Hanna wollte in unserem Keller bleiben als Luftschutz-Hauswart. Als aber schliesslich die Bomben wieder näherkamen, so dass das ganze Haus schütterte, kam sie auch mit. Hanna hat eine grosse Ruhe bewahrt. Sie war sichtlich der ruhende Pol unter den Frauen, aber auch unsere sonst immer aufgeregte Eva war viel ruhiger, als ich befürchtet hatte. Traude war gleichfalls die Ruhe selbst.

Der kleine Werner war völlig ahnungslos. Er lachte, als die Bomben fielen und schien das Ganze als einen Spass aufzufassen, der extra für ihn inszeniert war. Es ist ein wahres Glück, dass so kleine hilflose Kinder offenbar für solche Gefahren noch kein Gefühl haben. Das liegt wahrscheinlich an einem grenzenlosen Vertrauen zur Umwelt, die ihnen ja noch nichts Böses zugefügt hat.

Der Angriff auf Blasewitz dürfte etwa ¾ Stunde gedauert haben, bis zur Entwarnung, die im Oeffentlichen von den Brückenposten gegeben wurde, weil die Sirenen nicht arbeiteten – etwa insgesamt 1 ½ Stunde.

Als wir wieder in die Wohnung kamen, waren nun auch die Fenster im Herrenzimmer zersplittert. Nur im Schlafzimmer waren sie ganz. Ausserdem brannte es um den Schillerplatz herum. (...)

Seit dem alarmlosen Mittwochangriff hat sich die Hausgemeinschaft Naumannstrasse 7/Angelsteg 5 entschlossen, jede Nacht Wache zu gehen und entferntere Sirenen abzuhören, bzw. Leuchtzeichen zu sehen und die Häuser zu alarmieren. Zuerst gingen je 2 Personen zusammen Wache, die erste Nacht Hanna und ich, dann aber die Frauen zu zweit nur abends und früh und die Männer jeder für sich in der Nacht, je 1 ½ Stunden. Dabei verschiebt sich die Zeit jede Nacht um eine Wache. Ich hatte z. B. letzte Nacht ½ 12–1 Uhr und nächste Nacht 1–½ 3 Uhr und so fort. So kann jeder ruhig schlafen. Meist haben wir jetzt in den Mittagsstunden und abends gegen 21 Uhr Alarm. Ein Angriff ist aber nur noch einmal am Donnerstag Mittag erfolgt. Wir haben davon hier nicht viel bemerkt. Es sind aber Bomben am Fürstenplatz usw. gefallen.

Die Wache vom Mittwoch zum Donnerstag war wenig schön. Hanna und ich sahen die Häuser einer ganzen Strassenseite der Tolkewitzer bis zur Kretzschmarstrasse – etwa 10 Häuser – gleichzeitig niederbrennen. Ausserdem brannte die Hüblerstrasse, aber dort war es möglich, dem Feuer Einhalt zu bieten, als etwa die Hälfte der Häuser verbrannt war.

Ferner brannten Häuser am Anfang der Residenzstrasse und der Funkenflug kam gerade zu uns herüber. (…)

Wie nervös teilweise die Leute geworden waren, zeigte das Verhalten des alten Herrn Pohlert im Hause Angelsteg 5. Er beschwerte sich bei Hanna darüber, dass sie in den Bodenräumen über seiner Wohnung die Wände nass machte, weil dabei die Wände seiner darunterliegenden Wohnung ebenfalls nass würden. Als ob es darauf ankäme, wenn man ein Haus vor Feuer retten will. Hanna hat ihn entsprechend auf ihre Verantwortung als Luftschutzwart verwiesen, so dass er schwieg.

Andere begriffen die Lage überhaupt nicht. Wir hatten bei uns einstweilen eine alte Frau Rat Täuber aufgenommen. Nach dem ersten Angriff hatte ich die Badewanne voll Wasser laufen lassen und ich entdeckte, dass die Frau Rat sich einfach in der vollen Wanne mal schnell die Hände waschen wollte! Da waren vielleicht 30 Eimer Wasser drin. Natürlich habe ich das sofort verhindert. Sie schien ganz erstaunt. Sie dachte wahrscheinlich, da dreht man eben mal den Hahn auf und lässt neues Wasser herein.

Bei einer Luftschutzwache wurde ich nachts vom Brückenposten angerufen. Er könne seinen Posten nicht verlassen. Aus dem Hause Schillerplatz 6 riefe aber ein Mann dauernd um Hilfe. Ich kam mit. Dort standen schon einige Frauen ebenfalls Luftschutzwachen. Eine Männerstimme rief dauernd: „Hilfe, Hilfe, ich brauche Hilfe". Ich konnte nicht feststellen, aus welcher Wohnung das Rufen kam, bzw. aus welchem Stockwerk. Darauf ging eine Frau, die dort besser bekannt war und weckte im Nachbarhaus einen Mann, der in dem Haus 6 Bescheid wusste. Dieser kam und sagte, wir brauchten uns nicht darum zu kümmern. Es handle sich um einen Herrn Arndt, der schon mal Nervensachen gehabt und nun einen Nervenzusammenbruch erlebt habe. Nachts darauf ist Herr Arndt gestorben.

In unserem Hause war ein Onkel der Frau Reimert aus Grünberg auf der Flucht eingetroffen. Herzkrank und Asthma. Er ist gleichfalls gestorben.

Tote am Schillerplatz hat es nicht gegeben. Der Hüblergarten am Hüblerplatz wurde durch Volltreffer zerstört. Dort soll es 14 Tote gegeben haben. Ein Grünwarenhändler gegenüber dem Rathaus Blasewitz hatte am Dienstag seine Frau zur Operation ins Krankenhaus geschafft. Diese ist verschwunden. Seine Tochter wollte sich am Mittwoch nach der Mutter umsehen, geriet in den Sprengbombenangriff und ist gleichfalls verschwunden. Herr Paul hatte Dienst auf dem Hauptbahnhof ab 20 Uhr und ist nicht wiedergekommen. (…)

III. 15. „Die Stimmung ist unter Null" – Friedrichstadt

handschriftlicher Brief , A 5

Mein herzensguter, liebster Eger!   Sonntag, den 18. Febr. 45

Es ist jetzt nachmittags ¾ 4 Uhr, nachdem ich erst einmal so richtig ausgiebig geschlafen habe, sende ich Dir auch wieder, wie immer, einen recht herzlichen Sonntagsgruß. Ob die Post befördert wird, weiß ich nicht, ich schreibe Dir aber immer, denn ich kann mir denken, daß Du jetzt ganz besonders auf Post von uns wartest. Sicher hast Du meinen vorhergehenden Brief, den ich unmittelbar nach den Angriffen schrieb, erhalten. Heute scheint die Sonne so freundlich und in unserem kleinen Viertel ist alles so friedlich, daß man es gar nicht für wahr halten möchte, daß nicht weit von uns die ganze Stadt in Trümmern liegt. (…) Eger – nun will ich Dir erzählen, wie wir gelaufen sind. Bremerstr. Magdeburgerstr. (Friedrichstr. Wachsbleichstr. Schäferstr. sind wegen vielem Schutt noch schlecht passierbar.) Magdeburgerstr. waren große Trichter und so alle Lager verbrannt, Jenidze und Kühlhallen ausgebrannt. Ostraallee jedes Haus eine Ruine, Postplatz alles ausgebrannt. Wir dachten erst, wir müßten an der Elbe entlang laufen, waren aber überrascht, durch die ganze Stadt war schon Bahne gemacht. Wilsdrufferstr. die großen Geschäftshäuser, eingestürzt u. ausgebrannt, Altmarkt dasselbe Bild, wo man hinsieht, Schloßstr. Pragerstr. nur Trümmer. Und dann liegen zur Seite lange Reihen oder auch übereinander die verbrannten Menschen. Ein Anblick des Grauens. Johannstr. und dann weiter bis Fürstenplatz, alles vernichtet, ganz furchtbar Eger, mir geht es so, ich möchte es noch gar nicht fassen. Die Augsburgerstr. vom Babarossa Platz stadtwärts ist alles Ruine, in Vossens Haus sind sämtliche Fenster und Türen kaputt. Von Hausleuten hörte ich, daß Gretel nach Malschendorf ist. Wenn sie nur am Leben sind, dann ist es schon gut. Zurück sind wir Blasewitzerstr. Gerockstr. Sachsenplatz, überall nur Trümmer. Dann sind wir an der Elbe hin bis Marien-Brücke, der große Speicher Devrientstr. brennt immer noch, Magdeburgerstr. und heilfroh war ich, als wir wieder heraus waren. ½ 11 Uhr waren wir wieder kaputt daheim. Nach dem Mittagessen habe ich mich gleich ins Bett gelegt, Anneli und Klausel haben aufgewaschen. Bis 3 Uhr habe ich fest geschlafen. Eger die Stimmung der Dresdner Bevölkerung ist unter Null, und die Gerüchte die dazu noch so kurven, daß man überhaupt nicht zur Ruhe kommen kann. Da heißt es, in wenigen Stunden können die Russen da sein, es wird nur noch auf den Räumungsbefehl gewartet, dann wird's widerrufen und lauter solcher Quatsch. Dann wieder soll ganz Dresden vernichtet werden. Das ist wohl schon der Fall, denn von den Vororten steht ja schon auch nicht mehr alles. Ich meine Eger, wenn wir wohl noch mit Angriffen rechnen müssen, aber so furchtbar, wie die letzten Großangriffe können sie nicht mehr kommen, oder weil wir freier liegen, können sie sich nicht so auswirken wie in der Innenstadt. Als die Flieger so über uns schwärmten und überall hörten wir die Einschläge, die Kellertür ging auf, das Schloß hatte es herausgeschleudert und im Haus heulte es so, da waren auch meine Gedanken nur fort, fort. Aber Eger wir bleiben, solange wir noch ein Dach über unserem Kopf haben. Alles an Wäsche und Kleidung schaffe ich in den Keller und dann müssen wir alles so nehmen, was uns beschieden ist. Die ersten Tage da habe ich viel geweint über all das Furchtbare, wenn es Anneli sah, sagte sie immer, der Vati hat das auch so viel erleben müssen. Es ist auch so Eger. Und wenn ich die Wohnung verlasse, wird diese ja gleich besetzt. – Gestern früh zeitig war Ernst aus Wilmsdorf da, der muß jetzt die Strecke laufen, weil er mit seinem Motorrad noch nicht durchkommt. Ernst war ganz fertig, er hatte den 3. Angriff im Freien in der Nähe des Schlachthofes erlebt, der gerade mit das Ziel der Bomben war. Ein wenig später kam der Vater. Vor das Haus der Eltern hat es einen großen Trichter gesetzt, Fenster und Türen sind kaputt. Die Eltern wohnen deshalb jetzt für einige Tage bei Bernhardts. Und dann erst wollen sie ihre Wohnung in Ordnung bringen. Onkel Matthäs will mit helfen. Hannchen in Neustadt ist nach Hellerau zu ihrer Schwester, sie ist aber nicht ausgebombt. Ilse wohnt vorläufig mit ihren Kindern bei Bekannten 5 Häuser weiter, weil auf dem Hause noch eine Bombe liegt. – Nun brauchen wir nachts nicht mehr wachen, die Sirenen heulten gerade wieder und wir waren im Keller. Am Sonnabend wollte ich mir einen größeren Geldbetrag von der Sparkasse holen, es bekommt aber jeder vorläufig nur 100,– Mark. Ich traf dort den Arthur Müller, der ist auf der Löbtauerstr. in der Fabrik auch ausgebombt.

Der Tischlermeister Ebert auch. Die Löbtauerstr. hat bis zur Kesselsdorfer gebrannt. – Eger, Vater habe ich das Fett mitgegeben, er freute sich natürlich sehr. Es ist doch ein großes Glück, daß wir das Paket noch bekommen haben. Bis wir von außerhalb wieder Lebensmittel bekommen, ist es damit etwas knapp, besonders an Brot und Butter. Es läßt sich ja auch denken, alles aus der Stadt kommt herausgeströmt. (…)

Nun will ich schlafen gehen, ich behalte Dich immer lieb, Eger. Behüt Dich Gott, in inniger Liebe grüßt und küßt Dich Deine Dich liebende Liesel, Anneli u. Klausel

III. 16. „Die Russische Kirche war auch getroffen" – Südvorstadt

Von H. Rüssel (Hainsberg) an Hans Rüssel (Kaaden)
Feldpost
handschriftlicher Brief, A 5

Mein lieber Vati!   Hainsberg, am 26. 2. 45

Heute kamen von Dir gleich 3 Briefe u. 1 Karte an, u. zwar # 660, 661, 663 u. 664. Habe für alles vielen Dank. Scheinbar ist die Karte # 659 mit weggekommen, was ja leicht möglich ist. Da war ja die schöne Zeit in Saaz bei Zeiten vorbei. Ist das nicht toll, daß von Deinem Vorgeher der Sohn im Prager Studentenheim liegt. Ich glaube gern, daß Gablonz schon zum Frontgebiet geworden ist. Ich finde am Besten, wenn die Russen kommen, dann bleiben wir hier u. nehmen uns das Leben, vielleicht durch Gas, denn wenn die Russen (kommen) hierher kommen, so kommen sie auch noch weiter. Oder bombardieren uns die Flieger noch vollständig. Augenblicklich sieht es ja aus, als würden die Russen nordwestlich Lauban nicht weiter kommen. Hoffentlich bleibt es so. Das war # 660. Zu 661. Daß Du so alle Flugzeuge beobachten kannst! Hier ist ja gar keine Flak mehr. Leider können wir auch nicht sehen, wie die Flugzeuge abgeschossen werden, denn unsere Jäger sind ja auch nie da. – Eben ertönte – wie fast jeden Tag um die Zeit – 21 Uhr Alarm. – Auch vormittags bis mittags lassen uns die Flieger nicht in Ruhe. Zu # 664. Daß der Zug erst von Schandau fahren sollte, glaube ich nicht. Denn der Zug fährt jetzt schon eine ganze Weile von Strehlen ab. Auch abgebrannte Asphaltstraßen habe ich noch nicht gesehen. Ja, gestern war ich in Dresden, wenn man es noch so nennen darf. Mit Fr. Preusker u. ihrer Schwester fuhren wir früh mit der Straßenbahn bis Heidenschanze: Diese fährt jetzt bis Felsenkeller. – Dann liefen wir nach Zschertnitz. Dort räumten wir die 3 unteren Zimmer auf. Von einem Zimmer hatten wir 3 Eimer voll Glasscherben. Ihr Nachbar hat sogar angefangen, das Dach wieder zu decken. Er hat nur 1 ½ Arm. Den linken Unterarm hat er im Krieg verloren. Trotzdem hat er alles wieder nett gemacht. Dort überraschte uns auch ein Voralarm. Nachmittags liefen wir dann in die Stadt. Die Schwester hatte doch auf der Marschallstr. neben dem Amtsgericht ein Geschäft. Aber die ganzen Villen beim Beutlerpark sind ja kaputt. Diese Brandbomben, die da noch rumlagen! Ganz selten stand noch eine Villa. Auf der Franklinstr. sah es noch viel schlimmer aus. Durch die Häuserfassaden war es direkt gefährlich zu laufen. Fr. Preusker hatte eine Angst. So liefen wir dann die Schnorrstr. zum Horst-Wessel-Platz zu. Aber wie sah es dort aus. Jede Villa war bis ins Erdgeschoß oder bis in den Keller abgebrannt. Auch das Südsanatorium ist ausgebrannt. So liefen wir dann die Lennéstr. entlang. Auch dort sah es so schlimm aus. Der Zoo ist kaputt. Der Große Garten sieht ja auch furchtbar aus. Scheinbar ist die Bevölkerung, die sich dort hineinflüchtete, von Tieffliegern angegriffen worden. Die Ausstellung ist nicht mehr zu erkennen. Die Gebäude sind bis auf die Erde abgebrannt. Nur das Gebäude mit dem Kupferturm sieht noch wie ein Haus aus. So sieht nun jede Straße aus. Kein ganzes Haus sah man mehr. Meistens waren ganze Häuserzüge bis zum Keller eingestürzt. Dresden ist eine Stätte des Grauens geworden. Man kann ruhig von einer toten Stadt sprechen. Das Amtsgericht ist ausgebrannt. Auch das Haus von der Grützner Martl auf der Marschallstr. ist so. Von dem Laden der Schwester v. Fr. Preusker war auch nichts mehr zu sehen. So liefen wir nun trostlos mit furchtbaren Gedanken wieder heimwärts. Vor der Ausstellung stand die Straße voll von WH.-Autos. Alle waren ausgebrannt. Dort war doch der Kraftfahrpark. Er ist in die Nähe von Freiberg verlegt worden. Wir liefen aber dann zum Hauptbahnhof. Die Wiener Str. sieht ja auch furchtbar aus. Jedes Haus kaputt. Auch von Dr. Linow alles ausgebrannt. Auch das Reichsbahndirektionsgebäude ist in der Mitte entzwei. Aber der Hauptbahnhof war doch wieder zu erkennen. Keine Brücke war kaputt, d.h. Bahnunterführungen. Der ganze Hptbh. stand noch. Nur innen sah man Trümmer. Rein darf man ja nicht. So liefen wir die Reichsstr. entlang. Die Russische Kirche war auch getroffen. Aber lange nicht so schlimm als unsere Kirchen. Die engl. u. amerik. waren auch ausgebrannt, aber die Türme standen noch unversehrt. Die Techn. Hochschule war auch ausge-

brannt. So liefen wir über die Südhöhe wieder zurück, die Kohlenstr. entlang über Coschütz zur Heidenschanze ½ 7 Uhr kamen wir müde u. kaputt nach Hause. Heinzens Haus auf der Langemarckstr. steht auch noch. Nur die Fenster waren kaputt. Aber das Nebenhaus war auch abgebrannt. So nun hab ich Dir genug von Dresden geschrieben. Ich möchte am liebsten nie wieder da hinein, um so viel Elend zu sehen. Einige Ausländer sahen wir, die noch darüber lachten!! Ja, das ist ihre Art.

Inzwischen ist es schon 22.30 geworden, 21.30 war schon wieder Entwarnung. Jetzt will ich schlafen gehen. Sonst geht es uns gut.
Viele Grüße u. Küsse von Deiner Hanna mit Mutti, Folker u. Bärbel.
Jetzt bin ich aber müde. Ich hab auch einen Brief heute an Itterheims geschrieben.

III. 17. „Sie würden weinen" – Reick

Liesbeth Kluge (Dresden) an Hildegard Wagner (Olbernhau)
handschriftlicher Brief, A 5

Liebe Frau Wagner!   Dresden, den 20. 3. 45

Heute will ich Ihren lieben Brief beantworten. Bei uns ist Furchtbares eingetreten, die ganze Stadt Dresden ist weg, meine Stadt gibt es nie mehr, wenn Sie Reick sehen würden, Sie würden weinen, denn gerade unser Teil ist schwer getroffen worden, Schleifscheibe, Birkenbusch, Fr. Karsch Gärtnerei alles ausgebrannt, auf der Lehmannstraße sind allein 12 Tote, ging ein Volltreffer ins Haus, und 7 Häuser sind auf unserer Straße ausgebrannt, unser Block hatte auch 17 Brandbomben, aber alle gelöscht und zeitig erkannt worden. Bei Fr. Jähne und Klaus sind die Decken schon durchgebrannt gewesen, auch bei Fr. Richter und Klemm, die Männer haben tüchtig gelöscht. Seien Sie froh, daß Sie weg sind, denn wir haben Furchtbares erlebt, Fenster gibt es noch selten, nur Bretter am Fenster. Wir hatten 3 Wochen kein Licht und Wasser, nur Kerzen.

In Altreick stehen nur noch paar Häuser. Claußnitzer, Wettinschlößchen, Reichens, Fischers, Buchladen, Schule alles sind Ruinen, auch unser Kino, Friseur, Drogerie, Reh, Jäppel, Bergmann, Bäckerei Köhler, Voigt Fleischerei, alles ausgebrannt. Auf dem Besselplatz, wo Fichtners wohnen, ist eine Luftmine niedergegangen, dort soll es auch Tote gegeben haben.

Fichtners sind teilbeschädigt. Sie kennen doch die Holzsiedlung am Anger, wo die Frau Petzold hingezogen ist, die ganze Siedlung ist verschwunden vom Erdboden, stehen nur noch die Essen, dort sind Familien mit 7 u. 8 Kindern verbrannt, jedenfalls hat sich Schreckliches abgespielt, die Gasanstalt hat viele Tage gebrannt. Wenn sie bloß nicht wieder kämen, wir haben alle sehr Angst hier. Wir hausen wie die Wilden, alles im Keller, nur was wir so in der Wohnung brauchen. Das haben wir nicht verdient, so einen Terror, es ist doch Wahnsinn. Abends von 8–11 sitzen wir bei Frau Thümmel und verfolgen die Flieger, wie sie kommen, die hat einen großen Apparat. (…)

Also liebe Frau Wagner, ich will nun schließen, es kommt der Abend heran, und seien Sie alle recht herzlichst gegrüßt von Ihrer

Familie Kluge.

III. 18./19. Lazarettschiff „Leipzig" – Kleinzschachwitz

Herta Baumgärtel (Possendorf/Radebeul) an Gertraude Baumgärtel (Erfurt)

Postkarte, 2.3.1945, handschriftlich mit Bleistift beschrieben
Auf der Vorderseite der Postkarte links unten der Aufdruck:
„Der Führer kennt nur Kampf, Arbeit und Sorge. Wir wollen ihm den Teil abnehmen, den wir ihm abnehmen können."

Mein liebes Tölchen,   Possendorf, 2. III. 45

ich habe zwar noch keine Nachricht von Dir seit dem Angriff auf Erfurt, aber ich hoffe, daß gute Nachricht in Radebeul bei Ali ist. Heute mittag bin ich dem Schlamassel gerade wieder entronnen. Ich war auf dem Lazarettschiff Dampfer Leipzig, das einen Treffer abbekam, zum Glück ohne Verluste, nur einige Helferinnen verletzt. Nun bin ich wieder eine schöne liebgewordene Tätigkeit los, und das Wandern geht weiter. Wenn nur nicht immer die Angst wäre, um Dich u. Ali u. d. Lütte, dann ginge alles zu ertragen. Aber wir werden schon durchkommen. Bitte laß von Dir hören.

Viele viele herzliche Grüße
Deine Addel

Herta Baumgärtel (Possendorf/Radebeul) an Dora Baumgärtel (Meißen)
Postkarte, 2. 3. 1945, handschriftlich mit Bleistift beschrieben
Abgestempelt: Radebeul 1, 3. 3. 45, 18 Uhr
Auf der Vorderseite der Postkarte links unten der Aufdruck:
„Der Führer kennt nur Kampf, Arbeit und Sorge. Wir wollen ihm den Teil abnehmen, den wir ihm abnehmen können."

Meine liebe Mims!   Possendorf, 2. III. 45

Nachdem unser schönes Schiff heute mittag einen Treffer bekommen hat, mußte ich heute hier übernachten und fahre morgen nach Radebeul zur Amsel. Was dann wird, weiß ich noch nicht. Hast Du Nachricht von Traudel? Vielleicht finde ich morgen bei Ali was. Heute mittag sind wir mit viel Glück davongekommen, haben alle Patienten raus, nur einige Helferinnen verletzt. Wahrscheinlich werde ich von Radebeul aus erstmal meine privaten Dinge regeln. Hoffentlich hast Du nur nicht wieder so große Angst um uns gehabt.

Viele herzliche Grüße!
Deine Addel
In dem Nachthemd schlief sich's herrlich!!
Nachricht von Traudel – sie lebt, Zimmer beschädigt, Sachen gerettet.

Herzl. Ali

III. 20. Telegramm Deutsche Reichspost

aus 3768 Erfurt F16/1 1720
Aufgenommen: 3. 4. 45, 16. 22 Uhr
Übermittelt: 3. 4. 45, 16. 40

BAUMGAERTEL BEI SCHINDLER UND GRUENEWALD TEL 2246 NEUGASSE 2 MEISSEN =P

ANGRIFFE 30 UND 31 UEBERSTANDEN GRUSS = TRAUDEL +

III. 21. Lebenszeichen

Maria Halylak (Wostitz) an Margarete Keller (Oberfreuendorf)
Eilnachricht, Lebenszeichen
Datum: 28. 2. 45
Frau Halylak, Mutter u. Kinder
Martha u. Hilde leben, wo ist Anita?
Gruß Alfred
Dürrröhrsdorf, Kreis Pirna

Lina Skoczowsky (z. Z. Weißer Hirsch) an Gefr. Willy
Skoczowsky (Nr. 04400)
Postkarte, Eilnachricht, Feldpost
Poststempel 16. 2. 45

Lieber Vati! Dein 3 sind zus.
alles verloren
Deine Schnecke und Kinder

Lina Skoczowsky (Dresden) an Klempnermeister Max
Pietrizick (Langenwolmsdorf bei Stolpen)
handschriftlicher Brief, A 6, liniertes Notizpapier

Liebe Tante Hedwig u. Onkel Max!
Ich bin hier mit meinen beiden Kinderchen, weiß nichts von
meinen lieben Eltern und Geschwistern in Weißig, wir wissen
nicht wo hin, habt ihr ein ganz kl. Plätzel für uns, gebt bitte
diesen jungen Mann bescheid, die Frau Vogel von hier ist
auch aus Langenwolmsdorf.
Viele herzliche Grüße Lina, Helga u. Gisel Skoczowsky.
Von der Mosenstr. Striesen
Wir haben Grausiges erlebt.

Handschriftliche Notiz, A 5

Liebe Lina!
Ja da komm nur. Ich bin so besorgt um die armen Eltern. Da
mußt du mit dem Zuge kommen. Sonntags ist aber so wenig
Zug Verkehr. Soeben wollte ich an Erna schreiben. Nun warte
ich noch. Den 1. Angriff haben wir von hier gesehen und
haben dich so bedauert.
Gruß Mutter u. Vater.

IV. Lebenswelten

IV. 1. „Alle amtlichen Papiere sind verloren"

Dora Baumgärtel (Meißen/Radebeul) an Gertraude Baumgärtel (Erfurt)

Meißen/Radebeul, 24. 2. 45 um $\frac{3}{4}$ 10 Uhr, auf der Warte-Fahrt zu Ali.

Mein liebstes Tölchen!

Ich kam gestern abend nach 11, um nach Briefen zu sehen
und mir 2–3 Tage Urlaub zu holen! Da fand ich Deinen Brief,
er hat mich tief getroffen, mein armes Kleines, was hast Du
für Angst gehabt um Herta, Ali, die Lütte; siehst Du, so und
ähnlich lebe ich nun schon Jahre. Mal Erfurt, mal Magdeburg,
immer war was los, u. kam dann endlich eine beruhigende
Botschaft, so konnte es inzwischen schon wieder anders sein.
Ich schrieb die Eilkarte am 15., sobald ich nach 11 früh kam,
rascher ging es nicht. Ich hatte gedacht, sie müßte 17. 2., wo
Du den Brief schriebst, schon da sein. Nun wirst Du ja alles
wissen, inzwischen war wieder Erfurt im W-Bericht genannt,
da ging unser aller Sorge um Dich wieder los. Und so wird es
immer weiter gehen. Ich selbst bin noch ganz erstarrt über all
das Entsetzen und Grauen, gar nichts an Sachen mehr zu
haben, als die paar in Meißen. Und wie lange noch? M. war
noch nicht dran, aber man weiß ja nichts. In der Altstadt ist
kein Haus mehr. Zwischen Mommsenstraße u. Blasewitz, von
der Elbe bis hinein nach Strehlen/Mockritz. In Kaditz, Mick-
ten steht noch manches, auch in der Neust. Ecke, wo Winkel
wohnt, Weißer Hirsch, Bühlau steht, teils beschädigt. Lautis
Fensterscheiben im Schlafz. sind bald so schlimm wie unser
aller Not und Elend. Sobald Post geht, schicke die von H.
erbetenen Sachen, jetzt geht ja keine Paketpost. H. wohnt
Freital, Talstr. 4, bei Wolf, u. Ali ist in Radebeul, König-Albert-
Straße 8. Tante Elses Wohnung ist ja beschlagnahmt, so wird
sie Ali sicher das eine Zimmer geben.

Unsere kl. Lütte ist erkältet, sehr matt und schlapp und
weint viel und ißt nicht viel. Es ist ja auch kein Wunder,
klatschnaß im Rauch und stdlg. im Freien, wir müssen froh
sein, daß sie keine Lungenentzündung bekommen hat. Ich
habe nun hier gestern in M. paar kl. Spielsachen, Strümpfe,
Höschen und 1 Kleid mit Mühsal ergattert. Sie haben ja nach
dem 2. Nacht-Angriff im Bahnhofs-Luftschutzkeller das ganze

Luftschutzgepäck verloren, wo alles Nötigste wenigstens drinnen war. Am Montag hat mir die Hilfsmannschaft der DNN versprochen, einen kl. Zugang z. Keller Struvestraße zu schaffen, weil ja dort noch 2 eiserne kl. Koffer stehen. Viel Hoffnung habe ich nicht, aber versuchen muß man alles. Der Lütten ihr Wagen ist ja auch im Keller. Unser Haus hatte einen Volltreffer und stürzte ein beim 2. Angriff, Nr. 1 und 5 brannten beim 1. Angriff und die Garage der DNN in uns. Hofe. Aus uns. Luftschutzkeller brachte man 30 Leichen, ich war dabei u. schaufelte die Straße frei. Herr u. Frau Liebenau, Portierfrau Elstermann, Luftschutzwart Schindler u. Frau, Hausluftschutzwart Herold, Mehlig, die anderen kennst Du nicht. Dr. Stock ist in Oberb., Eschenbachs und Kämpfe sind gerettet nach Pillnitz, aber, erschrick nicht, Tante Ilse hat es getroffen, es fehlt jede Spur, sonst müßte Nachricht nun da sein. Ich meldete es gestern der Vermißten-Suchstelle, u. H. hatte auf der Prager Straße eine Leiche gesehen, in der sie Tante Ilse zu erkennen glaubte, aber die Erstickten und Verbrannten waren ja überhaupt nicht zu erkennen.

Ich schreibe jetzt im Zug, wir stehen bis jetzt 1 ¾ Std. auf freier Strecke, es ist schrecklich und so kalt. Ich gedachte, bis Mittag bei Ali zu sein, habe schon über 1 Woche kein richtiges warmes Essen gehabt. Will nun in Coswig aussteigen und mit der Straßenbahn bis Radebeul weiter. Gestern abend habe ich mich seit vorigen Donnerstag zum 1. Mal abends ausgezogen, früh gewaschen, die Zähne putzen, immer in den Sachen, so lebt man nun.

Abends ¾ 8 in Radebeul.
Der Zug stand 10 Min. nach Meißen auf freier Strecke. 1 ½ Std., da hieß es, es könnte bis abends dauern. Also fast alles raus, ich mit, den schweren Koffer trug ein Soldat, ich läge sonst noch dort. Über Gleise und Bahndamm nach Sörnewitz u. Weinböhla und mit der Bahn bis Radebeul. Landete 20 Uhr hier, aß erst mal, schon das und ein warmer Ofen ist heute ein unendliches Glück.

Sonntag, 25. 2., vormittags 11 Uhr.
Wir schliefen alle 3 gut, Lütte wurde zum 1. Mal in einem kl. Aufwaschfaß gewaschen und gebadet. Frau Pf. Hähnel, die so Gute, organisierte einen Sportwagen z. Borgen, so hat Lieselotte nun einen Platz z. Sitzen am Tage u. Ali kann sie an die Luft bringen. Seit dieser Nacht weint sie Gott sei Dank nicht mehr unaufhörlich, sie fängt an, etwas zu essen und bißchen zu spielen. Wie Ali hier lebt u. haust, hat sie Dir ja wohl

geschrieben, sicher ist sie ja nirgends, aber hier kann sie mit der Zeit wenigstens leben. In Reichstädt wäre es nichts gewesen, und die Dame, die hier in 2 Zimmern in Weißflogs Wohnung lebt, ist rührend lieb, eben ein feiner gebildeter Mensch.

Wie lange wird es dauern, mein kl. Tölchen, bis Du mal her kannst? Selbst wenn Du Familienurlaub hättest, im Pers.zug kaum möglich. Von Hannover bis Radebeul (z. Z. die Eisenbahnstation f. Dresden) 4 Tage im Stehen, fuhr eine Ärztin. Ich fuhr von Meißen bis Radebeul 4 ½ Std. mit Aufenthalten. Fahrplan gibt es keinen, man wartet auf den Bahnhöfen, bis mal 1 Zug geht. So wartete ich Freitag 4 ½ Std. und kam ¾ 2 in Meißen an, trotzdem ich 8 Uhr auf dem Bhf. war. Da müssen wir wohl vorlfg. noch verzichten! Wer hätte das je geahnt! Und nun die Russengefahr! In Großenhain packen sie schon, 1 Std. von uns, es ist nur ein Wunder möglich, das uns rettet, und Hitler und 3, 4 Leute glauben ja auch dran, wie man heute im Radio hörte.

In Chemnitz, schreibt Emmy Riedel, auch viele Angriffe. Im Großen Garten ist es auch furchtbar gewesen, die reinste Hölle. Hunderte oder Tausende von Menschen, alles schrie und betete laut, dazu der furchtbare Sturm gerade in dieser Nacht, und dazu die wilden Tiere aus dem Zoo. Diese Menschen, mitten in der brennenden Umgebung, stürzende Bäume, brennende Büsche, Löwen und Tiger, es muß grausig gewesen sein. Eine Bekannte hat die Nacht in einem nassen Erdloch gestanden. Sie kam am nächsten Tag zu ihrer besten Freundin, die sie nicht erkannte. Aber ich will Dir nicht das grause Elend schildern, wir müssen nun eben durch und es ertragen.

Noch sind wir alle im ersten starren Entsetzen, manchmal sehe ich z. B. den Bücherschrank oder das Klavier (Ali) oder irgendeine Kleinigkeit vor mir, dann bricht man zusammen. Lache mich nicht aus, aber die ersten Tränen kamen mir, als ich plötzlich meine Postkartenkartei vor mir sah. Familientagebuch, Stammbuch, alle amtlichen Papiere sind verloren, nichts als das nackte Leben haben die armen, armen Mädels gerettet. Was sie durchgemacht haben, es ist ein Grauen!

Lütte sitzt z. Z. friedlich im geborgten Sportwagen u. nagt an einem kl. Apfel, außer 1 trockenen Semmel heute früh das erste, was sie ißt. Sie hat ein blaues Strickkleidchen an, das ich in M. aufgabelte, das 1. Mädchenkleid. Wir hoffen so innigst, daß H. mal kommt, ich sah sie nur 2 Min. in der Kreisstelle seit der Nacht.

Nun lebe wohl, die größte Angst hast Du ja nun vom Herzen, bleibe tapfer, mein Kleinchen.

D. Mims

Anm.: Ali – Tochter Annelies Himmstädt (vgl. III.4); „Unsere kleine Lütte" – deren Tochter Lieselotte.

IV. 2. „Vergiß nicht, Dir einen Fliegerschein ausstellen zu lassen für Dresden"

Dora Baumgärtel (Meißen) an Gertraude Baumgärtel (Erfurt)

Mein liebstes Tölchen!   Meißen, 7. 3. 45

Was habe ich um Dich für Angst ausgestanden seit dem 19. Früh der erste und abends der letzte Gedanke. Du weißt ja jetzt, wie es ist. Und keine Nachricht. Als ich am Donnerstag von Radebeul kam, dachte ich sicher, wieder nichts, ich schrieb es, wie ausgemacht, gleich an Ali. Und gestern Dienstag früh, an meinem freien Tage, fuhr ich mit schwerem Herzen wieder nach R., noch hatte ich nichts von Dir, schon bei der Post angefragt, weil es die einzige kleinste Möglichkeit ist. Herta war da, seit 3 Tagen und welche Erlösung, Nachricht von Dir. Deine rote Karte an Ali ist erst nach Reichstädt, dann nach R. gegangen und, ich nehme doch als sicher an, daß ich auch eine habe, an mich ist nichts gekommen. Wie verschieden also die Post geht, man darf nicht gleich verzagen. (…)

Meinen ersten Bericht vom 15. Febr. hast Du bekommen, wie ich in Alis Brief las. Dann schrieb ich Dir am Freitag, 16. 2., schickte Dir 2 Listen mit allen aufgeschriebenen Sachen, die ich hier in M. habe. Einesteils, falls hier was passiert, daß Ihr wißt, was hier mir gehört, zum 2. Teile, damit die Mädels sich aussuchen könnten, was sie jetzt von meinen Sachen am dringendsten brauchten. Es war in großer Hast, weil ich gleich nach Dresden mußte mit dem DRK und ich bat Dich, die Liste nochmals abzuschreiben und je eine an Herta und Ali zu schicken. Heute hat sich das natürlich erledigt, eine solltest Du auf alle Fälle behalten und eine an Emmy Riedel schicken für alle Fälle. Auch das hätte sich nun erübrigt, falls der Brief noch käme oder inzwischen gekommen ist. Aber Du möchtest für alle Fälle eine mit in Deine Papiere tun. Dann schrieb ich Dir nochmals von

Radebeul oder unterwegs aus und am Montag, den 5. 3. nochmals und flehte Dich an um Nachricht. Dazwischen fragte ich bei der Post an und versuchte vergeblich zu telefonieren, es geht nichts.

Deine Schwestern haben Entsetzliches durchgemacht. Herta ist ganz elend, aber ungeheuer ruhig, mutig und tapfer. Sie war einige Tage auf einem Krankenschiff, das vor Laubegast lag und fand es schön. Am Freitag bekam es beim Mittagsangriff auf Vorstädte einen Treffer ins Hinterdeck, wäre sie nicht gerade in der Mitte gewesen, wer weiß. 6 Helferinnen sind verletzt, die Kranken konnten sie noch retten. Jetzt ist sie z. Z. auf dem Neust. Bahnhof, schläft in Radebeul. Das ist mir ein Trost, denn unsere kl. Ali wäre ohne Hertas mutige Rettungstat nicht aus dem Keller und somit gerettet worden, sie ist natürlich jetzt maßlos verängstigt und so ist es mir lieb, wenn Herta dabei ist, wenn mal nachts was ist. Sicher oder halbwegs sicher ist man ja nirgends. Es ist eine furchtbare Zeit.

Tante Ilse ist verschwunden, es besteht keine Hoffnung mehr, daß sie noch am Leben ist, es fragt sich nur noch, ob man je erfahren wird, wie und wo die Arme umgekommen ist, ob sie lange gelitten hat, wo sie eventuell begraben liegt oder ob sie ewig unter den Trümmern liegen bleiben wird.

Die Altstadt ist weg, auf der Uhlandstraße steht als Rarität noch ein Haus, ziemlich bewohnbar, sonst nur Ruinen. Von der Mommsenstraße oberhalb der Bergstraße, jetzt Langmarkstraße, bis Blasewitz, Elbe, nichts. Völlig vom Erdboden verschwunden ist also das Zentrum, Schweizerviertel, Plauen, Löbtau, Striesen, May arbeitet in ein paar Kellerräumen weiter, am Fürstenplatz sind 3 Häuser bißchen zusammengeflickt, daß sie amtl. Stellen beherbergen können, sonst gibt es nichts mehr. Verschwunden ist die ganze Bautznerstraße, die Hechtstraße, Markgrafenstraße, Wasser [?], Kurfürstenstraße und was so herum liegt. Die Villenstraßen Nord usw. weg, die ausgebrannten Häuser haben noch manchmal trostlose Vorderfronten, die einen Treffer bekamen, wie unseres, liegen völlig am Boden. Wo Einsturzgefahr ist, wird gesprengt. Im Großen Garten gibt es keinen Baum, keinen Strauch mehr. Wer dort in der Angriffsnacht war, hat vielleicht das Grauenvollste erlebt. Herta und Ali wollten ja auch hin, noch während des 1. Angriffs hat der Drahtfunk gesagt, die Leute sollen in den Großen Garten gehen. Deine Schwestern kamen nicht durch, weil ja der Ferdinandplatz und alles lichterloh brannte. Es war ja auch diese Nacht ein so furchtbarer Sturm. Aber die Menschen von der Wiener und ähnl. Straßen sind in den Gr.

Garten gerannt. Dort haben dann tausende von Menschen gelegen, schreiend, und laut betend, der Sturm raste, die Bäume brannten und stürzten um und erschlugen die armen Menschen und zu allem Entsetzen rasten die wilden Tiere vom Zoo im Garten herum. Die Menschen lagen am Boden, die Hände vor die Augen gepreßt, die Bären usw. liefen über sie hinweg. Noch heute hängen die Affen in den umliegenden Straßen auf den paar Bäumen, die noch stehen, z. B. Wienerstraße, und springen herunter. Auf der Güntzstraße lebt ein Lama, die irrsinnigen Dresdner lassen das Viehzeug leben, sie haben wohl alle den Kopf verloren. Dresden soll die schrecklichste Bombenkatastrophe von allen gewesen sein, weil sie eben sofort die ganze Stadt traf. Kein Stadtteil blieb unberührt, sodaß er zur Hilfe eingesetzt werden konnte. Es gibt bis auf die paar äußersten Zipfel der Vorstädte keinen Laden, die Dresdner müssen z. B. nach Radebeul, um sich was zu kaufen.

Nun, liebes Tölchen, etwas amtliches. Vergiß nicht, Dir einen Fliegerschein ausstellen zu lassen für Dresden. Du hast immerhin einen Schrank, Dein hübsches hellgrünes Samtkleid, Deine Bücher, Porzellan und doch auch noch die Fotosachen und persönliches verloren. Natürlich kannst Du Dich nur leichtbeschädigt angeben, sie verlangen die Bestätigung, ob man total, schwer, mittel oder leicht ist. Herta und Ali total, da sie ja sogar das Luftschutzgepäck noch verloren hatten, ich schwer. Wenn Du keinen Schein hast, kannst Du später keine Ansprüche stellen. Du mußt eben Ausweise vorlegen, woraus die Dresdner Anschrift hervorgeht, wenn sie es so nicht machen. Es ist ganz leicht und dauert kaum ein paar Minuten. Ich habe daraufhin von der Liebsgabenstelle in M. sogar Alkohol und Gebäck bekommen, auch die Bezugsscheine für Kleidung kommen darauf. Mir ist ja nun die ganze Sommerkleidung weg, Mantel, Hut, Handschuhe usw., denn ich hatte ja in M. natürlich nur die wichtigsten Wintersachen mit. Dann noch was. Es ist heute eine neue Bestimmung herausgekommen, wie sich Ausgebombte können von Angehörigen Sachen schicken lassen. Ich habe es gleich an Ali geschrieben. Sie geht mit ihren Fliegerscheinen zur Post und läßt daselbst einige Paketadressen abstempeln, die sie dann an Dich schickt und mit denen Du dann das Paket mit Sachen aufgeben kannst. Also Du weißt Bescheid, wenn die Adressenkarten kommen. Vergiß Herta nicht, sie hat noch weniger als Ali, da sie ja nicht mal ein Kleid und Mantel anhatte, sondern die DRK Kleidung. Sie hat gar nichts. Ich ging heute in M. mit einer Handvoll Fliegerscheine von Ali und der Lütten und

brachte auch etliches mit, weil in Radebeul restlos ausverkauft ist und Ali ja auch mit Besorgen sehr umständlich.

Nun noch etwas. Ein Geburtstagspaket wird es dieses Jahr ja leider nicht für Dich geben können, weil ja keine Pakete gehen. Ich schicke Dir in Abständen Briefe. Wenn diese Briefe auf der Rückseite ein „G" tragen, so öffne sie nicht, sondern hebe sie zum 21. 3. auf. Ich hatte gestern für Dich das erste Schneeglöckchen geklaut, um es Dir heute mitzuschicken, damit Du sehen sollst, daß trotz der Schwere der Zeit und des ganzen allgemeinen Elends und unseres Unglücks im besonderen doch wieder Frühling wird, aber ich muß es aus der Manteltasche verloren haben, es ist nicht mehr da. Nimm es, als sei es geschehen. Lebe wohl für heute, mein Liebstes, und schreibe mir bald und gib immer sofort Nachricht, wenn etwas ist. Ich muß immer an den kleinen Vers denken. „Nie soll weiter sich ins Land, Lieb von Liebe wagen, als sich blühend in der Hand, läßt die Rose tragen." Wie viel leichter wäre es all die Jahre und jetzt besonders für uns alle und besonders für mich gewesen. Lebe wohl und alles Gute und sei vorsichtig und mutig und mache Dir nicht zu viele Sorgen um Deine Schwestern und schreibe mir bald.

Innigste Grüße
Mutter.

Anm.: Krankenschiff vor Laubegast – die „Leipzig"
(vgl. III.17/18)

IV. 3. „Für innerbetrieblichen Verkehr alte Umschläge umdrehen!"

Gertraude Baumgärtel (Erfurt) an Dora Baumgärtel (Meißen)

2 Doppelblätter A6-Notizheft, liniert und 2 Seiten A5-Steno-gramm-Heft, handschriftlich mit Tinte beschrieben. Jede Seite des Stenogramm-Hefts ist unten mit einem Aufdruck versehen: „Private Verwendung von Büropapier ist unstatthaft!", „Papier wird aus kriegswichtigen Rohstoffen hergestellt!", „Laß Vorsicht bei der Arbeit walten, Du hilfst dem Volk viel Kraft erhalten.", „Für innerbetrieblichen Verkehr alte Umschläge umdrehen!", „Denk vorher nach, Zeit hast Du immer, bestimmt nachher im Krankenzimmer.", „Willst Du der Gemeinschaft nützen, mußt Du sie vor Schaden schützen."

Meine liebe Mims!   12. 3. 45

Ich habe an Dich einige Zeit nicht geschrieben, aber der lange Brief neulich an Ali war an Euch alle zusammen, es ist ja jetzt eine ewige Hetzerei u. im kaputten Haus kein Plätzchen, wo man mal richtig schreiben kann. Ich nehme ja an, daß du mit Ali in Radebeul öfters zusammen triffst, das ist mir auch immer ein beruhigender Gedanke. Nun bin ich natürlich um Euch alle wieder in Sorge, denn die Flieger waren ja wieder einige Male in Dresden und nun die Stadt selbst kaputt werden sie ihre Angriffe immer weiter nach außen verlegen, und die Post dauert so lange. (…)

Wegen des Fliegerscheins muß ich mal auf die Ortsgruppe gehen. Was ich an Eigentum in Dresden verloren habe, kommt mir, trotzdem man an allem hängt, im Verhältnis zu Euren Verlusten so unbedeutend vor, am meisten wird mich wohl mal der Verlust meiner Photo-Alben schmerzen, aber jetzt noch nicht, erst später mal, wenn man all das Elend überleben sollte. Weiß auch gar nicht, welche ich hier habe u. welche in Dresden waren.

Daß man Pakete schicken kann, da bin ich sehr froh. Mache es aber trotzdem erst mal so mit Doppelbriefen. Vor allem deshalb, wenn nicht alles ankommt, daß nicht so viel auf's Mal verloren ist. Wenn ich alles zusammen schicke, was ich habe und es geht verloren, so wäre das dann ja zu schlimm. Habe auch heute erfahren, daß Geschäftsdoppel-briefe zugelassen sind. Schickt man's eben geschäftlich. Ich schicke von meinen Sachen, wie Strümpfe u. Schlüpfer ect.

eben das, was mir gerade etwas reichlich ist. Strümpfe passen Addel wohl meine Größe, f. Ali lasse ich welche Gr. 39 ansohlen, auch will Petra Ali evtl. was an Strümpfen schicken. Sie hat 39. Auch einen Strumpfhaltergürtel. Schlüpfer habe ich ja fast bloß so kleine Fußdingerchen, die beiden sicher nicht passen, aber ich finde schon einige reichliche raus. Die beiden besprechen u. probieren dann am besten, wem es paßt und wer es am allernötigsten braucht. Mit anderen Sachen kann Ali ja oft mit kleinen Änderungen helfen. Es ist schon schwer, wenn man richtig helfen möchte und alles bloß Sachen hat, die 6 Kriegsjahre überdauert haben. Die beiden sollen mal aufschreiben, was sie an alltäglichen Kleinigkeiten am meisten vermissen, daß ich da keinen Unsinn schicke. Was möglich ist, wird da organisiert. –

Hast Du von Frau Riedel Nachricht? Ich habe ihr (wie ich schon schrieb) die Listen mit einem kurzen Brief geschickt und auf ihre besorgte Anfrage, genau so wie Hilde Zöllner, Abschriften von Deinem u. Ali's erstem Brief geschickt.

Nun will ich mal aufhören, bin wieder in der Walderholung und eben ist nach Voralarm entwarnt, da eilen alle, und ich natürlich auch, ins Bett, ich aufs Sofa, auf dem ich stets herrlich schlafe. Hier oben habe ich auch kaum Angst vor Fliegern. Bei der nächsten Gelegenheit schreibe ich wieder. Der Brief gilt natürlich auch wieder für Ali u. Addel mit und die kleine Süße. Habe mir jetzt das Bild von Dir u. der Kleinen und 1 kleines, wo Ali mit der Kleinen ist, wo sie die Ärmchen entgegenstreckt, im Geschäft aufgehängt, richte mich da überhaupt mehr u. mehr privat ein.

Recht innigste Grüße für heute von
Deiner Traudel

Schicke mit gleicher Post 3 Doppel-Hilfsbriefe ab.

Anm.: „Fliegerschein … auf die Ortsgruppe" – die Parteiorganisationen der NSDAP hatten die Bombengeschädigten zu betreuen und mit Dokumenten (Fliegerschein) zu versehen, die eine elementare Versorgung gewährleisten sollten.
„Doppel-Hilfsbriefe" – da der Paket- und Päckchenverkehr kaum noch möglich war, schickte man kleinere Sendungen in Doppelbriefen

IV. 4. Zum 30. Geburtstag

Annelies Himmstädt (Radebeul) an Gertraude Baumgärtel (Erfurt)

Meine liebste Traudel!   Radebeul, 15. März 45

Das soll nun ein Geburtstagsbrief werden, ach Gott, so traurig wirst Du wohl noch keinen Geburtstag gehabt haben. Nichts können wir Dir schicken, zu kaufen gibt's ja nichts, und zu Handarbeiten oder Basteleien usw. fehlt mir ja alles. Es ist ein Elend, aber gelt, das ist Dir wohl auch jetzt nicht die Hauptsache. Meine Kleine, nimm jedenfalls meine aller-allerinnigsten Glückwünsche, man kann ja so viel Gutes wünschen und muß immer noch hoffen, daß es vielleicht doch noch mal besser wird. Sei nicht gar zu traurig an Deinem Geburtstag, zu schade, daß Du nicht mal kommen kannst. Voriges Jahr haben wir Dir in Dresden noch beschert, zwei Tage vorher. Morgen ist der Tauftag von meiner Lieselott. Mein Gott, wie war es da noch alles. Man möchte wirklich gar nicht mehr denken können. Durch die Lütte kommt man doch mal auf andere Gedanken und muß und will auch froh sein mit dem Kinde.

Du wirst ja jetzt 30 Jahre, Traudel, da mußt Du einen besonders herzlichen Glückwunsch bekommen. Eine winzige Kleinigkeit schicke ich Dir in einem anderen Umschlag, aber, Tölchen, lach mich nicht aus, bloß, daß ich Dir überhaupt was zu schicken habe. – Statt Dir ein Geburtstagspaket zu schicken, schick ich Dir zwei Paketkarten, damit Du uns etwas schicken kannst! Sie sind abgestempelt worden hier, da kann an Fliegergeschädigte geschickt werden.

Heute kamen zwei Doppelbriefe von Dir, wir haben uns sehr gefreut, auch die Kleine, über die Schlüpferchen usw. Hast Du wohl von Irmchen bekommen? Oder woher? Die Schlüpfer und die Windel hab ich heut auch sofort gebrauchen müssen, denn die Lütte hatte wieder Durchfall. Tölchen, hab recht herzlichen Dank dafür. (…)

Hätte ich nicht wenigstens meinen Füller in der Handtasche haben können. Das ist eine Schmiererei. Über die Bilder hab ich mich so sehr gefreut! Traudel, wenn Du uns etwas schickst, hast Du noch von den vielen hundert, paar Briefumschläge? Wir schicken Dir nämlich zwei Paketkarten, damit Du in jedem Paket etwas schicken kannst, von allem etwas, also so, falls wirklich eins flöten geht, was wir ja bloß nicht hoffen wollen. Hoffentlich kommt heut abend nicht noch Alarm, wir hatten mittags schon ziemlich lange.

Ich werde jetzt aufhören Tölchen, ich danke Dir herzlich. Ich wünsch Dir so sehr viel Gutes, Glück und Freude kann man kaum wünschen. Ruhe und keine Angst mehr haben müssen, gelt, das wäre allen das Liebste.

Meine kleine Maus ist wieder so munter, darüber bin ich froh, sie hat ihr früheres Temperament wieder, babelt jetzt immer und quiekst vor Freude.

Also, meine liebste Traudel, alles, alles Gute.

Innigste Geburtstagsgrüße von
Deiner Amsel

IV. 5. „Es genügen ja paar Worte"

Dora Baumgärtel (Meißen) an Gertraude Baumgärtel (Erfurt)

Ansichtskarte (Meißen, Burgberg), Briefmarke mit Hitlerbild, unkenntlich gemacht
Poststempel: „Vergiß nicht Straße und Hausnummer anzugeben"; handschriftlicher Vermerk der Empfängerin: „17. 8. 45 erh."

M. l. Traudel!

Seit 1./2. 4. habe ich nichts mehr von Dir gehört, schrieb selbst heute Nr. 15. Schreibe doch häufiger, wenn auch kurz. Ich kann diese Sorge u. Ängste nicht ertragen. Ich habe nur immer den einen Gedanken, es ist zu furchtbar. Es genügen ja paar Worte, aber 1 Woche ohne Nachricht ist zu lang! Du wirst das wohl verstehen.

Immer in Gedanken bei Dir. M.

IV. 6. „Wenn ich an anderes denke: Fotoalben, Bücher, Tagebücher, Postkarten, Philodentron, dann dreht sich in mir alles um"

Dora Baumgärtel (Meißen) an Gertraude Baumgärtel (Erfurt))

Meißen, 28. 3. 45 Mittwoch

Mein liebes Tölchen!
(…)
Vorm. 29. 3.
Eben Deine Karte vom 21. 3. erhalten. Eure steten Angriffe sind furchtbar. Man hat keine Stunde mal Ruhe. In Wetzlar, dem geliebten, waren schon feindl. Truppen. In Weimar sind Schiller- u. Goethe-Stadthaus weg. Warum lebt man eigentlich noch? Immer Angst, immer Hunger und keine Aussicht, daß es mal besser wird. Diese wenigen Lebensmittelmarken das nächste Mal! Es langt in keinem Falle, denke Dir, daß ich heute 3 $^{1}/_{2}$ Std. am Wirtschaftsamt warten mußte, Hof, Hausflur, ganz enge Treppe und mir war so schlecht. 4 x in der Nacht war ich auf dem K… Und 3 $^{1}/_{2}$ Std. stehen, weil mein B heute dran war. Und ganz umsonst. Kannst Du Dir denken, daß ich kein Stück Sommerkleidung bekam, kein Kleid, kein Mantel, keinen Hut, weil ich Wintersachen habe. Ich soll bei 20° im Schatten im Wollkleid u. schwarzen Filzhut laufen, denn meine ganzen Sommersachen waren doch noch in Dresden. Es ist stur.

(…) Ich fahre Dienstag nach Dresden und will selbst noch mal hin, es sind schon über 100 000 Menschen, von denen sie nicht wissen, wer es ist. Nach 3 Wochen sind noch Lebende in Kellern gefunden worden, wo Leb.mittel waren und Luft hinkam. Mengen von Leichen haben sie auf dem Altmarkt mit Flammenwerfern verbrannt. Noch täglich werden Hunderte von Leichen beim Aufräumen gefunden. Solch Katastrophe gab es noch nie. Auf der Schandauer Str. steht ein Haus, eins am Fürstenplatz halb (Artushof), eins auf der Waltherstraße, sonst gehts von Struvestraße bis Blasewitz, Wasaplatz bis Elbe!

Bis jetzt war ich jeden Dienstag (am 21. 3. wars Mittwoch) in Radebeul. Lütte ist wieder munter u. lacht. Ich will am nächsten Male m. Foto mitnehmen, daß die Pause nicht zu lang wird.

Vielen Dank für die Fotos. Wenn ich was zu zahlen habe, so schreibe es mir, ich finde mich nicht mehr hindurch. Ist denn Euer Haus nun etwas besser? Wenn es erst wärmer würde, wäre es gut. Auch in Radebeul gibt es noch kein Gas, bis Coswig geht es mit der Gasnot. Ruth hat weder Gas noch Heizung seit dem 13. 2. Sie kommt öfters her, auch nach Radebeul. Da ist jetzt auch Frau Eschenbach, sie wollte gerne nach Meißen!

Wegen des Fliegerscheins mußten wir auf die Polizei. Gib nur den Schrank an als Eigentum, und vor allem die Bücher u. Fotosachen. Ich denke z. B. auch oft an mein Büfett, aber wenn ich an anderes denke: Fotoalben, Bücher, Tagebücher, Postkarten, Philodendron, ab und zu an ein Bild, dann dreht sich in mir alles um. Aber so richtig erfaßt habe ich es noch nicht, es ist alles noch so weit weg. Wegen der Sachen um Herta und Ali sorge Dich nicht, gib Dich nicht zu weit aus, sie haben Neues bekommen, auch von mir, Hilde Zöllner, manches m. Inserat. Habe auch von m. Schwägerin Gretel 20 Stück Windeln geschenkt bekommen, von Laubi nur Vorwürfe, daß ich eine Nacht in Sachen ohne Bettzeug um ein Lager auf dem Diwan bat, in dem Hause, das uns ja mit gehört. Am 1. Tag gab sie Herta etwas an Sachen, Herta vergaß das Kostüm f. Ali mitzunehmen. Die gute Pasch lief und fuhr hinaus es zu holen, da hatte sie schon ihre Sachen wieder zurückgenommen, rückte es aber dann doch noch raus. Es wird aber das letzte sein. Manche lernen's nie. (…)

Über Tante Ilses furchtbaren Tod werde ich niemals wegkommen. Es ist doch anders, wenn jemand krank ist, im Bett stirbt und ein Begräbnis hat als so. Niemals zu wissen, wo und wie sie starb, ob sie lange litt, ob sie begraben ist und wo? Immer grübelt u. grübelt man darüber. Und doch beneide ich sie, daß sie es überstanden hat, was wir noch vor uns haben. Heute ist Gründonnerstag. Ich werde alle 4 Ostertage in M. sein, morgen kommt Sasch, sonst habe ich ja niemand weiter. Liesel W. arbeitet im Keller der Gira wieder, früh bis mittags. Von heute an spielen wieder die Kinos in M., da hat man doch mal 1 Std. was anderes zu sehen und zu denken.

Ostern! Kein Osterei, nicht mal 1 Semmel kann man sich gönnen, an Kuchen gar nicht zu denken. So traurig war die Welt noch nie. Glückliches Deutschland! Ob wir nun verhungern oder von den Russen gemeuchelt werden oder von den Bomben zerschlagen? Ob uns der Staat mal was zahlt? Es ist ja alles so gleichgültig, nur die nächste halbe Stunde gilt. Ich habe ein Frühl.sträuschen auf meinem Tisch, einen Absenker v. Philodendron, vom letzten Mal, wo ich in Dr. war, noch mitgenommen. Ob wir noch mal in uns. Keller kommen, was aus den Koffern bringen?

Es ist jetzt $^{1}/_{2}$ 10 und ich will zu Bett gehen. Darum leb

herzlichst wohl, eben redet der Mann von Kämpfen an der Lahn. Das schöne Deutschland, verwüstet an allen Ecken u. Enden, keine Stadt mehr normal, alles weg. Oben ist alles merkwürdig still geworden. Der Oberbürgermeister von Dresden soll abgesetzt sein, fast von allen Städten heißt es. Hitlerjungen verdienen sich das eis. Kreuz, weil sie ihre Heimat verteidigen, die Soldaten desertieren und die Männer rücken ab. Herr Willy Zimmermann aus Stettin nicht. Frau Marianne ist auch in Bühlau gelandet. Ich verstehe ja überhaupt nichts mehr, es ist alles umgekehrt. Kinder sind Helden und manche Frau und die Männer laufen weg. Unser Luftschutzleiter der DNN wußte nicht mal, wo der Mauerdurchbruch war. Aber 1 Orden hatte er bekommen. 46 in uns. Keller, ist es nicht furchtbar? Frau Dr. Stock ist noch krank, schwere Lungenentzündung, bis an den Rand des Grabes gebracht.
Leb wohl, liebstes Tölchen, schreib bald wieder.
Innigst Mims.

IV. 7. „Die große Angst vorm Verschüttetwerden"

Gertraude Baumgärtel (Erfurt) an Dora Baumgärtel (Meißen)

Auf der Vorderseite der Postkarte links unten der Aufdruck:
„Der Führer kennt nur Kampf, Arbeit und Sorge. Wir wollen
ihm den Teil abnehmen, den wir ihm abnehmen können." –
Poststempel: „Auch bei TAGESALARM weg von der Straße
und in den Schutzraum"

Meine liebste Mims!   Erfurt, 17. 3. 45

Aus Zeitmangel nur ein kurzes Lebenszeichen. Am 15.III. knallte es wieder in Erfurt abends gegen 9.00. Wir waren in der Walderholung und sind beim Angriff ins Freie gelaufen. Im Freien hört es sich zwar intensiver an, aber ich habe doch nicht solche Angst wie im Keller. Es ist eben die große Angst vorm Verschüttetwerden. In der Colmarer Str. entstand kein neuer Schaden. –
Deinen Brief vom 9. 3. mit Paketkarte habe ich bekommen (am 15. 3.). Werde heute versuchen Fixativ zu ergattern. Mit Gummihöschen ist es sehr schwer, habe Irmchen und andere gefragt. Irmchen bekommt selbst auf Babykarte keine, ohne vollkommen aussichtslos. Habe gestern Doppelbriefe 6 u. 7 weggeschickt. Tante Ilse's Freundin Eva Guhl aus Berlin fragte neulich bei mir an nach Tante Ilse, ich

habe ihr die Tatsachen geschrieben, wie ich es aus Deinen Briefen weiß, ihr auch Deine Adresse mitgeteilt.
Wegen meines Geb.-Tages braucht Ihr Euch doch keine Gedanken zu machen, ich denke selbst kaum dran. Denkt am 21. mal an mich, das genügt. Mir schicken ist eben unmöglich, u. was zu ergattern ist, wird wohl in Dresden bestimmt dringender benötigt. Ich nehme es als geschehen, wie das Schneeglöckchen. 1000 Dank!

IV. 8. „Auf der Suche nach einem Unterschlupf"

E. Hering (z. Z. Meissen) an Flieger Günter Jäckel (z. Z. Waldbärenburg i. E. Teillazarett)

Postkarte, Bleistift. Aufdruck: „Der Führer kennt nur Kampf,
/Arbeit und Sorge. /Wir wollen ihm den Teil abnehmen,
/Den wir ihm abnehmen können."
Vermerk: Zurück. Neue Anschrift abwarten

Mein lieber Günter!   Meißen, d. 26. 2. 45

Meine Karte und Tante Lydias Brief wirst Du wohl erhalten haben. Ich hoffe, daß es Dir besser geht und Du nicht mehr unter Fieber und Schmerzen zu leiden hast. Schade, daß ich dich vorläufig gar nicht besuchen kann. Ich bin jetzt noch auf der Suche nach einem Unterschlupf, es ist bitter, heimatlos geworden zu sein. Ich wäre ja garnicht nach Berthelsdorf gekommen, wenn nicht Altners, die in Weißenborn bei ihren Kindern sind, mich mitgeschleppt hätten. Vorläufig bin ich bei meinen guten Freunden in Meißen, die mich sehr liebevoll aufgenommen haben. Ich würde auch sehr gern mal zu den Verwandten in die Pirnaer Gegend fahren, doch ist jetzt alles etwas sehr umständlich geworden mit dem Reisen. Wo mögen Borischs sein, ihn trafen wir in Possendorf, wo er seine Frauen suchte. Auch Liljan sahen wir dort, Margot Richter traf ich im Zug, da freut man sich. Über Deinen sehnlichst erwarteten Brief freuten sich Tante Lydia und ich sehr. Du hast also das ganze Brennen unseres schönen Dresdens mit angesehen. Wenn jetzt Alarm ist, was alle Tage geschieht, gehen wir ein Stück ins Freie, um nicht in den Häusern zu stecken. Bist Du denn bei besserem Appetit und kräftiger geworden? Leider gibt es jetzt keine guten Sachen von B. mehr, die Du jetzt gern essen würdest. Unser Keller steht sicher noch unversehrt, die guten Kartoffeln, die noch drin liegen, hätte man gern. In

Eurer Wohnung liegt viel Schutt, vielleicht steht auch das Eingemachte noch im Schrank unversehrt. Wo mögen Haupts sein? Viele herzliche Grüße von D. Tante Lisel.

IV. 9./10. Zugverbindungen

Gertraude Baumgärtel (Erfurt) an Dora Baumgärtel (Meißen)

Mein liebstes Mimslein!   Erfurt, 20. 7. 45
(…) Daß ich vorige Woche nach Dresden wollte werdet Ihr ja nun sicher durch Herrn Funke wissen (brachte er auch das Päckchen für die Lütte mit?). Es war wohl Fügung, daß er gerade an diesem Tage kommen mußte und mir die Schrecknisse und Strapazen und Unmöglichkeiten vor Augen führen konnte. Wer weiß, wie es mir sonst gegangen wäre. Ich hatte beim Fahrkarte holen extra gefragt ob die Fahrt unterbrochen wäre (dann hätte ich zumindest keinen Koffer mitgenommen), und die Beamtin sagte mir: Sie müssen zuerst in Naumburg umsteigen und ich weiß nicht genau, ob Sie da direkt Anschluß nach Dr. haben oder erst nochmal in Leipzig umsteigen müssen. Das war am 7. Juli. Seit gestern!!! hängen Plakate aus, daß es unmöglich ist, nach Westen zu gelangen (bei Eisenach liegen Tausende von Menschen, die nicht weiterkommen) und daß es auch nach Osten kein Weiterkommen und keine durchgehende Fahrt gibt und die Menschen überall zu Tausenden festliegen. Wieviele Menschen haben sich in der Zeit auf den Weg gemacht und alles für umsonst erduldet, es ist eben auch zu Fuß ganz unmöglich, in von Amerik. oder Engl. besetztes Gebiet zu gelangen. Hier wird jetzt immer wieder gemunkelt, daß auch die R. wieder abziehen und als 3. Besetzung die Engl. herkämen. Ist ja egal, wer nun da ist. Helfen und bringen tut uns keiner was, in unserem spez. Fall nur wäre dann wahrscheinlich die Verbindung wieder schwieriger. –

Herta Baumgärtel und Annelies Himmstädt (Dresden) an Gertraude Baumgärtel (Erfurt)

Mein liebes Tölchen!   Dresden, 22. August 1945

Endlich scheint es soweit zu sein, daß wir auch von hier aus an Dich schreiben können. Wir haben als letztes Deinen Brief vom 25. Juli bekommen, kurz nach Alis Geburtstag. Der Brief

vom 21. Juli an Mims ist erst vor ein paar Tagen gekommen. Hast Du über einen uns unbekannten Mann, der Post nach Erfurt mitnehmen wollte, etwas bekommen? Wir vermuten beinahe, daß es ein Schwindler war, er hat von uns 20,– bekommen und wollte auch Nachricht von Dir zu uns bringen. – Inzwischen vermuteten wir ja immer, daß Du doch plötzlich eines Tages da wärst, denn unsere Sehnsucht ist groß. Übernachtungsfrage ist geregelt, Schwierigkeit ist nur die Essensfrage, Du müßtest alles mitbringen, da es hier nichts für Auswärtige gibt. –

Für alle Fälle will ich Dir kurz die Bahnverbindungen angeben: Wenn Du am Neust. Bhf. ankommst, was günstiger ist als am Hauptb., dann brauchst Du bloß in die 6 steigen und bis Endstation Wilder Mann fahren, die letzte Bahn geht ungefähr vor 21 Uhr. Dann gibts noch einige Wagen bis Trachenberger Platz, da müßtest Du noch drei Stationen laufen. Schützenhofstr. geht am Wilden Mann oben ab. – Falls Du doch über Chemnitz kommst und Hauptb. aussteigst: Mit der 26 bis zum Stübelplatz, dort umsteigen in die 19, 22, 107, 18 bis Postplatz, dann umsteigen in die 6. Besser ist es aber, vom Hauptb. laufen über Reitbahnstr., Dippoldiswalder Pl. bis Breite Straße, dort ist Endstation der 6.

Hier siehts im großen und ganzen sehr wenig rosig aus. Per 30. 9. gekündigt, evtl. als Bauhilfsarbeiterin mit Bautarifen weiterbeschäftigt. Die ausgebombte kamag wird auch noch ausgeräumt. Wie siehts bei Dir aus? Und bei Topf? – Näheres schreibe ich heute nicht, da die Briefe offen ausgeliefert werden müssen. Vielleicht kommst Du doch bald, oder wir bekommen eine Nachricht. –
Für heute die besten Wünsche und herzlichsten Grüße!
Deine Addel

IV. 11. „Der Ofen qualmt auch"

Dora Baumgärtel (Meißen) an Gertraude Baumgärtel (Erfurt)

Liebstes Tölchen!   Meißen, 8. 3. 45

Ich schicke Dir hier eine solche abgestempelte Paketkarte, wie ich Dir gestern schrieb, an mich gerichtet. Aber erschrick nicht, ich will nichts von Deinen Sachen haben. Ich bitte Dich nur, in Erfurt nach Fixativ zu sehen. Es ist solches, wie ich von Ali zu Weihnachten bekam, T. Otma hieß es oder ähnlich. Hier gibt es keins und in Dresden gibt es ja keinen Laden mehr. Wenn Du welches findest, so kaufe es bitte für mich, evtl. 2 Flaschen, und dann kannst Du es in Wäsche für Deine Schwestern wickeln, ich befördere sie dann nach Radebeul, denn sonst könntest Du die Flaschen nicht schicken.

Und dann noch eins. Ali ist in großer Not wegen Gummihöschen für die Lütte. In Radebeul, es ist ja eigentlich ein Villenort, gibt es ja fast keine Läden, nach Kötzschenbroda ist es Ali mit der Kleinen zu weit, und hier in M. bin ich nun seit 2 Tagen alle Läden abgelaufen, es gibt nichts mehr. Vielleicht in einer richt. Stadt eher, tue Ali den Gefallen und siehe Dich um, groß, für Jahrkind.

Nun hatte ich heute eine schmerzl. Enttäuschung. Ich war auf der Post und erfuhr, daß Doppelbriefe nach Erfurt noch nicht gehen. Es wird also nichts mit den kl. Geb.sendungen. Nun gibt es noch eine Möglichkeit. Du gingest auf die Post mit Deinem Fliegerschein, wie ich Dir im vorigen gestrigen Briefe beschrieb, leichtbeschädigt, und ließest Dir selbst eine Paketkarte abstempeln, vielleicht auch 2, eine für mich und eine für Ali, also unseren Absender und Dich als Empfänger, so könnten wir Dir wenigstens etwas bißchen zum Geburtstage senden. Das müßtest Du dann allerdings gleich machen, denn es geht ja jetzt ziemlich lange.

Denke Dir, eben war ich im Kino, das erste Mal wieder. Es ist doch wenigstens mal für 2 Stunden etwas Ablenkung aller schmerzlichen Gedanken, dafür haben wir nun nicht mal mehr eine Semmel und so wenig Lebensmittel, die Abzüge sind sehr groß. Liebes Tölchen, wir wollen jetzt die Briefe numerieren, es gehen anscheinend zu viele verloren. Von Dir ist nach dem 19., Angriffstag, die Nachricht immer noch nicht da. Du hast mir doch sicher auch geschrieben ??????? Der Leipziger Bahnhof soll nun völlig weg sein, von Hilde habe ich auch nichts gehört, ich schrieb ihr von Tante Ilse, darauf hat sie doch sicher geantwortet. Und Chemnitz haben sie jetzt immer dran. Man kann gar nicht mehr denken, ich finde, man hat alles noch nicht richtig begriffen. Und wo wohnst Du nun, schon in Elfr. Zimmer oder bei Irmchen oder wo schläfst Du? Daß man sich so gar nicht mal sehen und sprechen kann, es ist zu furchtbar. Früher war doch wenigstens das Telefon als Möglichkeit da.

Mein Radio habe ich nun für 15,00 Mk machen lassen, sogar eine andere Röhre haben sie mir eingesetzt, aber es ist wohl doch altersschwach, mal leise, mal laut, mal herrlich, mal schrecklich, ich muß aller Minuten drehen und anders stellen, es ist eine Qual. Der Ofen qualmt auch, daß die Augen weh tun, da muß man dabei noch froh sein, ein Dach überm

Kopfe zu haben. Mir ist das alles nun bald zuviel, ich wundere mich über mich selber, daß ich noch immer weiter kann. Aber es hilft ja nun mal nichts und man wird jetzt völlig erstumpft.

Für heute lebe wohl, mein Tölchen, ich numeriere den Brief mit Nr. 2 und rechne den Gestrigen mit Nr. 1. Wenn ich sollte doch Briefe mit „G" schreiben, so würde ich sie auch numerieren.

Alles, alles Gute wünsche ich Dir, mein Kleines Liebes. Mutter.

IV. 12. „Aber wir mußten aus dem sonnigen Garten in den Luftschutzkeller"

Annelies Himmstädt (Radebeul) an Gertraude Baumgärtel (Erfurt)
Handschriftlicher Vermerk der Empfängerin: „15. Aug. 45 erhalten"
Meine liebste Traudel!   Radebeul, 10. 4. 45
Auch von mir sollst Du heute einen Brief haben. Zunächst hab recht innigen Dank für Dein Paket. Über den Stoff hab ich mich wirklich riesig gefreut und freu mich schon drauf, ein Mäntelchen für die Lütte draus zu nähen. Du hast uns nun schon so viel geschickt und wir sind Dir für alles sehr dankbar. Wir haben nun auch von Mausi ein Paket bekommen, hauptsächlich Kindersachen, aber auch für uns Verschiedenes. Für die Kleine eine ganze Menge Jäckchen, Strümpfchen, paar niedliche Strickanzüge und zwei Kleidchen, noch etwas zu groß. Nun kann ich doch meine Süße bißchen abwechslungsreicher und hübsch anziehen, jetzt hat sie ja nun schon allerhand. Hilde Zöllner hat uns auch ein Paketchen geschickt, bißchen Altes zum Umändern, Strümpfe für uns, auch ein paar Schuhe, Holzsohlen. Deine Schuhe passen beiden, Addel bißchen reichlich, mir eine Idee zu knapp. Wahrscheinlich nimmt sie Addel und ich die von Hilde. Ich habe nämlich anscheinend einen kleineren Fuß bekommen, meine Schuhe waren mir ja schon alle zu reichlich. Mir paßten auch die Strümpfe, die Du geschickt hattest. Mit Wäsche sind wir nun jetzt ganz gut versorgt, zwei Röcke hab ich und einige Blüschen. Kleider gibt es nicht zur Zeit. Bezugsscheine dafür haben wir beide. So ist es ja mit dem meisten. Wenn Mims das andere für uns nicht in Meißen gekauft hätte, hier hätten wir gar nichts bekommen. Ich hab nun endlich einen Schein

für eine Badewanne, aber es gibt natürlich keine. Die Lütte muß mit eingezogenen Beinchen im Abwaschwännchen sitzen, was sie zwar immer mit sehr amüsierten Gesichtchen und viel Plantscherei macht, aber das Richtige ist's doch nicht.

Die Lüttemaus wird jetzt zusehends wilder und lebhafter, das quirlt und quietscht den ganzen Tag. Für sie ist's ja hier im Freien herrlich, und sie bildet sich immer mehr zu einem Wildfang aus. Aber sie ist so zärtlich und schmust zu gerne. Alle denken aber, es ist ein Junge! –

Daß wir Deinen Brief und Karte bekamen, schrieb Dir Addel ja schon. Mims hatte, als sie Dein Telegr. bekam, gleich an uns geschrieben. Da waren wir ja sehr froh, daß wir so schnell Nachricht von Dir hatten, aber es ist doch eine ewige Angst. Wie sieht es denn nun jetzt bei Euch aus? Es ist ja einfach furchtbar, wie schnell unser Deutschland von den Feinden überrannt wird.

Könnte man doch wirklich noch an ein Wunder glauben! Es kann einem ja jetzt himmelangst werden und man möchte schon gar nicht mehr denken können. – Und wenn man jetzt hier in der Lößnitz mal spazieren geht, wo alles grünt und blüht und wächst, kann man sich gar nicht denken, daß alles in der Natur, trotz allen Elends und trotz aller wahnsinnigen Zerstörungen, genau so weitergeht und wächst und blüht wie immer. Es sieht ja jetzt wirklich wundervoll hier aus, alle Obstbäume blühen schon, und dazu noch die Forsythien, und überall das ganz zarte, erste Grün. Ich finde, es ist dieses Jahr alles schon ziemlich weit. Hoffentlich wird's nicht noch mal so kalt. Heut nachmittag war es mal wieder herrlich warm, aber wir mußten aus dem sonnigen Garten in den Luftschutzkeller. Jetzt fängt es nun bei uns auch schon Nachmittags mit Alarmen an, da war bis jetzt wenigstens Ruhe. Aber es ist ja ganz klar, daß es nun auch bei uns immer öfter ist, es ist ja weiter nicht mehr viel übrig. Wo das bloß noch hin führt! Unvorstellbar!

Nun, meine liebe Traudel, wir wollen trotzdem noch hoffen, daß es gnädig mit uns abgeht, und wollen auch auf ein recht baldiges, gesundes Wiedersehen hoffen. Dir wünsch ich alles, alles Gute, mit vielem herzlichem Dank grüßt Dich recht lieb
Deine Amsel

IV. 13. „Ich schreibe augenblicklich beim Bäcker beim Anstehen nach Mehl"

Herta Baumgärtel (Radebeul) an Dora Baumgärtel (Meißen)
Handschriftlicher Vermerk: „Angriff Neust. Bhf."

Meine liebe Mims!

Gestern abend kam ich wegen erneutem Alarm nicht zum Schreiben, aber mir ist nichts passiert. Neust. Bahnhof nur die Gleise, Stellwerk, Güterbahnhof. Den Betrieb haben wir eingestellt, es wird aber nicht lange dauern. Straßenbahn geht erst ab Geblerstraße. –

Bei Tante Liesel hat es gegenüber das Haus zerfetzt, bei ihr ist viel zusammengefallen, alles dreckig, Fenster raus, Geschirr kaputt, Türschlösser weg, aber sie ist froh, daß sie ihre Möbel noch hat, sie läßt Dich herzlich grüßen und wird Dir nicht erst selbst schreiben. –

Es war schade, daß Du schon fort warst, ich kam gegen $\frac{1}{2}$ 8, weil ich laufen mußte. Ich schreibe augenblicklich beim Bäcker beim Anstehen nach Mehl, daher die schlechte Schrift. Wie sichts bei Euch nun aus? Von Traudel bekam ich heute einen Brief vom 21.II., sonst nichts.
Für heute die herzlichsten Grüße
Deine Addel

IV. 14. Private Fürsorge

Obgefr. Paetzold (Nr. 02426) an Else Paetzold (Dresden)
Feldpostbrief
handschriftlich, mit Bleistift geschrieben

Meine liebe, liebe Mutti!   O. U. den 20. 2. 1945
Heute schreibe ich dir das letzte Mal vom alten Stützpunkt. Ich bin eben mit dem Packen fertig geworden u. warte aufs Schiff. Es ist jetzt 13.30, um 14.30 Uhr kommt es. Ich habe dann eine neue Feldp.-Nr. 02426. Eben habe ich noch einige Butter in die Briefe gepackt, die Kamerad Worch nach und nach abgeschickt. Bis jetzt konnte ich nur folgende Butterbriefe abschicken:

	Nr.	1, 2, 3, 4	am	14. 2. 45
	"	2, 6, 7, 8	"	15. 2. 45
	"	9, 10, 11, 12	"	17. 2. 45
	"	13, 14, 15, 16	"	19. 2. 45

Ich hätte dir schon mehr schicken können, aber die Post geht doch so schlecht weg. Heute ist schon wieder keine weggegangen. Ich habe nun von Nr. 17–40 hier gelassen u. Worch gebeten, alle Tage, wenn Post weggeht, 4 Briefe mitzugeben. Die restlichen 16 Briefe schicke ich von der Batterie. Wenn du alle 56 Briefe erhältst, sind es genau 7 Pfund Butter. Hoffentlich haben wir Glück, daß sie alle ankommt u. nicht unterwegs geklaut wird oder wegläuft. Es ist ja noch kalt. Nun habe ich noch 24 große Dosen Kippers hier, die ich wieder mit zur Batterie nehmen muß. Ob wieder mal Päckchen geschickt werden dürfen? In diesem Kriege glaube ich nicht. Die Wurst habe ich nun zur Hälfte gegessen. Wie gerne hätte ich sie dir geschickt. Ich warte nun auf Post von Dir. Wie mag es dir u. den Kindern ergehen? Es ist fürchterlich, diese Ungewißheit. Wenn Ihr nur alle noch gesund seid, das ist die Hauptsache. Gestern stand in unserer Zeitung, daß die Engländer 650.000 Brandbomben auf Dresden abgeworfen hätten. Ich glaube nicht, daß unsre Wohnung noch steht. Nun liebste, beste Mutti, bleibt mir gesund u. dir u. den Kindern viele herzlichste Grüße u. dir recht innige Küsse von deinem dich sehr liebenden Vatel.

IV. 15. „Ich schufte pausenlos 15 Std. am Tage"

Dora Baumgärtel (Dresden) an Gertraude Baumgärtel (Erfurt)
Postkarte, abgestempelt: Dresden-Blasewitz, 22. 8. 45, 8 Uhr

M. lbs. Trdl.!

Früh ¾ 5 ins Bett. Ich schufte pausenlos 15 Std. am Tage. Kochen, aufwaschen, scheuern, Holz hacken, Kohlen schleppen, Küche reinemachen u.s.w. Ich werde überhaupt nicht mehr sauber, Hände, Kleider, Schürzen, Schuhe, alles verdreckt. Heute, 19. 8., kam Dein Brief vom 21. 7. Ob Du den Brief durch den 2. Herrn nun hast? Sonst weißt Du ja gar nicht, was bei uns los ist. Heute holte Herta mit einem Kollegen m. Sachen von Meißen. Der Spediteur ließ mich sitzen. Aber ein Zimmer habe ich noch nicht. Bei Rosenthals ist alles außer den Möbeln weg. Sie waren 7 Wochen fort. In Langebrück ging es gut, von Meinhardts weiß ich nichts! In L.-Borna ziemlich gut verlaufen.

IV. 16. „Zu Grunde gehen wollte ich nicht"

Titel: Tagebuch für meinen lieben Vati vom 7. Februar 1945 bis 27. November 1945
Quelle:
Werner Hering, Kügelgenweg 9, 01108 Dresden

(…) 7. 2. 45. Früh 6.08 Vati fort zum Volkssturm. Ich 6.54 bis 16.00 bei Kuspert. Nachdem zur Horst-Wessel-Schule, Vati war noch dort, 17.15 ging es dort ab nach der Fahnenjunkerkaserne Marien-Allee. Um 18.00 dort angekommen. Glücklich waren wir beide, daß wir uns noch gesehen haben. Um 18.00 hab ich mich von Vati verabschiedet. 18.45 war ich zu Hause. Radio war stumm, von 20–21.00 dicke Luft, nach 21.00 wieder im Abflug etwas gegessen, 21.15 ins Bett ohne weinen.

8. 2. 45. ¾ 5 aufgestanden, von ¾ 6 fort bis 15.30 in Bühlau. Um 16.00 beim Vati Kaserne. Freude beiden Seiten sehr groß. Um 18.00 Abschied genommen. 18.45 zu Hause angelangt. Feuer gemacht, Abendbrot gegessen. Um 21.00 kam Teske, wollte Spaten, Schaufel, Hacke zum schanzen. Habe gewartet bis 22.30, ehe Teske das abholte, dann schlafen gelegt.

9. 2. 45. ½ 7 aufgestanden, fertig gemacht. Glück gehabt, noch von ½ 10–11 Uhr beim Vati gewesen. ½ 12 Könneritzstraße Öffentl. Luftwarnung, gut zu Hause gekommen, bis 13.15 im Keller gesessen, dann Marken abgeliefert, gut abgeschnitten. Bei Herrn Scheibe sauber gemacht, Siese Post 18.30–19.30, bei Mättigs 20 Abendbrot, aufwaschen, Küche gewischt, 21.30 schlafen.

10. 2. 45. 7 Uhr aufgestanden, ¾ 8 in die Stadt Herrn Siese geholt, Butter geholt, ½ 11 zu Hause, mit abgeladen, um 11 Uhr da. Gekocht, ½ 12 zum Fleischer, 2 Hausordnungen. Gretels Mutter Beerdigung mit gewesen, anschließend nach Gorbitz. Von 18–22.30 Luftbad. Um 23.00 schlafen.

11. 2. 45. Um 7 Uhr aufgestanden. Für Herrn Scheibe Kuchen zum Geburtstag gebacken. ½ 10 mit Peter Radio zu Richter gebracht. Um 10 nach Weixdorf gefahren, von 11-17.00 in Weixdorf, ein gemütlicher Sonntag, hatte ein Kottlet mit, von 18.30–19.30 Luftbad, gleich drüben gegessen. Um 20.00 schlafen gelegt, so einsam ohne meinen Vati.

12. 2. 45. ¾ 7 aufgestanden, bis Mittag wenig gemacht. Flora war bei mir, nochmals zu Richter wegen Radio, von 19.45–22.15 bei Flora gewesen, war ein schöner Abend, 22.30 schlafen gelegt.

13. 2. 45. $^1\!/_2$ 8 aufgestanden, Sachen aufgeräumt, einge-packt, Siese Post, Holz gesägt, gehackt, von 15–17.00 Trudel mit Mutter Gleinich da, 18.00 bei Richter Radio geholt. A L 4 kaputt, in Ordnung, vor Freude 1 St. Butter gegeben, von 19-20.00 bei Gretel. Nach 20.00 Haare gewaschen. Mutter Mät-tig getrocknet, 21.45 ganz plötzlich Alarm. Bomberverbände im Anflug auf das Stadtgebiet, bis 22.45 Angriff auf Dresden, immer Bomben fallen hören, war ganz hell wie bei Tag, erst durch die Christbäume, dann durch die großen Brände, keine Ruhe gehabt, habe am ganzen Leib gezittert. Mit Siese, Hey-mann Stück gelaufen, 23.15 richtige Entwarnung, bis 24.00 bei Keller gesessen.

14. 2. 45. Noch aufgeblieben, es lag etwas in der Luft, 0.41 neue Bomberverbände im Anflug auf West und Süd und Franken. Angst vor dem Schlafengehen. 1.00 nachts neue Meldung von Franken in Anflug auf Sachsen. Schnelle Flug-zeuge über Sachsen. 1.15 wieder gleich Alarm, alles schnell im Keller. Der 2. Angriff auf Dresden weit schwerer als der erste, gedauert bis 2.15. Gohliser 31 Volltreffer, 14 Tote, dadurch haben wir was abbekommen. Scheiben im ganzen Hause, Kellertüre, Haustüren, Gangfenster, alle Wohnungstü-ren kaputt. Alle Bewohner Scherben aufgeräumt. Dabei gefro-ren, alles kaputt, dadurch zog es überall. Es regnete auch noch dazu. Kein Auge zugemacht. Gohliser 17 brannte lichterloh. Bei uns nehmen Scherben kein Ende. 13–14.30 wieder Alarm, nochmals war Dresden das Ziel, wieder sehr viele Brände. Nachmittags ich bei mir alle Fenster vernagelt bis 19.30, war froh, daß ich einigermaßen Ordnung hatte, kein Mensch hat mir geholfen, da hab ich dich, mein lieber Vati, sehr vermißt. Kein Mann war arbeiten, alle waren da. 20.00 bin ich zur Mutter schlafen, hatte hier allein keine Ruhe. 22–23.00 wieder Alarm, doch noch etwas geschlafen.

15. 2. 45. 0.30–1.15 wieder Alarm, dann endlich Ruhe, geschlafen bis 7 Uhr früh, seit den Angriffen kein Wasser, Licht und Gas. $^3\!/_4$ 8 Uhr zu Hause gewesen, Feuer gemacht, trotzdem kalt, überall zieht es durch, räumen geht weiter. $^1\!/_4$ 10–10 wieder Alarm, ruhig, von $^1\!/_2$ 12–12.30 wieder Alarm, Plauen bombardiert, Bienertmühle brennt auch, von 14.30–15.30 wieder Alarm, auch ruhig, bei uns noch etwas Ordnung gemacht, 17.30 Handwagen mit 2 Holzkoffern, Lederkoffer aufgeladen, mit nach Gorbitz zur Mutter. Alles in Keller gebracht, Schuhkarton, Eimer mit Zigaretten, Wecker, Eimer mit Strümpfen auch noch dazu. Um 21.00 zu Bett, unruhig geschlafen ohne Alarm.

16. 2. 45. 8 Uhr aufgestanden, um 9 Uhr hier eingetrof-fen, keine Lust zu nichts. Scholze, Mättig, Lehm kaufen mit bei mir, Küchenofen kaputt. Überall Dreck, leben wie Zigeu-ner immer auf dem Sprunge, schlafen seit den Angriffen immer in Sachen. Mittag war Hannel mal bei mir, gegangen mit Ihr zum Richard ins Bad, Brille holen. Gleinichs alles ver-loren. Habe nachmittags Kurt von dir 2 Hemden, 1 Unterho-se, 1 Oberhose, 1 paar Socken, Mutter 1 Hemd, 1 Kleid, 1 Schürze, 1 paar Strümpfe, 1 paar Filzschuhe geschenkt, damit Sie wenigstens etwas haben. 14.00 wieder dicke Luft, aber kein Alarm geworden, 17.30 wieder nach Gorbitz, mit Rolli mein Bett mitgenommen, schlafe Strohsack auf Diele, da Mut-ter 2 Frauen und Kind von 2 Jahren ausgebombte hat, geht gut. 20.30 schlafen, ohne Alarm den ganzen Tag und Nacht. (…)

16. 4. 45. 6 aufgestanden, von $^1\!/_2$ 7–8 im Keller umge-räumt, Gläser mit Wasser verstaut, von 8.00 früh bis 19.30 bei Siese gewesen, mitgeholfen. Von $^3\!/_4$ 8–$^3\!/_4$ 9 kleiner Alarm, von 9.20–10 richtiger Alarm, von 10.30–12.00, von 14.15–15.15, von 15.35–16.30, von 17.45–18.50 kleiner Alarm, bin 19.30 noch zu Herrn Richter wegen meinem Radio, hoffentlich habe ich Glück, daß er mir es noch macht, (…). Seit heute ist Mutti wieder allein. Mättigs sind wieder in ihre Wohnung gezogen, es ist auch gut so. Werde mich noch waschen und lege mich nieder 22.50.

17. 4. 45. 7.00 aufgestanden, gut geschlafen, 7.35 klei-ner Alarm. Um 8 wieder zu Siese, immer ein Hochbetrieb, kümmere mich immer ums Essen. Heute gab es Milchreis, prima. 12.35 Entwarnung. 13.40 Alarm, eine Stunde lang wieder Welle auf Welle Angriff Dresden, hat wieder ganz schön geplauzt und gerauscht. 15.30 aus dem Keller, bei uns war Gott sei Dank nichts, obwohl sämtliche Türen gewackelt haben. 16.00 bei Siese endlich Mittag gegessen, dann wieder im Laden mitgeholfen. 18.30 wieder Alarm, war aber ruhig, habe vom Balkon aus 6 Tiefflieger sehen runtergehen, 8.00 wieder Entwarnung. Noch keine Post von dir, mein Vati. Was wird uns die Nacht bringen, seit heute Mittag sitzen wir wie-der ohne Strom und Wasser, bin 22.30 schlafen.

18. 4. 45. Bin $^1\!/_2$ 1 munter geworden durch Explosionen und $^1\!/_2$ 2 durch Gewitter. Die Nacht war ruhig, angezogen geschlafen bis $^3\!/_4$ 7. Allein ist wieder anders als zu dritt. Von 8.15–11.30 kleiner Alarm, 11.45 richtiger Alarm bis 12.00, war ruhig. Ich bin wieder um 8 zu Siese mithelfen, auch ums Essen kümmere ich mich mit, $^3\!/_4$ 1 wieder kleiner Alarm, jetzt Dauerzustand, die Tiefflieger werfen Bomben und greifen mit

Bordwaffen an. Nachmittag bei Siese Marken geklebt, bin so froh, daß ich dort sein kann, da komme ich vor Arbeit nicht zum Grübeln. Heute bist du, mein lieber Vati, 10 Wochen von zu Hause fort und immer noch kein Lebenszeichen von Dir, wie wird es Dir gehen? Bist du noch gesund. Ich bin es bis heute noch, hoffentlich bleibe ich bei der jetzigen Lage weiter gesund, wer weiß es. Es ist jetzt 22.30, habe bei Ernel mein Abendbrot von Siese verzehrt, lege mich angezogen nieder, damit ich gleich fertig bin, wenn was kommt.

19. 4. 45. 4–$\frac{1}{2}$ 5 Alarm, war ruhig, bis $\frac{1}{4}$ 6 im Waschhaus 3 Wannen voll Wasser gelassen, da es grade lief, nicht so stark wie sonst, aber es lief. $\frac{1}{2}$ 6 nochmal hingelegt. $\frac{3}{4}$ 8 aufgestanden, Feuer gemacht, von $\frac{1}{2}$ 9–9 kleiner Alarm, anschließend meine Unterbetten sauber gemacht, in die Sonne gehängt, bei Herrn Scheibe sauber gemacht, anschließend bei mir weiter gemacht, kam nicht weit, von 12.05–12.30 Alarm, haben ganz schön abgeladen, in Pirna 14 Verbände, 6 Verbände haben wir mit bloßen Augen gut gesehen, von 12.15–13.10 nochmals Alarm, da ging es gut aus, bin dann bei Siese Essen gegangen, Nudelsuppe, Hefeplinsen, war prima. 14.00 wieder kleiner Alarm, 15.00 bin ich zu Weichelt, mußten warten bis 16.30, es gab Rettich, Petersilie, Salat, habe auch 2 Stauden für mich. 17.30 mit abladen fertig, hab dann noch aufgewaschen, nach dem Abendbrot 19.00 bin ich mal zu Michael, weil die Leute erzählten, die Miag wäre schwer getroffen, war nicht der Fall. Jetzt 22.00 sitze ich noch bei einer Staude Salat. Denke immer an dich, mein Vati, bei allem, was ich für Arbeit mache, auch beim Essen. Wir haben heute wieder Licht, das ist schön, aber noch immer keine Post von dir. Lege mich dann schlafen, man weiß nicht, was kommt. Die Russen stehen vor Bautzen, die Amerikaner Chemnitz, wann und welche werden zuerst nach Dresden kommen. Wir sind schon seit dem 13. Februar Front geworden. 22.30 schlafen gelegt.

(…)

6. 5. 45. $\frac{1}{4}$ 6 aufgestanden, $\frac{3}{4}$ 6 ins Waschhaus Wäsche abgekocht. Um 7 fing es an mit regnen, das hat angehalten bis 14.30. Heute Sonntag ist ein sehr kritischer Tag, den ganzen Tag immer hörte man schießen von weitem. Allgemein hört man, daß Dresden als freie Stadt und nicht mehr als Festung sein soll. 15.00 habe ich aufgehängt, die Erika hat mit aufgehängt. 17.30 kam ein großer Guß, so daß ich das Dicke abnehmen mußte, nach dem Guß klärte es sich wieder auf, die Handtücher und Taschentücher waren trocken, wäre der große Guß nicht gekommen, wäre alles trocken. Gegen 19

Uhr, da hat es dermaßen gerumpelt, das waren schwere Panzer, mal eine Weile Ruhe, dann klingt es wieder, so jetzt ist es 22.30, alle sind erregt, ich bin eigentlich noch ruhig, sage mir, warum schon vorher aufregen und wenn das wahr ist, daß wir freie Stadt sind, so fällt, glaube ich, kein Schuß, wollen es hoffen, der liebe Gott gäbs, lege mich trotzdem nieder, kann doch nicht die ganze Nacht aufbleiben, wir bekommen Panzeralarm, 5 Minuten Heulton, wenn Gefahr ist, denke ich immer an dich dabei, mein lieber Vati, wie wird es dir gehen? Hoffentlich bist du noch gesund.

7. 5. 45. $\frac{3}{4}$ 7 aufgestanden, als ich über dem Wäscheaufhängen war, kam Befehl, Dresden binnen 1 Stunde zu räumen, wo wollte ich hin, auf der Landstraße zu Grunde gehen wollte ich nicht, so habe ich mich wie alle anderen vorgenommen zu bleiben. Siesens wollten erst fort, sind auch da. So sieht es bei uns, mein lieber Vati aus. Habe meine Wäsche getrocknet, gelegt und gerollt, vormittag hab ich bei Siese im Laden mitgeholfen. Abend bin ich mit etlichen aus Siesens Haus nach dem Konsum an der Nossener Brücke, etwas Lebensmittel holen. Habe Haferflocken, Backpflaumen und Bindfaden, es war direkt lebensgefährlich, bin zufrieden, den ganzen Tag hat es geknallt, es sind die kritischen Tage für uns. Sollte ich, mein lieber Vati, mit dabeisein bei denen, die zu Grunde gehen, so hast du, mein lieber Vati, ein kleines Andenken von deiner Mutti, auch wir waren Front. $\frac{1}{2}$ 1 nachts hingelegt, bloß geruht, um abzuwarten, was kommt.

8. 5. 45. $\frac{1}{2}$ 5 aufgestanden, Körners, Ernel, Trudel, ich, Frau Lehm und Eberhardt hatten uns auf den Weg mit dem Wagen gemacht, um noch etwas zu essen dort zu holen, ehe es die Russen holen. Bis zum Bürgergarten waren wir, da fing es dermaßen an zu knattern, Soldaten, denen wir begegneten, meinten, in Deckung gehen, es wäre dicke Luft, sind wieder umgekehrt, da sollte es nicht sein. Jetzt ist es $\frac{1}{4}$ 9, die ersten russischen Fußtruppen sind am Drei-Kaiser-Hof, habe ein schwarzes Kopftuch um, sehe aus wie eine Hexe, von Zahns habe ich eine Tüte grünen Kaffee bekommen, gebe ihnen Pflaumen und eine Rolle Bindfaden. Bin in den schweren und guten Stunden immer mit dir, mein lieber Vati, verbunden. Wie gern möchte ich dich, mein Vati, wiedersehen, werde es dem lieben Herrgott überlassen, was er mit mir vorhat. $\frac{1}{4}$ 10 sind Körners und ich doch gegangen, war etwas unruhig, habe ganz schön Tabak und Tee gehabt, alles andre war schon alle, eine Schmiege hab ich auch gefunden. Auf dem Heimweg war noch nicht viel von den Russen zu sehen, sind aber noch mal mit dem Wagen gefahren, habe für Siese 1 Korbfla-

sche Essig und 2 Sack Salz organisiert, für unser Haus auch ein Sack Salz. Eine prima Holzkiste hab ich mir mitgenommen, sonst gab es bloß noch Gewürzkörner, habe für Siese auch welche mitgebracht. Als wir gegen 14.00 zurück fuhren, zog schon überall in Ruhe russisches Militär durch. Körners 3, Frau Lehm und ich waren froh, als wir endlich zu Hause waren, ganz egal war es uns allen nicht, haben uns nichts gemacht. Habe Sauerkraut mit Fleischschnitten gegessen, habe zum Abend noch Holz gesägt und gehackt. Russen sieht man nur, gehen auch in die Häuser, holen Sachen für ihre Leute. Bin heute sehr müde, uns allen graut vor der Nacht, daß die Russen nicht nachts durchsuchen kommen. Gleich 22.30, lege mich nieder, kein Strom, kein Wasser.

9. 5. 45. ¹/₄7 aufgestanden, den ganzen Vormittag geräumt, alles bloß wegen dem Plündern, zu Mittag bei Siese, in der Zeit war einer da, hat bei Ernel und Frau Lehm den besten Anzug mitgenommen. Bei Siese geblieben bis heute Abend 20.00, den ganzen Tag ziehen Russen durch die Straßen und plündern in den Wohnungen, aber nur einzeln, hoffen wir, daß sie bald wieder abhauen, die Amerikaner sollen uns besetzen, wäre besser als der Russe. Heute Abend schlafen Ernel, Traudel und ich bei Herrn Scheibe, fürchten uns unten. 22.30 hingelegt.

10. 5. 45. Unruhig geschlafen, war paar mal aufgestanden, Ernel meinte, sie würden bei uns am Tore und an der Türe wackeln, war aber Braunsdorfer 9, dort waren die Russen 2 Stück von 12–3, suchen Mädchen, es ist jetzt durch das Plündern eine noch schlimmere Zeit als durch die Flieger, mußt in deine Wohnung ein und ausgehen wie ein Dieb, es ist schlimm, was wirst du, mein Vati, machen, wie wird es dir ergehen, hoffentlich kannst du auch heim. ¹/₂7 aufgestanden, 8.00 Butter und Käse geholt, bei Siese geblieben bis 13.30, dann bei mir aufgewaschen. Bei uns waren heute wieder 5 Mann, plündern bei Frau Lehm wieder einen Anzug, 3 Sommerkleider, 2 leere Koffer, ich war bei Siese, hoffe und bete, daß ich das nicht erleben muß. Abends für Siese Brot geholt, Wasser geholt. Sitze jetzt bei Herrn Scheibe und schreibe. Es ist jetzt 20.00, schlafe heute wieder oben, hoffentlich besser als die letzte Nacht. 21.00 kam Ernel und Traudel, habe mich hingelegt.

11. 5. 45. ¹/₄7 aufgestanden, habe ganz gut geschlafen. War den ganzen Vormittag zu Hause, habe mir einen Kuchen gebacken. Gegen 11.00 war bei Siese ein Geschieße wegen Handwagen, Mittag Sauerkraut mit Kartoffeln gegessen, Appetit hat man nicht viel, immer lebt man in Angst, daß wie-

der welche kommen. Nachmittag war ich mal bei Siese, habe für sie Wasser und Brot geholt, ist alles so schwer. Licht gibt es auch keins, manchmal heißt es, Altstadt würden die Amerikaner, Neustadt die Russen besetzen, was richtiges weiß keiner, immer nur warten, in Angst leben. Gegen Abend war ich mit Siesens und Vetters mal auf der Kesselsdorfer, haben paar Autos mit Amerikanern gesehen. 21.00 zu Herrn Scheibe, 22.00 schlafen gelegt. (…)

Anm.: Die Verfasserin ist die Ehefrau.

V. „Nun alle Elend, alle arme Leute"

V. 1. „Keine Menschen, nur noch Dienstgrade"

Dora Baumgärtel (Meißen) an Gertraude Baumgärtel (Erfurt)

Mein liebes Traudel!   Meißen, 14. 3. 45

Gestern in Radebeul las ich Deinen Brief an Ali und erfuhr, daß Du an mich nach Radebeul geschrieben hattest. Wie Du darauf gekommen bist, weiß ich nicht recht, aber sie hatten nicht so viel Verstand und Nächstenliebe, diese rote Karte, da sie ja meine Anschrift nicht wußten, an Herta gelangen zu lassen oder an die Kreisstelle Meißen zu schicken. Unser Einsatz dauerte leider nur 3 Tage, ich war aber danach noch etliche Male oben, wenn ich in Radebeul war. Herta holte Brief und Karte nun heute früh ab, er läge schon lange da. Man hält solche Lieblosigkeit nicht für möglich, es sind eben keine Menschen, es sind nur noch Dienstgrade. Also ich bekam nun die so schmerzlich lange erwartete Nachricht von Dir, schreibe doch in solchen Fällen lieber zweimal oder an 2 Adressen. Du siehst, wieviel verlorengeht, wenn Du sogar meine rote Karte vom 15. 2. nicht bekommen hast. Das liegt nun viel an Leipzig, da ist ja dauernd was gewesen. (…)

Von Tante Ilse habe ich noch nichts weiter erfahren. Leben kann sie nicht mehr, aber wie mag das arme Ding geendet haben. Der Gedanke, daß sie hilflos verbrannt oder erstickt ist, ist mir furchtbar. Vielleicht liegt sie noch tot unter den Trümmern, es wird ja gar nicht ausgegraben. Es ist ja auch nicht möglich bei diesem Schutt. Du kannst Dir das nicht vorstellen, es ist einfach alles weg, in Leipzig standen doch selbst im Zentrum immer noch Straßen oder dazwischen Häuser, aber bei uns ist ratzekahl alles weg. Auf der Uhlandstraße steht noch ein Haus, bewohnbar, am Fürstenplatz der Artushof zur Hälfte, das ist alles zwischen Strehlen, Mommsenstraße, Hindenburgufer und Blasewitz. Frau Angermann schrieb aus Blasewitz, sie lebten, es wäre ein Wunder, drum herum alles kaputt, ihr Haus stünde, Türen und Fenster aber herausgerissen. Sonst noch Trachau teilweise, Weißer Hirsch viel, Bühlau auch, Strehlen noch etwas im oberen Teil. Dafür soll Mockritz, was nun wieder weiter draußen liegt, kaputt sein.

Und die Neustadt, unsere Alaun- und Bautzner Straße weg, unsere 3 Häuser Schillerstraße, Waldschlößchenstraße weg, die ganze Ecke Nordstraße und das ganze Villenviertel weg, Diakonissenhaus, die kl. Kirche weg, bis Neust. Bahnhof, der steht teilweise, etwas Zugverkehr geht wieder von beiden Bahnhöfen aus. Einige Straßenbahnlinien sind wieder bis an die äußersten Stadtgrenzen heran gemacht worden. Ich glaube, ich habe es noch nicht ganz begriffen, oder man ist noch so erstarrt von all dem Entsetzlichen, daß man überhaupt nicht denken kann. Plötzlich fällt einem mal irgend eine Kleinigkeit ein, dann ist es aus, dann kann man nur noch fassungslos weinen. Alles, was man ein Menschenalter gehabt hat, geliebt hat, all die 1000 Kleinigkeiten, Albums, Bücher, Andenken, Fotos, Tagebücher, Helmuts ganzer Erinnerungskasten, einfach alles verschwunden. Ich kann halbe Stunden lang sitzen und bloß vor mich hinstarren, ohne zu denken, dann renne ich wieder voller Unruhe halbe Stunden lang in meinem Zimmer hin und her, wenn z. B. im Radio Einflüge gemeldet sind.

Bei Alarm bin ich vollständig ruhig, so richtig wie ausgestorben. Immer sehe ich Euch alle vor mir, die süße Kleine in ihrem Ställchen früher, Ali, wie sie die ersten Abende in Radebeul immer auf ihrem großen Bette saß und wartete, bis ihre Kleine eingeschlafen war, in dem hellgrauen Pullover, nie kann ich mehr das Bild vergessen. Herta in ihrer verdreckten Dienstkleidung, mit den vergrauten Haaren, blaß wie der Tod sieht das arme Ding aus, aller 3 Nächte eine Nacht Dienst und den halben Tag extra unterwegs und dann paar Stunden Schlaf und wieder fort und immer im Bahnhof in Neustadt, eine ewige Sorge und Unruhe.

Und dann denke ich wieder an Tante Ilse, wie arm sie geendet haben, wie jammervoll, das ist nun das Ende eines langen Lebens. Froh bin ich nur, daß wir versöhnt waren und daß sie am letzten Abend ihres Lebens noch bei uns zum Abendessen war. An der Ecke Pragerstraße haben wir uns verabschiedet und nichts sagte mir, daß wir uns nicht wieder

sehen würden und nichts sagte ihr, daß es der letzte Tag ihres Lebens sein würde und daß sie am nächsten Tage um dieselbe Zeit schon tot wäre. Wir werden wohl auch nie erfahren, wie sie endete, ob sie begraben ist, ob sie unter Trümmern liegt, wo sie starb. Vielleicht lief sie wie so viele in den Großen Garten, das sind nun die ewigen Rätsel, die 100 mal am Tage wiederholten Fragen, die man sich stellt. Freilich unnütze Qual und doch so verständlich.

Mein Tölchen, wenn Du doch näher bei uns wärst. Wann werden wir uns mal wieder sehen, wie wird alles werden, man lebt nur für eine Stunde und muß denken, daß vielleicht die nächste halbe Stunde schon alles umstellt. Und doch muß das Leben weitergehen. Ich habe Ali Sachen besorgt auf ihre Fliegerscheine hin und sie kann sich wieder freuen, daß sie etwas Neues hat. Sie ist wieder glücklich, daß die Kleine wieder ißt und lacht und hat doch selbst von ihrem Manne seit Wochen keine Nachricht. Linz bombardiert, einige Male im Wehrmachtbericht genannt. Fritz hat nach dem Dresdner Angriff noch keine Nachricht gegeben, wir ahnen nicht, ob er etwas weiß.

Übrigens ist in derselben Woche wie bei Dir auch die Magdeburger Wohnung in Sudenburg zerstört worden, alle 3 Wohnungen binnen 7 oder 8 Tagen, es ist zu furchtbar. Ich sitze hier manchmal wie verzweifelt in Meißen, ich möchte lieber nach Dresden und irgend etwas tun, um was zu helfen. 14 Tage fast war ich dort mit den Tagen in Radebeul und einen, wo ich Ali aufsuchte, siebenmal am Hause und wir wollten in unsern Keller, wo noch die eisernen Koffer stehen, aber man kann nicht, es brennt noch, es ist eine grausige Hitze, Herta war fast am Keller, sie stehen noch, aber alles voll Steine und Geröll, ihr Fahrrad hat sie auf dem Schutthaufen liegen sehen, aber unbrauchbar, in die Keller kann man noch nicht hinter. Oben auf der obersten Spitze des Schutthaufens steht unsere alte Sitzbadewanne, sie stand auf dem Boden. Es mag manches noch unter dem Geröll liegen, was man noch heraus bekäme und was vielleicht noch zu retten wäre, aber es ist ja niemand da, der wegräumt. Sie sprengen alles und der Schutthaufen wird überall größer.

Es tauchen immer mal Leute auf, die man für tot hielt und dann hört man wieder von Toten, die man am Leben glaubte. Sehr wenige von den DRK Helferinnen haben sich gemeldet, auch die Freundin von Tante Ilse, Frau Pusch, ist nicht da. Boeskens im Wilden Mann Viertel, Frau Sosch in Trachau leben und haben ihre Wohnung noch, aber z.B. alle meine Schulfreundinnen sind kaputt, d.h. die Wohnungen.

Man kann ja auch nicht an die Adressen schreiben, es stehen ja die Häuser nicht mehr.

Schreibe mir nun endlich mal wieder, mein Tölchen, ich bin immer so in Sorgen.

Innigste Grüße
Mims

V. 2. „Weinen könnte man um alles Verlorene"

Elisabeth Hering (Meißen) an Soldat Günter Jäckel (Triebes i. Th., Reserve-Lazarett 101a)
Feldpostbrief

Mein lieber Günter!   Meißen, d. 26. 3. 45

Vielen Dank für Deinen lieben Brief, ich freute mich, daß Du nun endlich einmal Post von mir bekommen hast. Nun bist Du hoffentlich nicht mehr so mit Schmerzen geplagt, doch verursacht wohl die weitere Behandlung, wie Massagen und Bewegungsübungen auch unangenehme Empfindungen. Wie schade, daß man Dir nichts Gutes schicken kann, doch ist leider das schöne Mehl und die Eier mit verbrannt, hätte man geahnt, daß unser Keller so Feuer- und Rauchsicher war, würde man alles dahin geschafft haben. Weinen könnte man um alles Verlorene. Haupts sind in Tolkewitz noch, wissen sie eigentlich Deinen Aufenthalt, die jetzige Anschrift habe ich ihnen geschrieben. … In Blankenburg war ich auch einmal, acht Tage wanderten wir mit Rucksack durch Thüringen, es war herrlich. Wie ist die Gegend, wo Du jetzt bist?. Ich freue mich, daß Dirs besser geht, Tante Lydia glaubte bestimmt an Urlaub zu Ostern. Wie war Weihnachten noch schön im Verhältnis zu jetzt. Es wird immer schlimmer. Um Deinen guten Papa sorge ich mich auch sehr, wir wollen jedoch hoffen, daß er glücklich wiederkommt. Ich glaube, Dein Schreiben ist erfolglos. Mir geht es soweit gut, doch schwer ums Herz ist einem immer. Das schöne Wetter mit Vogelgesang und Blumenflor in den Gärten heitert auch nicht auf. Jeden Tag 1–2 mal Alarm. Hast Du von Alberts mal was gehört? Kürzlich traf ich unser nettes Blockwart-Ehepaar v. d. Sedanstr., sind auch in M wir freuen uns sehr. Auch in Dresden a. d. Sedanstr. sehe ich immer mal wieder Bekannte, es zieht einem immer wieder an die alten lieben Stätten zurück. Bald blühen vielleicht im Garten die Bäume, vielleicht sind viel Kirschen auf dem Baum. Ich muß immer mal hin und nachsehen. Ach, Günter, wie traurig ist alles. Wenn es nur erst einen guten Frieden geben würde. Doch nun leb wohl, gesunde Feiertage wünsche ich Dir. Hoffentlich kommt Tante Lydias Kuchen gut bei Dir an, ich würde Dir gern etwas zukommen lassen, doch habe ich nichts mehr, wie Du weißt, auch keinen eigenen Haushalt.
Alles Gute und herzliche Grüße von
Deiner Tante Lisel.

V. 3. „Wir armen Menschen von 1945"

Dora Baumgärtel (Meißen) an Gertraude Baumgärtel (Erfurt)

Mein liebes kleines Tölchen!   Meißen, 16. 3. 45

Trotzdem Du nun das respektable Alter von 30 Jahren erreichst, wirst Du doch immer meine kleine Tole bleiben. Lasse Dir herzlichst gratulieren, Glück wünschen kann man nicht mehr, ich wünsche Dir Ruhe, innere Ruhe und Frieden für Dich im neuen Lebensjahr. Mehr können wir armen Menschen von 1945 nicht vom Schicksal erbitten. Ich hoffe sehr, daß du diesen Brief wenigstens zum Geburtstag bekommst. Es tut mir zu leid, daß es mit dem Paket so verzögert ist, aber es trifft mich wahrlich keine Schuld, kein Mensch kann einem jemals richtig raten, hier ist alles durcheinander. Seit der Dresdner Katastrophe hat man allerorts das Gefühl, als sei niemand mehr ganz bei sich, alles durcheinander, keiner weiß was, was man heute gesagt bekommt, ist morgen überholt, jeden Tag ändert sich alles, täglich neues und nie etwas richtiges, ganz Sachsen ist kopflos geworden. Furchtbar für mich ist Dein Schweigen oder wie ich hoffe, daß ich die Briefe von Dir nicht erhalten habe, denn Du wirst mich in solcher Zeit nicht wochenlang ohne Nachricht lassen, nicht wahr? Ich bekam nur den einen, den Du schriebst nach dem Angriff, ehe Du etwas wußtest, und dann den und die rote Karte, die Du nach der Führerschule geschickt hast. Das schrieb ich Dir schon gestern. (…)

Gestern habe ich die 50 gr. Bohnenkaffee angemeldet und die halbe Flasche Trinkbranntwein, die die glücklichen Dresdner bekommen, 4 Wochen nach dem Angriff immerhin schon die Karten, in anderen Städten angeblich sofort nach den Angriffen.

Frau Eschenbach, Kämpfe, Fleischer und Frl. Häusler waren beim 1. Angriff im vorderen Keller, also im Keller uns. Hauses gewesen und sind, weil alles brannte, in den Großen Garten. Frau Eschenbach ist scheinbar ganz kaputt, sie schrieb verzweifelt. Tante Minna mit Mieze und deren Kleinen sind in der Nacht bei Grete Angermann gewesen, bei Gunsts alles ausgebrannt, Angermannsches Haus steht, halb kaputt. Sie und ihre Schwester vollständig erledigt. Es fehlen noch viele, viele Menschen. Im Großen Garten sollen allein 10 000 ums Leben gekommen sein, er ist ja auch vollständig verwüstet. Im „Reich" hat ein Aufsatz gestanden „Der Tod in Dresden", hast Du ihn zufällig gelesen oder davon gehört, ich gäbe sonst was drum, ihn zu haben.

Dr. Stelzer in Hohwald schrieb mir heute, daß ganze Haufen angebranntes Papier durch den furchtbaren Sturm der Nacht bis weit, also auch bis gegen Hohwald geschleudert worden sind, ich hatte es schon von Frau Rätzes Schwester gehört, die vorige Woche im Nachbardorf von Hohwald gewesen ist. Dr. Stelzer fand im Walde ein Heft mit einem Prüfungsaufsatz eines 11j. Mädchens einer Dresdner Volksschule, „Wie verhalte ich mich bei Luftalarm", ist es nicht eigenartig und trotzdem furchtbar, gerade dieses Thema. Und wo mag das Kind sein und wie mag es eventuell geendet haben? Aber das ist kein Thema für einen Geb.brief, mein armes Tölchen, aber es ist schwer für uns, anderes zu denken. Ich kann alles noch nicht fassen, es ist mir oft wie ein wüster Traum.

Du bist nun allein an Deinem 30. Geburtstage und wirst ihn vielleicht kaum sehr fröhlich feiern, aber ich wünschte doch so von Herzen, daß Du ihn doch festlich und vor allem friedlich begehen kannst. Vielleicht backt Irmchen einen Kuchen, vielleicht machst Du es Dir mit Frl. Rex etwas nett, es ist zu jammerschade, daß Du das Paket nicht da haben wirst. Weißt Du noch, wie wir in Nordhausen auf das Weihn.paket warteten, und Neujahr war es immer noch nicht da??? Wie schön war das damals noch. Wenn ich an Nordh. denke, so ist mir, als sei das ein ganz früheres Leben gewesen.

Nun lebe wohl, begehe Deinen 30. Geburtstag etwas feierlich und möglicherweise auch fröhlich, es wird ja auch wieder Frühling.

In diesem Gedenken
Mims.

V. 4. „Wir sind ja noch jung und so sehr bescheiden geworden"

handschriftlicher Brief, A5, liniertes Papier

Meine liebe Liesbeth!   Mühlberg, am 13. April 45

Deinen Brief habe ich mit bestem Dank erhalten und freue mich, daß du Dich doch einigermaßen über Wasser hältst, wie man so sagt. Wir sind ja noch jung und so sehr bescheiden geworden in unseren Ansprüchen an das Leben, daß uns fast nichts mehr erschüttern kann. Heute früh war das erst, was ich auf nüchternen Magen erfuhr, daß Panzerspitzen vor Leipzig seien. Gestern hieß es: Luftlandetruppen bei Jüterbog. Man nimmt alles doch mit einer gewissen Gleichgültigkeit auf, denn was wir noch zu verlieren haben, ist sehr gering geworden, und außerdem hat man uns mürbe gemacht, sechs Jahre lang. (…) Noch vor zwei Monaten gab es bei uns sogar noch Schokolade, Kakao und Kaffee. Aber das sind nun auch ganz seltene Dinge geworden, die man kaum noch sieht. Überhaupt hat die ganze Verpflegung mit einem Schlage recht nachgelassen. Wenn es noch wie früher wäre, hätte ich Dich gar zu gern mal auf einige Tage eingeladen. Aber nun kann ich Dir auch nichts mehr bieten. (…) Sobald ich mal nach Hause darf, ich weiß nicht, wann es werden wird, schicke ich Dir einiges von mir. Neu ist ja nichts, aber Du kannst es ja zurechtstutzen für Dich. Hier hab` ich mir das, was ich unbedingt brauche, weil wir doch auch mal vor den Russen abhauen wollten. Hast Du eigentlich einen Freund? Was macht Bruno, der schöne Mann? (…)

Behalte Deinen Lebensmut und bleib gesund, liebe Liesel, alles andere wird sich finden.

Dir und Deinen Eltern alles Gute, auch Lotti.
Lieben Gruß von Deiner Herta.

V. 5. „Das Maß des Elends der deutschen Menschen ist noch nicht voll"

handschriftlicher Brief, A4, weißes Papier

Meine liebe Dore!   Kreina, 26. 2. 45

Vorgestern erhielt ich Deine Eilnachricht und heute Deinen Brief. Ich danke Dir dafür. Es ist alles erschütternd, und dennoch atmet man auf und ist erlöst, wenn man hört, daß niemand fehlt. Daß Wilibalds ausgebombt sind, hatte ich nicht erwartet. Daß sie nach Deinem heutigen Briefe sogar noch ihr Lager und ihren neuen Laden verloren haben und auch noch ihr Luftschutzgepäck, hat mich erschüttert. Sie haben ja außer ihrem Hab und Gut noch ihre mit so viel Fleiß und unermüdlicher Arbeit aufgebaute Existenz verloren. Es ist alles so furchtbar, daß man gar nicht ausreicht, alles zu fassen und zu empfinden. Man ist innerlich leer und ausgebrannt von der Wucht des grausamen Geschehens.

Daß Du Dein Heim verloren hast, hatte ich schon auf der Flucht befürchtet. Einige Male hörte ich, daß die Tittmannstr. hell gebrannt hätte. So habe ich mit Bangen und Sorgen auf Dein Lebenszeichen gewartet. Ein Glück, daß Lotte noch ihr Heim besitzt. Hoffentlich darf sie es behalten. Das Maß des Elends der deutschen Menschen ist noch nicht voll. Wenn es doch bald ein Ende mit dem Kriege gäbe. Der Gedanke an Karli quält mich auch unablässig. Auch hier hat man für die Flucht vor den Russen gepackt und die Wagen fertig gemacht. Bloß mein Onkel nicht. Er sträubt sich noch, an diese Notwendigkeit zu denken.

Ich habe auch fast alles an Luftschutzgepäck verloren. Einen Rucksack hatte ich auf dem Rücken und einen in der Hand, als wir unser brennendes Haus verließen. Den einen in der Hand mußte ich aber sofort auf der Straße wegwerfen, weil wir sofort alle 3 auf die zum Teil brennenden Geröllhaufen stürzten. So habe ich meine Kinder fest in die Hände genommen, um so sicher und schnell wie möglich aus dem Brennenden herauszukommen. Ich empfinde es heute noch als ein Wunder, daß wir heil davongekommen sind. Herr Winkler, der unseren Sturz und meinen weggeworfenen Rucksack bemerkt hatte, hob ihn auf, und wir fanden uns dann auch an der Elbe. Du kannst Dir denken, wie dankbar ich ihm für diese edle Tat bin. Sonnabend bin ich dann zum Teil per Beine, Laster und Zug übers Erzgebirge, Freiberg, Nossen, Lommatzsch hier gelandet. Ich besitze für mich außer einem kurzärmeligen Frühjahrskleid und meinem Brautkleid, die ich als einzige Oberkleidungsstücke noch hier hatte, nichts mehr. Für die Kinder habe ich alle Wollsachen gerettet. Doch der Verlust aller meiner kostbaren, geliebten Bücher, meiner Briefschaften und Photos schmerzt mich am meisten.

Stenoschluß vom Brief 26. 2. 45, Kreina:
Für heute will ich nun schließen. Ich schreibe Dir bald wieder. Dir, unserer lieben Lotte mit Ingrid, Wilibalds und Anne-marie meine herzlichen Grüße. Dir einen besonders herzlichen, meine liebe Dore. Bleibt gesund.

Deine Leni u. Kinder.

V. 6. „Das Leben ist so ganz anders geworden"

Liesel Winkler (Dresden) an Gertraude Baumgärtel (Erfurt)

Meine liebe Gertraude.   Dresden, am 29. 3. 1945

Du wirst Dich wundern, daß Du von mir dies Jahr noch keinen Geburtstagsglückwunsch bekommen hast. Wenn unter den derzeitigen Verhältnissen Post sowieso nicht wie gewünscht eintreffen kann, so komme ich doch reichlich nachgehinkt. Vergessen hatte ich Dich nicht, ich habe vorher und am 21. selbst immer an Dich gedacht mit allen meinen guten Wünschen für Dich. Weißt Du, Traudel, das Leben ist so ganz anders geworden. Seit dem grausamen Terror. Abgesehen von der vielen Arbeit, die es anschließend gab, und was sonst an Mißständen, so ist man seitdem ein ewig aufgeregter Mensch, lebend in fortgesetzter Angst von morgens bis abends, von abends bis morgens. Und jeder Tag und jede Nacht ist wieder ein Geschenk Gottes. – Mein gutes Traudel, so grausam die Zeit und alles Geschehen ist, so wünsche ich Dir, daß Du Gegenwärtiges und Zukünftiges gut überstehst. Bleibe gesund, bleibe geschützt vor allen Feindangriffen. Behalte Deine lieben Angehörigen. Sie haben ja so Furchtbares durchlebt, Annelies mit dem Kind und Herta, und wenn auch alles verloren ist, so muß man Gott danken, daß sie leben. Von allem Irdischen und Materiellen müssen wir uns eben trennen können. Daß ich mein Heim bis jetzt noch habe, ist ja so wunderbar und dafür muß ich Gott alle Tage danken. – Und Deine arme Tante Isolde. Es ist ja so furchtbar, vor allem, daß wir gar nichts Näheres wissen. Mir tut es so unendlich weh. Wer hätte das einmal gedacht! Wie sieht es in Erfurt aus? Habt Ihr auch Angriffe gehabt. Mein Traudel, bleibe nur immer behütet. Wie wird noch alles enden?

Von Deinem Muttchen bekam ich heute ein paar liebe Zeilen, sie würde sich sehr freuen, wenn ich Ostern einmal nach Meißen kommen würde. Normalerweise würde ich das gern, sehr gern tun, zumal sich am 1. April unsere 50jährige Freundschaft jährt, aber ich wage mich ja bei der ewigen Alarmangst nicht so weit und so lange von [zu] Haus fort. Es wäre doch schrecklich, wenn mein Muttel mit 84 Jahren im Ernstfalle einmal allein daständ. Jeden Morgen gehe ich schweren Herzens in meine Dienststelle, d.h. unter die Trümmer meiner ehemaligen Dienststelle. Bis jetzt haben wir von ½ 9 bis 12 Uhr gearbeitet, ab nächste Woche soll es länger dauern, ich weiß zwar nicht, wie man sich das bei den Zuständen denkt. Da hinkt man mit einem kaputten Fuß, einem Rucksack auf dem Rücken morgens durch die Trümmer in die Trümmerstätte und mittags jagt man hinkend, manchmal gehts vor Schmerz kaum, heimwärts um vorm Alarm heim zu sein oder auch während des Alarms. Und wie lange das noch? – Wie geht's Dir beruflich? Das wunderschöne Heim, welches meine Freundin Dorle Rehn mit ihrer verheirateten Schwester teilte, ist auch total vernichtet, auch mit allen lieben Erinnerungen an die Verstorbene. (…)

Morgen ist Karfreitag, da ist Feiertag für mich, am Sonnabend arbeiten wir. Dann kommt Ostern. Wenn es anders wäre, so kämest Du gewiß zur Mutter nach Meißen. Und auch ich käme gern mit nach M., aber es kann eben nicht sein. Ob wir es wieder einmal erleben, daß wir in Ruhe beisammen sein können. Wir müssen uns in Gottes Schutz und Gnade stellen und abwarten, wie es das Schicksal von uns will. Wenn nur unser Anneliesel mit dem Kind alles Weitere gesund übersteht. Ich fände Beruhigung, wenn sie mit dem Kinde sich ins Pfarrhaus flüchten könnte. Ich hielt sie dort am geborgensten. Was wir Menschen heute körperlich und seelisch durchstehen, hätte man niemals für möglich gehalten. Und die arme Isolde, die Arme. Und doch weiß man nicht, wovor sie bewahret bleibt. Aber daß man nichts über ihr Ende weiß, ist entsetzlich.

Mein liebes Traudel, kaufen kannst Du Dir nichts, leg das Beiliegende in Deine Reisekasse. Behüt Dich Gott! Bleibe gesund, behalte die lieben Deinen und Dein Heim.
Mit innigen Grüßen bin ich
Deine Tante Liesel mit Muttchen.

V. 7. „Wir hören ja auch nur Sätze, die nichts besagen"

Dora Baumgärtel (Meißen) an Gertraude Baumgärtel (Erfurt)

Meißen, 7. 4.
Mein liebes Kleines!

Du sollst wissen, daß ich an Dich denke, stündlich, minütlich. Alle meine Gedanken sind jetzt bei Dir, Dir zu helfen, Dich zu ermutigen in Deiner Angst und Not. Wir wissen nicht, was uns die nächste Stunde bringt, vielleicht bist Du gerade in höchster Angst, während ich hier tatenlos ausharren muß. Vielleicht aber auch bist Du gerade ruhig, mutig und in Zuversicht, während ich hier in Ängsten sitze. Man weiß es nicht.

Vorgestern, Donnerstag früh, sandte ich den Brief Nr. 11 an Dich und nachm. Nr. 12, abgestempelt 20 Uhr. Gestern, Freitag mittag, kam der Brief an Dich zurück. Es war ein Kettenbriefumschlag. Der Stempel von Meißen war auf der Rückseite, wo der Absender steht. Du kannst Dir vielleicht denken, in welcher Verfassung ich den ganzen Nachmittag war. Ich ging vor Verzweiflung ins Kino: Germanin zum 3. Male. Nur um nicht allein im Zimmer mit meiner Angst sitzen zu müssen. Ich mußte bedenken, es ist besetzt, Erfurt, und nichts kann mehr hinein. Abends aber sagte ich es Frau Mützes Schwester und sie kam auf den Gedanken, daß der Brief beim Abstempeln verkehrt gelegen und der Absender als Adresse angesehen worden wäre. Wir steckten den Brief abends noch mal in den Kasten und ich warte nun mit Angst u. Beben, ob er wieder kommt. Die Post kommt immer ½ 3 Uhr, noch ists nicht ganz so weit. Eben höre ich im Radio (aus Sorge um Dich höre ich seit 8 Tagen sogar die Nachrichten an), daß Eisenach und Langensalza verloren seien und östlich v. Eisenach heftige Kämpfe sind. Östlich ist ja Erfurt, nun steigt meine Angst schon wieder. Dann will ich ins Kino, ich kann nicht mehr stundenlang allein sein mit all meinen Gedanken.

Weißt Du noch, Weihnachten? „Philharmoniker". Ich hatte sie mir am Donnerstag angesehen als Einleitung z. Weihn.fest, und Du wolltest sie, als Du am nächsten Tage kamst, auch gern sehen. Wir waren zusammen, im schönen Capitol, saßen links in der Separatloge. Und ich freute mich noch so, daß Du Interesse gerade für diesen Film hattest und wir zusammen waren. Dann wurde Weihnachten. Erst sah es so schlimm aus. Kein Baum, kein Licht, kein Geschenk. Und dann war doch noch alles da. Der Baum (Bäumchen) aus Chemnitz, Kerzen und ein ganzer Tisch voll Gaben. Und wie die Lütte von Hertas Platz die Pfefferkuchen mauste, und das goldige Foto an ihrem Tisch. Niemand ahnte, daß es unser letztes Weihnachten werden würde, wenigstens das letzte auf der Struvestraße. Vier Wochen später alle ohne Heimat, ohne Heim, auseinandergerissen. Wenn Du diesen Brief bekommst, schreibe, ob Ihr arbeitet.

Ich möchte gern Anzeigen haben für Tante Ilse, sie hat so viele Bekannte und ich bin außerstande an alle zu schreiben. Gedruckt wird nichts. Könntest Du es fotokopieren? Wenn es nicht so ist, wie ich denke, lache mich, bitte, nicht aus, aber ich kann mir solch Zustand, wie er dort ist, einfach nicht vorstellen. Wir hören ja auch nur Sätze, die nichts besagen. – Für heute leb wohl, alles Gute, innigst
Deine Mims.

V. 8. „Ob Sie ahnen, wie uns hier zu Mute ist"

Hans Scheibe (Dresden) an H. Zenker

Hans Scheibe   Dresden A 20, z. Zt. Wiener Str. 94
                                                    24. 2. 45
Mein sehr geehrter, lieber Herr Zenker!
Ich weiß nicht, ob Sie ahnen, wie uns hier zu Mute ist. Wir kommen uns vor wie Vertriebene. Obwohl wir vorläufig bei Anackers gut untergebracht sind und wenigstens schlafen können (bis auf die nächtlichen Alarme, die Sie wohl aber auch haben), so fehlt uns doch ein Raum, wo wir unsere wenigen Habseligkeiten – es war ein mittlerer und ein kleiner Rucksack und ein kleiner Handkoffer – ordentlich unterbringen können. Inzwischen haben gute Leute mir einen Anzug, der viel zu gross ist, einen Sommermantel und ein wenig Wäsche geschenkt, so dass mein Besitz um einen halben Zuckersack voll vermehrt wurde. Wie man sich dabei vorkommt, wenn man Almosen entgegennehmen muss, ist seelisch nicht zu schildern. Meine Frau und ich leiden scheußlich darunter. Nun sollten wir ja nach Crossen. Wir wissen nicht wann und wie, da ja eine telefonische Verständigung nicht mehr möglich ist. Wäre es Ihnen, lieber Herr Zenker, nicht möglich, für meine Frau, Tochter und mich in der Nähe Crossens ein bescheidenes Zimmer mit Kochgelegenheit zu beschaffen. Wir sind in diesen Tagen so primitiv geworden und wären zufrieden, wenn Schlafgelegenheit für uns 3 Menschen wäre. Ein Tisch mit Stuhl und, wenn der Luxus gestattet wäre, ein Schrank. Betten haben wir nicht mehr, auch

kein Geschirr, keinen Topf. Alles was wir sicherheitshalber im Keller hatten, brannte ja zuerst, aus den Wohnungen holen konnten wir auch nichts mehr, da das Treppenhaus von unten her brannte. Und ca. 50 Menschen im Keller, die aus dem ringsum brennenden Block über Gartenzäune ins Freie geführt werden wollten und mussten, wenn sie nicht eines elenden Feuertodes sterben sollten. Diese Nacht ist mit Worten nicht mehr zu beschreiben, sie wird als ewig brennendes Mal in unserem Gedächtnis bleiben. Noch einmal solches in diesem Ausmaße durchmachen zu müssen, halten glaube ich unsere Frauen, die vollkommen erschöpft sind, nicht mehr aus. (…)

V. 9. „Ich will trotz allem nicht undankbar sein"

Liebe Ruth!   Dresden am 10. 3. 1945

Ihren lieben Brief habe ich heute dankend erhalten. Ja, Tante Annas Haus ist soweit noch in Ordnung. Da haben wir vorläufig noch ein Dach über dem Kopf. Es sind nur Fenster entzwei und das Dach etwas abgedeckt. Aber gefroren habe ich hier schon was ehrliches. Mir fehlt meine warme Wohnung. Keine warmen Hausschuh, bei Tante ist überall Steinfußboden mit Linoleumbelag. Dazu nur ein Raum geheizt und überall Fenster entzwei. Wenn ich mich abends ins Bett lege, bin ich wie ein Eisklumpen. Wir liegen hier wie die Heringe zu vieren in zwei schmalen Betten. Mein geliebtes schönes Bett. Wie gern bin ich immer darin gewesen. Nie konnte ich eine Nacht lang mit jemand schlafen. Jetzt muß es schon wochenlang gehen. Schön ist freilich anders. Mein schönes schönes Heim mit allen Bequemlichkeiten. Daran darf ich gar nicht denken. Ebenso meine schönen Sachen. Aber ich will trotz allem nicht undankbar sein. Ich bin mit meinen Kindern noch gesund und habe eine Unterkunft. Heute bekam ich Post von Gaidas. Da liegen Herrn Gaidas Bruder mit Frau und 2 Kindern aus Breslau auf der Pillnitzerstr. noch unter den Trümmern. Dazu Frau Gaidas Schwester und die Walls. Näheres muß ich erst noch erfahren. Frl. Werner schrieb mir auch. Sie ist so getroffen. Heim verloren, Stellung verloren und den Mann verloren. Er hatte gerade Nachtwache in seinem Betrieb im Zentrum. (…).

Herzl. Grüße an Sie und Ihre Eltern. Kinder und Tante.

Anmerkungen

Vom Bodensee bis Guernica

[1] Olaf Groehler: Geschichte des Luftkrieges, Berlin (Ost) 1980, S. 10.

[2] Matthias Neutzner: Martha Heinrich Acht – Dresden 1944/45, Dresden 2003, S. 11.

[3] H. G. Wells: Der Luftkrieg, München 1983, S. 177.

[4] Rolf-Dieter Müller: Der Bombenkrieg, Berlin 2004, S. 14.

[5] Ebd., S. 18.

[6] Max Hastings: Bomber Command, New York 1979, S. 32.

[7] Zitiert bei Müller, S. 19.

[8] Groehler, Luftkrieg, S. 76.

[9] Williamson Murray: Der Luftkrieg von 1914 bis 1945, Berlin 2000, S. 74.

[10] Horst Boog: Bombenkrieg, Völkerrecht und Menschlichkeit im Luftkrieg, in: Poeppel / v. Preußen / v. Hase (Hg.): Die Soldaten der Wehrmacht, München 1998, S. 262.

[11] Groehler, Luftkrieg, S. 83 ff.

[12] Boog, Bombenkrieg, S. 261.

[13] Giulio Douhet: Luftherrschaft, Leipzig 1935, S. 23.

[14] Ebd., S. 22.

[15] Ebd., S. 15.

[16] Groehler, Luftkrieg, S. 124.

[17] Dudley Saward: Bomber Harris, London 1984, S. 27 f.

[18] Boog, Bombenkrieg, S. 263.

[19] Hastings, S. 39.

[20] Douhet, S. 67.

[21] Hastings, S. 44.

[22] Groehler, Luftkrieg, S. 112 f.

[23] Ebd., S. 156.

[24] Horst Boog: Der anglo-amerikanische strategische Luftkrieg über Europa und die deutsche Luftverteidigung, in: Boog / Rahn / Stumpf / Wegner (Hg.): Das Deutsche Reich und der Zweite Weltkrieg, Bd. 6, Stuttgart 1990, S. 453.

[25] Hastings, S. 38.

[26] Groehler, Luftkrieg, S. 152 f.

[27] Zitiert bei Douhet, S. 56.

[28] Horst Boog: Strategischer Luftkrieg in Europa, in: Boog / Rahn / Stumpf / Wegner (Hg.): Das Deutsche Reich und der Zweite Weltkrieg, Bd. 7, Stuttgart 1990, S. 134.

[29] Murray, S. 109.

[30] Müller, S. 22 ff.

[31] Douhet, S. 45.

[32] Boog, Bombenkrieg, S. 271.

[33] Groehler, Luftkrieg, S. 126.

[34] Murray, S. 100.

[35] Siehe hierzu Karl Ries: Luftwaffe Photo Report 1919–1945, Stuttgart 1984.

[36] Horst Boog: Die Deutsche Luftwaffenführung 1935–1945, Stuttgart 1982, S. 137.

[37] Vortrag Wevers am 1. November 1935 bei der Eröffnung der Luftkriegsschule in Berlin-Gatow, zitiert bei: Boog, Luftwaffenführung, S. 633.

[38] Herbert Mallory-Mason: Die Luftwaffe 1918–1945, Wien 1973, S. 198.

[39] Matthias Neutzner: Flughafen Dresden, Dresden 2000, S. 56.

[40] Boog, Bombenkrieg, S. 276.

[41] Hastings, S. 47. Auch in den Reihen der deutschen Luftwaffe wurden Terrorangriffe gegen feindliche Städte immer wieder erwogen, die Befürworter konnten sich jedoch bis in den Krieg hinein nicht durchsetzen.

[42] Neutzner, Flughafen Dresden, S. 31.

[43] Murray, S. 87 f.

[44] Hastings, S. 39.

[45] Vgl. Müller, S. 40.

[46] Boog, Bombenkrieg, S. 305 ff.

Von Guernica bis Hiroshima

[1] Abendmeldung Sperrles v. 26. 4. 1937, in: Klaus A. Maier: Guernica, 26. 4. 1937. Die deutsche Intervention in Spanien und der „Fall Guernica", Freiburg 1974, S. 101.

[2] Tagebuch Richthofen v. 30. 4. 1926, in: ebd., S. 105 f.

[3] James S. Corum: Die Luftwaffe, ihre Führung und Doktrin und die Frage der Kriegsverbrechen, in: Wolfram Wette / Gerd R. Ueberschär (Hg.): Kriegsverbrechen im 20. Jahrhundert, Darmstadt 2001, S. 288–302, hier S. 292.

[4] Sven Felix Kellerhoff: Mythos Führerbunker. Hitlers letzter Unterschlupf, Berlin 2003, S. 31.

[5] Corum, Luftwaffe, S. 293.

[6] William L. Shirer: Aufstieg und Fall des Dritten Reiches, Bindlach 1990, S. 709.

[7] Max Domarus: Hitler. Reden und Proklamationen 1932–1945, Leonberg 1988, Bd. 3, S. 1580.

[8] Leonard Mosley: Die Luftschlacht um England, Amsterdam 1979, S. 141.

[9] Dietmar Arnold / Reiner Janick: Sirenen und gepackte Koffer. Bunkeralltag in Berlin, Berlin 2003, S. 33 f.

[10] Hans J. Reichardt / Wolfgang Schäche: Von Berlin nach Germania, Berlin 1998, S. 158.

[11] Siehe vorheriges Kapitel.

[12] Ronald H. Bailey: Der Luftkrieg in Europa, Amsterdam 1981, S. 36.

[13] Siehe vorheriges Kapitel.

[14] Ebd., S. 52.

[15] Faksimile in Sven Felix Kellerhoff / Wieland Giebel (Hg.): Als die Tage zu Nächten wurden. Berliner Schicksale im Luftkrieg, Berlin 2003, S. 209–213.

[16] Einige Historiker benutzen diesen Begriff auch schon für den Brand, der in Lübeck nach dem o. e. Angriff ausbrach.

[17] Albert Speer: Erinnerungen, Berlin 1969, S. 297.

[18] Horst Boog: Strategischer Luftkrieg in Europa und Reichsluftverteidigung von 1943 bis 1944, in: Militärgeschichtliches Forschungsamt (Hg.): Das Deutsche Reich und der Zweite Weltkrieg, Bd. 7: Das Deutsche Reich in

der Defensive, Stuttgart – München 2001, S. 1–415, S. 66 u. S. 75.

[19] Die Welt v. 27. 11. 2002, S. 27.

[20] Robin Neillands: Der Krieg der Bomber. Arthur Harris und die Bomberoffensive der Alliierten 1939–1945, Berlin 2002, S. 385f.

[21] Axel Wawrziniok: Der Krieg wider besseres Wissen. Der Luftkrieg gegen Europas Städte 1914–1945, Berlin 1995, S. 218.

Vom unattraktiven zum besonders lohnenden Ziel

[1] National Archives Kew, England (früher Public Record Office, London), AIR 34/605 (künftig zitiert: NAK AIR).

[2] NAK AIR 34/605.

[3] Sir Charles Webster: Noble Frankland. The Strategic Air Offensive against Germany, Bd. 1, London 1961, S. 92 ff. (künftig zitiert: SAO).

[4] Horst Boog: Der anglo-amerikanische strategische Luftkrieg über Europa und die deutsche Luftverteidigung, in: Boog / Rahn / Stumpf / Wegner (Hg.): Das Deutsche Reich und der Zweite Weltkrieg, Bd. 6, Stuttgart 1990, S. 431.

[5] NAK AIR 40/1680.

[6] NAK AIR 34/616.

[7] Ebd.

[8] SAO, Bd. 1, S. 266 ff. / 269 ff.

[9] Olaf Groehler: Bombenkrieg gegen Deutschland, Berlin 1990, S. 338.

[10] C.M. Sharp/ M.S.F. Bowyer: Mosquito, London 1971, S. 133.

[11] NAK AIR 14/2662.

[12] Ebd.

[13] NAK AIR 40/1522.

[14] NAK AIR 40/1680.

[15] SAO, Bd. 3, S. 244 ff.

[16] Götz Bergander: Dresden im Luftkrieg, Köln / Weimar / Wien 1994, S. 322 und 339 f.

[17] SAO, Bd.3, S. 76–230.

[18] Ebd.

[19] Ebd.

[20] Ebd.

[21] Ebd.

[22] SAO, Bd. 3, S. 244 ff., siehe auch: Bergander, S. 35–47 und 62–75.

[23] Foreign Relations of the United States. Diplomatic Papers: The Conferences at Malta and Yalta 1945, Washington 1955, S. 383 und 606 f. (künftig zitiert: Foreign Relations).

[24] John R. Deane: Ein seltsames Bündnis, Wien 1947, S. 8.

[25] J. W. Angell jr.: Historical Analysis of the 14–15 February 1945 Bombing of Dresden, Washington 1953, S. 9.

[26] SAO, Bd. 3, S. 96 ff. und 108.

[27] NAK AIR 20/3218.

[28] Ebd.

[29] Ebd.

[30] Ebd.

[31] Sir Winston Churchill: Der Zweite Weltkrieg, Bd. 4, 2. Buch, Stuttgart 1954, S. 9.

[32] Foreign Relations, S. 640 ff.

[33] NAK AIR 40/1514 99503.

[34] NAK AIR 24/308.

[35] Max Hastings: Bomber Command, London 1981, S. 413, siehe auch Ders.: Armageddon – The Battle for Germany 1944–45, London 2004, S. 387.

Von der „Friedens-Oase" zur Trümmerwüste

[1] Clemens Vollnhals (Hg.): Sachsen in der NS-Zeit, Leipzig 2002, S. 38 f.

[2] Ebd., S. 41 ff.

[3] Jürgen Richter: Dresden in den 30er Jahren, Dresden 2004, S. 181.

[4] Dresdner Anzeiger, 30. 5. 1934.

[5] Dresdner Geschichtsverein (Hg.): Dresden – die Geschichte der Stadt, Dresden 2002, S. 224.

[6] Victor Klemperer: Das Tagebuch 1933–1945, Berlin 1995, S. 11 f.

[7] Ebd., S. 17.

[8] Vollnhals, S. 189 ff.

[9] Ebd., S. 187.

[10] Killinger war SA-Obergruppenführer und wurde mit angeblichen Putschplänen des SA-Chefs Ernst Röhm in Verbindung gebracht. Im Zuge der „Säuberungsaktionen", während derer die gesamte SA-Spitze des Reichs verhaftet und zum Teil ermordet wurde, fiel auch Killinger in Ungnade und musste sein Amt räumen.

[11] Klemperer, S. 41.

[12] Zitiert bei Richter, S. 165.

[13] Dresdner Anzeiger, 10. 11. 1938.

[14] Ebd., 27. 5. 1934.

[15] Zitiert bei Richter, S. 145.

[16] Dresdner Geschichtsverein, S. 224 ff.

[17] Zitiert bei Neutzner, Martha Heinrich Acht (im Folgenden nur Neutzner genannt), S. 45.

[18] Stadtmuseum Dresden (Hg.): Verbrannt bis zur Unkenntlichkeit, Dresden 1994 (im Folgenden nur Stadtmuseum genannt), S. 10.

[19] Ebd., S. 121 f.

[20] Max Seydewitz: Die Dresdner Kunstschätze, Berlin (Ost) 1955, S. 144.

[21] Vgl. Stadtmuseum, S. 8.

[22] Ernst Günther: Sarrasani wie er wirklich war, Berlin (Ost) 1985, S. 229.

[23] Neutzner, S. 59 ff.

[24] Richter, S. 127.

[25] Stadtmuseum, S. 13.

[26] Klemperer, S. 207.

[27] Richter, S. 193.

[28] Ralf Krüger: Presse unter Druck, in: Reiner Pommerin (Hg.): Dresden unterm Haken-kreuz, Köln/Weimar 1998, S. 62 .

[29] Vgl. dazu auch David Irving: Der Untergang Dresdens, München 1977, S. 77 f.

[30] Groehler: Bombenkrieg, S. 288.

[31] Frederick Taylor: Dresden, Tuesday, February 13, 1945, New York 2004, S. 148 ff.

[32] Dresdner Anzeiger, 29. 4. 1935.

[33] Richter, S. 185.

[34] Aus einem Gespräch des Autors mit einer Überlebenden.

[35] Richter, S. 185.

[36] Neutzner, S. 22 ff.

[37] Stadtmuseum, S. 10.

[38] Stadtarchiv Dresden, Unterlagen des Marstall- und Bestattungsamtes. „Ehrenhain" war der Euphemismus für den Begriff „Massengrab", den man aus Rücksicht auf die Bevölkerungs-stimmung noch vermied.

[39] Ebd.

[40] Ebd.

[41] Ebd.

[42] Ebd.

[43] Müller, S. 194 f.

[44] Hierzu ausführlich: Bergander, S. 25 ff.

[45] Neutzner, S. 15.

[46] Zitiert bei Bergander, S. 30.

[47] Zitiert bei Neutzner, S. 15.

[48] Siehe vorheriges Kapitel.

[49] Stadtarchiv, Unterlagen des Marstall- und Bestattungsamtes.

[50] Groehler, Bombenkrieg, S. 196.

[51] Ebd.

[52] Siehe vorheriges Kapitel.

[53] Stadtmuseum, S. 45.

[54] Vgl. Groehler, Bombenkrieg, S. 247.

[55] Ebd., S. 412.

[56] Vgl. Bergander, S 99 f.

[57] Max Seydewitz: Zerstörung und Wiederaufbau von Dresden, Berlin (Ost) 1955, Seite 95, und Irving S. 199.

[58] Walter Weidauer: Inferno Dresden, Berlin (Ost) 1987, S. 133.

[59] Siehe hierzu auch Irving, S. 190, und Bergander, S. 98.

[60] Der Freiheitskampf, 21. 12. 1944.

[61] Taylor, S. 194.

[62] Bergander, S. 38.

[63] Stadtarchiv Dresden, Luftangriff am 7. Oktober 1944, Städtische Berichte.

[64] Ebd.

[65] Vgl. Neutzner, S. 37 f.

[66] Stadtarchiv Dresden, Luftangriff am 7. Oktober 1944, Städtische Berichte.

[67] Stadtarchiv Dresden, Unterlagen des Marstall- und Bestattungsamtes.

[68] Der Freiheitskampf / Dresdner Zeitung, div. Ausgaben vom 8. bis 11. 10. 1944.

[69] Dresdner Zeitung, 13. 10. 1944.

[70] Joseph Goebbels: Tagebücher, Teil II, Bd. 14, München 1996, S. 467.

[71] Zitiert bei Irving, S. 81.

[72] Siehe auch Bergander, S. 85 f., Taylor, S. 205.

[73] Vgl. Groehler, Luftkrieg, S. 436 ff., und Alfred Price: Luftschlacht über Deutschland, Stuttgart 1996, S. 161.

[74] Price, S. 183.

[75] Kriegstagebuch des OKW (Wehrmachtführungsstab) 1940–1945, Bd. 4, S. 1095 f.

[76] Bergander, S. 66.

[77] Der Freiheitskampf / Dresdner Zeitung, div. Ausgaben vom 17. bis 19. 1. 1945.

[78] Siehe auch Groehler, Bombenkrieg, S. 282.

[79] Ebd., S. 272.

[80] Stadtmuseum, S. 54 f., Neutzner S. 73, Bergander S. 210 ff.

[81] Günther Blobel: Der Himmel wurde feuerrot, in: Stephan Burgdorff / Christian Habbe (Hg.): Als Feuer vom Himmel fiel, München 2004, S. 40.

[82] Vgl. Stadtmuseum, S. 55.

[83] Taylor, S. 182.

[84] Zitiert u. a. bei Weidauer, S. 102 f.

[85] Hierzu ausführlich Bergander, S. 138 f.

[86] Klemperer, S. 31.

[87] Günther, S. 230.

[88] Groehler, Bombenkrieg, S. 235.

[89] Bergander, S. 126.

[90] Dokumentiert u. a. bei Irving, im englischen Original zitiert bei Taylor, S. 246.

[91] Siehe Abbildung S. 86.

[92] Siehe vorheriges Kapitel.

[93] Siehe auch Taylor, S. 250.

[94] Hans Rumpf: Der hochrote Hahn, Darmstadt 1952, S. 107.

[95] Groehler, Bombenkrieg, S. 200.

[96] Das zumindest legen Irving, S. 162 und Bergander, S. 129 nahe.

[97] Aufzeichnungen von Alfred Birke, Archiv Bergander.

[98] Ebd.

[99] Irving, S. 162.

[100] Klemperer, S. 213.

[101] Bergander, S. 135 f.

[102] Der heutige Theaterplatz.

[103] Stadtarchiv Dresden, Unterlagen VEB Bestattungseinrichtungen.

[104] Klemperer, S. 217.

[105] Taylor, S. 347, Irving, S. 211. Hermann Rahne beziffert die Gesamtzahl der bis Kriegsende in Dresden internierten Gefangenen auf ca. 27.000 (Stadtmuseum, S. 131). Im gleichen Band nennt Friedrich Reichert die Zahl von insgesamt 30.873 Kriegsgefangenen und Zwangsarbeitern bis 1945 (S. 55). Demnach könnten in Dresden etwa 4.000 Zwangsarbeiter gelebt haben.

[106] Taylor, S. 316.

[107] Hierzu ausführlich Bergander, S. 140 f.

[108] Ebd.

[109] Vgl. Neutzner, S. 81.

[110] Ebd., S. 98.

[111] Bergander, S. 174.

[112] Ebd., S. 180.

[113] John Colville: The Fringes Of Power. Downing Street Diaries 1939–1945, zit. bei

[114] Bergander, S. 322.

[114] Reinhard Delau: Die Frauenkirche – Eine Chronik von 1722 bis heute, Dresden 2004, S. 85.

[115] Bergander, S. 178.

[116] Siehe auch Groehler, Bombenkrieg, S. 414.

[117] Norbert Haase / Birgit Sack (Hg.): Münchner Platz Dresden, Leipzig 2001, S. 11 ff.

[118] Taylor, S. 342.

[119] Günther, S. 230.

[120] Hierzu ausführlich: Norbert Haase / Steffi Jersch-Wenzel / Hermann Simon (Hg.): Die Erinnerung hat ein Gesicht, Leipzig 1998, S. 100 ff.

[121] Vgl. Michael Ulrich: Dresden – Nach der Synagoge brannte die Stadt, Leipzig 2000, S. 112. Die genaue Zahl von 1.536 und die Bezeichnung „Rassejuden" druckte die Dresdner NS-Tageszeitung „Der Freiheitskampf" am 8. 1. 1939.

[122] Haase / Jersch-Wenzel / Simon, S. 139 f.

[123] Vgl. Vollnhals, S. 223.

[124] Irving, S. 205.

[125] Axel Rodenberger: Der Tod von Dresden, Berlin 1951, S. 6.

[126] Schlussmeldung des Höheren SS- und Polizeiführers Elbe vom 15. März 1945.

[127] Stadtarchiv Dresden, Unterlagen des Kriegsschädenamtes.

[128] Stadtarchiv Dresden, Unterlagen VEB Bestattungseinrichtungen. Die Zahl 15.604 ist die Registriernummer der Leiche, die wie alle Toten dadurch gekennzeichnet wurde.

[129] Zitiert bei Irving, S. 221 f.

[130] Ebd., S. 218.

[131] Irving, S. 213 ff., Bergander, S. 180 f., Neutzner, S. 60 ff.

[132] Schlussmeldung.

[133] Siehe Abbildung S. 102.

[134] Stadtarchiv Dresden, Unterlagen des Stadtbauamtes.

[135] Schlussmeldung.

[136] Siehe Abbildungen S. 234 ff.

[137] Veröffentlicht von Irving, S. 275, und Weidauer, S. 206.

[138] So z. B. im NPD-Presseorgan „Deutsche Stimme" 2/2004.

[139] Stadtmuseum, S. 61.

[140] OdF und VVN sind die Abkürzungen für „Opfer des Faschismus" und „Verfolgte des

NS-Regimes.

[141] Stadtarchiv Dresden, Unterlagen VEB Bestattungseinrichtungen.

[142] Während der Fertigstellung dieses Buches im November 2004 hat eine von der Stadt Dresden eingesetzte Historiker-Kommission ihre Arbeit aufgenommen, die bis spätestens 2006 aufgrund sämtlicher vorhandener Quellen eine neue offizielle Totenzahl der Dresdner Bombenopfer der Jahre 1944 und 1945 ermitteln will.

Bis heute hält sich das Gerücht, man habe nach den Februar-Angriffen 1945 viele Keller einfach zugemauert, sodass sich immer noch zehntausende Tote darin befänden. Das entspricht nicht den Tatsachen. Laut den Unterlagen des Dresdner Stadtarchivs entdeckte man im Zuge des Wiederaufbaus bei Ausschachtungsarbeiten bis zum Jahr 1957 noch 1.557 Tote. Seit 1990 wurden in der Innenstadt etliche weitere Baugruben ausgehoben und archäologische Grabungen unternommen. Dabei fand man jedoch keine weiteren Leichen mehr.

[143] Bergander, S. 235.

[144] Neutzner, S. 84.

[145] Stadtarchiv Dresden, Unterlagen des Stadtbauamtes.

[146] Ebd.

[147] Stadtarchiv Dresden, Unterlagen über die Zerstörung Dresdens am 13. und 14. Februar 1945.

[148] Ebd., Unterlagen des Marstall- und Bestattungsamtes.

[149] Ebd., Unterlagen des Kriegsschädenamtes.

[150] U. a. zitiert bei Irving, S. 262.

[151] Zitiert bei Norman Longmate: The Bombers, London 1983, S. 29.

[152] Stadtmuseum, S. 131.

[153] Stadtarchiv Dresden, Unterlagen über die Zerstörung Dresdens am 13. und 14. Februar 1945

[154] Ebd.

[155] Bergander, S. 265.

[156] Der Freiheitskampf, 21. 4. 1945.

[157] Der Freiheitskampf, 16. 4. 1945.

[158] Stadtmuseum, S. 132.

[159] Vollnhals, S. 234.

[160] Bergander, S. 281 f.

[161] Weidauer, S. 196.

[162] Erich Kästner: ... und dann fuhr ich nach Dresden, in: Luiselotte Enderlich: Erich Kästner, Hamburg 1966, S. 90.

[163] Siehe dazu auch das folgende Kapitel.

[164] Aus einem Gespräch mit dem Autor.

[165] Das Reich, 4. 3. 1945.

Vom Alltäglichen zum Exemplarischen

[1] Bergander, S. 128.

[2] Irving, S. 168.

[3] The New York Times, New York 15. 2. 1945, S. 4 (AIG/Z).

[4] Toronto Daily Star, Toronto 15. 2. 1945, S. 1 und S. 7 (AIG/Z).

[5] Neue Zürcher Zeitung, Zürich 14. 2. 1945, in: Dokumente deutscher Kriegsschäden, 2. Beiheft, Bonn 1962 (künftig zitiert: Dokumente), S. 460 f.

[6] Aftonbladet, Stockholm 14. 2. 1945, in: Dokumente, S. 459 f.

[7] Irving, S. 244.

[8] Bergander, S. 175.

[9] Dagens Nyheter, Stockholm 15. 2. 1945, in: Dokumente, S. 461 f.

[10] Dokumente deutscher Kriegsschäden, Bd. II/I, Bonn 1960, S. 441.

[11] Bergander, S. 176.

[12] Erich Hampe: Technische Wehrmachtshilfe – Ihre geschichtliche und aktuelle Bedeutung, in: Wehrwissenschaftliche Rundschau, Jg. 1963, S. 280ff. Siehe auch: Erich Hampe, Die Technischen Truppen im Zweiten Weltkrieg, in: Wehrwissenschaftliche Rundschau, Jg. 1953, S. 509 ff.

[13] Bergander, S. 223. Eine bezüglich der Initiatoren abweichende Version findet sich in: Fredrick Taylor: Dresden – 13. Februar 1945, München 2004, S. 402.

[14] Joseph Goebbels: Tagebücher 1945, Hamburg 1977 (künftig zitiert: Goebbels, Tagebücher 1945), S. 399.

[15] U. a.: Schreiben Auswärtiges Amt an Gesandtschaft Bern, 16. 1. 1945 – Politisches Archiv des Auswärtigen Amtes, Gesandtschaft Bern, Materialsammlung zum Luftkrieg, Bd. 3400. Für den Hinweis auf diesen Aktenbestand – und vielfältige weitere Unterstützung

– danke ich Helmut Schnatz, Koblenz.

[16] Zeitpunkt (15. 2. 1945, 15.57 Uhr) nach: Irving, S. 246. In der ausländischen Presse und im Schriftwechsel des Auswärtigen Amtes wird als Datum der DNB-Meldung der 16. 2. 1945 angegeben.

[17] Irving nennt Sendungen in arabischer Sprache (Radio „Freies Afrika"), in Englisch („New British Broadcasting Cooperation") und Dänisch. – Irving, S. 245 ff.

[18] Deutschland unterhielt im Februar 1945 noch diplomatische Vertretungen in Schweden, Irland, Spanien, Portugal und der Schweiz.

[19] Die schwedische Fassung der DNB-Meldung beispielsweise wurde am 19.2.1945 durch den Deutschen Pressedienst der Gesandtschaft in Stockholm veröffentlicht – siehe 20.

[20] Meldung Deutscher Pressedienst, Stockholm 19. 2. 1945 – Politisches Archiv des Auswärtigen Amtes, Stockholm 733. Rückübersetzung aus dem Schwedischen: Claudia Hoberg.

[21] Kurznachrichten für die vom Luftkrieg betroffene Bevölkerung, Dresden 14. 2. 1945 (AIG/Z).

[22] Der Freiheitskampf, Dresden 16. 2. 1945, S. 1 (AIG/Z).

[23] Völkischer Beobachter, Berlin 16. 2. 1945 und 17. 2. 1945, jeweils S. 2 (AIG/Z).

[24] Deutsche Allgemeine Zeitung, Berlin 16. 2. 1945, S. 2 (AIG/Z).

[25] Der Freiheitskampf, Dresden 17./18. 2. 1945, S. 1 (AIG/Z).

[26] The Times, London 15. 2. 1945, S. 1 (AIG/Z).

[27] Taylor, S. 395.

[28] The Washington Post, Washington DC. 15. 2. 1945, S. 1 (AIG/Z).

[29] The New York Times, New York 15. 2. 1945, S. 1 (AIG/Z).

[30] Toronto Daily Star, Toronto 15. 2. 1945, S. 1 (AIG/Z).

[31] The New York Times, New York 16. 2. 1945, S. 1 (AIG/Z).

[32] The Maple Leaf (Belgium Ed.), Brüssel 16. 2. 1945, S. 1 (AIG/Z).

[33] The Times, London 16. 2. 1945, S. 1 (AIG/Z).

[34] The New York Times, New York 16. 2. 1945,

[35] S. 6 (AIG/Z).

[35] Toronto Daily Star, Toronto 16. 2. 1945, S. 1 (AIG/Z).

[36] Vgl. dazu: Peter Longerich: Propagandisten im Krieg – Die Presseabteilung des Auswärtigen Amtes unter Ribbentrop, Oldenburg 1987, insbesondere S. 279 ff.

[37] Jacob Kronika: Der Untergang Berlins, Flensburg 1946, S. 20.

[38] Dagens Nyheter, Stockholm 16. 2. 1945, in: Dokumente, S. 464 f.

[39] Svenska Morgonbladet, Stockholm 17. 2. 1945, in: Dokumente, S. 467.

[40] Zitiert u.a. in New York Times und Toronto Daily Star, 17. 2. 1945 (AIG/Z).

[41] Siehe 34.

[42] Toronto Daily Star, Toronto 17. 2. 1945, S. 2 (AIG/Z).

[43] U. a. The New York Times, New York 17. 2. 1945, S. 2 (AIG/Z).

[44] Svenska Dagbladet, Stockholm 21. 2. 1945, in: Dokumente, S. 467 f.

[45] Svenska Dagbladet, Stockholm 25. 2. 1945, in: Dokumente, S. 469.

[46] Siehe 38.

[47] Die Dresdner Behörden verfügten spätestens ab 22. 2. 1945 über Statistiken der Zahl der geborgenen Toten, die dem Interministeriellen Luftkriegsschädenausschuß im Berliner Propagandaministerium zugänglich waren. In Dresden wurden bis zum 10. 3. 1945 18.375 Tote registriert (Schlussmeldung des Höheren SS- und Polizeiführers Elbe, 15. 3. 1945). Goebbels schätzte etwa Ende Februar 1945 die Zahl der Toten auf 40.000. – Bergander, S. 223 f.

[48] Schreiben Auswärtiges Amt an Gesandtschaft Bern, 19. 2. 1945 – Politisches Archiv des Auswärtigen Amtes, Gesandtschaft Bern, Materialsammlung zum Luftkrieg, Bd. 3400.

[49] Telegramm Auswärtiges Amt an Gesandtschaft Bern, 19. 2. 1945. – Politisches Archiv des Auswärtigen Amtes, Gesandtschaft Bern, Materialsammlung zum Luftkrieg, Bd. 3400.

[50] Robin Neillands: The Bomber War, London 2001, S. 367.

[51] Taylor, S. 396.

[52] Taylor, S. 396.

[53] Irving, S. 250.

[54] The Grit, Williamsport PA. 18. 2. 1945, S. 1

[55] The Maple Leaf (Belgium Ed.), Brüssel 19. 2. 1945, S. 4 (AIG/Z).

[56] Deutsche Presseübersicht, 20.2.1945 – Politisches Archiv des Auswärtigen Amtes, Stockholm 735.

[57] Der Freiheitskampf, Dresden 21. 2. 1945, S. 1 (AIG/Z).

[58] Grußadresse an die Feierstunde zum 25. Jahrestag der Verkündigung des Parteiprogramms in München, 24.2.1945. Zitiert nach: Müglitztal- und Geising-Bote, Altenberg 27. 2. 1945 (AIG, Z1945).

[59] Zusammenfassung der Auslandspressekonferenz 19. 2. 1945 – Politisches Archiv des Auswärtigen Amtes, Stockholm 735.

[60] Toronto Daily Star, Toronto 20. 2. 1945, S. 2 (AIG/Z).

[61] The Washington Post, Washington DC. 20. 2. 1945, S. 2 (AIG/Z).

[62] The Washington Post, Washington DC. 20. 2. 1945, S. 2 (AIG/Z).

[63] Niellands, S. 369 f.

[64] Taylor, S. 400.

[65] Toronto Daily Star, Toronto 20. 2. 1945, S. 7 (AIG/Z).

[66] Toronto Daily Star, Toronto 16. 2. 1945, S. 1 (AIG/Z).

[67] The Irish Times, Dublin 21. 2. 1945, S. 3 (AIG/Z).

[68] Svenska Dagbladet, Stockholm 13. 3. 1945, in: Dokumente, S. 478.

[69] Der Angriff, Berlin 3. 3. 1945, S. 1 (AIG/Z).

[70] Goebbels, Tagebücher 1945, S. 167 und 183.

[71] Das Reich, Berlin 4. 3. 1945 (AIG/Z).

[72] The Irish Times, Dublin 5. 3. 1945 und 6. 3. 1945, jeweils S. 1 (AIG/Z).

[73] The New York Times, New York 5. 3. 1945, S. 1 und 4 (AIG/Z).

[74] The Washington Post, Washington DC, S. 4 (AIG/Z).

[75] Dagens Nyheter, Stockholm 10. 3. 1945, in: Dokumente, S. 475.

[76] Svenska Dagbladet, Stockholm, 12. 3. 1945, in: Dokumente, S. 475.

[77] Taylor, S. 398 f.

[78] Taylor, S. 411 f.

[79] Henry Probert: Bomber Harris – His Life and Times, London 2001, S. 322.

[80] Toronto Daily Star, Toronto 8. 3. 1945, S. 10

[81] A Esfera, Lissabon 5.4.1945, in: Dokumente, S. 485.

[82] Siehe u. a. Zusammenfassungen der Auslandspressekonferenzen am 9. und 12. 3. 1945 – Politisches Archiv des Auswärtigen Amtes, Stockholm 735.

[83] Es ist nicht bekannt, ob die Fotomotive tatsächlich aus Dresden stammen. In jedem Fall ist die Bildbeschreibung in einem Detail nicht korrekt: Gegen Dresden wurde kein Phosphor eingesetzt. – Bergander, S. 186 ff.

[84] Schreiben Auswärtiges Amt an Gesandtschaft Bern, 28. 2. 1945 – Politisches Archiv des Auswärtigen Amtes, Gesandtschaft Bern, Materialsammlung zum Luftkrieg, Bd. 3400.

[85] Schreiben Auswärtiges Amt an Gesandtschaft Bern, 22. 3. 1945 – Politisches Archiv des Auswärtigen Amtes, Gesandtschaft Bern, Materialsammlung zum Luftkrieg, Bd. 3400.

[86] Exemplar der Flugblattauflage ohne Fotografie – AIG/D, Sammlung Quadflieg. Hinweise auf den Einsatz in: Irving, S. 257 und bei 48.

[87] Siehe 48.

[88] Politische Information 23. 2. 1945, Zusammenfassung der Auslandspressekonferenz 24. 2. 1945– Politisches Archiv des Auswärtigen Amtes, Stockholm 735.

[89] Deutsches Generalkonsulat Zürich an Gesandtschaft Bern, 16. 4. 1945 – Politisches Archiv des Auswärtigen Amtes, Gesandtschaft Bern, Materialsammlung zum Luftkrieg, Bd. 3400.

[90] Manfred Altner, Gerhart Hauptmann in Dresden und Radebeul, Dresden 2003, S. 89.

[91] Deutscher Pressedienst, Stockholm 9. 4. 1945 – Politisches Archiv des Auswärtigen Amtes, Stockholm 733. Rückübersetzung aus dem Schwedischen: Claudia Hoberg.

AIG/Z … Archiv Interessengemeinschaft „13. Februar 1945" e.V., Ausschnittsammlung

AIG/D … Archiv Interessengemeinschaft „13. Februar 1945" e.V., Sammlung Dokumente

Vom Anklagen zum Erinnern

[1] United States Strategic Bombing Survey, Summary Report, 30. 9. 1945.

[2] New York Times, New York 15. 8. 1945, S. 18 (AIG/Z).

[3] New York Times, New York 3. 1. 1946, S. 5 (AIG/Z).

[4] Heinz Boberach (Hg.): Meldungen aus dem Reich. Die geheimen Lageberichte des Sicherheitsdienstes der SS 1938–1945, Herrsching 1984, S. 6740.

[5] Aus dem Gedicht „Ich und die Folgen", zitiert nach: Renatus Deckert: Auf eine im Feuer versunkene Stadt. Heinz Czechowski und die Debatte über den Luftkrieg, in: Merkur 3/2004, S. 257.

[6] Wilhelm Rudolph: Das zerstörte Dresden, Leipzig 1988, S. 6.

[7] Martin Schmidt, Wilhelm Rudolph: In Licht und Dunkelheit des Lebens und der Natur, Dresden 2002, S. 100.

[8] Vgl. dazu: Thomas W. Neumann: Der Bombenkrieg. Zur ungeschriebenen Geschichte einer kollektiven Verletzung, in: Klaus Naumann (Hg.): Nachkrieg in Deutschland, Hamburg 2001, S. 329 ff.

[9] Untersuchungen zu den psychischen Folgen des Krieges für die Zivilbevölkerung sind scheinbar erst ab dem Beginn der 1990er Jahre vorgenommen worden – und das nur hin und wieder. Die Dresdner Überlebenden der Februar-Luftangriffe waren 1996 Gegenstand einer Studie, die Psychologen der Technischen Universität Dresden durchführten, wenngleich diese eine sehr spezialisierte Fragestellung der Traumaforschung zum Inhalt hatte. Im Ergebnis wurde nebenher ein eher geringes Ausmaß psychischer Spätfolgen festgestellt, was allerdings nicht verallgemeinert werden kann, da Auswahl und Menge der Untersuchten keine statistische Sicherheit für diese Fragestellung ergeben würden. Im Bericht wurde einschränkend beispielsweise auf eine höhere Sterblichkeit schwer traumatisierter Personen und den großen zeitlichen Abstand zwischen Ereignis und Untersuchung verwiesen. Vgl. dazu Andreas Maerker et al: Dresdner Bombennachtsopfer 50 Jahre danach: Eine Untersuchung patho- und salutogenetischer Variablen, in: Zeitschrift für Gerontopsychologie & -psychiatrie, 12/1999, S. 157 ff.

[10] Matthias Lerm: Abschied vom alten Dresden. Verluste historischer Bausubstanz, Rostock 2001, S. 35.

[11] Tageszeitung für die deutsche Bevölkerung, Dresden 2. 6. 1945, S. 2 (AIG/Z).

[12] Ebd., S. 3 (AIG/Z).

[13] Stadtarchiv Dresden, 4.1.4 Dezernat Oberbürgermeister, 955, Bl. 50.

[14] Sächsische Volkszeitung, Dresden 12. Februar 1945, S. 7 (AIG/Z).

[15] Sächsische Volkszeitung, Dresden 13. Februar 1945, S. 4 (AIG/Z).

[16] Ebd., S. 2 (AIG/Z).

[17] Stadtarchiv Dresden, 4.1.4 Dezernat Oberbürgermeister, 955, Bl. 19.

[18] Stadtarchiv Dresden, 4.1.4 Dezernat Oberbürgermeister, 955, Bl. 18.

[19] Stadtarchiv Dresden, 4.1.4 Dezernat Oberbürgermeister, 980, Bl. 66.

[20] New York Times, New York 3. 1. 1946, S. 5 (AIG/Z).

[21] The Washington Post, Washington DC. 3. 1. 1946 (AIG/Z).

[22] New York Times, New York 3. 1. 1946, S. 5 (AIG/Z).

[23] The Maple Leaf (Northwest Europe Edition), London 23. 1. 1945, S. 2 (AIG/Z).

[24] The Maple Leaf (Belgium Edition), Brüssel 31. 1. 1945, S. 4 (AIG/Z).

[25] Michael Ulrich: Dresden – Nach der Synagoge brannte die Stadt, Leipzig 2002 (künftig zitiert: Ulrich, 2002), S. 22.
Wie viele andere Aspekte der Rezeptionsgeschichte des 13. Februar 1945 bedürfen auch die ersten Jahre der christlichen Gedenktradition weiterer Forschung. Bei der Vorbereitung anderer Gedenktage regten Stadtverwaltung und SED kirchliche Ausdrucksformen wie Glockengeläut und Gedenkgottesdienste an und traten dazu in Verbindung mit zumindest der evangelischen Landeskirche. Für den 13. Februar 1946 sind solche Einflussnahmen nicht bekannt.
Der 1946 für den Beginn des Glockenläutens gewählte Zeitpunkt, 21.45 Uhr, entspricht nicht dem tatsächlichen Beginn des ersten Luftangriffes im Jahr zuvor – was allerdings nebensächlich ist.

[26] Olaf B. Rader: Dresden, in : Deutsche Erinnerungsorte Bd. III, München 2001, S. 455.

[27] Matthias Herrmann: Kreuzkantor zu Dresden. Rudolf Mauersberger, Großrückerswalde 2004, S. 17 und 56.

[28] Ulrich, 2002, S. 29 ff.

[29] 13. Februar 1945, DEFA-Film 1946, Bundesarchiv-Filmarchiv, Berlin.

[30] Das Neueste vom Tage – Volksentscheid in Sachsen, 1946, ebd.

[31] Dresden, DEFA-Film 1946, Regie: R. Groschopp, Bundesarchiv-Filmarchiv; zitiert nach: Gilad Margalit, Der Luftangriff auf Dresden. Seine Bedeutung für die Erinnerungspolitik der DDR und für die Herauskristallisierung einer historischen Kriegserinnerung im Westen, in: Susanne Düwell / Matthias Schmidt (Hg.): Narrative der Shoa, Paderborn 2002, S. 192.

[32] Sächsische Volkszeitung, Dresden 13. 2. 1947, S. 4 (AIG/Z).

[33] Die Union, Dresden 13. 2. 1947, S. 3 (AIG/Z).

[34] Victor Klemperer: So sitze ich denn zwischen allen Stühlen – Tagebücher 1945–1959, Berlin 1999 (künftig zitiert: Klemperer, Tagebücher), S. 372.

[35] Sächsische Volkszeitung, Dresden 13. 2. 1948, S. 4 (AIG/Z).

[36] Festprogramm zur Eröffnung des Großen Hauses der Staatstheater Dresden, Dresden 22.–24. 9. 1948, S. 7; Quelle: Stadtarchiv Dresden, Theaterzettelsammlung.

[37] Sächsische Zeitung, Dresden 12. 2. 1949, S. 4 (AIG/Z).

[38] Sächsische Zeitung, Dresden 15. 2. 1949, S. 1 (AIG/Z).

[39] Walter Weidauer: Vor vier Jahren sank Dresden in Asche, in: Sonntagsbeilage des Neuen Deutschland, Berlin 13. 2. 1949; zitiert nach: Margalit, S. 194.

[40] Richard Peter: Dresden – eine Kamera klagt an, Dresden 1950. Verlagsanzeige vom November 1950 in AIG/Z. Vgl.: Jörn Glasenapp: Nach dem Brand. Überlegungen zur deutschen Trümmerfotografie, in: Fotogeschichte 24(2004), Heft 91, S. 56.

[41] Margalit, S. 194.

42 Sächsische Zeitung, Dresden 8. 2. 1950, S. 1 (AIG/Z).

43 Sächsische Zeitung, Dresden 10. 2. 1950, S. 1 (AIG/Z).

44 Margalit, S. 195.

45 Sächsische Zeitung, Dresden 8. 2. 1950, S. 4 (AIG/Z).

46 Sächsische Zeitung, Dresden 13. 2. 1950, S. 1 (AIG/Z).

47 Sächsische Zeitung, Dresden 14. 2. 1950, S. 4 (AIG/Z).

48 Victor Klemperer: Der Höllentanz, in: Deutschlands Stimme, 10. 2. 1950 (AIG/Z).

49 Die Schreiben füllen neun Aktenbände im Dresdner Stadtarchiv: 4.1.4 Dezernat Oberbürgermeister, 150–158.

50 The Washington Post, Washington DC, 14. 2. 1945, S. 3 (AIG/Z).

51 Du und Deine Stadt. 5 Jahre Aufbauarbeit der Stadtverwaltung Dresden, Dresden 1950.

52 Vgl. u. a.: Hermann Rahne: Zur Geschichte der Dresdner Garnison im Zweiten Weltkrieg 1939 bis 1945, in: Matthias Griebel (Hg.): Verbrannt bis zur Unkenntlichkeit. Die Zerstörung Dresdens 1945, Dresden 1995, S. 121 ff.; Heinz Schulz: Rüstungsproduktion im Raum Dresden 1933–1945, in: Militärhistorische Schriften des Arbeitskreises Sächsische Militärgeschichte e. V., Dresden 2003.

53 Erich Kästner: … und dann fuhr ich nach Dresden, in: Zeit im Bild, Berlin 10. 12. 1946. Nachdruck aus: Die Neue Zeitung, München (AIG/Z).

54 Bruno E. Werner: Die Galeere, Frankfurt am Main 1949, S. 514.

55 Erhart Kästner: Das Zeltbuch von Tumilat, Frankfurt am Main 1976, S. 103. Vgl.: Andy Spencer: The Fiftieth Anniversary of the Allied Raids on Dresden. A Half Century of Literature and History Writing, in: Bernd Hüppauf (Hg.): War, Violence and the Modern Condition, Berlin 1997, S. 134 ff.

56 Merian — Städte und Landschaften. Dresden, Hamburg 6/1949.

57 W. G. Seewald: Luftkrieg und Literatur, Frankfurt am Main 2001, S. 14.

58 Axel Rodenberger: Der Tod von Dresden – Ein Bericht über das Sterben einer Stadt, Dortmund 1952, S. 168.

59 Fritz Löffler: Das alte Dresden, Dresden 1955.

60 Vgl.: Barbara Stambolis: Städtebaulicher Umbruch und lokale Identität, in: Die alte Stadt 4/1995, S. 383 ff.

61 Fritz Löffler: Das jetzige Stadtbild, in: Merian – Städte und Landschaften. Dresden, Hamburg 6/1949, S. 65.

62 Niels Gutschow: Dresden – Von der „neuen“ zur „schönen“ Stadt, in: Akademie der Künste Berlin (Hg.): 1945. Krieg – Zerstörung – Aufbau. Architektur und Stadtplanung 1940–1960, Berlin 1995, S. 272.

63 Vgl.: Matthias Lerm: Abschied vom alten Dresden. Verluste historischer Bausubstanz nach 1945, Rostock 2001, insbesondere S. 91 ff.

64 Es ist üblich geworden, daraus das Verdikt einer „Zweiten Zerstörung“ abzuleiten. Bei allen berechtigten Vorwürfen scheint mir die Bezeichnung ahistorisch. Aus der Perspektive eines sicheren zeitlichen Abstands nivelliert sie Geschehnisse völlig unterschiedlicher Dimension und diskreditiert pauschal die Aufbauleistung der Nachkriegsgeneration.

65 Klemperer, Tagebücher, S. 676.

66 Neue Zürcher Zeitung, Zürich 19. 11. 1965, S. 3 (AIG/Z).

67 Rehberg: Das Canaletto-Syndrom. Dresden als imaginäre Stadt, in: Ausdruck und Gebrauch 1/2002, S. 81.

68 Max Zimmering: Phosphor und Flieder. Vom Untergang und Wiederaufstieg der Stadt Dresden, Berlin 1959, S. 16.

69 Bundesarchiv Berlin, Politische Richtlinien zum 10. Jahrestag des amerikanischen Terrorangriffs auf Dresden, 29. 1. 1955, SAPMO NY 4090/517, Bl. 200-2004; zitiert nach: Margalit, S. 198.

70 Dresden mahnt Deutschland, DEFA-Film, Dresden 1955; zitiert nach: Margalit, Luftangriff, S. 199.

71 Stadtarchiv Dresden, 4.2.3 Sekretariat des Oberbürgermeisters, 255, Bl. 51.

72 Ebd., Bl. 59 ff.

73 Stadtarchiv Dresden, 4.1.4 Dezernat Oberbürgermeister, 162, Bl. 144.

74 1956, im Jahr des Stadtjubiläums 750 Jahre Dresden, fand die Massenkundgebung im Deutschen Hygienemuseum statt.

75 Stadtarchiv Dresden, 4.1.4 Dezernat Oberbürgermeister, 166, Bl. 54 ff.

76 Hermann, S. 86.

77 The New York Times, New York 12. 2. 1953, S. 3 (AIG/Z).

78 Neue Zürcher Zeitung, Zürich 14. 2. 1955, S. 2 (AIG/Z).

79 New York Times, New York 15. 3. 1956, S. 8 (AIG/Z). Drei Jahre später gibt ein Bericht der gleichen Zeitung nur noch 32.000 Tote an – New York Times, 22. 10. 1959 (AIG/Z).

80 The Broom, East San Diego CA. 9. 8. 1949, S. 1 f.

81 War and Peace. Reprinted from Jubilee, New York 4/1957, London 1957.

82 The Washington Post, Washington DC, 14. 5. 1961, S. E2 (AIG/Z).

83 The New York Times, New York 19. 5. 1963, S. 6 (AIG/Z).

84 New Statesman, London 3. 5. 1963, S. 684 f. (AIG/Z).

85 siehe 83.

86 Albert Hunt: Hopes for Great Happenings, London 1976, S. 86 ff. Albert Hunt: The Destruction of Dresden – A Carnival for St. Valentines Eve, Bradford 1968, unveröffentlichtes Manuskript.

87 Rolf Hochhuth: Soldaten, Reinbeck bei Hamburg 1968.

88 Spencer, S. 139.

89 Gegenstand der Kontroverse war allerdings vor allem die im Stück behauptete Ermordung des polnischen Generals Sikorski. The Washington Post, Washington DC. 26. 4. 1967 (AIG/Z).

90 Richard J. Evans: Der Geschichtsfälscher, Frankfurt am Main 2001, S. 193 ff.

91 Menschen im Feuerofen. Eine Antwort an den englischen Historiker Mr. David Irving, Sächsische Zeitung, Dresden 2. 10. 1962, S. 3 (AIG/Z).

92 Über das Gespräch zwischen Irving, Weidauer, Seydewitz u.a. berichtet: Worüber Mr. Irving staunte, Sächsische Zeitung, Dresden 12. 11. 1962, S. 2 (AIG/Z).

93 Sächsische Zeitung, Dresden 12. 2. 1963, S. 4 (AIG/Z).

94 Walter Weidauer: Inferno Dresden. Über Lügen und Legenden um die Aktion ‚Donnerschlag‘, Berlin 1966 (künftig zitiert: Weidauer, 1966), S. 10.

95 Weidauer, 1966, S. 187.

[96] Veranstaltungen: Vorträge und Foren ab 1964, als Auftakt Vortrag im Lichthof des Dresdner Rathauses, 12. 2. 1964 – Stadtarchiv Dresden, 4.2.3 Sekretariat des Oberbürgermeisters, 378, Bl. 100 ff. Sonderveröffentlichungen u. a.: Dresden – Legenden und Lügen um einen teuflischen Plan, Beilage zur „Sächsischen Zeitung", Dresden 8. 2. 1964 (AIG/Z). Inferno Dresden – Die Wahrheit über die barbarische Zerstörung Dresdens, Sonderdruck der Zeitschrift „Dresden heute", Dresden 1975 (AIG/Z). Gegendarstellung: Weidauer, Inferno, S. 67.

[97] Weidauer, Inferno, S. 220 ff.

[98] Christel Hermann: Oberbürgermeister der Stadt Dresden – Walter Weidauer, in: Werner Barlmeyer (Hg.), Dresdner Geschichtsbuch 9, Dresden 2003, S. 237.

[99] Vgl. u. a. Ausstellungsdrehbücher 1973 und 1975, Stadtarchiv Dresden, 9.2.5 Institut und Museum für Geschichte der Stadt Dresden, 25 und 45.

[100] Sächsische Zeitung, Dresden 6. 2. 1965, S. 8 (AIG/Z).

[101] Sächsische Zeitung, Dresden 11. 2. 1965, S. 11 (AIG/Z).

[102] Sächsische Zeitung, Dresden 14. 2. 1967, S. 1 (AIG/Z).

[103] Sächsische Zeitung, Dresden 10. 2. 1967, Beilage, S. 4 (AIG/Z).

[104] Tag des Herrn, Leipzig 13/1965, S. 51 (AIG/Z).

[105] Tag des Herrn, Leipzig 12/1967, S. 48 (AIG/Z).

[106] Paul Oestreicher: Coventrys Kathedrale – Stätte der Versöhnung und der Hoffnung, in: Werner Dannowski et al (Hg.): Erinnern und Gedenken, Hamburg 1991, S. 9.

[107] Coventry Evening Telegraph, Coventry 2. 11. 1964, Archiv der Ev-luth. Diakonissenanstalt Dresden.

[108] Predigttext Probst Bill Williams, 14. 3. 1965, Archiv der Ev-luth. Diakonissenanstalt Dresden.

[109] Zitiert nach: Helmut Gröpler: Die Engel hielten den Atem an, Berlin 1992, S. 149.

[110] Der Sonntag, Berlin 26. 9. 1965, Archiv der Ev-luth. Diakonissenanstalt Dresden.

[111] Vgl.: Stefan Rahn: Die Städtepartnerschaft zwischen Dresden und Coventry.

[112] Versöhnungswille und politisches Kalkül, Magisterarbeit an der TU Dresden, Dresden 1995.

[113] Kurt Vonnegut: Schlachthof 5 oder Der Kinderkreuzzug, Berlin 1983, S. 147.

[113] Vonnegut, S. 174.

[114] National Geographic, Washington DC, 12/2002, S. 94.

[115] Neue Zürcher Zeitung, Zürich 16. 2. 1965 (AIG/Z).

[116] Einige Beispiele: Wolfgang Paul: … Zum Beispiel Dresden, Frankfurt am Main 1964; Ruth Kraft: Insel ohne Leuchtfeuer, Berlin 1964; Horst Bienek: Erde und Feuer, München 1982.

[117] Sächsische Zeitung, Dresden 13. 2. 1980 (AIG/Z).

[118] Olaf Meyer: Vom Leiden und Hoffen der Städte, Hamburg 1996, S. 54.

[119] Die Initiative ging von der damals 17-jährigen Dresdnerin Johanna Kalex aus. Vgl. dazu: Josef Schmid: Kirchen, Staat und Politik in Dresden zwischen 1975 und 1989, Köln 1998, S. 238 ff. Text des Aufrufs nach: Ulrich, Dresden, S. 39.

[120] Schmid, S. 248.

[121] Ulrich, 2002, S. 42.

[122] Vgl. Meyer, Leiden, S. 57.

[123] Jochen Steinmayr: Alles nachgemacht und doch so fein, in: Die Zeit, Hamburg, 22. 2. 1985

[124] Parallelaufführung von Albert Hunt, „Die Zerstörung Dresdens – ein Karneval zur St. Valentinsnacht", durch die Gruppen „Dresden in Bradford", Bradford Art College, und „80/405", Hochschule für Verkehrswesen Dresden.

[125] Vgl. Rahn, Städtepartnerschaft, S. 50 ff. und 56 ff.

[126] Winfried Werner: … oder Dresden, Dresden 1987.

[127] Meyer, Leiden, S. 70.

[128] Die Union, Dresden, 13.2.1990 (AIG/Z)

[129] Flugblatt der NPD, „Höllenfeuer aus Menschenhand", undatiert (AIG/Z)

Literaturverzeichnis

- Angell jr., J.W.: Historical Analysis of the 14–15 February 1945 Bombing of Dresden, Washington 1953.
- Arnold, Dietmar / Janick, Reiner: Sirenen und gepackte Koffer. Bunkeralltag in Berlin, Berlin 2003.
- Bailey, Ronald H.: Der Luftkrieg in Europa, Amsterdam 1981.
- Bergander, Götz: Dresden im Luftkrieg, Köln / Weimar / Wien 1994.
- Bienek, Horst: Erde und Feuer, München 1982.
- Blobel, Günther: Der Himmel wurde feuerrot, in: Burgdorff, Stephan / Habbe, Christian (Hg.): Als Feuer vom Himmel fiel, München 2004.
- Boberach Heinz (Hg.): Meldungen aus dem Reich. Die geheimen Lageberichte des Sicherheitsdienstes der SS 1938–1945, Herrsching 1984.
- Boog, Horst: Bombenkrieg, Völkerrecht und Menschlichkeit im Luftkrieg, in: Poeppel, Hans / v. Preußen, W.-K. Prinz / v. Hase, K.-G. (Hg.): Die Soldaten der Wehrmacht, München 1998.
- Boog, Horst: Der anglo-amerikanische strategische Luftkrieg über Europa und die deutsche Luftverteidigung, in: Boog, Horst / Rahn, Werner / Stumpf, Reinhard / Wegner, Bernd (Hg.): Das Deutsche Reich und der Zweite Weltkrieg, Bd. 6, Stuttgart 1990.
- Boog, Horst: Die Deutsche Luftwaffenführung 1935–1945, Stuttgart 1982.
- Boog, Horst: Strategischer Luftkrieg in Europa, in: Boog, Horst / Rahn, Werner / Stumpf, Reinhard / Wegner, Bernd (Hg.): Das Deutsche Reich und der Zweite Weltkrieg, Bd. 7, Stuttgart 1990.
- Boog, Horst: Strategischer Luftkrieg in Europa und Reichsluftverteidigung von 1943 bis 1944, in: Militärgeschichtliches Forschungsamt (Hg.): Das Deutsche Reich und der Zweite Weltkrieg, Bd. 7, Das Deutsche Reich in der Defensive, Stuttgart – München 2001.
- Churchill, Sir Winston: Der Zweite Weltkrieg, Bd. 4, Stuttgart 1954.
- Colville, John: The Fringes Of Power. Downing Street Diaries 1939–1945, London 1987.
- Corum, James S.: Die Luftwaffe, ihre Führung und Doktrin und die Frage der Kriegsverbrechen, in: Wette, Wolfram / Ueberschär, Gerd R. (Hg.): Kriegsverbrechen im 20. Jahrhundert, Darmstadt 2001.
- Dannowski, Werner et al: Erinnern und Gedenken, Hamburg, 1991.
- Deane, John R.: Ein seltsames Bündnis, Wien 1947.
- Deckert, Renatus: Auf eine im Feuer versunkene Stadt. Heinz Czechowski und die Debatte über den Luftkrieg, in: Merkur 3/2004.
- Delau, Reinhard: Die Frauenkirche – Eine Chronik von 1722 bis heute, Dresden 2004.
- Dokumente deutscher Kriegsschäden, 2. Beiheft, Bonn 1962.
- Domarus, Max: Hitler. Reden und Proklamationen 1932–1945, Bd. 3, Leonberg 1988.
- Douhet, Giulio: Luftherrschaft, Leipzig 1935.
- Dresdner Geschichtsverein (Hg.): Dresden – die Geschichte der Stadt, Dresden 2002.
- Du und Deine Stadt – 5 Jahre Aufbauarbeit der Stadtverwaltung Dresden, Dresden 1950.
- Enderlich, Luiselotte: Erich Kästner, Hamburg 1966.
- Foreign Relations of the United States. Diplomatic Papers: The Conferences at Malta and Yalta 1945, Washington 1955.
- Evans, Richard J.: Der Geschichtsfälscher, Frankfurt am Main 2001.
- Glasenapp, Jörn: Nach dem Brand. Überlegungen zur deutschen Trümmerfotografie, in: Fotogeschichte 24(2004), Heft 91.
- Goebbels, Joseph: Tagebücher 1945, Hamburg 1977.
- Goebbels, Joseph: Tagebücher Teil II, Bd. 14, München 1996.
- Gröpler, Helmut: Die Engel hielten den Atem an, Berlin 1992.
- Groehler, Olaf: Bombenkrieg gegen Deutschland, Berlin 1990.
- Groehler, Olaf: Geschichte des Luftkrieges, Berlin (Ost) 1980.
- Günther, Ernst: Sarrasani wie er wirklich war, Berlin (Ost) 1985.
- Gutschow, Nils: Dresden – Von der „neuen" zur „schönen" Stadt, in: (Hg.) 1945. Krieg – Zerstörung – Aufbau. Architektur und Stadtplanung 1940-1960, Berlin 1995.
- Haase Norbert / Sack, Birgit (Hg.): Münchner Platz Dresden, Leipzig 2001.
- Haase, Norbert / Jersch-Wenzel, Steffi / Simon, Hermann (Hg.): Die Erinnerung hat ein Gesicht, Leipzig 1998.
- Hampe, Erich: Technische Wehrmachtshilfe – Ihre geschichtliche und aktuelle Bedeutung, in: Wehrwissenschaftliche Rundschau, Jg. 1963.
- Hampe, Erich: Die Technischen Truppen im Zweiten Weltkrieg, in: Wehrwissenschaftliche Rundschau, Jg. 1953.
- Hamann, Christoph: Der „Engel" der Geschichte. Richard Peter sen. – Zerstörtes Dresden 1945, in: Praxis Geschichte 17. Jg., Heft 4, S. 48/49 (mit weiterführender Literatur) Juli 2004.
- Hastings, Max: Armageddon – The Battle for Germany 1944-45, London 2004.
- Hastings, Max: Bomber Command, New York 1979.
- Hastings, Max: Bomber Command, London 1981.
- Hermann, Christel: Oberbürgermeister der Stadt Dresden – Walter Weidauer, in: Barlmeyer, Werner (Hg.): Dresdner Geschichtsbuch 9, Dresden 2003.
- Herrmann, Matthias: Kreuzkantor zu Dresden. Rudolf Mauersberger, Großrückerswalde 2004.
- Hochhuth, Rolf: Soldaten, Reinbeck bei Hamburg 1968.
- Holzer (Hg.), Anton: Mit der Kamera bewaffnet. Krieg und Fotografie, Marburg 2003.
- Hunt, Albert: Hopes for Great Happenings, London 1976.
- Hunt Albert: The Destruction of Dresden – A Carnival for St. Valentines Eve, Bradford 1968

(unveröffentlicht).

- Irving, David: Der Untergang Dresdens, München 1977.
- Irving, David: Der Untergang Dresdens, München 1985.
- Kästner, Erhart: Das Zeltbuch von Tumilat, Frankfurt am Main 1976.
- Kellerhoff , Sven Felix / Giebel, Wieland (Hg.): Als die Tage zu Nächten wurden. Berliner Schicksale im Luftkrieg, Berlin 2003.
- Kellerhoff, Sven Felix: Mythos Führerbunker. Hitlers letzter Unterschlupf, Berlin 2003.
- Klemperer, Victor: Das Tagebuch 1933 – 1945, Berlin 1995.
- Klemperer, Victor: So sitze ich denn zwischen allen Stühlen – Tagebücher 1945-1959, Berlin 1999.
- Kraft, Ruth: Insel ohne Leuchtfeuer, Berlin 1964.
- Kronika, Jakob: Der Untergang Berlins, Flensburg 1946.
- Krüger, Ralf: Presse unter Druck, in: Pommerin, Reiner (Hg.): Dresden unterm Hakenkreuz, Köln / Weimar 1998.
- Lerm, Matthias: Abschied vom alten Dresden. Verluste historischer Bausubstanz, Rostock 2001.
- Löffler, Fritz: Das jetzige Stadtbild, in: Merian – Städte und Landschaften. Dresden, Hamburg 6/1949.
- Löffler, Fritz: Das alte Dresden, Dresden 1955.
- Longerich, Peter: Propagandisten im Krieg – Die Presseabteilung des Auswärtigen Amtes unter Ribbentrop, Oldenburg 1987.
- Longmate, Norman: The Bombers, London 1983.
- Maier, Klaus A.: Guernica, 26. 4. 1937. Die deutsche Intervention in Spanien und der „Fall Guernica", Freiburg 1974.
- Mallory-Mason, Herbert: Die Luftwaffe 1918–1945, Wien 1973.
- Mosley, Leonard: Die Luftschlacht um England, Amsterdam 1979.
- Maerker, Andreas et al: Dresdner Bombennachtsopfer 50 Jahre danach. Eine Untersuchung patho- und salutogenetischer Variablen, in: Zeitschrift für Gerontopsychologie & -psychatrie, 12/1999.
- Margalit, Gilad: Der Luftangriff auf Dresden. Seine Bedeutung für die Erinnerungspolitik der DDR und für die Herauskristallisierung einer historischen Kriegserinnerung im Westen, in: Düwell, Susanne / Schmidt, Matthias (Hg.): Narrative der Shoa, Paderborn 2002.
- Merian – Städte und Landschaften. Dresden, Hamburg 6/1949.
- Meyer, Olaf: Vom Leiden und Hoffen der Städte, Hamburg 1996.
- Müller, Rolf-Dieter: Der Bombenkrieg, Berlin 2004.
- Murray, Williamson: Der Luftkrieg von 1914 bis 1945, Berlin 2000.
- Neumann, Thomas W.: Der Bombenkrieg. Zur ungeschriebenen Geschichte einer kollektiven Verletzung, in: Naumann, Klaus (Hg.): Nachkrieg in Deutschland, Hamburg 2001.
- Neutzner, Matthias: Flughafen Dresden, Dresden 2000.
- Neutzner, Matthias: Martha Heinrich Acht – Dresden 1944/45, Dresden 2003.
- Neillands, Robin: The Bomber War, London 2001.
- Neillands, Robin: Der Krieg der Bomber. Arthur Harris und die Bomberoffensive der Alliierten 1939-1945, Berlin 2002.
- Oestreicher, Paul: Coventrys Kathedrale – Stätte der Versöhnung und Hoffnung, in: Werner Dannowski (Hg.): Erinnern und Gedenken, Hamburg 1991.
- Paul, Wolfgang: … Zum Beispiel Dresden – Schicksal einer Stadt, Frankfurt am Main 1964.
- Probert, Henry: Bomber Harris – His Life and Times, London 2001.
- Price, Alfred: Luftschlacht über Deutschland, Stuttgart 1996.
- Rader, Olaf B.: Dresden, in: Schulze, Hagen/ François, Etienne (Hg.): Deutsche Erinnerungsorte, Bd. 3, München 2001.
- Rahn, Stefan: Die Städtepartnerschaft zwischen Dresden und Coventry. Versöhnungswille und politisches Kalkül, Magisterarbeit an der TU Dresden, Dresden 1995.
- Rahne, Hermann: Zur Geschichte der Dresdner Garnison im Zweiten Weltkrieg 1939 bis 1945, in: Stadtmuseum Dresden (Hg.): Verbrannt bis zur Unkenntlichkeit. Die Zerstörung Dresdens 1945, Dresden 1995.
- Rehberg, Karl-Siegbert: Das Canaletto-Syndrom. Dresden als imaginäre Stadt, in: Ausdruck und Gebrauch, 1/2002.
- Reichardt, Hans J. / Schäche, Wolfgang: Von Berlin nach Germania, Berlin 1998.
- Richter, Jürgen: Dresden in den 30er Jahren, Dresden 2004.
- Ries, Karl: Luftwaffe Photo Report 1919–1945, Stuttgart 1984.
- Rodenberger, Axel: Der Tod von Dresden – Ein Bericht über das Sterben einer Stadt, Dortmund 1952.
- Rudolph, Wilhelm: Das zerstörte Dresden, Leipzig 1988.
- Rumpf, Hans: Der hochrote Hahn, Darmstadt 1952.
- Sachsse, Rolf: Erziehung zum Wegsehen. Fotografie im NS-Staat, Berlin 2003.
- Saward, Dudley: Bomber Harris, London 1984.
- Schmid, Josef: Kirchen, Staat und Politik in Dresden zwischen 1975 und 1989, Köln 1998.
- Schmidt, Martin / Rudolph, Wilhelm: In Licht und Dunkelheit des Lebens und der Natur, Dresden 2002.
- Schulz, Heinz: Rüstungsproduktion im Raum Dresden 1933-1945, in: Militärhistorische Schriften des Arbeitskreises Sächsische Militärgeschichte e.V., Dresden 2003.
- Seydewitz, Max: Die Dresdner Kunstschätze, Berlin (Ost) 1955.
- Seydewitz, Max: Zerstörung und Wiederaufbau von Dresden, Berlin (Ost) 1955.
- Seewald, W.G.: Luftkrieg und Literatur, Frankfurt am Main 2001.
- Sharp, C.M. / Bowyer M.S.F.: Mosquito, London 1971.
- Shirer, William L.: Aufstieg und Fall des Dritten Reiches, Bindlach 1990.
- Speer, Albert: Erinnerungen, Berlin 1969.
- Spencer, Andy: The Fiftieth Anniversary of the Allied Raids on Dresden. A Half Century of Literature and History Writing, in: Hüppauf, Bernd (Hg.): War, Violence and the Modern Condition, Berlin 1997.
- Stadtmuseum Dresden (Hg.): Verbrannt bis zur Unkenntlichkeit, Dresden 1994.
- Stambolis, Barbara: Städtebaulicher Umbruch und lokale Identität, in: Die alte Stadt, 4/1995.
- Taylor, Frederick: Dresden, Tuesday, February 13, 1945, New York 2004.
- Taylor, Frederick: Dresden – 13. Februar 1945, München 2004.
- Ulrich, Michael: Dresden – Nach der Synagoge

brannte die Stadt, Leipzig 2002.
- Vollnhals, Clemens (Hg.): Sachsen in der NS-Zeit, Leipzig 2002.
- Vonnegut, Kurt: Schlachthof 5 oder Der Kinderkreuzzug, Berlin 1983.
- Wawrziniok, Axel: Der Krieg wider besseres Wissen. Der Luftkrieg gegen Europas Städte 1914-1945, Berlin 1995.
- Webster, Sir Charles / Noble, Frankland: The Strategic Air Offensive against Germany, Bd. 1-3, London 1961.
- Weidauer, Walter: Vor vier Jahren sank Dresden in Asche, in: Sonntagsbeilage des Neuen Deutschland, Berlin 13.2.1949.
- Weidauer, Walter: Inferno Dresden, Berlin (Ost) 1987.
- Wells, H.G.: Der Luftkrieg, München 1983.
- Werner, Bruno E.: Die Galeere, Frankfurt am Main 1949.
- Werner, Winfried: ... oder Dresden, Dresden 1987.
- Zimmering, Max: Phosphor und Flieder. Vom Untergang und Wiederaufstieg der Stadt Dresden, Berlin 1959.

nicht zitierte Literatur:
- Austen, R. L.: High Adventure – Navigator at War, Chichester 1989.
- Coulonges, Henri: Farewell, Dresden; New York 1989. Erstausgabe: L' Adieu à la Femme Sauvage; Paris 1979.
- Deutsches Friedenskomitee Berlin: Dresden – Unsterbliche Stadt, Berlin 1952.
- Dieckmann, Friedrich: Mein Dresden, in: Neue Deutsche Literatur, 2/1985; Berlin 1985.
- Die Dresdner Frauenkirche – Jahrbuch zu ihrer Geschichte und zu ihrem archäologischen Wiederaufbau, Bd. 1 bis 9, Weimar 1995 bis 2003.
- Floß, Rolf: Nach einem halben Leben, in: Neue Deutsche Literatur, 2/1985; Berlin 1985.
- Dörfler, Thomas / Klärner, Andreas: Der Rudolf-Heß-Gedenkmarsch in Wunsiedel. Rekonstruktion eines nationalistischen Phantasmas, in: Mittelweg 36, 8/2004.
- Friedrich, Karl Joseph: Die Stadt vor der Nacht, Berlin 1957. Letzte Ausgabe: Berlin 1985.
- Gretzschel, Matthias: Als Dresden im Feuersturm versank, Hamburg 2004.
- Groehler, Olaf: Berlin im Bombervisier, Berlin

1982.
- Hofmann, Erna Hedwig: Kreuzchor Anno 45, Berlin 1968.
- Hoffmann, Daniel: Der Knabe im Feuer, Berlin 1957.
- Kästner, Erich: Dresden, in: Jahr des Herrn 1959, Leipzig 1958.
- Kempowski, Walter: Der rote Hahn – Dresden im Februar 1945, München 2001.
- Kesting, Edmund: Dresden wie es war, Berlin 1955.
- Kettenacker, Lothar (Hg.): Ein Volk von Opfern, Berlin 2003.
- Kurowski, Franz: Bomben über Dresden, Wien 2001.
- Lück, Eugen: Dresden – Schönheit und Tragödie, Berlin 1987.
- Mählert, Ulrich: Kleine Geschichte der DDR, München 2004.
- Magistrat der Stadt Kassel (Hg.): Die Vertikale Gefahr – Luftkrieg in der Kunst, Marburg 1993.
- Meinhardt, Matthias: Der Mythos vom „Alten Dresden" als Bauplan. Entwicklung, Ursachen und Folgen einer retrospektiv-eklektizistischen Stadtvorstellung, in: Ranft, Andreas / Selzer, Stephan (Hg.): Städte aus Trümmern – Katastrophenbewältigung zwischen Antike und Moderne, Göttingen 2004.
- Naumann, Klaus: Der Krieg als Text – Das Jahr 1945 im kulturellen Gedächtnis der Presse, Hamburg 1998.
- Naumann, Klaus: Bombenkrieg – Totaler Krieg – Massaker. Jörg Friedrichs Buch „Der Brand" in der Diskussion, in: Mittelweg 36, 8/2003.
- Neutzner, Matthias (Hg.): Lebenszeichen – Dresden im Luftkrieg 1944/45, Dresden 1994.
- Neutzner, Matthias: „Der Wehrmacht nahe verwandt" – Eisenbahn in Dresden 1939 bis 1945, in: Matthias Griebel (Hg.), Dresdner Geschichtsbuch 5, Dresden 1999.
- Neubert, Erhart: Geschichte der Opposition in der DDR 1949-1989, Berlin 2000.
- Paul, Wolfgang: Dresden. Gegenwart und Erinnerung, Frankfurt am Main / Berlin 1989.
- Schauss, Willy A.: My Side of the war, Kalispell, MT 1994.
- Schmid, Harald: Antifaschismus und Judenverfolgung – Die „Reichskristallnacht" als politischer Gedenktag in der DDR, Göttingen 2004.
- Schnatz, Helmut: Tiefflieger über Dresden?

Legenden und Wirklichkeit, Köln 2000.
- Seydewitz, Max: Die unbesiegbare Stadt – Zerstörung und Wiederaufbau von Dresden, Leipzig 1982.
- Seydewitz, Max: Dresden. Musen und Menschen – Ein Beitrag zur Geschichte der Stadt, ihrer Kunst und Kultur, Berlin 1981.
- Slepuchin, Juri: Tage des Zorns, Tage der Liebe, Berlin 1988.
- Stiebert, Klaus (Hg.): Zauberort – Dresden im Gedicht, Dresden 2004.
- Staatliche Kunstsammlungen Dresden (Hg.): Dresden – Bekenntnis und Verpflichtung, Dresden 1985.
- Staffel, Megan: The Notebook of Lost Things, New York 1999.
- Staatliche Kunstsammlungen Dresden (Hg.): Der Menschheit bewahrt, Dresden 1959.
- Technische Hochschule Dresden (Hg.): Die Technische Hochschule Dresden – Zerstörung, Wiederaufbau und Weiterentwicklung, Dresden 1956.
- Ten Dyke, Elizabeth A.: Dresden – Paradoxes of Memory in History, London/New York 2001.
- Teufel, Aini: Kindertagebuch, Dresden 1997.
- Tobien, Hubertus von: Feuersturm über Dresden. Die Frage nach der Verantwortung für das sinnlose Morden im Krieg, Berlin 2001.
- Tripp Miles: The Eighth Passenger, London 1969.
- Virilio, Paul: Krieg und Kino. Logistik der Wahrnehmung, München 1986.
- Waldmann, Katharina H.: Mein Herz brennt für Dresden, Bad Wörishofen 1998.
- Welz Helmut: Die Stadt die sterben sollte, Berlin 1972.
- Zimmermann, Ingo: Wie liegt die Stadt so wüst, in: Neue Deutsche Literatur, 2/1985; Berlin 1985.

Abbildungsnachweise

Vom Bodensee bis Guernica

11: Postkarte von 1910; Sammlung Holger Naumann, Dresden

12: Newark Military Pictures (USA)

14: Sammlung Philip Jarrett, London (UK)

15: Akademie-Verlag, Berlin (2)

17: Kolorierte Zeichnung, Sammlung Leo Schmitt, Mendig

18: Römer-Grafik, Berlin

19: Motorbuch-Verlag, Stuttgart

20: links Walter Hahn (1933); Sächsische Landesbibliothek – Staats- und Universitätsbibliothek Dresden (SLUB), Abt. Deutsche Fotothek (DF), SLUB DF 309 750; rechts Ullstein-Bilderdienst

21: SLUB DF 309758

22: Sammlung Philip Jarrett, London (UK)

23: Sammlung Leo Schmitt, Mendig

25: Sammlung Leo Schmitt, Mendig

Von Guernica bis Hiroshima

27: Ullstein-Bilderdienst

28: Kolorierte Zeichnung; Sammlung Leo Schmitt, Mendig

29: Ullstein-Bilderdienst

30: Standbild aus dem Dokumentarfilm „Ministerpräsident Göring besucht Dresden" (1935), Reproduktion von Christian Borchert; SLUB DF Bo.Pos. 010/043

31: Ullstein-Bilderdienst

33: Ullstein-Bilderdienst

34: Verlag Ch. Links, Berlin

35: Sammlung Helmut Schnatz, Koblenz

36: Ullstein-Bilderdienst

37: Ullstein-Bilderdienst

39: Ullstein-Bilderdienst

41: Sammlung Leo Schmitt, Mendig

43: Bildarchiv Sächsische Zeitung, Dresden

Vom unattraktiven zum besonders lohnenden Ziel

45: National Archives (USA)

46: National Archives (USA)

48: Bildarchiv Sächsische Zeitung, Dresden

49: Motorbuch-Verlag, Stuttgart

50: Bildarchiv Sächsische Zeitung, Dresden

53: Sammlung Helmut Schnatz, Koblenz

54: National Archives (USA)

55: US Public Record Office

56: National Archives Kew (UK)

Von der „Friedens-Oase" zur Trümmerwüste

59: Standbild aus dem Dokumentarfilm „Fahrende Stadt", Reproduktion von Christian Borchert; SLUB DF Bo.Pos. 010/168

60: Walter Hahn (26. 10. 1933); SLUB DF 308 736

61: Ullstein-Bilderdienst

62: oben Willy Pritsche (1933); SLUB DF 253 256; unten Archiv Sächsische Zeitung, Dresden

63: Hans Wunderlich; SLUB DF 412 232

64: Postkarte aus den 1940er Jahren; Sammlung Holger Naumann, Dresden

65: Bildarchiv Sächsische Zeitung, Dresden

66: Archiv IG 13. Februar e. V., Dresden

67: Werksfotograf, Beleuchtung in Sf, 26. 8. 41, Sächsisches Hauptstaatsarchiv Dresden, Bestand 11648 VEB Elektromaschinenbau Sachsenwerk Dresden (SHStA), Nr. 1655–1657, 41064

69: Feuerwehrarchiv Dresden

71: National Archives (USA)

72: Kurt Schaarschuch; Stadtmuseum Dresden

73: Werksfotograf, Ausstattung des Werbeschrankes Luftschutz 21. 3. 44; SHStA 11648, Nr. 1655–1657, 43989

74: Sammlung Geschichte der Feuerwehr; Stadtmuseum Dresden

76: National Archives (USA)

77: Sammlung Werner Ehlich, Dresden

78: Sammlung Christian Köster, Zirndorf

79: Public Record Office (USA)

80: Götz Bergander, Berlin

81: Archiv New York Times

82: Ullstein Bilderdienst

83: Götz Bergander, Berlin

84: SLUB DF 314 639

85: Hans Ueberschär, Dresden

86: National Archives Kew (UK)

87: Luftfilmbild RAF; SLUB DF 314652

88/89: Georg Bayer; Archiv Dresdner Verkehrsbetriebe

91: Nachlass Carl Weinrother (1898–1976); Bildarchiv Preußischer Kulturbesitz (bpk), Berlin. Es ist nicht nachprüfbar, ob das Bild tatsächlich den Feuersturm in Dresden zeigt, wie es in der Originalbeschriftung Weinrothers heißt.

93: National Archives (USA)

94: Feuerwehrarchiv Dresden

95: Archiv IG 13. Februar e. V.

96: Richard Peter; SLUB DF Ps 385/1

97: Aus dem Dokumentarfilm „Zusammenlegung der letzten Dresdner Juden in das Lager am Hellerberg am 22./23. November 1942"; Archiv Stiftung Sächsische Gedenkstätten

99: Richard Peter; SLUB DF Ps 379

100: Richard Peter; SLUB DF Ps 115/1

101: Walter Hahn; Bildarchiv Sächsische Zeitung

102: Richard Peter; SLUB DF Ps 7

103: Sammlung Götz Bergander, Berlin

104: Richard Peter; SLUB DF Ps 57

105: National Archives (USA)

106: Richard Peter; SLUB DF 101436

107: Standbild aus dem Amateurfilm „Dresden nach dem 13. Februar", Reproduktion von Christian Borchert; SLUB DF Bo.Pos. 011/153

108: Aus dem sowjetischen Dokumentarfilm „Die Befreiung Dresdens" (1945), Repro: Chr. Borchert; SLUB DF Bo.Pos 010/203

109: SLUB DF Ps 260

Vom Anklagen zum Erinnern

129: SLUB DF Ps22, Richard Peter sen.

130: SLUB DF HP5031-21,
Erich Höhne/Erich Pohl

131: SLUB DF HP5028-4A,
Erich Höhne/Erich Pohl

132: SLUB DF HP5046-38A,
Erich Höhne/Erich Pohl

135: Archiv Kreuzkirchgemeinde Dresden,
unbekannt

136: SLUB DF HP5032-24,
Erich Höhne/Erich Pohl

138: SLUB DF HP42728-22,
Erich Höhne/Erich Pohl

139: SLUB DF 108994,
Erich Höhne/Erich Pohl

140: SLUB DF HP42732/6,
Erich Höhne/Erich Pohl

141: SLUB DF HP42738/3,
Erich Höhne/Erich Pohl

142: links SLUB DF HP42298/6,
Erich Höhne/Erich Pohl

142: rechts SLUB DF HP42710/3,
Erich Höhne/Erich Pohl

143: links SLUB DF HP21317/3,
Erich Höhne/Erich Pohl

143: rechts SLUB DF HP42712/1,
Erich Höhne/Erich Pohl

144: SLUB DF HP42276/4,
Erich Höhne/Erich Pohl

149: SLUB DF HP21343/2,
Erich Höhne/Erich Pohl

151: SLUB DF HPM29480/1,
Erich Höhne/Erich Pohl

152: links SLUB DF HPM29441/2,
Erich Höhne/Erich Pohl

152: rechts SLUB DF HPM29461/2,
Erich Höhne/Erich Pohl

153: links SLUB DF HPM29393/2,
Erich Höhne/Erich Pohl

153: rechts SLUB DF HPM29388/2,
Erich Höhne/Erich Pohl

154: Archiv der Ev.-luth. Diakonissenanstalt
Dresden

157: Matthias Neutzner

158: Archiv Sächsische Zeitung Dresden
1278698, Gunter Hübner

159: Archiv der Ev.-luth. Kreuzkirchgemeinde
Dresden, Steffen Giersch

160: links Archiv Sächsische Staatsoper Dresden,
Erwin Döring

160: rechts Archiv Sächsische Zeitung Dresden
1128948, unbekannt

161: links Archiv Sächsische Zeitung Dresden
470845, Steffen Füssel

161: rechts Archiv Sächsische Zeitung Dresden
415638, Steffen Füssel

162: Archiv Sächsische Zeitung Dresden 503193
Tom (Holm Helis)

163: Archiv Sächsische Zeitung Dresden
482653, Gunter Hübner

Bild-Geschichte(n)

170: Frank Bochow, Berlin

171: Stadtmuseum Dresden, Fotosammlung
(STMD), Kurt Schaarschuch Nr. 27

172: oben Sächsische Landesbibliothek – Staats-
und Universitätsbibliothek Dresden (SLUB),
Abt. Deutsche Fotothek (DF),
SLUB DF 46 878

172: unten SLUB DF 264732

173: Archiv Sächsische Zeitung ID 1244692

174: oben STMD III 20860

174: unten SLUB DF 62 834

175: oben Dresdner Verkehrsbetriebe, Archiv
00672.jpg

175: unten Dieter Eckelmann, Potsdam

176: oben STMD III 23963

176: unten SLUB DF 47204

177: oben Bundesarchiv Berlin R 3001/
IV g 10 a 4960/13

177: unten SLUB DF Bo. Pos. 010/092

178: Zentralarchiv des Verteidigungsministeri-
ums der Russischen Föderation, Podolsk /
Dokumentationsstelle, Archiv der Stftung
Sächsische Gedenkstätten, Nr. 0086

179: oben aus: Norbert Haase et. al. (Hg.): Die
Erinnerung hat ein Gesicht. Fotografien
und Dokumente zur nationalsozialistischen
Judenverfolgung in Dresden 1933–1945,
bearbeitet von Marcus Gryglewski, Leipzig
1998, S. 38

179: unten Sächsisches Hauptstaatsarchiv Dresden, Bestand Radio Mende, VII.3.10.09,
Nr. 73 Mappe 4-15-39

180: oben Maria Palitzsch, Dresden

180: unten STMD III 28492

181: STMD III 28472

182: STMD III 28489

184/185: Sächsisches Hauptstaatsarchiv
Dresden, Bestand 11648 VEB Eletro-
maschinenbau Sachsenwerk Dresden, Nr.
1655–1657 (= SHStA)
43950–43979

186: linke Spalte oben SHStA 11648,
Nr. 1655–1657, 41172

186: rechte Spalte, oben SHStA 11648,
Nr. 1655–1657, 41371

186: linke Spalte, Mitte SHStA 11648,
Nr. 1655–1657, 41289

186: rechte Spalte Mitte SHStA 11648,
Nr. 1655–1657, 41338

186: linke Spalte unten SHStA 11648,
Nr. 1655–1657, 41393

186: rechte Spalte unten SHStA 11648,
Nr. 1655–1657, 42874

187: linke Spalte oben SHStA 11648,
Nr. 1655–1657, 41470

187: rechte Spalte oben SHStA 11648,
Nr. 1655–1657, 42159

187: rechte Spalte 2. v. oben SHStA 11648,
Nr. 1655–1657, 42609

187: linke Spalte unten SHStA 11648,
Nr. 1655–1657, 42141

187: rechte Spalte 3. v. oben SHStA 11648, Nr.
1655–1657, 42620

187: rechte Spalte unten SHStA 11648,
Nr. 1655–1657, 42622

188: linke Spalte oben SHStA 11648,
Nr. 1655–1657, 42922

188: rechte Spalte oben SHStA 11648,
Nr. 1655–1657, 43288

188: linke Spalte Mitte SHStA 11648,
Nr. 1655–1657, 43394

188: rechte Spalte Mitte SHStA 11648,
Nr. 1655–1657, 43504

188: linke Spalte unten SHStA 11648,
Nr. 1655–1657, 43972

188: rechte Spalte unten SHStA 11648,
Nr. 1655–1657, 43975

189: links oben SHStA 11648, Nr. 1655–1657,
44277

189: rechts oben SHStA 11648, Nr. 1655–1657,
44704

189: unten SHStA 11648, Nr. 1655–1657,
44511

190: linke Spalte oben SHStA 11648,

Nr. 1655–1657, 45055

190: linke Spalte Mitte SHStA 11648,
Nr. 1655–1657, 45356

190: rechte Spalte SHStA 11648,
Nr. 1655–1657, 45357

190: linke Spalte unten SHStA 11648,
Nr. 1655–1657, 45424

192: Luftbilddatenbank Würzburg, Ing.-Büro Dr.
H.G. Carls (Luftbilddatenbank) 3112

193: Luftbilddatenbank 3113

194: Luftbilddatenbank 3115

195: Luftbilddatenbank 3116

196: Luftbilddatenbank 3117

198–202: Imperial War Museum, London

204: aus: Siegfried Fischer: Geschichte der
Gemeinde Possendorf, Possendorf 1995,
S. 112

205–208: Hans-Joachim Dietze, Dresden

210: STMD K 112

211: oben STMD K 112/2 A

211: unten STMD K 112/3 A

212: oben STMD K 112/4 A

212: unten STMD K 112/5 A

213: oben STMD K 112/6 A

213: unten STMD K 112/7 A

214: oben STMD K 112/8 A

214: unten STMD K 112/9 A

216: SLUB DF Ps 114

217: SLUB DF Ps 149

218: oben SLUB DF Ps 90

218: unten SLUB DF Ps 4

219: SLUB DF Ps 38/2

220: SLUB DF Ps 25

221: SLUB DF Ps 37

222: SLUB DF Ps 40

224–232: Götz Bergander, Berlin –
Archiv Ingeborg Grosholz

234: links oben Stadtarchiv Dresden (StAD),
Teilnachlaß Walter Hahn/ Helmut Draber,
StAD, 16. 2. 40, Sign. F 1

234: rechts oben StAD, 16. 2. 40, Sign. F 2

234: links unten StAD, 16. 2. 40, Sign. F 3

234: rechts unten StAD, 16.2.40, Sign. F 4

235: links oben StAD, 16. 2. 40, Sign. F 5

235: rechts oben StAD, 16. 2. 40, Sign. F 6

235: links unten StAD, 16. 2. 40, Sign. F 7

235: rechts unten StAD, 16. 2. 40, Sign. F 8

236: links oben StAD, 16. 2. 40, Sign. F 9

236: rechts oben StAD, 16. 2. 40, Sign. F 10

236: links unten StAD, 16. 2. 40, Sign. F 11

236: rechts unten StAD, 16. 2. 40, Sign. F 12

237: links oben StAD, 16. 2. 40, Sign. F 13

237: rechts oben StAD, 16. 2. 40, Sign. F 14

237: links unten StAD, 16. 2. 40, Sign. F 15

237: rechts unten StAD, 16. 2. 40, Sign. F 16

238: links oben StAD, 16. 2. 40, Sign. F 17

238: rechts oben StAD, 16. 2. 40, Sign. F 18

238: links unten StAD, 16. 2. 40, Sign. F 19

238: rechts unten StAD, 16. 2. 40, Sign. F 20

239: links oben StAD, 16. 2. 40, Sign. F 21

239: rechts oben StAD, 16. 2. 40, Sign. F 22

239: unten StAD, 16. 2. 40, Sign. F 23

240: StAD, 16. 2. 40, Sign. F 25

242: Hans Ueberschär, Dresden

243: Militärhistorisches Museum der Bundeswehr Dresden, Fotosammlung (MHM),
Va 38099·10008 E

244: MHM Va 44276·10561

245: SLUB DF Ps 261

246: oben MHM Va 38541·10332

246: unten SLUB DF Ps 319

247: MHM Va 38469·10155 E

248: SLUB DF Ps 121

249: SLUB DF Ps 124/1

250: SLUB DF Ps 341

252/253: Privatbesitz, Dresden

254: MHM Va 38696·10312

255: STMD Ph An 455

256: SLUB DF 39868

257: MHM Va 38427·10180

258: Bildarchiv Preußischer Kulturbesitz, Berlin
(bpk) 30015249

259: SLUB DF 88279

260: SLUB DF Ps 349

261: SLUB DF 496611

Zeitzeugnisse

269–274: Archiv IG „13. Februar 1945" e. V./F

Danksagungen

Wir danken für vielfältige Unterstützung:
• Archiv der Dresdner Philharmonie (Ute Schröder) • Archiv der Neuen Zürcher Zeitung (Doris Diener) • Archiv der Staatsoper Dresden (Ursula Olle) • Bildarchiv Preußischer Kulturbesitz Berlin (Hanns-Peter Frentz, Norbert Ludwig) • Dresdner Verkehrsbetriebe (Siegfried Hansel) • Ev.-luth. Diakonissen-Anstalt Dresden (S. Edith Haufe) • Ev.-luth. Kreuzkirchgemeinde Dresden (Joachim Zirkler) • Feuerwehr Dresden (Frank Aubrecht) • Motorbuch-Verlag, Stuttgart • Militärhistorisches Museum der Bundeswehr (Günter Stephan) • Politisches Archiv des Auswärtigen Amtes (Knud Piening) • Sächsische Landesbibliothek – Staats- und Universitätsbibliothek Dresden, Abt. Deutsche Fotothek (Dr. Jens Bove, Kerstin Delang, Bettina Erlenkamp, Elke Kilian) • Sächsisches Hauptstaatsarchiv Dresden (Dr. Thekla Kluttig, Dr. Lutz Sartor, Bernd Scheperski) • Stadtarchiv Dresden (Katrin Tauscher) • Stadtmuseum Dresden (Dr. Werner Barlmeyer, Friedrich Reichert, Dr. Holger Starke) • Stiftung Sächsische Gedenkstätten (Dr. Norbert Haase, Wolfgang Scheder, Susanne Weckwerth) • Universität Salzburg, Universitätsarchiv (Dr. Richard Apfelauer) • Verlag Ch. Links, Berlin

sowie
• Götz Bergander, Berlin • Frank Bochow, Berlin • Horst Boog, Stegen • Hans-Joachim Dietze, Dresden • Dieter Eckelmann, Potsdam • Willi Göbel, Lohmar • Ernst Hirsch, Dresden • Claudia Hoberg, Dresden • Philip Jarrett, London • Dr. Christian Köster, Zirndorf • Luisa Le van, Dresden • Hans-Peter Lühr, Dresden • Dr. Andreas Maercker, Trier • Grit Mocci, Dresden • Annemarie Müller, Dresden • Elisabeth Naendorf, Dresden • Holger Naumann, Dresden • Dr. Gabriele Nette, Dresden • Ilja Neutzner, Dresden • Till Neutzner, Dresden • Maria Palitzsch, Dresden • Michael Römer, Berlin • Ingolf Roßberg, Dresden • Leo Schmitt, Mendig • Dr. Helmut Schnatz, Koblenz • Ina Schubert, Dresden • Göran Tranberg, Dresden • Hans Ueberschär, Dresden • Dr. Michael Ulrich, Schmochtitz • Dr. Thomas Widera, Dresden • Dr. Andreas Wirthensohn, München • Dr. Christof Ziemer, Riesa

• Dank an Norbert du Vinage, Christof Ziemer und Michael Ulrich für guten Rat und Begleitung

Reproduktionen:
• Militärhistorisches Museum der Bundeswehr Dresden: Ingrid Meier • Sächsische Landesbibliothek – Staats- und Universitätsbibliothek Dresden, Abt. Deutsche Fotothek: Hendrik Ahlers, Ilona Brandt • Sächsisches Hauptstaatsarchiv Dresden: Rainer Maßwig • Stadtarchiv Dresden: Tilo Bönicke, Elvira Wobst • Stadtmuseum Dresden: Franz Zadniček • Michel Sandstein GmbH: Jana Neumann

Dresdner Druck- und Verlagshaus GmbH & Co. KG:
Satz & Gestaltung
• Tony Findeisen • Martina Trautmann • Tom Winter

Bildbearbeitung
• Albrecht Kahle • Frank Malz

Verlagspraktikantinnen
• Manja Felgentreu • Melanie Karius • Peggy Stuber

Autoren

Götz Bergander, geboren 1927 in Dresden, erlebte die Angriffe von 1944 und 1945 auf seine Heimatstadt mit. Er begann ein Studium an der Dresdner Kunstakademie bei Joseph Hegenbarth und siedelte 1949 nach Berlin über, um Kunstgeschichte und Publizistik zu studieren. Gleichzeitig begann er, als Journalist für Presse und Rundfunk zu arbeiten, u. a. für „Die Zeit" und den „Sender Freies Berlin", wo er jahrelang Redakteur für Politik und Zeitgeschichte war. Götz Bergander verfasste zahlreiche Radiosendungen und Publikationen zur Zeitgeschichte, insbesondere über Dresden im Zweiten Weltkrieg. 1964 schrieb er mit Matthias Walden sein erstes Buch „Berlin. Symphonie einer Weltstadt". 1977 erschien „Dresden im Luftkrieg", bis heute das Standardwerk zu diesem Thema. Götz Bergander lebt in Berlin.

Wolfgang Hesse, geboren 1949 in Marburg, studierte Kunstgeschichte und Empirische Kulturwissenschaft in Tübingen und war als Fotohistoriker und Ausstellungskurator unter anderem beim Stadtmuseum Tübingen, dem Kupferstich-Kabinett Dresden und der Deutschen Fotothek Dresden tätig. Er arbeitet als Herausgeber der Fachzeitschrift „Rundbrief Fotografie" und ist stellvertretender Vorsitzender der Sektion Geschichte und Archive der Deutschen Gesellschaft für Photographie (DGPh) sowie der Neuen Photographischen Gesellschaft in Sachsen. Wolfgang Hesse lebt in Dresden.

Günter Jäckel, geboren 1926 in Bahra bei Pirna, wurde 1944 als Soldat in Frankreich verwundet, kam ins Lazarett nach Dresden und erlebte dort die Angriffe auf die Stadt. Er studierte Germanistik und Anglistik, arbeitete als Verlags- und Hochschul-Lektor, wurde 1957 promoviert und nach seiner Habilitation 1990 an der TU Dresden zum Professor ernannt. Er lehrte u. a. in Hanoi, Wrocław/Breslau und Kairo, war von 1974 bis 1999 Vorsitzender der Dresdner Goethe-Gesellschaft und von 1991 bis 1998 Vorsitzender des Dresdner Geschichtsvereins. Günter Jäckel veröffentlichte zahlreiche Publikationen über Literatur und die Geschichte der Stadt Dresden, in der er auch lebt.

Sven Felix Kellerhoff, geboren 1971 in Stuttgart, studierte Geschichte und Medienrecht in Berlin und absolvierte die Berliner Journalisten-Schule. Derzeit arbeitet er als Leitender Redakteur für Zeit- und Kulturgeschichte bei der Tageszeitung „Die Welt". Sven Felix Kellerhoff verfasste zahlreiche Publikationen über den Nationalsozialismus und den Zweiten Weltkrieg sowie mehrere Bücher, darunter „Als die Tage zu Nächten wurden. Berliner Schicksale im Bombenkrieg", „Mythos Führerbunker. Hitlers letzter Unterschlupf" und „Hitlers Berlin. Geschichte einer Haßliebe". Er lebt in Berlin.

Matthias Neutzner, geboren 1960 in Görlitz, studierte Luftfahrt und Informationsverarbeitung an der Dresdner Verkehrshochschule. Er ist Gründer und Vorsitzender der Interessengemeinschaft „13. Februar 1945" e. V., forschte und veröffentlichte Publikationen über Zeit- und Technikgeschichte. Darunter „Martha Heinrich Acht – Dresden 1944/45", die bisher einzige alltagsgeschichtliche Monografie über Dresden am Ende des Zweiten Weltkrieges. Matthias Neutzner arbeitete an zahlreichen Medienproduktionen mit und war an Kunstprojekten im öffentlichen Raum beteiligt. Er lebt als Geschäftsführer eines Kommunikationsunternehmens in Dresden.

Oliver Reinhard, geboren 1965 in Minden/Westfalen, studierte Geschichte, Medienwissenschaften und Romanistik in Paderborn und Bielefeld. Er arbeitete für Rundfunk und TV und ist seit 1998 Kulturredakteur der „Sächsischen Zeitung" für Zeitgeschichte. Oliver Reinhard gab das Buch „Jahrhundertflut in Sachsen" heraus und verfasste mehrere Publikationen über die Zeit des Nationalsozialismus und den Zweiten Weltkrieg, insbesondere über die Bombenangriffe auf Dresden, wo er seit 1996 lebt.